Herausgegeben von
Reinhard Fresow
(Dipl.-Volkswirt)

Fachwirte für
Büro- und Projekt-Organisation

Die Gesetzessammlung

Zusammenstellung für die IHK-Prüfung der Situationsaufgabe

Unkommentierte Gesetzestexte
Entspricht den Anforderungen der DIHK-Hilfsmittel-Liste

Gesetzesstand: 1. Jan. 2024

Saarbrücken, Jan. 2024

Impressum

Print: ISBN 9783958875104
V. 1.0

Umschlaggestaltung: Simone Meckel

Herstellung und Vertrieb:
Books on Demand GmbH
In de Tarpen 42
22848 Norderstedt

Kontakt: bpo@fachwirteverlag.de

FSC
www.fsc.org
MIX
Papier aus verantwortungsvollen Quellen
Paper from responsible sources
FSC® C105338

Inhaltsverzeichnis

Vorbemerkung

Dieses Buch dient nur einem Zweck:
Bestmögliche Unterstützung für die IHK-Prüfung!

Wer alle eventuell in der Prüfung benötigten Gesetze und Verordnungen als Einzelausgaben oder Spezial-Sammlungen mit in die Prüfung nimmt, schleppt einige Kilo und sucht dann in verschiedenen Registern die notwendige Information in Tausenden von Paragrafen – von denen mindestens 95% nie und nimmer in dieser Prüfung gebraucht werden. Das kostet nicht nur Geld (und Kraft), sondern vor allem in der Prüfung auch unnötig Zeit und Nerven!

Diese Gesetzessammlung orientiert sich allein an dem Bedarf in der Prüfung. Sie enthält deshalb von den in Frage kommenden Gesetzen und Verordnungen nur die Teile bzw. §§, die auch in der Prüfung gebraucht werden könnten. Aufgenommen wurden zur Vorsicht auch viele §§, bei denen das zwar sehr unwahrscheinlich aber nicht völlig ausgeschlossen ist.

Auf nur für juristische Puristen interessante Angaben wie beispielsweise aufgehobene §§ und andere formale Hinweise wurde verzichtet, da sie für die Prüfung völlig unwichtig und höchstens verwirrend sind.

Es ist üblich, dass die Teilnehmer ihre Gesetzestexte selbst dadurch auf die Prüfung vorbereiten, dass sie bunte Markierungen mit Stichworten einkleben. Ab einer größeren Zahl an Zetteln wird das aber auch wieder unübersichtlich. Der schnellste Weg zum gesuchten Gesetzestext führt über das alphabetische Register. Deshalb wurde besonderer Wert daraufgelegt, viele Suchbegriffe in das Register aufzunehmen.

Falls Sie einen Begriff suchen, an den wir nicht gedacht haben, bitten wir herzlich darum, uns darauf hinzuweisen:
bpo@fachwirteverlag.de

Dann – viel Erfolg!

AO - Abgabenordnung

In der Fassung vom 1. Oktober 2002 - zuletzt geändert 21.12.2023

Gliederung

Erster Teil	§§ 1 - 32j	Einleitende Vorschriften
Zweiter Teil	§§ 33 - 77	Steuerschuldrecht
Dritter Teil	§§ 78 - 133	Allgemeine Verfahrensvorschriften
Vierter Teil	§§ 134 - 217	Durchführung der Besteuerung
Fünfter Teil	§§ 218 - 248	Erhebungsverfahren
Sechster Teil	§§ 249 - 346	Vollstreckung
Siebenter Teil	§§ 347 - 368	Rechtsbehelfsverfahren
Achter Teil	§§ 369 - 412	Straf- und Bußgeldverfahren
Neunter Teil	§§ 413 - 415	Schlussvorschriften

Erster Teil. Einleitende Vorschriften

§ 1 Anwendungsbereich

(1)[1]Dieses Gesetz gilt für alle Steuern einschließlich der Steuervergütungen, die durch Bundesrecht oder Recht der Europäischen Union geregelt sind, soweit sie durch Bundesfinanzbehörden oder durch Landesfinanzbehörden verwaltet werden. [2]Es ist nur vorbehaltlich des Rechts der Europäischen Union anwendbar.

(2) Für die Realsteuern gelten, soweit ihre Verwaltung den Gemeinden übertragen worden ist, die folgenden Vorschriften dieses Gesetzes entsprechend:

die Vorschriften des Ersten, Zweiten, Vierten, Sechsten und Siebten Abschnitts des Ersten Teils (...),

die Vorschriften des Zweiten Teils (Steuerschuldrecht),

die Vorschriften des Dritten Teils mit Ausnahme der §§ 82 bis 84 (Allgemeine Verfahrensvorschriften),

die Vorschriften des Vierten Teils (Durchführung der Besteuerung),

die Vorschriften des Fünften Teils (Erhebungsverfahren),

§ 249 Absatz 2 Satz 2,

die §§ 351 und 361 Abs. 1 Satz 2 und Abs. 3,

die Vorschriften des Achten Teils (Straf- und Bußgeldvorschriften, Straf- und Bußgeldverfahren).

(3) [1]Auf steuerliche Nebenleistungen sind die Vorschriften dieses Gesetzes vorbehaltlich des Rechts der Europäischen Union sinngemäß anwendbar. [2]Der Dritte bis Sechste Abschnitt des Vierten Teils gilt jedoch nur, soweit dies besonders bestimmt wird.

§ 3 Steuern, steuerliche Nebenleistungen

(1) Steuern sind Geldleistungen, die nicht eine Gegenleistung für eine besondere Leistung darstellen und von einem öffentlich-rechtlichen Gemeinwesen zur Erzielung von Einnahmen allen auferlegt werden, bei denen der Tatbestand zutrifft, an den das Gesetz die Leistungspflicht knüpft; die Erzielung von Einnahmen kann Nebenzweck sein.

(2) Realsteuern sind die Grundsteuer und die Gewerbesteuer.

(3) Einfuhr- und Ausfuhrabgaben nach Art. 5 Nr. 20 und 21 UZK sind Steuern im Sinne dieses Gesetzes.

(4) Steuerliche Nebenleistungen sind

1. Verzögerungsgelder nach § 146 Absatz 2c
2. Verspätungszuschläge nach § 152
3. Zuschläge nach § 162 Absatz 4

3a. Mitwirkungsverzögerungsgelder nach § 200a Absatz 2 und Zuschläge zum Mitwirkungs-verzögerungsgeld nach § 200a Absatz 3,

4. Zinsen nach den §§ 233 bis 237 sowie Zinsen nach den Steuergesetzen, auf die die §§ 238 und 239 anzuwenden sind, sowie Zinsen, die über die §§ 233 bis 237 und die Steuergesetze hinaus nach dem Recht der Europäischen Union auf zu erstattende Steuern zu leisten sind,
5. Säumniszuschläge nach § 240
6. Zwangsgelder nach § 329
7. Kosten nach den §§ 89, 89a Absatz 7 sowie den §§ 178 und 337 bis 345,
8. Zinsen auf Einfuhr- und Ausfuhrabgaben nach Art. 5 Nr. 20 und 21 des Zollkodex der Union und
9. Verspätungsgelder nach § 22a Absatz 5 des Einkommensteuergesetzes und
10. Kosten nach § 10 Absatz 5 und § 11 Absatz 7 des Plattformen-Steuertransparenz-gesetzes.

(5) [1]Das Aufkommen der Zinsen auf Einfuhr- und Ausfuhrabgaben nach Art. 5 Nr. 20 und 21 UZK steht dem Bund zu. [2]Das Aufkommen der übrigen Zinsen steht den jeweils steuerberechtigten Körperschaften zu. [3]Das Aufkommen der Kosten im Sinne des § 89 steht jeweils der Körperschaft zu, deren Behörde für die Erteilung der verbindlichen Auskunft zuständig ist. [4]Das Aufkommen der Kosten im Sinne des § 89a Absatz 7 steht dem Bund und dem jeweils betroffenen Land je zur Hälfte zu. [5]Das Aufkommen der Kosten nach § 10 Abs. 5 und § 11 Abs. 7 PStTG steht dem Bund zu. [6]Die übrigen steuerlichen Nebenleistungen fließen den verwaltenden Körperschaften zu.

§ 6 Finanzbehörden

(1) Behörde ist jede öffentliche Stelle, die Aufgaben der öffentlichen Verwaltung wahrnimmt.

§ 8 Wohnsitz

Einen Wohnsitz hat jemand dort, wo er eine Wohnung unter Umständen innehat, die darauf schließen lassen, dass er die Wohnung beibehalten und benutzen wird.

§ 9 Gewöhnlicher Aufenthalt

[1]Den gewöhnlichen Aufenthalt hat jemand dort, wo er sich unter Umständen aufhält, die erkennen lassen, dass er an diesem Ort oder in diesem Gebiet nicht nur vorübergehend verweilt. [2]Als gewöhnlicher Aufenthalt im Geltungsbereich dieses Gesetzes ist stets und von Beginn an ein zeitlich zusammen-hängender Aufenthalt von mehr als sechs Monaten Dauer anzusehen; kurzfristige Unterbrechungen bleiben unberücksichtigt. [3]Satz 2 gilt nicht, wenn der Aufenthalt ausschließlich zu Besuchs-, Erholungs-, Kur- oder ähnlichen privaten Zwecken genommen wird und nicht länger als ein Jahr dauert.

§ 11 Sitz

Den Sitz hat eine Körperschaft, Personenvereinigung oder Vermögensmasse an dem Ort, der durch Gesetz, Gesellschaftsvertrag, Satzung, Stiftungsgeschäft oder dergleichen bestimmt ist.

§ 12 Betriebstätte

[1]Betriebstätte ist jede feste Geschäftseinrichtung oder Anlage, die der Tätigkeit eines Unternehmens dient. [2]Als Betriebstätten sind insbesondere anzusehen: 1. die Stätte der Geschäftsleitung, 2. Zweigniederlassungen, 3. Geschäftsstellen, 4. Fabrikations- oder Werkstätten, 5. Warenlager, 6. Ein- oder Verkaufsstellen (...)

§ 14 Wirtschaftlicher Geschäftsbetrieb

[1]Ein wirtschaftlicher Geschäftsbetrieb ist eine selbständige nachhaltige Tätigkeit, durch die Einnahmen oder andere wirtschaftliche Vorteile erzielt werden und die über den Rahmen einer Vermögensverwaltung hinausgeht. [2]Die Absicht, Gewinn zu erzielen, ist nicht erforderlich. [3]Eine Vermögensverwaltung liegt in der Regel vor, wenn Vermögen genutzt, zum Beispiel Kapital-vermögen verzinslich angelegt oder unbewegliches Vermögen vermietet oder verpachtet wird.

§ 17 Örtliche Zuständigkeit

Die örtliche Zuständigkeit richtet sich, soweit nichts anderes bestimmt ist, nach den folgenden Vorschriften.

§ 18 Gesonderte Feststellungen

(1) Für die gesonderten Feststellungen nach § 180 ist örtlich zuständig:

1. bei Betrieben der Land- und Forstwirtschaft, bei Grundstücken, Betriebsgrundstücken und Mineralgewinnungsrechten das Finanzamt, in dessen Bezirk der Betrieb, das Grundstück, das Betriebsgrundstück, das Mineralgewinnungsrecht oder, wenn sich der Betrieb, das Grundstück, das Betriebsgrundstück oder das Mineralgewinnungsrecht auf die Bezirke mehrerer Finanzämter erstreckt, der wertvollste Teil liegt (Lagefinanzamt).
2. bei gewerblichen Betrieben mit Geschäftsleitung im Geltungsbereich dieses Gesetzes das Finanzamt, in dessen Bezirk sich die Geschäftsleitung befindet, bei gewerblichen Betrieben ohne Geschäfts-leitung im Geltungsbereich dieses Gesetzes das Finanzamt, in

dessen Bezirk eine Betriebstätte - bei mehreren Betriebstätten die wirtschaftlich bedeutendste - unterhalten wird (Betriebsfinanzamt),
3. bei Einkünften aus selbständiger Arbeit das Finanzamt, von dessen Bezirk aus die Tätigkeit vorwiegend ausgeübt wird ...

§ 19 Steuern vom Einkommen und Vermögen natürlicher Personen

(1) [1]Für die Besteuerung natürlicher Personen nach dem Einkommen und Vermögen ist das Finanzamt örtlich zuständig, in dessen Bezirk der Steuerpflichtige seinen Wohnsitz oder in Ermangelung eines Wohnsitzes seinen gewöhnlichen Aufenthalt hat (Wohnsitzfinanzamt). [2]Bei mehrfachem Wohnsitz im Geltungsbereich des Gesetzes ist der Wohnsitz maßgebend, an dem sich der Steuerpflichtige vorwiegend aufhält; ...

§ 20 Steuern vom Einkommen und Vermögen der Körperschaften, Personenvereinigungen

(1) Für die Besteuerung von Körperschaften, Personenvereinigungen und Vermögensmassen nach dem Einkommen und Vermögen ist das Finanzamt örtlich zuständig, in dessen Bezirk sich die Geschäftsleitung befindet.

§ 21 Umsatzsteuer

(1) [1]Für die Umsatzsteuer mit Ausnahme der Einfuhrumsatzsteuer ist das Finanzamt zuständig, von dessen Bezirk aus der Unternehmer sein Unternehmen im Geltungsbereich des Gesetzes ganz oder vorwiegend betreibt. [2]Das Bundesministerium der Finanzen kann zur Sicherstellung der Besteuerung durch Rechtsverordnung mit Zustimmung des Bundesrates für Unternehmer, die Wohnsitz, Sitz oder Geschäftsleitung außerhalb des Geltungsbereiches dieses Gesetzes haben, die örtliche Zuständigkeit einer Finanzbehörde für den Geltungsbereich des Gesetzes übertragen.

§ 22 Realsteuern

(1) [1]Für die Festsetzung und Zerlegung der Steuermessbeträge ist bei der Grundsteuer das Lage-finanzamt (§ 18 Abs. 1 Nr. 1) und bei der Gewerbesteuer das Betriebsfinanzamt (§ 18 Abs. 1 Nr. 2) örtlich zuständig. [2]Abweichend von Satz 1 ist für die Festsetzung und Zerlegung der Gewerbe-steuermessbeträge bei Unternehmen, die Bauleistungen im Sinne von § 48 Abs. 1 Satz 3 EStG erbringen, das Finanzamt zuständig, das für die Besteuerung der entsprechenden Umsätze nach § 21 Abs. 1 zuständig ist, wenn der Unternehmer seinen Wohnsitz oder das Unternehmen seine Geschäftsleitung oder seinen Sitz außerhalb des Geltungsbereiches des Gesetzes hat.
(2) [1]Soweit die Festsetzung, Erhebung und Beitreibung von Realsteuern den Finanzämtern obliegt, ist dafür das Finanzamt örtlich zuständig, zu dessen Bezirk die hebeberechtigte Gemeinde gehört. [2]Gehört eine hebeberechtigte Gemeinde zu den Bezirken mehrerer Finanzämter, so ist von diesen Finanzämtern das Finanzamt örtlich zuständig, das nach Absatz 1 zuständig ist oder zuständig wäre, wenn im Geltungsbereich dieses Gesetzes nur

die in der hebeberechtigten Gemeinde liegenden Teile des Betriebs, des Grundstücks oder des Betriebsgrundstücks vorhanden wären.

§ 30 Steuergeheimnis

(1) Amtsträger haben das Steuergeheimnis zu wahren.

Zweiter Teil. Steuerschuldrecht

§ 33 Steuerpflichtiger

(1) Steuerpflichtiger ist, wer eine Steuer schuldet, für eine Steuer haftet, eine Steuer für Rechnung eines Dritten einzubehalten und abzuführen hat, wer eine Steuererklärung abzugeben, Sicherheit zu leisten, Bücher und Aufzeichnungen zu führen oder andere ihm durch die Steuergesetze auferlegte Verpflichtungen zu erfüllen hat.
(2) Steuerpflichtiger ist nicht, wer in einer fremden Steuersache Auskunft zu erteilen, Urkunden vorzulegen, ein Sachverständigengutachten zu erstatten oder das Betreten von Grundstücken, Geschäfts- und Betriebsräumen zu gestatten hat.

§ 34 Pflichten der gesetzlichen Vertreter und der Vermögensverwalter

(1) [1]Die gesetzlichen Vertreter natürlicher und juristischer Personen und die Geschäftsführer von nicht rechtsfähigen Personenvereinigungen und Vermögensmassen haben deren steuerliche Pflichten zu erfüllen. [2]Sie haben insbesondere dafür zu sorgen, dass die Steuern aus den Mitteln entrichtet werden, die sie verwalten....

§ 37 Ansprüche aus dem Steuerschuldverhältnis

(1) Ansprüche aus dem Steuerschuldverhältnis sind der Steueranspruch, der Steuervergütungsanspruch, der Haftungsanspruch, der Anspruch auf eine steuerliche Nebenleistung, der Erstattungs-anspruch nach Abs. 2 sowie die in Einzelsteuergesetzen geregelten Steuererstattungsansprüche.
(2) [1]Ist eine Steuer, eine Steuervergütung, ein Haftungsbetrag oder eine steuerliche Nebenleistung ohne rechtlichen Grund gezahlt oder zurückgezahlt worden, so hat derjenige, auf dessen Rechnung die Zahlung bewirkt worden ist, an den Leistungsempfänger einen Anspruch auf Erstattung des gezahlten oder zurückgezahlten Betrags. [2]Dies gilt auch dann, wenn der rechtliche Grund für die Zahlung oder Rückzahlung später wegfällt. [3]Im Fall der Abtretung, Verpfändung oder Pfändung richtet sich der Anspruch auch gegen den Abtretenden, Verpfänder oder Pfändungsschuldner.

§ 38 Entstehung der Ansprüche aus dem Steuerschuldverhältnis

Die Ansprüche aus dem Steuerschuldverhältnis entstehen, sobald der Tatbestand verwirklicht ist, an den das Gesetz die Leistungspflicht knüpft.

§ 39 Zurechnung

(1) Wirtschaftsgüter sind dem Eigentümer zuzurechnen.

(2) Abweichend von Absatz 1 gelten die folgenden Vorschriften:

1. [1]Übt ein anderer als der Eigentümer die tatsächliche Herrschaft über ein Wirtschaftsgut in der Weise aus, dass er den Eigentümer im Regelfall für die gewöhnliche Nutzungsdauer von der Einwirkung auf das Wirtschaftsgut wirtschaftlich ausschließen kann, so ist ihm das Wirtschaftsgut zuzurechnen. [2]Bei Treuhandverhältnissen sind die Wirtschaftsgüter dem Treugeber, beim Sicherungseigentum dem Sicherungsgeber und beim Eigenbesitz dem Eigenbesitzer zuzurechnen.
2. Wirtschaftsgüter, die mehreren zur gesamten Hand zustehen, werden den Beteiligten anteilig zugerechnet, soweit eine getrennte Zurechnung für die Besteuerung erforderlich ist.

§ 64 Steuerpflichtige wirtschaftliche Geschäftsbetriebe

(1) Schließt das Gesetz die Steuervergünstigung insoweit aus, als ein wirtschaftlicher Geschäftsbetrieb (§ 14) unterhalten wird, so verliert die Körperschaft die Steuervergünstigung für die dem Geschäftsbetrieb zuzuordnenden Besteuerungsgrundlagen (Einkünfte, Umsätze, Vermögen), soweit der wirtschaftliche Geschäftsbetrieb kein Zweckbetrieb (§§ 65 bis 68) ist.

(2) Unterhält die Körperschaft mehrere wirtschaftliche Geschäftsbetriebe, die keine Zweck-betriebe (§§ 65 bis 68) sind, werden diese als ein wirtschaftlicher Geschäftsbetrieb behandelt.

(3) Übersteigen die Einnahmen einschließlich Umsatzsteuer aus wirtschaftlichen Geschäftsbetrieben, die keine Zweckbetriebe sind, insgesamt nicht 45.000 Euro im Jahr, so unterliegen die diesen Geschäftsbetrieben zuzuordnenden Besteuerungsgrundlagen nicht der Körperschaftsteuer und der Gewerbesteuer.

(4) Die Aufteilung einer Körperschaft in mehrere selbständige Körperschaften zum Zweck der mehrfachen Inanspruchnahme der Steuervergünstigung nach Absatz 3 gilt als Missbrauch von rechtlichen Gestaltungsmöglichkeiten im Sinne des § 42.

Dritter Teil. Allgemeine Verfahrensvorschriften

Erster Abschnitt. Verfahrensgrundsätze

§ 78 Beteiligte

Beteiligte sind

1. Antragsteller und Antragsgegner,
2. diejenigen, an die die Finanzbehörde den Verwaltungsakt richten will oder gerichtet hat,
3. diejenigen, mit denen die Finanzbehörde einen öffentlich-rechtlichen Vertrag schließen will oder geschlossen hat.

§ 85 Besteuerungsgrundsätze

[1]Die Finanzbehörden haben die Steuern nach Maßgabe der Gesetze gleichmäßig festzusetzen und zu erheben. [2]Insbesondere haben sie sicherzustellen, dass Steuern nicht verkürzt, zu Unrecht erhoben oder Steuererstattungen und Steuervergütungen nicht zu Unrecht gewährt oder versagt werden.

§ 89 Beratung, Auskunft

(1) [1]Die Finanzbehörde soll die Abgabe von Erklärungen, die Stellung von Anträgen oder die Berichtigung von Erklärungen oder Anträgen anregen, wenn diese offensichtlich nur versehentlich oder aus Unkenntnis unterblieben oder unrichtig abgegeben oder gestellt worden sind. [2]Sie erteilt, soweit erforderlich, Auskunft über die den Beteiligten im Verwaltungsverfahren zustehenden Rechte und die ihnen obliegenden Pflichten.

(2) [1]Die Finanzämter und das Bundeszentralamt für Steuern können auf Antrag verbindliche Auskünfte über die steuerliche Beurteilung von genau bestimmten, noch nicht verwirklichten Sachverhalten erteilen, wenn daran im Hinblick auf die erheblichen steuerlichen Auswirkungen ein besonderes Interesse besteht. [2]Zuständig für die Erteilung einer verbindlichen Auskunft ist die Finanzbehörde, die bei Verwirklichung des dem Antrag zugrunde liegenden Sachverhalts örtlich zuständig sein würde.

§ 90 Mitwirkungspflichten der Beteiligten

(1) [1]Die Beteiligten sind zur Mitwirkung bei der Ermittlung des Sachverhalts verpflichtet. [2]Sie kommen der Mitwirkungspflicht insbesondere dadurch nach, dass sie die für die Besteuerung erheblichen Tatsachen vollständig und wahrheitsgemäß offen legen und die ihnen bekannten Beweismittel angeben. [3]Der Umfang dieser Pflichten richtet sich nach den Umständen des Einzelfalls.

(2) [1]Ist ein Sachverhalt zu ermitteln und steuerrechtlich zu beurteilen, der sich auf Vorgänge außerhalb des Geltungsbereichs dieses Gesetzes bezieht, so haben die Beteiligten diesen Sachverhalt aufzuklären und die erforderlichen Beweismittel zu beschaffen. [2]Sie haben dabei alle für sie bestehenden rechtlichen und tatsächlichen Möglichkeiten auszuschöpfen. [3]Ein Beteiligter kann sich nicht darauf berufen, dass er Sachverhalte nicht aufklären oder Beweismittel nicht beschaffen kann, wenn er sich nach Lage des Falls bei der Gestaltung seiner Verhältnisse die Möglichkeit dazu hätte beschaffen oder einräumen lassen können.

(3) [1]Ein Steuerpflichtiger hat über die Art und den Inhalt seiner Geschäftsbeziehungen im Sinne des § 1 Absatz 4 des Außensteuergesetzes Aufzeichnungen zu erstellen. ...

(4) [1]Die Finanzbehörde kann jederzeit die Vorlage der Aufzeichnungen nach Absatz 3 verlangen; die Vorlage richtet sich nach § 97. [2]Im Falle einer Außenprüfung sind die Aufzeichnungen ohne gesondertes Verlangen vorzulegen. [3]Die Aufzeichnungen sind jeweils innerhalb einer Frist von 30 Tagen nach Anforderung oder nach Bekanntgabe der Prüfungsanordnung vorzulegen. [4]In begründeten Einzelfällen kann die Vorlagefrist verlängert werden. ...

§ 108 Fristen und Termine

(1) Für die Berechnung von Fristen und für die Bestimmung von Terminen gelten die §§ 187 bis 193 BGB entsprechend, soweit nicht durch die Absätze 2 bis 5 etwas anderes bestimmt ist.
(2) Der Lauf einer Frist, die von einer Behörde gesetzt wird, beginnt mit dem Tag, der auf die Bekanntgabe der Frist folgt, außer wenn der betroffenen Person etwas anderes mitgeteilt wird.
(3) Fällt das Ende einer Frist auf einen Sonntag, einen gesetzlichen Feiertag oder einen Sonnabend, so endet die Frist mit dem Ablauf des nächstfolgenden Werktags.
(4) Hat eine Behörde Leistungen nur für einen bestimmten Zeitraum zu erbringen, so endet dieser Zeitraum auch dann mit dem Ablauf seines letzten Tages, wenn dieser auf einen Sonntag, einen gesetzlichen Feiertag oder einen Sonnabend fällt. ...

§ 109 Verlängerung von Fristen

(1) [1]Fristen zur Einreichung von Steuererklärungen und Fristen, die von einer Finanzbehörde gesetzt sind, können vorbehaltlich des Absatzes 2 verlängert werden. [2]Sind solche Fristen bereits abgelaufen, können sie vorbehaltlich des Abs. 2 rückwirkend verlängert werden, insbesondere wenn es unbillig wäre, die durch den Fristablauf eingetretenen Rechtsfolgen bestehen zu lassen. ...

§ 110 Wiedereinsetzung in den vorigen Stand

(1) [1]War jemand ohne Verschulden verhindert, eine gesetzliche Frist einzuhalten, so ist ihm auf Antrag Wiedereinsetzung in den vorigen Stand zu gewähren. [2]Das Verschulden eines Vertreters ist dem Vertretenen zuzurechnen.
(2) [1]Der Antrag ist innerhalb eines Monats nach Wegfall des Hindernisses zu stellen. [2]Die Tatsachen zur Begründung des Antrags sind bei der Antragstellung oder im Verfahren über den Antrag glaubhaft zu machen. [3]Innerhalb der Antragsfrist ist die versäumte Handlung nachzuholen. [4]Ist dies geschehen, so kann Wiedereinsetzung auch ohne Antrag gewährt werden.
(3) Nach einem Jahr seit dem Ende der versäumten Frist kann die Wiedereinsetzung nicht mehr beantragt oder die versäumte Handlung nicht mehr nachgeholt werden, außer wenn dies vor Ablauf der Jahresfrist infolge höherer Gewalt unmöglich war.
(4) Über den Antrag auf Wiedereinsetzung entscheidet die Finanzbehörde, die über die versäumte Handlung zu befinden hat.

§ 118 Begriff des Verwaltungsakts

[1]Verwaltungsakt ist jede Verfügung, Entscheidung oder andere hoheitliche Maßnahme, die eine Behörde zur Regelung eines Einzelfalls auf dem Gebiet des öffentlichen Rechts trifft und die auf unmittelbare Rechtswirkung nach außen gerichtet ist. [2]Allgemeinverfügung ist ein Verwaltungsakt, der sich an einen nach allgemeinen Merkmalen bestimmten oder bestimmbaren Personenkreis richtet oder die öffentlich-rechtliche Eigenschaft einer Sache oder ihre Benutzung durch die Allgemeinheit betrifft.

§ 119 Bestimmtheit und Form des Verwaltungsakts

(1) Ein Verwaltungsakt muss inhaltlich hinreichend bestimmt sein.

(2) [1]Ein Verwaltungsakt kann schriftlich, elektronisch, mündlich oder in anderer Weise erlassen werden. [2]Ein mündlicher Verwaltungsakt ist schriftlich zu bestätigen, wenn hieran ein berechtigtes Interesse besteht und die betroffene Person dies unverzüglich verlangt. ...

§ 121 Begründung des Verwaltungsakts

(1) Ein schriftlicher, elektronischer sowie ein schriftlich oder elektronisch bestätigter Verwaltungsakt ist mit einer Begründung zu versehen, soweit dies zu seinem Verständnis erforderlich ist.

(2) Einer Begründung bedarf es nicht,

1. soweit die Finanzbehörde einem Antrag entspricht oder einer Erklärung folgt und der Verwaltungsakt nicht in Rechte eines anderen eingreift,
2. soweit demjenigen, für den der Verwaltungsakt bestimmt ist oder der von ihm betroffen wird, die Auffassung der Finanzbehörde über die Sach- und Rechtslage bereits bekannt oder auch ohne Begründung für ihn ohne weiteres erkennbar ist,
3. wenn die Finanzbehörde gleichartige Verwaltungsakte in größerer Zahl oder Verwaltungsakte mit Hilfe automatischer Einrichtungen erlässt und die Begründung nach den Umständen des Einzelfalls nicht geboten ist,
4. wenn sich dies aus einer Rechtsvorschrift ergibt,
5. wenn eine Allgemeinverfügung öffentlich bekannt gegeben wird.

§ 122 Bekanntgabe des Verwaltungsakts

(1) [1]Ein Verwaltungsakt ist demjenigen Beteiligten bekannt zu geben, für den er bestimmt ist oder der von ihm betroffen wird. [2]§ 34 Abs. 2 ist entsprechend anzuwenden. [3]Der Verwaltungsakt kann auch gegenüber einem Bevollmächtigten bekannt gegeben werden. [4]Er soll dem Bevollmächtigten bekannt gegeben werden, wenn der Finanzbehörde eine schriftliche oder eine nach amtlich vorgeschriebenem Datensatz elektronisch übermittelte Empfangsvollmacht vorliegt, solange dem Bevollmächtigten nicht eine Zurückweisung nach § 80 Abs. 7 bekannt gegeben worden ist.

(2) Ein schriftlicher Verwaltungsakt, der durch die Post übermittelt wird, gilt als bekannt gegeben

1. bei einer Übermittlung im Inland am dritten Tage nach der Aufgabe zur Post,
2. bei einer Übermittlung im Ausland einen Monat nach der Aufgabe zur Post,

außer wenn er nicht oder zu einem späteren Zeitpunkt zugegangen ist; im Zweifel hat die Behörde den Zugang des Verwaltungsakts und den Zeitpunkt des Zugangs nachzuweisen.

(2a) Ein elektronisch übermittelter Verwaltungsakt gilt am dritten Tage nach der Absendung als bekannt gegeben, außer wenn er nicht oder zu einem späteren Zeitpunkt zugegangen ist; im Zweifel hat die Behörde den Zugang des Verwaltungsakts und den Zeitpunkt des Zugangs nachzuweisen.

(3) [1]Ein Verwaltungsakt darf öffentlich bekannt gegeben werden, wenn dies durch Rechtsvorschrift zugelassen ist. [2]Eine Allgemeinverfügung darf auch dann öffentlich bekannt gegeben werden, wenn eine Bekanntgabe an die Beteiligten untunlich ist.
(4) [1]Die öffentliche Bekanntgabe eines Verwaltungsakts wird dadurch bewirkt, dass sein verfügender Teil ortsüblich bekannt gemacht wird. [2]In der ortsüblichen Bekanntmachung ist anzugeben, wo der Verwaltungsakt und seine Begründung eingesehen werden können. [3]Der Verwaltungsakt gilt zwei Wochen nach dem Tag der ortsüblichen Bekanntmachung als bekannt gegeben. [4]In einer Allgemeinverfügung kann ein hiervon abweichender Tag, jedoch frühestens der auf die Bekanntmachung folgende Tag bestimmt werden.
(5) [1]Ein Verwaltungsakt wird zugestellt, wenn dies gesetzlich vorgeschrieben ist oder behördlich angeordnet wird. ...

§ 124 Wirksamkeit des Verwaltungsakts

(1) [1]Ein Verwaltungsakt wird gegenüber demjenigen, für den er bestimmt ist oder der von ihm betroffen wird, in dem Zeitpunkt wirksam, in dem er ihm bekannt gegeben wird. [2]Der Verwaltungsakt wird mit dem Inhalt wirksam, mit dem er bekannt gegeben wird.
(2) Ein Verwaltungsakt bleibt wirksam, solange und soweit er nicht zurückgenommen, widerrufen, anderweitig aufgehoben oder durch Zeitablauf oder auf andere Weise erledigt ist.
(3) Ein nichtiger Verwaltungsakt ist unwirksam.

§ 125 Nichtigkeit des Verwaltungsakts

(1) Ein Verwaltungsakt ist nichtig, soweit er an einem besonders schwerwiegenden Fehler leidet und dies bei verständiger Würdigung aller in Betracht kommenden Umstände offenkundig ist.
(2) Ohne Rücksicht auf das Vorliegen der Voraussetzungen des Absatzes 1 ist ein Verwaltungsakt nichtig,

1. der schriftlich oder elektronisch erlassen worden ist, die erlassende Finanzbehörde aber nicht erkennen lässt,
2. den aus tatsächlichen Gründen niemand befolgen kann,
3. der die Begehung einer rechtswidrigen Tat verlangt, die einen Straf- oder Bußgeldtatbestand verwirklicht,
4. der gegen die guten Sitten verstößt.

§ 129 Offenbare Unrichtigkeiten beim Erlass eines Verwaltungsakts

[1]Die Finanzbehörde kann Schreibfehler, Rechenfehler und ähnliche offenbare Unrichtigkeiten, die beim Erlass eines Verwaltungsakts unterlaufen sind, jederzeit berichtigen. [2]Bei berechtigtem Interesse des Beteiligten ist zu berichtigen. [3]Wird zu einem schriftlich ergangenen Verwaltungsakt die Berichtigung begehrt, ist die Finanzbehörde berechtigt, die Vorlage des Schriftstücks zu verlangen, das berichtigt werden soll.

§ 130 Rücknahme eines rechtswidrigen Verwaltungsakts

(1) Ein rechtswidriger Verwaltungsakt kann, auch nachdem er unanfechtbar geworden ist, ganz oder teilweise mit Wirkung für die Zukunft oder für die Vergangenheit zurückgenommen werden.

Vierter Teil. Durchführung der Besteuerung

§ 137 Steuerliche Erfassung von Körperschaften, Vereinigungen und Vermögensmassen

(1) Steuerpflichtige, die nicht natürliche Personen sind, haben dem nach § 20 zuständigen Finanzamt und den für die Erhebung der Realsteuern zuständigen Gemeinden die Umstände anzuzeigen, die für die steuerliche Erfassung von Bedeutung sind, insbesondere die Gründung, den Erwerb der Rechtsfähigkeit, die Änderung der Rechtsform, die Verlegung der Geschäftsleitung oder des Sitzes und die Auflösung.
(2) Die Mitteilungen sind innerhalb eines Monats seit dem meldepflichtigen Ereignis zu erstatten.

§ 138 Anzeigen über die Erwerbstätigkeit

(1) [1]Wer einen Betrieb der Land- und Forstwirtschaft, einen gewerblichen Betrieb oder eine Betriebstätte eröffnet, hat dies nach amtlich vorgeschriebenem Vordruck der Gemeinde mitzuteilen, in der der Betrieb oder die Betriebstätte eröffnet wird; die Gemeinde unterrichtet unverzüglich das nach § 22 Abs. 1 zuständige Finanzamt von dem Inhalt der Mitteilung. [2]Ist die Festsetzung der Realsteuern den Gemeinden nicht übertragen worden, so tritt an die Stelle der Gemeinde das nach § 22 Abs. 2 zuständige Finanzamt. [3]Wer eine freiberufliche Tätigkeit aufnimmt, hat dies dem nach § 19 zuständigen Finanzamt mitzuteilen. [4]Das Gleiche gilt für die Verlegung und die Aufgabe eines Betriebs, einer Betriebstätte oder einer freiberuflichen Tätigkeit.
(1a) Unternehmer im Sinne des § 2 UStG können ihre Anzeigepflichten nach Abs. 1 zusätzlich bei der für die Umsatzbesteuerung zuständigen Finanzbehörde elektronisch erfüllen.
(1b) [1]Sofern Steuerpflichtige gemäß Abs.1 Satz 1 bis 3 verpflichtet sind, eine Betriebseröffnung oder Aufnahme einer freiberuflichen Tätigkeit mitzuteilen, haben sie dem in Abs.1 bezeichneten Finanzamt weitere Auskünfte über die für die Besteuerung erheblichen rechtlichen und tatsächlichen Verhältnisse zu erteilen. [2]Die Auskünfte im Sinne des Satzes 1 sind nach amtlich vorgeschriebenem Datensatz über die amtlich bestimmte Schnittstelle zu übermitteln. [3]Auf Antrag kann das Finanzamt zur Vermeidung unbilliger Härten auf eine Übermittlung gemäß Satz 2 verzichten; in diesem Fall sind die Auskünfte im Sinne des Satzes 1 nach amtlich vorgeschriebenem Vordruck zu erteilen.
...

§ 139a Identifikationsmerkmal

(1) [1]Das Bundeszentralamt für Steuern teilt jedem Steuerpflichtigen und jeder sonstigen natürlichen Person, die bei einer öffentlichen Stelle ein Verwaltungsverfahren führt, zum Zwecke der eindeutigen Identifizierung in Besteuerungs- und Verwaltungsverfahren ein einheitliches und dauerhaftes Merkmal (Identifikationsmerkmal) zu; das Identifikationsmerkmal ist vom Steuerpflichtigen oder von einem Dritten, der Daten dieses Steuerpflichtigen an die Finanzbehörden zu übermitteln hat, bei Anträgen, Erklärungen oder Mitteilungen gegenüber Finanzbehörden anzugeben. [2]Es besteht aus einer Ziffernfolge, die nicht aus anderen Daten über die betroffene Person gebildet oder abgeleitet werden darf; die letzte Stelle ist eine Prüfziffer. [3]Natürliche Personen erhalten eine Identifikationsnummer, wirtschaftlich Tätige eine Wirtschafts-Identifikationsnummer. [4]Die betroffene Person ist über die Zuteilung eines Identifikationsmerkmals unverzüglich zu unterrichten.

(2) Steuerpflichtiger im Sinne dieses Unterabschnitts ist jeder, der nach einem Steuergesetz steuerpflichtig ist.

(3) Wirtschaftlich Tätige im Sinne dieses Unterabschnitts sind:

1. natürliche Personen, die wirtschaftlich tätig sind,
2. juristische Personen,
3. Personenvereinigungen.

§ 139b Identifikationsnummer

(1) [1]Eine natürliche Person darf nicht mehr als eine Identifikationsnummer erhalten. [2]Jede Identifikationsnummer darf nur einmal vergeben werden. (...)

§ 139c Wirtschafts-Identifikationsnummer

(1) [1]Die Wirtschafts-Identifikationsnummer wird auf Anforderung der zuständigen Finanzbehörde vergeben. [2]Sie beginnt mit den Buchstaben "DE". [3]Jede Wirtschafts-Identifikationsnummer darf nur einmal vergeben werden.

§ 140 Buchführungs- und Aufzeichnungspflichten nach anderen Gesetzen

Wer nach anderen Gesetzen als den Steuergesetzen Bücher und Aufzeichnungen zu führen hat, die für die Besteuerung von Bedeutung sind, hat die Verpflichtungen, die ihm nach den anderen Gesetzen obliegen, auch für die Besteuerung zu erfüllen.

§ 141 Buchführungspflicht bestimmter Steuerpflichtiger

(1) [1]Gewerbliche Unternehmer sowie Land- und Forstwirte, die nach den Feststellungen der Finanzbehörde für den einzelnen Betrieb

1. einen Gesamtumsatz im Sinne des § 19 Abs. 3 Satz 1 UstG von mehr als 600.000 Euro im Kalenderjahr oder (...)

4. einen Gewinn aus Gewerbebetrieb von mehr als 60.000 Euro im Wirtschaftsjahr oder
5. einen Gewinn aus Land- und Forstwirtschaft von mehr als 60.000 Euro im Kalenderjahr

gehabt haben, sind auch dann verpflichtet, für diesen Betrieb Bücher zu führen und auf Grund jährlicher Bestandsaufnahmen Abschlüsse zu machen, wenn sich eine Buchführungspflicht nicht aus § 140 ergibt. [2]Die §§ 238, 240, 241, 242 Abs. 1 und die §§ 243 bis 256 HGB gelten sinngemäß, sofern sich nicht aus den Steuergesetzen etwas anderes ergibt. (...)

(2) [1]Die Verpflichtung nach Absatz 1 ist vom Beginn des Wirtschaftsjahrs an zu erfüllen, das auf die Bekanntgabe der Mitteilung folgt, durch die die Finanzbehörde auf den Beginn dieser Verpflichtung hingewiesen hat. [2]Die Verpflichtung endet mit dem Ablauf des Wirtschaftsjahrs, das auf das Wirtschaftsjahr folgt, in dem die Finanzbehörde feststellt, dass die Voraussetzungen nach Absatz 1 nicht mehr vorliegen.

(3) [1]Die Buchführungspflicht geht auf denjenigen über, der den Betrieb im Ganzen zur Bewirtschaftung als Eigentümer oder Nutzungsberechtigter übernimmt. [2]Ein Hinweis nach Absatz 2 auf den Beginn der Buchführungspflicht ist nicht erforderlich.

§ 143 Aufzeichnung des Wareneingangs

(1) Gewerbliche Unternehmer müssen den Wareneingang gesondert aufzeichnen.

(2) [1]Aufzuzeichnen sind alle Waren einschließlich der Rohstoffe, unfertigen Erzeugnisse, Hilfsstoffe und Zutaten, die der Unternehmer im Rahmen seines Gewerbebetriebs zur Weiterveräußerung oder zum Verbrauch entgeltlich oder unentgeltlich, für eigene oder für fremde Rechnung, erwirbt; dies gilt auch dann, wenn die Waren vor der Weiterveräußerung oder dem Verbrauch be- oder verarbeitet werden sollen. [2]Waren, die nach Art des Betriebs üblicherweise für den Betrieb zur Weiterveräußerung oder zum Verbrauch erworben werden, sind auch dann aufzuzeichnen, wenn sie für betriebsfremde Zwecke verwendet werden.

(3) Die Aufzeichnungen müssen die folgenden Angaben enthalten:

1. den Tag des Wareneingangs oder das Datum der Rechnung,
2. den Namen oder die Firma und die Anschrift des Lieferers,
3. die handelsübliche Bezeichnung der Ware,
4. den Preis der Ware,
5. einen Hinweis auf den Beleg.

§ 144 Aufzeichnung des Warenausgangs

(1) Gewerbliche Unternehmer, die nach der Art ihres Geschäftsbetriebs Waren regelmäßig an andere gewerbliche Unternehmer zur Weiterveräußerung oder zum Verbrauch als Hilfsstoffe liefern, müssen den erkennbar für diese Zwecke bestimmten Warenausgang gesondert aufzeichnen.

(2) [1]Aufzuzeichnen sind auch alle Waren, die der Unternehmer

1. auf Rechnung (auf Ziel, Kredit, Abrechnung oder Gegenrechnung), durch Tausch oder unentgeltlich liefert, oder
2. gegen Barzahlung liefert, wenn die Ware wegen der abgenommenen Menge zu einem Preis veräußert wird, der niedriger ist als der übliche Preis für Verbraucher.

[2]Dies gilt nicht, wenn die Ware erkennbar nicht zur gewerblichen Weiterverwendung bestimmt ist.

(3) Die Aufzeichnungen müssen die folgenden Angaben enthalten:

1. den Tag des Warenausgangs oder das Datum der Rechnung,
2. den Namen oder die Firma und die Anschrift des Abnehmers,
3. die handelsübliche Bezeichnung der Ware,
4. den Preis der Ware,
5. einen Hinweis auf den Beleg.

(4) [1]Der Unternehmer muss über jeden Ausgang der in den Absätzen 1 und 2 genannten Waren einen Beleg erteilen, der die in Absatz 3 bezeichneten Angaben sowie seinen Namen oder die Firma und seine Anschrift enthält. [2]Dies gilt insoweit nicht, als nach § 14 Abs. 2 UStG durch die dort bezeichneten Leistungsempfänger eine Gutschrift erteilt wird oder auf Grund des § 14 Abs. 6 UStG Erleichterungen gewährt werden.

§ 145 Allgemeine Anforderungen an Buchführung und Aufzeichnungen

(1) [1]Die Buchführung muss so beschaffen sein, dass sie einem sachverständigen Dritten innerhalb angemessener Zeit einen Überblick über die Geschäftsvorfälle und über die Lage des Unternehmens vermitteln kann. [2]Die Geschäftsvorfälle müssen sich in ihrer Entstehung und Abwicklung verfolgen lassen.

(2) Aufzeichnungen sind so vorzunehmen, dass der Zweck, den sie für die Besteuerung erfüllen sollen, erreicht wird.

§ 146 Ordnungsvorschriften für die Buchführung und für Aufzeichnungen

(1) [1]Die Buchungen und die sonst erforderlichen Aufzeichnungen sind einzeln, vollständig, richtig, zeitgerecht und geordnet vorzunehmen. [2]Kasseneinnahmen und Kassenausgaben sind täglich festzuhalten. [3]Die Pflicht zur Einzelaufzeichnung nach Satz 1 besteht aus Zumutbarkeitsgründen bei Verkauf von Waren an eine Vielzahl von nicht bekannten Personen gegen Barzahlung nicht. [4]Das gilt nicht, wenn der Steuerpflichtige ein elektronisches Aufzeichnungssystem im Sinne des § 146a verwendet.

(2) [1]Bücher und die sonst erforderlichen Aufzeichnungen sind im Geltungsbereich dieses Gesetzes zu führen und aufzubewahren. [2]Dies gilt nicht, soweit für Betriebstätten außerhalb des Geltungsbereichs dieses Gesetzes nach dortigem Recht eine Verpflichtung besteht, Bücher und Aufzeichnungen zu führen, und diese Verpflichtung erfüllt wird. [3]In diesem Fall sowie bei Organgesellschaften außerhalb des Geltungsbereichs dieses Gesetzes müssen die Ergebnisse der dortigen Buchführung in die Buchführung des hiesigen Unternehmens übernommen werden, soweit sie für die Besteuerung von Bedeutung sind. [4]Dabei sind die erforderlichen Anpassungen an die steuerrechtlichen Vorschriften im Geltungsbereich dieses Gesetzes vorzunehmen und kenntlich zu machen.

(2a) [1]Abweichend von Absatz 2 Satz 1 kann der Steuerpflichtige elektronische Bücher und sonstige erforderliche elektronische Aufzeichnungen oder Teile davon in einem anderen Mitgliedstaat oder in mehreren Mitgliedstaaten der Europäischen Union führen und aufbewahren. [2]Macht der Steuerpflichtige von dieser Befugnis Gebrauch, hat er sicherzustellen, dass der Datenzugriff nach § 146b Abs. 2 Satz 2, § 147 Abs. 6 und § 27b Abs. 2 Satz 2 und 3 UStG in vollem Umfang möglich ist.

§ 147 Ordnungsvorschriften für die Aufbewahrung von Unterlagen

(1) Die folgenden Unterlagen sind geordnet aufzubewahren:

1. Bücher und Aufzeichnungen, Inventare, Jahresabschlüsse, Lageberichte, die Eröffnungsbilanz sowie die zu ihrem Verständnis erforderlichen Arbeitsanweisungen und sonstigen Organisationsunterlagen,
2. die empfangenen Handels- oder Geschäftsbriefe,
3. Wiedergaben der abgesandten Handels- oder Geschäftsbriefe,
4. Buchungsbelege (...)
5. sonstige Unterlagen, soweit sie für die Besteuerung von Bedeutung sind.

(2) Mit Ausnahme der Jahresabschlüsse, der Eröffnungsbilanz und der Unterlagen nach Abs. 1 Nummer 4a, sofern es sich bei letztgenannten Unterlagen um amtliche Urkunden oder handschriftlich zu unterschreibende nicht förmliche Präferenznachweise handelt, können die in Absatz 1 aufgeführten Unterlagen auch als Wiedergabe auf einem Bildträger oder auf anderen Datenträgern aufbewahrt werden, wenn dies den Grundsätzen ordnungsmäßiger Buchführung entspricht und sichergestellt ist, dass die Wiedergabe oder die Daten

1. mit den empfangenen Handels- oder Geschäftsbriefen und den Buchungsbelegen bildlich und mit den anderen Unterlagen inhaltlich übereinstimmen, wenn sie lesbar gemacht werden,
2. während der Dauer der Aufbewahrungsfrist jederzeit verfügbar sind, unverzüglich lesbar gemacht und maschinell ausgewertet werden können.

(3) Die in Abs.1 Nr. 1, 4 und 4a aufgeführten Unterlagen sind zehn Jahre, die sonstigen in Abs.1 aufgeführten Unterlagen sechs Jahre aufzubewahren, sofern nicht in anderen Steuergesetzen kürzere Aufbewahrungsfristen zugelassen sind. 2Kürzere Aufbewahrungsfristen nach außersteuerlichen Gesetzen lassen die in Satz 1 bestimmte Frist unberührt. 3Bei empfangenen Lieferscheinen, die keine Buchungsbelege nach Abs.1 Nummer 4 sind, endet die Aufbewahrungsfrist mit dem Erhalt der Rechnung. 4Für abgesandte Lieferscheine, die keine Buchungsbelege nach Abs.1 Nummer 4 sind, endet die Aufbewahrungsfrist mit dem Versand der Rechnung. 5Die Aufbewahrungsfrist läuft jedoch nicht ab, soweit und solange die Unterlagen für Steuern von Bedeutung sind, für welche die Festsetzungsfrist noch nicht abgelaufen ist; § 169 Abs. 2 Satz 2 gilt nicht.

(4) Die Aufbewahrungsfrist beginnt mit dem Abschluss des Kalenderjahrs, in dem die letzte Eintragung in das Buch gemacht, das Inventar, die Eröffnungsbilanz, der Jahresabschluss oder der Lagebericht aufgestellt, der Handels- oder Geschäftsbrief empfangen oder abgesandt worden oder der Buchungsbeleg entstanden ist, ferner die Aufzeichnung vorgenommen worden ist oder die sonstigen Unterlagen entstanden sind.

§ 147a Vorschriften für die Aufbewahrung von Aufzeichnungen und Unterlagen bestimmter Steuerpflichtiger

(1) [1]Steuerpflichtige, bei denen die Summe der positiven Einkünfte nach § 2 Abs.1 Nr. 4 bis 7 EStG (Überschusseinkünfte) mehr als 500.000 Euro im Kalenderjahr beträgt, haben die Aufzeichnungen und Unterlagen über die den Überschusseinkünften zu Grunde liegenden Einnahmen und Werbungskosten sechs Jahre aufzubewahren. [2]Im Falle der Zusammenveranlagung sind für die Feststellung des Überschreitens des Betrags von 500.000 Euro die Summe der positiven Einkünfte nach Satz 1 eines jeden Ehegatten oder Lebenspartners maßgebend. [3]Die Verpflichtung nach Satz 1 ist vom Beginn des Kalenderjahrs an zu erfüllen, das auf das Kalenderjahr folgt, in dem die Summe der positiven Einkünfte im Sinne des Satzes 1 mehr als 500.000 Euro beträgt. [4]Die Verpflichtung nach Satz 1 endet mit Ablauf des fünften aufeinanderfolgenden Kalenderjahrs, in dem die Voraussetzungen des Satzes 1 nicht erfüllt sind. [5]§ 147 Abs. 2, Abs. 3 Satz 3 und die Abs. 4 bis 6 gelten entsprechend. [6]Die Sätze 1 bis 3 und 5 gelten entsprechend in den Fällen, in denen die zuständige Finanzbehörde den Steuerpflichtigen für die Zukunft zur Aufbewahrung der in Satz 1 genannten Aufzeichnungen und Unterlagen verpflichtet, weil er seinen Mitwirkungspflichten nach § 12 Abs. 3 des Gesetzes zur Abwehr von Steuervermeidung und unfairem Steuerwettbewerb nicht nachgekommen ist.

...

§ 148 Bewilligung von Erleichterungen

[1]Die Finanzbehörden können für einzelne Fälle oder für bestimmte Gruppen von Fällen Erleichterungen bewilligen, wenn die Einhaltung der durch die Steuergesetze begründeten Buchführungs-, Aufzeichnungs- und Aufbewahrungspflichten Härten mit sich bringt und die Besteuerung durch die Erleichterung nicht beeinträchtigt wird. [2]Erleichterungen nach Satz 1 können rückwirkend bewilligt werden. [3]Die Bewilligung kann widerrufen werden.

§ 149 Abgabe der Steuererklärungen

(1) [1]Die Steuergesetze bestimmen, wer zur Abgabe einer Steuererklärung verpflichtet ist. [2]Zur Abgabe einer Steuererklärung ist auch verpflichtet, wer hierzu von der Finanzbehörde aufgefordert wird. [3]Die Aufforderung kann durch öffentliche Bekanntmachung erfolgen. [4]Die Verpflichtung zur Abgabe einer Steuererklärung bleibt auch dann bestehen, wenn die Finanzbehörde die Besteuerungsgrundlagen nach § 162 geschätzt hat.

(2) [1]Soweit die Steuergesetze nichts anderes bestimmen, sind Steuererklärungen, die sich auf ein Kalenderjahr oder auf einen gesetzlich bestimmten Zeitpunkt beziehen, spätestens sieben Monate nach Ablauf des Kalenderjahres oder sieben Monate nach dem gesetzlich bestimmten Zeitpunkt abzugeben. [2]Bei Steuerpflichtigen, die den Gewinn aus Land- und Forstwirtschaft nach einem vom Kalenderjahr abweichenden Wirtschaftsjahr ermitteln, endet die Frist nicht vor Ablauf des siebten Monats, der auf den Abschluss des in dem Kalenderjahr begonnenen Wirtschaftsjahres folgt.

§ 150 Form und Inhalt der Steuererklärungen

1) Eine Steuererklärung ist nach amtlich vorgeschriebenem Vordruck abzugeben, wenn
1. keine elektronische Steuererklärung vorgeschrieben ist,
2. nicht freiwillig eine gesetzlich oder amtlich zugelassene elektronische Steuererklärung abgegeben wird,
3. keine mündliche oder konkludente Steuererklärung zugelassen ist und
4. eine Aufnahme der Steuererklärung an Amtsstelle nach § 151 nicht in Betracht kommt.

§ 87a Absatz 1 Satz 1 ist nur anzuwenden, soweit eine elektronische Steuererklärung vorgeschrieben oder zugelassen ist. Der Steuerpflichtige hat in der Steuererklärung die Steuer selbst zu berechnen, soweit dies gesetzlich vorgeschrieben ist (Steueranmeldung).
(2) Die Angaben in den Steuererklärungen sind wahrheitsgemäß nach bestem Wissen und Gewissen zu machen. ...
(4) [1]Den Steuererklärungen müssen die Unterlagen beigefügt werden, die nach den Steuergesetzen vorzulegen sind. [2]Dritte Personen sind verpflichtet, hierfür erforderliche Bescheinigungen auszustellen.
...

§ 152 Verspätungszuschlag

(1) [1]Gegen denjenigen, der seiner Verpflichtung zur Abgabe einer Steuererklärung nicht oder nicht fristgemäß nachkommt, kann ein Verspätungszuschlag festgesetzt werden. [2]Von der Festsetzung eines Verspätungszuschlags ist abzusehen, wenn der Erklärungspflichtige glaubhaft macht, dass die Verspätung entschuldbar ist; das Verschulden eines Vertreters oder eines Erfüllungsgehilfen ist dem Erklärungspflichtigen zuzurechnen.
(2) Abweichend von Absatz 1 ist ein Verspätungszuschlag festzusetzen, wenn eine Steuererklärung, die sich auf ein Kalenderjahr oder auf einen gesetzlich bestimmten Zeitpunkt bezieht,
1. nicht binnen 14 Monaten nach Ablauf des Kalenderjahrs oder nicht binnen 14 Monaten nach dem Besteuerungszeitpunkt,
2. in den Fällen des § 149 Absatz 2 Satz 2 nicht binnen 19 Monaten nach Ablauf des Kalenderjahrs oder nicht binnen 19 Monaten nach dem Besteuerungszeitpunkt oder
3. in den Fällen des § 149 Absatz 4 nicht bis zu dem in der Anordnung bestimmten Zeitpunkt

abgegeben wurde.
(3) Absatz 2 gilt nicht,
1. wenn die Finanzbehörde die Frist für die Abgabe der Steuererklärung nach § 109 verlängert hat oder diese Frist rückwirkend verlängert,
2. wenn die Steuer auf null Euro oder auf einen negativen Betrag festgesetzt wird,
3. wenn die festgesetzte Steuer die Summe der festgesetzten Vorauszahlungen und der anzurechnenden Steuerabzugsbeträge nicht übersteigt oder
4. bei jährlich abzugebenden Lohnsteueranmeldungen, bei Anmeldungen von Umsatzsteuer-Sondervorauszahlungen nach § 48 Abs. 2 UStDV, (...) sowie bei Erklärungen nach § 95 MinStG. ...

(5) [1]Der Verspätungszuschlag beträgt vorbehaltlich des Satzes 2, der Abs. 8 und 13 Satz 2 für jeden angefangenen Monat der eingetretenen Verspätung 0,25 % der festgesetzten Steuer, mindestens jedoch 10 Euro für jeden angefangenen Monat der eingetretenen Verspätung. [2]Für Steuererklärungen, die sich auf ein Kalenderjahr oder auf einen gesetzlich bestimmten Zeitpunkt beziehen, beträgt der Verspätungszuschlag für jeden angefangenen Monat der eingetretenen Verspätung 0,25 % der um die festgesetzten Vorauszahlungen und die anzurechnenden Steuerabzugsbeträge verminderten festgesetzten Steuer, mindestens jedoch 25 Euro für jeden angefangenen Monat der eingetretenen Verspätung. [3]Wurde ein Erklärungspflichtiger von der Finanzbehörde erstmals nach Ablauf der gesetzlichen Erklärungsfrist zur Abgabe einer Steuererklärung innerhalb einer dort bezeichneten Frist aufgefordert und konnte er bis zum Zugang dieser Aufforderung davon ausgehen, keine Steuererklärung abgeben zu müssen, so ist der Verspätungszuschlag nur für die Monate zu berechnen, die nach dem Ablauf der in der Aufforderung bezeichneten Erklärungsfrist begonnen haben.

...

§ 153 Berichtigung von Erklärungen

(1) [1]Erkennt ein Steuerpflichtiger nachträglich vor Ablauf der Festsetzungsfrist,

1. dass eine von ihm oder für ihn abgegebene Erklärung unrichtig oder unvollständig ist und dass es dadurch zu einer Verkürzung von Steuern kommen kann oder bereits gekommen ist oder
2. dass eine durch Verwendung von Steuerzeichen oder Steuerstemplern zu entrichtende Steuer nicht in der richtigen Höhe entrichtet worden ist,

so ist er verpflichtet, dies unverzüglich anzuzeigen und die erforderliche Richtigstellung vorzunehmen. [2]Die Verpflichtung trifft auch den Gesamtrechtsnachfolger eines Steuerpflichtigen und die nach den §§ 34 und 35 für den Gesamtrechtsnachfolger oder den Steuerpflichtigen handelnden Personen.

(2) Die Anzeigepflicht besteht ferner, wenn die Voraussetzungen für eine Steuerbefreiung, Steuerermäßigung oder sonstige Steuervergünstigung nachträglich ganz oder teilweise wegfallen.

(3) Wer Waren, für die eine Steuervergünstigung unter einer Bedingung gewährt worden ist, in einer Weise verwenden will, die der Bedingung nicht entspricht, hat dies vorher der Finanzbehörde anzuzeigen.

(4) Die Anzeige- und Berichtigungspflicht besteht ferner, wenn Prüfungsfeststellungen einer Außenprüfung unanfechtbar in einem Steuerbescheid, einem Feststellungsbescheid nach § 180 Absatz 1 Satz 1 Nummer 2 oder einem Teilabschlussbescheid nach § 180 Absatz 1a umgesetzt worden sind und die den Prüfungsfeststellungen zugrunde liegenden Sachverhalte auch in einer anderen vom oder für den Steuerpflichtigen abgegebenen Erklärung, die nicht Gegenstand der Außenprüfung war, zu einer Änderung der Besteuerungsgrundlagen führt.

§ 155 Steuerfestsetzung

(1) [1]Die Steuern werden, soweit nichts anderes vorgeschrieben ist, von der Finanzbehörde durch Steuerbescheid festgesetzt. [2]Steuerbescheid ist der nach § 122 Abs. 1 bekannt gegebene Verwaltungsakt. [3]Dies gilt auch für die volle oder teilweise Freistellung von einer Steuer und für die Ablehnung eines Antrags auf Steuerfestsetzung.
(2) Ein Steuerbescheid kann erteilt werden, auch wenn ein Grundlagenbescheid noch nicht erlassen wurde. ...

§ 157 Form und Inhalt der Steuerbescheide

(1)[1]Steuerbescheide sind schriftlich oder elektronisch zu erteilen, soweit nichts anderes bestimmt ist. [2]Sie müssen die festgesetzte Steuer nach Art und Betrag bezeichnen und angeben, wer die Steuer schuldet. [3]Ihnen ist außerdem eine Belehrung darüber beizufügen, welcher Rechtsbehelf zulässig ist und binnen welcher Frist und bei welcher Behörde er einzulegen ist.
(2) Die Feststellung der Besteuerungsgrundlagen bildet einen mit Rechtsbehelfen nicht selbständig anfechtbaren Teil des Steuerbescheids, soweit die Besteuerungsgrundlagen nicht gesondert festgestellt werden.

§ 158 Beweiskraft der Buchführung

(1) Die Buchführung und die Aufzeichnungen des Steuerpflichtigen, die den Vorschriften der §§ 140 bis 148 entsprechen, sind der Besteuerung zugrunde zu legen.

§ 162 Schätzung von Besteuerungsgrundlagen

(1) [1]Soweit die Finanzbehörde die Besteuerungsgrundlagen nicht ermitteln oder berechnen kann, hat sie sie zu schätzen. [2]Dabei sind alle Umstände zu berücksichtigen, die für die Schätzung von Bedeutung sind.
(2) [1]Zu schätzen ist insbesondere dann, wenn der Steuerpflichtige über seine Angaben keine ausreichenden Aufklärungen zu geben vermag oder weitere Auskunft oder eine Versicherung an Eides statt verweigert oder seine Mitwirkungspflicht nach § 90 Abs. 2 verletzt. [2]Das Gleiche gilt, wenn der Steuerpflichtige Bücher oder Aufzeichnungen nach § 158 Absatz 2 nicht der Besteuerung zugrunde gelegt werden oder wenn tatsächliche Anhaltspunkte für die Unrichtigkeit oder Unvollständigkeit der vom Steuerpflichtigen gemachten Angaben zu steuerpflichtigen Einnahmen oder Betriebsvermögens-mehrungen bestehen und der Steuerpflichtige die Zustimmung nach § 93 Abs. 7 Satz 1 Nr. 5 nicht erteilt.

§ 169 Festsetzungsfrist

(1) [1]Eine Steuerfestsetzung sowie ihre Aufhebung oder Änderung sind nicht mehr zulässig, wenn die Festsetzungsfrist abgelaufen ist. [2]Dies gilt auch für die Berichtigung wegen offenbarer Unrichtigkeit nach § 129. [3]Die Frist ist gewahrt, wenn vor Ablauf der Festsetzungsfrist

1. der Steuerbescheid oder im Fall des § 122a die elektronische Benachrichtigung den Bereich der für die Steuerfestsetzung zuständigen Finanzbehörde verlassen hat oder

2. bei öffentlicher Zustellung nach § 10 des Verwaltungszustellungsgesetzes die Benachrichtigung bekannt gemacht oder veröffentlicht wird.

(2) [1]Die Festsetzungsfrist beträgt:

1. ein Jahr für Verbrauchsteuern und Verbrauchsteuervergütungen,
2. vier Jahre für Steuern und Steuervergütungen, die keine Steuern oder Steuervergütungen im Sinne der Nr. 1 oder Einfuhr- und Ausfuhrabgaben nach Artikel 5 Nr. 20 und 21 des Zollkodex der Union sind.

[2]Die Festsetzungsfrist beträgt zehn Jahre, soweit eine Steuer hinterzogen, und fünf Jahre, soweit sie leichtfertig verkürzt worden ist. [3]Dies gilt auch dann, wenn die Steuerhinterziehung oder leichtfertige Steuerverkürzung nicht durch den Steuerschuldner oder eine Person begangen worden ist, deren er sich zur Erfüllung seiner steuerlichen Pflichten bedient, es sei denn, der Steuerschuldner weist nach, dass er durch die Tat keinen Vermögensvorteil erlangt hat und dass sie auch nicht darauf beruht, dass er die im Verkehr erforderlichen Vorkehrungen zur Verhinderung von Steuerverkürzungen unterlassen hat.

§ 171 Ablaufhemmung

(1) Die Festsetzungsfrist läuft nicht ab, solange die Steuerfestsetzung wegen höherer Gewalt innerhalb der letzten sechs Monate des Fristlaufs nicht erfolgen kann.

(2) [1]Ist beim Erlass eines Steuerbescheids eine offenbare Unrichtigkeit unterlaufen, so endet die Festsetzungsfrist insoweit nicht vor Ablauf eines Jahres nach Bekanntgabe dieses Steuerbescheids. [2]Das Gleiche gilt in den Fällen des § 173a.

(3) Wird vor Ablauf der Festsetzungsfrist außerhalb eines Einspruchs- oder Klageverfahrens ein Antrag auf Steuerfestsetzung oder auf Aufhebung oder Änderung einer Steuerfestsetzung oder ihrer Berichtigung nach § 129 gestellt, so läuft die Festsetzungsfrist insoweit nicht ab, bevor über den Antrag unanfechtbar entschieden worden ist.

...

§ 172 Aufhebung und Änderung von Steuerbescheiden

(1) [1]Ein Steuerbescheid darf, soweit er nicht vorläufig oder unter dem Vorbehalt der Nachprüfung ergangen ist, nur aufgehoben oder geändert werden,

wenn er Verbrauchsteuern betrifft,

wenn er andere Steuern als Einfuhr- oder Ausfuhrabgaben nach Art. 5 Nr. 20 und 21 UZK oder Verbrauchsteuern betrifft,

soweit der Steuerpflichtige zustimmt oder seinem Antrag der Sache nach entsprochen wird; dies gilt jedoch zugunsten des Steuerpflichtigen nur, soweit er vor Ablauf der Einspruchsfrist zugestimmt oder den Antrag gestellt hat oder soweit die Finanzbehörde einem Einspruch oder einer Klage abhilft,

soweit er von einer sachlich unzuständigen Behörde erlassen worden ist,

soweit er durch unlautere Mittel, wie arglistige Täuschung, Drohung oder Bestechung erwirkt worden ist, soweit dies sonst gesetzlich zugelassen ist; die §§ 130 und 131 gelten nicht. [2]Dies gilt auch dann, wenn der Steuerbescheid durch Einspruchsentscheidung bestätigt oder geändert worden ist. [3]In den Fällen des Satzes 2 ist Satz 1 Nr. 2 a ebenfalls anzuwenden, wenn der Steuerpflichtige vor Ablauf der Klagefrist zugestimmt oder den Antrag gestellt hat; Erklärungen und Beweismittel, die nach § 364b Abs. 2 in der Einspruchsentscheidung nicht berücksichtigt wurden, dürfen hierbei nicht berücksichtigt werden.

(2) Absatz 1 gilt auch für einen Verwaltungsakt, durch den ein Antrag auf Erlass, Aufhebung oder Änderung eines Steuerbescheids ganz oder teilweise abgelehnt wird.

(3) [1]Anhängige, außerhalb eines Einspruchs- oder Klageverfahrens gestellte Anträge auf Aufhebung oder Änderung einer Steuerfestsetzung, die eine vom Gerichtshof der Europäischen Union, vom Bundesverfassungsgericht oder vom Bundesfinanzhof entschiedene Rechtsfrage betreffen und denen nach dem Ausgang des Verfahrens vor diesen Gerichten nicht entsprochen werden kann, können durch Allgemeinverfügung insoweit zurückgewiesen werden. [2]§ 367 Abs. 2b Satz 2 bis 6 gilt entsprechend.

§ 173 Aufhebung oder Änderung von Steuerbescheiden wegen neuer Tatsachen oder Beweismittel

(1) Steuerbescheide sind aufzuheben oder zu ändern,

1. soweit Tatsachen oder Beweismittel nachträglich bekanntwerden, die zu einer höheren Steuer führen,
2. [1]soweit Tatsachen oder Beweismittel nachträglich bekanntwerden, die zu einer niedrigeren Steuer führen und den Steuerpflichtigen kein grobes Verschulden daran trifft, dass die Tatsachen oder Beweismittel erst nachträglich bekannt werden. [2]Das Verschulden ist unbeachtlich, wenn die Tatsachen oder Beweismittel in einem unmittelbaren oder mittelbaren Zusammenhang mit Tatsachen oder Beweismitteln im Sinne der Nr. 1 stehen.

(2) [1]Abweichend von Absatz 1 können Steuerbescheide, soweit sie auf Grund einer Außenprüfung ergangen sind, nur aufgehoben oder geändert werden, wenn eine Steuerhinterziehung oder eine leichtfertige Steuerverkürzung vorliegt. [2]Dies gilt auch in den Fällen, in denen eine Mitteilung nach § 202 Abs. 1 Satz 3 ergangen ist.

§ 180 Gesonderte Feststellung von Besteuerungsgrundlagen

(1) [1]Gesondert festgestellt werden insbesondere:

1. die Einheitswerte und die Grundsteuerwerte nach Maßgabe des Bewertungsgesetzes,

2. a) die einkommensteuerpflichtigen und körperschaftsteuerpflichtigen Einkünfte und mit ihnen im Zusammenhang stehende andere Besteuerungsgrundlagen, wenn an den Einkünften mehrere Personen beteiligt sind und die Einkünfte diesen Personen steuerlich zuzurechnen sind,

b) in anderen als den in Buchstabe a genannten Fällen die Einkünfte aus Land- und Forstwirtschaft, Gewerbebetrieb oder einer freiberuflichen Tätigkeit, wenn nach den Verhältnissen zum Schluss des Gewinnermittlungszeitraums das für die gesonderte

Feststellung zuständige Finanzamt nicht auch für die Steuern vom Einkommen zuständig ist,
3. der Wert der vermögensteuerpflichtigen Wirtschaftsgüter (§§ 114 bis 117a BewG) und der Wert der Schulden und sonstigen Abzüge (§ 118 BewG), wenn die Wirtschaftsgüter, Schulden und sonstigen Abzüge mehreren Personen zuzurechnen sind und die Feststellungen für die Besteuerung von Bedeutung sind.
[2]Wenn sich in den Fällen von Satz 1 Nr. 2 Buchstabe b die für die örtliche Zuständigkeit maßgeblichen Verhältnisse nach Schluss des Gewinnermittlungszeitraums geändert haben, so richtet sich die örtliche Zuständigkeit auch für Feststellungszeiträume, die vor der Änderung der maßgeblichen Verhältnisse liegen, nach § 18 Abs. 1 Nr. 1 bis 3 in Verbindung mit § 26.

§ 184 Festsetzung von Steuermessbeträgen

(1) [1]Steuermessbeträge, die nach den Steuergesetzen zu ermitteln sind, werden durch Steuermessbescheid festgesetzt. [2]Mit der Festsetzung der Steuermessbeträge wird auch über die persönliche und sachliche Steuerpflicht entschieden. [3]Die Vorschriften über die Durchführung der Besteuerung sind sinngemäß anzuwenden. [4]Ferner sind § 182 Abs. 1 und für Grundsteuermessbescheide auch Abs. 2 und § 183 sinngemäß anzuwenden.
(2) [1]Die Befugnis, Realsteuermessbeträge festzusetzen, schließt auch die Befugnis zu Maßnahmen nach § 163 Absatz 1 Satz 1 ein, soweit für solche Maßnahmen in einer allgemeinen Verwaltungsvorschrift der Bundesregierung, der obersten Bundesfinanzbehörde oder einer obersten Landesfinanzbehörde Richtlinien aufgestellt worden sind. [2]Eine Maßnahme nach § 163 Absatz 1 Satz 2 wirkt, soweit sie die gewerblichen Einkünfte als Grundlage für die Festsetzung der Steuer vom Einkommen beeinflusst, auch für den Gewerbeertrag als Grundlage für die Festsetzung des Gewerbesteuermessbetrags...

Fünfter Teil. Erhebungsverfahren

§ 218 Verwirklichung von Ansprüchen aus dem Steuerschuldverhältnis

(1) [1]Grundlage für die Verwirklichung von Ansprüchen aus dem Steuerschuldverhältnis (§ 37) sind die Steuerbescheide, die Steuervergütungsbescheide, die Haftungsbescheide und die Verwaltungsakte, durch die steuerliche Nebenleistungen festgesetzt werden; bei den Säumniszuschlägen genügt die Verwirklichung des gesetzlichen Tatbestands (§ 240). [2]Die Steueranmeldungen (§ 168) stehen den Steuerbescheiden gleich.
(2) [1]Über Streitigkeiten, die die Verwirklichung der Ansprüche im Sinne des Absatzes 1 betreffen, entscheidet die Finanzbehörde durch Abrechnungsbescheid. [2]Dies gilt auch, wenn die Streitigkeit einen Erstattungsanspruch (§ 37 Abs. 2) betrifft.
(3) [1]Wird eine Anrechnungsverfügung oder ein Abrechnungsbescheid auf Grund eines Rechtsbehelfs oder auf Antrag des Steuerpflichtigen oder eines Dritten zurückgenommen und in dessen Folge ein für ihn günstigerer Verwaltungsakt erlassen, können nachträglich

gegenüber dem Steuerpflichtigen oder einer anderen Person die entsprechenden steuerlichen Folgerungen gezogen werden. [2]§ 174 Absatz 4 und 5 gilt entsprechend.

§ 220 Fälligkeit

(1) Die Fälligkeit von Ansprüchen aus dem Steuerschuldverhältnis richtet sich nach den Vorschriften der Steuergesetze.

(2) [1]Fehlt es an einer besonderen gesetzlichen Regelung über die Fälligkeit, so wird der Anspruch mit seiner Entstehung fällig, es sei denn, dass in einem nach § 254 erforderlichen Leistungsgebot eine Zahlungsfrist eingeräumt worden ist. [2]Ergibt sich der Anspruch in den Fällen des Satzes 1 aus der Festsetzung von Ansprüchen aus dem Steuerschuldverhältnis, so tritt die Fälligkeit nicht vor Bekanntgabe der Festsetzung ein.

§ 222 Stundung

[1]Die Finanzbehörden können Ansprüche aus dem Steuerschuldverhältnis ganz oder teilweise stunden, wenn die Einziehung bei Fälligkeit eine erhebliche Härte für den Schuldner bedeuten würde und der Anspruch durch die Stundung nicht gefährdet erscheint. [2]Die Stundung soll in der Regel nur auf Antrag und gegen Sicherheitsleistung gewährt werden. ...

§ 228 Gegenstand der Verjährung, Verjährungsfrist

[1]Ansprüche aus dem Steuerschuldverhältnis unterliegen einer besonderen Zahlungsverjährung. [2]Die Verjährungsfrist beträgt fünf Jahre, in Fällen der §§ 370, 373 oder 374 zehn Jahre.

§ 229 Beginn der Verjährung

(1) [1]Die Verjährung beginnt mit Ablauf des Kalenderjahrs, in dem der Anspruch erstmals fällig geworden ist. [2]Sie beginnt jedoch nicht vor Ablauf des Kalenderjahrs, in dem die Festsetzung eines Anspruchs aus dem Steuerschuldverhältnis, ihre Aufhebung, Änderung oder Berichtigung nach § 129 wirksam geworden ist, aus der sich der Anspruch ergibt; eine Steueranmeldung steht einer Steuerfestsetzung gleich. [3]Wird die Festsetzung oder Anmeldung eines Anspruchs aus dem Steuerschuldverhältnis aufgehoben, geändert oder nach § 129 berichtigt, so beginnt die Verjährung des gesamten Anspruchs erst mit Ablauf des Kalenderjahrs, in dem die Aufhebung, Änderung oder Berichtigung wirksam geworden ist.

(2) Ist ein Haftungsbescheid ohne Zahlungsaufforderung ergangen, so beginnt die Verjährung mit Ablauf des Kalenderjahrs, in dem die Zahlungsaufforderung nachgeholt worden ist, spätestens aber fünf Jahre nach Ablauf des Kalenderjahrs, in dem der Haftungsbescheid wirksam geworden ist.

§ 233 Zinsen, Grundsatz

[1]Ansprüche aus dem Steuerschuldverhältnis (§ 37) werden nur verzinst, soweit dies durch Bundesrecht oder Recht der EU vorgeschrieben ist. [2]Ansprüche auf steuerliche Nebenleistungen (§ 3 Abs. 4) und die entsprechenden Erstattungsansprüche werden nicht verzinst.

§ 233a Verzinsung von Steuernachforderungen und Steuererstattungen

(1) [1]Führt die Festsetzung der Einkommen-, Körperschaft-, Vermögen-, Umsatz- oder Gewerbesteuer zu einem Unterschiedsbetrag im Sinne des Absatzes 3, ist dieser zu verzinsen. [2]Dies gilt nicht für die Festsetzung von Vorauszahlungen und Steuerabzugsbeträgen.

(2) [1]Der Zinslauf beginnt 15 Monate nach Ablauf des Kalenderjahrs, in dem die Steuer entstanden ist. [2]Er beginnt für die Einkommen- und Körperschaftsteuer 23 Monate nach diesem Zeitpunkt, wenn die Einkünfte aus Land- und Forstwirtschaft bei der erstmaligen Steuerfestsetzung die anderen Einkünfte überwiegen; hierbei sind Kapitalerträge nach § 32d Abs. 1 und § 43 Abs. 5 EStG nicht zu berücksichtigen. [3]Er endet mit Ablauf des Tages, an dem die Steuerfestsetzung wirksam wird.

(3) [1]Maßgebend für die Zinsberechnung ist die festgesetzte Steuer, vermindert um die anzurechnenden Steuerabzugsbeträge, um die anzurechnende Körperschaftsteuer und um die bis zum Beginn des Zinslaufs festgesetzten Vorauszahlungen (Unterschiedsbetrag). [2]Bei der Vermögensteuer ist als Unterschiedsbetrag für die Zinsberechnung die festgesetzte Steuer, vermindert um die festgesetzten Vorauszahlungen oder die bisher festgesetzte Jahressteuer, maßgebend. [3]Ein Unterschiedsbetrag zugunsten des Steuerpflichtigen ist nur bis zur Höhe des zu erstattenden Betrags zu verzinsen; die Verzinsung beginnt frühestens mit dem Tag der Zahlung. [4]Besteht der Erstattungsbetrag aus mehreren Teil-Leistungen, richtet sich der Zinsberechnungszeitraum jeweils nach dem Zeitpunkt der einzelnen Leistung; die Leistungen sind in chronologischer Reihenfolge zu berücksichtigen, beginnend mit der jüngsten Leistung.

(4) Die Festsetzung der Zinsen soll mit der Steuerfestsetzung verbunden werden. ...

(6) Die Absätze 1 bis 5 gelten bei der Durchführung des Lohnsteuer-Jahresausgleichs entsprechend. ...

§ 234 Stundungszinsen

(1) [1]Für die Dauer einer gewährten Stundung von Ansprüchen aus dem Steuerschuldverhältnis werden Zinsen erhoben. [2]Wird der Steuerbescheid nach Ablauf der Stundung aufgehoben, geändert oder nach § 129 berichtigt, so bleiben die bis dahin entstandenen Zinsen unberührt.

(2) Auf die Zinsen kann ganz oder teilweise verzichtet werden, wenn ihre Erhebung nach Lage des einzelnen Falls unbillig wäre.

(3) Zinsen nach § 233a, die für denselben Zeitraum festgesetzt wurden, sind anzurechnen.

§ 238 Höhe und Berechnung der Zinsen

(1) [1]Die Zinsen betragen für jeden Monat 0,5%. [2]Sie sind von dem Tag an, an dem der Zinslauf beginnt, nur für volle Monate zu zahlen; angefangene Monate bleiben außer Ansatz. [3]Erlischt der zu verzinsende Anspruch durch Aufrechnung, gilt der Tag, an dem die Schuld des Aufrechnenden fällig wird, als Tag der Zahlung.
(1a) In den Fällen des § 233a betragen die Zinsen abweichend von Abs. 1 Satz 1 ab dem 1.1.2019 0,15 % für jeden Monat, das heißt 1,8 % für jedes Jahr.
(1b) [1]Sind für einen Zinslauf unterschiedliche Zinssätze maßgeblich, ist der Zinslauf in Teilverzinsungszeiträume aufzuteilen. [2]Die Zinsen für die Teilverzinsungszeiträume sind jeweils tageweise zu berechnen. [3]Hierbei wird jeder Kalendermonat unabhängig von der tatsächlichen Anzahl der Kalendertage mit 30 Zinstagen und jedes Kalenderjahr mit 360 Tagen gerechnet.
(1c) [1]Die Angemessenheit des Zinssatzes nach Abs. 1a ist unter Berücksichtigung der Entwicklung des Basiszinssatzes nach § 247 BGB wenigstens alle zwei Jahre zu evaluieren. [2]Die erste Evaluierung erfolgt spätestens zum 1. Januar 2024.
(2) Für die Berechnung der Zinsen wird der zu verzinsende Betrag jeder Steuerart auf den nächsten durch 50 Euro teilbaren Betrag abgerundet.

§ 240 Säumniszuschläge

(1) [1]Wird eine Steuer nicht bis zum Ablauf des Fälligkeitstages entrichtet, so ist für jeden angefangenen Monat der Säumnis ein Säumniszuschlag von 1 % des abgerundeten rückständigen Steuerbetrags zu entrichten; abzurunden ist auf den nächsten durch 50 Euro teilbaren Betrag. [2]Das Gleiche gilt für zurückzuzahlende Steuervergütungen und Haftungsschulden, soweit sich die Haftung auf Steuern und zurückzuzahlende Steuervergütungen erstreckt. [3]Die Säumnis nach Satz 1 tritt nicht ein, bevor die Steuer festgesetzt oder angemeldet worden ist. [4]Wird die Festsetzung einer Steuer oder Steuervergütung aufgehoben, geändert oder nach § 129 berichtigt, so bleiben die bis dahin verwirkten Säumniszuschläge unberührt; das Gleiche gilt, wenn ein Haftungsbescheid zurückgenommen, widerrufen oder nach § 129 berichtigt wird. [5]Erlischt der Anspruch durch Aufrechnung, bleiben Säumniszuschläge unberührt, die bis zur Fälligkeit der Schuld des Aufrechnenden entstanden sind.
(2) Säumniszuschläge entstehen nicht bei steuerlichen Nebenleistungen.
(3) [1]Ein Säumniszuschlag wird bei einer Säumnis bis zu drei Tagen nicht erhoben. [2]Dies gilt nicht bei Zahlung nach § 224 Abs. 2 Nr. 1.

Sechster Teil. Vollstreckung

§ 249 Vollstreckungsbehörden

(1) [1]Die Finanzbehörden können Verwaltungsakte, mit denen eine Geldleistung, eine sonstige Handlung, eine Duldung oder Unterlassung gefordert wird, im Verwaltungsweg vollstrecken. [2]Dies gilt auch für Steueranmeldungen (§ 168). [3]Vollstreckungsbehörden sind die Finanzämter und die Hauptzollämter sowie die Landesfinanzbehörden, denen durch eine Rechtsverordnung nach § 17 Abs. 2 Satz 3 Nr. 3 FVG die landesweite Zuständigkeit für Kassengeschäfte und das Erhebungsverfahren einschließlich der Vollstreckung übertragen worden ist; § 328 Abs. 1 Satz 3 bleibt unberührt.

(2) [1]Zur Vorbereitung der Vollstreckung können die Finanzbehörden die Vermögens- und Einkommensverhältnisse des Vollstreckungsschuldners ermitteln. [2]Die Finanzbehörde darf ihr bekannte, nach § 30 geschützte Daten, die sie bei der Vollstreckung wegen Steuern und steuerlicher Nebenleistungen verwenden darf, auch bei der Vollstreckung wegen anderer Geldleistungen als Steuern und steuerlicher Nebenleistungen verwenden.

...

§ 252 Vollstreckungsgläubiger

Im Vollstreckungsverfahren gilt die Körperschaft als Gläubigerin der zu vollstreckenden Ansprüche, der die Vollstreckungsbehörde angehört.

§ 253 Vollstreckungsschuldner

Vollstreckungsschuldner ist derjenige, gegen den sich ein Vollstreckungsverfahren nach § 249 richtet.

§ 254 Voraussetzungen für den Beginn der Vollstreckung

(1) [1]Soweit nichts anderes bestimmt ist, darf die Vollstreckung erst beginnen, wenn die Leistung fällig ist und der Vollstreckungsschuldner zur Leistung oder Duldung oder Unterlassung aufgefordert worden ist (Leistungsgebot) und seit der Aufforderung mindestens eine Woche verstrichen ist. [2]Das Leistungsgebot kann mit dem zu vollstreckenden Verwaltungsakt verbunden werden. [3]Ein Leistungsgebot ist auch dann erforderlich, wenn der Verwaltungsakt gegen den Vollstreckungsschuldner wirkt, ohne ihm bekannt gegeben zu sein. [4]Soweit der Vollstreckungsschuldner eine von ihm auf Grund einer Steueranmeldung geschuldete Leistung nicht erbracht hat, bedarf es eines Leistungsgebots nicht.

(2) [1]Eines Leistungsgebots wegen der Säumniszuschläge und Zinsen bedarf es nicht, wenn sie zusammen mit der Steuer beigetrieben werden. [2]Dies gilt sinngemäß für die Vollstreckungskosten, wenn sie zusammen mit dem Hauptanspruch beigetrieben werden. [3]Die gesonderte Anforderung von Säumniszuschlägen kann ausschließlich automationsgestützt erfolgen.

§ 259 Mahnung

[1]Der Vollstreckungsschuldner soll in der Regel vor Beginn der Vollstreckung mit einer Zahlungsfrist von einer Woche gemahnt werden. [2]Einer Mahnung bedarf es nicht, wenn der Vollstreckungsschuldner vor Eintritt der Fälligkeit an die Zahlung erinnert wird. [3]An die Zahlung kann auch durch öffentliche Bekanntmachung allgemein erinnert werden.

§ 328 Zwangsmittel

(1) [1]Ein Verwaltungsakt, der auf Vornahme einer Handlung oder auf Duldung oder Unterlassung gerichtet ist, kann mit Zwangsmitteln (Zwangsgeld, Ersatzvornahme, unmittelbarer Zwang) durchgesetzt werden. [2]Für die Erzwingung von Sicherheiten gilt § 336. [3]Vollstreckungsbehörde ist die Behörde, die den Verwaltungsakt erlassen hat.
(2) [1]Es ist dasjenige Zwangsmittel zu bestimmen, durch das der Pflichtige und die Allgemeinheit am wenigsten beeinträchtigt werden. [2]Das Zwangsmittel muss in einem angemessenen Verhältnis zu seinem Zweck stehen.

§ 329 Zwangsgeld

Das einzelne Zwangsgeld darf 25.000 Euro nicht übersteigen.

§ 337 Kosten der Vollstreckung

(1) [1]Im Vollstreckungsverfahren werden Kosten (Gebühren und Auslagen) erhoben. [2]Schuldner dieser Kosten ist der Vollstreckungsschuldner.
(2) Für das Mahnverfahren werden keine Kosten erhoben.

Siebenter Teil. Außergerichtliches Rechtsbehelfsverfahren

§ 347 Statthaftigkeit des Einspruchs

(1) [1]Gegen Verwaltungsakte
1. in Abgabenangelegenheiten, auf die dieses Gesetz Anwendung findet,
2. in Verfahren zur Vollstreckung von Verwaltungsakten in anderen als den in Nr. 1 bezeichneten Angelegenheiten, soweit die Verwaltungsakte durch Bundesfinanzbehörden oder Landesfinanzbehörden nach den Vorschriften dieses Gesetzes zu vollstrecken sind,
3. in öffentlich-rechtlichen und berufsrechtlichen Angelegenheiten, auf die dieses Gesetz nach § 164a des Steuerberatungsgesetzes Anwendung findet,
4. in anderen durch die Finanzbehörden verwalteten Angelegenheiten, soweit die Vorschriften über die außergerichtlichen Rechtsbehelfe durch Gesetz für anwendbar erklärt worden sind oder erklärt werden,

ist als Rechtsbehelf der Einspruch statthaft. [2]Der Einspruch ist außerdem statthaft, wenn geltend gemacht wird, dass in den in Satz 1 bezeichneten Angelegenheiten über einen vom Einspruchsführer gestellten Antrag auf Erlass eines Verwaltungsakts ohne Mitteilung eines zureichenden Grundes binnen angemessener Frist sachlich nicht entschieden worden ist.

(2) Abgabenangelegenheiten sind alle mit der Verwaltung der Abgaben einschließlich der Abgabenvergütungen oder sonst mit der Anwendung der abgabenrechtlichen Vorschriften durch die Finanzbehörden zusammenhängenden Angelegenheiten einschließlich der Maßnahmen der Bundesfinanzbehörden zur Beachtung der Verbote und Beschränkungen für den Warenverkehr über die Grenze; den Abgabenangelegenheiten stehen die Angelegenheiten der Verwaltung der Finanzmonopole gleich.

§ 348 Ausschluss des Einspruchs

Der Einspruch ist nicht statthaft
1. gegen Einspruchsentscheidungen (§ 367),
2. bei Nichtentscheidung über einen Einspruch,
3. gegen Verwaltungsakte der obersten Finanzbehörden des Bundes und der Länder, außer wenn ein Gesetz das Einspruchsverfahren vorschreibt, (...)

§ 355 Einspruchsfrist

(1) [1]Der Einspruch nach § 347 Abs. 1 Satz 1 ist innerhalb eines Monats nach Bekanntgabe des Verwaltungsakts einzulegen. [2]Ein Einspruch gegen eine Steueranmeldung ist innerhalb eines Monats nach Eingang der Steueranmeldung bei der Finanzbehörde, in den Fällen des § 168 Satz 2 innerhalb eines Monats nach Bekanntwerden der Zustimmung, einzulegen.
(2) Der Einspruch nach § 347 Abs. 1 Satz 2 ist unbefristet.

§ 356 Rechtsbehelfsbelehrung

(1) Ergeht ein Verwaltungsakt schriftlich oder elektronisch, so beginnt die Frist für die Einlegung des Einspruchs nur, wenn der Beteiligte über den Einspruch und die Finanzbehörde, bei der er einzulegen ist, deren Sitz und die einzuhaltende Frist in der für den Verwaltungsakt verwendeten Form belehrt worden ist.
(2) [1]Ist die Belehrung unterblieben oder unrichtig erteilt, so ist die Einlegung des Einspruchs nur binnen eines Jahres seit Bekanntgabe des Verwaltungsakts zulässig, es sei denn, dass die Einlegung vor Ablauf der Jahresfrist infolge höherer Gewalt unmöglich war oder schriftlich oder elektronisch darüber belehrt wurde, dass ein Einspruch nicht gegeben sei. [2]§ 110 Abs. 2 gilt für den Fall höherer Gewalt sinngemäß.

§ 357 Einlegung des Einspruchs

(1) [1]Der Einspruch ist schriftlich oder elektronisch einzureichen oder zur Niederschrift zu erklären. [2]Es genügt, wenn aus dem Einspruch hervorgeht, wer ihn eingelegt hat. [3]Unrichtige Bezeichnung des Einspruchs schadet nicht.
(2) [1]Der Einspruch ist bei der Behörde anzubringen, deren Verwaltungsakt angefochten wird oder bei der ein Antrag auf Erlass eines Verwaltungsakts gestellt worden ist. [2]Ein Einspruch, der sich gegen die Feststellung von Besteuerungsgrundlagen oder gegen die Festsetzung eines Steuermessbetrags richtet, kann auch bei der zur Erteilung des

Steuerbescheids zuständigen Behörde angebracht werden. [3]Ein Einspruch, der sich gegen einen Verwaltungsakt richtet, den eine Behörde auf Grund gesetzlicher Vorschrift für die zuständige Finanzbehörde erlassen hat, kann auch bei der zuständigen Finanzbehörde angebracht werden.

(3) [1]Bei der Einlegung soll der Verwaltungsakt bezeichnet werden, gegen den der Einspruch gerichtet ist. [2]Es soll angegeben werden, inwieweit der Verwaltungsakt angefochten und seine Aufhebung beantragt wird. [3]Ferner sollen die Tatsachen, die zur Begründung dienen, und die Beweismittel angeführt werden.

§ 361 Aussetzung der Vollziehung

(1) [1]Durch Einlegung des Einspruchs wird die Vollziehung des angefochtenen Verwaltungsakts vorbehaltlich des Absatzes 4 nicht gehemmt, insbesondere die Erhebung einer Abgabe nicht aufgehalten. [2]Entsprechendes gilt bei Anfechtung von Grundlagenbescheiden für die darauf beruhenden Folgebescheide.

(2) [1]Die Finanzbehörde, die den angefochtenen Verwaltungsakt erlassen hat, kann die Vollziehung ganz oder teilweise aussetzen; § 367 Abs. 1 Satz 2 gilt sinngemäß. [2]Auf Antrag soll die Aussetzung erfolgen, wenn ernstliche Zweifel an der Rechtmäßigkeit des angefochtenen Verwaltungsakts bestehen oder wenn die Vollziehung für die betroffene Person eine unbillige, nicht durch überwiegende öffentliche Interessen gebotene Härte zur Folge hätte. [3]Ist der Verwaltungsakt schon vollzogen, tritt an die Stelle der Aussetzung der Vollziehung die Aufhebung der Vollziehung. [4]Bei Steuerbescheiden sind die Aussetzung und die Aufhebung der Vollziehung auf die festgesetzte Steuer, vermindert um die anzurechnenden Steuerabzugsbeträge, um die anzurechnende Körperschaftsteuer und um die festgesetzten Vorauszahlungen, beschränkt; dies gilt nicht, wenn die Aussetzung oder Aufhebung der Vollziehung zur Abwendung wesentlicher Nachteile nötig erscheint. [5]Die Aussetzung kann von einer Sicherheitsleistung abhängig gemacht werden.

(3) [1]Soweit die Vollziehung eines Grundlagenbescheids ausgesetzt wird, ist auch die Vollziehung eines Folgebescheids auszusetzen. [2]Der Erlass eines Folgebescheids bleibt zulässig. [3]Über eine Sicherheitsleistung ist bei der Aussetzung eines Folgebescheids zu entscheiden, es sei denn, dass bei der Aussetzung der Vollziehung des Grundlagenbescheids die Sicherheitsleistung ausdrücklich ausgeschlossen worden ist.

(4) [1]Durch Einlegung eines Einspruchs gegen die Untersagung des Gewerbebetriebs oder der Berufsausübung wird die Vollziehung des angefochtenen Verwaltungsakts gehemmt. [2]Die Finanzbehörde, die den Verwaltungsakt erlassen hat, kann die hemmende Wirkung durch besondere Anordnung ganz oder zum Teil beseitigen, wenn sie es im öffentlichen Interesse für geboten hält; sie hat das öffentliche Interesse schriftlich zu begründen. [3]§ 367 Abs. 1 Satz 2 gilt sinngemäß.

(5) Gegen die Ablehnung der Aussetzung der Vollziehung kann das Gericht nur nach § 69 Abs. 3 und 5 Satz 3 der Finanzgerichtsordnung angerufen werden.

§ 365 Anwendung von Verfahrensvorschriften

(1) Für das Verfahren über den Einspruch gelten im Übrigen die Vorschriften sinngemäß, die für den Erlass des angefochtenen oder des begehrten Verwaltungsakts gelten.

(2) In den Fällen des § 93 Abs. 5, des § 96 Abs. 7 Satz 2 und der §§ 98 bis 100 ist den Beteiligten und ihren Bevollmächtigten und Beiständen (§ 80) Gelegenheit zu geben, an der Beweisaufnahme teilzunehmen.

(3) [1]Wird der angefochtene Verwaltungsakt geändert oder ersetzt, so wird der neue Verwaltungsakt Gegenstand des Einspruchsverfahrens. [2]Satz 1 gilt entsprechend, wenn

1. ein Verwaltungsakt nach § 129 berichtigt wird oder
2. ein Verwaltungsakt an die Stelle eines angefochtenen unwirksamen Verwaltungsakts tritt.

§ 371 Selbstanzeige bei Steuerhinterziehung

(1) [1]Wer gegenüber der Finanzbehörde zu allen Steuerstraftaten einer Steuerart in vollem Umfang die unrichtigen Angaben berichtigt, die unvollständigen Angaben ergänzt oder die unterlassenen Angaben nachholt, wird wegen dieser Steuerstraftaten nicht nach § 370 bestraft. [2]Die Angaben müssen zu allen unverjährten Steuerstraftaten einer Steuerart, mindestens aber zu allen Steuerstraftaten einer Steuerart innerhalb der letzten zehn Kalenderjahre erfolgen.

(2) Straffreiheit tritt nicht ein, wenn

1. bei einer der zur Selbstanzeige gebrachten unverjährten Steuerstraftaten vor der Berichtigung, Ergänzung oder Nachholung

a) dem an der Tat Beteiligten, seinem Vertreter, dem Begünstigten im Sinne des § 370 Absatz 1 oder dessen Vertreter eine Prüfungsanordnung nach § 196 bekannt gegeben worden ist, beschränkt auf den sachlichen und zeitlichen Umfang der angekündigten Außenprüfung, oder

b) dem an der Tat Beteiligten oder seinem Vertreter die Einleitung des Straf- oder Bußgeldverfahrens bekannt gegeben worden ist oder

c) ein Amtsträger der Finanzbehörde zur steuerlichen Prüfung erschienen ist, beschränkt auf den sachlichen und zeitlichen Umfang der Außenprüfung, oder

d) ein Amtsträger zur Ermittlung einer Steuerstraftat oder einer Steuerordnungswidrigkeit erschienen ist oder

e) ein Amtsträger der Finanzbehörde zu einer Umsatzsteuer-Nachschau nach § 27b des Umsatzsteuergesetzes, einer Lohnsteuer-Nachschau nach § 42g des Einkommensteuergesetzes oder einer Nachschau nach anderen steuerrechtlichen Vorschriften erschienen ist und sich ausgewiesen hat oder

2. eine der Steuerstraftaten im Zeitpunkt der Berichtigung, Ergänzung oder Nachholung ganz oder zum Teil bereits entdeckt war und der Täter dies wusste oder bei verständiger Würdigung der Sachlage damit rechnen musste,

3. die nach § 370 Absatz 1 verkürzte Steuer oder der für sich oder einen anderen erlangte nicht gerechtfertigte Steuervorteil einen Betrag von 25 000 Euro je Tat übersteigt, oder

4. ein in § 370 Absatz 3 Satz 2 Nummer 2 bis 6 genannter besonders schwerer Fall vorliegt.

Der Ausschluss der Straffreiheit nach Satz 1 Nummer 1 Buchstabe a und c hindert nicht die Abgabe einer Berichtigung nach Absatz 1 für die nicht unter Satz 1 Nummer 1 Buchstabe a und c fallenden Steuerstraftaten einer Steuerart.

(2a) [1]Soweit die Steuerhinterziehung durch Verletzung der Pflicht zur rechtzeitigen Abgabe einer vollständigen und richtigen Umsatzsteuervoranmeldung oder Lohnsteueranmeldung begangen worden ist, tritt Straffreiheit abweichend von den Abs. 1 und 2 Satz 1 Nr. 3 bei Selbstanzeigen in dem Umfang ein, in dem der Täter gegenüber der zuständigen Finanzbehörde die unrichtigen Angaben berichtigt, die unvollständigen Angaben ergänzt oder die unterlassenen Angaben nachholt. [2]Absatz 2 Satz 1 Nummer 2 gilt nicht, wenn die Entdeckung der Tat darauf beruht, dass eine Umsatzsteuervoranmeldung oder Lohnsteueranmeldung nachgeholt oder berichtigt wurde. [3]Die Sätze 1 und 2 gelten nicht für Steueranmeldungen, die sich auf das Kalenderjahr beziehen. [4]Für die Vollständigkeit der Selbstanzeige hinsichtlich einer auf das Kalenderjahr bezogenen Steueranmeldung ist die Berichtigung, Ergänzung oder Nachholung der Voranmeldungen, die dem Kalenderjahr nachfolgende Zeiträume betreffen, nicht erforderlich.

(3) [1]Sind Steuerverkürzungen bereits eingetreten oder Steuervorteile erlangt, so tritt für den an der Tat Beteiligten Straffreiheit nur ein, wenn er die aus der Tat zu seinen Gunsten hinterzogenen Steuern, die Hinterziehungszinsen nach § 235 und die Zinsen nach § 233a, soweit sie auf die Hinterziehungszinsen nach § 235 Absatz 4 angerechnet werden, sowie die Verzugszinsen nach Artikel 114 UZK innerhalb der ihm bestimmten angemessenen Frist entrichtet. [2]In den Fällen des Absatzes 2a Satz 1 gilt Satz 1 mit der Maßgabe, dass die fristgerechte Entrichtung von Zinsen nach § 233a oder § 235 unerheblich ist.

(4) [1]Wird die in § 153 vorgesehene Anzeige rechtzeitig und ordnungsmäßig erstattet, so wird ein Dritter, der die in § 153 bezeichneten Erklärungen abzugeben unterlassen oder unrichtig oder unvollständig abgegeben hat, strafrechtlich nicht verfolgt, es sei denn, dass ihm oder seinem Vertreter vorher die Einleitung eines Straf- oder Bußgeldverfahrens wegen der Tat bekannt gegeben worden ist. [2]Hat der Dritte zum eigenen Vorteil gehandelt, so gilt Abs.3 entsprechend.

Allgemeines Gleichbehandlungsgesetz (AGG)

vom 14.08.2006, zuletzt geändert am 22.12.2023

§ 1 Ziel des Gesetzes

(-> § 7 AGG)

Ziel des Gesetzes ist, Benachteiligungen aus Gründen der Rasse oder wegen der ethnischen Herkunft, des Geschlechts, der Religion oder Welt-anschauung, einer Behinderung, des Alters oder der sexuellen Identität zu verhindern oder zu beseitigen.

§ 2 Anwendungsbereich

(-> § 6 AGG)

(1) Benachteiligungen aus einem in § 1 genannten Grund sind nach Maßgabe dieses Gesetzes unzulässig in Bezug auf:

1. die Bedingungen, einschließlich Auswahlkriterien und Einstellungsbedingungen, für den Zugang zu unselbstständiger und selbstständiger Erwerbstätigkeit, unabhängig von Tätigkeitsfeld und beruflicher Position, sowie für den beruflichen Aufstieg,
2. die Beschäftigungs- und Arbeitsbedingungen einschließlich Arbeitsentgelt und Entlassungsbedingungen, insbesondere in individual- und kollektivrechtlichen Vereinbarungen und Maßnahmen bei der Durchführung und Beendigung eines Beschäftigungsverhältnisses sowie beim beruflichen Aufstieg,
3. den Zugang zu allen Formen und allen Ebenen der Berufsberatung, der Berufsbildung einschließlich der Berufsausbildung, der beruflichen Weiterbildung und der Umschulung sowie der praktischen Berufserfahrung,
4. die Mitgliedschaft und Mitwirkung in einer Beschäftigten- oder Arbeitgebervereinigung oder einer Vereinigung, deren Mitglieder einer bestimmten Berufsgruppe angehören, einschließlich der Inanspruchnahme der Leistungen solcher Vereinigungen,
5. den Sozialschutz, einschließlich der sozialen Sicherheit und der Gesundheitsdienste,
6. die sozialen Vergünstigungen,
7. die Bildung,
8. den Zugang zu und die Versorgung mit Gütern und Dienstleistungen, die der Öffentlichkeit zur Verfügung stehen, einschließlich von Wohnraum.

(2) Für Leistungen nach dem Sozialgesetzbuch gelten § 33c des Ersten Buches Sozialgesetzbuch und § 19a des Vierten Buches Sozialgesetzbuch. Für die betriebliche Altersvorsorge gilt das Betriebsrentengesetz.

(3) Die Geltung sonstiger Benachteiligungsverbote oder Gebote der Gleichbehandlung wird durch dieses Gesetz nicht berührt. Dies gilt auch für öffentlich-rechtliche Vorschriften, die dem Schutz bestimmter Personengruppen dienen.

§ 3 Begriffsbestimmungen

(1) Eine unmittelbare Benachteiligung liegt vor, wenn eine Person wegen eines in § 1 genannten Grundes eine weniger günstige Behandlung erfährt, als eine andere Person in einer vergleichbaren Situation erfährt, erfahren hat oder erfahren würde. Eine

unmittelbare Benachteiligung wegen des Geschlechts liegt in Bezug auf § 2 Abs. 1 Nr. 1 bis 4 auch im Falle einer ungünstigeren Behandlung einer Frau wegen Schwangerschaft oder Mutterschaft vor.
(2) Eine mittelbare Benachteiligung liegt vor, wenn dem Anschein nach neutrale Vorschriften, Kriterien oder Verfahren Personen wegen eines in § 1 genannten Grundes gegenüber anderen Personen in besonderer Weise benachteiligen können, es sei denn, die betreffenden Vorschriften, Kriterien oder Verfahren sind durch ein rechtmäßiges Ziel sachlich gerechtfertigt und die Mittel sind zur Erreichung dieses Ziels angemessen und erforderlich.
(3) Eine Belästigung ist eine Benachteiligung, wenn unerwünschte Verhaltensweisen, die mit einem in § 1 genannten Grund in Zusammenhang stehen, bezwecken oder bewirken, dass die Würde der betreffenden Person verletzt und ein von Einschüchterungen, Anfeindungen, Erniedrigungen, Entwürdigungen oder Beleidigungen gekennzeichnetes Umfeld geschaffen wird.
(4) Eine sexuelle Belästigung ist eine Benachteiligung in Bezug auf § 2 Abs. 1 Nr. 1 bis 4, wenn ein unerwünschtes, sexuell bestimmtes Verhalten, wozu auch unerwünschte sexuelle Handlungen und Aufforderungen zu diesen, sexuell bestimmte körperliche Berührungen, Bemerkungen sexuellen Inhalts sowie unerwünschtes Zeigen und sichtbares Anbringen von pornographischen Darstellungen gehören, bezweckt oder bewirkt, dass die Würde der betreffenden Person verletzt wird, insbesondere wenn ein von Einschüchterungen, Anfeindungen, Erniedrigungen, Entwürdigungen oder Beleidigungen gekennzeichnetes Umfeld geschaffen wird.
(5) Die Anweisung zur Benachteiligung einer Person aus einem in § 1 genannten Grund gilt als Benachteiligung. Eine solche Anweisung liegt in Bezug auf § 2 Abs. 1 Nr. 1 bis 4 insbesondere vor, wenn jemand eine Person zu einem Verhalten bestimmt, das einen Beschäftigten oder eine Beschäftigte wegen eines in § 1 genannten Grundes benachteiligt oder benachteiligen kann.

§ 5 Positive Maßnahmen

Ungeachtet der in den §§ 8 bis 10 sowie in § 20 benannten Gründe ist eine unterschiedliche Behandlung auch zulässig, wenn durch geeignete und angemessene Maßnahmen bestehende Nachteile wegen eines in § 1 genannten Grundes verhindert oder ausgeglichen werden sollen.

§ 6 Persönlicher Anwendungsbereich

(1) Beschäftigte im Sinne dieses Gesetzes sind
1. Arbeitnehmerinnen und Arbeitnehmer,
2. die zu ihrer Berufsbildung Beschäftigten,
3. Personen, die wegen ihrer wirtschaftlichen Unselbstständigkeit als arbeitnehmerähnliche Personen anzusehen sind; zu diesen gehören auch die in Heimarbeit Beschäftigten und die ihnen Gleichgestellten. Als Beschäftigte gelten auch die Bewerberinnen und Bewerber für ein Beschäftigungsverhältnis sowie die Personen, deren Beschäftigungsverhältnis beendet ist.

(2) Arbeitgeber (Arbeitgeber und Arbeitgeberinnen) im Sinne dieses Abschnitts sind natürliche und juristische Personen sowie rechtsfähige Personengesellschaften, die Personen nach Abs. 1 beschäftigen. Werden Beschäftigte einem Dritten zur Arbeitsleistung überlassen, so gilt auch dieser als Arbeitgeber im Sinne dieses Abschnitts. Für die in Heimarbeit Beschäftigten und die ihnen Gleichgestellten tritt an die Stelle des Arbeitgebers der Auftraggeber oder Zwischenmeister.
(3) Soweit es die Bedingungen für den Zugang zur Erwerbstätigkeit sowie den beruflichen Aufstieg betrifft, gelten die Vorschriften dieses Abschnitts für Selbstständige und Organmitglieder, insbesondere Geschäftsführer oder Geschäftsführerinnen und Vorstände, entsprechend.

§ 7 Benachteiligungsverbot

(-> § 15 AGG)

(1) Beschäftigte dürfen nicht wegen eines in § 1 genannten Grundes benachteiligt werden; dies gilt auch, wenn die Person, die die Benachteiligung begeht, das Vorliegen eines in § 1 genannten Grundes bei der Benachteiligung nur annimmt.
(2) Bestimmungen in Vereinbarungen, die gegen das Benachteiligungsverbot des Abs.es 1 verstoßen, sind unwirksam.
(3) Eine Benachteiligung nach Abs. 1 durch Arbeitgeber oder Beschäftigte ist eine Verletzung vertraglicher Pflichten.

§ 8 Zulässige unterschiedliche Behandlung wegen beruflicher Anforderungen

(1) Eine unterschiedliche Behandlung wegen eines in § 1 genannten Grundes ist zulässig, wenn dieser Grund wegen der Art der auszuübenden Tätigkeit oder der Bedingungen ihrer Ausübung eine wesentliche und entscheidende berufliche Anforderung darstellt, sofern der Zweck rechtmäßig und die Anforderung angemessen ist.
(2) Die Vereinbarung einer geringeren Vergütung für gleiche oder gleichwertige Arbeit wegen eines in § 1 genannten Grundes wird nicht dadurch gerechtfertigt, dass wegen eines in § 1 genannten Grundes besondere Schutzvorschriften gelten.

§ 9 Zulässige unterschiedliche Behandlung wegen der Religion oder Weltanschauung

(1) Ungeachtet des § 8 ist eine unterschiedliche Behandlung wegen der Religion oder der Weltanschauung bei der Beschäftigung durch Religionsgemeinschaften, die ihnen zugeordneten Einrichtungen ohne Rücksicht auf ihre Rechtsform oder durch Vereinigungen, die sich die gemeinschaftliche Pflege einer Religion oder Weltanschauung zur Aufgabe machen, auch zulässig, wenn eine bestimmte Religion oder Weltanschauung unter Beachtung des Selbstverständnisses der jeweiligen Religionsgemeinschaft oder Vereinigung im Hinblick auf ihr Selbstbestimmungsrecht oder nach der Art der Tätigkeit eine gerechtfertigte berufliche Anforderung darstellt.

(2) Das Verbot unterschiedlicher Behandlung wegen der Religion oder der Weltanschauung berührt nicht das Recht der in Abs. 1 genannten Religionsgemeinschaften, der ihnen zugeordneten Einrichtungen ohne Rücksicht auf ihre Rechtsform oder der Vereinigungen, die sich die gemeinschaftliche Pflege einer Religion oder Weltanschauung zur Aufgabe machen, von ihren Beschäftigten ein loyales und aufrichtiges Verhalten im Sinne ihres jeweiligen Selbstverständnisses verlangen zu können.

§ 10 Zulässige unterschiedliche Behandlung wegen des Alters

Ungeachtet des § 8 ist eine unterschiedliche Behandlung wegen des Alters auch zulässig, wenn sie objektiv und angemessen und durch ein legitimes Ziel gerechtfertigt ist. Die Mittel zur Erreichung dieses Ziels müssen angemessen und erforderlich sein. Derartige unterschiedliche Behandlungen können insbesondere Folgendes einschließen:

1. die Festlegung besonderer Bedingungen für den Zugang zur Beschäftigung und zur beruflichen Bildung sowie besonderer Beschäftigungs- und Arbeitsbedingungen, einschließlich der Bedingungen für Entlohnung und Beendigung des Beschäftigungsverhältnisses, um die berufliche Eingliederung von Jugendlichen, älteren Beschäftigten und Personen mit Fürsorgepflichten zu fördern oder ihren Schutz sicherzustellen,
2. die Festlegung von Mindestanforderungen an das Alter, die Berufserfahrung oder das Dienstalter für den Zugang zur Beschäftigung oder für bestimmte mit der Beschäftigung verbundene Vorteile,
3. die Festsetzung eines Höchstalters für die Einstellung auf Grund der spezifischen Ausbildungsanforderungen eines bestimmten Arbeitsplatzes oder auf Grund der Notwendigkeit einer angemessenen Beschäftigungszeit vor dem Eintritt in den Ruhestand,
4. die Festsetzung von Altersgrenzen bei den betrieblichen Systemen der sozialen Sicherheit als Voraussetzung für die Mitgliedschaft oder den Bezug von Altersrente oder von Leistungen bei Invalidität einschließlich der Festsetzung unterschiedlicher Altersgrenzen im Rahmen dieser Systeme für bestimmte Beschäftigte oder Gruppen von Beschäftigten und die Verwendung von Alterskriterien im Rahmen dieser Systeme für versicherungsmathematische Berechnungen,
5. eine Vereinbarung, die die Beendigung des Beschäftigungsverhältnisses ohne Kündigung zu einem Zeitpunkt vorsieht, zu dem der oder die Beschäftigte eine Rente wegen Alters beantragen kann; § 41 des Sechsten Buches Sozialgesetzbuch bleibt unberührt,
6. Differenzierungen von Leistungen in Sozialplänen im Sinne des Betriebsverfassungsgesetzes, wenn die Parteien eine nach Alter oder Betriebszugehörigkeit gestaffelte Abfindungsregelung geschaffen haben, in der die wesentlich vom Alter abhängenden Chancen auf dem Arbeitsmarkt durch eine verhältnismäßig starke Betonung des Lebensalters erkennbar berücksichtigt worden sind, oder Beschäftigte von den Leistungen des Sozialplans ausgeschlossen haben, die wirtschaftlich abgesichert sind, weil sie, gegebenenfalls nach Bezug von Arbeitslosengeld, rentenberechtigt sind.

§ 11 Ausschreibung

Ein Arbeitsplatz darf nicht unter Verstoß gegen § 7 Abs. 1 ausgeschrieben werden.

§ 12 Maßnahmen und Pflichten des Arbeitgebers

(1) Der Arbeitgeber ist verpflichtet, die erforderlichen Maßnahmen zum Schutz vor Benachteiligungen wegen eines in § 1 genannten Grundes zu treffen. Dieser Schutz umfasst auch vorbeugende Maßnahmen.

(2) Der Arbeitgeber soll in geeigneter Art und Weise, insbesondere im Rahmen der beruflichen Aus- und Fortbildung, auf die Unzulässigkeit solcher Benachteiligungen hinweisen und darauf hinwirken, dass diese unterbleiben. Hat der Arbeitgeber seine Beschäftigten in geeigneter Weise zum Zwecke der Verhinderung von Benachteiligung geschult, gilt dies als Erfüllung seiner Pflichten nach Abs. 1.

(3) Verstoßen Beschäftigte gegen das Benachteiligungsverbot des § 7 Abs. 1, so hat der Arbeitgeber die im Einzelfall geeigneten, erforderlichen und angemessenen Maßnahmen zur Unterbindung der Benachteiligung wie Abmahnung, Umsetzung, Versetzung oder Kündigung zu ergreifen.

(4) Werden Beschäftigte bei der Ausübung ihrer Tätigkeit durch Dritte nach § 7 Abs. 1 benachteiligt, so hat der Arbeitgeber die im Einzelfall geeigneten, erforderlichen und angemessenen Maßnahmen zum Schutz der Beschäftigten zu ergreifen.

(5) Dieses Gesetz und § 61b des Arbeitsgerichtsgesetzes sowie Informationen über die für die Behandlung von Beschwerden nach § 13 zuständigen Stellen sind im Betrieb oder in der Dienststelle bekannt zu machen. Die Bekanntmachung kann durch Aushang oder Auslegung an geeigneter Stelle oder den Einsatz der im Betrieb oder der Dienststelle üblichen Informations- und Kommunikationstechnik erfolgen.

§ 13 Beschwerderecht

(1) Die Beschäftigten haben das Recht, sich bei den zuständigen Stellen des Betriebs, des Unternehmens oder der Dienststelle zu beschweren, wenn sie sich im Zusammenhang mit ihrem Beschäftigungsverhältnis vom Arbeitgeber, von Vorgesetzten, anderen Beschäftigten oder Dritten wegen eines in § 1 genannten Grundes benachteiligt fühlen. Die Beschwerde ist zu prüfen und das Ergebnis der oder dem beschwerdeführenden Beschäftigten mitzuteilen.

(2) Die Rechte der Arbeitnehmervertretungen bleiben unberührt.

§ 14 Leistungsverweigerungsrecht

Ergreift der Arbeitgeber keine oder offensichtlich ungeeignete Maßnahmen zur Unterbindung einer Belästigung oder sexuellen Belästigung am Arbeitsplatz, sind die betroffenen Beschäftigten berechtigt, ihre Tätigkeit ohne Verlust des Arbeitsentgelts einzustellen, soweit dies zu ihrem Schutz erforderlich ist. § 273 des Bürgerlichen Gesetzbuchs bleibt unberührt.

§ 15 Entschädigung und Schadensersatz

(-> § 61b ArbGG)

(1) Bei einem Verstoß gegen das Benachteiligungsverbot ist der Arbeitgeber verpflichtet, den hierdurch entstandenen Schaden zu ersetzen. Dies gilt nicht, wenn der Arbeitgeber die Pflichtverletzung nicht zu vertreten hat.

(2) Wegen eines Schadens, der nicht Vermögensschaden ist, kann der oder die Beschäftigte eine angemessene Entschädigung in Geld verlangen. Die Entschädigung darf bei einer Nichteinstellung drei Monatsgehälter nicht übersteigen, wenn der oder die Beschäftigte auch bei benachteiligungsfreier Auswahl nicht eingestellt worden wäre.

(3) Der Arbeitgeber ist bei der Anwendung kollektivrechtlicher Vereinbarungen nur dann zur Entschädigung verpflichtet, wenn er vorsätzlich oder grob fahrlässig handelt.

(4) Ein Anspruch nach Abs. 1 oder 2 muss innerhalb einer Frist von zwei Monaten schriftlich geltend gemacht werden, es sei denn, die Tarifvertragsparteien haben etwas anderes vereinbart. Die Frist beginnt im Falle einer Bewerbung oder eines beruflichen Aufstiegs mit dem Zugang der Ablehnung und in den sonstigen Fällen einer Benachteiligung zu dem Zeitpunkt, in dem der oder die Beschäftigte von der Benachteiligung Kenntnis erlangt.

(5) Im Übrigen bleiben Ansprüche gegen den Arbeitgeber, die sich aus anderen Rechtsvorschriften ergeben, unberührt.

(6) Ein Verstoß des Arbeitgebers gegen das Benachteiligungsverbot des § 7 Abs. 1 begründet keinen Anspruch auf Begründung eines Beschäftigungsverhältnisses, Berufsausbildungsverhältnisses oder einen beruflichen Aufstieg, es sei denn, ein solcher ergibt sich aus einem anderen Rechtsgrund.

§ 16 Maßregelungsverbot

(1) Der Arbeitgeber darf Beschäftigte nicht wegen der Inanspruchnahme von Rechten nach diesem Abschnitt oder wegen der Weigerung, eine gegen diesen Abschnitt verstoßende Anweisung auszuführen, benachteiligen. Gleiches gilt für Personen, die den Beschäftigten hierbei unterstützen oder als Zeuginnen oder Zeugen aussagen.

(2) Die Zurückweisung oder Duldung benachteiligender Verhaltensweisen durch betroffene Beschäftigte darf nicht als Grundlage für eine Entscheidung herangezogen werden, die diese Beschäftigten berührt. Abs. 1 Satz 2 gilt entsprechend.

§ 17 Soziale Verantwortung der Beteiligten

(1) Tarifvertragsparteien, Arbeitgeber, Beschäftigte und deren Vertretungen sind aufgefordert, im Rahmen ihrer Aufgaben und Handlungsmöglichkeiten an der Verwirklichung des in § 1 genannten Ziels mitzuwirken.

(2) In Betrieben, in denen die Voraussetzungen des § 1 Abs. 1 Satz 1 des Betriebsverfassungsgesetzes vorliegen, können bei einem groben Verstoß des Arbeitgebers gegen Vorschriften aus diesem Abschnitt der Betriebsrat oder eine im Betrieb vertretene Gewerkschaft unter der Voraussetzung des § 23 Abs. 3 Satz 1 des Betriebsverfassungsgesetzes die dort genannten Rechte gerichtlich geltend machen; § 23

Abs. 3 Satz 2 bis 5 des Betriebsverfassungsgesetzes gilt entsprechend. Mit dem Antrag dürfen nicht Ansprüche des Benachteiligten geltend gemacht werden.

§ 22 Beweislast

Wenn im Streitfall die eine Partei Indizien beweist, die eine Benachteiligung wegen eines in § 1 genannten Grundes vermuten lassen, trägt die andere Partei die Beweislast dafür, dass kein Verstoß gegen die Bestimmungen zum Schutz vor Benachteiligung vorgelegen hat.

§ 31 Unabdingbarkeit

Von den Vorschriften dieses Gesetzes kann nicht zu Ungunsten der geschützten Personen abgewichen werden.

Arbeitsschutzgesetz - ArbSchG

vom 7. August 1996 - zuletzt geändert 31.5.203

§ 1 Zielsetzung und Anwendungsbereich

(1) Dieses Gesetz dient dazu, Sicherheit und Gesundheitsschutz der Beschäftigten bei der Arbeit durch Maßnahmen des Arbeitsschutzes zu sichern und zu verbessern. Es gilt in allen Tätigkeitsbereichen und findet im Rahmen der Vorgaben des Seerechtsübereinkommens der Vereinten Nationen vom 10. Dezember 1982 (BGBl. 1994 II S. 1799) auch in der ausschließlichen Wirtschaftszone Anwendung.

(2) Dieses Gesetz gilt nicht für den Arbeitsschutz von Hausangestellten in privaten Haushalten. Es gilt nicht für den Arbeitsschutz von Beschäftigten auf Seeschiffen und in Betrieben, die dem Bundesberggesetz unterliegen, soweit dafür entsprechende Rechtsvorschriften bestehen.

(3) Pflichten, die die Arbeitgeber zur Gewährleistung von Sicherheit und Gesundheitsschutz der Beschäftigten bei der Arbeit nach sonstigen Rechtsvorschriften haben, bleiben unberührt. Satz 1 gilt entsprechend für Pflichten und Rechte der Beschäftigten. Unberührt bleiben Gesetze, die andere Personen als Arbeitgeber zu Maßnahmen des Arbeitsschutzes verpflichten.

(4) Bei öffentlich-rechtlichen Religionsgemeinschaften treten an die Stelle der Betriebs- oder Personalräte die Mitarbeitervertretungen entsprechend dem kirchlichen Recht.

§ 2 Begriffsbestimmungen

(1) Maßnahmen des Arbeitsschutzes im Sinne dieses Gesetzes sind Maßnahmen zur Verhütung von Unfällen bei der Arbeit und arbeitsbedingten Gesundheitsgefahren einschließlich Maßnahmen der menschengerechten Gestaltung der Arbeit.

(2) Beschäftigte im Sinne dieses Gesetzes sind:

1. Arbeitnehmerinnen und Arbeitnehmer,
2. die zu ihrer Berufsbildung Beschäftigten,
3. arbeitnehmerähnliche Personen im Sinne des § 5 Abs. 1 des Arbeitsgerichtsgesetzes, ausgenommen die in Heimarbeit Beschäftigten und die ihnen Gleichgestellten,
4. Beamtinnen und Beamte,
5. Richterinnen und Richter,
6. Soldatinnen und Soldaten,
7. die in Werkstätten für Behinderte Beschäftigten.

(3) Arbeitgeber im Sinne dieses Gesetzes sind natürliche und juristische Personen und rechtsfähige Personengesellschaften, die Personen nach Absatz 2 beschäftigen.

(4) Sonstige Rechtsvorschriften im Sinne dieses Gesetzes sind Regelungen über Maßnahmen des Arbeitsschutzes in anderen Gesetzen, in Rechtsverordnungen und Unfallverhütungsvorschriften.

(5) Als Betriebe im Sinne dieses Gesetzes gelten für den Bereich des öffentlichen Dienstes die Dienststellen. Dienststellen sind die einzelnen Behörden, Verwaltungsstellen und

Betriebe der Verwaltungen des Bundes, der Länder, der Gemeinden und der sonstigen Körperschaften, Anstalten und Stiftungen des öffentlichen Rechts, die Gerichte des Bundes und der Länder sowie die entsprechenden Einrichtungen der Streitkräfte.

§ 3 Grundpflichten des Arbeitgebers

(-> §§ 5, 6, 9, 12)

(1) Der Arbeitgeber ist verpflichtet, die erforderlichen Maßnahmen des Arbeitsschutzes unter Berücksichtigung der Umstände zu treffen, die Sicherheit und Gesundheit der Beschäftigten bei der Arbeit beeinflussen. Er hat die Maßnahmen auf ihre Wirksamkeit zu überprüfen und erforderlichenfalls sich ändernden Gegebenheiten anzupassen. Dabei hat er eine Verbesserung von Sicherheit und Gesundheitsschutz der Beschäftigten anzustreben.

(2) Zur Planung und Durchführung der Maßnahmen nach Absatz 1 hat der Arbeitgeber unter Berücksichtigung der Art der Tätigkeiten und der Zahl der Beschäftigten

1. für eine geeignete Organisation zu sorgen und die erforderlichen Mittel bereitzustellen sowie
2. Vorkehrungen zu treffen, dass die Maßnahmen erforderlichenfalls bei allen Tätigkeiten und eingebunden in die betrieblichen Führungsstrukturen beachtet werden und die Beschäftigten ihren Mitwirkungspflichten nachkommen können.

(3) Kosten für Maßnahmen nach diesem Gesetz darf der Arbeitgeber nicht den Beschäftigten auferlegen.

§ 4 Allgemeine Grundsätze

Der Arbeitgeber hat bei Maßnahmen des Arbeitsschutzes von folgenden allgemeinen Grundsätzen auszugehen:

1. Die Arbeit ist so zu gestalten, dass eine Gefährdung für das Leben sowie die physische und die psychische Gesundheit möglichst vermieden und die verbleibende Gefährdung möglichst gering gehalten wird;

2. Gefahren sind an ihrer Quelle zu bekämpfen;

3. bei den Maßnahmen sind der Stand von Technik, Arbeitsmedizin und Hygiene sowie sonstige gesicherte arbeitswissenschaftliche Erkenntnisse zu berücksichtigen;

4. Maßnahmen sind mit dem Ziel zu planen, Technik, Arbeitsorganisation, sonstige Arbeitsbedingungen, soziale Beziehungen und Einfluss der Umwelt auf den Arbeitsplatz sachgerecht zu verknüpfen;

5. individuelle Schutzmaßnahmen sind nachrangig zu anderen Maßnahmen;

6. spezielle Gefahren für besonders schutzbedürftige Beschäftigtengruppen sind zu berücksichtigen;

7. den Beschäftigten sind geeignete Anweisungen zu erteilen;

8. mittelbar oder unmittelbar geschlechtsspezifisch wirkende Regelungen sind nur zulässig, wenn dies aus biologischen Gründen zwingend geboten ist.

§ 5 Beurteilung der Arbeitsbedingungen *(-> § 6 Gefahrstoffverordnung)*

(1) Der Arbeitgeber hat durch eine Beurteilung der für die Beschäftigten mit ihrer Arbeit verbundenen Gefährdung zu ermitteln, welche Maßnahmen des Arbeitsschutzes erforderlich sind.

(2) Der Arbeitgeber hat die Beurteilung je nach Art der Tätigkeiten vorzunehmen. Bei gleichartigen Arbeitsbedingungen ist die Beurteilung eines Arbeitsplatzes oder einer Tätigkeit ausreichend.

(3) Eine Gefährdung kann sich insbesondere ergeben durch

1. die Gestaltung und die Einrichtung der Arbeitsstätte und des Arbeitsplatzes,
2. physikalische, chemische und biologische Einwirkungen,
3. die Gestaltung, die Auswahl und den Einsatz von Arbeitsmitteln, insbesondere von Arbeitsstoffen, Maschinen, Geräten und Anlagen sowie den Umgang damit,
4. die Gestaltung von Arbeits- und Fertigungsverfahren, Arbeitsabläufen und Arbeitszeit und deren Zusammenwirken,
5. unzureichende Qualifikation und Unterweisung der Beschäftigten,
6. psychische Belastungen bei der Arbeit.

§ 6 Dokumentation

(-> §21; § 193 SGB VII)

(1) Der Arbeitgeber muss über die je nach Art der Tätigkeiten und der Zahl der Beschäftigten erforderlichen Unterlagen verfügen, aus denen das Ergebnis der Gefährdungsbeurteilung, die von ihm festgelegten Maßnahmen des Arbeitsschutzes und das Ergebnis ihrer Überprüfung ersichtlich sind. Bei gleichartiger Gefährdungssituation ist es ausreichend, wenn die Unterlagen zusammengefasste Angaben enthalten.

(2) Unfälle in seinem Betrieb, bei denen ein Beschäftigter getötet oder so verletzt wird, dass er stirbt oder für mehr als drei Tage völlig oder teilweise arbeits- oder dienstunfähig wird, hat der Arbeitgeber zu erfassen.

§ 7 Übertragung von Aufgaben

Bei der Übertragung von Aufgaben auf Beschäftigte hat der Arbeitgeber je nach Art der Tätigkeiten zu berücksichtigen, ob die Beschäftigten befähigt sind, die für die Sicherheit und den Gesundheitsschutz bei der Aufgabenerfüllung zu beachtenden Bestimmungen und Maßnahmen einzuhalten.

§ 8 Zusammenarbeit mehrerer Arbeitgeber

(1) Werden Beschäftigte mehrerer Arbeitgeber an einem Arbeitsplatz tätig, sind die Arbeitgeber verpflichtet, bei der Durchführung der Sicherheits- und Gesundheitsschutzbestimmungen zusammenzuarbeiten. Soweit dies für die Sicherheit und den Gesundheitsschutz der Beschäftigten bei der Arbeit erforderlich ist, haben die Arbeitgeber je nach Art der Tätigkeiten insbesondere sich gegenseitig und ihre Beschäftigten über die mit den Arbeiten verbundenen Gefahren für Sicherheit und Gesundheit der Beschäftigten zu unterrichten und Maßnahmen zur Verhütung dieser Gefahren abzustimmen.

(2) Der Arbeitgeber muss sich je nach Art der Tätigkeit vergewissern, dass die Beschäftigten anderer Arbeitgeber, die in seinem Betrieb tätig werden, hinsichtlich der Gefahren für ihre Sicherheit und Gesundheit während ihrer Tätigkeit in seinem Betrieb angemessene Anweisungen erhalten haben.

§ 9 Besondere Gefahren

(1) Der Arbeitgeber hat Maßnahmen zu treffen, damit nur Beschäftigte Zugang zu besonders gefährlichen Arbeitsbereichen haben, die zuvor geeignete Anweisungen erhalten haben.

(2) Der Arbeitgeber hat Vorkehrungen zu treffen, dass alle Beschäftigten, die einer unmittelbaren erheblichen Gefahr ausgesetzt sind oder sein können, möglichst frühzeitig über diese Gefahr und die getroffenen oder zu treffenden Schutzmaßnahmen unterrichtet sind. Bei unmittelbarer erheblicher Gefahr für die eigene Sicherheit oder die Sicherheit anderer Personen müssen die Beschäftigten die geeigneten Maßnahmen zur Gefahrenabwehr und Schadensbegrenzung selbst treffen können, wenn der zuständige Vorgesetzte nicht erreichbar ist; dabei sind die Kenntnisse der Beschäftigten und die vorhandenen technischen Mittel zu berücksichtigen. Den Beschäftigten dürfen aus ihrem Handeln keine Nachteile entstehen, es sei denn, sie haben vorsätzlich oder grob fahrlässig ungeeignete Maßnahmen getroffen.

(3) Der Arbeitgeber hat Maßnahmen zu treffen, die es den Beschäftigten bei unmittelbarer erheblicher Gefahr ermöglichen, sich durch sofortiges Verlassen der Arbeitsplätze in Sicherheit zu bringen. Den Beschäftigten dürfen hierdurch keine Nachteile entstehen. Hält die unmittelbare erhebliche Gefahr an, darf der Arbeitgeber die Beschäftigten nur in besonders begründeten Ausnahmefällen auffordern, ihre Tätigkeit wieder aufzunehmen. Gesetzliche Pflichten der Beschäftigten zur Abwehr von Gefahren für die öffentliche Sicherheit sowie die §§ 7 und 11 des Soldatengesetzes bleiben unberührt.

§ 10 Erste Hilfe und sonstige Notfallmaßnahmen

(1) Der Arbeitgeber hat entsprechend der Art der Arbeitsstätte und der Tätigkeiten sowie der Zahl der Beschäftigten die Maßnahmen zu treffen, die zur Ersten Hilfe, Brandbekämpfung und Evakuierung der Beschäftigten erforderlich sind. Dabei hat er der Anwesenheit anderer Personen Rechnung zu tragen. Er hat auch dafür zu sorgen, dass im Notfall die erforderlichen Verbindungen zu außerbetrieblichen Stellen, insbesondere in den Bereichen der Ersten Hilfe, der medizinischen Notversorgung, der Bergung und der Brandbekämpfung eingerichtet sind.

(2) Der Arbeitgeber hat diejenigen Beschäftigten zu benennen, die Aufgaben der Ersten Hilfe, Brandbekämpfung und Evakuierung der Beschäftigten übernehmen. Anzahl, Ausbildung und Ausrüstung der nach Satz 1 benannten Beschäftigten müssen in einem angemessenen Verhältnis zur Zahl der Beschäftigten und zu den bestehenden besonderen Gefahren stehen. Vor der Benennung hat der Arbeitgeber den Betriebs- oder Personalrat zu hören. Weitergehende Beteiligungsrechte bleiben unberührt. Der

Arbeitgeber kann die in Satz 1 genannten Aufgaben auch selbst wahrnehmen, wenn er über die nach Satz 2 erforderliche Ausbildung und Ausrüstung verfügt.

§ 11 Arbeitsmedizinische Vorsorge

Der Arbeitgeber hat den Beschäftigten auf ihren Wunsch unbeschadet der Pflichten aus anderen Rechtsvorschriften zu ermöglichen, sich je nach den Gefahren für ihre Sicherheit und Gesundheit bei der Arbeit regelmäßig arbeitsmedizinisch untersuchen zu lassen, es sei denn, auf Grund der Beurteilung der Arbeitsbedingungen und der getroffenen Schutzmaßnahmen ist nicht mit einem Gesundheitsschaden zu rechnen.

§ 12 Unterweisung

(-> § 14 Gefahrstoffverordnung)

(1) Der Arbeitgeber hat die Beschäftigten über Sicherheit und Gesundheitsschutz bei der Arbeit während ihrer Arbeitszeit ausreichend und angemessen zu unterweisen. Die Unterweisung umfasst Anweisungen und Erläuterungen, die eigens auf den Arbeitsplatz oder den Aufgabenbereich der Beschäftigten ausgerichtet sind. Die Unterweisung muss bei der Einstellung, bei Veränderungen im Aufgabenbereich, der Einführung neuer Arbeitsmittel oder einer neuen Technologie vor Aufnahme der Tätigkeit der Beschäftigten erfolgen. Die Unterweisung muss an die Gefährdungsentwicklung angepasst sein und erforderlichenfalls regelmäßig wiederholt werden.

(2) Bei einer Arbeitnehmerüberlassung trifft die Pflicht zur Unterweisung nach Absatz 1 den Entleiher. Er hat die Unterweisung unter Berücksichtigung der Qualifikation und der Erfahrung der Personen, die ihm zur Arbeitsleistung überlassen werden, vorzunehmen. Die sonstigen Arbeitsschutzpflichten des Verleihers bleiben unberührt.

§ 13 Verantwortliche Personen

(-> §§ 3, 15)

(1) Verantwortlich für die Erfüllung der sich aus diesem Abschnitt ergebenden Pflichten sind neben dem Arbeitgeber

1. sein gesetzlicher Vertreter,
2. das vertretungsberechtigte Organ einer juristischen Person,
3. der vertretungsberechtigte Gesellschafter einer Personenhandelsgesellschaft,
4. Personen, die mit der Leitung eines Unternehmens oder eines Betriebes beauftragt sind, im Rahmen der ihnen übertragenen Aufgaben und Befugnisse,
5. sonstige nach Absatz 2 oder nach einer auf Grund dieses Gesetzes erlassenen Rechtsverordnung oder nach einer Unfallverhütungsvorschrift verpflichtete Personen im Rahmen ihrer Aufgaben und Befugnisse.

(2) Der Arbeitgeber kann zuverlässige und fachkundige Personen schriftlich damit beauftragen, ihm obliegende Aufgaben nach diesem Gesetz in eigener Verantwortung wahrzunehmen.

§ 14 Unterrichtung und Anhörung der Beschäftigten des öffentlichen Dienstes

(1) Die Beschäftigten des öffentlichen Dienstes sind vor Beginn der Beschäftigung und bei Veränderungen in ihren Arbeitsbereichen über Gefahren für Sicherheit und Gesundheit, denen sie bei der Arbeit ausgesetzt sein können, sowie über die Maßnahmen und Einrichtungen zur Verhütung dieser Gefahren und die nach § 10 Abs. 2 getroffenen Maßnahmen zu unterrichten.

(2) Soweit in Betrieben des öffentlichen Dienstes keine Vertretung der Beschäftigten besteht, hat der Arbeitgeber die Beschäftigten zu allen Maßnahmen zu hören, die Auswirkungen auf Sicherheit und Gesundheit der Beschäftigten haben können.

§ 15 Pflichten der Beschäftigten

(1) Die Beschäftigten sind verpflichtet, nach ihren Möglichkeiten sowie gemäß der Unterweisung und Weisung des Arbeitgebers für ihre Sicherheit und Gesundheit bei der Arbeit Sorge zu tragen. Entsprechend Satz 1 haben die Beschäftigten auch für die Sicherheit und Gesundheit der Personen zu sorgen, die von ihren Handlungen oder Unterlassungen bei der Arbeit betroffen sind.

(2) Im Rahmen des Absatzes 1 haben die Beschäftigten insbesondere Maschinen, Geräte, Werkzeuge, Arbeitsstoffe, Transportmittel und sonstige Arbeitsmittel sowie Schutzvorrichtungen und die ihnen zur Verfügung gestellte persönliche Schutzausrüstung bestimmungsgemäß zu verwenden.

§ 16 Besondere Unterstützungspflichten

(1) Die Beschäftigten haben dem Arbeitgeber oder dem zuständigen Vorgesetzten jede von ihnen festgestellte unmittelbare erhebliche Gefahr für die Sicherheit und Gesundheit sowie jeden an den Schutzsystemen festgestellten Defekt unverzüglich zu melden.

(2) Die Beschäftigten haben gemeinsam mit dem Betriebsarzt und der Fachkraft für Arbeitssicherheit den Arbeitgeber darin zu unterstützen, die Sicherheit und den Gesundheitsschutz der Beschäftigten bei der Arbeit zu gewährleisten und seine Pflichten entsprechend den behördlichen Auflagen zu erfüllen. Unbeschadet ihrer Pflicht nach Absatz 1 sollen die Beschäftigten von ihnen festgestellte Gefahren für Sicherheit und Gesundheit und Mängel an den Schutzsystemen auch der Fachkraft für Arbeitssicherheit, dem Betriebsarzt oder dem Sicherheitsbeauftragten nach § 22 des Siebten Buches Sozialgesetzbuch mitteilen.

§ 17 Rechte der Beschäftigten

(1) Die Beschäftigten sind berechtigt, dem Arbeitgeber Vorschläge zu allen Fragen der Sicherheit und des Gesundheitsschutzes bei der Arbeit zu machen. Für Beamtinnen und Beamte des Bundes ist § 125 des Bundesbeamtengesetzes anzuwenden. Entsprechendes Landesrecht bleibt unberührt.

(2) Sind Beschäftigte auf Grund konkreter Anhaltspunkte der Auffassung, dass die vom Arbeitgeber getroffenen Maßnahmen und bereitgestellten Mittel nicht ausreichen, um die Sicherheit und den Gesundheitsschutz bei der Arbeit zu gewährleisten, und hilft der Arbeitgeber darauf gerichteten Beschwerden von Beschäftigten nicht ab, können sich

diese an die zuständige Behörde wenden. Hierdurch dürfen den Beschäftigten keine Nachteile entstehen. Die in Absatz 1 Satz 2 und 3 genannten Vorschriften sowie die Vorschriften des Hinweisgeberschutzgesetzes, der Wehrbeschwerdeordnung und des Gesetzes über den Wehrbeauftragten des Deutschen Bundestages bleiben unberührt.

§ 18 Verordnungsermächtigungen

(1) Die Bundesregierung wird ermächtigt, durch Rechtsverordnung mit Zustimmung des Bundesrates vorzuschreiben, welche Maßnahmen der Arbeitgeber und die sonstigen verantwortlichen Personen zu treffen haben und wie sich die Beschäftigten zu verhalten haben, um ihre jeweiligen Pflichten, die sich aus diesem Gesetz ergeben, zu erfüllen. In diesen Rechtsverordnungen kann auch bestimmt werden, dass bestimmte Vorschriften des Gesetzes zum Schutz anderer als in § 2 Abs. 2 genannter Personen anzuwenden sind.

(2) Durch Rechtsverordnungen nach Absatz 1 kann insbesondere bestimmt werden,

1. dass und wie zur Abwehr bestimmter Gefahren Dauer oder Lage der Beschäftigung oder die Zahl der Beschäftigten begrenzt werden muss,
2. dass der Einsatz bestimmter Arbeitsmittel oder -verfahren mit besonderen Gefahren für die Beschäftigten verboten ist oder der zuständigen Behörde angezeigt oder von ihr erlaubt sein muss oder besonders gefährdete Personen dabei nicht beschäftigt werden dürfen,
3. dass bestimmte, besonders gefährliche Betriebsanlagen einschließlich der Arbeits- und Fertigungsverfahren vor Inbetriebnahme, in regelmäßigen Abständen oder auf behördliche Anordnung fachkundig geprüft werden müssen,
4. dass Beschäftigte, bevor sie eine bestimmte gefährdende Tätigkeit aufnehmen oder fortsetzen oder nachdem sie sie beendet haben, arbeitsmedizinisch zu untersuchen sind und welche besonderen Pflichten der Arzt dabei zu beachten hat,
5. dass Ausschüsse zu bilden sind, denen die Aufgabe übertragen wird, die Bundesregierung oder das zuständige Bundesministerium zur Anwendung der Rechtsverordnungen zu beraten, dem Stand der Technik, Arbeitsmedizin und Hygiene entsprechende Regeln und sonstige gesicherte arbeitswissenschaftliche Erkenntnisse zu ermitteln sowie Regeln zu ermitteln, wie die in den Rechtsverordnungen gestellten Anforderungen erfüllt werden können. Das Bundesministerium für Arbeit und Soziales kann die Regeln und Erkenntnisse amtlich bekannt machen.

(3) In epidemischen Lagen von nationaler Tragweite nach § 5 Absatz 1 des Infektionsschutzgesetzes kann das Bundesministerium für Arbeit und Soziales ohne Zustimmung des Bundesrates spezielle Rechtsverordnungen nach Absatz 1 für einen befristeten Zeitraum erlassen. Das Bundesministerium für Arbeit und Soziales kann ohne Zustimmung des Bundesrates durch Rechtsverordnung für einen befristeten Zeitraum, der spätestens sechs Monate nach Aufhebung der Feststellung der epidemischen Lage von nationaler Tragweite endet,

1. bestimmen, dass spezielle Rechtsverordnungen nach Satz 1 nach Aufhebung der Feststellung der epidemischen Lage von nationaler Tragweite nach § 5 Absatz 1 des Infektionsschutzgesetzes fortgelten, und diese ändern sowie
2. spezielle Rechtsverordnungen nach Absatz 1 erlassen.

§ 21 Zuständige Behörden, Zusammenwirken mit den Trägern der **gesetzlichen Unfallversicherung**

(1) Die Überwachung des Arbeitsschutzes nach diesem Gesetz ist staatliche Aufgabe. Die zuständigen Behörden haben die Einhaltung dieses Gesetzes und der auf Grund dieses Gesetzes erlassenen Rechtsverordnungen zu überwachen und die Arbeitgeber bei der Erfüllung ihrer Pflichten zu beraten.

(2) Die Aufgaben und Befugnisse der Träger der gesetzlichen Unfallversicherung richten sich, soweit nichts anderes bestimmt ist, nach den Vorschriften des Sozialgesetzbuchs. Soweit die Träger der gesetzlichen Unfallversicherung nach dem Sozialgesetzbuch im Rahmen ihres Präventionsauftrags auch Aufgaben zur Gewährleistung von Sicherheit und Gesundheitsschutz der Beschäftigten wahrnehmen, werden sie ausschließlich im Rahmen ihrer autonomen Befugnisse tätig.

(3) Die zuständigen Landesbehörden und die Unfallversicherungsträger wirken auf der Grundlage einer gemeinsamen Beratungs- und Überwachungsstrategie nach § 20a Abs. 2 Nr. 4 eng zusammen und stellen den Erfahrungsaustausch sicher. Diese Strategie umfasst die Abstimmung allgemeiner Grundsätze zur methodischen Vorgehensweise bei

1. der Beratung und Überwachung der Betriebe,
2. der Festlegung inhaltlicher Beratungs- und Überwachungsschwerpunkte, aufeinander abgestimmter oder gemeinsamer Schwerpunktaktionen und Arbeitsprogramme und
3. der Förderung eines Daten- und sonstigen Informationsaustausches, insbesondere über Betriebsbesichtigungen und deren wesentliche Ergebnisse. Die zuständigen Landesbehörden vereinbaren mit den Unfallversicherungsträgern nach § 20 Abs. 2 Satz 3 des Siebten Buches Sozialgesetzbuch die Maßnahmen, die zur Umsetzung der gemeinsamen Arbeitsprogramme nach § 20a Abs. 2 Nr. 2 und der gemeinsamen Beratungs- und Überwachungsstrategie notwendig sind; sie evaluieren deren Zielerreichung mit den von der Nationalen Arbeitsschutzkonferenz nach § 20a Abs. 2 Nr. 3 bestimmten Kennziffern.

(3a) Zu nach dem 1. Januar 2023 durchgeführten Betriebsbesichtigungen und deren Ergebnissen übermitteln die für den Arbeitsschutz zuständigen Landesbehörden an den für die besichtigte Betriebsstätte zuständigen Unfallversicherungsträger im Wege elektronischer Datenübertragung folgende Informationen:

1. Name und Anschrift des Betriebs,
2. Anschrift der besichtigten Betriebsstätte, soweit nicht mit Nummer 1 identisch,
3. Kennnummer zur Identifizierung,
4. Wirtschaftszweig des Betriebs,
5. Datum der Besichtigung,
6. Anzahl der Beschäftigten zum Zeitpunkt der Besichtigung,
7. Vorhandensein einer betrieblichen Interessenvertretung,
8. Art der sicherheitstechnischen Betreuung,
9. Art der betriebsärztlichen Betreuung,
10. Bewertung der Arbeitsschutzorganisation einschließlich
    a) der Unterweisung,

b) der arbeitsmedizinischen Vorsorge und
c) der Ersten Hilfe und sonstiger Notfallmaßnahmen,

11. Bewertung der Gefährdungsbeurteilung einschließlich
    a) der Ermittlung von Gefährdungen und Festlegung von Maßnahmen,
    b) der Prüfung der Umsetzung der Maßnahmen und ihrer Wirksamkeit und
    c) der Dokumentation der Gefährdungen und Maßnahmen,
12. Verwaltungshandeln in Form von Feststellungen, Anordnungen oder Bußgeldern.

Die übertragenen Daten dürfen von den Unfallversicherungsträgern nur zur Erfüllung der in ihrer Zuständigkeit nach § 17 Absatz 1 des Siebten Buches Sozialgesetzbuch liegenden Aufgaben verarbeitet werden.

(4) Die für den Arbeitsschutz zuständige oberste Landesbehörde kann mit Trägern der gesetzlichen Unfallversicherung vereinbaren, dass diese in näher zu bestimmen-den Tätigkeitsbereichen die Einhaltung dieses Gesetzes, bestimmter Vorschriften dieses Gesetzes oder der auf Grund dieses Gesetzes erlassenen Rechtsverordnungen überwachen. In der Vereinbarung sind Art und Umfang der Überwachung sowie die Zusammenarbeit mit den staatlichen Arbeitsschutzbehörden festzulegen.

(5) Soweit nachfolgend nichts anderes bestimmt ist, ist zuständige Behörde für die Durchführung dieses Gesetzes und der auf dieses Gesetz gestützten Rechtsverordnungen in den Betrieben und Verwaltungen des Bundes die Zentralstelle für Arbeitsschutz beim Bundesministerium des Innern, für Bau und Heimat. Im Auftrag der Zentralstelle handelt, soweit nichts anderes bestimmt ist, die Unfallversicherung Bund und Bahn, die insoweit der Aufsicht des Bundesministeriums des Innern, für Bau und Heimat unterliegt; Aufwendungen werden nicht erstattet. Im öffentlichen Dienst im Geschäftsbereich des Bundesministeriums für Verkehr und digitale Infrastruktur führt die Unfallversicherung Bund und Bahn, soweit die Eisenbahn-Unfallkasse bis zum 31. Dezember 2014 Träger der Unfallversicherung war, dieses Gesetz durch. Für Betriebe und Verwaltungen in den Geschäftsbereichen des Bundesministeriums der Verteidigung und des Auswärtigen Amtes hinsichtlich seiner Auslandsvertretungen führt das jeweilige Bundesministerium, soweit es jeweils zuständig ist, oder die von ihm jeweils bestimmte Stelle dieses Gesetz durch. Im Geschäftsbereich des Bundesministeriums der Finanzen führt die Berufsgenossenschaft Verkehrswirtschaft Post-Logistik Telekommunikation dieses Gesetz durch, soweit der Geschäftsbereich des ehemaligen Bundesministeriums für Post und Telekommunikation betroffen ist. Die Sätze 1 bis 4 gelten auch für Betriebe und Verwaltungen, die zur Bundesverwaltung gehören, für die aber eine Berufsgenossenschaft Träger der Unfallversicherung ist. Die zuständigen Bundesministerien können mit den Berufsgenossenschaften für diese Betriebe und Verwaltungen vereinbaren, daß das Gesetz von den Berufsgenossenschaften durchgeführt wird; Aufwendungen werden nicht erstattet.

§ 22 Befugnisse der zuständigen Behörden

(1) Die zuständige Behörde kann vom Arbeitgeber oder von den verantwortlichen Personen die zur Durchführung ihrer Überwachungsaufgabe erforderlichen Auskünfte und die Überlassung von entsprechenden Unterlagen verlangen. Die auskunftspflichtige

Person kann die Auskunft auf solche Fragen oder die Vorlage derjenigen Unterlagen verweigern, deren Beantwortung oder Vorlage sie selbst oder einen ihrer in § 383 Abs. 1 Nr. 1 bis 3 der Zivilprozessordnung bezeichneten Angehörigen der Gefahr der Verfolgung wegen einer Straftat oder Ordnungswidrigkeit aussetzen würde. Die auskunftspflichtige Person ist darauf hinzuweisen.

(2) Die mit der Überwachung beauftragten Personen sind befugt, zu den Betriebs- und Arbeitszeiten Betriebsstätten, Geschäfts- und Betriebsräume zu betreten, zu besichtigen und zu prüfen sowie in die geschäftlichen Unterlagen der auskunftspflichtigen Person Einsicht zu nehmen, soweit dies zur Erfüllung ihrer Aufgaben erforderlich ist. Außerdem sind sie befugt, Betriebsanlagen, Arbeitsmittel und persönliche Schutzausrüstungen zu prüfen, Arbeitsverfahren und Arbeitsabläufe zu untersuchen, Messungen vorzunehmen und insbesondere arbeitsbedingte Gesundheitsgefahren festzustellen und zu untersuchen, auf welche Ursachen ein Arbeitsunfall, eine arbeitsbedingte Erkrankung oder ein Schadensfall zurückzuführen ist. Sie sind berechtigt, die Begleitung durch den Arbeitgeber oder eine von ihm beauftragte Person zu verlangen. Der Arbeitgeber oder die verantwortlichen Personen haben die mit der Überwachung beauftragten Personen bei der Wahrnehmung ihrer Befugnisse nach den Sätzen 1 und 2 zu unterstützen. Außerhalb der in Satz 1 genannten Zeiten, oder wenn die Arbeitsstätte sich in einer Wohnung befindet, dürfen die mit der Überwachung beauftragten Personen ohne Einverständnis des Arbeitgebers die Maßnahmen nach den Sätzen 1 und 2 nur zur Verhütung dringender Gefahren für die öffentliche Sicherheit oder Ordnung treffen. Die auskunftspflichtige Person hat die Maßnahmen nach den Sätzen 1, 2 und 5 zu dulden. Die Sätze 1 und 5 gelten entsprechend, wenn nicht feststeht, ob in der Arbeitsstätte Personen beschäftigt werden, jedoch Tatsachen gegeben sind, die diese Annahme rechtfertigen. Das Grundrecht der Unverletzlichkeit der Wohnung (Artikel 13 des Grundgesetzes) wird insoweit eingeschränkt.

(3) *(-> § 25,26 ArbSchG)*

Die zuständige Behörde kann im Einzelfall anordnen,

1. welche Maßnahmen der Arbeitgeber und die verantwortlichen Personen oder die Beschäftigten zur Erfüllung der Pflichten zu treffen haben, die sich aus diesem Gesetz und den auf Grund dieses Gesetzes erlassenen Rechtsverordnungen ergeben,
2. welche Maßnahmen der Arbeitgeber und die verantwortlichen Personen zur Abwendung einer besonderen Gefahr für Leben und Gesundheit der Beschäftigten zu treffen haben.

Die zuständige Behörde hat, wenn nicht Gefahr im Verzug ist, zur Ausführung der Anordnung eine angemessene Frist zu setzen. Wird eine Anordnung nach Satz 1 nicht innerhalb einer gesetzten Frist oder eine für sofort vollziehbar erklärte Anordnung nicht sofort ausgeführt, kann die zuständige Behörde die von der Anordnung betroffene Arbeit oder die Verwendung oder den Betrieb der von der Anordnung betroffenen Arbeitsmittel untersagen. Maßnahmen der zuständigen Behörde im Bereich des öffentlichen Dienstes, die den Dienstbetrieb wesentlich beeinträchtigen, sollen im Einvernehmen mit der obersten Bundes- oder Landesbehörde oder dem Hauptverwaltungsbeamten der Gemeinde getroffen werden.

§ 25 Bußgeldvorschriften

(1) Ordnungswidrig handelt, wer vorsätzlich oder fahrlässig

1. einer Rechtsverordnung nach § 18 Abs. 1 oder § 19 zuwiderhandelt, soweit sie für einen bestimmten Tatbestand auf diese Bußgeldvorschrift verweist, oder
2.
   a) als Arbeitgeber oder als verantwortliche Person einer vollziehbaren Anordnung nach § 22 Abs. 3 oder
   b) als Beschäftigter einer vollziehbaren Anordnung nach § 22 Abs. 3 Satz 1 Nr. 1 zuwiderhandelt.

(2) Die Ordnungswidrigkeit kann in den Fällen des Absatzes 1 Nr. 1 und 2 Buchstabe b mit einer Geldbuße bis zu fünftausend Euro, in den Fällen des Absatzes 1 Nr. 2 Buchstabe a mit einer Geldbuße bis zu fünfundzwanzigtausend Euro geahndet werden.

§ 26 Strafvorschriften

Mit Freiheitsstrafe bis zu einem Jahr oder mit Geldstrafe wird bestraft, wer

1. eine in § 25 Abs. 1 Nr. 2 Buchstabe a bezeichnete Handlung beharrlich wiederholt oder
2. durch eine in § 25 Abs. 1 Nr. 1 oder Nr. 2 Buchstabe a bezeichnete vorsätzliche Handlung Leben oder Gesundheit eines Beschäftigten gefährdet.

Arbeitssicherheitsgesetz - ASiG

Gesetz über Betriebsärzte, Sicherheitsingenieure und andere Fachkräfte für Arbeitssicherheit

vom 12. Dezember 1973, zuletzt geändert am 20. April 2013

§ 1 Grundsatz

Der Arbeitgeber hat nach Maßgabe dieses Gesetzes Betriebsärzte und Fachkräfte für Arbeitssicherheit zu bestellen. Diese sollen ihn beim Arbeitsschutz und bei der Unfallverhütung unterstützen. Damit soll erreicht werden, daß

1. die dem Arbeitsschutz und der Unfallverhütung dienenden Vorschriften den besonderen Betriebsverhältnissen entsprechend angewandt werden,
2. gesicherte arbeitsmedizinische und sicherheitstechnische Erkenntnisse zur Verbesserung des Arbeitsschutzes und der Unfallverhütung verwirklicht werden können,
3. die dem Arbeitsschutz und der Unfallverhütung dienenden Maßnahmen einen möglichst hohen Wirkungsgrad erreichen.

§ 2 Bestellung von Betriebsärzten

(1) Der Arbeitgeber hat Betriebsärzte schriftlich zu bestellen und ihnen die in § 3 genannten Aufgaben zu übertragen, soweit dies erforderlich ist im Hinblick auf

1. die Betriebsart und die damit für die Arbeitnehmer verbundenen Unfall- und Gesundheitsgefahren,
2. die Zahl der beschäftigten Arbeitnehmer und die Zusammensetzung der Arbeitnehmerschaft und
3. die Betriebsorganisation, insbesondere im Hinblick auf die Zahl und die Art der für den Arbeitsschutz und die Unfallverhütung verantwortlichen Personen.

(2) Der Arbeitgeber hat dafür zu sorgen, daß die von ihm bestellten Betriebsärzte ihre Aufgaben erfüllen. Er hat sie bei der Erfüllung ihrer Aufgaben zu unterstützen; insbesondere ist er verpflichtet, ihnen, soweit dies zur Erfüllung ihrer Aufgaben erforderlich ist, Hilfspersonal sowie Räume, Einrichtungen, Geräte und Mittel zur Verfügung zu stellen. Er hat sie über den Einsatz von Personen zu unterrichten, die mit einem befristeten Arbeitsvertrag beschäftigt oder ihm zur Arbeitsleistung überlassen sind.

(3) Der Arbeitgeber hat den Betriebsärzten die zur Erfüllung ihrer Aufgaben erforderliche Fortbildung unter Berücksichtigung der betrieblichen Belange zu ermöglichen. Ist der Betriebsarzt als Arbeitnehmer eingestellt, so ist er für die Zeit der Fortbildung unter Fortentrichtung der Arbeitsvergütung von der Arbeit freizustellen. Die Kosten der Fortbildung trägt der Arbeitgeber. Ist der Betriebsarzt nicht als Arbeitnehmer eingestellt, so ist er für die Zeit der Fortbildung von der Erfüllung der ihm übertragenen Aufgaben freizustellen.

§ 3 Aufgaben der Betriebsärzte

(1) Die Betriebsärzte haben die Aufgabe, den Arbeitgeber beim Arbeitsschutz und bei der Unfallverhütung in allen Fragen des Gesundheitsschutzes zu unterstützen. Sie haben insbesondere

1. den Arbeitgeber und die sonst für den Arbeitsschutz und die Unfallverhütung verantwortlichen Personen zu beraten, insbesondere bei

a) der Planung, Ausführung und Unterhaltung von Betriebsanlagen und von sozialen und sanitären Einrichtungen,

b) der Beschaffung von technischen Arbeitsmitteln und der Einführung von Arbeitsverfahren und Arbeitsstoffen,

c) der Auswahl und Erprobung von Körperschutzmitteln,

d)arbeitsphysiologischen, arbeitspsychologischen und sonstigen ergonomischen sowie arbeitshygienischen Fragen, insbesondere des Arbeitsrhythmus, der Arbeitszeit und der Pausenregelung, der Gestaltung der Arbeitsplätze, des Arbeitsablaufs und der Arbeitsumgebung,

e) der Organisation der "Ersten Hilfe" im Betrieb,

f) Fragen des Arbeitsplatzwechsels sowie der Eingliederung und Wiedereingliederung Behinderter in den Arbeitsprozeß,

g) der Beurteilung der Arbeitsbedingungen,

2. die Arbeitnehmer zu untersuchen, arbeitsmedizinisch zu beurteilen und zu beraten sowie die Untersuchungsergebnisse zu erfassen und auszuwerten,

3. die Durchführung des Arbeitsschutzes und der Unfallverhütung zu beobachten und im Zusammenhang damit

a) die Arbeitsstätten in regelmäßigen Abständen zu begehen und festgestellte Mängel dem Arbeitgeber oder der sonst für den Arbeitsschutz und die Unfallverhütung verantwortlichen Person mitzuteilen, Maßnahmen zur Beseitigung dieser Mängel vorzuschlagen und auf deren Durchführung hinzuwirken,

b) auf die Benutzung der Körperschutzmittel zu achten,

c) Ursachen von arbeitsbedingten Erkrankungen zu untersuchen, die Untersuchungsergebnisse zu erfassen und auszuwerten und dem Arbeitgeber Maßnahmen zur Verhütung dieser Erkrankungen vorzuschlagen,

4. darauf hinzuwirken, daß sich alle im Betrieb Beschäftigten den Anforderungen des Arbeitsschutzes und der Unfallverhütung entsprechend verhalten, insbesondere sie über die Unfall- und Gesundheitsgefahren, denen sie bei der Arbeit ausgesetzt sind, sowie über die Einrichtungen und Maßnahmen zur Abwendung dieser Gefahren zu belehren und bei der Einsatzplanung und Schulung der Helfer in "Erster Hilfe" und des medizinischen Hilfspersonals mitzuwirken.

(2) Die Betriebsärzte haben auf Wunsch des Arbeitnehmers diesem das Ergebnis arbeitsmedizinischer Untersuchungen mitzuteilen; § 8 Abs. 1 Satz 3 bleibt unberührt.

(3) Zu den Aufgaben der Betriebsärzte gehört es nicht, Krankmeldungen der Arbeitnehmer auf ihre Berechtigung zu überprüfen.

§ 4 Anforderungen an Betriebsärzte

Der Arbeitgeber darf als Betriebsärzte nur Personen bestellen, die berechtigt sind, den ärztlichen Beruf auszuüben, und die über die zur Erfüllung der ihnen übertragenen Aufgaben erforderliche arbeitsmedizinische Fachkunde verfügen.

§ 5 Bestellung von Fachkräften für Arbeitssicherheit

(1) Der Arbeitgeber hat Fachkräfte für Arbeitssicherheit (Sicherheitsingenieure, -techniker, -meister) schriftlich zu bestellen und ihnen die in § 6 genannten Aufgaben zu übertragen, soweit dies erforderlich ist im Hinblick auf

1. die Betriebsart und die damit für die Arbeitnehmer verbundenen Unfall- und Gesundheitsgefahren,
2. die Zahl der beschäftigten Arbeitnehmer und die Zusammensetzung der Arbeitnehmerschaft,
3. die Betriebsorganisation, insbesondere im Hinblick auf die Zahl und Art der für den Arbeitsschutz und die Unfallverhütung verantwortlichen Personen,
4. die Kenntnisse und die Schulung des Arbeitgebers oder der nach § 13 Abs. 1 Nr. 1, 2 oder 3 des Arbeitsschutzgesetzes verantwortlichen Personen in Fragen des Arbeitsschutzes.

(2) Der Arbeitgeber hat dafür zu sorgen, daß die von ihm bestellten Fachkräfte für Arbeitssicherheit ihre Aufgaben erfüllen. Er hat sie bei der Erfüllung ihrer Aufgaben zu unterstützen; insbesondere ist er verpflichtet, ihnen, soweit dies zur Erfüllung ihrer Aufgaben erforderlich ist, Hilfspersonal sowie Räume, Einrichtungen, Geräte und Mittel zur Verfügung zu stellen. Er hat sie über den Einsatz von Personen zu unterrichten, die mit einem befristeten Arbeitsvertrag beschäftigt oder ihm zur Arbeitsleistung überlassen sind.

(3) Der Arbeitgeber hat den Fachkräften für Arbeitssicherheit die zur Erfüllung ihrer Aufgaben erforderliche Fortbildung unter Berücksichtigung der betrieblichen Belange zu ermöglichen. Ist die Fachkraft für Arbeitssicherheit als Arbeitnehmer eingestellt, so ist sie für die Zeit der Fortbildung unter Fortentrichtung der Arbeitsvergütung von der Arbeit freizustellen. Die Kosten der Fortbildung trägt der Arbeitgeber. Ist die Fachkraft für Arbeitssicherheit nicht als Arbeitnehmer eingestellt, so ist sie für die Zeit der Fortbildung von der Erfüllung der ihr übertragenen Aufgaben freizustellen.

§ 6 Aufgaben der Fachkräfte für Arbeitssicherheit

Die Fachkräfte für Arbeitssicherheit haben die Aufgabe, den Arbeitgeber beim Arbeitsschutz und bei der Unfallverhütung in allen Fragen der Arbeitssicherheit einschließlich der menschengerechten Gestaltung der Arbeit zu unterstützen. Sie haben insbesondere

1. den Arbeitgeber und die sonst für den Arbeitsschutz und die Unfallverhütung verantwortlichen Personen zu
beraten, insbesondere bei

a) der Planung, Ausführung und Unterhaltung von Betriebsanlagen und von sozialen und sanitären Einrichtungen,

b) der Beschaffung von technischen Arbeitsmitteln und der Einführung von Arbeitsverfahren und Arbeitsstoffen,
c) der Auswahl und Erprobung von Körperschutzmitteln,
d) der Gestaltung der Arbeitsplätze, des Arbeitsablaufs, der Arbeitsumgebung und in sonstigen Fragen der Ergonomie,
e) der Beurteilung der Arbeitsbedingungen,
2. die Betriebsanlagen und die technischen Arbeitsmittel insbesondere vor der Inbetriebnahme und Arbeitsverfahren insbesondere vor ihrer Einführung sicherheitstechnisch zu überprüfen,
3. die Durchführung des Arbeitsschutzes und der Unfallverhütung zu beobachten und im Zusammenhang damit
a) die Arbeitsstätten in regelmäßigen Abständen zu begehen und festgestellte Mängel dem Arbeitgeber oder der sonst für den Arbeitsschutz und die Unfallverhütung verantwortlichen Person mitzuteilen, Maßnahmen zur Beseitigung dieser Mängel vorzuschlagen und auf deren Durchführung hinzuwirken,
b) auf die Benutzung der Körperschutzmittel zu achten,
c) Ursachen von Arbeitsunfällen zu untersuchen, die Untersuchungsergebnisse zu erfassen und auszuwerten und dem Arbeitgeber Maßnahmen zur Verhütung dieser Arbeitsunfälle vorzuschlagen,
4. darauf hinzuwirken, daß sich alle im Betrieb Beschäftigten den Anforderungen des Arbeitsschutzes und der Unfallverhütung entsprechend verhalten, insbesondere sie über die Unfall- und Gesundheitsgefahren, denen sie bei der Arbeit ausgesetzt sind, sowie über die Einrichtungen und Maßnahmen zur Abwendung dieser Gefahren zu belehren und bei der Schulung der Sicherheitsbeauftragten mitzuwirken.

§ 7 Anforderungen an Fachkräfte für Arbeitssicherheit

(1) Der Arbeitgeber darf als Fachkräfte für Arbeitssicherheit nur Personen bestellen, die den nachstehenden Anforderungen genügen: Der Sicherheitsingenieur muß berechtigt sein, die Berufsbezeichnung Ingenieur zu führen und über die zur Erfüllung der ihm übertragenen Aufgaben erforderliche sicherheitstechnische Fachkunde verfügen. Der Sicherheitstechniker oder -meister muß über die zur Erfüllung der ihm übertragenen Aufgaben erforderliche sicherheitstechnische Fachkunde verfügen.
(2) Die zuständige Behörde kann es im Einzelfall zulassen, daß an Stelle eines Sicherheitsingenieurs, der berechtigt ist, die Berufsbezeichnung Ingenieur zu führen, jemand bestellt werden darf, der zur Erfüllung der sich aus § 6 ergebenden Aufgaben über entsprechende Fachkenntnisse verfügt.

Arbeitsstättenverordnung - ArbStättV

Vom 12.08.2004 – zuletzt geändert am 22. Dezember 2020

§ 1 Ziel, Anwendungsbereich

(1) Diese Verordnung dient der **cherheit** und dem Schutz der **Gesundheit** der Beschäftigten beim Einrichten und Betreiben von Arbeitsstätten.

...

§ 2 Begriffsbestimmungen

(1) Arbeitsstätten sind:

1. Arbeitsräume oder andere Orte in Gebäuden auf dem Gelände eines Betriebes,
2. Orte im Freien auf dem Gelände eines Betriebes,
3. Orte auf Baustellen,

sofern sie zur Nutzung für Arbeitsplätze vorgesehen sind.

(2) Zur Arbeitsstätte gehören insbesondere auch:

1. Orte auf dem Gelände eines Betriebes oder einer Baustelle, zu denen Beschäftigte im Rahmen ihrer Arbeit Zugang haben,
2. Verkehrswege, Fluchtwege, Notausgänge, Lager-, Maschinen- und Nebenräume, Sanitärräume, Kantinen, Pausen- und Bereitschaftsräume, Erste-Hilfe-Räume, Unterkünfte sowie
3. Einrichtungen, die dem Betreiben der Arbeitsstätte dienen, insbesondere Sicherheitsbeleuchtungen, Feuerlöscheinrichtungen, Versorgungseinrichtungen, Beleuchtungsanlagen, raumlufttechnische Anlagen, Signalanlagen, Energieverteilungsanlagen, Türen und Tore, Fahrsteige, Fahrtreppen, Laderampen und Steigleitern.

(3) Arbeitsräume sind die Räume, in denen Arbeitsplätze innerhalb von Gebäuden dauerhaft eingerichtet sind.

(4) Arbeitsplätze sind Bereiche, in denen Beschäftigte im Rahmen ihrer Arbeit tätig sind.

(5) Bildschirmarbeitsplätze sind Arbeitsplätze, die sich in Arbeitsräumen befinden und die mit Bildschirmgeräten und sonstigen Arbeitsmitteln ausgestattet sind.

(6) Bildschirmgeräte sind Funktionseinheiten, zu denen insbesondere Bildschirme zur Darstellung von visuellen Informationen, Einrichtungen zur Datenein- und -ausgabe, sonstige Steuerungs- und Kommunikationseinheiten (Rechner) sowie eine Software zur Steuerung und Umsetzung der Arbeitsaufgabe gehören.

(7) Telearbeitsplätze sind vom Arbeitgeber fest eingerichtete Bildschirmarbeitsplätze im Privatbereich der Beschäftigten, für die der Arbeitgeber eine mit den Beschäftigten vereinbarte wöchentliche Arbeitszeit und die Dauer der Einrichtung festgelegt hat. Ein Telearbeitsplatz ist vom Arbeitgeber erst dann eingerichtet, wenn Arbeitgeber und Beschäftigte die Bedingungen der Telearbeit arbeitsvertraglich oder im Rahmen einer Vereinbarung festgelegt haben und die benötigte Ausstattung des Telearbeitsplatzes mit Mobiliar, Arbeitsmitteln einschließlich der Kommunikationseinrichtungen durch den

Arbeitgeber oder eine von ihm beauftragte Person im Privatbereich des Beschäftigten bereitgestellt und installiert ist.
(8) Gemeinschaftsunterkünfte im Sinne dieser Verordnung sind Unterkünfte innerhalb oder außerhalb des Geländes eines Betriebes oder einer Baustelle, die
1. den Beschäftigten durch den Arbeitgeber oder auf dessen Veranlassung durch Dritte entgeltlich oder unentgeltlich zur Verfügung gestellt werden und
2. von mehreren Beschäftigten und insgesamt von mindestens vier Personen gemeinschaftlich genutzt werden.
(9) Einrichten ist das Bereitstellen und Ausgestalten der Arbeitsstätte. Das Einrichten umfasst insbesondere:
1. bauliche Maßnahmen oder Veränderungen,
2. das Ausstatten mit Maschinen, Anlagen, anderen Arbeitsmitteln und Mobiliar sowie mit Beleuchtungs-, Lüftungs-, Heizungs-, Feuerlösch- und Versorgungseinrichtungen,
3. das Anlegen und Kennzeichnen von Verkehrs- und Fluchtwegen sowie das Kennzeichnen von Gefahrenstellen und brandschutztechnischen Ausrüstungen und
4. das Festlegen von Arbeitsplätzen.
(10) Das Betreiben von Arbeitsstätten umfasst das Benutzen, Instandhalten und Optimieren der Arbeitsstätten sowie die Organisation und Gestaltung der Arbeit einschließlich der Arbeitsabläufe in Arbeitsstätten.
(11) Instandhalten ist die Wartung, Inspektion, Instandsetzung oder Verbesserung der Arbeitsstätten zum Erhalt des baulichen und technischen Zustandes.
(12) Stand der Technik ist der Entwicklungsstand fortschrittlicher Verfahren, Einrichtungen oder Betriebsweisen, der die praktische Eignung einer Maßnahme zur Gewährleistung der Sicherheit und zum Schutz der Gesundheit der Beschäftigten gesichert erscheinen lässt. Bei der Bestimmung des Stands der Technik sind insbesondere vergleichbare Verfahren, Einrichtungen oder Betriebsweisen heranzuziehen, die mit Erfolg in der Praxis erprobt worden sind. Gleiches gilt für die Anforderungen an die Arbeitsmedizin und die Hygiene.
(13) Fachkundig ist, wer über die zur Ausübung einer in dieser Verordnung bestimmten Aufgabe erforderlichen Fachkenntnisse verfügt. Die Anforderungen an die Fachkunde sind abhängig von der jeweiligen Art der Aufgabe. Zu den Anforderungen zählen eine entsprechende Berufsausbildung, Berufserfahrung oder eine zeitnah ausgeübte entsprechende berufliche Tätigkeit. Die Fachkenntnisse sind durch Teilnahme an Schulungen auf aktuellem Stand zu halten.

§ 3 Gefährdungsbeurteilung

(1) Bei der Beurteilung der Arbeitsbedingungen nach § 5 des Arbeitsschutzgesetzes hat der Arbeitgeber zunächst festzustellen, ob die Beschäftigten Gefährdungen beim Einrichten und Betreiben von Arbeitsstätten ausgesetzt sind oder ausgesetzt sein können. Ist dies der Fall, hat er alle möglichen Gefährdungen der Sicherheit und der Gesundheit der Beschäftigten zu beurteilen und dabei die Auswirkungen der Arbeitsorganisation und der Arbeitsabläufe in der Arbeitsstätte zu berücksichtigen. Bei der Gefährdungsbeurteilung hat er die physischen und psychischen Belastungen sowie bei

Bildschirmarbeitsplätzen insbesondere die Belastungen der Augen oder die Gefährdung des Sehvermögens der Beschäftigten zu berücksichtigen. Entsprechend dem Ergebnis der Gefährdungsbeurteilung hat der Arbeitgeber Maßnahmen zum Schutz der Beschäftigten gemäß den Vorschriften dieser Verordnung einschließlich ihres Anhangs nach dem Stand der Technik, Arbeitsmedizin und Hygiene festzulegen. Sonstige gesicherte arbeitswissenschaftliche Erkenntnisse sind zu berücksichtigen.

(2) Der Arbeitgeber hat sicherzustellen, dass die Gefährdungsbeurteilung fachkundig durchgeführt wird. Verfügt der Arbeitgeber nicht selbst über die entsprechenden Kenntnisse, hat er sich fachkundig beraten zu lassen.

(3) Der Arbeitgeber hat die Gefährdungsbeurteilung vor Aufnahme der Tätigkeiten zu dokumentieren. In der Dokumentation ist anzugeben, welche Gefährdungen am Arbeitsplatz auftreten können und welche Maßnahmen nach Absatz 1 Satz 4 durchgeführt werden müssen.

§ 3a Einrichten und Betreiben von Arbeitsstätten

(1) Der Arbeitgeber hat dafür zu sorgen, dass Arbeitsstätten so eingerichtet und betrieben werden, dass Gefährdungen für die Sicherheit und die Gesundheit der Beschäftigten möglichst vermieden und verbleibende Gefährdungen möglichst gering gehalten werden. Beim Einrichten und Betreiben der Arbeitsstätten hat der Arbeitgeber die Maßnahmen nach § 3 Absatz 1 durchzuführen und dabei den Stand der Technik, Arbeitsmedizin und Hygiene, die ergonomischen Anforderungen sowie insbesondere die vom Bundesministerium für Arbeit und Soziales nach § 7 Absatz 4 bekannt gemachten Regeln und Erkenntnisse zu berücksichtigen. Bei Einhaltung der bekannt gemachten Regeln ist davon auszugehen, dass die in dieser Verordnung gestellten Anforderungen diesbezüglich erfüllt sind. Wendet der Arbeitgeber diese Regeln nicht an, so muss er durch andere Maßnahmen die gleiche Sicherheit und den gleichen Schutz der Gesundheit der Beschäftigten erreichen.

(2) Beschäftigt der Arbeitgeber Menschen mit Behinderungen, hat er die Arbeitsstätte so einzurichten und zu betreiben, dass die besonderen Belange dieser Beschäftigten im Hinblick auf die Sicherheit und den Schutz der Gesundheit berücksichtigt werden. Dies gilt insbesondere für die barrierefreie Gestaltung von Arbeitsplätzen, Sanitär-, Pausen- und Bereitschaftsräumen, Kantinen, Erste-Hilfe-Räumen und Unterkünften sowie den zugehörigen Türen, Verkehrswegen, Fluchtwegen, Notausgängen, Treppen und Orientierungssystemen, die von den Beschäftigten mit Behinderungen benutzt werden.

(3) Die zuständige Behörde kann auf schriftlichen Antrag des Arbeitgebers Ausnahmen von den Vorschriften dieser Verordnung einschließlich ihres Anhanges zulassen, wenn

1. der Arbeitgeber andere, ebenso wirksame Maßnahmen trifft oder
2. die Durchführung der Vorschrift im Einzelfall zu einer unverhältnismäßigen Härte führen würde und die Abweichung mit dem Schutz der Beschäftigten vereinbar ist.

Der Antrag des Arbeitgebers kann in Papierform oder elektronisch übermittelt werden. Bei der Beurteilung sind die Belange der kleineren Betriebe besonders zu berücksichtigen.

(4) Anforderungen in anderen Rechtsvorschriften, insbesondere im Bauordnungsrecht der Länder, gelten vorrangig, soweit sie über die Anforderungen dieser Verordnung hinausgehen.

§ 4 Besondere Anforderungen an das Betreiben von Arbeitsstätten

(1) Der Arbeitgeber hat die Arbeitsstätte instand zu halten und dafür zu sorgen, dass festgestellte Mängel unverzüglich beseitigt werden. Können Mängel, mit denen eine unmittelbare erhebliche Gefahr verbunden ist, nicht sofort beseitigt werden, hat er dafür zu sorgen, dass die gefährdeten Beschäftigten ihre Tätigkeit unverzüglich einstellen.
(2) Der Arbeitgeber hat dafür zu sorgen, dass Arbeitsstätten den hygienischen Erfordernissen entsprechend gereinigt werden. Verunreinigungen und Ablagerungen, die zu Gefährdungen führen können, sind unverzüglich zu beseitigen.
(3) Der Arbeitgeber hat die Sicherheitseinrichtungen, insbesondere Sicherheitsbeleuchtung, Brandmelde- und Feuerlöscheinrichtungen, Signalanlagen, Notaggregate und Notschalter sowie raumlufttechnische Anlagen instand zu halten und in regelmäßigen Abständen auf ihre Funktionsfähigkeit prüfen zu lassen.
(4) Der Arbeitgeber hat dafür zu sorgen, dass Verkehrswege, Fluchtwege und Notausgänge ständig freigehalten werden, damit sie jederzeit benutzbar sind. Der Arbeitgeber hat Vorkehrungen so zu treffen, dass die Beschäftigten bei Gefahr sich unverzüglich in Sicherheit bringen und schnell gerettet werden können. Der Arbeitgeber hat einen Flucht- und Rettungsplan aufzustellen, wenn Lage, Ausdehnung und Art der Benutzung der Arbeitsstätte dies erfordern. Der Plan ist an geeigneten Stellen in der Arbeitsstätte auszulegen oder auszuhängen. In angemessenen Zeitabständen ist entsprechend diesem Plan zu üben.
(5) Der Arbeitgeber hat beim Einrichten und Betreiben von Arbeitsstätten Mittel und Einrichtungen zur Ersten Hilfe zur Verfügung zu stellen und regelmäßig auf ihre Vollständigkeit und Verwendungsfähigkeit prüfen zu lassen.

§ 5 Nichtraucherschutz

(1) Der Arbeitgeber hat die erforderlichen Maßnahmen zu treffen, damit die nicht rauchenden Beschäftigten in Arbeitsstätten wirksam vor den Gesundheitsgefahren durch Tabakrauch geschützt sind. Soweit erforderlich, hat der Arbeitgeber ein allgemeines oder auf einzelne Bereiche der Arbeitsstätte beschränktes **Rauchverbot** zu erlassen.
(2) In Arbeitsstätten mit Publikumsverkehr hat der Arbeitgeber beim Einrichten und Betreiben von Arbeitsräumen der Natur des Betriebes entsprechende und der Art der Beschäftigung angepasste technische oder organisatorische Maßnahmen nach Absatz 1 zum Schutz der nicht rauchenden Beschäftigten zu treffen.

§ 6 Unterweisung der Beschäftigten

(1) Der Arbeitgeber hat den Beschäftigten ausreichende und angemessene Informationen anhand der Gefährdungsbeurteilung in einer für die Beschäftigten verständlichen Form und Sprache zur Verfügung zu stellen über
1. das bestimmungsgemäße Betreiben der Arbeitsstätte,

2. alle gesundheits- und sicherheitsrelevanten Fragen im Zusammenhang mit ihrer Tätigkeit,
3. Maßnahmen, die zur Gewährleistung der Sicherheit und zum Schutz der Gesundheit der Beschäftigten durchgeführt werden müssen, und
4. arbeitsplatzspezifische Maßnahmen, insbesondere bei Tätigkeiten auf Baustellen oder an Bildschirmgeräten,
und sie anhand dieser Informationen zu unterweisen.
(2) Die Unterweisung nach Absatz 1 muss sich auf Maßnahmen im Gefahrenfall erstrecken, insbesondere auf
1. die Bedienung von Sicherheits- und Warneinrichtungen,
2. die Erste Hilfe und die dazu vorgehaltenen Mittel und Einrichtungen und
3. den innerbetrieblichen Verkehr.
(3) Die Unterweisung nach Absatz 1 muss sich auf Maßnahmen der Brandverhütung und Verhaltensmaßnahmen im Brandfall erstrecken, insbesondere auf die Nutzung der Fluchtwege und Notausgänge. Diejenigen Beschäftigten, die Aufgaben der Brandbekämpfung übernehmen, hat der Arbeitgeber in der Bedienung der Feuerlöscheinrichtungen zu unterweisen.
(4) Die Unterweisungen müssen vor Aufnahme der Tätigkeit stattfinden. Danach sind sie mindestens jährlich zu wiederholen. Sie haben in einer für die Beschäftigten verständlichen Form und Sprache zu erfolgen. Unterweisungen sind unverzüglich zu wiederholen, wenn sich die Tätigkeiten der Beschäftigten, die Arbeitsorganisation, die Arbeits- und Fertigungsverfahren oder die Einrichtungen und Betriebsweisen in der Arbeitsstätte wesentlich verändern und die Veränderung mit zusätzlichen Gefährdungen verbunden ist.
...

§ 9 Straftaten und Ordnungswidrigkeiten

(1) Ordnungswidrig im Sinne des § 25 Absatz 1 Nummer 1 des Arbeitsschutzgesetzes handelt, wer vorsätzlich oder fahrlässig
1. entgegen § 3 Absatz 3 eine Gefährdungsbeurteilung nicht richtig, nicht vollständig oder nicht rechtzeitig dokumentiert,
2. entgegen § 3a Absatz 1 Satz 1 nicht dafür sorgt, dass eine Arbeitsstätte in der dort vorgeschriebenen Weise eingerichtet ist oder betrieben wird,
3. entgegen § 3a Absatz 1 Satz 2 in Verbindung mit Nummer 4.1 Absatz 1 des Anhangs einen dort genannten Toilettenraum oder eine dort genannte mobile, anschlussfreie Toilettenkabine nicht oder nicht in der vorgeschriebenen Weise zur Verfügung stellt,
4. entgegen § 3a Absatz 1 Satz 2 in Verbindung mit Nummer 4.2 Absatz 1 des Anhangs einen dort genannten Pausenraum oder einen dort genannten Pausenbereich nicht oder nicht in der vorgeschriebenen Weise zur Verfügung stellt,
4a. entgegen § 3a Absatz 1 Satz 2 in Verbindung mit Nummer 4.4 Absatz 1 Satz 1 des Anhangs eine Unterkunft in den Fällen der Nummer 4.4 Absatz 1 Satz 3 des Anhangs nicht oder nicht rechtzeitig zur Verfügung stellt,

4b. entgegen § 3a Absatz 1 Satz 2 in Verbindung mit Nummer 4.4 Absatz 4 Satz 1 des Anhangs eine Unterbringung in einer Gemeinschaftsunterkunft nicht, nicht richtig, nicht vollständig oder nicht rechtzeitig dokumentiert,
5. entgegen § 3a Absatz 2 eine Arbeitsstätte nicht in der dort vorgeschriebenen Weise einrichtet oder betreibt,
6. entgegen § 4 Absatz 1 Satz 2 nicht dafür sorgt, dass die gefährdeten Beschäftigten ihre Tätigkeit unverzüglich einstellen,
7. entgegen § 4 Absatz 4 Satz 1 nicht dafür sorgt, dass Verkehrswege, Fluchtwege und Notausgänge freigehalten werden,
8. entgegen § 4 Absatz 5 ein Mittel oder eine Einrichtung zur Ersten Hilfe nicht zur Verfügung stellt,
9. entgegen § 6 Absatz 4 Satz 1 nicht sicherstellt, dass die Beschäftigten vor Aufnahme der Tätigkeit unterwiesen werden.
(2) Wer durch eine in Absatz 1 bezeichnete vorsätzliche Handlung das Leben oder die Gesundheit von Beschäftigten gefährdet, ist nach § 26 Nummer 2 des Arbeitsschutzgesetzes strafbar.

Anhang

6 Maßnahmen zur Gestaltung von Bildschirmarbeitsplätzen

6.1b Allgemeine Anforderungen an Bildschirmarbeitsplätze
(1) Bildschirmarbeitsplätze sind so einzurichten und zu betreiben, dass die Sicherheit und der Schutz der Gesundheit der Beschäftigten gewährleistet sind. Die Grundsätze der Ergonomie sind auf die Bildschirmarbeitsplätze und die erforderlichen Arbeitsmittel sowie die für die Informationsverarbeitung durch die Beschäftigten erforderlichen Bildschirmgeräte entsprechend anzuwenden.
(2) Der Arbeitgeber hat dafür zu sorgen, dass die Tätigkeiten der Beschäftigten an Bildschirmgeräten insbesondere durch andere Tätigkeiten oder regelmäßige Erholungszeiten unterbrochen werden.
(3) Für die Beschäftigten ist ausreichend Raum für wechselnde Arbeitshaltungen und -bewegungen vorzusehen.
(4) Die Bildschirmgeräte sind so aufzustellen und zu betreiben, dass die Oberflächen frei von störenden Reflexionen und Blendungen sind.
(5) Die Arbeitstische oder Arbeitsflächen müssen eine reflexionsarme Oberfläche haben und so aufgestellt werden, dass die Oberflächen bei der Arbeit frei von störenden Reflexionen und Blendungen sind.
(6) Die Arbeitsflächen sind entsprechend der Arbeitsaufgabe so zu bemessen, dass alle Eingabemittel auf der Arbeitsfläche variabel angeordnet werden können und eine flexible Anordnung des Bildschirms, des Schriftguts und der sonstigen Arbeitsmittel möglich ist. Die Arbeitsfläche vor der Tastatur muss ein Auflegen der Handballen ermöglichen.
(7) Auf Wunsch der Beschäftigten hat der Arbeitgeber eine Fußstütze und einen Manuskripthalter zur Verfügung zu stellen, wenn eine ergonomisch günstige Arbeitshaltung auf andere Art und Weise nicht erreicht werden kann.

(8) Die Beleuchtung muss der Art der Arbeitsaufgabe entsprechen und an das Sehvermögen der Beschäftigten angepasst sein; ein angemessener Kontrast zwischen Bildschirm und Arbeitsumgebung ist zu gewährleisten. Durch die Gestaltung des Bildschirmarbeitsplatzes sowie der Auslegung und der Anordnung der Beleuchtung sind störende Blendungen, Reflexionen oder Spiegelungen auf dem Bildschirm und den sonstigen Arbeitsmitteln zu vermeiden.
(9) Werden an einem Arbeitsplatz mehrere Bildschirmgeräte oder Bildschirme betrieben, müssen diese ergonomisch angeordnet sein. Die Eingabegeräte müssen sich eindeutig dem jeweiligen Bildschirmgerät zuordnen lassen.
(10) Die Arbeitsmittel dürfen nicht zu einer erhöhten, gesundheitlich unzuträglichen Wärmebelastung am Arbeitsplatz führen.
6.2 Allgemeine Anforderungen an Bildschirme und Bildschirmgeräte
(1) Die Text- und Grafikdarstellungen auf dem Bildschirm müssen entsprechend der Arbeitsaufgabe und dem Sehabstand scharf und deutlich sowie ausreichend groß sein. Der Zeichen- und der Zeilenabstand müssen angemessen sein. Die Zeichengröße und der Zeilenabstand müssen auf dem Bildschirm individuell eingestellt werden können.
(2) Das auf dem Bildschirm dargestellte Bild muss flimmerfrei sein. Das Bild darf keine Verzerrungen aufweisen.
(3) Die Helligkeit der Bildschirmanzeige und der Kontrast der Text- und Grafikdarstellungen auf dem Bildschirm müssen von den Beschäftigten einfach eingestellt werden können. Sie müssen den Verhältnissen der Arbeitsumgebung individuell angepasst werden können.
(4) Die Bildschirmgröße und -form müssen der Arbeitsaufgabe angemessen sein.
(5) Die von den Bildschirmgeräten ausgehende elektromagnetische Strahlung muss so niedrig gehalten werden, dass die Sicherheit und die Gesundheit der Beschäftigten nicht gefährdet werden.
6.3 Anforderungen an Bildschirmgeräte und Arbeitsmittel für die ortsgebundene Verwendung an Arbeitsplätzen
(1) Bildschirme müssen frei und leicht dreh- und neigbar sein sowie über reflexionsarme Oberflächen verfügen. Bildschirme, die über reflektierende Oberflächen verfügen, dürfen nur dann betrieben werden, wenn dies aus zwingenden aufgabenbezogenen Gründen erforderlich ist.
(2) Tastaturen müssen die folgenden Eigenschaften aufweisen:
1. sie müssen vom Bildschirm getrennte Einheiten sein,
2. sie müssen neigbar sein,
3. die Oberflächen müssen reflexionsarm sein,
4. die Form und der Anschlag der Tasten müssen den Arbeitsaufgaben angemessen sein und eine ergonomische Bedienung ermöglichen,
5. die Beschriftung der Tasten muss sich vom Untergrund deutlich abheben und bei normaler Arbeitshaltung gut lesbar sein.
(3) Alternative Eingabemittel (zum Beispiel Eingabe über den Bildschirm, Spracheingabe, Scanner) dürfen nur eingesetzt werden, wenn dadurch die Arbeitsaufgaben leichter

ausgeführt werden können und keine zusätzlichen Belastungen für die Beschäftigten entstehen.

6.4

Anforderungen an tragbare Bildschirmgeräte für die ortsveränderliche Verwendung an Arbeitsplätzen

(1) Größe, Form und Gewicht tragbarer Bildschirmgeräte müssen der Arbeitsaufgabe entsprechend angemessen sein.

(2) Tragbare Bildschirmgeräte müssen

1. über Bildschirme mit reflexionsarmen Oberflächen verfügen und

2. so betrieben werden, dass der Bildschirm frei von störenden Reflexionen und Blendungen ist.

(3) Tragbare Bildschirmgeräte ohne Trennung zwischen Bildschirm und externem Eingabemittel (insbesondere Geräte ohne Tastatur) dürfen nur an Arbeitsplätzen betrieben werden, an denen die Geräte nur kurzzeitig verwendet werden oder an denen die Arbeitsaufgaben mit keinen anderen Bildschirmgeräten ausgeführt werden können.

(4) Tragbare Bildschirmgeräte mit alternativen Eingabemitteln sind den Arbeitsaufgaben angemessen und mit dem Ziel einer optimalen Entlastung der Beschäftigten zu betreiben.

(5) Werden tragbare Bildschirmgeräte ortsgebunden an Arbeitsplätzen verwendet, gelten zusätzlich die Anforderungen nach Nummer 6.1.

6.5

Anforderungen an die Benutzerfreundlichkeit von Bildschirmarbeitsplätzen

(1) Beim Betreiben der Bildschirmarbeitsplätze hat der Arbeitgeber dafür zu sorgen, dass der Arbeitsplatz den Arbeitsaufgaben angemessen gestaltet ist. Er hat insbesondere geeignete Softwaresysteme bereitzustellen.

(2) Die Bildschirmgeräte und die Software müssen entsprechend den Kenntnissen und Erfahrungen der Beschäftigten im Hinblick auf die jeweilige Arbeitsaufgabe angepasst werden können.

(3) Das Softwaresystem muss den Beschäftigten Angaben über die jeweiligen Dialogabläufe machen.

(4) Die Bildschirmgeräte und die Software müssen es den Beschäftigten ermöglichen, die Dialogabläufe zu beeinflussen. Sie müssen eventuelle Fehler bei der Handhabung beschreiben und eine Fehlerbeseitigung mit begrenztem Arbeitsaufwand erlauben.

(5) Eine Kontrolle der Arbeit hinsichtlich der qualitativen oder quantitativen Ergebnisse darf ohne Wissen der Beschäftigten nicht durchgeführt werden.

Arbeitszeitgesetz - ArbZG

vom 06.06.1994, zuletzt geändert am 22.12.2020

§ 1 Zweck des Gesetzes

Zweck des Gesetzes ist es,

1. die Sicherheit und den Gesundheitsschutz der Arbeitnehmer in der Bundesrepublik Deutschland ... bei der Arbeitszeitgestaltung zu gewährleisten und die Rahmenbedingungen für flexible Arbeitszeiten zu verbessern sowie
2. den Sonntag und die staatlich anerkannten Feiertage als Tage der Arbeitsruhe und der seelischen Erhebung der Arbeitnehmer zu schützen.

§ 2 Begriffsbestimmungen

(1) Arbeitszeit im Sinne dieses Gesetzes ist die Zeit vom Beginn bis zum Ende der Arbeit ohne die Ruhepausen; Arbeitszeiten bei mehreren Arbeitgebern sind zusammenzurechnen. Im Bergbau unter Tage zählen die Ruhepausen zur Arbeitszeit.

(2) Arbeitnehmer im Sinne dieses Gesetzes sind Arbeiter und Angestellte sowie die zu ihrer Berufsbildung Beschäftigten.

(3) Nachtzeit im Sinne dieses Gesetzes ist die Zeit von 23 bis 6 Uhr, in Bäckereien und Konditoreien die Zeit von 22 bis 5 Uhr.

(4) **Nachtarbeit** im Sinne dieses Gesetzes ist jede Arbeit, die mehr als zwei Stunden der Nachtzeit umfasst.

(5) Nachtarbeitnehmer im Sinne dieses Gesetzes sind Arbeitnehmer, die

1. auf Grund ihrer Arbeitszeitgestaltung normalerweise Nachtarbeit in Wechselschicht zu leisten haben oder
2. Nachtarbeit an mindestens 48 Tagen im Kalenderjahr leisten.

§ 3 Arbeitszeit der Arbeitnehmer

Die werktägliche Arbeitszeit der Arbeitnehmer darf acht Stunden nicht überschreiten. Sie kann auf bis zu zehn Stunden nur verlängert werden, wenn innerhalb von sechs Kalendermonaten oder innerhalb von 24 Wochen im Durchschnitt acht Stunden werktäglich nicht überschritten werden.

§ 4 Ruhepausen

Die Arbeit ist durch im Voraus feststehende Ruhepausen von mindestens 30 Minuten bei einer Arbeitszeit von mehr als sechs bis zu neun Stunden und 45 Minuten bei einer Arbeitszeit von mehr als neun Stunden insgesamt zu unterbrechen. Die Ruhepausen nach Satz 1 können in Zeitabschnitte von jeweils mindestens 15 Minuten aufgeteilt werden. Länger als sechs Stunden hintereinander dürfen Arbeitnehmer nicht ohne Ruhepause beschäftigt werden.

§ 5 Ruhezeit

(1) Die Arbeitnehmer müssen nach Beendigung der täglichen Arbeitszeit eine ununterbrochene Ruhezeit von mindestens elf Stunden haben.

(2) Die Dauer der Ruhezeit des Abs.1 kann in Krankenhäusern und anderen Einrichtungen zur Behandlung, Pflege und Betreuung von Personen, in Gaststätten und anderen Einrichtungen zur Bewirtung und Beherbergung, in Verkehrsbetrieben, beim Rundfunk sowie in der Landwirtschaft und in der Tierhaltung um bis zu eine Stunde verkürzt werden, wenn jede Verkürzung der Ruhezeit innerhalb eines Kalendermonats oder innerhalb von vier Wochen durch Verlängerung einer anderen Ruhezeit auf mindestens zwölf Stunden ausgeglichen wird.

§ 6 Nacht- und Schichtarbeit

(1) Die Arbeitszeit der Nacht- und Schichtarbeitnehmer ist nach den gesicherten arbeitswissenschaftlichen Erkenntnissen über die menschengerechte Gestaltung der Arbeit festzulegen.

(2) Die werktägliche Arbeitszeit der Nachtarbeitnehmer darf acht Stunden nicht überschreiten. Sie kann auf bis zu zehn Stunden nur verlängert werden, wenn abweichend von § 3 innerhalb von einem Kalendermonat oder innerhalb von vier Wochen im Durchschnitt acht Stunden werktäglich nicht überschritten werden. Für Zeiträume, in denen Nachtarbeitnehmer im Sinne des § 2 Abs. 5 Nr. 2 nicht zur Nachtarbeit herangezogen werden, findet § 3 Satz 2 Anwendung.

(3) Nachtarbeitnehmer sind berechtigt, sich vor Beginn der Beschäftigung und danach in regelmäßigen Zeitabständen von nicht weniger als drei Jahren arbeitsmedizinisch untersuchen zu lassen. Nach Vollendung des 50. Lebensjahres steht Nachtarbeitnehmern dieses Recht in Zeitabständen von einem Jahr zu. Die Kosten der Untersuchungen hat der Arbeitgeber zu tragen, sofern er die Untersuchungen den Nachtarbeitnehmern nicht kostenlos durch einen Betriebsarzt oder einen überbetrieblichen Dienst von Betriebsärzten anbietet.

(4) Der Arbeitgeber hat den Nachtarbeitnehmer auf dessen Verlangen auf einen für ihn geeigneten Tagesarbeitsplatz umzusetzen, wenn

a) nach arbeitsmedizinischer Feststellung die weitere Verrichtung von Nachtarbeit den Arbeitnehmer in seiner Gesundheit gefährdet oder

b) im Haushalt des Arbeitnehmers ein Kind unter zwölf Jahren lebt, das nicht von einer anderen im Haushalt lebenden Person betreut werden kann, oder

c) der Arbeitnehmer einen schwerpflegebedürftigen Angehörigen zu versorgen hat, der nicht von einem anderen im Haushalt lebenden Angehörigen versorgt werden kann,

sofern dem nicht dringende betriebliche Erfordernisse entgegenstehen. Stehen der Umsetzung des Nachtarbeitnehmers auf einen für ihn geeigneten Tagesarbeitsplatz nach Auffassung des Arbeitgebers dringende betriebliche Erfordernisse entgegen, so ist der Betriebs- oder Personalrat zu hören. Der Betriebs- oder Personalrat kann dem Arbeitgeber Vorschläge für eine Umsetzung unterbreiten.

(5) Soweit keine tarifvertraglichen Ausgleichsregelungen bestehen, hat der Arbeitgeber dem Nachtarbeitnehmer für die während der Nachtzeit geleisteten Arbeitsstunden eine

angemessene Zahl bezahlter freier Tage oder einen angemessenen Zuschlag auf das ihm hierfür zustehende Bruttoarbeitsentgelt zu gewähren.

(6) Es ist sicherzustellen, dass Nachtarbeitnehmer den gleichen Zugang zur betrieblichen Weiterbildung und zu aufstiegsfördernden Maßnahmen haben wie die übrigen Arbeitnehmer.

§ 9 Sonn- und Feiertagsruhe

(1) Arbeitnehmer dürfen an Sonn- und gesetzlichen Feiertagen von 0 bis 24 Uhr nicht beschäftigt werden.

(2) In mehrschichtigen Betrieben mit regelmäßiger Tag- und Nachtschicht kann Beginn oder Ende der Sonn- und Feiertagsruhe um bis zu sechs Stunden vor- oder zurückverlegt werden, wenn für die auf den Beginn der Ruhezeit folgenden 24 Stunden der Betrieb ruht.

(3) Für Kraftfahrer und Beifahrer kann der Beginn der 24stündigen Sonn- und Feiertagsruhe um bis zu zwei Stunden vorverlegt werden.

§ 10 Sonn- und Feiertagsbeschäftigung

(1) Sofern die Arbeiten nicht an Werktagen vorgenommen werden können, dürfen Arbeitnehmer an Sonn- und Feiertagen abweichend von § 9 beschäftigt werden

1. in Not- und Rettungsdiensten sowie bei der Feuerwehr,
2. zur Aufrechterhaltung der öffentlichen Sicherheit und Ordnung sowie der Funktionsfähigkeit von Gerichten und Behörden und für Zwecke der Verteidigung,
3. in Krankenhäusern und anderen Einrichtungen zur Behandlung, Pflege und Betreuung von Personen,
4. in Gaststätten und anderen Einrichtungen zur Bewirtung und Beherbergung sowie im Haushalt,
5. bei Musikaufführungen, Theatervorstellungen, Filmvorführungen, Schaustellungen, Darbietungen und anderen ähnlichen Veranstaltungen,
6. bei nichtgewerblichen Aktionen und Veranstaltungen der Kirchen, Religionsgesellschaften, Verbände, Vereine, Parteien und anderer ähnlicher Vereinigungen,
7. beim Sport und in Freizeit-, Erholungs- und Vergnügungseinrichtungen, beim Fremdenverkehr sowie in Museen und wissenschaftlichen Präsenzbibliotheken,
8. beim Rundfunk, bei der Tages- und Sportpresse, bei Nachrichtenagenturen sowie bei den der Tagesaktualität dienenden Tätigkeiten für andere Presseerzeugnisse einschließlich des Austragens, bei der Herstellung von Satz, Filmen und Druckformen für tagesaktuelle Nachrichten und Bilder, bei tagesaktuellen Aufnahmen auf Ton- und Bildträger sowie beim Transport und Kommissionieren von Presseerzeugnissen, deren Ersterscheinungstag am Montag oder am Tag nach einem Feiertag liegt,
9. bei Messen, Ausstellungen und Märkten im Sinne des Titels IV der Gewerbeordnung sowie bei Volksfesten,
10. in Verkehrsbetrieben sowie beim Transport und Kommissionieren von leichtverderblichen Waren im Sinne des § 30 Abs. 3 Nr. 2 der Straßenverkehrsordnung,

11. in den Energie- und Wasserversorgungsbetrieben sowie in Abfall- und Abwasserentsorgungsbetrieben,
12. in der Landwirtschaft und in der Tierhaltung sowie in Einrichtungen zur Behandlung und Pflege von Tieren,
13. im Bewachungsgewerbe und bei der Bewachung von Betriebsanlagen,
14. bei der Reinigung und Instandhaltung von Betriebseinrichtungen, soweit hierdurch der regelmäßige Fortgang des eigenen oder eines fremden Betriebs bedingt ist, bei der Vorbereitung der Wiederaufnahme des vollen werktägigen Betriebs sowie bei der Aufrechterhaltung der Funktionsfähigkeit von Datennetzen und Rechnersystemen,
15. zur Verhütung des Verderbens von Naturerzeugnissen oder Rohstoffen oder des Mißlingens von Arbeitsergebnissen sowie bei kontinuierlich durchzuführenden Forschungsarbeiten,
16. zur Vermeidung einer Zerstörung oder erheblichen Beschädigung der Produktionseinrichtungen.

(2) Abweichend von § 9 dürfen Arbeitnehmer an Sonn- und Feiertagen mit den Produktionsarbeiten beschäftigt werden, wenn die infolge der Unterbrechung der Produktion nach Abs. 1 Nr. 14 zulässigen Arbeiten den Einsatz von mehr Arbeitnehmern als bei durchgehender Produktion erfordern.

(3) Abweichend von § 9 dürfen Arbeitnehmer an Sonn- und Feiertagen in Bäckereien und Konditoreien für bis zu drei Stunden mit der Herstellung und dem Austragen oder Ausfahren von Konditorwaren und an diesem Tag zum Verkauf kommenden Bäckerwaren beschäftigt werden.

(4) Sofern die Arbeiten nicht an Werktagen vorgenommen werden können, dürfen Arbeitnehmer zur Durchführung des Eil- und Großbetragszahlungsverkehrs und des Geld-, Devisen-, Wertpapier- und Derivatehandels abweichend von § 9 Abs. 1 an den auf einen Werktag fallenden Feiertagen beschäftigt werden, die nicht in allen Mitgliedstaaten der Europäischen Union Feiertage sind.

§ 11 Ausgleich für Sonn- und Feiertagsbeschäftigung

(1) Mindestens 15 Sonntage im Jahr müssen beschäftigungsfrei bleiben.

(2) Für die Beschäftigung an Sonn- und Feiertagen gelten die §§ 3 bis 8 entsprechend, jedoch dürfen durch die Arbeitszeit an Sonn- und Feiertagen die in den §§ 3, 6 Abs. 2, §§ 7 und 21a Abs. 4 bestimmten Höchstarbeitszeiten und Ausgleichszeiträume nicht überschritten werden.

(3) Werden Arbeitnehmer an einem Sonntag beschäftigt, müssen sie einen Ersatzruhetag haben, der innerhalb eines den Beschäftigungstag einschließenden Zeitraums von zwei Wochen zu gewähren ist. Werden Arbeitnehmer an einem auf einen Werktag fallenden Feiertag beschäftigt, müssen sie einen Ersatzruhetag haben, der innerhalb eines den Beschäftigungstag einschließenden Zeitraums von acht Wochen zu gewähren ist.

(4) Die Sonn- oder Feiertagsruhe des § 9 oder der Ersatzruhetag des Abs.es 3 ist den Arbeitnehmern unmittelbar in Verbindung mit einer Ruhezeit nach § 5 zu gewähren, soweit dem technische oder arbeitsorganisatorische Gründe nicht entgegenstehen.

§ 12 Abweichende Regelungen

In einem Tarifvertrag oder auf Grund eines Tarifvertrags in einer Betriebs- oder Dienstvereinbarung kann zugelassen werden,

1. abweichend von § 11 Abs. 1 die Anzahl der beschäftigungsfreien Sonntage in den Einrichtungen des § 10 Abs. 1 Nr. 2, 3, 4 und 10 auf mindestens zehn Sonntage, im Rundfunk, in Theaterbetrieben, Orchestern sowie bei Schaustellungen auf mindestens acht Sonntage, in Filmtheatern und in der Tierhaltung auf mindestens sechs Sonntage im Jahr zu verringern,
2. abweichend von § 11 Abs. 3 den Wegfall von Ersatzruhetagen für auf Werktage fallende Feiertage zu vereinbaren oder Arbeitnehmer innerhalb eines festzulegenden Ausgleichszeitraums beschäftigungsfrei zu stellen,
3. abweichend von § 11 Abs. 1 bis 3 in der Seeschifffahrt die den Arbeitnehmern nach diesen Vorschriften zustehenden freien Tage zusammenhängend zu geben,
4. abweichend von § 11 Abs. 2 die Arbeitszeit in vollkontinuierlichen Schichtbetrieben an Sonn- und Feiertagen auf bis zu zwölf Stunden zu verlängern, wenn dadurch zusätzliche freie Schichten an Sonn- und Feiertagen erreicht werden.

§ 7 Abs. 3 bis 6 findet Anwendung.

§ 13 Ermächtigung, Anordnung, Bewilligung

(1) Die Bundesregierung kann durch Rechtsverordnung mit Zustimmung des Bundesrates zur Vermeidung erheblicher Schäden unter Berücksichtigung des Schutzes der Arbeitnehmer und der Sonn- und Feiertagsruhe

1. die Bereiche mit Sonn- und Feiertagsbeschäftigung nach § 10 sowie die dort zugelassenen Arbeiten näher bestimmen,
2. über die Ausnahmen nach § 10 hinaus weitere Ausnahmen abweichend von §9
    1. für Betriebe, in denen die Beschäftigung von Arbeitnehmern an Sonn- oder Feiertagen zur Befriedigung täglicher oder an diesen Tagen besonders hervortretender Bedürfnisse der Bevölkerung erforderlich ist,
    2. für Betriebe, in denen Arbeiten vorkommen, deren Unterbrechung oder Aufschub
        - nach dem Stand der Technik ihrer Art nach nicht oder nur mit erheblichen Schwierigkeiten möglich ist,
        - besondere Gefahren für Leben oder Gesundheit der Arbeitnehmer zur Folge hätte,
        - zu erheblichen Belastungen der Umwelt oder der Energie- oder Wasserversorgung führen würde,

3. aus Gründen des Gemeinwohls, insbesondere auch zur Sicherung der Beschäftigung, zulassen und die zum Schutz der Arbeitnehmer und der Sonn- und Feiertagsruhe notwendigen Bedingungen bestimmen.

(2) Soweit die Bundesregierung von der Ermächtigung des Abs.1 Nr.2 Buchstabe a keinen Gebrauch gemacht hat, können die Landesregierungen durch Rechtsverordnung entsprechende Bestimmungen erlassen. ...

(3) Die Aufsichtsbehörde kann

1. feststellen, ob eine Beschäftigung nach § 10 zulässig ist,
2. abweichend von § 9 bewilligen, Arbeitnehmer zu beschäftigen
   a) im Handelsgewerbe an bis zu zehn Sonn- und Feiertagen im Jahr, an denen besondere Verhältnisse einen erweiterten Geschäftsverkehr erforderlich machen,
   b) an bis zu fünf Sonn- und Feiertagen im Jahr, wenn besondere Verhältnisse zur Verhütung eines unverhältnismäßigen Schadens dies erfordern,
   c) an einem Sonntag im Jahr zur Durchführung einer gesetzlich vorgeschriebenen Inventur, und Anordnungen über die Beschäftigungszeit unter Berücksichtigung der für den öffentlichen Gottesdienst bestimmten Zeit treffen.

(4) Die Aufsichtsbehörde soll abweichend von § 9 bewilligen, dass Arbeitnehmer an Sonn- und Feiertagen mit Arbeiten beschäftigt werden, die aus chemischen, biologischen, technischen oder physikalischen Gründen einen ununterbrochenen Fortgang auch an Sonn- und Feiertagen erfordern.

(5) Die Aufsichtsbehörde hat abweichend von § 9 die Beschäftigung von Arbeitnehmern an Sonn- und Feiertagen zu bewilligen, wenn bei einer weitgehenden Ausnutzung der gesetzlich zulässigen wöchentlichen Betriebszeiten und bei längeren Betriebszeiten im Ausland die Konkurrenzfähigkeit unzumutbar beeinträchtigt ist und durch die Genehmigung von Sonn- und Feiertagsarbeit die Beschäftigung gesichert werden kann.

§ 14 Außergewöhnliche Fälle

(1) Von den §§ **3** bis 5, 6 Abs. 2, §§ 7, 9 bis 11 darf abgewichen werden bei vorübergehenden Arbeiten in Notfällen und in außergewöhnlichen Fällen, die unabhängig vom Willen der Betroffenen eintreten und deren Folgen nicht auf andere Weise zu beseitigen sind, besonders wenn Rohstoffe oder Lebensmittel zu verderben oder Arbeitsergebnisse zu misslingen drohen.

(2) Von den §§ 3 bis 5, 6 Abs. 2, §§ 7, 11 Abs. 1 bis 3 und § 12 darf ferner abgewichen werden,

1. wenn eine verhältnismäßig geringe Zahl von Arbeitnehmern vorübergehend mit Arbeiten beschäftigt wird, deren Nichterledigung das Ergebnis der Arbeiten gefährden oder einen unverhältnismäßigen Schaden zur Folge haben würden,

2. bei Forschung und Lehre, bei unaufschiebbaren Vor- und Abschlussarbeiten sowie bei unaufschiebbaren Arbeiten zur Behandlung, Pflege und Betreuung von Personen oder zur Behandlung und Pflege von Tieren an einzelnen Tagen,

wenn dem Arbeitgeber andere Vorkehrungen nicht zugemutet werden können.
(3) Wird von den Befugnissen nach Absatz 1 oder 2 Gebrauch gemacht, darf die Arbeitszeit 48 Stunden wöchentlich im Durchschnitt von sechs Kalendermonaten oder 24 Wochen nicht überschreiten.

§ 15 Bewilligung, Ermächtigung

(1) Die Aufsichtsbehörde kann

1. eine von den §§ 3, 6 Abs. 2 und § 11 Abs. 2 abweichende längere tägliche Arbeitszeit bewilligen
    a) für kontinuierliche Schichtbetriebe zur Erreichung zusätzlicher Freischichten,
    b) für Bau- und Montagestellen,
2. eine von den §§ 3, 6 Abs. 2 und § 11 Abs. 2 abweichende längere tägliche Arbeitszeit für Saison- und Kampagnebetriebe für die Zeit der Saison oder Kampagne bewilligen, wenn die Verlängerung der Arbeitszeit über acht Stunden werktäglich durch eine entsprechende Verkürzung der Arbeitszeit zu anderen Zeiten ausgeglichen wird,
3. eine von den §§ 5 und 11 Abs. 2 abweichende Dauer und Lage der Ruhezeit bei Arbeitsbereitschaft, Bereitschaftsdienst und Rufbereitschaft den Besonderheiten dieser Inanspruchnahmen im öffentlichen Dienst entsprechend bewilligen,
4. eine von den §§ 5 und 11 Abs. 2 abweichende Ruhezeit zur Herbeiführung eines regelmäßigen wöchentlichen Schichtwechsels zweimal innerhalb eines Zeitraums von drei Wochen bewilligen.

(2) Die Aufsichtsbehörde kann über die in diesem Gesetz vorgesehenen Ausnahmen hinaus weitergehende Ausnahmen zulassen, soweit sie im öffentlichen Interesse dringend nötig werden.
(2a) Die Bundesregierung kann durch Rechtsverordnung mit Zustimmung des Bundesrates

1. Ausnahmen von den §§ 3, 4, 5 und 6 Absatz 2 sowie von den §§ 9 und 11 für Arbeitnehmer, die besondere Tätigkeiten zur Errichtung, zur Änderung oder zum Betrieb von Bauwerken, künstlichen Inseln oder sonstigen Anlagen auf See (Offshore-Tätigkeiten) durchführen, zulassen und
2. die zum Schutz der in Nummer 1 genannten Arbeitnehmer sowie der Sonn- und Feiertagsruhe notwendigen Bedingungen bestimmen.

(3) Das Bundesministerium der Verteidigung kann in seinem Geschäftsbereich durch Rechtsverordnung mit Zustimmung des Bundesministeriums für Arbeit und Soziales aus zwingenden Gründen der Verteidigung Arbeitnehmer verpflichten, über die in diesem

Gesetz und in den auf Grund dieses Gesetzes erlassenen Rechtsverordnungen und Tarifverträgen festgelegten Arbeitszeitgrenzen und -beschränkungen hinaus Arbeit zu leisten.

(3a) Das Bundesministerium der Verteidigung kann in seinem Geschäftsbereich durch Rechtsverordnung im Einvernehmen mit dem Bundesministerium für Arbeit und Soziales für besondere Tätigkeiten der Arbeitnehmer bei den Streitkräften Abweichungen von in diesem Gesetz sowie von in den auf Grund dieses Gesetzes erlassenen Rechtsverordnungen bestimmten Arbeitszeitgrenzen und -beschränkungen zulassen, soweit die Abweichungen aus zwingenden Gründen erforderlich sind und die größtmögliche Sicherheit und der bestmögliche Gesundheitsschutz der Arbeitnehmer gewährleistet werden.

(4) Werden Ausnahmen nach Absatz 1 oder 2 zugelassen, darf die Arbeitszeit 48 Stunden wöchentlich im Durchschnitt von sechs Kalendermonaten oder 24 Wochen nicht überschreiten.

Ausbilder-Eignungsverordnung

vom 21. Januar 2009

§ 1 Geltungsbereich

Ausbilder und Ausbilderinnen haben für die Ausbildung in anerkannten Ausbildungsberufen nach dem Berufsbildungsgesetz den Erwerb der berufs- und arbeitspädagogischen Fertigkeiten, Kenntnisse und Fähigkeiten nach dieser Verordnung nachzuweisen. Dies gilt nicht für die Ausbildung im Bereich der Angehörigen der freien Berufe.

§ 2 Berufs- und arbeitspädagogische Eignung

Die berufs- und arbeitspädagogische Eignung umfasst die Kompetenz zum selbstständigen Planen, Durchführen und Kontrollieren der Berufsausbildung in den Handlungsfeldern:

1. Ausbildungsvoraussetzungen prüfen und Ausbildung planen,
2. Ausbildung vorbereiten und bei der Einstellung von Auszubildenden mitwirken,
3. Ausbildung durchführen und
4. Ausbildung abschließen.

§ 3 Handlungsfelder

(1) Das Handlungsfeld nach § 2 Nummer 1 umfasst die berufs- und arbeitspädagogische Eignung, Ausbildungsvoraussetzungen zu prüfen und Ausbildung zu planen. Die Ausbilder und Ausbilderinnen sind dabei in der Lage,

1. die Vorteile und den Nutzen betrieblicher Ausbildung darstellen und begründen zu können,
2. bei den Planungen und Entscheidungen hinsichtlich des betrieblichen Ausbildungsbedarfs auf der Grundlage der rechtlichen, tarifvertraglichen und betrieblichen Rahmenbedingungen mitzuwirken,
3. die Strukturen des Berufsbildungssystems und seine Schnittstellen darzustellen,
4. Ausbildungsberufe für den Betrieb auszuwählen und dies zu begründen,
5. die Eignung des Betriebes für die Ausbildung in dem angestrebten Ausbildungsberuf zu prüfen sowie, ob und inwieweit Ausbildungsinhalte durch Maßnahmen außerhalb der Ausbildungsstätte, insbesondere Ausbildung im Verbund, überbetriebliche und außerbetriebliche Ausbildung, vermittelt werden können,
6. die Möglichkeiten des Einsatzes von auf die Berufsausbildung vorbereitenden Maßnahmen einzuschätzen sowie
7. im Betrieb die Aufgaben der an der Ausbildung Mitwirkenden unter Berücksichtigung ihrer Funktionen und Qualifikationen abzustimmen.

(2) Das Handlungsfeld nach § 2 Nummer 2 umfasst die berufs- und arbeitspädagogische Eignung, die Ausbildung unter Berücksichtigung organisatorischer sowie rechtlicher Aspekte vorzubereiten. Die Ausbilder und Ausbilderinnen sind dabei in der Lage,

1. auf der Grundlage einer Ausbildungsordnung einen betrieblichen Ausbildungsplan zu erstellen, der sich insbesondere an berufstypischen Arbeits- und Geschäftsprozessen orientiert,
2. die Möglichkeiten der Mitwirkung und Mitbestimmung der betrieblichen Interessenvertretungen in der Berufsbildung zu berücksichtigen,
3. den Kooperationsbedarf zu ermitteln und sich inhaltlich sowie organisatorisch mit den Kooperationspartnern, insbesondere der Berufsschule, abzustimmen,
4. Kriterien und Verfahren zur Auswahl von Auszubildenden auch unter Berücksichtigung ihrer Verschiedenartigkeit anzuwenden,
5. den Berufsausbildungsvertrag vorzubereiten und die Eintragung des Vertrages bei der zuständigen Stelle zu veranlassen sowie
6. die Möglichkeiten zu prüfen, ob Teile der Berufsausbildung im Ausland durchgeführt werden können.

(3) Das Handlungsfeld nach § 2 Nummer 3 umfasst die berufs- und arbeitspädagogische Eignung, selbstständiges Lernen in berufstypischen Arbeits- und Geschäftsprozessen handlungsorientiert zu fördern. Die Ausbilder und Ausbilderinnen sind dabei in der Lage,

1. lernförderliche Bedingungen und eine motivierende Lernkultur zu schaffen, Rückmeldungen zu geben und zu empfangen,
2. die Probezeit zu organisieren, zu gestalten und zu bewerten,
3. aus dem betrieblichen Ausbildungsplan und den berufstypischen Arbeits- und Geschäftsprozessen betriebliche Lern- und Arbeitsaufgaben zu entwickeln und zu gestalten,
4. Ausbildungsmethoden und -medien zielgruppengerecht auszuwählen und situationsspezifisch einzusetzen,
5. Auszubildende bei Lernschwierigkeiten durch individuelle Gestaltung der Ausbildung und Lernberatung zu unterstützen, bei Bedarf ausbildungsunterstützende Hilfen einzusetzen und die Möglichkeit zur Verlängerung der Ausbildungszeit zu prüfen,
6. Auszubildenden zusätzliche Ausbildungsangebote, insbesondere in Form von Zusatzqualifikationen, zu machen und die Möglichkeit der Verkürzung der Ausbildungsdauer und die der vorzeitigen Zulassung zur Abschlussprüfung zu prüfen,
7. die soziale und persönliche Entwicklung von Auszubildenden zu fördern, Probleme und Konflikte rechtzeitig zu erkennen sowie auf eine Lösung hinzuwirken,
8. Leistungen festzustellen und zu bewerten, Leistungsbeurteilungen Dritter und Prüfungsergebnisse auszuwerten, Beurteilungsgespräche zu führen, Rückschlüsse für den weiteren Ausbildungsverlauf zu ziehen sowie
9. interkulturelle Kompetenzen zu fördern.

(4) Das Handlungsfeld nach § 2 Nummer 4 umfasst die berufs- und arbeitspädagogische Eignung, die Ausbildung zu einem erfolgreichen Abschluss zu führen und dem Auszubildenden Perspektiven für seine berufliche Weiterentwicklung aufzuzeigen. Die Ausbilder und Ausbilderinnen sind dabei in der Lage,

1. Auszubildende auf die Abschluss- oder Gesellenprüfung unter Berücksichtigung der Prüfungstermine vorzubereiten und die Ausbildung zu einem erfolgreichen Abschluss zu führen,

2. für die Anmeldung der Auszubildenden zu Prüfungen bei der zuständigen Stelle zu sorgen und diese auf durchführungsrelevante Besonderheiten hinzuweisen,
3. an der Erstellung eines schriftlichen Zeugnisses auf der Grundlage von Leistungsbeurteilungen mitzuwirken sowie
4. Auszubildende über betriebliche Entwicklungswege und berufliche Weiterbildungsmöglichkeiten zu informieren und zu beraten.

§ 4 Nachweis der Eignung

(1) Die Eignung nach § 2 ist in einer **Prüfung** nachzuweisen. Die Prüfung besteht aus einem schriftlichen und einem praktischen Teil. Die Prüfung ist bestanden, wenn jeder Prüfungsteil mit mindestens „ausreichend" bewertet wurde. Innerhalb eines Prüfungsverfahrens kann eine nicht bestandene Prüfung zweimal wiederholt werden. Ein bestandener Prüfungsteil kann dabei angerechnet werden.
(2) Im schriftlichen Teil der Prüfung sind fallbezogene Aufgaben aus allen Handlungsfeldern zu bearbeiten. Die schriftliche Prüfung soll drei Stunden dauern.
(3) Der praktische Teil der Prüfung besteht aus der Präsentation einer Ausbildungssituation und einem Fachgespräch mit einer Dauer von insgesamt höchstens 30 Minuten. Hierfür wählt der Prüfungsteilnehmer eine berufstypische Ausbildungssituation aus. Die Präsentation soll 15 Minuten nicht überschreiten. Die Auswahl und Gestaltung der Ausbildungssituation sind im Fachgespräch zu erläutern. Anstelle der Präsentation kann eine Ausbildungssituation auch praktisch durchgeführt werden. ...

§ 6 Andere Nachweise

(1) Wer die Prüfung nach einer vor Inkrafttreten dieser Verordnung geltenden Ausbilder-Eignungsverordnung bestanden hat, die auf Grund des Berufsbildungsgesetzes erlassen worden ist, gilt für die Berufsausbildung als im Sinne dieser Verordnung berufs- und arbeitspädagogisch geeignet.
(2) Wer durch eine Meisterprüfung oder eine andere Prüfung der beruflichen Fortbildung nach der Handwerksordnung oder dem Berufsbildungsgesetz eine berufs- und arbeitspädagogische Eignung nachgewiesen hat, gilt für die Berufsausbildung als im Sinne dieser Verordnung berufs- und arbeitspädagogisch geeignet.
(3) Wer eine sonstige staatliche, staatlich anerkannte oder von einer öffentlich-rechtlichen Körperschaft abgenommene Prüfung bestanden hat, deren Inhalt den in § 3 genannten Anforderungen ganz oder teilweise entspricht, kann von der zuständigen Stelle auf Antrag ganz oder teilweise von der Prüfung nach § 4 befreit werden. Die zuständige Stelle erteilt darüber eine Bescheinigung.
(4) Die zuständige Stelle kann von der Vorlage des Nachweises über den Erwerb der berufs- und arbeitspädagogischen Fertigkeiten, Kenntnisse und Fähigkeiten auf Antrag befreien, wenn das Vorliegen berufs- und arbeitspädagogischer Eignung auf andere Weise glaubhaft gemacht wird und die ordnungsgemäße Ausbildung sichergestellt ist. Die zuständige Stelle kann Auflagen erteilen. Auf Antrag erteilt die zuständige Stelle hierüber eine Bescheinigung.

Berufsbildungsgesetz – BBiG

Berufsbildungsgesetz vom 23. März 2005, zuletzt geändert am 16.8.2023

§ 1 Ziele und Begriffe der Berufsbildung

(1) Berufsbildung im Sinne dieses Gesetzes sind die Berufsausbildungsvorbereitung, die Berufsausbildung, die berufliche Fortbildung und die berufliche Umschulung.

(2) Die **Berufsausbildungsvorbereitung** dient dem Ziel, durch die Vermittlung von Grundlagen für den Erwerb beruflicher Handlungsfähigkeit an eine Berufsausbildung in einem anerkannten Ausbildungsberuf heranzuführen.

(3) Die **Berufsausbildung** hat die für die Ausübung einer qualifizierten beruflichen Tätigkeit in einer sich wandelnden Arbeitswelt notwendigen beruflichen Fertigkeiten, Kenntnisse und Fähigkeiten (berufliche Handlungsfähigkeit) in einem geordneten Ausbildungsgang zu vermitteln. Sie hat ferner den Erwerb der erforderlichen Berufserfahrungen zu ermöglichen.

(4) Die berufliche **Fortbildung** soll es ermöglichen,

1. die berufliche Handlungsfähigkeit durch eine Anpassungsfortbildung zu erhalten und anzupassen oder
2. die berufliche Handlungsfähigkeit durch eine Fortbildung der höherqualifizierenden Berufsbildung zu erweitern und beruflich aufzusteigen.

(5) Die berufliche **Umschulung** soll zu einer anderen beruflichen Tätigkeit befähigen.

§ 2 Lernorte der Berufsbildung

(1) Berufsbildung wird durchgeführt

1. in Betrieben der Wirtschaft, in vergleichbaren Einrichtungen außerhalb der Wirtschaft, insbesondere des öffentlichen Dienstes, der Angehörigen freier Berufe und in Haushalten (betriebliche Berufsbildung),
2. in berufsbildenden Schulen (schulische Berufsbildung) und
3. in sonstigen Berufsbildungseinrichtungen außerhalb der schulischen und betrieblichen Berufsbildung (außerbetriebliche Berufsbildung).

(2) Die Lernorte nach Absatz 1 wirken bei der Durchführung der Berufsbildung zusammen (Lernortkooperation).

(3) Teile der Berufsausbildung können im Ausland durchgeführt werden, wenn dies dem Ausbildungsziel dient. Ihre Gesamtdauer soll ein Viertel der in der Ausbildungsordnung festgelegten Ausbildungsdauer nicht überschreiten.

§ 3 Anwendungsbereich

(1) Dieses Gesetz gilt für die Berufsbildung, soweit sie nicht in berufsbildenden Schulen durchgeführt wird, die den Schulgesetzen der Länder unterstehen.

(2) Dieses Gesetz gilt nicht für

1. die Berufsbildung, die in berufsqualifizierenden oder vergleichbaren Studiengängen an Hochschulen auf der Grundlage des Hochschulrahmengesetzes und der Hochschulgesetze der Länder durchgeführt wird,
2. die Berufsbildung in einem öffentlich-rechtlichen Dienstverhältnis,
3. die Berufsbildung auf Kauffahrteischiffen, die nach dem Flaggenrechtsgesetz die Bundesflagge führen, soweit es sich nicht um Schiffe der kleinen Hochseefischerei oder der Küstenfischerei handelt.

(3) Für die Berufsbildung in Berufen der Handwerksordnung gelten die §§ 4 bis 9, 27 bis 49, 53 bis 70, 76 bis 80 sowie 101 Absatz 1 Nummer 1 bis 4 sowie Nummer 6 bis 10 nicht; insoweit gilt die Handwerksordnung.

§ 4 Anerkennung von Ausbildungsberufen

(1) Als Grundlage für eine geordnete und einheitliche Berufsausbildung kann das Bundesministerium für Wirtschaft und Energie oder das sonst zuständige Fachministerium im Einvernehmen mit dem Bundesministerium für Bildung und Forschung durch Rechtsverordnung, die nicht der Zustimmung des Bundesrates bedarf, Ausbildungsberufe staatlich anerkennen und hierfür Ausbildungsordnungen nach § 5 erlassen.

(2) Für einen anerkannten Ausbildungsberuf darf nur nach der Ausbildungsordnung ausgebildet werden.

(3) In anderen als anerkannten Ausbildungsberufen dürfen Jugendliche unter 18 Jahren nicht ausgebildet werden, soweit die Berufsausbildung nicht auf den Besuch weiterführender Bildungsgänge vorbereitet.

(4) Wird die Ausbildungsordnung eines Ausbildungsberufes aufgehoben oder geändert, so sind für bestehende Berufsausbildungsverhältnisse weiterhin die Vorschriften, die bis zum Zeitpunkt der Aufhebung oder der Änderung gelten, anzuwenden, es sei denn, die ändernde Verordnung sieht eine abweichende Regelung vor.

(5) Das zuständige Fachministerium informiert die Länder frühzeitig über Neuordnungskonzepte und bezieht sie in die Abstimmung ein.

§ 5 Ausbildungsordnung

(1) Die Ausbildungsordnung hat festzulegen
1. die Bezeichnung des Ausbildungsberufes, der anerkannt wird,
2. die **Ausbildungsdauer**; sie soll nicht mehr als drei und nicht weniger als zwei Jahre betragen,
3. die beruflichen Fertigkeiten, Kenntnisse und Fähigkeiten, die mindestens Gegenstand der Berufsausbildung sind (Ausbildungsberufsbild),
4. eine Anleitung zur sachlichen und zeitlichen Gliederung der Vermittlung der beruflichen Fertigkeiten, Kenntnisse und Fähigkeiten (**Ausbildungsrahmenplan**),
5. die Prüfungsanforderungen.

Bei der Festlegung der Fertigkeiten. Kenntnisse und Fähigkeiten nach Satz 1 Nummer 3 ist insbesondere die technologische und digitale Entwicklung zu beachten.

(2) Die Ausbildungsordnung kann vorsehen,

1. dass die Berufsausbildung in sachlich und zeitlich besonders gegliederten, aufeinander aufbauenden Stufen erfolgt; nach den einzelnen Stufen soll ein Ausbildungsabschluss vorgesehen werden, der sowohl zu einer qualifizierten beruflichen Tätigkeit im Sinne des § 1 Abs. 3 befähigt als auch die Fortsetzung der Berufsausbildung in weiteren Stufen ermöglicht (Stufenausbildung),
2. dass die **Abschlussprüfung** in zwei zeitlich auseinander fallenden Teilen durchgeführt wird,
2a. dass im Fall einer Regelung nach Nummer 2 bei nicht bestandener Abschlussprüfung in einem drei- oder dreieinhalbjährigen Ausbildungsberuf, der auf einem zweijährigen Ausbildungsberuf aufbaut, der Abschluss des zweijährigen Ausbildungsberufs erworben wird, sofern im ersten Teil der Abschlussprüfung mindestens ausreichende Prüfungsleistungen erbracht worden sind,
2b. dass Auszubildende bei erfolgreichem Abschluss eines zweijährigen Ausbildungsberufs vom ersten Teil der Abschlussprüfung oder einer Zwischenprüfung eines darauf aufbauenden drei- oder dreieinhalbjährigen Ausbildungsberufs befreit sind.
3. dass abweichend von § 4 Abs. 4 die Berufsausbildung in diesem Ausbildungsberuf unter Anrechnung der bereits zurückgelegten Ausbildungszeit fortgesetzt werden kann, wenn die Vertragsparteien dies vereinbaren,
4. dass auf die Dauer der durch die Ausbildungsordnung geregelten Berufsausbildung die Dauer einer andren abgeschlossenen Berufsausbildung ganz oder teilweise angerechnet werden kann,
5. dass über das in Absatz 1 Nr. 3 beschriebene Ausbildungsberufsbild hinaus zusätzliche berufliche Fertigkeiten, Kenntnisse und Fähigkeiten vermittelt werden können, die die berufliche Handlungsfähigkeit ergänzen oder erweitern,
6. dass Teile der Berufsausbildung in geeigneten Einrichtungen außerhalb der Ausbildungsstätte durchgeführt werden, wenn und soweit es die Berufsausbildung erfordert (überbetriebliche Berufsausbildung).
Im Falle des Satzes 1 Nummer 2a bedarf es eines Antrags der Auszubildenden. Im Fall des Satzes 1 Nummer 4 bedarf es der Vereinbarung der Vertragsparteien.
Im Rahmen der Ordnungsverfahren soll stets geprüft werden, ob Regelungen nach Nummer 1, 2, 2a, 2b und 4 sinnvoll und möglich sind.

§ 6 Erprobung neuer Ausbildungs- und Prüfungsformen

Zur Entwicklung und Erprobung neuer Ausbildungs- und Prüfungsformen kann das Bundesministerium für Wirtschaft und Energie oder das sonst zuständige Fachministerium im Einvernehmen mit dem Bundesministerium für Bildung und Forschung nach Anhörung des Hauptausschusses des Bundesinstituts für Berufsbildung durch Rechtsverordnung, die nicht der Zustimmung des Bundesrates bedarf, Ausnahmen von § 4 Abs. 2 und 3 sowie den §§ 5, 37 und 48 zulassen, die auch auf eine bestimmte Art und Zahl von Ausbildungsstätten beschränkt werden können.

§ 7 Anrechnung beruflicher Vorbildung auf die Ausbildungsdauer

(1) Die Landesregierungen können nach Anhörung des Landesausschusses für Berufsbildung durch Rechtsverordnung bestimmen, dass der Besuch eines Bildungsganges berufsbildender Schulen oder die Berufsausbildung in einer sonstigen Einrichtung ganz oder teilweise auf die Ausbildungsdauer angerechnet wird. Die Ermächtigung kann durch Rechtsverordnung auf oberste Landesbehörden weiter übertragen werden.

(2) Ist keine Rechtsverordnung nach Absatz 1 erlassen, kann eine Anrechnung durch die zuständige Stelle im Einzelfall erfolgen. Für die Entscheidung über die Anrechnung auf die Ausbildungsdauer kann der Hauptausschuss des Bundesinstituts für Berufsbildung Empfehlungen beschließen.

(3) Die Anrechnung bedarf des gemeinsamen Antrags der Auszubildenden und der Ausbildenden. Der Antrag ist an die zuständige Stelle zu richten. Er kann sich auf Teile des höchstzulässigen Anrechnungszeitraums beschränken.

(4) Ein Anrechnungszeitraum muss in ganzen Monaten durch sechs teilbar sein.

§ 7a Teilzeitberufsausbildung

(1) Die Berufsausbildung kann in Teilzeit durchgeführt werden. Im Berufsausbildungsvertrag ist für die gesamte Ausbildungszeit oder für einen bestimmten Zeitraum der Berufsausbildung die Verkürzung der täglichen oder der wöchentlichen Ausbildungszeit zu vereinbaren. Die Kürzung der täglichen oder der wöchentlichen Ausbildungszeit darf nicht mehr als 50 Prozent betragen.

(2) Die Dauer der Teilzeitberufsausbildung verlängert sich entsprechend, höchstens jedoch bis zum Eineinhalbfachen der Dauer, die in der Ausbildungsordnung für die betreffende Berufsausbildung in Vollzeit festgelegt ist. Die Dauer der Teilzeitberufsausbildung ist auf ganze Monate abzurunden. § 8 Absatz 2 bleibt unberührt.

(3) Auf Verlangen der Auszubildenden verlängert sich die Ausbildungsdauer auch über die Höchstdauer nach Absatz 2 Satz 1 hinaus bis zur nächsten möglichen Abschlussprüfung.

(4) Der Antrag auf Eintragung des Berufsausbildungsvertrages nach § 36 Absatz 1 in das Verzeichnis der Berufsausbildungsverhältnisse für eine Teilzeitberufsausbildung kann mit einem Antrag auf Verkürzung der Ausbildungsdauer nach § 8 Absatz 1 verbunden werden.

§ 8 Abkürzung und Verlängerung der Ausbildungszeit

1) Auf gemeinsamen Antrag der Auszubildenden und der Ausbildenden hat die zuständige Stelle die Ausbildungsdauer zu kürzen, wenn zu erwarten ist, dass das Ausbildungsziel in der gekürzten Dauer erreicht wird.

(2) In Ausnahmefällen kann die zuständige Stelle auf Antrag Auszubildender die Ausbildungsdauer verlängern, wenn die Verlängerung erforderlich ist, um das Ausbildungsziel zu erreichen. Vor der Entscheidung über die Verlängerung sind die Ausbildenden zu hören.

(3) Für die Entscheidung über die Verkürzung oder Verlängerung der Ausbildungsdauer kann der Hauptausschuss des Bundesinstituts für Berufsbildung Empfehlungen beschließen.

§ 9 Regelungsbefugnis

Soweit Vorschriften nicht bestehen, regelt die zuständige Stelle die Durchführung der Berufsausbildung im Rahmen dieses Gesetzes.

Abschnitt 2 - Berufsausbildungsverhältnis

§ 10 Vertrag

1) Wer andere Personen zur Berufsausbildung einstellt (Ausbildende), hat mit den Auszubildenden einen Berufsausbildungsvertrag zu schließen.
(2) Auf den Berufsausbildungsvertrag sind, soweit sich aus seinem Wesen und Zweck und aus diesem Gesetz nichts anderes ergibt, die für den Arbeitsvertrag geltenden Rechtsvorschriften und Rechtsgrundsätze anzuwenden.
(3) Schließen die gesetzlichen Vertreter oder Vertreterinnen mit ihrem Kind einen Berufsausbildungsvertrag, so sind sie von dem Verbot des § 181 des Bürgerlichen Gesetzbuchs befreit.
(4) Ein Mangel in der Berechtigung, Auszubildende einzustellen oder auszubilden, berührt die Wirksamkeit des Berufsausbildungsvertrages nicht.
(5) Zur Erfüllung der vertraglichen Verpflichtungen der Ausbildenden können mehrere natürliche oder juristische Personen in einem **Ausbildungsverbund** zusammenwirken, soweit die Verantwortlichkeit für die einzelnen Ausbildungsabschnitte sowie für die Ausbildungszeit insgesamt sichergestellt ist (**Verbundausbildung**).

§ 11 Vertragsniederschrift

(1) Ausbildende haben unverzüglich nach Abschluss des Berufsausbildungsvertrages, spätestens vor Beginn der Berufsausbildung, den wesentlichen Inhalt des Vertrages gemäß Satz 2 schriftlich niederzulegen; die elektronische Form ist ausgeschlossen. In die Niederschrift sind mindestens aufzunehmen

1. Art, sachliche und zeitliche Gliederung sowie Ziel der Berufsausbildung, insbesondere die Berufstätigkeit, für die ausgebildet werden soll,
2. Beginn und Dauer der Berufsausbildung,
3. Ausbildungsmaßnahmen außerhalb der Ausbildungsstätte,
4. Dauer der regelmäßigen täglichen Ausbildungszeit,
5. Dauer der Probezeit,
6. Zahlung und Höhe der Vergütung,
7. Dauer des Urlaubs,
8. Voraussetzungen, unter denen der Berufsausbildungsvertrag gekündigt werden kann,

9. ein in allgemeiner Form gehaltener Hinweis auf die Tarifverträge, Betriebs- oder Dienstvereinbarungen, die auf das Berufsausbildungsverhältnis anzuwenden sind,
10. die Form des Ausbildungsnachweises nach § 13 Satz 2 Nummer 7.

(2) Die Niederschrift ist von den Ausbildenden, den Auszubildenden und deren gesetzlichen Vertretern und Vertreterinnen zu unterzeichnen.

(3) Ausbildende haben den Auszubildenden und deren gesetzlichen Vertretern und Vertreterinnen eine Ausfertigung der unterzeichneten Niederschrift unverzüglich auszuhändigen.

(4) Bei Änderungen des Berufsausbildungsvertrages gelten die Absätze 1 bis 3 entsprechend.

§ 12 Nichtige Vereinbarungen

(1) Eine Vereinbarung, die Auszubildende für die Zeit nach Beendigung des Berufsausbildungsverhältnisses in der Ausübung ihrer beruflichen Tätigkeit beschränkt, ist nichtig. Dies gilt nicht, wenn sich Auszubildende innerhalb der letzten sechs Monate des Berufsausbildungsverhältnisses dazu verpflichten, nach dessen Beendigung mit den Ausbildenden ein Arbeitsverhältnis einzugehen.

(2) Nichtig ist eine Vereinbarung über
1. die Verpflichtung Auszubildender, für die Berufsausbildung eine Entschädigung zu zahlen,
2. Vertragsstrafen,
3. den Ausschluss oder die Beschränkung von Schadensersatzansprüchen,
4. die Festsetzung der Höhe eines Schadensersatzes in Pauschbeträgen

§ 13 Verhalten während der Berufsausbildung

Auszubildende haben sich zu bemühen, die berufliche Handlungsfähigkeit zu erwerben, die zum Erreichen des Ausbildungsziels erforderlich ist. Sie sind insbesondere verpflichtet,
1. die ihnen im Rahmen ihrer Berufsausbildung aufgetragenen Aufgaben sorgfältig auszuführen,
2. an Ausbildungsmaßnahmen teilzunehmen, für die sie nach § 15 freigestellt werden,
3. den Weisungen zu folgen, die ihnen im Rahmen der Berufsausbildung von Ausbildenden, von Ausbildern oder Ausbilderinnen oder von anderen weisungsberechtigten Personen erteilt werden,
4. die für die Ausbildungsstätte geltende Ordnung zu beachten,
5. Werkzeug, Maschinen und sonstige Einrichtungen pfleglich zu behandeln,
6. über Betriebs- und Geschäftsgeheimnisse Stillschweigen zu wahren,
7. einen schriftlichen oder elektronischen Ausbildungsnachweis zu führen.

§ 14 Berufsausbildung

(1) Ausbildende haben
1. dafür zu sorgen, dass den Auszubildenden die berufliche Handlungsfähigkeit vermittelt wird, die zum Erreichen des Ausbildungsziels erforderlich ist, und die Berufsausbildung in einer durch ihren Zweck gebotenen Form planmäßig, zeitlich und sachlich gegliedert so

durchzuführen, dass das Ausbildungsziel in der vorgesehenen Ausbildungszeit erreicht werden kann,
2. selbst auszubilden oder einen Ausbilder oder eine Ausbilderin ausdrücklich damit zu beauftragen,
3. Auszubildenden kostenlos die Ausbildungsmittel, insbesondere Werkzeuge, Werkstoffe und Fachliteratur zur Verfügung zu stellen, die zur Berufsausbildung und zum Ablegen von Zwischen- und Abschlussprüfungen, auch soweit solche nach Beendigung des Berufsausbildungsverhältnisses stattfinden, erforderlich sind,
4. Auszubildende zum Besuch der Berufsschule anzuhalten,
5. dafür zu sorgen, dass Auszubildende charakterlich gefördert sowie sittlich und körperlich nicht gefährdet werden.
(2) Ausbildende haben Auszubildende zum Führen der Ausbildungsnachweise nach § 13 Satz 2 Nummer 7 anzuhalten und diese regelmäßig durchzusehen. Den Auszubildenden ist Gelegenheit zu geben, den Ausbildungsnachweis am Arbeitsplatz zu führen.
(3) Auszubildenden dürfen nur Aufgaben übertragen werden, die dem Ausbildungszweck dienen und ihren körperlichen Kräften angemessen sind.

§ 15 Freistellung, Anrechnung

(1) Ausbildende dürfen Auszubildende vor einem vor 9 Uhr beginnenden Berufsschulunterricht nicht beschäftigen. Sie haben Auszubildende freizustellen
1. für die Teilnahme am Berufsschulunterricht,
2. an einem Berufsschultag mit mehr als fünf Unterrichtsstunden von mindestens je 45 Minuten, einmal in der Woche,
3. in Berufsschulwochen mit einem planmäßigen Blockunterricht von mindestens 25 Stunden an mindestens fünf Tagen,
4. für die Teilnahme an Prüfungen und Ausbildungsmaßnahmen, die auf Grund öffentlich-rechtlicher oder vertraglicher Bestimmungen außerhalb der Ausbildungsstätte durchzuführen sind, und
5. an dem Arbeitstag, der der schriftlichen Abschlussprüfung unmittelbar vorangeht.
Im Fall von Satz 2 Nummer 3 sind zusätzliche betriebliche Ausbildungsveranstaltungen bis zu zwei Stunden wöchentlich zulässig.
(2) Auf die Ausbildungszeit der Auszubildenden werden angerechnet
1. die Berufsschulunterrichtszeit einschließlich der Pausen nach Absatz 1 Satz 2 Nummer 1,
2. Berufsschultage nach Absatz 1 Satz 2 Nummer 2 mit der durchschnittlichen täglichen Ausbildungszeit,
3. Berufsschulwochen nach Absatz 1 Satz 2 Nummer 3 mit der durchschnittlichen wöchentlichen Ausbildungszeit,
4. die Freistellung nach Absatz 1 Satz 2 Nummer 4 mit der Zeit der Teilnahme einschließlich der Pausen und
5. die Freistellung nach Absatz 1 Satz 2 Nummer 5 mit der durchschnittlichen täglichen Ausbildungszeit.
(3) Für Auszubildende unter 18 Jahren gilt das Jugendarbeitsschutzgesetz.

§ 16 Zeugnis

(1) Ausbildende haben den Auszubildenden bei Beendigung des Berufsausbildungsverhältnisses ein schriftliches Zeugnis auszustellen. Die elektronische Form ist ausgeschlossen. Haben Ausbildende die Berufsausbildung nicht selbst durchgeführt, so soll auch der Ausbilder oder die Ausbilderin das Zeugnis unterschreiben.
(2) Das Zeugnis muss Angaben enthalten über Art, Dauer und Ziel der Berufsausbildung sowie über die erworbenen beruflichen Fertigkeiten, Kenntnisse und Fähigkeiten der Auszubildenden. Auf Verlangen Auszubildender sind auch Angaben über Verhalten und Leistung aufzunehmen.

§ 17 Vergütungsanspruch und Mindestvergütung

(1) Ausbildende haben Auszubildenden eine angemessene Vergütung zu gewähren. Die Vergütung steigt mit fortschreitender Berufsausbildung, mindestens jährlich, an.
(2) Die Angemessenheit der Vergütung ist ausgeschlossen, wenn sie folgende monatliche Mindestvergütung unterschreitet:
1. im ersten Jahr einer Berufsausbildung
a) 515 Euro, wenn die Berufsausbildung im Zeitraum vom 1. Januar 2020 bis zum 31. Dezember 2020 begonnen wird,
b) 550 Euro, wenn die Berufsausbildung im Zeitraum vom 1. Januar 2021 bis zum 31. Dezember 2021 begonnen wird,
c) 585 Euro, wenn die Berufsausbildung im Zeitraum vom 1. Januar 2022 bis zum 31. Dezember 2022 begonnen wird, und
d) 620 Euro, wenn die Berufsausbildung im Zeitraum vom 1. Januar 2023 bis zum 31. Dezember 2023 begonnen wird,
2. im zweiten Jahr einer Berufsausbildung den Betrag nach Nummer 1 für das jeweilige Jahr, in dem die Berufsausbildung begonnen worden ist, zuzüglich 18 Prozent,
3. im dritten Jahr einer Berufsausbildung den Betrag nach Nummer 1 für das jeweilige Jahr, in dem die Berufsausbildung begonnen worden ist, zuzüglich 35 Prozent und
4. im vierten Jahr einer Berufsausbildung den Betrag nach Nummer 1 für das jeweilige Jahr, in dem die Berufsausbildung begonnen worden ist, zuzüglich 40 Prozent.
Die Höhe der Mindestvergütung nach Satz 1 Nummer 1 wird zum 1. Januar eines jeden Jahres, erstmals zum 1. Januar 2024, fortgeschrieben. Die Fortschreibung entspricht dem rechnerischen Mittel der nach § 88 Absatz 1 Satz 1 Nummer 1 Buchstabe g erhobenen Ausbildungsvergütungen im Vergleich der beiden dem Jahr der Bekanntgabe vorausgegangenen Kalenderjahre. Dabei ist der sich ergebende Betrag bis unter 0,50 Euro abzurunden sowie von 0,50 Euro an aufzurunden. Das Bundesministerium für Bildung und Forschung gibt jeweils spätestens bis zum 1. November eines jeden Kalenderjahres die Höhe der Mindestvergütung nach Satz 1 Nummer 1 bis 4, die für das folgende Kalenderjahr maßgebend ist, im Bundesgesetzblatt bekannt. Die nach den Sätzen 2 bis 5 fortgeschriebene Höhe der Mindestvergütung für das erste Jahr einer Berufsausbildung gilt für Berufsausbildungen, die im Jahr der Fortschreibung begonnen werden. Die

Aufschläge nach Satz 1 Nummer 2 bis 4 für das zweite bis vierte Jahr einer Berufsausbildung sind auf der Grundlage dieses Betrages zu berechnen.
(3) Angemessen ist auch eine für den Ausbildenden nach § 3 Absatz 1 des Tarifvertragsgesetzes geltende tarifvertragliche Vergütungsregelung, durch die die in Absatz 2 genannte jeweilige Mindestvergütung unterschritten wird. Nach Ablauf eines Tarifvertrages nach Satz 1 gilt dessen Vergütungsregelung für bereits begründete Ausbildungsverhältnisse weiterhin als angemessen, bis sie durch einen neuen oder ablösenden Tarifvertrag ersetzt wird.
(4) Die Angemessenheit der vereinbarten Vergütung ist auch dann, wenn sie die Mindestvergütung nach Absatz 2 nicht unterschreitet, in der Regel ausgeschlossen, wenn sie die Höhe der in einem Tarifvertrag geregelten Vergütung, in dessen Geltungsbereich das Ausbildungsverhältnis fällt, an den der Ausbildende aber nicht gebunden ist, um mehr als 20 Prozent unterschreitet.
(5) Bei einer Teilzeitberufsausbildung kann eine nach den Absätzen 2 bis 4 zu gewährende Vergütung unterschritten werden. Die Angemessenheit der Vergütung ist jedoch ausgeschlossen, wenn die prozentuale Kürzung der Vergütung höher ist als die prozentuale Kürzung der täglichen oder der wöchentlichen Arbeitszeit.
(6) Sachleistungen können in Höhe der nach § 17 Absatz 1 Satz 1 Nummer 4 des Vierten Buches Sozialgesetzbuch festgesetzten Sachbezugswerte angerechnet werden, jedoch nicht über 75 Prozent der Bruttovergütung hinaus.
(7) Eine über die vereinbarte regelmäßige tägliche Ausbildungszeit hinausgehende Beschäftigung ist besonders zu vergüten oder durch die Gewährung entsprechender Freizeit auszugleichen

§ 18 Bemessung und Fälligkeit der Vergütung

(1) Die Vergütung bemisst sich nach Monaten. Bei Berechnung der Vergütung für einzelne Tage wird der Monat zu 30 Tagen gerechnet.
(2) Ausbildende haben die Vergütung für den laufenden Kalendermonat spätestens am letzten Arbeitstag des Monats zu zahlen.
(3) Gilt für Ausbildende nicht nach § 3 Absatz 1 des Tarifvertragsgesetzes eine tarifvertragliche Vergütungsregelung, sind sie verpflichtet, den bei ihnen beschäftigten Auszubildenden spätestens zu dem in Absatz 2 genannten Zeitpunkt eine Vergütung mindestens in der bei Beginn der Berufsausbildung geltenden Höhe der Mindestvergütung nach § 17 Absatz 2 Satz 1 zu zahlen. Satz 1 findet bei einer Teilzeitberufsausbildung mit der Maßgabe Anwendung, dass die Vergütungshöhe mindestens dem prozentualen Anteil an der Arbeitszeit entsprechen muss.

§ 19 Fortzahlung der Vergütung

(1) Auszubildenden ist die Vergütung auch zu zahlen
1. für die Zeit der Freistellung (§ 15),
2. bis zur Dauer von sechs Wochen, wenn sie
a) sich für die Berufsausbildung bereithalten, diese aber ausfällt oder

b) aus einem sonstigen, in ihrer Person liegenden Grund unverschuldet verhindert sind, ihre Pflichten aus dem Berufsausbildungsverhältnis zu erfüllen.
(2) Können Auszubildende während der Zeit, für welche die Vergütung fortzuzahlen ist, aus berechtigtem Grund Sachleistungen nicht abnehmen, so sind diese nach den Sachbezugswerten (§ 17 Abs. 6) abzugelten.

§ 20 Probezeit

Das Berufsausbildungsverhältnis beginnt mit der Probezeit. Sie muss mindestens einen Monat und darf höchstens vier Monate betragen.

§ 21 Beendigung

(1) Das Berufsausbildungsverhältnis endet mit dem Ablauf der Ausbildungsdauer. Im Falle der Stufenausbildung endet es mit Ablauf der letzten Stufe.
(2) Bestehen Auszubildende vor Ablauf der Ausbildungsdauer die Abschlussprüfung, so endet das Berufsausbildungsverhältnis mit Bekanntgabe des Ergebnisses durch den Prüfungsausschuss.
(3) Bestehen Auszubildende die Abschlussprüfung nicht, so verlängert sich das Berufsausbildungsverhältnis auf ihr Verlangen bis zur nächstmöglichen Wiederholungsprüfung, höchstens um ein Jahr.

§ 22 Kündigung

(1) Während der Probezeit kann das Berufsausbildungsverhältnis jederzeit ohne Einhalten einer Kündigungsfrist gekündigt werden.
(2) Nach der Probezeit kann das Berufsausbildungsverhältnis nur gekündigt werden
1. aus einem wichtigen Grund ohne Einhalten einer Kündigungsfrist,
2. von Auszubildenden mit einer Kündigungsfrist von vier Wochen, wenn sie die Berufsausbildung aufgeben oder sich für eine andere Berufstätigkeit ausbilden lassen wollen.
(3) Die Kündigung muss schriftlich und in den Fällen des Absatzes 2 unter Angabe der Kündigungsgründe erfolgen.
(4) Eine Kündigung aus einem wichtigen Grund ist unwirksam, wenn die ihr zugrunde liegenden Tatsachen dem zur Kündigung Berechtigten länger als zwei Wochen bekannt sind. Ist ein vorgesehenes Güteverfahren vor einer außergerichtlichen Stelle eingeleitet, so wird bis zu dessen Beendigung der Lauf dieser Frist gehemmt.
§ 23 Schadensersatz bei vorzeitiger Beendigung
(1) Wird das Berufsausbildungsverhältnis nach der Probezeit vorzeitig gelöst, so können Ausbildende oder Auszubildende Ersatz des Schadens verlangen, wenn die andere Person den Grund für die Auflösung zu vertreten hat. Dies gilt nicht im Falle des § 22 Abs. 2 Nr. 2.
(2) Der Anspruch erlischt, wenn er nicht innerhalb von drei Monaten nach Beendigung des Berufsausbildungsverhältnisses geltend gemacht wird.

§ 24 Weiterarbeit
Werden Auszubildende im Anschluss an das Berufsausbildungsverhältnis beschäftigt, ohne dass hierüber ausdrücklich etwas vereinbart worden ist, so gilt ein Arbeitsverhältnis auf unbestimmte Zeit als begründet.

§ 25 Unabdingbarkeit
Eine Vereinbarung, die zuungunsten Auszubildender von den Vorschriften dieses Teils des Gesetzes abweicht, ist nichtig.

§ 26 Andere Vertragsverhältnisse
Soweit nicht ein Arbeitsverhältnis vereinbart ist, gelten für Personen, die eingestellt werden, um berufliche Fertigkeiten, Kenntnisse, Fähigkeiten oder berufliche Erfahrungen zu erwerben, ohne dass es sich um eine Berufsausbildung im Sinne dieses Gesetzes handelt, die §§ 10 bis 16 und 17 Absatz 1, 6 und 7 sowie die §§ 18 bis 23 und 25 mit der Maßgabe, dass die gesetzliche Probezeit abgekürzt, auf die Vertragsniederschrift verzichtet und bei vorzeitiger Lösung des Vertragsverhältnisses nach Ablauf der Probezeit abweichend von § 23 Abs. 1 Satz 1 Schadensersatz nicht verlangt werden kann.

Abschnitt 3 - Eignung von Ausbildungsstätte und Ausbildungspersonal

§ 27 Eignung der Ausbildungsstätte
(1) Auszubildende dürfen nur eingestellt und ausgebildet werden, wenn
1. die Ausbildungsstätte nach Art und Einrichtung für die Berufsausbildung geeignet ist und
2. die Zahl der Auszubildenden in einem angemessenen Verhältnis zur Zahl der Ausbildungsplätze oder zur Zahl der beschäftigten Fachkräfte steht, es sei denn, dass anderenfalls die Berufsausbildung nicht gefährdet wird.
(2) Eine Ausbildungsstätte, in der die erforderlichen beruflichen Fertigkeiten, Kenntnisse und Fähigkeiten nicht im vollen Umfang vermittelt werden können, gilt als geeignet, wenn diese durch Ausbildungsmaßnahmen außerhalb der Ausbildungsstätte vermittelt werden.
(3) Eine Ausbildungsstätte ist nach Art und Einrichtung für die Berufsausbildung in Berufen der Landwirtschaft, einschließlich der ländlichen Hauswirtschaft, nur geeignet, wenn sie von der nach Landesrecht zuständigen Behörde als Ausbildungsstätte anerkannt ist. Das Bundesministerium für Ernährung und Landwirtschaft kann im Einvernehmen mit dem Bundesministerium für Bildung und Forschung nach Anhörung des Hauptausschusses des Bundesinstituts für Berufsbildung durch Rechtsverordnung, die nicht der Zustimmung des Bundesrates bedarf, Mindestanforderungen für die Größe, die Einrichtung und den Bewirtschaftungszustand der Ausbildungsstätte festsetzen.
(4) Eine Ausbildungsstätte ist nach Art und Einrichtung für die Berufsausbildung in Berufen der Hauswirtschaft nur geeignet, wenn sie von der nach Landesrecht zuständigen

Behörde als Ausbildungsstätte anerkannt ist. Das Bundesministerium für Wirtschaft und Energie kann im Einvernehmen mit dem Bundesministerium für Bildung und Forschung nach Anhörung des Hauptausschusses des Bundesinstituts für Berufsbildung durch Rechtsverordnung, die nicht der Zustimmung des Bundesrates bedarf, Mindestanforderungen für die Größe, die Einrichtung und den Bewirtschaftungszustand der Ausbildungsstätte festsetzen.

§ 28 Eignung von Ausbildenden und Ausbildern oder Ausbilderinnen

(1) Auszubildende darf nur einstellen, wer persönlich geeignet ist. Auszubildende darf nur ausbilden, wer persönlich und fachlich geeignet ist.

(2) Wer fachlich nicht geeignet ist oder wer nicht selbst ausbildet, darf Auszubildende nur dann einstellen, wenn er persönlich und fachlich geeignete Ausbilder oder Ausbilderinnen bestellt, die die Ausbildungsinhalte in der Ausbildungsstätte unmittelbar, verantwortlich und in wesentlichem Umfang vermitteln.

(3) Unter der Verantwortung des Ausbilders oder der Ausbilderin kann bei der Berufsausbildung mitwirken, wer selbst nicht Ausbilder oder Ausbilderin ist, aber abweichend von den besonderen Voraussetzungen des § 30 die für die Vermittlung von Ausbildungsinhalten erforderlichen beruflichen Fertigkeiten, Kenntnisse und Fähigkeiten besitzt und persönlich geeignet ist.

§ 29 Persönliche Eignung

Persönlich nicht geeignet ist insbesondere, wer

1. Kinder und Jugendliche nicht beschäftigen darf oder
2. wiederholt oder schwer gegen dieses Gesetz oder die auf Grund dieses Gesetzes erlassenen Vorschriften und Bestimmungen verstoßen hat.

§ 30 Fachliche Eignung

(1) Fachlich geeignet ist, wer die beruflichen sowie die berufs- und arbeitspädagogischen Fertigkeiten, Kenntnisse und Fähigkeiten besitzt, die für die Vermittlung der Ausbildungsinhalte erforderlich sind.

(2) Die erforderlichen beruflichen Fertigkeiten, Kenntnisse und Fähigkeiten besitzt, wer

1. die Abschlussprüfung in einer dem Ausbildungsberuf entsprechenden Fachrichtung bestanden hat,
2. eine anerkannte Prüfung an einer Ausbildungsstätte oder vor einer Prüfungsbehörde oder eine Abschlussprüfung an einer staatlichen oder staatlich anerkannten Schule in einer dem Ausbildungsberuf entsprechenden Fachrichtung bestanden hat,
3. eine Abschlussprüfung an einer deutschen Hochschule in einer dem Ausbildungsberuf entsprechenden Fachrichtung bestanden hat oder
4. im Ausland einen Bildungsabschluss in einer dem Ausbildungsberuf entsprechenden Fachrichtung erworben hat, dessen Gleichwertigkeit nach dem Berufsqualifikationsfeststellungsgesetz oder anderen rechtlichen Regelungen festgestellt worden ist

und eine angemessene Zeit in seinem Beruf praktisch tätig gewesen ist.
(3) Das Bundesministerium für Wirtschaft und Energie oder das sonst zuständige Fachministerium kann im Einvernehmen mit dem Bundesministerium für Bildung und Forschung nach Anhörung des Hauptausschusses des Bundesinstituts für Berufsbildung durch Rechtsverordnung, die nicht der Zustimmung des Bundesrates bedarf, in den Fällen des Absatzes 2 Nr. 2 bestimmen, welche Prüfungen für welche Ausbildungsberufe anerkannt werden.
(4) Das Bundesministerium für Wirtschaft und Energie oder das sonst zuständige Fachministerium kann im Einvernehmen mit dem Bundesministerium für Bildung und Forschung nach Anhörung des Hauptausschusses des Bundesinstituts für Berufsbildung durch Rechtsverordnung, die nicht der Zustimmung des Bundesrates bedarf, für einzelne Ausbildungsberufe bestimmen, dass abweichend von Absatz 2 die für die fachliche Eignung erforderlichen beruflichen Fertigkeiten, Kenntnisse und Fähigkeiten nur besitzt, wer
1. die Voraussetzungen des Absatzes 2 Nr. 2 oder 3 erfüllt und eine angemessene Zeit in seinem Beruf praktisch tätig gewesen ist oder
2. die Voraussetzungen des Absatzes 2 Nr. 3 erfüllt und eine angemessene Zeit in seinem Beruf praktisch tätig gewesen ist oder
3. für die Ausübung eines freien Berufes zugelassen oder in ein öffentliches Amt bestellt ist.
(5) Das Bundesministerium für Bildung und Forschung kann nach Anhörung des Hauptausschusses des Bundesinstituts für Berufsbildung durch Rechtsverordnung, die nicht der Zustimmung des Bundesrates bedarf, bestimmen, dass der Erwerb berufs- und arbeitspädagogischer Fertigkeiten, Kenntnisse und Fähigkeiten gesondert nachzuweisen ist. Dabei können Inhalt, Umfang und Abschluss der Maßnahmen für den Nachweis geregelt werden.
(6) Die nach Landesrecht zuständige Behörde kann Personen, die die Voraussetzungen des Absatzes 2, 4 oder 5 nicht erfüllen, die fachliche Eignung nach Anhörung der zuständigen Stelle widerruflich zuerkennen.

§ 31 Europaklausel

(1) In den Fällen des § 30 Abs. 2 und 4 besitzt die für die fachliche Eignung erforderlichen beruflichen Fertigkeiten, Kenntnisse und Fähigkeiten auch, wer die Voraussetzungen für die Anerkennung seiner Berufsqualifikation nach der Richtlinie 2005/36/EG des Europäischen Parlaments und des Rates vom 7. September 2005 über die Anerkennung von Berufsqualifikationen (ABl. EU Nr. L 255 S. 22) erfüllt, sofern er eine angemessene Zeit in seinem Beruf praktisch tätig gewesen ist. § 30 Abs. 4 Nr. 3 bleibt unberührt.
(2) Die Anerkennung kann unter den in Artikel 14 der in Absatz 1 genannten Richtlinie aufgeführten Voraussetzungen davon abhängig gemacht werden, dass der Antragsteller oder die Antragstellerin zunächst einen höchstens dreijährigen Anpassungslehrgang ableistet oder eine Eignungsprüfung ablegt.
(3) Die Entscheidung über die Anerkennung trifft die zuständige Stelle. Sie kann die Durchführung von Anpassungslehrgängen und Eignungsprüfungen regeln.

§ 32 Überwachung der Eignung

(1) Die **zuständige Stelle** hat darüber zu wachen, dass die Eignung der Ausbildungsstätte sowie die persönliche und fachliche Eignung vorliegen.
(2) Werden Mängel der Eignung festgestellt, so hat die zuständige Stelle, falls der Mangel zu beheben und eine Gefährdung Auszubildender nicht zu erwarten ist, Ausbildende aufzufordern, innerhalb einer von ihr gesetzten Frist den Mangel zu beseitigen. Ist der Mangel der Eignung nicht zu beheben oder ist eine Gefährdung Auszubildender zu erwarten oder wird der Mangel nicht innerhalb der gesetzten Frist beseitigt, so hat die zuständige Stelle dies der nach Landesrecht zuständigen Behörde mitzuteilen.

§ 33 Untersagung des Einstellens und Ausbildens

(1) Die nach Landesrecht zuständige Behörde kann für eine bestimmte Ausbildungsstätte das Einstellen und Ausbilden untersagen, wenn die Voraussetzungen nach § 27 nicht oder nicht mehr vorliegen.
(2) Die nach Landesrecht zuständige Behörde hat das Einstellen und Ausbilden zu untersagen, wenn die persönliche oder fachliche Eignung nicht oder nicht mehr vorliegt.
...

§ 34 Einrichten, Führen

(1) Die zuständige Stelle hat für anerkannte Ausbildungsberufe ein **Verzeichnis** der Berufsausbildungsverhältnisse einzurichten und zu führen, in das der Berufsausbildungsvertrag einzutragen ist. Die Eintragung ist für Auszubildende gebührenfrei.
(2) Die Eintragung umfasst für jedes Berufsausbildungsverhältnis
1. Name, Vorname, Geburtsdatum, Anschrift der Auszubildenden,
2. Geschlecht, Staatsangehörigkeit, allgemeinbildender Schulabschluss, vorausgegangene Teilnahme an berufsvorbereitender Qualifizierung oder beruflicher Grundbildung, vorherige Berufsausbildung sowie vorheriges Studium, Anschlussvertrag bei Anrechnung einer zuvor absolvierten dualen Berufsausbildung nach diesem Gesetz oder nach der Handwerksordnung einschließlich Ausbildungsberuf,
3. Name, Vorname und Anschrift der gesetzlichen Vertreter und Vertreterinnen,
4. Ausbildungsberuf einschließlich Fachrichtung,
5. Berufsausbildung im Rahmen eines ausbildungsintegrierenden dualen Studiums,
6. Tag, Monat und Jahr des Abschlusses des Ausbildungsvertrages, Ausbildungsdauer, Dauer der Probezeit, Verkürzung der Ausbildungsdauer, Teilzeitberufsausbildung,
7. die bei Abschluss des Berufsausbildungsvertrages vereinbarte Vergütung für jedes Ausbildungsjahr,
8. Tag, Monat und Jahr des vertraglich vereinbarten Beginns und Endes der Berufsausbildung sowie Tag, Monat und Jahr einer vorzeitigen Auflösung des Ausbildungsverhältnisses,

9. Art der Förderung bei überwiegend öffentlich, insbesondere auf Grund des Dritten Buches Sozialgesetzbuch geförderten Berufsausbildungsverhältnissen,
10. Name und Anschrift der Ausbildenden, Anschrift und amtliche Gemeindeschlüssel der Ausbildungsstätte, Wirtschaftszweig, Betriebsnummer der Ausbildungsstätte nach § 18i Absatz 1 oder § 18k Absatz 1 des Vierten Buches Sozialgesetzbuch, Zugehörigkeit zum öffentlichen Dienst,
11. Name, Vorname, Geschlecht und Art der fachlichen Eignung der Ausbilder und Ausbilderinnen.

§ 35 Eintragen, Ändern, Löschen

(1) Ein Berufsausbildungsvertrag und Änderungen seines wesentlichen Inhalts sind in das Verzeichnis einzutragen, wenn
1. der Berufsausbildungsvertrag diesem Gesetz und der Ausbildungsordnung entspricht,
2. die persönliche und fachliche Eignung sowie die Eignung der Ausbildungsstätte für das Einstellen und Ausbilden vorliegen und
3. für Auszubildende unter 18 Jahren die ärztliche Bescheinigung über die Erstuntersuchung nach § 32 Abs. 1 des Jugendarbeitsschutzgesetzes zur Einsicht vorgelegt wird.
(2) Die Eintragung ist abzulehnen oder zu löschen, wenn die Eintragungsvoraussetzungen nicht vorliegen und der Mangel nicht nach § 32 Abs. 2 behoben wird. Die Eintragung ist ferner zu löschen, wenn die ärztliche Bescheinigung über die erste Nachuntersuchung nach § 33 Abs. 1 des Jugendarbeitsschutzgesetzes nicht spätestens am Tage der Anmeldung der Auszubildenden zur Zwischenprüfung oder zum ersten Teil der Abschlussprüfung zur Einsicht vorgelegt und der Mangel nicht nach § 32 Abs. 2 behoben wird.
(3) Die nach § 34 Abs.2 Nummer 1, 4, 8 und 10 erhobenen Daten werden mit Ausnahme der Identifikationsnummer nach dem Identifikationsnummerngesetz zur Verbesserung der Ausbildungsvermittlung, zur Verbesserung der Zuverlässigkeit und Aktualität der Ausbildungsvermittlungsstatistik sowie zur Verbesserung der Feststellung von Angebot und Nachfrage auf dem Ausbildungsmarkt an die Bundesagentur für Arbeit übermittelt. Bei der Datenübermittlung sind dem jeweiligen Stand der Technik entsprechende Maßnahmen zur Sicherstellung von Datenschutz und Datensicherheit ... zu treffen, die insbesondere die Vertraulichkeit, Unversehrtheit und Zurechenbarkeit der Daten gewährleisten.

§ 36 Antrag und Mitteilungspflichten

(1) Ausbildende haben unverzüglich nach Abschluss des Berufsausbildungsvertrages die Eintragung in das Verzeichnis zu beantragen. Der Antrag kann schriftlich oder elektronisch gestellt werden; eine Kopie der Vertragsniederschrift ist jeweils beizufügen. Auf einen betrieblichen Ausbildungsplan im Sinne von § 11 Absatz 1 Satz 2 Nummer 1, der der zuständigen Stelle bereits vorliegt, kann dabei Bezug genommen werden. Entsprechendes gilt bei Änderungen des wesentlichen Vertragsinhalts.

(2) Ausbildende und Auszubildende sind verpflichtet, den zuständigen Stellen die zur Eintragung nach § 34 erforderlichen Tatsachen auf Verlangen mitzuteilen.

§ 37 Abschlussprüfung

(1) In den anerkannten Ausbildungsberufen sind Abschlussprüfungen durchzuführen. Die Abschlussprüfung kann im Falle des Nichtbestehens zweimal wiederholt werden. Sofern die Abschlussprüfung in zwei zeitlich auseinander fallenden Teilen durchgeführt wird, ist der erste Teil der Abschlussprüfung nicht eigenständig wiederholbar.
(2) Dem Prüfling ist ein Zeugnis auszustellen. Ausbildenden werden auf deren Verlangen die Ergebnisse der Abschlussprüfung der Auszubildenden übermittelt. Sofern die Abschlussprüfung in zwei zeitlich auseinander fallenden Teilen durchgeführt wird, ist das Ergebnis der Prüfungsleistungen im ersten Teil der Abschlussprüfung dem Prüfling schriftlich mitzuteilen.
(3) Dem Zeugnis ist auf Antrag des Auszubildenden eine englischsprachige und eine französischsprachige Übersetzung beizufügen. Auf Antrag des Auszubildenden ist das Ergebnis berufsschulischer Leistungsfeststellungen auf dem Zeugnis auszuweisen. Der Auszubildende hat den Nachweis der berufsschulischen Leistungsfeststellungen dem Antrag beizufügen.
(4) Die Abschlussprüfung ist für Auszubildende gebührenfrei.

§ 39 Prüfungsausschüsse, Prüferdelegationen

(1) Für die Durchführung der Abschlussprüfung errichtet die zuständige Stelle Prüfungsausschüsse. Mehrere zuständige Stellen können bei einer von ihnen gemeinsame Prüfungsausschüsse errichten.
(2) Prüfungsausschüsse oder Prüferdelegationen nach § 42 Absatz 2 nehmen die Prüfungsleistungen ab.
(3) Prüfungsausschüsse oder Prüferdelegationen nach § 42 Absatz 2 können zur Bewertung einzelner, nicht mündlich zu erbringender Prüfungsleistungen gutachterliche Stellungnahmen Dritter, insbesondere berufsbildender Schulen, einholen. Im Rahmen der Begutachtung sind die wesentlichen Abläufe zu dokumentieren und die für die Bewertung erheblichen Tatsachen festzuhalten.

§ 40 Zusammensetzung, Berufung

(1) Der Prüfungsausschuss besteht aus mindestens drei Mitgliedern. Die Mitglieder müssen für die Prüfungsgebiete sachkundig und für die Mitwirkung im Prüfungswesen geeignet sein.
(2) Dem Prüfungsausschuss müssen als Mitglieder Beauftragte der Arbeitgeber und der Arbeitnehmer in gleicher Zahl sowie mindestens eine Lehrkraft einer berufsbildenden Schule angehören. Mindestens zwei Drittel der Gesamtzahl der Mitglieder müssen Beauftragte der Arbeitgeber und der Arbeitnehmer sein. Die Mitglieder haben Stellvertreter oder Stellvertreterinnen.
(3) Die Mitglieder werden von der zuständigen Stelle längstens für fünf Jahre berufen. Die Beauftragten der Arbeitnehmer werden auf Vorschlag der im Bezirk der zuständigen

Stelle bestehenden Gewerkschaften und selbständigen Vereinigungen von Arbeitnehmern mit sozial- oder berufspolitischer Zwecksetzung berufen. Die Lehrkraft einer berufsbildenden Schule wird im Einvernehmen mit der Schulaufsichtsbehörde oder der von ihr bestimmten Stelle berufen. Werden Mitglieder nicht oder nicht in ausreichender Zahl innerhalb einer von der zuständigen Stelle gesetzten angemessenen Frist vorgeschlagen, so beruft die zuständige Stelle insoweit nach pflichtgemäßem Ermessen. Die Mitglieder der Prüfungsausschüsse können nach Anhören der an ihrer Berufung Beteiligten aus wichtigem Grund abberufen werden. Die Sätze 1 bis 5 gelten für die stellvertretenden Mitglieder entsprechend.

(4) Die zuständige Stelle kann weitere Prüfende für den Einsatz in Prüferdelegationen nach § 42 Absatz 2 berufen. Die Berufung weiterer Prüfender kann auf bestimmte Prüf- oder Fachgebiete beschränkt werden. Absatz 3 ist entsprechend anzuwenden.

(5) Die für die Berufung von Prüfungsausschussmitgliedern Vorschlagsberechtigten sind über die Anzahl und die Größe der einzurichtenden Prüfungsausschüsse sowie über die Zahl der von ihnen vorzuschlagenden weiteren Prüfenden zu unterrichten. Die Vorschlagsberechtigten werden von der zuständigen Stelle darüber unterrichtet, welche der von ihnen vorgeschlagenen Mitglieder, Stellvertreter und Stellvertreterinnen sowie weiteren Prüfenden berufen wurden.

(6) Die Tätigkeit im Prüfungsausschuss oder in einer Prüferdelegation ist ehrenamtlich. Für bare Auslagen und für Zeitversäumnis ist, soweit eine Entschädigung nicht von anderer Seite gewährt wird, eine angemessene Entschädigung zu zahlen, deren Höhe von der zuständigen Stelle mit Genehmigung der obersten Landesbehörde festgesetzt wird. Die Entschädigung für Zeitversäumnis hat mindestens im Umfang von § 16 des Justizvergütungs- und -entschädigungsgesetzes in der jeweils geltenden Fassung zu erfolgen.

(6a) Prüfende sind von ihrem Arbeitgeber von der Erbringung der Arbeitsleistung freizustellen, wenn

1. es zur ordnungsgemäßen Durchführung der ihnen durch das Gesetz zugewiesenen Aufgaben erforderlich ist und
2. wichtige betriebliche Gründe nicht entgegenstehen.

(7) Von Absatz 2 darf nur abgewichen werden, wenn anderenfalls die erforderliche Zahl von Mitgliedern des Prüfungsausschusses nicht berufen werden kann.

§ 41 Vorsitz, Beschlussfähigkeit, Abstimmung

(1) Der Prüfungsausschuss wählt ein Mitglied, das den Vorsitz führt, und ein weiteres Mitglied, das den Vorsitz stellvertretend übernimmt. Der Vorsitz und das ihn stellvertretende Mitglied sollen nicht derselben Mitgliedergruppe angehören.

(2) Der Prüfungsausschuss ist beschlussfähig, wenn zwei Drittel der Mitglieder, mindestens drei, mitwirken. Er beschließt mit der Mehrheit der abgegebenen Stimmen. Bei Stimmengleichheit gibt die Stimme des vorsitzenden Mitglieds den Ausschlag.

§ 42 Beschlussfassung, Bewertung der Abschlussprüfung

(1) Der Prüfungsausschuss fasst die Beschlüsse über

1. die Noten zur Bewertung einzelner Prüfungsleistungen, die er selbst abgenommen hat,

2. die Noten zur Bewertung der Prüfung insgesamt sowie
3. das Bestehen oder Nichtbestehen der Abschlussprüfung.
(2) Die zuständige Stelle kann im Einvernehmen mit den Mitgliedern des Prüfungsausschusses die Abnahme und abschließende Bewertung von Prüfungsleistungen auf Prüferdelegationen übertragen. Für die Zusammensetzung von Prüferdelegationen und für die Abstimmungen in der Prüferdelegation sind § 40 Absatz 1 und 2 sowie § 41 Absatz 2 entsprechend anzuwenden. Mitglieder von Prüferdelegationen können die Mitglieder des Prüfungsausschusses, deren Stellvertreter und Stellvertreterinnen sowie weitere Prüfende sein, die durch die zuständige Stelle nach § 40 Absatz 4 berufen worden sind.
(3) Die zuständige Stelle hat vor Beginn der Prüfung über die Bildung von Prüferdelegationen, über deren Mitglieder sowie über deren Stellvertreter und Stellvertreterinnen zu entscheiden. Prüfende können Mitglieder mehrerer Prüferdelegationen sein. Sind verschiedene Prüfungsleistungen derart aufeinander bezogen, dass deren Beurteilung nur einheitlich erfolgen kann, so müssen diese Prüfungsleistungen von denselben Prüfenden abgenommen werden.
(4) Nach § 47 Absatz 2 Satz 2 erstellte oder ausgewählte Antwort-Wahl-Aufgaben können automatisiert ausgewertet werden, wenn das Aufgabenerstellungs- oder Aufgabenauswahlgremium festgelegt hat, welche Antworten als zutreffend anerkannt werden. Die Ergebnisse sind vom Prüfungsausschuss zu übernehmen.
(5) Der Prüfungsausschuss oder die Prüferdelegation kann einvernehmlich die Abnahme und Bewertung einzelner schriftlicher oder sonstiger Prüfungsleistungen, deren Bewertung unabhängig von der Anwesenheit bei der Erbringung erfolgen kann, so vornehmen, dass zwei seiner oder ihrer Mitglieder die Prüfungsleistungen selbständig und unabhängig bewerten. Weichen die auf der Grundlage des in der Prüfungsordnung vorgesehenen Bewertungsschlüssels erfolgten Bewertungen der beiden Prüfenden um nicht mehr als 10 Prozent der erreichbaren Punkte voneinander ab, so errechnet sich die endgültige Bewertung aus dem Durchschnitt der beiden Bewertungen. Bei einer größeren Abweichung erfolgt die endgültige Bewertung durch ein vorab bestimmtes weiteres Mitglied des Prüfungsausschusses oder der Prüferdelegation.
(6) Sieht die Ausbildungsordnung vor, dass Auszubildende bei erfolgreichem Abschluss eines zweijährigen Ausbildungsberufs vom ersten Teil der Abschlussprüfung eines darauf aufbauenden drei- oder dreieinhalbjährigen Ausbildungsberufs befreit sind, so ist das Ergebnis der Abschlussprüfung des zweijährigen Ausbildungsberufs vom Prüfungsausschuss als das Ergebnis des ersten Teils der Abschlussprüfung des auf dem zweijährigen Ausbildungsberuf aufbauenden drei- oder dreieinhalbjährigen Ausbildungsberufs zu übernehmen.

§ 43 Zulassung zur Abschlussprüfung

1) Zur Abschlussprüfung ist zuzulassen,
1. wer die Ausbildungsdauer zurückgelegt hat oder wessen Ausbildungsdauer nicht später als zwei Monate nach dem Prüfungstermin endet,

2. wer an vorgeschriebenen Zwischenprüfungen teilgenommen sowie einen vom Ausbilder und Auszubildenden unterzeichneten Ausbildungsnachweis nach § 13 Satz 2 Nummer 7 vorgelegt hat und
3. wessen Berufsausbildungsverhältnis in das Verzeichnis der Berufsausbildungsverhältnisse eingetragen oder aus einem Grund nicht eingetragen ist, den weder die Auszubildenden noch deren gesetzliche Vertreter oder Vertreterinnen zu vertreten haben.
(2) Zur Abschlussprüfung ist ferner zuzulassen, wer in einer berufsbildenden Schule oder einer sonstigen Berufsbildungseinrichtung ausgebildet worden ist, wenn dieser Bildungsgang der Berufsausbildung in einem anerkannten Ausbildungsberuf entspricht. Ein Bildungsgang entspricht der Berufsausbildung in einem anerkannten Ausbildungsberuf, wenn er
1. nach Inhalt, Anforderung und zeitlichem Umfang der jeweiligen Ausbildungsordnung gleichwertig ist,
2. systematisch, insbesondere im Rahmen einer sachlichen und zeitlichen Gliederung, durchgeführt wird und
3. durch Lernortkooperation einen angemessenen Anteil an fachpraktischer Ausbildung gewährleistet.

§ 44 Zulassung zur Abschlussprüfung bei zeitlich auseinander fallenden Teilen

(1) Sofern die Abschlussprüfung in zwei zeitlich auseinander fallenden Teilen durchgeführt wird, ist über die Zulassung jeweils gesondert zu entscheiden.
(2) Zum ersten Teil der Abschlussprüfung ist zuzulassen, wer die in der Ausbildungsordnung vorgeschriebene, erforderliche Ausbildungsdauer zurückgelegt hat und die Voraussetzungen des § 43 Abs. 1 Nr. 2 und 3 erfüllt.
(3) Zum zweiten Teil der Abschlussprüfung ist zuzulassen, wer
1. über die Voraussetzungen des § 43 Absatz 1 hinaus am ersten Teil der Abschlussprüfung teilgenommen hat,
2. auf Grund einer Rechtsverordnung nach § 5 Absatz 2 Satz 1 Nummer 2b von der Ablegung des ersten Teils der Abschlussprüfung befreit ist oder
3. aus Gründen, die er nicht zu vertreten hat, am ersten Teil der Abschlussprüfung nicht teilgenommen hat.
Im Fall des Satzes 1 Nummer 3 ist der erste Teil der Abschlussprüfung zusammen mit dem zweiten Teil abzulegen.

§ 45 Zulassung in besonderen Fällen

(1) Auszubildende können nach Anhörung der Ausbildenden und der Berufsschule vor Ablauf ihrer Ausbildungszeit zur Abschlussprüfung zugelassen werden, wenn ihre Leistungen dies rechtfertigen.
(2) Zur Abschlussprüfung ist auch zuzulassen, wer nachweist, dass er mindestens das Eineinhalbfache der Zeit, die als Ausbildungsdauer vorgeschrieben ist, in dem Beruf tätig gewesen ist, in dem die Prüfung abgelegt werden soll. Als Zeiten der Berufstätigkeit gelten

auch Ausbildungszeiten in einem anderen, einschlägigen Ausbildungsberuf. Vom Nachweis der Mindestzeit nach Satz 1 kann ganz oder teilweise abgesehen werden, wenn durch Vorlage von Zeugnissen oder auf andere Weise glaubhaft gemacht wird, dass der Bewerber oder die Bewerberin die berufliche Handlungsfähigkeit erworben hat, die die Zulassung zur Prüfung rechtfertigt. Ausländische Bildungsabschlüsse und Zeiten der Berufstätigkeit im Ausland sind dabei zu berücksichtigen.

§ 46 Entscheidung über die Zulassung

(1) Über die Zulassung zur Abschlussprüfung entscheidet die zuständige Stelle. Hält sie die Zulassungsvoraussetzungen nicht für gegeben, so entscheidet der Prüfungsausschuss.
(2) Auszubildenden, die Elternzeit in Anspruch genommen haben, darf bei der Entscheidung über die Zulassung hieraus kein Nachteil erwachsen.

§ 47 Prüfungsordnung

(1) Die zuständige Stelle hat eine Prüfungsordnung für die Abschlussprüfung zu erlassen. Die Prüfungsordnung bedarf der Genehmigung der zuständigen obersten Landesbehörde.
(2) Die Prüfungsordnung muss die Zulassung, die Gliederung der Prüfung, die Bewertungsmaßstäbe, die Erteilung der Prüfungszeugnisse, die Folgen von Verstößen gegen die Prüfungsordnung und die Wiederholungsprüfung regeln. Sie kann vorsehen, dass Prüfungsaufgaben, die überregional oder von einem Aufgabenerstellungsausschuss bei der zuständigen Stelle erstellt oder ausgewählt werden, zu übernehmen sind, sofern diese Aufgaben von Gremien erstellt oder ausgewählt werden, die entsprechend § 40 Abs. 2 zusammengesetzt sind.
(3) Im Fall des § 73 Absatz 1 erlässt das Bundesministerium des Innern, für Bau und Heimat oder das sonst zuständige Fachministerium die Prüfungsordnung durch Rechtsverordnung, die nicht der Zustimmung des Bundesrates bedarf. Das Bundesministerium des Innern, für Bau und Heimat oder das sonst zuständige Fachministerium kann die Ermächtigung nach Satz 1 durch Rechtsverordnung auf die von ihm bestimmte zuständige Stelle übertragen.
(4) Im Fall des § 73 Absatz 2 erlässt die zuständige Landesregierung die Prüfungsordnung durch Rechtsverordnung. Die Ermächtigung nach Satz 1 kann durch Rechtsverordnung auf die von ihr bestimmte zuständige Stelle übertragen werden.
(5) Wird im Fall des § 71 Absatz 8 die zuständige Stelle durch das Land bestimmt, so erlässt die zuständige Landesregierung die Prüfungsordnung durch Rechtsverordnung. Die Ermächtigung nach Satz 1 kann durch Rechtsverordnung auf die von ihr bestimmte zuständige Stelle übertragen werden.
(6) Der Hauptausschuss des Bundesinstituts für Berufsbildung erlässt für die Prüfungsordnung Richtlinien.

§ 48 Zwischenprüfungen

(1) Während der Berufsausbildung ist zur Ermittlung des Ausbildungsstandes eine Zwischenprüfung entsprechend der Ausbildungsordnung durchzuführen. Die §§ 37 bis 39 gelten entsprechend.

(2) Die Zwischenprüfung entfällt, sofern

1. die Ausbildungsordnung vorsieht, dass die Abschlussprüfung in zwei zeitlich auseinanderfallenden Teilen durchgeführt wird, oder
2. die Ausbildungsordnung vorsieht, dass auf die Dauer der durch die Ausbildungsordnung geregelten Berufsausbildung die Dauer einer anderen abgeschlossenen Berufsausbildung im Umfang von mindestens zwei Jahren anzurechnen ist, und die Vertragsparteien die Anrechnung mit mindestens dieser Dauer vereinbart haben.

(3) Umzuschulende sind auf ihren Antrag zur Zwischenprüfung zuzulassen.

§ 49 Zusatzqualifikationen

(1) Zusätzliche berufliche Fertigkeiten, Kenntnisse und Fähigkeiten nach § 5 Abs. 2 Nr. 5 werden gesondert geprüft und bescheinigt. Das Ergebnis der Prüfung nach § 37 bleibt unberührt.

(2) § 37 Abs. 3 und 4 sowie die §§ 39 bis 42 und 47 gelten entsprechend.

§ 50 Gleichstellung von Prüfungszeugnissen

(1) Das Bundesministerium für Wirtschaft und Energie oder das sonst zuständige Fachministerium kann im Einvernehmen mit dem Bundesministerium für Bildung und Forschung nach Anhörung des Hauptausschusses des Bundesinstituts für Berufsbildung durch Rechtsverordnung außerhalb des Anwendungsbereichs dieses Gesetzes erworbene Prüfungszeugnisse den entsprechenden Zeugnissen über das Bestehen der Abschlussprüfung gleichstellen, wenn die Berufsausbildung und die in der Prüfung nachzuweisenden beruflichen Fertigkeiten, Kenntnisse und Fähigkeiten gleichwertig sind.

(2) Das Bundesministerium für Wirtschaft und Energie oder das sonst zuständige Fachministerium kann im Einvernehmen mit dem Bundesministerium für Bildung und Forschung nach Anhörung des Hauptausschusses des Bundesinstituts für Berufsbildung durch Rechtsverordnung im Ausland erworbene Prüfungszeugnisse den entsprechenden Zeugnissen über das Bestehen der Abschlussprüfung gleichstellen, wenn die in der Prüfung nachzuweisenden beruflichen Fertigkeiten, Kenntnisse und Fähigkeiten gleichwertig sind.

§ 50a Gleichwertigkeit ausländischer Berufsqualifikationen

Ausländische Berufsqualifikationen stehen einer bestandenen Aus- oder Fortbildungsprüfung nach diesem Gesetz gleich, wenn die Gleichwertigkeit der beruflichen Fertigkeiten, Kenntnisse und Fähigkeiten nach dem Berufsqualifikationsfeststellungsgesetz festgestellt wurde.

§ 53 Fortbildungsordnungen

(1) Als Grundlage für eine einheitliche höherqualifizierende Berufsbildung kann das Bundesministerium für Bildung und Forschung im Einvernehmen mit dem Bundesministerium für Wirtschaft und Energie oder mit dem sonst zuständigen Fachministerium nach Anhörung des Hauptausschusses des Bundesinstituts für Berufsbildung durch Rechtsverordnung, die nicht der Zustimmung des Bundesrates bedarf, Abschlüsse der höherqualifizierenden Berufsbildung anerkennen und hierfür Prüfungsregelungen erlassen (Fortbildungsordnungen).

(2) Die Fortbildungsordnungen haben festzulegen:

1. die Bezeichnung des Fortbildungsabschlusses,
2. die Fortbildungsstufe,
3. das Ziel, den Inhalt und die Anforderungen der Prüfung,
4. die Zulassungsvoraussetzungen für die Prüfung und
5. das Prüfungsverfahren.

§ 53a Fortbildungsstufen

(1) Die Fortbildungsstufen der höherqualifizierenden Berufsbildung sind

1. als erste Fortbildungsstufe der Geprüfte Berufsspezialist und die Geprüfte Berufsspezialistin,
2. als zweite Fortbildungsstufe der **Bachelor Professional** und
3. als dritte Fortbildungsstufe der **Master Professional**.

(2) Jede Fortbildungsordnung, die eine höherqualifizierende Berufsbildung der ersten Fortbildungsstufe regelt, soll auf einen Abschluss der zweiten Fortbildungsstufe hinführen.

§ 53b Geprüfter Berufsspezialist und Geprüfte Berufsspezialistin

(1) Den Fortbildungsabschluss des Geprüften Berufsspezialisten oder der Geprüften Berufsspezialistin erlangt, wer eine Prüfung der ersten beruflichen Fortbildungsstufe besteht.

(2) In der Fortbildungsprüfung der ersten beruflichen Fortbildungsstufe wird festgestellt, ob der Prüfling

1. die Fertigkeiten, Kenntnisse und Fähigkeiten, die er in der Regel im Rahmen der Berufsausbildung erworben hat, vertieft hat und
2. die in der Regel im Rahmen der Berufsausbildung erworbene berufliche Handlungsfähigkeit um neue Fertigkeiten, Kenntnisse und Fähigkeiten ergänzt hat.

Der Lernumfang für den Erwerb dieser Fertigkeiten, Kenntnisse und Fähigkeiten soll mindestens 400 Stunden betragen.

(3) Als Voraussetzung zur Zulassung für eine Prüfung der ersten beruflichen Fortbildungsstufe ist als Regelzugang der Abschluss in einem anerkannten Ausbildungsberuf vorzusehen.

(4) Die Bezeichnung eines Fortbildungsabschlusses der ersten beruflichen Fortbildungsstufe beginnt mit den Wörtern „Geprüfter Berufsspezialist für" oder

„Geprüfte Berufsspezialistin für“. Die Fortbildungsordnung kann vorsehen, dass dieser Abschlussbezeichnung eine weitere Abschlussbezeichnung vorangestellt wird. Diese Abschlussbezeichnung der ersten beruflichen Fortbildungsstufe darf nur führen, wer

1. die Prüfung der ersten beruflichen Fortbildungsstufe bestanden hat oder
2. die Prüfung einer gleichwertigen beruflichen Fortbildung auf der Grundlage bundes- oder landesrechtlicher Regelungen, die diese Abschlussbezeichnung vorsehen, bestanden hat.

§ 53c Bachelor Professional

(1) Den Fortbildungsabschluss Bachelor Professional erlangt, wer eine Prüfung der zweiten beruflichen Fortbildungsstufe erfolgreich besteht.

(2) In der Fortbildungsprüfung der zweiten beruflichen Fortbildungsstufe wird festgestellt, ob der Prüfling in der Lage ist, Fach- und Führungsfunktionen zu übernehmen, in denen zu verantwortende Leitungsprozesse von Organisationen eigenständig gesteuert werden, eigenständig ausgeführt werden und dafür Mitarbeiter und Mitarbeiterinnen geführt werden. Der Lernumfang für den Erwerb dieser Fertigkeiten, Kenntnisse und Fähigkeiten soll mindestens 1 200 Stunden betragen.

(3) Als Voraussetzung zur Zulassung für eine Prüfung der zweiten beruflichen Fortbildungsstufe ist als Regelzugang vorzusehen:

1. der Abschluss in einem anerkannten Ausbildungsberuf oder
2. ein Abschluss der ersten beruflichen Fortbildungsstufe.

(4) Die Bezeichnung eines Fortbildungsabschlusses der zweiten beruflichen Fortbildungsstufe beginnt mit den Wörtern „Bachelor Professional in“. Die Fortbildungsordnung kann vorsehen, dass dieser Abschlussbezeichnung eine weitere Abschlussbezeichnung vorangestellt wird. Die Abschlussbezeichnung der zweiten beruflichen Fortbildungsstufe darf nur führen, wer

1. die Prüfung der zweiten beruflichen Fortbildungsstufe bestanden hat oder
2. die Prüfung einer gleichwertigen beruflichen Fortbildung auf der Grundlage bundes- oder landesrechtlicher Regelungen, die diese Abschlussbezeichnung vorsehen, bestanden hat.

§ 53d Master Professional

(1) Den Fortbildungsabschluss Master Professional erlangt, wer die Prüfung der dritten beruflichen Fortbildungsstufe besteht.

(2) In der Fortbildungsprüfung der dritten beruflichen Fortbildungsstufe wird festgestellt, ob der Prüfling

1. die Fertigkeiten, Kenntnisse und Fähigkeiten, die er in der Regel mit der Vorbereitung auf eine Fortbildungsprüfung der zweiten Fortbildungsstufe erworben hat, vertieft hat und
2. neue Fertigkeiten, Kenntnisse und Fähigkeiten erworben hat, die erforderlich sind für die verantwortliche Führung von Organisationen oder zur Bearbeitung von neuen, komplexen Aufgaben- und Problemstellungen wie der Entwicklung von Verfahren und Produkten.

Der Lernumfang für den Erwerb dieser Fertigkeiten, Kenntnisse und Fähigkeiten soll mindestens 1 600 Stunden betragen.
(3) Als Voraussetzung zur Zulassung für eine Prüfung der dritten beruflichen Fortbildungsstufe ist als Regelzugang ein Abschluss auf der zweiten beruflichen Fortbildungsstufe vorzusehen.
(4) Die Bezeichnung eines Fortbildungsabschlusses der dritten beruflichen Fortbildungsstufe beginnt mit den Wörtern „Master Professional in". Die Fortbildungsordnung kann vorsehen, dass dieser Abschlussbezeichnung eine weitere Abschlussbezeichnung vorangestellt wird. Die Abschlussbezeichnung der dritten beruflichen Fortbildungsstufe darf nur führen, wer
1. die Prüfung der dritten beruflichen Fortbildungsstufe bestanden hat oder
2. die Prüfung einer gleichwertigen beruflichen Fortbildung auf der Grundlage bundes- oder landesrechtlicher Regelungen, die diese Abschlussbezeichnung vorsehen, bestanden hat.

§ 53e Anpassungsfortbildungsordnungen

(1) Als Grundlage für eine einheitliche Anpassungsfortbildung kann das Bundesministerium für Bildung und Forschung im Einvernehmen mit dem Bundesministerium für Wirtschaft und Energie oder dem sonst zuständigen Fachministerium nach Anhörung des Hauptausschusses des Bundesinstituts für Berufsbildung durch Rechtsverordnung, die nicht der Zustimmung des Bundesrates bedarf, Fortbildungsabschlüsse anerkennen und hierfür Prüfungsregelungen erlassen (Anpassungsfortbildungsordnungen).
(2) Die Anpassungsfortbildungsordnungen haben festzulegen:
1. die Bezeichnung des Fortbildungsabschlusses,
2. das Ziel, den Inhalt und die Anforderungen der Prüfung,
3. die Zulassungsvoraussetzungen und
4. das Prüfungsverfahren.

§ 54 Fortbildungsprüfungsregelungen der zuständigen Stellen

(1) Sofern für einen Fortbildungsabschluss weder eine Fortbildungsordnung noch eine Anpassungsfortbildungsordnung erlassen worden ist, kann die zuständige Stelle Fortbildungsprüfungsregelungen erlassen. Wird im Fall des § 71 Absatz 8 als zuständige Stelle eine Landesbehörde bestimmt, so erlässt die zuständige Landesregierung die Fortbildungsprüfungsregelungen durch Rechtsverordnung. Die Ermächtigung nach Satz 2 kann durch Rechtsverordnung auf die von ihr bestimmte zuständige Stelle übertragen werden.
(2) Die Fortbildungsprüfungsregelungen haben festzulegen:
1. die Bezeichnung des Fortbildungsabschlusses,
2. das Ziel, den Inhalt und die Anforderungen der Prüfungen,
3. die Zulassungsvoraussetzungen für die Prüfung und
4. das Prüfungsverfahren.
(3) Bestätigt die zuständige oberste Landesbehörde,

1. dass die Fortbildungsprüfungsregelungen die Voraussetzungen des § 53b Absatz 2 und 3 sowie des § 53a Absatz 2 erfüllen, so beginnt die Bezeichnung des Fortbildungsabschlusses mit den Wörtern „Geprüfter Berufsspezialist für" oder „Geprüfte Berufsspezialistin für",
2. dass die Fortbildungsprüfungsregelungen die Voraussetzungen des § 53c Absatz 2 und 3 erfüllen, so beginnt die Bezeichnung des Fortbildungsabschlusses mit den Wörtern „Bachelor Professional in",
3. dass die Fortbildungsprüfungsregelungen die Voraussetzungen des § 53d Absatz 2 und 3 erfüllen, so beginnt die Bezeichnung des Fortbildungsabschlusses mit den Wörtern „Master Professional in".

Der Abschlussbezeichnung nach Satz 1 ist in Klammern ein Zusatz beizufügen, aus dem sich zweifelsfrei die zuständige Stelle ergibt, die die Fortbildungsprüfungsregelungen erlassen hat. Die Fortbildungsprüfungsregelungen können vorsehen, dass dieser Abschlussbezeichnung eine weitere Abschlussbezeichnung vorangestellt wird.

(4) Eine Abschlussbezeichnung, die in einer von der zuständigen obersten Landesbehörde bestätigten Fortbildungsprüfungsregelung enthalten ist, darf nur führen, wer die Prüfung bestanden hat.

§ 55 Berücksichtigung ausländischer Vorqualifikationen

Sofern die Fortbildungsordnung (§ 53) oder eine Regelung der zuständigen Stelle (§ 54) Zulassungsvoraussetzungen vorsieht, sind ausländische Bildungsabschlüsse und Zeiten der Berufstätigkeit im Ausland zu berücksichtigen.

§ 56 Fortbildungsprüfungen

(1) Für die Durchführung von Prüfungen im Bereich der beruflichen Fortbildung errichtet die zuständige Stelle Prüfungsausschüsse. § 37 Absatz 2 Satz 1 und 2 und Absatz 3 Satz 1 sowie § 39 Absatz 1 Satz 2, Absatz 2 und 3 und die §§ 40 bis 42, 46 und 47 sind entsprechend anzuwenden.

(2) Der Prüfling ist auf Antrag von der Ablegung einzelner Prüfungsbestandteile durch die zuständige Stelle zu befreien, wenn

1. er eine andere vergleichbare Prüfung vor einer öffentlichen oder einer staatlich anerkannten Bildungseinrichtung oder vor einem staatlichen Prüfungsausschuss erfolgreich abgelegt hat und
2. die Anmeldung zur Fortbildungsprüfung innerhalb von zehn Jahren nach der Bekanntgabe des Bestehens der Prüfung erfolgt.

Betriebsverfassungsgesetz - BetrVG

vom 15.01.1972, zuletzt geändert am 16.9.2022

§ 1 Errichtung von Betriebsräten

(1) In Betrieben mit in der Regel mindestens fünf ständigen wahlberechtigten Arbeitnehmern, von denen drei wählbar sind, werden Betriebsräte gewählt. Dies gilt auch für gemeinsame Betriebe mehrerer Unternehmen.
(2) Ein gemeinsamer Betrieb mehrerer Unternehmen wird vermutet, wenn
1. zur Verfolgung arbeitstechnischer Zwecke die Betriebsmittel sowie die Arbeitnehmer von den Unternehmen gemeinsam eingesetzt werden oder
2. die Spaltung eines Unternehmens zur Folge hat, dass von einem Betrieb ein oder mehrere Betriebsteile einem an der Spaltung beteiligten anderen Unternehmen zugeordnet werden, ohne dass sich dabei die Organisation des betroffenen Betriebs wesentlich ändert.

§ 2 Stellung der Gewerkschaften und Vereinigungen der Arbeitgeber

(1) Arbeitgeber und Betriebsrat arbeiten unter Beachtung der geltenden Tarifverträge vertrauensvoll und im Zusammenwirken mit den im Betrieb vertretenen Gewerkschaften und Arbeitgebervereinigungen zum Wohl der Arbeitnehmer und des Betriebs zusammen.
(2) Zur Wahrnehmung der in diesem Gesetz genannten Aufgaben und Befugnisse der im Betrieb vertretenen Gewerkschaften ist deren Beauftragten nach Unterrichtung des Arbeitgebers oder seines Vertreters Zugang zum Betrieb zu gewähren, soweit dem nicht unumgängliche Notwendigkeiten des Betriebsablaufs, zwingende Sicherheitsvorschriften oder der Schutz von Betriebsgeheimnissen entgegenstehen.
(3) Die Aufgaben der Gewerkschaften und der Vereinigungen der Arbeitgeber, insbesondere die Wahrnehmung der Interessen ihrer Mitglieder, werden durch dieses Gesetz nicht berührt.

§ 5 Arbeitnehmer

(1) Arbeitnehmer (Arbeitnehmerinnen und Arbeitnehmer) im Sinne dieses Gesetzes sind Arbeiter und Angestellte einschließlich der zu ihrer Berufsausbildung Beschäftigten, unabhängig davon, ob sie im Betrieb, im Außendienst oder mit Telearbeit beschäftigt werden. Als Arbeitnehmer gelten auch die in Heimarbeit Beschäftigten, die in der Hauptsache für den Betrieb arbeiten. Als Arbeitnehmer gelten ferner Beamte (Beamtinnen und Beamte), Soldaten (Soldatinnen und Soldaten) sowie Arbeitnehmer des öffentlichen Dienstes einschließlich der zu ihrer Berufsausbildung Beschäftigten, die in Betrieben privatrechtlich organisierter Unternehmen tätig sind.
(2) Als Arbeitnehmer im Sinne dieses Gesetzes gelten nicht
1. in Betrieben einer juristischen Person die Mitglieder des Organs, das zur gesetzlichen Vertretung der juristischen Person berufen ist;

2. die Gesellschafter einer offenen Handelsgesellschaft oder die Mitglieder einer anderen Personengesamtheit, soweit sie durch Gesetz, Satzung oder Gesellschaftsvertrag zur Vertretung der Personengesamtheit oder zur Geschäftsführung berufen sind, in deren Betrieben;
3. Personen, deren Beschäftigung nicht in erster Linie ihrem Erwerb dient, sondern vorwiegend durch Beweggründe karitativer oder religiöser Art bestimmt ist;
4. Personen, deren Beschäftigung nicht in erster Linie ihrem Erwerb dient und die vorwiegend zu ihrer Heilung, Wiedereingewöhnung, sittlichen Besserung oder Erziehung beschäftigt werden;
5. der Ehegatte, der Lebenspartner, Verwandte und Verschwägerte ersten Grades, die in häuslicher Gemeinschaft mit dem Arbeitgeber leben.

(3) Dieses Gesetz findet, soweit in ihm nicht ausdrücklich etwas anderes bestimmt ist, keine Anwendung auf **leitende Angestellte**. Leitender Angestellter ist, wer nach Arbeitsvertrag und Stellung im Unternehmen oder im Betrieb

1. zur selbständigen Einstellung und Entlassung von im Betrieb oder in der Betriebsabteilung beschäftigten Arbeitnehmern berechtigt ist oder
2. Generalvollmacht oder Prokura hat und die Prokura auch im Verhältnis zum Arbeitgeber nicht unbedeutend ist oder
3. regelmäßig sonstige Aufgaben wahrnimmt, die für den Bestand und die Entwicklung des Unternehmens oder eines Betriebs von Bedeutung sind und deren Erfüllung besondere Erfahrungen und Kenntnisse voraussetzt, wenn er dabei entweder die Entscheidungen im Wesentlichen frei von Weisungen trifft oder sie maßgeblich beeinflusst; dies kann auch bei Vorgaben insbesondere aufgrund von Rechtsvorschriften, Plänen oder Richtlinien sowie bei Zusammenarbeit mit anderen leitenden Angestellten gegeben sein. Für die in Absatz 1 Satz 3 genannten Beamten und Soldaten gelten die Sätze 1 und 2 entsprechend.

(4) **Leitender Angestellter** nach Absatz 3 Nr. 3 ist im Zweifel, wer

1. aus Anlass der letzten Wahl des Betriebsrats, des Sprecherausschusses oder von Aufsichtsratsmitgliedern der Arbeitnehmer oder durch rechtskräftige gerichtliche Entscheidung den leitenden Angestellten zugeordnet worden ist oder
2. einer Leitungsebene angehört, auf der in dem Unternehmen überwiegend leitende Angestellte vertreten sind, oder
3. ein regelmäßiges Jahresarbeitsentgelt erhält, das für leitende Angestellte in dem Unternehmen üblich ist, oder,
4. falls auch bei der Anwendung der Nummer 3 noch Zweifel bleiben, ein regelmäßiges Jahresarbeitsentgelt erhält, das das Dreifache der Bezugsgröße nach § 18 des Vierten Buches Sozialgesetzbuch überschreitet.

§ 7 Wahlberechtigung

Wahlberechtigt sind alle Arbeitnehmer des Betriebs, die das 18. Lebensjahr vollendet haben. Werden Arbeitnehmer eines anderen Arbeitgebers zur Arbeitsleistung überlassen, so sind diese wahlberechtigt, wenn sie länger als drei Monate im Betrieb eingesetzt werden.

§ 8 Wählbarkeit

(1) Wählbar sind alle Wahlberechtigten, die das 18. Lebensjahr vollendet haben und sechs Monate dem Betrieb angehören oder als in Heimarbeit Beschäftigte in der Hauptsache für den Betrieb gearbeitet haben. Auf diese sechsmonatige Betriebszugehörigkeit werden Zeiten angerechnet, in denen der Arbeitnehmer unmittelbar vorher einem anderen Betrieb desselben Unternehmens oder Konzerns (§ 18 Abs. 1 des Aktiengesetzes) angehört hat. Nicht wählbar ist, wer infolge strafgerichtlicher Verurteilung die Fähigkeit, Rechte aus öffentlichen Wahlen zu erlangen, nicht besitzt.
(2) Besteht der Betrieb weniger als sechs Monate, so sind abweichend von der Vorschrift in Absatz 1 über die sechsmonatige Betriebszugehörigkeit diejenigen Arbeitnehmer wählbar, die bei der Einleitung der Betriebsratswahl im Betrieb beschäftigt sind und die übrigen Voraussetzungen für die Wählbarkeit erfüllen.

§ 9 Zahl der Betriebsratsmitglieder

Der Betriebsrat besteht in Betrieben mit in der Regel
5 bis 20 wahlberechtigten Arbeitnehmern aus einer Person,
21 bis 50 wahlberechtigten Arbeitnehmern aus 3 Mitgliedern,
51 wahlberechtigten Arbeitnehmern bis 100 Arbeitnehmern aus 5 Mitgliedern,
101 bis 200 Arbeitnehmern aus 7 Mitgliedern,
201 bis 400 Arbeitnehmern aus 9 Mitgliedern,
401 bis 700 Arbeitnehmern aus 11 Mitgliedern,
701 bis 1.000 Arbeitnehmern aus 13 Mitgliedern,
1.001 bis 1.500 Arbeitnehmern aus 15 Mitgliedern,
1.501 bis 2.000 Arbeitnehmern aus 17 Mitgliedern,
2.001 bis 2.500 Arbeitnehmern aus 19 Mitgliedern,
2.501 bis 3.000 Arbeitnehmern aus 21 Mitgliedern,
3.001 bis 3.500 Arbeitnehmern aus 23 Mitgliedern,
3.501 bis 4.000 Arbeitnehmern aus 25 Mitgliedern,
4.001 bis 4.500 Arbeitnehmern aus 27 Mitgliedern,
4.501 bis 5.000 Arbeitnehmern aus 29 Mitgliedern,
5.001 bis 6.000 Arbeitnehmern aus 31 Mitgliedern,
6.001 bis 7.000 Arbeitnehmern aus 33 Mitgliedern,
7.001 bis 9.000 Arbeitnehmern aus 35 Mitgliedern.
In Betrieben mit mehr als 9.000 Arbeitnehmern erhöht sich die Zahl der Mitglieder des Betriebsrats für je angefangene weitere 3.000 Arbeitnehmer um 2 Mitglieder.

§ 11 Ermäßigte Zahl der Betriebsratsmitglieder

Hat ein Betrieb nicht die ausreichende Zahl von wählbaren Arbeitnehmern, so ist die Zahl der Betriebsratsmitglieder der nächstniedrigeren Betriebsgröße zugrunde zu legen.

§ 13 Zeitpunkt der Betriebsratswahlen

(1) Die regelmäßigen Betriebsratswahlen finden alle vier Jahre in der Zeit vom 1. März bis 31. Mai statt. Sie sind zeitgleich mit den regelmäßigen Wahlen nach § 5 Abs. 1 des Sprecherausschussgesetzes einzuleiten.

(2) Außerhalb dieser Zeit ist der Betriebsrat zu wählen, wenn

1. mit Ablauf von 24 Monaten, vom Tage der Wahl gerechnet, die Zahl der regelmäßig beschäftigten Arbeitnehmer um die Hälfte, mindestens aber um fünfzig, gestiegen oder gesunken ist,
2. die Gesamtzahl der Betriebsratsmitglieder nach Eintreten sämtlicher Ersatzmitglieder unter die vorgeschriebene Zahl der Betriebsratsmitglieder gesunken ist,
3. der Betriebsrat mit der Mehrheit seiner Mitglieder seinen Rücktritt beschlossen hat,
4. die Betriebsratswahl mit Erfolg angefochten worden ist,
5. der Betriebsrat durch eine gerichtliche Entscheidung aufgelöst ist oder
6. im Betrieb ein Betriebsrat nicht besteht.

(3) Hat außerhalb des für die regelmäßigen Betriebsratswahlen festgelegten Zeitraums eine Betriebsratswahl stattgefunden, so ist der Betriebsrat in dem auf die Wahl folgenden nächsten Zeitraum der regelmäßigen Betriebsratswahlen neu zu wählen. Hat die Amtszeit des Betriebsrats zu Beginn des für die regelmäßigen Betriebsratswahlen festgelegten Zeitraums noch nicht ein Jahr betragen, so ist der Betriebsrat in dem übernächsten Zeitraum der regelmäßigen Betriebsratswahlen neu zu wählen.

§ 14 Wahlvorschriften

(1) Der Betriebsrat wird in geheimer und unmittelbarer Wahl gewählt.

(2) Die Wahl erfolgt nach den Grundsätzen der Verhältniswahl. Sie erfolgt nach den Grundsätzen der Mehrheitswahl, wenn nur ein Wahlvorschlag eingereicht wird oder wenn der Betriebsrat im vereinfachten Wahlverfahren nach § 14a zu wählen ist.

(3) Zur Wahl des Betriebsrats können die wahlberechtigten Arbeitnehmer und die im Betrieb vertretenen Gewerkschaften **Wahlvorschläge** machen.

(4) In Betrieben mit in der Regel bis zu 20 wahlberechtigten Arbeitnehmern bedarf es keiner Unterzeichnung von Wahlvorschlägen. Wahlvorschläge sind in Betrieben mit in der Regel 21 bis 100 wahlberechtigten Arbeitnehmern von mindestens zwei wahlberechtigten Arbeitnehmern und in Betrieben mit in der Regel mehr als 100 wahlberechtigten Arbeitnehmern von mindestens einem Zwanzigstel der wahlberechtigten Arbeitnehmer zu unterzeichnen. In jedem Fall genügt die Unterzeichnung durch 50 wahlberechtigte Arbeitnehmer.

(5) Jeder Wahlvorschlag einer Gewerkschaft muss von zwei Beauftragten unterzeichnet sein.

§ 14a Vereinfachtes Wahlverfahren für Kleinbetriebe

(1) In Betrieben mit in der Regel fünf bis 100 wahlberechtigten Arbeitnehmern wird der Betriebsrat in einem zweistufigen Verfahren gewählt. Auf einer ersten Wahlversammlung wird der Wahlvorstand nach § 17a Nr. 3 gewählt. Auf einer zweiten Wahlversammlung

wird der Betriebsrat in geheimer und unmittelbarer Wahl gewählt. Diese Wahlversammlung findet eine Woche nach der Wahlversammlung zur Wahl des Wahlvorstands statt.
(2) Wahlvorschläge können bis zum Ende der Wahlversammlung zur Wahl des Wahlvorstands nach § 17a Nr. 3 gemacht werden; für Wahlvorschläge der Arbeitnehmer gilt § 14 Abs. 4 mit der Maßgabe, dass für Wahlvorschläge, die erst auf dieser Wahlversammlung gemacht werden, keine Schriftform erforderlich ist.
(3) Ist der Wahlvorstand in Betrieben mit in der Regel fünf bis fünfzig wahlberechtigten Arbeitnehmern nach § 17a Nr. 1 in Verbindung mit § 16 vom Betriebsrat, Gesamtbetriebsrat oder Konzernbetriebsrat oder nach § 17a Nr. 4 vom Arbeitsgericht bestellt, wird der Betriebsrat abweichend von Absatz 1 Satz 1 und 2 auf nur einer Wahlversammlung in geheimer und unmittelbarer Wahl gewählt. Wahlvorschläge können bis eine Woche vor der Wahlversammlung zur Wahl des Betriebsrats gemacht werden; § 14 Abs. 4 gilt unverändert.
(4) Wahlberechtigten Arbeitnehmern, die an der Wahlversammlung zur Wahl des Betriebsrats nicht teilnehmen können, ist Gelegenheit zur schriftlichen Stimmabgabe zu geben.
(5) In Betrieben mit in der Regel 101 bis 200 wahlberechtigten Arbeitnehmern können der Wahlvorstand und der Arbeitgeber die Anwendung des vereinfachten Wahlverfahrens vereinbaren.

§ 15 Zusammensetzung nach Beschäftigungsarten und Geschlechter

(1) Der Betriebsrat soll sich möglichst aus Arbeitnehmern der einzelnen Organisationsbereiche und der verschiedenen Beschäftigungsarten der im Betrieb tätigen Arbeitnehmer zusammensetzen.
(2) Das Geschlecht, das in der Belegschaft in der Minderheit ist, muss mindestens entsprechend seinem zahlenmäßigen Verhältnis im Betriebsrat vertreten sein, wenn dieser aus mindestens drei Mitgliedern besteht. Gemäß Artikel 14 Satz 2 des Gesetzes zur Reform des Betriebsverfassungsgesetzes (BetrVerf-Reformgesetz) vom 23. Juli 2001 (BGBl. I S. 1852) gilt § 15 (Artikel 1 Nr. 13 des BetrVerf-Reformgesetzes) für im Zeitraum des Inkrafttretens bestehende Betriebsräte erst bei deren Neuwahl.

§ 16 Bestellung des Wahlvorstands

(1) Spätestens zehn Wochen vor Ablauf seiner Amtszeit bestellt der Betriebsrat einen aus drei Wahlberechtigten bestehenden Wahlvorstand und einen von ihnen als Vorsitzenden. Der Betriebsrat kann die Zahl der Wahlvorstandsmitglieder erhöhen, wenn dies zur ordnungsgemäßen Durchführung der Wahl erforderlich ist. Der Wahlvorstand muss in jedem Fall aus einer ungeraden Zahl von Mitgliedern bestehen. Für jedes Mitglied des Wahlvorstands kann für den Fall seiner Verhinderung ein Ersatzmitglied bestellt werden. In Betrieben mit weiblichen und männlichen Arbeitnehmern sollen dem Wahlvorstand Frauen und Männer angehören. Jede im Betrieb vertretene Gewerkschaft kann zusätzlich einen dem Betrieb angehörenden Beauftragten als nicht stimmberechtigtes Mitglied in

den Wahlvorstand entsenden, sofern ihr nicht ein stimmberechtigtes Wahlvorstandsmitglied angehört.
(2) Besteht acht Wochen vor Ablauf der Amtszeit des Betriebsrats kein Wahlvorstand, so bestellt ihn das Arbeitsgericht auf Antrag von mindestens drei Wahlberechtigten oder einer im Betrieb vertretenen Gewerkschaft; Absatz 1 gilt entsprechend. In dem Antrag können Vorschläge für die Zusammensetzung des Wahlvorstands gemacht werden. Das Arbeitsgericht kann für Betriebe mit in der Regel mehr als zwanzig wahlberechtigten Arbeitnehmern auch Mitglieder einer im Betrieb vertretenen Gewerkschaft, die nicht Arbeitnehmer des Betriebs sind, zu Mitgliedern des Wahlvorstands bestellen, wenn dies zur ordnungsgemäßen Durchführung der Wahl erforderlich ist.
(3) Besteht acht Wochen vor Ablauf der Amtszeit des Betriebsrats kein Wahlvorstand, kann auch der Gesamtbetriebsrat oder, falls ein solcher nicht besteht, der Konzernbetriebsrat den Wahlvorstand bestellen. Absatz 1 gilt entsprechend.

§ 21 Amtszeit

Die regelmäßige Amtszeit des Betriebsrats beträgt vier Jahre. Die Amtszeit beginnt mit der Bekanntgabe des Wahlergebnisses oder, wenn zu diesem Zeitpunkt noch ein Betriebsrat besteht, mit Ablauf von dessen Amtszeit. Die Amtszeit endet spätestens am 31. Mai des Jahres, in dem nach § 13 Abs. 1 die regelmäßigen Betriebsratswahlen stattfinden. In dem Fall des § 13 Abs. 3 Satz 2 endet die Amtszeit spätestens am 31. Mai des Jahres, in dem der Betriebsrat neu zu wählen ist. In den Fällen des § 13 Abs. 2 Nr. 1 und 2 endet die Amtszeit mit der Bekanntgabe des Wahlergebnisses des neu gewählten Betriebsrats.

§ 23 Verletzung gesetzlicher Pflichten

(1) Mindestens ein Viertel der wahlberechtigten Arbeitnehmer, der Arbeitgeber oder eine im Betrieb vertretene Gewerkschaft können beim Arbeitsgericht den Ausschluss eines Mitglieds aus dem Betriebsrat oder die Auflösung des Betriebsrats wegen grober Verletzung seiner gesetzlichen Pflichten beantragen. Der Ausschluss eines Mitglieds kann auch vom Betriebsrat beantragt werden.
(2) Wird der Betriebsrat aufgelöst, so setzt das Arbeitsgericht unverzüglich einen Wahlvorstand für die Neuwahl ein. § 16 Abs. 2 gilt entsprechend.
(3) Der Betriebsrat oder eine im Betrieb vertretene Gewerkschaft können bei groben Verstößen des Arbeitgebers gegen seine Verpflichtungen aus diesem Gesetz beim Arbeitsgericht beantragen, dem Arbeitgeber aufzugeben, eine Handlung zu unterlassen, die Vornahme einer Handlung zu dulden oder eine Handlung vorzunehmen. Handelt der Arbeitgeber der ihm durch rechtskräftige gerichtliche Entscheidung auferlegten Verpflichtung zuwider, eine Handlung zu unterlassen oder die Vornahme einer Handlung zu dulden, so ist er auf Antrag vom Arbeitsgericht wegen einer jeden Zuwiderhandlung nach vorheriger Androhung zu einem Ordnungsgeld zu verurteilen. Führt der Arbeitgeber die ihm durch eine rechtskräftige gerichtliche Entscheidung auferlegte Handlung nicht durch, so ist auf Antrag vom Arbeitsgericht zu erkennen, dass er zur Vornahme der Handlung durch Zwangsgeld anzuhalten sei. Antragsberechtigt sind der Betriebsrat oder eine im Betrieb vertretene Gewerkschaft. Das Höchstmaß des Ordnungsgeldes und Zwangsgeldes beträgt 10.000 Euro.

§ 24 Erlöschen der Mitgliedschaft

Die Mitgliedschaft im Betriebsrat erlischt durch
1. Ablauf der Amtszeit,
2. Niederlegung des Betriebsratsamtes,
3. Beendigung des Arbeitsverhältnisses,
4. Verlust der Wählbarkeit,
5. Ausschluss aus dem Betriebsrat oder Auflösung des Betriebsrats aufgrund einer gerichtlichen Entscheidung,
6. gerichtliche Entscheidung über die Feststellung der Nichtwählbarkeit nach Ablauf der in § 19 Abs. 2 bezeichneten Frist, es sei denn, der Mangel liegt nicht mehr vor.

§ 25 Ersatzmitglieder

(1) Scheidet ein Mitglied des Betriebsrats aus, so rückt ein Ersatzmitglied nach. Dies gilt entsprechend für die Stellvertretung eines zeitweilig verhinderten Mitglieds des Betriebsrats.

(2) Die Ersatzmitglieder werden unter Berücksichtigung des § 15 Abs. 2 der Reihe nach aus den nichtgewählten Arbeitnehmern derjenigen Vorschlagslisten entnommen, denen die zu ersetzenden Mitglieder angehören. Ist eine Vorschlagsliste erschöpft, so ist das Ersatzmitglied derjenigen Vorschlagsliste zu entnehmen, auf die nach den Grundsätzen der Verhältniswahl der nächste Sitz entfallen würde. Ist das ausgeschiedene oder verhinderte Mitglied nach den Grundsätzen der Mehrheitswahl gewählt, so bestimmt sich die Reihenfolge der Ersatzmitglieder unter Berücksichtigung des § 15 Abs. 2 nach der Höhe der erreichten Stimmenzahlen.

§ 26 Vorsitzender

(1) Der Betriebsrat wählt aus seiner Mitte den Vorsitzenden und dessen Stellvertreter.

(2) Der Vorsitzende des Betriebsrats oder im Fall seiner Verhinderung sein Stellvertreter vertritt den Betriebsrat im Rahmen der von ihm gefassten Beschlüsse. Zur Entgegennahme von Erklärungen, die dem Betriebsrat gegenüber abzugeben sind, ist der Vorsitzende des Betriebsrats oder im Fall seiner Verhinderung sein Stellvertreter berechtigt.

§ 27 Betriebsausschuss

(1)Hat ein Betriebsrat neun oder mehr Mitglieder, so bildet er einen Betriebsausschuss. Der Betriebsausschuss besteht aus dem Vorsitzenden des Betriebsrats, dessen Stellvertreter und bei Betriebsräten mit
9 bis 15 Mitgliedern aus 3 weiteren Ausschussmitgliedern,
17 bis 23 Mitgliedern aus 5 weiteren Ausschussmitgliedern,
25 bis 35 Mitgliedern aus 7 weiteren Ausschussmitgliedern,
37 oder Mehr Mitgliedern aus 9 weiteren Ausschussmitgliedern.
Die weiteren Ausschussmitglieder werden vom Betriebsrat aus seiner Mitte in geheimer Wahl und nach den Grundsätzen der Verhältniswahl gewählt. Wird nur ein Wahlvorschlag

gemacht, so erfolgt die Wahl nach den Grundsätzen der Mehrheitswahl. Sind die weiteren Ausschussmitglieder nach den Grundsätzen der Verhältniswahl gewählt, so erfolgt die Abberufung durch Beschluss des Betriebsrats, der in geheimer Abstimmung gefasst wird und einer Mehrheit von drei Vierteln der Stimmen der Mitglieder des Betriebsrats bedarf.
(2) Der Betriebsausschuss führt die laufenden Geschäfte des Betriebsrats. Der Betriebsrat kann dem Betriebsausschuss mit der Mehrheit der Stimmen seiner Mitglieder Aufgaben zur selbständigen Erledigung übertragen; dies gilt nicht für den Abschluss von Betriebsvereinbarungen. Die Übertragung bedarf der Schriftform. Die Sätze 2 und 3 gelten entsprechend für den Widerruf der Übertragung von Aufgaben.
(3) Betriebsräte mit weniger als neun Mitgliedern können die laufenden Geschäfte auf den Vorsitzenden des Betriebsrats oder andere Betriebsratsmitglieder übertragen.

§ 30 Betriebsratssitzungen

(1) Die Sitzungen des Betriebsrats finden in der Regel während der Arbeitszeit statt. Der Betriebsrat hat bei der Ansetzung von Betriebsratssitzungen auf die betrieblichen Notwendigkeiten Rücksicht zu
nehmen. Der Arbeitgeber ist vom Zeitpunkt der Sitzung vorher zu verständigen. Die Sitzungen des Betriebsrats sind nicht öffentlich. Sie finden als Präsenzsitzung statt.
(2) Abweichend von Absatz 1 Satz 5 kann die Teilnahme an einer Betriebsratssitzung mittels Video- und Telefonkonferenz erfolgen, wenn
1. die Voraussetzungen für eine solche Teilnahme in der Geschäftsordnung unter Sicherung des Vorrangs der Präsenzsitzung festgelegt sind,
2. nicht mindestens ein Viertel der Mitglieder des Betriebsrats binnen einer von dem Vorsitzenden zu bestimmenden Frist diesem gegenüber widerspricht und
3. sichergestellt ist, dass Dritte vom Inhalt der Sitzung keine Kenntnis nehmen können.
Eine Aufzeichnung der Sitzung ist unzulässig.
(3) Erfolgt die Betriebsratssitzung mit der zusätzlichen Möglichkeit der Teilnahme mittels Video- und Telefonkonferenz, gilt auch eine Teilnahme vor Ort als erforderlich.

§ 31 Teilnahme der Gewerkschaften

Auf Antrag von einem Viertel der Mitglieder des Betriebsrats kann ein Beauftragter einer im Betriebsrat vertretenen Gewerkschaft an den Sitzungen beratend teilnehmen; in diesem Fall sind der Zeitpunkt der Sitzung und die Tagesordnung der Gewerkschaft rechtzeitig mitzuteilen.

§ 32 Teilnahme der Schwerbehindertenvertretung

Die Schwerbehindertenvertretung (§ 94 des Neunten Buches Sozialgesetzbuch) kann an allen Sitzungen des Betriebsrats beratend teilnehmen.

§ 33 Beschlüsse des Betriebsrats

(1) Die Beschlüsse des Betriebsrats werden, soweit in diesem Gesetz nichts anderes bestimmt ist, mit der Mehrheit der Stimmen der anwesenden Mitglieder gefasst.

Betriebsratsmitglieder, die mittels Video- und Telefonkonferenz an der Beschlussfassung teilnehmen, gelten als anwesend. Bei Stimmengleichheit ist ein Antrag abgelehnt.
(2) Der Betriebsrat ist nur beschlussfähig, wenn mindestens die Hälfte der Betriebsratsmitglieder an der Beschlussfassung teilnimmt; Stellvertretung durch Ersatzmitglieder ist zulässig.
(3) Nimmt die Jugend- und Auszubildendenvertretung an der Beschlussfassung teil, so werden die Stimmen der Jugend- und Auszubildendenvertreter bei der Feststellung der Stimmenmehrheit mitgezählt.

§ 34 Sitzungsniederschrift

(1) Über jede Verhandlung des Betriebsrats ist eine Niederschrift aufzunehmen, die mindestens den Wortlaut der Beschlüsse und die Stimmenmehrheit, mit der sie gefasst sind, enthält. Die Niederschrift ist von dem Vorsitzenden und einem weiteren Mitglied zu unterzeichnen. Der Niederschrift ist eine Anwesenheitsliste beizufügen, in die sich jeder Teilnehmer eigenhändig einzutragen hat. Nimmt ein Betriebsratsmitglied mittels Video- und Telefonkonferenz an der Sitzung teil, so hat es seine Teilnahme gegenüber dem Vorsitzenden in Textform zu bestätigen. Die Bestätigung ist der Niederschrift beizufügen.
(2) Hat der Arbeitgeber oder ein Beauftragter einer Gewerkschaft an der Sitzung teilgenommen, so ist ihm der entsprechende Teil der Niederschrift abschriftlich auszuhändigen. Einwendungen gegen die Niederschrift sind unverzüglich schriftlich zu erheben; sie sind der Niederschrift beizufügen.
(3) Die Mitglieder des Betriebsrats haben das Recht, die Unterlagen des Betriebsrats und seiner Ausschüsse jederzeit einzusehen.

§ 35 Aussetzung von Beschlüssen

(1) Erachtet die Mehrheit der Jugend- und Auszubildendenvertretung oder die Schwerbehindertenvertretung einen Beschluss des Betriebsrats als eine erhebliche Beeinträchtigung wichtiger Interessen der durch sie vertretenen Arbeitnehmer, so ist auf ihren Antrag der Beschluss auf die Dauer von einer Woche vom Zeitpunkt der Beschlussfassung an auszusetzen, damit in dieser Frist eine Verständigung, gegebenenfalls mit Hilfe der im Betrieb vertretenen Gewerkschaften, versucht werden kann.
(2) Nach Ablauf der Frist ist über die Angelegenheit neu zu beschließen. Wird der erste Beschluss bestätigt, so kann der Antrag auf Aussetzung nicht wiederholt werden; dies gilt auch, wenn der erste Beschluss nur unerheblich geändert wird.

§ 36 Geschäftsordnung

Sonstige Bestimmungen über die Geschäftsführung sollen in einer schriftlichen Geschäftsordnung getroffen werden, die der Betriebsrat mit der Mehrheit der Stimmen seiner Mitglieder beschließt.

§ 37 Ehrenamtliche Tätigkeit, Arbeitsversäumnis

(1) Die Mitglieder des Betriebsrats führen ihr Amt unentgeltlich als Ehrenamt.

(2) Mitglieder des Betriebsrats sind von ihrer beruflichen Tätigkeit ohne Minderung des Arbeitsentgelts zu befreien, wenn und soweit es nach Umfang und Art des Betriebs zur ordnungsgemäßen Durchführung ihrer Aufgaben erforderlich ist.

(3) Zum Ausgleich für Betriebsratstätigkeit, die aus betriebsbedingten Gründen außerhalb der Arbeitszeit durchzuführen ist, hat das Betriebsratsmitglied Anspruch auf entsprechende Arbeitsbefreiung unter Fortzahlung des Arbeitsentgelts. Betriebsbedingte Gründe liegen auch vor, wenn die Betriebsratstätigkeit wegen der unterschiedlichen Arbeitszeiten der Betriebsratsmitglieder nicht innerhalb der persönlichen Arbeitszeit erfolgen kann. Die Arbeitsbefreiung ist vor Ablauf eines Monats zu gewähren; ist dies aus betriebsbedingten Gründen nicht möglich, so ist die aufgewendete Zeit wie Mehrarbeit zu vergüten.

(4) Das Arbeitsentgelt von Mitgliedern des Betriebsrats darf einschließlich eines Zeitraums von einem Jahr nach Beendigung der Amtszeit nicht geringer bemessen werden als das Arbeitsentgelt vergleichbarer Arbeitnehmer mit betriebsüblicher beruflicher Entwicklung. Dies gilt auch für allgemeine Zuwendungen des Arbeitgebers.

(5) Soweit nicht zwingende betriebliche Notwendigkeiten entgegenstehen, dürfen Mitglieder des Betriebsrats einschließlich eines Zeitraums von einem Jahr nach Beendigung der Amtszeit nur mit Tätigkeiten beschäftigt werden, die den Tätigkeiten der in Absatz 4 genannten Arbeitnehmer gleichwertig sind.

(6) Die Absätze 2 und 3 gelten entsprechend für die Teilnahme an Schulungs- und Bildungsveranstaltungen, soweit diese Kenntnisse vermitteln, die für die Arbeit des Betriebsrats erforderlich sind. Betriebsbedingte Gründe im Sinne des Absatzes 3 liegen auch vor, wenn wegen Besonderheiten der betrieblichen Arbeitszeitgestaltung die Schulung des Betriebsratsmitglieds außerhalb seiner Arbeitszeit erfolgt; in diesem Fall ist der Umfang des Ausgleichsanspruchs unter Einbeziehung der Arbeitsbefreiung nach Absatz 2 pro Schulungstag begrenzt auf die Arbeitszeit eines vollzeitbeschäftigten Arbeitnehmers. Der Betriebsrat hat bei der Festlegung der zeitlichen Lage der Teilnahme an Schulungs- und Bildungsveranstaltungen die betrieblichen Notwendigkeiten zu berücksichtigen. Er hat dem Arbeitgeber die Teilnahme und die zeitliche Lage der Schulungs- und Bildungsveranstaltungen rechtzeitig bekannt zu geben. Hält der Arbeitgeber die betrieblichen Notwendigkeiten für nicht ausreichend berücksichtigt, so kann er die Einigungsstelle anrufen. Der Spruch der Einigungsstelle ersetzt die Einigung zwischen Arbeitgeber und Betriebsrat.

(7) Unbeschadet der Vorschrift des Absatzes 6 hat jedes Mitglied des Betriebsrats während seiner regelmäßigen Amtszeit Anspruch auf bezahlte Freistellung für insgesamt drei Wochen zur Teilnahme an Schulungs- und Bildungsveranstaltungen, die von der zuständigen obersten Arbeitsbehörde des Landes nach Beratung mit den Spitzenorganisationen der Gewerkschaften und der Arbeitgeberverbände als geeignet anerkannt sind. Der Anspruch nach Satz 1 erhöht sich für Arbeitnehmer, die erstmals das Amt eines Betriebsratsmitglieds übernehmen und auch nicht zuvor Jugend- und

Auszubildendenvertreter waren, auf vier Wochen. Absatz 6 Satz 2 bis 6 findet Anwendung.

§ 38 Freistellungen

(1) Von ihrer beruflichen Tätigkeit sind mindestens freizustellen in Betrieben mit in der Regel

200 bis 500	Arbeitnehmern ein Betriebsratsmitglied,
501 bis 900	Arbeitnehmern 2 Betriebsratsmitglieder,
901 bis 1.500	Arbeitnehmern 3 Betriebsratsmitglieder,
1.501 bis 2.000	Arbeitnehmern 4 Betriebsratsmitglieder,
2.001 bis 3.000	Arbeitnehmern 5 Betriebsratsmitglieder,
3.001 bis 4.000	Arbeitnehmern 6 Betriebsratsmitglieder,
4.001 bis 5.000	Arbeitnehmern 7 Betriebsratsmitglieder,
5.001 bis 6.000	Arbeitnehmern 8 Betriebsratsmitglieder,
6.001 bis 7.000	Arbeitnehmern 9 Betriebsratsmitglieder,
7.001 bis 8.000	Arbeitnehmern 10 Betriebsratsmitglieder,
8.001 bis 9.000	Arbeitnehmern 11 Betriebsratsmitglieder,
9.001 bis 10.000	Arbeitnehmern 12 Betriebsratsmitglieder.

In Betrieben mit über 10.000 Arbeitnehmern ist für je angefangene weitere 2.000 Arbeitnehmer ein weiteres Betriebsratsmitglied freizustellen. Freistellungen können auch in Form von Teilfreistellungen erfolgen. Diese dürfen zusammengenommen nicht den Umfang der Freistellungen nach den Sätzen 1 und 2 überschreiten. Durch Tarifvertrag oder Betriebsvereinbarung können anderweitige Regelungen über die Freistellung vereinbart werden.

(2) Die freizustellenden Betriebsratsmitglieder werden nach Beratung mit dem Arbeitgeber vom Betriebsrat aus seiner Mitte in geheimer Wahl und nach den Grundsätzen der Verhältniswahl gewählt. Wird nur ein Wahlvorschlag gemacht, so erfolgt die Wahl nach den Grundsätzen der Mehrheitswahl; ist nur ein Betriebsratsmitglied freizustellen, so wird dieses mit einfacher Stimmenmehrheit gewählt. Der Betriebsrat hat die Namen der Freizustellenden dem Arbeitgeber bekannt zu geben. Hält der Arbeitgeber eine Freistellung für sachlich nicht vertretbar, so kann er innerhalb einer Frist von zwei Wochen nach der Bekanntgabe die Einigungsstelle anrufen. Der Spruch der Einigungsstelle ersetzt die Einigung zwischen Arbeitgeber und Betriebsrat. Bestätigt die Einigungsstelle die Bedenken des Arbeitgebers, so hat sie bei der Bestimmung eines anderen freizustellenden Betriebsratsmitglieds auch den Minderheitenschutz im Sinne des Satzes 1 zu beachten. Ruft der Arbeitgeber die Einigungsstelle nicht an, so gilt sein Einverständnis mit den Freistellungen nach Ablauf der zweiwöchigen Frist als erteilt. Für die Abberufung gilt § 27 Abs. 1 Satz 5 entsprechend.

(3) Der Zeitraum für die Weiterzahlung des nach § 37 Abs. 4 zu bemessenden Arbeitsentgelts und für die Beschäftigung nach § 37 Abs. 5 erhöht sich für Mitglieder des

Betriebsrats, die drei volle aufeinanderfolgende Amtszeiten freigestellt waren, auf zwei Jahre nach Ablauf der Amtszeit.
(4) Freigestellte Betriebsratsmitglieder dürfen von inner- und außerbetrieblichen Maßnahmen der Berufsbildung nicht ausgeschlossen werden. Innerhalb eines Jahres nach Beendigung der Freistellung eines Betriebsratsmitglieds ist diesem im Rahmen der Möglichkeiten des Betriebs Gelegenheit zu geben, eine wegen der Freistellung unterbliebene betriebsübliche berufliche Entwicklung nachzuholen. Für Mitglieder des Betriebsrats, die drei volle aufeinanderfolgende Amtszeiten freigestellt waren, erhöht sich der Zeitraum nach Satz 2 auf zwei Jahre.

§ 39 Sprechstunden

(1) Der Betriebsrat kann während der Arbeitszeit Sprechstunden einrichten. Zeit und Ort sind mit dem Arbeitgeber zu vereinbaren. Kommt eine Einigung nicht zustande, so entscheidet die Einigungsstelle. Der Spruch der Einigungsstelle ersetzt die Einigung zwischen Arbeitgeber und Betriebsrat.
(2) Führt die Jugend- und Auszubildendenvertretung keine eigenen Sprechstunden durch, so kann an den Sprechstunden des Betriebsrats ein Mitglied der Jugend- und Auszubildendenvertretung zur Beratung der in § 60 Abs. 1 genannten Arbeitnehmer teilnehmen.
(3) Versäumnis von Arbeitszeit, die zum Besuch der Sprechstunden oder durch sonstige Inanspruchnahme des Betriebsrats erforderlich ist, berechtigt den Arbeitgeber nicht zur Minderung des Arbeitsentgelts des Arbeitnehmers.

§ 40 Kosten und Sachaufwand des Betriebsrats

(1) Die durch die Tätigkeit des Betriebsrats entstehenden Kosten trägt der Arbeitgeber.
(2) Für die Sitzungen, die Sprechstunden und die laufende Geschäftsführung hat der Arbeitgeber in erforderlichem Umfang Räume, sachliche Mittel, Informations- und Kommunikationstechnik sowie Büropersonal zur Verfügung zu stellen.

§ 41 Umlageverbot

Die Erhebung und Leistung von Beiträgen der Arbeitnehmer für Zwecke des Betriebsrats ist unzulässig.

§ 42 Zusammensetzung, Teilversammlung, Abteilungsversammlung

(1) Die **Betriebsversammlung** besteht aus den Arbeitnehmern des Betriebs; sie wird von dem Vorsitzenden des Betriebsrats geleitet. Sie ist nicht öffentlich. Kann wegen der Eigenart des Betriebs eine Versammlung aller Arbeitnehmer zum gleichen Zeitpunkt nicht stattfinden, so sind Teilversammlungen durchzuführen.
(2) Arbeitnehmer organisatorisch oder räumlich abgegrenzter Betriebsteile sind vom Betriebsrat zu Abteilungsversammlungen zusammenzufassen, wenn dies für die Erörterung der besonderen Belange der Arbeitnehmer erforderlich ist. Die Abteilungsversammlung wird von einem Mitglied des Betriebsrats geleitet, das möglichst

einem beteiligten Betriebsteil als Arbeitnehmer angehört. Absatz 1 Satz 2 und 3 gilt entsprechend.

§ 43 Regelmäßige Betriebs- und Abteilungsversammlungen

(siehe auch § 23 Betriebsverfassungsgesetz)

(1) Der Betriebsrat hat einmal in jedem Kalendervierteljahr eine Betriebsversammlung einzuberufen und in ihr einen Tätigkeitsbericht zu erstatten. Liegen die Voraussetzungen des § 42 Abs. 2 Satz 1 vor, so hat der Betriebsrat in jedem Kalenderjahr zwei der in Satz 1 genannten Betriebsversammlungen als Abteilungsversammlungen durchzuführen. Die Abteilungsversammlungen sollen möglichst gleichzeitig stattfinden. Der Betriebsrat kann in jedem Kalenderhalbjahr eine weitere Betriebsversammlung oder, wenn die Voraussetzungen des § 42 Abs. 2 Satz 1 vorliegen, einmal weitere Abteilungsversammlungen durchführen, wenn dies aus besonderen Gründen zweckmäßig erscheint.

(2) Der Arbeitgeber ist zu den Betriebs- und Abteilungsversammlungen unter Mitteilung der Tagesordnung einzuladen. Er ist berechtigt, in den Versammlungen zu sprechen. Der Arbeitgeber oder sein Vertreter hat mindestens einmal in jedem Kalenderjahr in einer Betriebsversammlung über das Personal- und Sozialwesen einschließlich des Stands der Gleichstellung von Frauen und Männern im Betrieb sowie der Integration der im Betrieb beschäftigten ausländischen Arbeitnehmer, über die wirtschaftliche Lage und Entwicklung des Betriebs sowie über den betrieblichen Umweltschutz zu berichten, soweit dadurch nicht Betriebs- oder Geschäftsgeheimnisse gefährdet werden.

(3) Der Betriebsrat ist berechtigt und auf Wunsch des Arbeitgebers oder von mindestens einem Viertel der wahlberechtigten Arbeitnehmer verpflichtet, eine Betriebsversammlung einzuberufen und den beantragten Beratungsgegenstand auf die Tagesordnung zu setzen. Vom Zeitpunkt der Versammlungen, die auf Wunsch des Arbeitgebers stattfinden, ist dieser rechtzeitig zu verständigen.

(4) Auf Antrag einer im Betrieb vertretenen Gewerkschaft muss der Betriebsrat vor Ablauf von zwei Wochen nach Eingang des Antrags eine Betriebsversammlung nach Absatz 1 Satz 1 einberufen, wenn im vorhergegangenen Kalenderhalbjahr keine Betriebsversammlung und keine Abteilungsversammlungen durchgeführt worden sind.

§ 44 Zeitpunkt und Verdienstausfall

(1) Die in den §§ 14a, 17 und 43 Abs. 1 bezeichneten und die auf Wunsch des Arbeitgebers einberufenen Versammlungen finden während der Arbeitszeit statt, soweit nicht die Eigenart des Betriebs eine andere Regelung zwingend erfordert. Die Zeit der Teilnahme an diesen Versammlungen einschließlich der zusätzlichen Wegezeiten ist den Arbeitnehmern wie Arbeitszeit zu vergüten. Dies gilt auch dann, wenn die Versammlungen wegen der Eigenart des Betriebs außerhalb der Arbeitszeit stattfinden; Fahrkosten, die den Arbeitnehmern durch die Teilnahme an diesen Versammlungen entstehen, sind vom Arbeitgeber zu erstatten.

(2) Sonstige Betriebs- oder Abteilungsversammlungen finden außerhalb der Arbeitszeit statt. Hiervon kann im Einvernehmen mit dem Arbeitgeber abgewichen werden; im

Einvernehmen mit dem Arbeitgeber während der Arbeitszeit durchgeführte Versammlungen berechtigen den Arbeitgeber nicht, das Arbeitsentgelt der Arbeitnehmer zu mindern.

§ 45 Themen der Betriebs- und Abteilungsversammlungen

Die Betriebs- und Abteilungsversammlungen können Angelegenheiten einschließlich solcher tarifpolitischer, sozialpolitischer, umweltpolitischer und wirtschaftlicher Art sowie Fragen der Förderung der Gleichstellung von Frauen und Männern und der Vereinbarkeit von Familie und Erwerbstätigkeit sowie der Integration der im Betrieb beschäftigten ausländischen Arbeitnehmer behandeln, die den Betrieb oder seine Arbeitnehmer unmittelbar betreffen; die Grundsätze des § 74 Abs. 2 finden Anwendung. Die Betriebs- und Abteilungsversammlungen können dem Betriebsrat Anträge unterbreiten und zu seinen Beschlüssen Stellung nehmen.

§ 46 Beauftragte der Verbände

(1) An den Betriebs- oder Abteilungsversammlungen können Beauftragte der im Betrieb vertretenen Gewerkschaften beratend teilnehmen. Nimmt der Arbeitgeber an Betriebs- oder Abteilungsversammlungen teil, so kann er einen Beauftragten der Vereinigung der Arbeitgeber, der er angehört, hinzuziehen.
(2) Der Zeitpunkt und die Tagesordnung der Betriebs- oder Abteilungsversammlungen sind den im Betriebsrat vertretenen Gewerkschaften rechtzeitig schriftlich mitzuteilen.

§ 47 Voraussetzungen der Errichtung, Mitgliederzahl, Stimmengewicht

(1) Bestehen in einem Unternehmen mehrere Betriebsräte, so ist ein **Gesamtbetriebsrat** zu errichten.
(2) In den Gesamtbetriebsrat entsendet jeder Betriebsrat mit bis zu drei Mitgliedern eines seiner Mitglieder; jeder Betriebsrat mit mehr als drei Mitgliedern entsendet zwei seiner Mitglieder. Die Geschlechter sollen angemessen berücksichtigt werden.
(3) Der Betriebsrat hat für jedes Mitglied des Gesamtbetriebsrats mindestens ein Ersatzmitglied zu bestellen und die Reihenfolge des Nachrückens festzulegen.
(4) Durch Tarifvertrag oder Betriebsvereinbarung kann die Mitgliederzahl des Gesamtbetriebsrats abweichend von Absatz 2 Satz 1 geregelt werden.
(5) Gehören nach Absatz 2 Satz 1 dem Gesamtbetriebsrat mehr als vierzig Mitglieder an und besteht keine tarifliche Regelung nach Absatz 4, so ist zwischen Gesamtbetriebsrat und Arbeitgeber eine Betriebsvereinbarung über die Mitgliederzahl des Gesamtbetriebsrats abzuschließen, in der bestimmt wird, dass Betriebsräte mehrerer Betriebe eines Unternehmens, die regional oder durch gleichartige Interessen miteinander verbunden sind, gemeinsam Mitglieder in den Gesamtbetriebsrat entsenden.
(6) Kommt im Fall des Absatzes 5 eine Einigung nicht zustande, so entscheidet eine für das Gesamtunternehmen zu bildende Einigungsstelle. Der Spruch der Einigungsstelle ersetzt die Einigung zwischen Arbeitgeber und Gesamtbetriebsrat.

(7) Jedes Mitglied des Gesamtbetriebsrats hat so viele Stimmen, wie in dem Betrieb, in dem es gewählt wurde, wahlberechtigte Arbeitnehmer in der Wählerliste eingetragen sind. Entsendet der Betriebsrat mehrere Mitglieder, so stehen ihnen die Stimmen nach Satz 1 anteilig zu.
(8) Ist ein Mitglied des Gesamtbetriebsrats für mehrere Betriebe entsandt worden, so hat es so viele Stimmen, wie in den Betrieben, für die es entsandt ist, wahlberechtigte Arbeitnehmer in den Wählerlisten eingetragen sind; sind mehrere Mitglieder entsandt worden, gilt Absatz 7 Satz 2 entsprechend.
(9) Für Mitglieder des Gesamtbetriebsrats, die aus einem gemeinsamen Betrieb mehrerer Unternehmen entsandt worden sind, können durch Tarifvertrag oder Betriebsvereinbarung von den Absätzen 7 und 8 abweichende Regelungen getroffen werden. Gemäß Artikel 14 Satz 2 des Gesetzes zur Reform des Betriebsverfassungsgesetzes (BetrVerf-Reformgesetz) vom 23. Juli 2001 (BGBl. I S. 1852) gilt § 47 Abs. 2 (Artikel 1 Nr. 35 Buchstabe a des BetrVerf-Reformgesetzes) für im Zeitpunkt des Inkrafttretens bestehende Betriebsräte erst bei deren Neuwahl.

§ 48 Ausschluss von Gesamtbetriebsratsmitgliedern

Mindestens ein Viertel der wahlberechtigten Arbeitnehmer des Unternehmens, der Arbeitgeber, der Gesamtbetriebsrat oder eine im Unternehmen vertretene Gewerkschaft können beim Arbeitsgericht den Ausschluss eines Mitglieds aus dem Gesamtbetriebsrat wegen grober Verletzung seiner gesetzlichen Pflichten beantragen.

§ 49 Erlöschen der Mitgliedschaft

Die Mitgliedschaft im Gesamtbetriebsrat endet mit dem Erlöschen der Mitgliedschaft im Betriebsrat, durch Amtsniederlegung, durch Ausschluss aus dem Gesamtbetriebsrat auf Grund einer gerichtlichen Entscheidung oder Abberufung durch den Betriebsrat.

§ 50 Zuständigkeit

(1) Der Gesamtbetriebsrat ist zuständig für die Behandlung von Angelegenheiten, die das Gesamtunternehmen oder mehrere Betriebe betreffen und nicht durch die einzelnen Betriebsräte innerhalb ihrer Betriebe geregelt werden können; seine Zuständigkeit erstreckt sich insoweit auch auf Betriebe ohne Betriebsrat. Er ist den einzelnen Betriebsräten nicht übergeordnet.
(2) Der Betriebsrat kann mit der Mehrheit der Stimmen seiner Mitglieder den Gesamtbetriebsrat beauftragen, eine Angelegenheit für ihn zu behandeln. Der Betriebsrat kann sich dabei die Entscheidungsbefugnis vorbehalten. § 27 Abs. 2 Satz 3 und 4 gilt entsprechend.

§ 54 Errichtung des Konzernbetriebsrats

(1) Für einen Konzern (§ 18 Abs. 1 des Aktiengesetzes) kann durch Beschlüsse der einzelnen Gesamtbetriebsräte ein Konzernbetriebsrat errichtet werden. Die Errichtung erfordert die Zustimmung der Gesamtbetriebsräte der Konzernunternehmen, in denen

insgesamt mehr als 50 vom Hundert der Arbeitnehmer der Konzernunternehmen beschäftigt sind.
(2) Besteht in einem Konzernunternehmen nur ein Betriebsrat, so nimmt dieser die Aufgaben eines Gesamtbetriebsrats nach den Vorschriften dieses Abschnitts wahr.

§ 55 Zusammensetzung des Konzernbetriebsrats, Stimmengewicht

(1) In den Konzernbetriebsrat entsendet jeder Gesamtbetriebsrat zwei seiner Mitglieder. Die Geschlechter sollen angemessen berücksichtigt werden.
(2) Der Gesamtbetriebsrat hat für jedes Mitglied des Konzernbetriebsrats mindestens ein Ersatzmitglied zu bestellen und die Reihenfolge des Nachrückens festzulegen.
(3) Jedem Mitglied des Konzernbetriebsrats stehen die Stimmen der Mitglieder des entsendenden Gesamtbetriebsrats je zur Hälfte zu.
(4) Durch Tarifvertrag oder Betriebsvereinbarung kann die Mitgliederzahl des Konzernbetriebsrats abweichend von Absatz 1 Satz 1 geregelt werden. § 47 Abs. 5 bis 9 gilt entsprechend.

§ 60 Errichtung und Aufgabe

(1) In Betrieben mit in der Regel mindestens fünf Arbeitnehmern, die das 18. Lebensjahr noch nicht vollendet haben (jugendliche Arbeitnehmer) oder die zu ihrer Berufsausbildung beschäftigt sind, werden Jugend- und Auszubildendenvertretungen gewählt.
(2) Die Jugend- und Auszubildendenvertretung nimmt nach Maßgabe der folgenden Vorschriften die besonderen Belange der in Absatz 1 genannten Arbeitnehmer wahr.

§ 61 Wahlberechtigung und Wählbarkeit

(1) Wahlberechtigt sind alle in § 60 Abs. 1 genannten Arbeitnehmer des Betriebs.
(2) Wählbar sind alle Arbeitnehmer des Betriebs, die das 25. Lebensjahr noch nicht vollendet haben oder die zu ihrer Berufsausbildung beschäftigt sind; § 8 Abs. 1 Satz 3 findet Anwendung. Mitglieder des Betriebsrats können nicht zu Jugend- und Auszubildendenvertretern gewählt werden.

§ 62 Zahl der Jugend- und Auszubildendenvertreter, Zusammensetzung der Jugend- und Auszubildendenvertretung

(1) Die Jugend- und Auszubildendenvertretung besteht in Betrieben mit in der Regel
5 bis 20 der in § 60 Abs. 1 genannten Arbeitnehmer aus einer Person,
21 bis 50 der in § 60 Abs. 1 genannten Arbeitnehmer aus 3 Mitgliedern,
51 bis 150 der in § 60 Abs. 1 genannten Arbeitnehmer aus 5 Mitgliedern,
151 bis 300 der in § 60 Abs. 1 genannten Arbeitnehmer aus 7 Mitgliedern,
301 bis 500 der in § 60 Abs. 1 genannten Arbeitnehmer aus 9 Mitgliedern,
501 bis 700 der in § 60 Abs. 1 genannten Arbeitnehmer aus 11 Mitgliedern,
701 bis 1.000 der in § 60 Abs. 1 genannten Arbeitnehmer aus 13 Mitgliedern,
mehr als 1.000 der in § 60 Abs. 1 genannten Arbeitnehmer aus 15 Mitgliedern.

(2) Die Jugend- und Auszubildendenvertretung soll sich möglichst aus Vertretern der verschiedenen Beschäftigungsarten und Ausbildungsberufe der im Betrieb tätigen in § 60 Abs. 1 genannten Arbeitnehmer zusammensetzen.
(3) Das Geschlecht, das unter den in § 60 Abs. 1 genannten Arbeitnehmern in der Minderheit ist, muss mindestens entsprechend seinem zahlenmäßigen Verhältnis in der Jugend- und Auszubildendenvertretung vertreten sein, wenn diese aus mindestens drei Mitgliedern besteht.

§ 63 Wahlvorschriften

(1) Die Jugend- und Auszubildendenvertretung wird in geheimer und unmittelbarer Wahl gewählt.
(2) Spätestens acht Wochen vor Ablauf der Amtszeit der Jugend- und Auszubildendenvertretung bestellt der Betriebsrat den Wahlvorstand und seinen Vorsitzenden. Für die Wahl der Jugend- und Auszubildendenvertreter gelten § 14 Abs. 2 bis 5, § 16 Abs. 1 Satz 4 bis 6, § 18 Abs. 1 Satz 1 und Abs. 3 sowie die §§ 19 und 20 entsprechend.
(3) Bestellt der Betriebsrat den Wahlvorstand nicht oder nicht spätestens sechs Wochen vor Ablauf der Amtszeit der Jugend- und Auszubildendenvertretung oder kommt der Wahlvorstand seiner Verpflichtung nach § 18 Abs. 1 Satz 1 nicht nach, so gelten § 16 Abs. 2 Satz 1 und 2, Abs. 3 Satz 1 und § 18 Abs. 1 Satz 2 entsprechend; der Antrag beim Arbeitsgericht kann auch von jugendlichen Arbeitnehmern gestellt werden.
(4) In Betrieben mit in der Regel fünf bis fünfzig der in § 60 Abs. 1 genannten Arbeitnehmer gilt auch § 14a entsprechend. Die Frist zur Bestellung des Wahlvorstands wird im Fall des Absatzes 2 Satz 1 auf vier Wochen und im Fall des Absatzes 3 Satz 1 auf drei Wochen verkürzt.
(5) In Betrieben mit in der Regel 51 bis 100 der in § 60 Abs. 1 genannten Arbeitnehmer gilt § 14a Abs. 5 entsprechend.

§ 64 Zeitpunkt der Wahlen und Amtszeit

(1) Die regelmäßigen Wahlen der **Jugend- und Auszubildendenvertretung** finden alle zwei Jahre in der Zeit vom 1. Oktober bis 30. November statt. Für die Wahl der Jugend- und Auszubildendenvertretung außerhalb dieser Zeit gilt § 13 Abs. 2 Nr. 2 bis 6 und Abs. 3 entsprechend.
(2) Die regelmäßige Amtszeit der Jugend- und Auszubildendenvertretung beträgt zwei Jahre. Die Amtszeit beginnt mit der Bekanntgabe des Wahlergebnisses oder, wenn zu diesem Zeitpunkt noch eine Jugend- und Auszubildendenvertretung besteht, mit Ablauf von deren Amtszeit. Die Amtszeit endet spätestens am 30. November des Jahres, in dem nach Absatz 1 Satz 1 die regelmäßigen Wahlen stattfinden. In dem Fall des § 13 Abs. 3 Satz 2 endet die Amtszeit spätestens am 30. November des Jahres, in dem die Jugend- und Auszubildendenvertretung neu zu wählen ist. In dem Fall des § 13 Abs. 2 Nr. 2 endet die Amtszeit mit der Bekanntgabe des Wahlergebnisses der neu gewählten Jugend- und Auszubildendenvertretung.

(3) Ein Mitglied der Jugend- und Auszubildendenvertretung, das im Laufe der Amtszeit das 25. Lebensjahr vollendet oder sein Berufsausbildungsverhältnis beendet, bleibt bis zum Ende der Amtszeit Mitglied der Jugend- und Auszubildendenvertretung.

§ 66 Aussetzung von Beschlüssen des Betriebsrats

(1) Erachtet die Mehrheit der Jugend- und Auszubildendenvertreter einen Beschluss des Betriebsrats als eine erhebliche Beeinträchtigung wichtiger Interessen der in § 60 Abs. 1 genannten Arbeitnehmer, so ist auf ihren Antrag der Beschluss auf die Dauer von einer Woche auszusetzen, damit in dieser Frist eine Verständigung, gegebenenfalls mit Hilfe der im Betrieb vertretenen Gewerkschaften, versucht werden kann.
(2) Wird der erste Beschluss bestätigt, so kann der Antrag auf Aussetzung nicht wiederholt werden; dies gilt auch, wenn der erste Beschluss nur unerheblich geändert wird.

§ 67 Teilnahme an Betriebsratssitzungen

(1) Die Jugend- und Auszubildendenvertretung kann zu allen Betriebsratssitzungen einen Vertreter entsenden. Werden Angelegenheiten behandelt, die besonders die in § 60 Abs. 1 genannten Arbeitnehmer betreffen, so hat zu diesen Tagesordnungspunkten die gesamte Jugend- und Auszubildendenvertretung ein Teilnahmerecht.
(2) Die Jugend- und Auszubildendenvertreter haben Stimmrecht, soweit die zu fassenden Beschlüsse des Betriebsrats überwiegend die in § 60 Abs. 1 genannten Arbeitnehmer betreffen.
(3) Die Jugend- und Auszubildendenvertretung kann beim Betriebsrat beantragen, Angelegenheiten, die besonders die in § 60 Abs. 1 genannten Arbeitnehmer betreffen und über die sie beraten hat, auf die nächste Tagesordnung zu setzen. Der Betriebsrat soll Angelegenheiten, die besonders die in § 60 Abs. 1 genannten Arbeitnehmer betreffen, der Jugend- und Auszubildendenvertretung zur Beratung zuleiten.

§ 68 Teilnahme an gemeinsamen Besprechungen

Der Betriebsrat hat die Jugend- und Auszubildendenvertretung zu Besprechungen zwischen Arbeitgeber und Betriebsrat beizuziehen, wenn Angelegenheiten behandelt werden, die besonders die in § 60 Abs. 1 genannten Arbeitnehmer betreffen.

§ 69 Sprechstunden

In Betrieben, die in der Regel mehr als fünfzig der in § 60 Abs. 1 genannten Arbeitnehmer beschäftigen, kann die Jugend- und Auszubildendenvertretung Sprechstunden während der Arbeitszeit einrichten. Zeit und Ort sind durch Betriebsrat und Arbeitgeber zu vereinbaren. § 39 Abs. 1 Satz 3 und 4 und Abs. 3 gilt entsprechend. An den Sprechstunden der Jugend- und Auszubildendenvertretung kann der Betriebsratsvorsitzende oder ein beauftragtes Betriebsratsmitglied beratend teilnehmen.

§ 70 Allgemeine Aufgaben

(1) Die Jugend- und Auszubildendenvertretung hat folgende allgemeine Aufgaben:

1. Maßnahmen, die den in § 60 Abs. 1 genannten Arbeitnehmern dienen, insbesondere in Fragen der Berufsbildung und der Übernahme der zu ihrer Berufsausbildung Beschäftigten in ein Arbeitsverhältnis, beim Betriebsrat zu beantragen;
2. Maßnahmen zur Durchsetzung der tatsächlichen Gleichstellung der in § 60 Abs. 1 genannten Arbeitnehmer entsprechend § 80 Abs. 1 Nr. 2a und 2b beim Betriebsrat zu beantragen;
3. darüber zu wachen, dass die zugunsten der in § 60 Abs. 1 genannten Arbeitnehmer geltenden Gesetze, Verordnungen, Unfallverhütungsvorschriften, Tarifverträge und Betriebsvereinbarungen durchgeführt werden;
4. Anregungen von in § 60 Abs. 1 genannten Arbeitnehmern, insbesondere in Fragen der Berufsbildung, entgegenzunehmen und, falls sie berechtigt erscheinen, beim Betriebsrat auf eine Erledigung hinzuwirken. Die Jugend- und Auszubildendenvertretung hat die betroffenen in § 60 Abs. 1 genannten Arbeitnehmer über den Stand und das Ergebnis der Verhandlungen zu informieren;
5. die Integration ausländischer, in § 60 Abs. 1 genannter Arbeitnehmer im Betrieb zu fördern und entsprechende Maßnahmen beim Betriebsrat zu beantragen.

(2) Zur Durchführung ihrer Aufgaben ist die Jugend- und Auszubildendenvertretung durch den Betriebsrat rechtzeitig und umfassend zu unterrichten. Die Jugend- und Auszubildendenvertretung kann verlangen, dass ihr der Betriebsrat die zur Durchführung ihrer Aufgaben erforderlichen Unterlagen zur Verfügung stellt.

§ 71 Jugend- und Auszubildendenversammlung

Die Jugend- und Auszubildendenvertretung kann vor oder nach jeder Betriebsversammlung im Einvernehmen mit dem Betriebsrat eine betriebliche Jugend- und Auszubildendenversammlung einberufen. Im Einvernehmen mit Betriebsrat und Arbeitgeber kann die betriebliche Jugend- und Auszubildendenversammlung auch zu einem anderen Zeitpunkt einberufen werden. § 43 Abs. 2 Satz 1 und 2, die §§ 44 bis 46 und § 65 Abs. 2 Satz 2 gelten entsprechend.

§ 74 Grundsätze für die Zusammenarbeit

(1) Arbeitgeber und Betriebsrat sollen mindestens einmal im Monat zu einer Besprechung zusammentreten. Sie haben über strittige Fragen mit dem ernsten Willen zur Einigung zu verhandeln und Vorschläge für die Beilegung von Meinungsverschiedenheiten zu machen.

(2) Maßnahmen des Arbeitskampfes zwischen Arbeitgeber und Betriebsrat sind unzulässig; Arbeitskämpfe tariffähiger Parteien werden hierdurch nicht berührt. Arbeitgeber und Betriebsrat haben Betätigungen zu unterlassen, durch die der Arbeitsablauf oder der Frieden des Betriebs beeinträchtigt werden. Sie haben jede parteipolitische Betätigung im Betrieb zu unterlassen; die Behandlung von Angelegenheiten tarifpolitischer, sozialpolitischer, umweltpolitischer und wirtschaftlicher Art, die den Betrieb oder seine Arbeitnehmer unmittelbar betreffen, wird hierdurch nicht berührt.

(3) Arbeitnehmer, die im Rahmen dieses Gesetzes Aufgaben übernehmen, werden hierdurch in der Betätigung für ihre Gewerkschaft auch im Betrieb nicht beschränkt.

§ 75 Grundsätze für die Behandlung der Betriebsangehörigen

(1) Arbeitgeber und Betriebsrat haben darüber zu wachen, dass alle im Betrieb tätigen Personen nach den Grundsätzen von Recht und Billigkeit behandelt werden, insbesondere, dass jede **Benachteiligung** von Personen aus Gründen ihrer Rasse oder wegen ihrer ethnischen Herkunft, ihrer Abstammung oder sonstigen Herkunft, ihrer Nationalität, ihrer Religion oder Weltanschauung, ihrer Behinderung, ihres Alters, ihrer politischen oder gewerkschaftlichen Betätigung oder Einstellung oder wegen ihres Geschlechts oder ihrer sexuellen Identität unterbleibt.
(2) Arbeitgeber und Betriebsrat haben die freie Entfaltung der Persönlichkeit der im Betrieb beschäftigten Arbeitnehmer zu schützen und zu fördern. Sie haben die Selbständigkeit und Eigeninitiative der Arbeitnehmer und Arbeitsgruppen zu fördern.

§ 76 Einigungsstelle

(-> § 87 BetrVG)
(1) Zur Beilegung von Meinungsverschiedenheiten zwischen Arbeitgeber und Betriebsrat, Gesamtbetriebsrat oder Konzernbetriebsrat ist bei Bedarf eine Einigungsstelle zu bilden. Durch Betriebsvereinbarung kann eine ständige Einigungsstelle errichtet werden.
(2) Die Einigungsstelle besteht aus einer gleichen Anzahl von Beisitzern, die vom Arbeitgeber und Betriebsrat bestellt werden, und einem unparteiischen Vorsitzenden, auf dessen Person sich beide Seiten einigen müssen. Kommt eine Einigung über die Person des Vorsitzenden nicht zustande, so bestellt
ihn das Arbeitsgericht. Dieses entscheidet auch, wenn kein Einverständnis über die Zahl der Beisitzer erzielt wird.
(3) Die Einigungsstelle hat unverzüglich tätig zu werden. Sie fasst ihre Beschlüsse nach mündlicher Beratung mit Stimmenmehrheit. Bei der Beschlussfassung hat sich der Vorsitzende zunächst der Stimme zu enthalten; kommt eine Stimmenmehrheit nicht zustande, so nimmt der Vorsitzende nach weiterer Beratung an der erneuten Beschlussfassung teil. Die Beschlüsse der Einigungsstelle sind schriftlich niederzulegen und vom Vorsitzenden zu unterschreiben oder in elektronischer Form niederzulegen und vom Vorsitzenden mit seiner qualifizierten elektronischen Signatur zu versehen sowie Arbeitgeber und Betriebsrat zuzuleiten
(4) Durch Betriebsvereinbarung können weitere Einzelheiten des Verfahrens vor der Einigungsstelle geregelt werden.
(5) In den Fällen, in denen der Spruch der Einigungsstelle die Einigung zwischen Arbeitgeber und Betriebsrat ersetzt, wird die Einigungsstelle auf Antrag einer Seite tätig. Benennt eine Seite keine Mitglieder oder bleiben die von einer Seite genannten Mitglieder trotz rechtzeitiger Einladung der Sitzung fern, so entscheiden der Vorsitzende und die erschienenen Mitglieder nach Maßgabe des Absatzes 3 allein. Die Einigungsstelle fasst ihre Beschlüsse unter angemessener Berücksichtigung der Belange des Betriebs und der betroffenen Arbeitnehmer nach billigem Ermessen. Die Überschreitung der Grenzen

des Ermessens kann durch den Arbeitgeber oder den Betriebsrat nur binnen einer Frist von zwei Wochen, vom Tage der Zuleitung des Beschlusses gerechnet, beim Arbeitsgericht geltend gemacht werden.
(6) Im Übrigen wird die Einigungsstelle nur tätig, wenn beide Seiten es beantragen oder mit ihrem Tätigwerden einverstanden sind. In diesen Fällen ersetzt ihr Spruch die Einigung zwischen Arbeitgeber und Betriebsrat nur, wenn beide Seiten sich dem Spruch im Voraus unterworfen oder ihn nachträglich angenommen haben.
(7) Soweit nach anderen Vorschriften der Rechtsweg gegeben ist, wird er durch den Spruch der Einigungsstelle nicht ausgeschlossen.
(8) Durch Tarifvertrag kann bestimmt werden, dass an die Stelle der in Absatz 1 bezeichneten Einigungsstelle eine tarifliche Schlichtungsstelle tritt.

§ 76a Kosten der Einigungsstelle

(1) Die Kosten der Einigungsstelle trägt der Arbeitgeber.
(2) Die Beisitzer der Einigungsstelle, die dem Betrieb angehören, erhalten für ihre Tätigkeit keine Vergütung; § 37 Abs. 2 und 3 gilt entsprechend. Ist die Einigungsstelle zur Beilegung von Meinungsverschiedenheiten zwischen Arbeitgeber und Gesamtbetriebsrat oder Konzernbetriebsrat zu bilden, so gilt Satz 1 für die einem Betrieb des Unternehmens oder eines Konzernunternehmens angehörenden Beisitzer entsprechend.
...

§ 77 Durchführung gemeinsamer Beschlüsse, Betriebsvereinbarungen

(1) Vereinbarungen zwischen Betriebsrat und Arbeitgeber, auch soweit sie auf einem Spruch der Einigungsstelle beruhen, führt der Arbeitgeber durch, es sei denn, dass im Einzelfall etwas anderes vereinbart ist. Der Betriebsrat darf nicht durch einseitige Handlungen in die Leitung des Betriebs eingreifen.
(2) Betriebsvereinbarungen sind von Betriebsrat und Arbeitgeber gemeinsam zu beschließen und schriftlich niederzulegen. Sie sind von beiden Seiten zu unterzeichnen; dies gilt nicht, soweit Betriebsvereinbarungen auf einem Spruch der Einigungsstelle beruhen. Werden Betriebsvereinbarungen in elektronischer Form geschlossen, haben Arbeitgeber und Betriebsrat abweichend von § 126a Absatz 2 des Bürgerlichen Gesetzbuchs dasselbe Dokument elektronisch zu signieren. Der Arbeitgeber hat die Betriebsvereinbarungen an geeigneter Stelle im Betrieb auszulegen.
hat die Betriebsvereinbarungen an geeigneter Stelle im Betrieb auszulegen.
(3) Arbeitsentgelte und sonstige Arbeitsbedingungen, die durch Tarifvertrag geregelt sind oder üblicherweise geregelt werden, können nicht Gegenstand einer Betriebsvereinbarung sein. Dies gilt nicht, wenn ein Tarifvertrag den Abschluss ergänzender Betriebsvereinbarungen ausdrücklich zulässt.
(4) Betriebsvereinbarungen gelten unmittelbar und zwingend. Werden Arbeitnehmern durch die Betriebsvereinbarung Rechte eingeräumt, so ist ein Verzicht auf sie nur mit Zustimmung des Betriebsrats zulässig. Die Verwirkung dieser Rechte ist ausgeschlossen. Ausschlussfristen für ihre Geltendmachung sind nur insoweit zulässig, als sie in einem Tarifvertrag oder einer Betriebsvereinbarung vereinbart werden; dasselbe gilt für die Abkürzung der Verjährungsfristen.

(5) Betriebsvereinbarungen können, soweit nichts anderes vereinbart ist, mit einer Frist von drei Monaten gekündigt werden.
(6) Nach Ablauf einer Betriebsvereinbarung gelten ihre Regelungen in Angelegenheiten, in denen ein Spruch der Einigungsstelle die Einigung zwischen Arbeitgeber und Betriebsrat ersetzen kann, weiter, bis sie durch eine andere Abmachung ersetzt werden.

§ 78 Schutzbestimmungen

Die Mitglieder des Betriebsrats, des Gesamtbetriebsrats, des Konzernbetriebsrats, der Jugend- und Auszubildendenvertretung, der Gesamt-Jugend- und Auszubildendenvertretung, der Konzern-Jugend- und Auszubildendenvertretung, des Wirtschaftsausschusses, der Bordvertretung, des Seebetriebsrats, der in § 3 Abs. 1 genannten Vertretungen der Arbeitnehmer, der Einigungsstelle, einer tariflichen Schlichtungsstelle (§ 76 Abs. 8) und einer betrieblichen Beschwerdestelle (§ 86) sowie Auskunftspersonen (§ 80 Abs. 2 Satz 3) dürfen in der Ausübung ihrer Tätigkeit nicht gestört oder behindert werden. Sie dürfen wegen ihrer Tätigkeit nicht benachteiligt oder begünstigt werden; dies gilt auch für ihre berufliche Entwicklung.

§ 78a Schutz Auszubildender in besonderen Fällen

(1) Beabsichtigt der Arbeitgeber, einen Auszubildenden, der Mitglied der Jugend- und Auszubildendenvertretung, des Betriebsrats, der Bordvertretung oder des Seebetriebsrats ist, nach Beendigung des Berufsausbildungsverhältnisses nicht in ein Arbeitsverhältnis auf unbestimmte Zeit zu übernehmen, so hat er dies drei Monate vor Beendigung des Berufsausbildungsverhältnisses dem Auszubildenden schriftlich mitzuteilen.
(2) Verlangt ein in Absatz 1 genannter Auszubildender innerhalb der letzten drei Monate vor Beendigung des Berufsausbildungsverhältnisses schriftlich vom Arbeitgeber die Weiterbeschäftigung, so gilt zwischen Auszubildendem und Arbeitgeber im Anschluss an das Berufsausbildungsverhältnis ein Arbeitsverhältnis auf unbestimmte Zeit als begründet. Auf dieses Arbeitsverhältnis ist insbesondere § 37 Abs. 4 und 5 entsprechend anzuwenden.
(3) Die Absätze 1 und 2 gelten auch, wenn das Berufsausbildungsverhältnis vor Ablauf eines Jahres nach Beendigung der Amtszeit der Jugend- und Auszubildendenvertretung, des Betriebsrats, der Bordvertretung oder des Seebetriebsrats endet.
(4) Der Arbeitgeber kann spätestens bis zum Ablauf von zwei Wochen nach Beendigung des Berufsausbildungsverhältnisses beim Arbeitsgericht beantragen,

1. festzustellen, dass ein Arbeitsverhältnis nach Absatz 2 oder 3 nicht begründet wird, oder
2. das bereits nach Absatz 2 oder 3 begründete Arbeitsverhältnis aufzulösen,

wenn Tatsachen vorliegen, aufgrund derer dem Arbeitgeber unter Berücksichtigung aller Umstände die Weiterbeschäftigung nicht zugemutet werden kann. In dem Verfahren vor dem Arbeitsgericht sind der Betriebsrat, die Bordvertretung, der Seebetriebsrat, bei Mitgliedern der Jugend- und Auszubildendenvertretung auch diese Beteiligte.

(5) Die Absätze 2 bis 4 finden unabhängig davon Anwendung, ob der Arbeitgeber seiner Mitteilungspflicht nach Absatz 1 nachgekommen ist.

§ 79 Geheimhaltungspflicht

(1) Die Mitglieder und Ersatzmitglieder des Betriebsrats sind verpflichtet, Betriebs- oder Geschäftsgeheimnisse, die ihnen wegen ihrer Zugehörigkeit zum Betriebsrat bekannt geworden und vom Arbeitgeber ausdrücklich als geheimhaltungsbedürftig bezeichnet worden sind, nicht zu offenbaren und nicht zu verwerten. Dies gilt auch nach dem Ausscheiden aus dem Betriebsrat. Die Verpflichtung gilt nicht gegenüber Mitgliedern des Betriebsrats. Sie gilt ferner nicht gegenüber dem Gesamtbetriebsrat, dem Konzernbetriebsrat, der Bordvertretung, dem Seebetriebsrat und den Arbeitnehmervertretern im Aufsichtsrat sowie im Verfahren vor der Einigungsstelle, der tariflichen Schlichtungsstelle (§ 76 Abs. 8) oder einer betrieblichen Beschwerdestelle (§ 86).

(2) Absatz 1 gilt sinngemäß für die Mitglieder und Ersatzmitglieder des Gesamtbetriebsrats, des Konzernbetriebsrats, der Jugend- und Auszubildendenvertretung, der Gesamt-Jugend- und Auszubildendenvertretung, der Konzern-Jugend- und Auszubildendenvertretung, des Wirtschaftsausschusses, der Bordvertretung, des Seebetriebsrats, der gemäß § 3 Abs. 1 gebildeten Vertretungen der Arbeitnehmer, der Einigungsstelle, der tariflichen Schlichtungsstelle (§ 76 Abs. 8) und einer betrieblichen Beschwerdestelle (§ 86) sowie für die Vertreter von Gewerkschaften oder von Arbeitgebervereinigungen.

§ 79a Datenschutz

Bei der Verarbeitung personenbezogener Daten hat der Betriebsrat die Vorschriften über den Datenschutz einzuhalten. Soweit der Betriebsrat zur Erfüllung der in seiner Zuständigkeit liegenden Aufgaben personenbezogene Daten verarbeitet, ist der Arbeitgeber der für die Verarbeitung Verantwortliche im Sinne der datenschutzrechtlichen Vorschriften. Arbeitgeber und Betriebsrat unterstützen sich gegenseitig bei der Einhaltung der datenschutzrechtlichen Vorschriften. Die oder der Datenschutzbeauftragte ist gegenüber dem Arbeitgeber zur Verschwiegenheit verpflichtet über Informationen, die Rückschlüsse auf den Meinungsbildungsprozess des Betriebsrats zulassen. § 6 Absatz 5 Satz 2, § 38 Absatz 2 des Bundesdatenschutzgesetzes gelten auch im Hinblick auf das Verhältnis der oder des Datenschutzbeauftragten zum Arbeitgeber.

§ 80 Allgemeine Aufgaben

(-> § 104, 85, 75)

1) Der Betriebsrat hat folgende allgemeine Aufgaben:

1. darüber zu wachen, dass die zugunsten der Arbeitnehmer geltenden Gesetze, Verordnungen, Unfallverhütungsvorschriften, Tarifverträge und Betriebsvereinbarungen durchgeführt werden;

2. Maßnahmen, die dem Betrieb und d.er Belegschaft dienen, beim Arbeitgeber zu beantragen;
2a. die Durchsetzung der tatsächlichen Gleichstellung von Frauen und Männern, insbesondere bei der Einstellung, Beschäftigung, Aus-, Fort- und Weiterbildung und dem beruflichen Aufstieg, zu fördern;
2b. die Vereinbarkeit von Familie und Erwerbstätigkeit zu fördern;
3. Anregungen von Arbeitnehmern und der Jugend- und Auszubildendenvertretung entgegenzunehmen und, falls sie berechtigt erscheinen, durch Verhandlungen mit dem Arbeitgeber auf eine Erledigung hinzuwirken; er hat die betreffenden Arbeitnehmer über den Stand und das Ergebnis der Verhandlungen zu unterrichten;
4. die Eingliederung schwerbehinderter Menschen einschließlich der Förderung des Abschlusses von Inklusionsvereinbarungen nach § 166 des Neunten Buches Sozialgesetzbuch und sonstiger besonders schutzbedürftiger Personen zu fördern;
5. die Wahl einer Jugend- und Auszubildendenvertretung vorzubereiten und durchzuführen und mit dieser zur Förderung der Belange der in § 60 Abs. 1 genannten Arbeitnehmer eng zusammenzuarbeiten; er kann von der Jugend- und Auszubildendenvertretung Vorschläge und Stellungnahmen anfordern;
6. die Beschäftigung älterer Arbeitnehmer im Betrieb zu fördern;
7. die Integration ausländischer Arbeitnehmer im Betrieb und das Verständnis zwischen ihnen und den deutschen Arbeitnehmern zu fördern, sowie Maßnahmen zur Bekämpfung von Rassismus und Fremdenfeindlichkeit im Betrieb zu beantragen;
8. die Beschäftigung im Betrieb zu fördern und zu sichern;
9. Maßnahmen des Arbeitsschutzes und des betrieblichen Umweltschutzes zu fördern.
(2) Zur Durchführung seiner Aufgaben nach diesem Gesetz ist der Betriebsrat rechtzeitig und umfassend vom Arbeitgeber zu unterrichten; die Unterrichtung erstreckt sich auch auf die Beschäftigung von Personen, die nicht in einem Arbeitsverhältnis zum Arbeitgeber stehen, und umfasst insbesondere den zeitlichen Umfang des Einsatzes, den Einsatzort und die Arbeitsaufgaben dieser Personen. Dem Betriebsrat sind auf Verlangen jederzeit die zur Durchführung seiner Aufgaben erforderlichen Unterlagen zur Verfügung zu stellen; in diesem Rahmen ist der Betriebsausschuss oder ein nach § 28 gebildeter Ausschuss berechtigt, in die Listen über die Bruttolöhne und -gehälter Einblick zu nehmen. Zu den erforderlichen Unterlagen gehören auch die Verträge, die der Beschäftigung der in Satz 1 genannten Personen zugrunde liegen. Soweit es zur ordnungsgemäßen Erfüllung der Aufgaben des Betriebsrats erforderlich ist, hat der Arbeitgeber ihm sachkundige Arbeitnehmer als Auskunftspersonen zur Verfügung zu stellen; er hat hierbei die Vorschläge des Betriebsrats zu berücksichtigen, soweit betriebliche Notwendigkeiten nicht entgegenstehen.
(3) Der Betriebsrat kann bei der Durchführung seiner Aufgaben nach näherer Vereinbarung mit dem Arbeitgeber Sachverständige hinzuziehen, soweit dies zur ordnungsgemäßen Erfüllung seiner Aufgaben erforderlich ist. Muss der Betriebsrat zur Durchführung seiner Aufgaben die Einführung oder Anwendung von Künstlicher Intelligenz beurteilen, gilt insoweit die Hinzuziehung eines Sachverständigen als

erforderlich. 3 Gleiches gilt, wenn sich Arbeitgeber und Betriebsrat auf einen ständigen Sachverständigen in Angelegenheiten nach Satz 2 einigen.
(4) Für die Geheimhaltungspflicht der Auskunftspersonen und der Sachverständigen gilt § 79 entsprechend.

§ 81 Unterrichtungs- und Erörterungspflicht des Arbeitgebers

(1) Der Arbeitgeber hat den Arbeitnehmer über dessen Aufgabe und Verantwortung sowie über die Art seiner Tätigkeit und ihre Einordnung in den Arbeitsablauf des Betriebs zu unterrichten. Er hat den Arbeitnehmer vor Beginn der Beschäftigung über die Unfall- und Gesundheitsgefahren, denen dieser bei der Beschäftigung ausgesetzt ist, sowie über die Maßnahmen und Einrichtungen zur Abwendung dieser Gefahren und die nach § 10 Abs. 2 des Arbeitsschutzgesetzes getroffenen Maßnahmen zu belehren.
(2) Über Veränderungen in seinem Arbeitsbereich ist der Arbeitnehmer rechtzeitig zu unterrichten. Absatz 1 gilt entsprechend.
(3) In Betrieben, in denen kein Betriebsrat besteht, hat der Arbeitgeber die Arbeitnehmer zu allen Maßnahmen zu hören, die Auswirkungen auf Sicherheit und Gesundheit der Arbeitnehmer haben können.
(4) Der Arbeitgeber hat den Arbeitnehmer über die aufgrund einer Planung von technischen Anlagen, von Arbeitsverfahren und Arbeitsabläufen oder der Arbeitsplätze vorgesehenen Maßnahmen und ihre Auswirkungen auf seinen Arbeitsplatz, die Arbeitsumgebung sowie auf Inhalt und Art seiner Tätigkeit zu unterrichten. Sobald feststeht, dass sich die Tätigkeit des Arbeitnehmers ändern wird und seine beruflichen Kenntnisse und Fähigkeiten zur Erfüllung seiner Aufgaben nicht ausreichen, hat der Arbeitgeber mit dem Arbeitnehmer zu erörtern, wie dessen berufliche Kenntnisse und Fähigkeiten im Rahmen der betrieblichen Möglichkeiten den künftigen Anforderungen angepasst werden können. Der Arbeitnehmer kann bei der Erörterung ein Mitglied des Betriebsrats hinzuziehen.

§ 82 Anhörungs- und Erörterungsrecht des Arbeitnehmers

(1) Der Arbeitnehmer hat das Recht, in betrieblichen Angelegenheiten, die seine Person betreffen, von den nach Maßgabe des organisatorischen Aufbaus des Betriebs hierfür zuständigen Personen gehört zu werden. Er ist berechtigt, zu Maßnahmen des Arbeitgebers, die ihn betreffen, Stellung zu nehmen sowie Vorschläge für die Gestaltung des Arbeitsplatzes und des Arbeitsablaufs zu machen.
(2) Der Arbeitnehmer kann verlangen, dass ihm die Berechnung und Zusammensetzung seines Arbeitsentgelts erläutert und dass mit ihm die Beurteilung seiner Leistungen sowie die Möglichkeiten seiner beruflichen Entwicklung im Betrieb erörtert werden. Er kann ein Mitglied des Betriebsrats hinzuziehen. Das Mitglied des Betriebsrats hat über den Inhalt dieser Verhandlungen Stillschweigen zu bewahren, soweit es vom Arbeitnehmer im Einzelfall nicht von dieser Verpflichtung entbunden wird.

§ 83 Einsicht in die Personalakten

(1) Der Arbeitnehmer hat das Recht, in die über ihn geführten Personalakten Einsicht zu nehmen. Er kann hierzu ein Mitglied des Betriebsrats hinzuziehen. Das Mitglied des Betriebsrats hat über den Inhalt der Personalakte Stillschweigen zu bewahren, soweit es vom Arbeitnehmer im Einzelfall nicht von dieser Verpflichtung entbunden wird.
(2) Erklärungen des Arbeitnehmers zum Inhalt der Personalakte sind dieser auf sein Verlangen beizufügen.

§ 84 Beschwerderecht

(1) Jeder Arbeitnehmer hat das Recht, sich bei den zuständigen Stellen des Betriebs zu beschweren, wenn er sich vom Arbeitgeber oder von Arbeitnehmern des Betriebs benachteiligt oder ungerecht behandelt oder in sonstiger Weise beeinträchtigt fühlt. Er kann ein Mitglied des Betriebsrats zur Unterstützung oder Vermittlung hinzuziehen.
(2) Der Arbeitgeber hat den Arbeitnehmer über die Behandlung der Beschwerde zu bescheiden und, soweit er die Beschwerde für berechtigt erachtet, ihr abzuhelfen.
(3) Wegen der Erhebung einer Beschwerde dürfen dem Arbeitnehmer keine Nachteile entstehen.

§ 85 Behandlung von Beschwerden durch den Betriebsrat

(1) Der Betriebsrat hat Beschwerden von Arbeitnehmern entgegenzunehmen und, falls er sie für berechtigt erachtet, beim Arbeitgeber auf Abhilfe hinzuwirken.
(2) Bestehen zwischen Betriebsrat und Arbeitgeber Meinungsverschiedenheiten über die Berechtigung der Beschwerde, so kann der Betriebsrat die Einigungsstelle anrufen. Der Spruch der Einigungsstelle ersetzt die Einigung zwischen Arbeitgeber und Betriebsrat. Dies gilt nicht, soweit Gegenstand der Beschwerde ein Rechtsanspruch ist.
(3) Der Arbeitgeber hat den Betriebsrat über die Behandlung der Beschwerde zu unterrichten. § 84 Abs. 2 bleibt unberührt.

§ 86 Ergänzende Vereinbarungen

Durch Tarifvertrag oder Betriebsvereinbarung können die Einzelheiten des Beschwerdeverfahrens geregelt werden. Hierbei kann bestimmt werden, dass in den Fällen des § 85 Abs. 2 an die Stelle der Einigungsstelle eine betriebliche Beschwerdestelle tritt.

§ 86a Vorschlagsrecht der Arbeitnehmer

Jeder Arbeitnehmer hat das Recht, dem Betriebsrat Themen zur Beratung vorzuschlagen. Wird ein Vorschlag von mindestens 5 vom Hundert der Arbeitnehmer des Betriebs unterstützt, hat der Betriebsrat diesen innerhalb von zwei Monaten auf die Tagesordnung einer Betriebsratssitzung zu setzen.

§ 87 Mitbestimmungsrechte

(1) Der Betriebsrat hat, soweit eine gesetzliche oder tarifliche Regelung nicht besteht, in folgenden Angelegenheiten mitzubestimmen:

1. Fragen der Ordnung des Betriebs und des Verhaltens der Arbeitnehmer im Betrieb;
2. Beginn und Ende der täglichen Arbeitszeit einschließlich der Pausen sowie Verteilung der Arbeitszeit auf die einzelnen Wochentage;
3. vorübergehende Verkürzung oder Verlängerung der betriebsüblichen Arbeitszeit;
4. Zeit, Ort und Art der Auszahlung der Arbeitsentgelte;
5. Aufstellung allgemeiner Urlaubsgrundsätze und des Urlaubsplans sowie die Festsetzung der zeitlichen Lage des Urlaubs für einzelne Arbeitnehmer, wenn zwischen dem Arbeitgeber und den beteiligten Arbeitnehmern kein Einverständnis erzielt wird;
6. Einführung und Anwendung von technischen Einrichtungen, die dazu bestimmt sind, das Verhalten oder die Leistung der Arbeitnehmer zu überwachen;
7. Regelungen über die Verhütung von Arbeitsunfällen und Berufskrankheiten sowie über den Gesundheitsschutz im Rahmen der gesetzlichen Vorschriften oder der Unfallverhütungsvorschriften;
8. Form, Ausgestaltung und Verwaltung von Sozialeinrichtungen, deren Wirkungsbereich auf den Betrieb, das Unternehmen oder den Konzern beschränkt ist;
9. Zuweisung und Kündigung von Wohnräumen, die den Arbeitnehmern mit Rücksicht auf das Bestehen eines Arbeitsverhältnisses vermietet werden, sowie die allgemeine Festlegung der Nutzungsbedingungen;
10. Fragen der betrieblichen Lohngestaltung, insbesondere die Aufstellung von Entlohnungsgrundsätzen und die Einführung und Anwendung von neuen Entlohnungsmethoden sowie deren Änderung;
11. Festsetzung der Akkord- und Prämiensätze und vergleichbarer leistungsbezogener Entgelte, einschließlich der Geldfaktoren;
12. Grundsätze über das betriebliche Vorschlagswesen;
13. Grundsätze über die Durchführung von Gruppenarbeit; Gruppenarbeit im Sinne dieser Vorschrift liegt vor, wenn im Rahmen des betrieblichen Arbeitsablaufs eine Gruppe von Arbeitnehmern eine ihr übertragene Gesamtaufgabe im Wesentlichen eigenverantwortlich erledigt.
14. Ausgestaltung von mobiler Arbeit, die mittels Informations- und Kommunikationstechnik erbracht wird.

(2) Kommt eine Einigung über eine Angelegenheit nach Absatz 1 nicht zustande, so entscheidet die Einigungsstelle. Der Spruch der Einigungsstelle ersetzt die Einigung zwischen Arbeitgeber und Betriebsrat.

§ 88 Freiwillige Betriebsvereinbarungen

Durch Betriebsvereinbarung können insbesondere geregelt werden

1. zusätzliche Maßnahmen zur Verhütung von Arbeitsunfällen und Gesundheitsschädigungen;
2. Maßnahmen des betrieblichen Umweltschutzes;
3. die Errichtung von Sozialeinrichtungen, deren Wirkungsbereich auf den Betrieb, das Unternehmen oder den Konzern beschränkt ist;
4. Maßnahmen zur Förderung der Vermögensbildung;
5. Maßnahmen zur Integration ausländischer Arbeitnehmer sowie zur Bekämpfung von Rassismus und Fremdenfeindlichkeit im Betrieb.

§ 89 Arbeits- und betrieblicher Umweltschutz

(1) Der Betriebsrat hat sich dafür einzusetzen, dass die Vorschriften über den Arbeitsschutz und die Unfallverhütung im Betrieb sowie über den betrieblichen Umweltschutz durchgeführt werden. Er hat bei der Bekämpfung von Unfall- und Gesundheitsgefahren die für den Arbeitsschutz zuständigen Behörden, die Träger der gesetzlichen Unfallversicherung und die sonstigen in Betracht kommenden Stellen durch Anregung, Beratung und Auskunft zu unterstützen.

(2) Der Arbeitgeber und die in Absatz 1 Satz 2 genannten Stellen sind verpflichtet, den Betriebsrat oder die von ihm bestimmten Mitglieder des Betriebsrats bei allen im Zusammenhang mit dem Arbeitsschutz oder der Unfallverhütung stehenden Besichtigungen und Fragen und bei Unfalluntersuchungen hinzuzuziehen. Der Arbeitgeber hat dem Betriebsrat auch bei allen im Zusammenhang mit dem betrieblichen Umweltschutz stehenden Besichtigungen und Fragen hinzuzuziehen und ihm unverzüglich die den Arbeitsschutz, die Unfallverhütung und den betrieblichen Umweltschutz betreffenden Auflagen und Anordnungen der zuständigen Stellen mitzuteilen.

(3) Als betrieblicher Umweltschutz im Sinne dieses Gesetzes sind alle personellen und organisatorischen Maßnahmen sowie alle die betrieblichen Bauten, Räume, technische Anlagen, Arbeitsverfahren, Arbeitsabläufe und Arbeitsplätze betreffenden Maßnahmen zu verstehen, die dem Umweltschutz dienen.

(4) An Besprechungen des Arbeitgebers mit den Sicherheitsbeauftragten im Rahmen des § 22 Abs. 2 des Siebten Buches Sozialgesetzbuch nehmen vom Betriebsrat beauftragte Betriebsratsmitglieder teil.

(5) Der Betriebsrat erhält vom Arbeitgeber die Niederschriften über Untersuchungen, Besichtigungen und Besprechungen, zu denen er nach den Absätzen 2 und 4 hinzuzuziehen ist.

(6) Der Arbeitgeber hat dem Betriebsrat eine Durchschrift der nach § 193 Abs. 5 des Siebten Buches Sozialgesetzbuch vom Betriebsrat zu unterschreibenden Unfallanzeige auszuhändigen.

§ 90 Unterrichtungs- und Beratungsrechte

(1) Der Arbeitgeber hat den Betriebsrat über die Planung

1. von Neu-, Um- und Erweiterungsbauten von Fabrikations-, Verwaltungs- und sonstigen betrieblichen Räumen,
2. von technischen Anlagen,
3. von Arbeitsverfahren und Arbeitsabläufen einschließlich des Einsatzes von Künstlicher Intelligenz oder
4. der Arbeitsplätze rechtzeitig unter Vorlage der erforderlichen Unterlagen zu unterrichten.

(2) Der Arbeitgeber hat mit dem Betriebsrat die vorgesehenen Maßnahmen und ihre Auswirkungen auf die Arbeitnehmer, insbesondere auf die Art ihrer Arbeit sowie die sich daraus ergebenden Anforderungen an die Arbeitnehmer so rechtzeitig zu beraten, dass Vorschläge und Bedenken des Betriebsrats bei der Planung berücksichtigt werden können. Arbeitgeber und Betriebsrat sollen dabei auch die gesicherten arbeitswissenschaftlichen Erkenntnisse über die menschengerechte Gestaltung der Arbeit berücksichtigen.

§ 91 Mitbestimmungsrecht

Werden die Arbeitnehmer durch Änderungen der Arbeitsplätze, des Arbeitsablaufs oder der Arbeitsumgebung, die den gesicherten arbeitswissenschaftlichen Erkenntnissen über die menschengerechte Gestaltung der Arbeit offensichtlich widersprechen, in besonderer Weise belastet, so kann der Betriebsrat angemessene Maßnahmen zur Abwendung, Milderung oder zum Ausgleich der Belastung verlangen. Kommt eine Einigung nicht zustande, so entscheidet die Einigungsstelle. Der Spruch der Einigungsstelle ersetzt die Einigung zwischen Arbeitgeber und Betriebsrat.

§ 92 Personalplanung

(1) Der Arbeitgeber hat den Betriebsrat über die Personalplanung, insbesondere über den gegenwärtigen und künftigen Personalbedarf sowie über die sich daraus ergebenden personellen Maßnahmen und Maßnahmen der Berufsbildung anhand von Unterlagen rechtzeitig und umfassend zu unterrichten. Er hat mit dem Betriebsrat über Art und Umfang der erforderlichen Maßnahmen und über die Vermeidung von Härten zu beraten.
(2) Der Betriebsrat kann dem Arbeitgeber Vorschläge für die Einführung einer Personalplanung und ihre Durchführung machen.
(3) Die Absätze 1 und 2 gelten entsprechend für Maßnahmen im Sinne des § 80 Abs. 1 Nr. 2a und 2b, insbesondere für die Aufstellung und Durchführung von Maßnahmen zur Förderung der Gleichstellung von Frauen und Männern.

§ 92a Beschäftigungssicherung

(1) Der Betriebsrat kann dem Arbeitgeber Vorschläge zur Sicherung und Förderung der Beschäftigung machen. Diese können insbesondere eine flexible Gestaltung der Arbeitszeit, die Förderung von Teilzeitarbeit und Altersteilzeit, neue Formen der

Arbeitsorganisation, Änderungen der Arbeitsverfahren und Arbeitsabläufe, die Qualifizierung der Arbeitnehmer, Alternativen zur Ausgliederung von Arbeit oder ihrer Vergabe an andere Unternehmen sowie zum Produktions- und Investitionsprogramm zum Gegenstand haben.
(2) Der Arbeitgeber hat die Vorschläge mit dem Betriebsrat zu beraten. Hält der Arbeitgeber die Vorschläge des Betriebsrats für ungeeignet, hat er dies zu begründen; in Betrieben mit mehr als 100 Arbeitnehmern erfolgt die Begründung schriftlich. Zu den Beratungen kann der Arbeitgeber oder der Betriebsrat einen Vertreter der Bundesagentur für Arbeit hinzuziehen.

§ 93 Ausschreibung von Arbeitsplätzen

Der Betriebsrat kann verlangen, dass Arbeitsplätze, die besetzt werden sollen, allgemein oder für bestimmte Arten von Tätigkeiten vor ihrer Besetzung innerhalb des Betriebs ausgeschrieben werden.

§ 94 Personalfragebogen, Beurteilungsgrundsätze

(1) Personalfragebogen bedürfen der Zustimmung des Betriebsrats. Kommt eine Einigung über ihren Inhalt nicht zustande, so entscheidet die Einigungsstelle. Der Spruch der Einigungsstelle ersetzt die Einigung zwischen Arbeitgeber und Betriebsrat.
(2) Absatz 1 gilt entsprechend für persönliche Angaben in schriftlichen Arbeitsverträgen, die allgemein für den Betrieb verwendet werden sollen, sowie für die Aufstellung allgemeiner Beurteilungsgrundsätze.

§ 95 Auswahlrichtlinien

(1) Richtlinien über die personelle Auswahl bei Einstellungen, Versetzungen, Umgruppierungen und Kündigungen bedürfen der Zustimmung des Betriebsrats. Kommt eine Einigung über die Richtlinien oder ihren Inhalt nicht zustande, so entscheidet auf Antrag des Arbeitgebers die Einigungsstelle. Der Spruch der Einigungsstelle ersetzt die Einigung zwischen Arbeitgeber und Betriebsrat.
(2) In Betrieben mit mehr als 500 Arbeitnehmern kann der Betriebsrat die Aufstellung von Richtlinien über die bei Maßnahmen des Absatzes 1 Satz 1 zu beachtenden fachlichen und persönlichen Voraussetzungen und sozialen Gesichtspunkte verlangen. Kommt eine Einigung über die Richtlinien oder ihren Inhalt nicht zustande, so entscheidet die Einigungsstelle. Der Spruch der Einigungsstelle ersetzt die Einigung zwischen Arbeitgeber und Betriebsrat.
(2a) Die Absätze 1 und 2 finden auch dann Anwendung, wenn bei der Aufstellung der Richtlinien nach diesen Absätzen Künstliche Intelligenz zum Einsatz kommt.
(3) Versetzung im Sinne dieses Gesetzes ist die Zuweisung eines anderen Arbeitsbereichs, die voraussichtlich die Dauer von einem Monat überschreitet, oder die mit einer erheblichen Änderung der Umstände verbunden ist, unter denen die Arbeit zu leisten ist. Werden Arbeitnehmer nach der Eigenart ihres Arbeitsverhältnisses üblicherweise nicht ständig an einem bestimmten Arbeitsplatz beschäftigt, so gilt die Bestimmung des jeweiligen Arbeitsplatzes nicht als Versetzung.

§ 96 Förderung der Berufsbildung

(1) Arbeitgeber und Betriebsrat haben im Rahmen der betrieblichen Personalplanung und in Zusammenarbeit mit den für die Berufsbildung und den für die Förderung der Berufsbildung zuständigen Stellen die Berufsbildung der Arbeitnehmer zu fördern. Der Arbeitgeber hat auf Verlangen des Betriebsrats den Berufsbildungsbedarf zu ermitteln und mit ihm Fragen der Berufsbildung der Arbeitnehmer des Betriebs zu beraten. Hierzu kann der Betriebsrat Vorschläge machen.

(1a) Kommt im Rahmen der Beratung nach Absatz 1 eine Einigung über Maßnahmen der Berufsbildung nicht zustande, können der Arbeitgeber oder der Betriebsrat die Einigungsstelle um Vermittlung anrufen. Die Einigungsstelle hat eine Einigung der Parteien zu versuchen.

(2) Arbeitgeber und Betriebsrat haben darauf zu achten, dass unter Berücksichtigung der betrieblichen Notwendigkeiten den Arbeitnehmern die Teilnahme an betrieblichen oder außerbetrieblichen Maßnahmen der Berufsbildung ermöglicht wird. Sie haben dabei auch die Belange älterer Arbeitnehmer, Teilzeitbeschäftigter und von Arbeitnehmern mit Familienpflichten zu berücksichtigen.

§ 97 Einrichtungen und Maßnahmen der Berufsbildung

(1) Der Arbeitgeber hat mit dem Betriebsrat über die Errichtung und Ausstattung betrieblicher Einrichtungen zur Berufsbildung, die Einführung betrieblicher Berufsbildungsmaßnahmen und die Teilnahme an außerbetrieblichen Berufsbildungsmaßnahmen zu beraten.

(2) Hat der Arbeitgeber Maßnahmen geplant oder durchgeführt, die dazu führen, dass sich die Tätigkeit der betroffenen Arbeitnehmer ändert und ihre beruflichen Kenntnisse und Fähigkeiten zur Erfüllen ihrer Aufgaben nicht mehr ausreichen, so hat der Betriebsrat bei der Einführung von Maßnahmen der betrieblichen Berufsbildung mitzubestimmen. Kommt eine Einigung nicht zustande, so entscheidet die Einigungsstelle. Der Spruch der Einigungsstelle ersetzt die Einigung zwischen Arbeitgeber und Betriebsrat.

§ 98 Durchführung betrieblicher Bildungsmaßnahmen

(1) Der Betriebsrat hat bei der Durchführung von Maßnahmen der betrieblichen Berufsbildung mitzubestimmen.

(2) Der Betriebsrat kann der Bestellung einer mit der Durchführung der betrieblichen Berufsbildung beauftragten Person widersprechen oder ihre Abberufung verlangen, wenn diese die persönliche oder fachliche, insbesondere die berufs- und arbeitspädagogische Eignung im Sinne des Berufsbildungsgesetzes nicht besitzt oder ihre Aufgaben vernachlässigt.

(3) Führt der Arbeitgeber betriebliche Maßnahmen der Berufsbildung durch oder stellt er für außerbetriebliche Maßnahmen der Berufsbildung Arbeitnehmer frei oder trägt er die durch die Teilnahme von Arbeitnehmern an solchen Maßnahmen entstehenden Kosten ganz oder teilweise, so kann der Betriebsrat Vorschläge für die Teilnahme von

Arbeitnehmern oder Gruppen von Arbeitnehmern des Betriebs an diesen Maßnahmen der beruflichen Bildung machen.
(4) Kommt im Fall des Absatzes 1 oder über die nach Absatz 3 vom Betriebsrat vorgeschlagenen Teilnehmer eine Einigung nicht zustande, so entscheidet die Einigungsstelle. Der Spruch der Einigungsstelle ersetzt die Einigung zwischen Arbeitgeber und Betriebsrat.
(5) Kommt im Fall des Absatzes 2 eine Einigung nicht zustande, so kann der etriebsrat beim Arbeitsgericht beantragen, dem Arbeitgeber aufzugeben, die Bestellung zu unterlassen oder die Abberufung durchzuführen. Führt der Arbeitgeber die Bestellung einer rechtskräftigen gerichtlichen Entscheidung zuwider durch, so ist er auf Antrag des Betriebsrats vom Arbeitsgericht wegen der Bestellung nach vorheriger Androhung zu einem Ordnungsgeld zu verurteilen; das Höchstmaß des Ordnungsgeldes beträgt 10.000 Euro. Führt der Arbeitgeber die Abberufung einer rechtskräftigen gerichtlichen Entscheidung zuwider nicht durch, so ist auf Antrag des Betriebsrats vom Arbeitsgericht zu erkennen, dass der Arbeitgeber zur Abberufung durch Zwangsgeld anzuhalten sei; das Höchstmaß des Zwangsgeldes beträgt für jeden Tag der Zuwiderhandlung 250 Euro. Die Vorschriften des Berufsbildungsgesetzes über die Ordnung der Berufsbildung bleiben unberührt.
(6) Die Absätze 1 bis 5 gelten entsprechend, wenn der Arbeitgeber sonstige Bildungsmaßnahmen im Betrieb durchführt.

§ 99 Mitbestimmung bei personellen Einzelmaßnahmen

(1) In Unternehmen mit in der Regel mehr als zwanzig wahlberechtigten Arbeitnehmern hat der Arbeitgeber den Betriebsrat vor jeder Einstellung, Eingruppierung, Umgruppierung und Versetzung zu unterrichten, ihm die erforderlichen Bewerbungsunterlagen vorzulegen und Auskunft über die Person der Beteiligten zu geben; er hat dem Betriebsrat unter Vorlage der erforderlichen Unterlagen Auskunft über die Auswirkungen der geplanten Maßnahme zu geben und die Zustimmung des Betriebsrats zu der geplanten Maßnahme einzuholen. Bei Einstellungen und Versetzungen hat der Arbeitgeber insbesondere den in Aussicht genommenen Arbeitsplatz und die vorgesehene Eingruppierung mitzuteilen. Die Mitglieder des Betriebsrats sind verpflichtet, über die ihnen im Rahmen der personellen Maßnahmen nach den Sätzen 1 und 2 bekanntgewordenen persönlichen Verhältnisse und Angelegenheiten der Arbeitnehmer, die ihrer Bedeutung oder ihrem Inhalt nach einer vertraulichen Behandlung bedürfen, Stillschweigen zu bewahren; § 79 Abs. 1 Satz 2 bis 4 gilt entsprechend.
(2) Der Betriebsrat kann die Zustimmung verweigern, wenn

1. die personelle Maßnahme gegen ein Gesetz, eine Verordnung, eine Unfallverhütungsvorschrift oder gegen eine Bestimmung in einem Tarifvertrag oder in einer Betriebsvereinbarung oder gegen eine gerichtliche Entscheidung oder eine behördliche Anordnung verstoßen würde,
2. die personelle Maßnahme gegen eine Richtlinie nach § 95 verstoßen würde,

3. die durch Tatsachen begründete Besorgnis besteht, dass infolge der personellen Maßnahme im Betrieb beschäftigte Arbeitnehmer gekündigt werden oder sonstige Nachteile erleiden, ohne dass dies aus betrieblichen oder persönlichen Gründen gerechtfertigt ist; als Nachteil gilt bei unbefristeter Einstellung auch die Nichtberücksichtigung eines gleich geeigneten befristet Beschäftigten,
4. der betroffene Arbeitnehmer durch die personelle Maßnahme benachteiligt wird, ohne dass dies aus betrieblichen oder in der Person des Arbeitnehmers liegenden Gründen gerechtfertigt ist,
5. eine nach § 93 erforderliche Ausschreibung im Betrieb unterblieben ist oder
6. die durch Tatsachen begründete Besorgnis besteht, dass der für die personelle Maßnahme in Aussicht genommene Bewerber oder Arbeitnehmer den Betriebsfrieden durch gesetzwidriges Verhalten oder durch grobe Verletzung der in § 75 Abs. 1 enthaltenen Grundsätze, insbesondere durch rassistische oder fremdenfeindliche Betätigung, stören werde.

(3) Verweigert der Betriebsrat seine Zustimmung, so hat er dies unter Angabe von Gründen innerhalb einer Woche nach Unterrichtung durch den Arbeitgeber diesem schriftlich mitzuteilen. Teilt der Betriebsrat dem Arbeitgeber die Verweigerung seiner Zustimmung nicht innerhalb der Frist schriftlich mit, so gilt die Zustimmung als erteilt.
(4) Verweigert der Betriebsrat seine Zustimmung, so kann der Arbeitgeber beim Arbeitsgericht beantragen, die Zustimmung zu ersetzen.

§ 100 Vorläufige personelle Maßnahmen

(1) Der Arbeitgeber kann, wenn dies aus sachlichen Gründen dringend erforderlich ist, die personelle Maßnahme im Sinne des § 99 Abs. 1 Satz 1 vorläufig durchführen, bevor der Betriebsrat sich geäußert oder wenn er die Zustimmung verweigert hat. Der Arbeitgeber hat den Arbeitnehmer über die Sach- und Rechtslage aufzuklären.
(2) Der Arbeitgeber hat den Betriebsrat unverzüglich von der vorläufigen personellen Maßnahme zu unterrichten. Bestreitet der Betriebsrat, dass die Maßnahme aus sachlichen Gründen dringend erforderlich ist, so hat er dies dem Arbeitgeber unverzüglich mitzuteilen. In diesem Fall darf der Arbeitgeber die vorläufige personelle Maßnahme nur aufrechterhalten, wenn er innerhalb von drei Tagen beim Arbeitsgericht die Ersetzung der Zustimmung des Betriebsrats und die Feststellung beantragt, dass die Maßnahme aus sachlichen Gründen dringend erforderlich war.
(3) Lehnt das Gericht durch rechtskräftige Entscheidung die Ersetzung der Zustimmung des Betriebsrats ab oder stellt es rechtskräftig fest, dass offensichtlich die Maßnahme aus sachlichen Gründen nicht dringend erforderlich war, so endet die vorläufige personelle Maßnahme mit Ablauf von zwei Wochen nach Rechtskraft der Entscheidung. Von diesem Zeitpunkt an darf die personelle Maßnahme nicht aufrechterhalten werden.

§ 102 Mitbestimmung bei Kündigungen

(1) Der Betriebsrat ist vor jeder Kündigung zu hören. Der Arbeitgeber hat ihm die Gründe für die Kündigung mitzuteilen. Eine ohne Anhörung des Betriebsrats ausgesprochene Kündigung ist unwirksam.

(2) Hat der Betriebsrat gegen eine ordentliche Kündigung Bedenken, so hat er diese unter Angabe der Gründe dem Arbeitgeber spätestens innerhalb einer Woche schriftlich mitzuteilen. Äußert er sich innerhalb dieser Frist nicht, gilt seine Zustimmung zur Kündigung als erteilt. Hat der Betriebsrat gegen eine außerordentliche Kündigung Bedenken, so hat er diese unter Angabe der Gründe dem Arbeitgeber unverzüglich, spätestens jedoch innerhalb von drei Tagen, schriftlich mitzuteilen. Der Betriebsrat soll, soweit dies erforderlich erscheint, vor seiner Stellungnahme den betroffenen Arbeitnehmer hören. § 99 Abs. 1 Satz 3 gilt entsprechend.

(3) Der Betriebsrat kann innerhalb der Frist des Absatzes 2 Satz 1 der ordentlichen Kündigung widersprechen, wenn

1. der Arbeitgeber bei der Auswahl des zu kündigenden Arbeitnehmers soziale Gesichtspunkte nicht oder nicht ausreichend berücksichtigt hat,
2. die Kündigung gegen eine Richtlinie nach § 95 verstößt,
3. der zu kündigende Arbeitnehmer an einem anderen Arbeitsplatz im selben Betrieb oder in einem anderen Betrieb des Unternehmens weiterbeschäftigt werden kann,
4. die Weiterbeschäftigung des Arbeitnehmers nach zumutbaren Umschulungs- oder Fortbildungsmaßnahmen möglich ist oder
5. eine Weiterbeschäftigung des Arbeitnehmers unter geänderten Vertragsbedingungen möglich ist und der Arbeitnehmer sein Einverständnis hiermit erklärt hat.

(4) Kündigt der Arbeitgeber, obwohl der Betriebsrat nach Absatz 3 der Kündigung widersprochen hat, so hat er dem Arbeitnehmer mit der Kündigung eine Abschrift der Stellungnahme des Betriebsrats zuzuleiten.

(5) Hat der Betriebsrat einer ordentlichen Kündigung frist- und ordnungsgemäß widersprochen, und hat der Arbeitnehmer nach dem Kündigungsschutzgesetz Klage auf Feststellung erhoben, dass das Arbeitsverhältnis durch die Kündigung nicht aufgelöst ist, so muss der Arbeitgeber auf Verlangen des Arbeitnehmers diesen nach Ablauf der Kündigungsfrist bis zum rechtskräftigen Abschluss des Rechtsstreits bei unveränderten Arbeitsbedingungen weiterbeschäftigen. Auf Antrag des Arbeitgebers kann das Gericht ihn durch einstweilige Verfügung von der Verpflichtung zur Weiterbeschäftigung nach Satz 1 entbinden, wenn

1. die Klage des Arbeitnehmers keine hinreichende Aussicht auf Erfolg bietet oder mutwillig erscheint oder
2. die Weiterbeschäftigung des Arbeitnehmers zu einer unzumutbaren wirtschaftlichen Belastung des Arbeitgebers führen würde oder
3. der Widerspruch des Betriebsrats offensichtlich unbegründet war.

(6) Arbeitgeber und Betriebsrat können vereinbaren, dass Kündigungen der Zustimmung des Betriebsrats bedürfen und dass bei Meinungsverschiedenheiten über die Berechtigung der Nichterteilung der Zustimmung die Einigungsstelle entscheidet.

(7) Die Vorschriften über die Beteiligung des Betriebsrats nach dem Kündigungsschutzgesetz bleiben unberührt.

§ 103 Außerordentliche Kündigung und Versetzung in besonderen Fällen

(siehe auch § 15 KSchG)

(1) Die außerordentliche Kündigung von Mitgliedern des Betriebsrats, der Jugend- und Auszubildendenvertretung, der Bordvertretung und des Seebetriebsrats, des Wahlvorstands sowie von Wahlbewerbern bedarf der Zustimmung des Betriebsrats.

(2) Verweigert der Betriebsrat seine Zustimmung, so kann das Arbeitsgericht sie auf Antrag des Arbeitgebers ersetzen, wenn die außerordentliche Kündigung unter Berücksichtigung aller Umstände gerechtfertigt ist. In dem Verfahren vor dem Arbeitsgericht ist der betroffene Arbeitnehmer Beteiligter.

(2a) Absatz 2 gilt entsprechend, wenn im Betrieb kein Betriebsrat besteht.

(3) Die Versetzung der in Absatz 1 genannten Personen, die zu einem Verlust des Amtes oder der Wählbarkeit führen würde, bedarf der Zustimmung des Betriebsrats; dies gilt nicht, wenn der betroffene Arbeitnehmer mit der Versetzung einverstanden ist. Absatz 2 gilt entsprechend mit der Maßgabe, dass das Arbeitsgericht die Zustimmung zu der Versetzung ersetzen kann, wenn diese auch unter Berücksichtigung der betriebsverfassungsrechtlichen Stellung des betroffenen Arbeitnehmers aus dringenden betrieblichen Gründen notwendig ist.

§ 104 Entfernung betriebsstörender Arbeitnehmer

Hat ein Arbeitnehmer durch gesetzwidriges Verhalten oder durch grobe Verletzung der in § 75 Abs. 1 enthaltenen Grundsätze, insbesondere durch rassistische oder fremdenfeindliche Betätigungen, den Betriebsfrieden wiederholt ernstlich gestört, so kann der Betriebsrat vom Arbeitgeber die Entlassung oder Versetzung verlangen. Gibt das Arbeitsgericht einem Antrag des Betriebsrats statt, dem Arbeitgeber aufzugeben, die Entlassung oder Versetzung durchzuführen, und führt der Arbeitgeber die Entlassung oder Versetzung einer rechtskräftigen gerichtlichen Entscheidung zuwider nicht durch, so ist auf Antrag des Betriebsrats vom Arbeitsgericht zu erkennen, dass er zur Vornahme der Entlassung oder Versetzung durch Zwangsgeld anzuhalten sei. Das Höchstmaß des Zwangsgeldes beträgt für jeden Tag der Zuwiderhandlung 250 Euro.

§ 105 Leitende Angestellte

Eine beabsichtigte Einstellung oder personelle Veränderung eines in § 5 Abs.3 genannten leitenden Angestellten ist dem Betriebsrat rechtzeitig mitzuteilen.

§ 106 Wirtschaftsausschuss

(1) In allen Unternehmen mit in der Regel mehr als einhundert ständig beschäftigten Arbeitnehmern ist ein Wirtschaftsausschuss zu bilden. Der Wirtschaftsausschuss hat die Aufgabe, wirtschaftliche Angelegenheiten mit dem Unternehmer zu beraten und den Betriebsrat zu unterrichten.

(2) Der Unternehmer hat den Wirtschaftsausschuss rechtzeitig und umfassend über die wirtschaftlichen Angelegenheiten des Unternehmens unter Vorlage der erforderlichen Unterlagen zu unterrichten, soweit dadurch nicht die Betriebs- und Geschäftsgeheimnisse des Unternehmens gefährdet werden, sowie die sich daraus ergebenden Auswirkungen

auf die Personalplanung darzustellen. Zu den erforderlichen Unterlagen gehört in den Fällen des Absatzes 3 Nr. 9a insbesondere die Angabe über den potentiellen Erwerber und dessen Absichten im Hinblick auf die künftige Geschäftstätigkeit des Unternehmens sowie die sich daraus ergebenden Auswirkungen auf
die Arbeitnehmer; Gleiches gilt, wenn im Vorfeld der Übernahme des Unternehmens ein Bieterverfahren durchgeführt wird.

(3) Zu den wirtschaftlichen Angelegenheiten im Sinne dieser Vorschrift gehören insbesondere

1. die wirtschaftliche und finanzielle Lage des Unternehmens;
2. die Produktions- und Absatzlage;
3. das Produktions- und Investitionsprogramm;
4. Rationalisierungsvorhaben;
5. Fabrikations- und Arbeitsmethoden, insbesondere die Einführung neuer Arbeitsmethoden;
   a) Fragen des betrieblichen Umweltschutzes;
6. die Einschränkung oder Stilllegung von Betrieben oder von Betriebsteilen;
7. die Verlegung von Betrieben oder Betriebsteilen;
8. der Zusammenschluss oder die Spaltung von Unternehmen oder Betrieben;
9. die Änderung der Betriebsorganisation oder des Betriebszwecks;
   a) die Übernahme des Unternehmens, wenn hiermit der Erwerb der Kontrolle verbunden ist, sowie
10. sonstige Vorgänge und Vorhaben, welche die Interessen der Arbeitnehmer des Unternehmens wesentlich berühren können.

§ 106 Wirtschaftsausschuss

(1) In allen Unternehmen mit in der Regel mehr als einhundert ständig beschäftigten Arbeitnehmern ist ein Wirtschaftsausschuss zu bilden. Der Wirtschaftsausschuss hat die Aufgabe, wirtschaftliche Angelegenheiten mit dem Unternehmer zu beraten und den Betriebsrat zu unterrichten.

(2) Der Unternehmer hat den Wirtschaftsausschuss rechtzeitig und umfassend über die wirtschaftlichen Angelegenheiten des Unternehmens unter Vorlage der erforderlichen Unterlagen zu unterrichten, soweit dadurch nicht die Betriebs- und Geschäftsgeheimnisse des Unternehmens gefährdet werden, sowie die sich daraus ergebenden Auswirkungen auf die Personalplanung darzustellen. Zu den erforderlichen Unterlagen gehört in den Fällen des Absatzes 3 Nr. 9a insbesondere die Angabe über den potentiellen Erwerber und dessen Absichten im Hinblick auf die künftige Geschäftstätigkeit des Unternehmens sowie die sich daraus ergebenden Auswirkungen auf die Arbeitnehmer; Gleiches gilt, wenn im Vorfeld der Übernahme des Unternehmens ein Bieterverfahren durchgeführt wird.

(3) Zu den wirtschaftlichen Angelegenheiten im Sinne dieser Vorschrift gehören insbesondere

1. die wirtschaftliche und finanzielle Lage des Unternehmens;
2. die Produktions- und Absatzlage;

3. das Produktions- und Investitionsprogramm;
4. Rationalisierungsvorhaben;
5. Fabrikations- und Arbeitsmethoden, insbesondere die Einführung neuer Arbeitsmethoden;
5a. Fragen des betrieblichen Umweltschutzes;
5b. Fragen der unternehmerischen Sorgfaltspflichten in Lieferketten gemäß dem Lieferkettensorgfaltspflichtengesetz;
6. die Einschränkung oder Stillegung von Betrieben oder von Betriebsteilen;
7. die Verlegung von Betrieben oder Betriebsteilen;
8. der Zusammenschluss oder die Spaltung von Unternehmen oder Betrieben;
9. die Änderung der Betriebsorganisation oder des Betriebszwecks;
9a. die Übernahme des Unternehmens, wenn hiermit der Erwerb der Kontrolle verbunden ist, sowie
10. sonstige Vorgänge und Vorhaben, welche die Interessen der Arbeitnehmer des Unternehmens wesentlich berühren können.

§ 107 Bestellung und Zusammensetzung des Wirtschaftsausschusses

(1) Der Wirtschaftsausschuss besteht aus mindestens drei und höchstens sieben Mitgliedern, die dem Unternehmen angehören müssen, darunter mindestens einem Betriebsratsmitglied. Zu Mitgliedern des Wirtschaftsausschusses können auch die in § 5 Abs. 3 genannten Angestellten bestimmt werden. Die Mitglieder sollen die zur Erfüllung ihrer Aufgaben erforderliche fachliche und persönliche Eignung besitzen.
(2) Die Mitglieder des Wirtschaftsausschusses werden vom Betriebsrat für die Dauer seiner Amtszeit bestimmt. Besteht ein Gesamtbetriebsrat, so bestimmt dieser die Mitglieder des Wirtschaftsausschusses; die Amtszeit der Mitglieder endet in diesem Fall in dem Zeitpunkt, in dem die Amtszeit der Mehrheit der Mitglieder des Gesamtbetriebsrats, die an der Bestimmung mitzuwirken berechtigt waren, abgelaufen ist. Die Mitglieder des Wirtschaftsausschusses können jederzeit abberufen werden; auf die Abberufung sind die Sätze 1 und 2 entsprechend anzuwenden.
(3) Der Betriebsrat kann mit der Mehrheit der Stimmen seiner Mitglieder beschließen, die Aufgaben des Wirtschaftsausschusses einem Ausschuss des Betriebsrats zu übertragen. Die Zahl der Mitglieder des Ausschusses darf die Zahl der Mitglieder des Betriebsausschusses nicht überschreiten. Der Betriebsrat kann jedoch weitere Arbeitnehmer einschließlich der in § 5 Abs. 3 genannten leitenden Angestellten bis zur selben Zahl, wie der Ausschuss Mitglieder hat, in den Ausschuss berufen; für die Beschlussfassung gilt Satz 1. Für die Verschwiegenheitspflicht der in Satz 3 bezeichneten weiteren Arbeitnehmer gilt § 79 entsprechend. Für die Abänderung und den Widerruf der Beschlüsse nach den Sätzen 1 bis 3 sind die gleichen Stimmenmehrheiten erforderlich wie für die Beschlüsse nach den Sätzen 1 bis 3. Ist in einem Unternehmen ein Gesamtbetriebsrat errichtet, so beschließt dieser über die anderweitige Wahrnehmung der Aufgaben des Wirtschaftsausschusses; die Sätze 1 bis 5 gelten entsprechend.

§ 111 Betriebsänderungen

In Unternehmen mit in der Regel mehr als zwanzig wahlberechtigten Arbeitnehmern hat der Unternehmer den Betriebsrat über geplante Betriebsänderungen, die wesentliche Nachteile für die Belegschaft oder erhebliche Teile der Belegschaft zur Folge haben können, rechtzeitig und umfassend zu unterrichten und die geplanten Betriebsänderungen mit dem Betriebsrat zu beraten. Der Betriebsrat kann in Unternehmen mit mehr als 300 Arbeitnehmern zu seiner Unterstützung einen Berater hinzuziehen; § 80 Abs. 4 gilt entsprechend; im Übrigen bleibt § 80 Abs. 3 unberührt. Als Betriebsänderungen im Sinne des Satzes 1 gelten

1. Einschränkung und Stilllegung des ganzen Betriebs oder von wesentlichen Betriebsteilen,
2. Verlegung des ganzen Betriebs oder von wesentlichen Betriebsteilen,
3. Zusammenschluss mit anderen Betrieben oder die Spaltung von Betrieben,
4. grundlegende Änderungen der Betriebsorganisation, des Betriebszwecks oder der Betriebsanlagen,
5. Einführung grundlegend neuer Arbeitsmethoden und Fertigungsverfahren.

§ 112 Interessenausgleich über die Betriebsänderung, Sozialplan

(1) Kommt zwischen Unternehmer und Betriebsrat ein Interessenausgleich über die geplante Betriebsänderung zustande, so ist dieser schriftlich niederzulegen und vom Unternehmer und Betriebsrat zu unterschreiben; § 77 Absatz 2 Satz 3 gilt entsprechend. Das Gleiche gilt für eine Einigung über den Ausgleich oder die Milderung der wirtschaftlichen Nachteile, die den Arbeitnehmern infolge der geplanten Betriebsänderung entstehen (Sozialplan). Der Sozialplan hat die Wirkung einer Betriebsvereinbarung. § 77 Abs. 3 ist auf den Sozialplan nicht anzuwenden.

(2) Kommt ein Interessenausgleich über die geplante Betriebsänderung oder eine Einigung über den Sozialplan nicht zustande, so können der Unternehmer oder der Betriebsrat den Vorstand der Bundesagentur für Arbeit um Vermittlung ersuchen, der Vorstand kann die Aufgabe auf andere Bedienstete der Bundesagentur für Arbeit übertragen. Erfolgt kein Vermittlungsersuchen oder bleibt der Vermittlungsversuch ergebnislos, so können der Unternehmer oder der Betriebsrat die Einigungsstelle anrufen. Auf Ersuchen des Vorsitzenden der Einigungsstelle nimmt ein Mitglied des Vorstands der Bundesagentur für Arbeit oder ein vom Vorstand der Bundesagentur für Arbeit benannter Bediensteter der Bundesagentur für Arbeit an der Verhandlung teil.

(3) Unternehmer und Betriebsrat sollen der Einigungsstelle Vorschläge zur Beilegung der Meinungsverschiedenheiten über den Interessenausgleich und den Sozialplan machen. Die Einigungsstelle hat eine Einigung der Parteien zu versuchen. Kommt eine Einigung zustande, so ist sie schriftlich niederzulegen und von den Parteien und vom Vorsitzenden zu unterschreiben.

(4) Kommt eine Einigung über den Sozialplan nicht zustande, so entscheidet die Einigungsstelle über die Aufstellung eines Sozialplans. Der Spruch der Einigungsstelle ersetzt die Einigung zwischen Arbeitgeber und Betriebsrat.

(5) Die Einigungsstelle hat bei ihrer Entscheidung nach Absatz 4 sowohl die sozialen Belange der betroffenen Arbeitnehmer zu berücksichtigen als auch auf die wirtschaftliche Vertretbarkeit ihrer Entscheidung für das Unternehmen zu achten. ...

§ 112a Erzwingbarer Sozialplan bei Personalabbau, Neugründungen

(1) Besteht eine geplante Betriebsänderung im Sinne des § 111 Satz 3 Nr. 1 allein in der Entlassung von Arbeitnehmern, so findet § 112 Abs. 4 und 5 nur Anwendung, wenn

1. in Betrieben mit in der Regel weniger als 60 Arbeitnehmern 20 vom Hundert der regelmäßig beschäftigten Arbeitnehmer, aber mindestens 6 Arbeitnehmer,
2. in Betrieben mit in der Regel mindestens 60 und weniger als 250 Arbeitnehmern 20 vom Hundert der regelmäßig beschäftigten Arbeitnehmer oder mindestens 37 Arbeitnehmer,
3. in Betrieben mit in der Regel mindestens 250 und weniger als 500 Arbeitnehmern 15 vom Hundert der regelmäßig beschäftigten Arbeitnehmer oder mindestens 60 Arbeitnehmer,
4. in Betrieben mit in der Regel mindestens 500 Arbeitnehmern 10 vom Hundert der regelmäßig beschäftigten Arbeitnehmer, aber mindestens 60 Arbeitnehmer aus betriebsbedingten Gründen entlassen werden sollen. Als Entlassung gilt auch das vom Arbeitgeber aus Gründen der Betriebsänderung veranlasste Ausscheiden von Arbeitnehmern auf Grund von Aufhebungsverträgen.

(2) § 112 Abs. 4 und 5 findet keine Anwendung auf Betriebe eines Unternehmens in den ersten vier Jahren nach seiner Gründung. Dies gilt nicht für Neugründungen im Zusammenhang mit der rechtlichen Umstrukturierung von Unternehmen und Konzernen. Maßgebend für den Zeitpunkt der Gründung ist die Aufnahme einer Erwerbstätigkeit, die nach § 138 der Abgabenordnung dem Finanzamt mitzuteilen ist.

§ 113 Nachteilsausgleich

(1) Weicht der Unternehmer von einem Interessenausgleich über die geplante Betriebsänderung ohne zwingenden Grund ab, so können Arbeitnehmer, die infolge dieser Abweichung entlassen werden, beim Arbeitsgericht Klage erheben mit dem Antrag, den Arbeitgeber zur Zahlung von Abfindungen zu verurteilen; § 10 des Kündigungsschutzgesetzes gilt entsprechend.

....

Bürgerliches Gesetzbuch - BGB

vom 18.08.1896, zuletzt geändert am 22.11.2023

Buch 1. Allgemeiner Teil

§ 1 Beginn der Rechtsfähigkeit

Die Rechtsfähigkeit des Menschen beginnt mit der Vollendung der Geburt.

§ 2 Eintritt der Volljährigkeit

Die Volljährigkeit tritt mit der Vollendung des 18. Lebensjahres ein.

§ 7 Wohnsitz; Begründung und Aufhebung

(1) Wer sich an einem Orte ständig niederlässt, begründet an diesem Ort seinen Wohnsitz.
(2) Der Wohnsitz kann gleichzeitig an mehreren Orten bestehen.
(3) Der Wohnsitz wird aufgehoben, wenn die Niederlassung mit dem Willen aufgehoben wird, sie aufzugeben.

§ 13 Verbraucher

Verbraucher ist jede natürliche Person, die ein Rechtsgeschäft zu Zwecken abschließt, die überwiegend weder ihrer gewerblichen noch ihrer selbständigen beruflichen Tätigkeit zugerechnet werden können.

§ 14 Unternehmer

(1) Unternehmer ist eine natürliche oder juristische Person oder eine rechtsfähige Personengesellschaft, die bei Abschluss eines Rechtsgeschäfts in Ausübung ihrer gewerblichen oder selbständigen beruflichen Tätigkeit handelt.
(2) Eine rechtsfähige Personengesellschaft ist eine Personengesellschaft, die mit der Fähigkeit ausgestattet ist, Rechte zu erwerben und Verbindlichkeiten einzugehen.

§ 21 Nicht wirtschaftlicher Verein

Ein Verein, dessen Zweck nicht auf einen wirtschaftlichen Geschäftsbetrieb gerichtet ist, erlangt Rechtsfähigkeit durch Eintragung in das Vereinsregister des zuständigen Amtsgerichts.

§ 22 Wirtschaftlicher Verein

[1]Ein Verein, dessen Zweck auf einen wirtschaftlichen Geschäftsbetrieb gerichtet ist, erlangt in Ermangelung besonderer bundesgesetzlicher Vorschriften Rechtsfähigkeit durch staatliche Verleihung. [2]Die Verleihung steht dem Land zu, in dessen Gebiet der Verein seinen Sitz hat.

§ 90 Begriff der Sache

Sachen im Sinne des Gesetzes sind nur körperliche Gegenstände.

§ 90a Tiere
[1]Tiere sind keine Sachen. [2]Sie werden durch besondere Gesetze geschützt. [3]Auf sie sind die für Sachen geltenden Vorschriften entsprechend anzuwenden, soweit nicht etwas anderes bestimmt ist.

§ 91 Vertretbare Sachen
Vertretbare Sachen im Sinne des Gesetzes sind bewegliche Sachen, die im Verkehr nach Zahl, Maß oder Gewicht bestimmt zu werden pflegen.

§ 92 Verbrauchbare Sachen
(1) Verbrauchbare Sachen im Sinne des Gesetzes sind bewegliche Sachen, deren bestimmungsmäßiger Gebrauch in dem Verbrauch oder in der Veräußerung besteht.
(2) Als verbrauchbar gelten auch bewegliche Sachen, die zu einem Warenlager oder zu einem sonstigen Sachinbegriff gehören, dessen bestimmungsmäßiger Gebrauch in der Veräußerung der einzelnen Sachen besteht.

§ 93 Wesentliche Bestandteile einer Sache
Bestandteile einer Sache, die voneinander nicht getrennt werden können, ohne dass der eine oder der andere zerstört oder in seinem Wesen verändert wird (wesentliche Bestandteile), können nicht Gegenstand besonderer Rechte sein.

§ 94 Wesentliche Bestandteile eines Grundstücks oder Gebäudes
(1) [1]Zu den wesentlichen Bestandteilen eines Grundstücks gehören die mit dem Grund und Boden fest verbundenen Sachen, insbesondere Gebäude, sowie die Erzeugnisse des Grundstücks, solange sie mit dem Boden zusammenhängen. [2]Samen wird mit dem Aussäen, eine Pflanze wird mit dem Einpflanzen wesentlicher Bestandteil des Grundstücks.
(2) Zu den wesentlichen Bestandteilen eines Gebäudes gehören die zur Herstellung des Gebäudes eingefügten Sachen.

§ 99 Früchte
(1) Früchte einer Sache sind die Erzeugnisse der Sache und die sonstige Ausbeute, welche aus der Sache ihrer Bestimmung gemäß gewonnen wird.
(2) Früchte eines Rechts sind die Erträge, welche das Recht seiner Bestimmung gemäß gewährt, ins-besondere bei einem Recht auf Gewinnung von Bodenbestandteilen die gewonnenen Bestandteile.
(3) Früchte sind auch die Erträge, welche eine Sache oder ein Recht vermöge eines Rechtsverhältnisses gewährt.

§ 100 Nutzungen
Nutzungen sind die Früchte einer Sache oder eines Rechts sowie die Vorteile, welche der Gebrauch der Sache oder des Rechts gewährt.

§ 104 Geschäftsunfähigkeit
Geschäftsunfähig ist:
1. wer nicht das siebente Lebensjahr vollendet hat,
2. wer sich in einem die freie Willensbestimmung ausschließenden Zustand krankhafter Störung der Geistestätigkeit befindet, sofern nicht der Zustand seiner Natur nach ein vorübergehender ist.

§ 105 Nichtigkeit der Willenserklärung
(1) Die Willenserklärung eines Geschäftsunfähigen ist nichtig.
(2) Nichtig ist auch eine Willenserklärung, die im Zustand der Bewusstlosigkeit oder vorübergehender Störung der Geistestätigkeit abgegeben wird.

§ 106 Beschränkte Geschäftsfähigkeit Minderjähriger *(→§ 2 BGB)*
Ein Minderjähriger, der das siebente Lebensjahr vollendet hat, ist nach Maßgabe der §§ 107 bis 113 in der Geschäftsfähigkeit beschränkt.

§ 107 Einwilligung des gesetzlichen Vertreters
Der Minderjährige bedarf zu einer Willenserklärung, durch die er nicht lediglich einen rechtlichen Vorteil erlangt, der Einwilligung seines gesetzlichen Vertreters.

§ 108 Vertragsschluss ohne Einwilligung
(1) Schließt der Minderjährige einen Vertrag ohne die erforderliche Einwilligung des gesetzlichen Vertreters, so hängt die Wirksamkeit des Vertrags von der Genehmigung des Vertreters ab.
(2) [1]Fordert der andere Teil den Vertreter zur Erklärung über die Genehmigung auf, so kann die Erklärung nur ihm gegenüber erfolgen; eine vor der Aufforderung dem Minderjährigen gegenüber erklärte Genehmigung oder Verweigerung der Genehmigung wird unwirksam. [2]Die Genehmigung kann nur bis zum Ablauf von zwei Wochen nach dem Empfang der Aufforderung erklärt werden; wird sie nicht erklärt, so gilt sie als verweigert.
(3) Ist der Minderjährige unbeschränkt geschäftsfähig geworden, so tritt seine Genehmigung an die Stelle der Genehmigung des Vertreters.

§ 109 Widerrufsrecht des anderen Teils
(1) [1]Bis zur Genehmigung des Vertrags ist der andere Teil zum Widerruf berechtigt. [2]Der Widerruf kann auch dem Minderjährigen gegenüber erklärt werden.
(2) Hat der andere Teil die Minderjährigkeit gekannt, so kann er nur widerrufen, wenn der Minderjährige der Wahrheit zuwider die Einwilligung des Vertreters behauptet hat; er kann auch in diesem Falle nicht widerrufen, wenn ihm das Fehlen der Einwilligung bei dem Abschluss des Vertrags bekannt war.

§ 110 Bewirken der Leistung mit eigenen Mitteln
Ein von dem Minderjährigen ohne Zustimmung des gesetzlichen Vertreters geschlossener Vertrag gilt als von Anfang an wirksam, wenn der Minderjährige die vertragsmäßige Leistung mit Mitteln bewirkt, die ihm zu diesem Zweck oder zu freier Verfügung von dem Vertreter oder mit dessen Zustimmung von einem Dritten überlassen worden sind.

§ 111 Einseitige Rechtsgeschäfte

[1]Ein einseitiges Rechtsgeschäft, das der Minderjährige ohne die erforderliche Einwilligung des gesetzlichen Vertreters vornimmt, ist unwirksam. [2]Nimmt der Minderjährige mit dieser Einwilligung ein solches Rechtsgeschäft einem anderen gegenüber vor, so ist das Rechtsgeschäft unwirksam, wenn der Minderjährige die Einwilligung nicht in schriftlicher Form vorlegt und der andere das Rechtsgeschäft aus diesem Grunde unverzüglich zurückweist. [3]Die Zurückweisung ist ausgeschlossen, wenn der Vertreter den anderen von der Einwilligung in Kenntnis gesetzt hatte.

§ 113 Dienst- oder Arbeitsverhältnis

(1) [1]Ermächtigt der gesetzliche Vertreter den Minderjährigen, in Dienst oder in Arbeit zu treten, so ist der Minderjährige für solche Rechtsgeschäfte unbeschränkt geschäftsfähig, welche die Eingehung oder Aufhebung eines Dienst- oder Arbeitsverhältnisses der gestatteten Art oder die Erfüllung der sich aus einem solchen Verhältnis ergebenden Verpflichtungen betreffen. [2]Ausgenommen sind Verträge, zu denen der Vertreter der Genehmigung des Familiengerichts bedarf.
(2) Die Ermächtigung kann von dem Vertreter zurückgenommen oder eingeschränkt werden.
(3) [1]Ist der gesetzliche Vertreter ein Vormund, so kann die Ermächtigung, wenn sie von ihm verweigert wird, auf Antrag des Minderjährigen durch das Familiengericht ersetzt werden. [2]Das Familiengericht hat die Ermächtigung zu ersetzen, wenn sie im Interesse des Mündels liegt.

§ 119 Anfechtbarkeit wegen Irrtums *(→§§ 121, 143 BGB)*

(1) Wer bei der Abgabe einer Willenserklärung über deren Inhalt im Irrtum war oder eine Erklärung dieses Inhalts überhaupt nicht abgeben wollte, kann die Erklärung anfechten, wenn anzunehmen ist, dass er sie bei Kenntnis der Sachlage und bei verständiger Würdigung des Falles nicht abgegeben haben würde.
(2) Als Irrtum über den Inhalt der Erklärung gilt auch der Irrtum über solche Eigenschaften der Person oder der Sache, die im Verkehr als wesentlich angesehen werden.

§ 120 Anfechtbarkeit wegen falscher Übermittlung

Eine Willenserklärung, welche durch die zur Übermittlung verwendete Person oder Einrichtung unrichtig übermittelt worden ist, kann unter der gleichen Voraussetzung angefochten werden wie nach § 119 eine irrtümlich abgegebene Willenserklärung.

§ 121 Anfechtungsfrist

(1) [1]Die Anfechtung muss in den Fällen der §§ 119, 120 ohne schuldhaftes Zögern (unverzüglich) erfolgen, nachdem der Anfechtungsberechtigte von dem Anfechtungsgrund Kenntnis erlangt hat. [2]Die einem Abwesenden gegenüber erfolgte Anfechtung gilt als rechtzeitig erfolgt, wenn die Anfechtungserklärung unverzüglich abgesendet worden ist.

(2) Die Anfechtung ist ausgeschlossen, wenn seit der Abgabe der Willenserklärung zehn Jahre verstrichen sind.

§ 125 Nichtigkeit wegen Formmangels

[1]Ein Rechtsgeschäft, welches der durch Gesetz vorgeschriebenen Form ermangelt, ist nichtig. [2]Der Mangel der durch Rechtsgeschäft bestimmten Form hat im Zweifel gleichfalls Nichtigkeit zur Folge.

§ 126 Schriftform

(1) Ist durch Gesetz schriftliche Form vorgeschrieben, so muss die Urkunde von dem Aussteller eigenhändig durch Namensunterschrift oder mittels notariell beglaubigten Handzeichens unterzeichnet werden.
(2) [1]Bei einem Vertrag muss die Unterzeichnung der Parteien auf derselben Urkunde erfolgen. [2]Werden über den Vertrag mehrere gleichlautende Urkunden aufgenommen so genügt es, wenn jede Partei die für die andere Partei bestimmte Urkunde unterzeichnet.
(3) Die schriftliche Form kann durch die elektronische Form ersetzt werden, wenn sich nicht aus dem Gesetz ein anderes ergibt.
(4) Die schriftliche Form wird durch die notarielle Beurkundung ersetzt.

§ 130 Wirksamwerden der Willenserklärung gegenüber Abwesenden

(1) [1]Eine Willenserklärung, die einem anderen gegenüber abzugeben ist, wird, wenn sie in dessen Abwesenheit abgegeben wird, in dem Zeitpunkt wirksam, in welchem sie ihm zugeht. [2]Sie wird nicht wirksam, wenn dem anderen vorher oder gleichzeitig ein Widerruf zugeht.
(2) Auf die Wirksamkeit der Willenserklärung ist es ohne Einfluss, wenn der Erklärende nach der Abgabe stirbt oder geschäftsunfähig wird.
(3) Diese Vorschriften finden auch dann Anwendung, wenn die Willenserklärung einer Behörde gegenüber abzugeben ist.

§ 131 Wirksamwerden gegenüber nicht voll Geschäftsfähigen

(1) Wird die Willenserklärung einem Geschäftsunfähigen gegenüber abgegeben, so wird sie nicht wirksam, bevor sie dem gesetzlichen Vertreter zugeht.
(2) [1]Das Gleiche gilt, wenn die Willenserklärung einer in der Geschäftsfähigkeit beschränkten Person gegenüber abgegeben wird. [2]Bringt die Erklärung jedoch der in der Geschäftsfähigkeit beschränkten Person lediglich einen rechtlichen Vorteil oder hat der gesetzliche Vertreter seine Einwilligung erteilt, so wird die Erklärung in dem Zeitpunkt wirksam, in welchem sie ihr zugeht.

§ 133 Auslegung einer Willenserklärung

Bei der Auslegung einer Willenserklärung ist der wirkliche Wille zu erforschen und nicht an dem buchstäblichen Sinne des Ausdrucks zu haften.

§ 134 Gesetzliches Verbot

Ein Rechtsgeschäft, das gegen ein gesetzliches Verbot verstößt, ist nichtig, wenn sich nicht aus dem Gesetz ein anderes ergibt.

§ 138 Sittenwidriges Rechtsgeschäft; Wucher

(1) Ein Rechtsgeschäft, das gegen die guten Sitten verstößt, ist nichtig.

(2) Nichtig ist insbesondere ein Rechtsgeschäft, durch das jemand unter Ausbeutung der Zwangslage, der Unerfahrenheit, des Mangels an Urteilsvermögen oder der erheblichen Willensschwäche eines anderen sich oder einem Dritten für eine Leistung Vermögensvorteile versprechen oder gewähren lässt, die in einem auffälligen Missverhältnis zu der Leistung stehen.

§ 145 Bindung an den Antrag

Wer einem anderen die Schließung eines Vertrags anträgt, ist an den Antrag gebunden, es sei denn, dass er die Gebundenheit ausgeschlossen hat.

§ 146 Erlöschen des Antrags

Der Antrag erlischt, wenn er dem Antragenden gegenüber abgelehnt oder wenn er nicht diesem gegenüber nach den §§ 147 bis 149 rechtzeitig angenommen wird.

§ 147 Annahmefrist

(1) [1]Der einem Anwesenden gemachte Antrag kann nur sofort angenommen werden. [2]Dies gilt auch von einem mittels Fernsprechers oder einer sonstigen technischen Einrichtung von Person zu Person gemachten Antrag.

(2) Der einem Abwesenden gemachte Antrag kann nur bis zu dem Zeitpunkt angenommen werden, in welchem der Antragende den Eingang der Antwort unter regelmäßigen Umständen erwarten darf.

§ 148 Bestimmung einer Annahmefrist

Hat der Antragende für die Annahme des Antrags eine Frist bestimmt, so kann die Annahme nur innerhalb der Frist erfolgen.

§ 149 Verspätet zugegangene Annahmeerklärung

[1]Ist eine dem Antragenden verspätet zugegangene Annahmeerklärung dergestalt abgesendet worden, dass sie bei regelmäßiger Beförderung ihm rechtzeitig zugegangen sein würde, und musste der Antragende dies erkennen, so hat er die Verspätung dem Annehmenden unverzüglich nach dem Empfang der Erklärung anzuzeigen, sofern es nicht schon vorher geschehen ist. [2]Verzögert er die Absendung der Anzeige, so gilt die Annahme als nicht verspätet.

§ 154 Offener Einigungsmangel; fehlende Beurkundung

(1) [1]Solange nicht die Parteien sich über alle Punkte eines Vertrags geeinigt haben, über die nach der Erklärung auch nur einer Partei eine Vereinbarung getroffen werden soll, ist im Zweifel der Vertrag nicht geschlossen. [2]Die Verständigung über einzelne Punkte ist auch dann nicht bindend, wenn eine Aufzeichnung stattgefunden hat.

(2) Ist eine Beurkundung des beabsichtigten Vertrags verabredet worden, so ist im Zweifel der Vertrag nicht geschlossen, bis die Beurkundung erfolgt ist.

§ 155 Versteckter Einigungsmangel

Haben sich die Parteien bei einem Vertrag, den sie als geschlossen ansehen, über einen Punkt, über den eine Vereinbarung getroffen werden sollte, in Wirklichkeit nicht geeinigt, so gilt das Vereinbarte, sofern anzunehmen ist, dass der Vertrag auch ohne eine Bestimmung über diesen Punkt geschlossen sein würde.

§ 164 Wirkung der Erklärung des Vertreters

(1) [1]Eine Willenserklärung, die jemand innerhalb der ihm zustehenden Vertretungsmacht im Namen des Vertretenen abgibt, wirkt unmittelbar für und gegen den Vertretenen. [2]Es macht keinen Unterschied, ob die Erklärung ausdrücklich im Namen des Vertretenen erfolgt oder ob die Umstände ergeben, dass sie in dessen Namen erfolgen soll.
(2) Tritt der Wille, in fremdem Namen zu handeln, nicht erkennbar hervor, so kommt der Mangel des Willens, im eigenen Namen zu handeln, nicht in Betracht.
(3) Die Vorschriften des Abs. 1 finden entsprechende Anwendung, wenn eine gegenüber einem anderen abzugebende Willenserklärung dessen Vertreter gegenüber erfolgt.

§ 165 Beschränkt geschäftsfähiger Vertreter

Die Wirksamkeit einer von oder gegenüber einem Vertreter abgegebenen Willenserklärung wird nicht dadurch beeinträchtigt, dass der Vertreter in der Geschäftsfähigkeit beschränkt ist.

§ 167 Erteilung der Vollmacht

(1) Die Erteilung der Vollmacht erfolgt durch Erklärung gegenüber dem zu Bevollmächtigenden oder dem Dritten, dem gegenüber die Vertretung stattfinden soll.
(2) Die Erklärung bedarf nicht der Form, welche für das Rechtsgeschäft bestimmt ist, auf das sich die Vollmacht bezieht.

§ 168 Erlöschen der Vollmacht

[1]Das Erlöschen der Vollmacht bestimmt sich nach dem ihrer Erteilung zugrunde liegenden Rechtsverhältnis. [2]Die Vollmacht ist auch bei dem Fortbestehen des Rechts-verhältnisses widerruflich, sofern sich nicht aus diesem ein anderes ergibt. [3]Auf die Er-klärung des Widerrufs findet die Vorschrift des § 167 Abs. 1 entsprechende Anwendung.

§ 170 Wirkungsdauer der Vollmacht

Wird die Vollmacht durch Erklärung gegenüber einem Dritten erteilt, so bleibt sie diesem gegenüber in Kraft, bis ihm das Erlöschen von dem Vollmachtgeber angezeigt wird.

§ 177 Vertragsschluss durch Vertreter ohne Vertretungsmacht

(1) Schließt jemand ohne Vertretungsmacht im Namen eines anderen einen Vertrag, so hängt die Wirksamkeit des Vertrags für und gegen den Vertretenen von dessen Genehmigung ab.
(2) [1]Fordert der andere Teil den Vertretenen zur Erklärung über die Genehmigung auf, so kann die Erklärung nur ihm gegenüber erfolgen; eine vor der Aufforderung dem Vertreter gegenüber erklärte Genehmigung oder Verweigerung der Genehmigung wird unwirksam.

[2]Die Genehmigung kann nur bis zum Ablauf von zwei Wochen nach dem Empfang der Aufforderung erklärt werden; wird sie nicht erklärt, so gilt sie als verweigert.

§ 179 Haftung des Vertreters ohne Vertretungsmacht

(1) Wer als Vertreter einen Vertrag geschlossen hat, ist, sofern er nicht seine Vertretungsmacht nachweist, dem anderen Teil nach dessen Wahl zur Erfüllung oder zum Schadens-ersatz verpflichtet, wenn der Vertretene die Genehmigung des Vertrags verweigert.
(2) Hat der Vertreter den Mangel der Vertretungsmacht nicht gekannt, so ist er nur zum Ersatz desjenigen Schadens verpflichtet, welchen der andere Teil dadurch erleidet, dass er auf die Vertretungsmacht vertraut, jedoch nicht über den Betrag des Interesses hinaus, welches der andere Teil an der Wirksamkeit des Vertrags hat.
(3) [1]Der Vertreter haftet nicht, wenn der andere Teil den Mangel der Vertretungsmacht kannte oder kennen musste. [2]Der Vertreter haftet auch dann nicht, wenn er in der Geschäftsfähigkeit beschränkt war, es sei denn, dass er mit Zustimmung seines gesetzlichen Vertreters gehandelt hat.

§ 180 Einseitiges Rechtsgeschäft

[1]Bei einem einseitigen Rechtsgeschäft ist Vertretung ohne Vertretungsmacht unzulässig. [2]Hat jedoch derjenige, welchem gegenüber ein solches Rechtsgeschäft vorzunehmen war, die von dem Vertreter behauptete Vertretungsmacht bei der Vornahme des Rechtsgeschäfts nicht beanstandet oder ist er damit einverstanden gewesen, dass der Vertreter ohne Vertretungsmacht handele, so finden die Vorschriften über Verträge entsprechende Anwendung. [3]Das Gleiche gilt, wenn ein einseitiges Rechtsgeschäft gegenüber einem Vertreter ohne Vertretungsmacht mit dessen Einverständnis vorgenommen wird.

§ 181 Insichgeschäft

Ein Vertreter kann, soweit nicht ein anderes ihm gestattet ist, im Namen des Vertretenen mit sich im eigenen Namen oder als Vertreter eines Dritten ein Rechtsgeschäft nicht vornehmen, es sei denn, dass das Rechtsgeschäft ausschließlich in der Erfüllung einer Verbindlichkeit besteht.

§ 182 Zustimmung

(1) Hängt die Wirksamkeit eines Vertrags oder eines einseitigen Rechtsgeschäfts, das einem anderen gegenüber vorzunehmen ist, von der Zustimmung eines Dritten ab, so kann die Erteilung sowie die Verweigerung der Zustimmung sowohl dem einen als dem anderen Teil gegenüber erklärt werden.
(2) Die Zustimmung bedarf nicht der für das Rechtsgeschäft bestimmten Form.
(3) Wird ein einseitiges Rechtsgeschäft, dessen Wirksamkeit von der Zustimmung eines Dritten abhängt, mit Einwilligung des Dritten vorgenommen, so finden die Vorschriften des § 111 Satz 2, 3 entsprechende Anwendung.

§ 183 Widerruflichkeit der Einwilligung

[1]Die vorherige Zustimmung (Einwilligung) ist bis zur Vornahme des Rechtsgeschäfts widerruflich, soweit nicht aus dem ihrer Erteilung zugrunde liegenden Rechtsverhältnis sich ein anderes ergibt. [2]Der Widerruf kann sowohl dem einen als dem anderen Teil gegenüber erklärt werden.

§ 184 Rückwirkung der Genehmigung

(1) Die nachträgliche Zustimmung (Genehmigung) wirkt auf den Zeitpunkt der Vornahme des Rechtsgeschäfts zurück, soweit nicht ein anderes bestimmt ist.

(2) Durch die Rückwirkung werden Verfügungen nicht unwirksam, die vor der Genehmigung über den Gegenstand des Rechtsgeschäfts von dem Genehmigenden getroffen worden oder im Wege der Zwangsvollstreckung oder der Arrestvollziehung oder durch den Insolvenzverwalter erfolgt sind.

§ 185 Verfügung eines Nichtberechtigten

(1) Eine Verfügung, die ein Nichtberechtigter über einen Gegenstand trifft, ist wirksam, wenn sie mit Einwilligung des Berechtigten erfolgt.

(2) [1]Die Verfügung wird wirksam, wenn der Berechtigte sie genehmigt oder wenn der Verfügende den Gegenstand erwirbt oder wenn er von dem Berechtigten beerbt wird und dieser für die Nachlassverbindlichkeiten unbeschränkt haftet. [2]In den beiden letzteren Fällen wird, wenn über den Gegenstand mehrere miteinander nicht in Einklang stehende Verfügungen getroffen worden sind, nur die frühere Verfügung wirksam.

§ 186 Geltungsbereich

Für die in Gesetzen, gerichtlichen Verfügungen und Rechtsgeschäften enthaltenen Frist- und Terminsbestimmungen gelten die Auslegungsvorschriften der §§ 187 bis 193.

§ 187 Fristbeginn

(1) Ist für den Anfang einer Frist ein Ereignis oder ein in den Lauf eines Tages fallender Zeitpunkt maßgebend, so wird bei der Berechnung der Frist der Tag nicht mitgerechnet, in welchen das Ereignis oder der Zeitpunkt fällt.

(2) [1]Ist der Beginn eines Tages der für den Anfang einer Frist maßgebende Zeitpunkt, so wird dieser Tag bei der Berechnung der Frist mitgerechnet. [2]Das Gleiche gilt von dem Tage der Geburt bei der Berechnung des Lebensalters.

§ 188 Fristende

(1) Eine nach Tagen bestimmte Frist endigt mit dem Ablauf des letzten Tages der Frist.

(2) Eine Frist, die nach Wochen, nach Monaten oder nach einem mehrere Monate umfassenden Zeitraum - Jahr, halbes Jahr, Vierteljahr - bestimmt ist, endigt im Falle des § 187 Abs. 1 mit dem Ablauf desjenigen Tages der letzten Woche oder des letzten Monats, welcher durch seine Benennung oder seine Zahl dem Tage entspricht, in den das Ereignis oder der Zeitpunkt fällt, im Falle des § 187 Abs. 2 mit dem Ablauf desjenigen Tages der letzten Woche oder des letzten Monats, welcher dem Tage vorhergeht, der durch seine Benennung oder seine Zahl dem Anfangstag der Frist entspricht.

(3) Fehlt bei einer nach Monaten bestimmten Frist in dem letzten Monat der für ihren Ablauf maßgebende Tag, so endigt die Frist mit dem Ablauf des letzten Tages dieses Monats.

§ 193 Sonn- und Feiertag; Sonnabend

Ist an einem bestimmten Tage oder innerhalb einer Frist eine Willenserklärung abzugeben oder eine Leistung zu bewirken und fällt der bestimmte Tag oder der letzte Tag der Frist auf einen Sonntag, einen am Erklärungs- oder Leistungsort staatlich anerkannten allgemeinen Feiertag oder einen Sonnabend, so tritt an die Stelle eines solchen Tages der nächste Werktag.

§ 194 Gegenstand der Verjährung

(1) Das Recht, von einem anderen ein Tun oder Unterlassen zu verlangen (Anspruch), unterliegt der Verjährung. (...)

§ 195 Regelmäßige Verjährungsfrist *(→ § 199 Abs. 1 BGB)*

Die regelmäßige Verjährungsfrist beträgt drei Jahre.

§ 196 Verjährungsfrist bei Rechten an einem Grundstück

Ansprüche auf Übertragung des Eigentums an einem Grundstück sowie auf Begründung, Übertragung oder Aufhebung eines Rechts an einem Grundstück oder auf Änderung des Inhalts eines solchen Rechts sowie die Ansprüche auf die Gegenleistung verjähren in zehn Jahren.

§ 197 Dreißigjährige Verjährungsfrist *(→§ 200 BGB)*

In 30 Jahren verjähren, soweit nicht ein anderes bestimmt ist,

1. Schadensersatzansprüche, die auf der vorsätzlichen Verletzung des Lebens, des Körpers, der Gesundheit, der Freiheit oder der sexuellen Selbstbestimmung beruhen,
2. Herausgabeansprüche aus Eigentum, anderen dinglichen Rechten, den §§ 2018, 2130 und 2362 sowie die Ansprüche, die der Geltendmachung der Herausgabeansprüche dienen,
3. rechtskräftig festgestellte Ansprüche,
4. Ansprüche aus vollstreckbaren Vergleichen oder vollstreckbaren Urkunden,
5. Ansprüche, die durch die im Insolvenzverfahren erfolgte Feststellung vollstreckbar geworden sind, und
6. Ansprüche auf Erstattung der Kosten der Zwangsvollstreckung.

(2) Soweit Ansprüche nach Abs. 1 Nr. 3 bis 5 künftig fällig werdende regelmäßig wiederkehrende Leistungen zum Inhalt haben, tritt an die Stelle der Verjährungsfrist von 30 Jahren die regelmäßige Verjährungsfrist.

§ 199 Beginn der regelmäßigen Verjährungsfrist und Verjährungshöchstfristen

(1) Die regelmäßige Verjährungsfrist beginnt, soweit nicht ein anderer Verjährungsbeginn bestimmt ist, mit dem Abschluss des Jahres, in dem

1. der Anspruch entstanden ist und

2. der Gläubiger von den den Anspruch begründenden Umständen und der Person des Schuldners Kenntnis erlangt oder ohne grobe Fahrlässigkeit erlangen müsste.
(2) Schadensersatzansprüche, die auf der Verletzung des Lebens, des Körpers, der Gesundheit oder der Freiheit beruhen, verjähren ohne Rücksicht auf ihre Entstehung und die Kenntnis oder grob fahrlässige Unkenntnis in 30 Jahren von der Begehung der Handlung, der Pflichtverletzung oder dem sonstigen, den Schaden auslösenden Ereignis an.
(3) [1]Sonstige Schadensersatzansprüche verjähren
1. ohne Rücksicht auf die Kenntnis oder grob fahrlässige Unkenntnis in zehn Jahren von ihrer Entstehung an und
2. ohne Rücksicht auf ihre Entstehung und die Kenntnis oder grob fahrlässige Unkenntnis in 30 Jahren von der Begehung der Handlung, der Pflichtverletzung oder dem sonstigen, den Schaden auslösenden Ereignis an.

[2]Maßgeblich ist die früher endende Frist.
(3a) Ansprüche, die auf einem Erbfall beruhen oder deren Geltendmachung die Kenntnis einer Verfügung von Todes wegen voraussetzt, verjähren ohne Rücksicht auf die Kenntnis oder grob fahrlässige Unkenntnis in 30 Jahren von der Entstehung des Anspruchs an.
(4) Andere Ansprüche als die nach den Absätzen 2 bis 3a verjähren ohne Rücksicht auf die Kenntnis oder grob fahrlässige Unkenntnis in zehn Jahren von ihrer Entstehung an.

§ 214 Wirkung der Verjährung

(1) Nach Eintritt der Verjährung ist der Schuldner berechtigt, die Leistung zu verweigern.
(2) [1]Das zur Befriedigung eines verjährten Anspruchs Geleistete kann nicht zurückgefordert werden, auch wenn in Unkenntnis der Verjährung geleistet worden ist. [2]Das Gleiche gilt von einem vertragsmäßigen Anerkenntnis sowie einer Sicherheitsleistung des Schuldners.

§ 215 Aufrechnung und Zurückbehaltungsrecht nach Eintritt der Verjährung

Die Verjährung schließt die Aufrechnung und die Geltendmachung eines Zurückbehaltungsrechts nicht aus, wenn der Anspruch in dem Zeitpunkt noch nicht verjährt war, in dem erstmals aufgerechnet oder die Leistung verweigert werden konnte.

§ 218 Unwirksamkeit des Rücktritts

(1) [1]Der Rücktritt wegen nicht oder nicht vertragsgemäß erbrachter Leistung ist unwirksam, wenn der Anspruch auf die Leistung oder der Nacherfüllungsanspruch verjährt ist und der Schuldner sich hierauf beruft. [2]Dies gilt auch, wenn der Schuldner nach § 275 Abs. 1 bis 3, § 439 Abs. 4 oder § 635 Abs. 3 nicht zu leisten braucht und der Anspruch auf die Leistung oder der Nacherfüllungsanspruch verjährt wäre. [3]§ 216 Abs. 2 Satz 2 bleibt unberührt.
(2) § 214 Abs. 2 findet entsprechende Anwendung.

Buch 2. Recht der Schuldverhältnisse

§ 241 Pflichten aus dem Schuldverhältnis

(1) [1]Kraft des Schuldverhältnisses ist der Gläubiger berechtigt, von dem Schuldner eine Leistung zu fordern. [2]Die Leistung kann auch in einem Unterlassen bestehen.
(2) Das Schuldverhältnis kann nach seinem Inhalt jeden Teil zur Rücksicht auf die Rechte, Rechtsgüter und Interessen des anderen Teils verpflichten.

§ 241a Unbestellte Leistungen

(1) Durch die Lieferung beweglicher Sachen, die nicht auf Grund von Zwangsvollstreckungsmaßnahmen oder anderen gerichtlichen Maßnahmen verkauft werden (Waren), oder durch die Erbringung sonstiger Leistungen durch einen Unternehmer an den Verbraucher wird ein Anspruch gegen den Verbraucher nicht begründet, wenn der Verbraucher die Waren oder sonstigen Leistungen nicht bestellt hat.
(2) Gesetzliche Ansprüche sind nicht ausgeschlossen, wenn die Leistung nicht für den Empfänger bestimmt war oder in der irrigen Vorstellung einer Bestellung erfolgte und der Empfänger dies erkannt hat oder bei Anwendung der im Verkehr erforderlichen Sorgfalt hätte erkennen können.
(3) [1]Von den Regelungen dieser Vorschrift darf nicht zum Nachteil des Verbrauchers abgewichen werden. [2]Die Regelungen finden auch Anwendung, wenn sie durch anderweitige Gestaltungen umgangen werden.

§ 242 Leistung nach Treu und Glauben

Der Schuldner ist verpflichtet, die Leistung so zu bewirken, wie Treu und Glauben mit Rücksicht auf die Verkehrssitte es erfordern.

§ 246 Gesetzlicher Zinssatz

Ist eine Schuld nach Gesetz oder Rechtsgeschäft zu verzinsen, so sind 4 % für das Jahr zu entrichten, sofern nicht ein anderes bestimmt ist.

§ 247 Basiszinssatz

(1) [1]Der Basiszinssatz beträgt *3,62%*[*Der Basiszinssatz beträgt ab 1.7.2023 3,12%].* [2]Er verändert sich zum 1. Januar und 1. Juli eines jeden Jahres um die Prozentpunkte, um welche die Bezugsgröße seit der letzten Veränderung des Basiszinssatzes gestiegen oder gefallen ist. [3]Bezugsgröße ist der Zinssatz für die jüngste Hauptrefinanzierungsoperation der Europäischen Zentralbank vor dem ersten Kalendertag des betreffenden Halbjahrs.
(2) Die Deutsche Bundesbank gibt den geltenden Basiszinssatz unverzüglich nach den in Absatz 1 Satz 2 genannten Zeitpunkten im Bundesanzeiger bekannt.

§ 249 Art und Umfang des Schadensersatzes

(1) Wer zum Schadensersatz verpflichtet ist, hat den Zustand herzustellen, der bestehen würde, wenn der zum Ersatz verpflichtende Umstand nicht eingetreten wäre.
(2) [1]Ist wegen Verletzung einer Person oder wegen Beschädigung einer Sache Schadensersatz zu leisten, so kann der Gläubiger statt der Herstellung den dazu erforderlichen Geldbetrag verlangen. [2]Bei der Beschädigung einer Sache schließt der nach

Satz 1 erforderliche Geldbetrag die Umsatzsteuer nur mit ein, wenn und soweit sie tatsächlich angefallen ist.

§ 252 Entgangener Gewinn

[1]Der zu ersetzende Schaden umfasst auch den entgangenen Gewinn. [2]Als entgangen gilt der Gewinn, welcher nach dem gewöhnlichen Lauf der Dinge oder nach den besonderen Umständen, insbesondere nach den getroffenen Anstalten und Vorkehrungen, mit Wahrscheinlichkeit erwartet werden konnte.

§ 253 Immaterieller Schaden

(1) Wegen eines Schadens, der nicht Vermögensschaden ist, kann Entschädigung in Geld nur in den durch das Gesetz bestimmten Fällen gefordert werden.
(2) Ist wegen einer Verletzung des Körpers, der Gesundheit, der Freiheit oder der sexuellen Selbstbestimmung Schadensersatz zu leisten, kann auch wegen des Schadens, der nicht Vermögensschaden ist, eine billige Entschädigung in Geld gefordert werden.

§ 254 Mitverschulden

(1) Hat bei der Entstehung des Schadens ein Verschulden des Beschädigten mitgewirkt, so hängt die Verpflichtung zum Ersatz sowie der Umfang des zu leistenden Ersatzes von den Umständen, insbesondere davon ab, inwieweit der Schaden vorwiegend von dem einen oder dem anderen Teil verursacht worden ist.
(2) [1]Dies gilt auch dann, wenn sich das Verschulden des Beschädigten darauf beschränkt, dass er unterlassen hat, den Schuldner auf die Gefahr eines ungewöhnlich hohen Schadens aufmerksam zu machen, die der Schuldner weder kannte noch kennen musste, oder dass er unterlassen hat, den Schaden abzuwenden oder zu mindern. [2]Die Vorschrift des § 278 findet entsprechende Anwendung.

§ 269 Leistungsort

(1) Ist ein Ort für die Leistung weder bestimmt noch aus den Umständen, insbesondere aus der Natur des Schuldverhältnisses, zu entnehmen, so hat die Leistung an dem Ort zu erfolgen, an welchem der Schuldner zur Zeit der Entstehung des Schuldverhältnisses seinen Wohnsitz hatte.
(2) Ist die Verbindlichkeit im Gewerbebetrieb des Schuldners entstanden, so tritt, wenn der Schuldner seine gewerbliche Niederlassung an einem anderen Ort hatte, der Ort der Niederlassung an die Stelle des Wohnsitzes.
(3) Aus dem Umstand allein, dass der Schuldner die Kosten der Versendung übernommen hat, ist nicht zu entnehmen, dass der Ort, nach welchem die Versendung zu erfolgen hat, der Leistungsort sein soll.

§ 270 Zahlungsort

(1) Geld hat der Schuldner im Zweifel auf seine Gefahr und seine Kosten dem Gläubiger an dessen Wohnsitz zu übermitteln.
(2) Ist die Forderung im Gewerbebetrieb des Gläubigers entstanden, so tritt, wenn der Gläubiger seine gewerbliche Niederlassung an einem anderen Ort hat, der Ort der Niederlassung an die Stelle des Wohnsitzes.

(3) Erhöhen sich infolge einer nach der Entstehung des Schuldverhältnisses eintretenden Änderung des Wohnsitzes oder der gewerblichen Niederlassung des Gläubigers die Kosten oder die Gefahr der Übermittlung, so hat der Gläubiger im ersteren Falle die Mehrkosten, im letzteren Falle die Gefahr zu tragen.
(4) Die Vorschriften über den Leistungsort bleiben unberührt.

§ 273 Zurückbehaltungsrecht

(1) Hat der Schuldner aus demselben rechtlichen Verhältnis, auf dem seine Verpflichtung beruht, einen fälligen Anspruch gegen den Gläubiger, so kann er, sofern nicht aus dem Schuldverhältnis sich ein anderes ergibt, die geschuldete Leistung verweigern, bis die ihm gebührende Leistung bewirkt wird (Zurückbehaltungsrecht).
(2) Wer zur Herausgabe eines Gegenstands verpflichtet ist, hat das gleiche Recht, wenn ihm ein fälliger Anspruch wegen Verwendungen auf den Gegenstand oder wegen eines ihm durch diesen verursachten Schadens zusteht, es sei denn, dass er den Gegenstand durch eine vorsätzlich begangene unerlaubte Handlung erlangt hat.
(3) [1]Der Gläubiger kann die Ausübung des Zurückbehaltungsrechts durch Sicherheitsleistung abwenden. [2]Die Sicherheitsleistung durch Bürgen ist ausgeschlossen.

§ 275 Ausschluss der Leistungspflicht

(1) Der Anspruch auf Leistung ist ausgeschlossen, soweit diese für den Schuldner oder für jedermann unmöglich ist.
(2) [1]Der Schuldner kann die Leistung verweigern, soweit diese einen Aufwand erfordert, der unter Beachtung des Inhalts des Schuldverhältnisses und der Gebote von Treu und Glauben in einem groben Missverhältnis zu dem Leistungsinteresse des Gläubigers steht. [2]Bei der Bestimmung der dem Schuldner zuzumutenden Anstrengungen ist auch zu berücksichtigen, ob der Schuldner das Leistungshindernis zu vertreten hat.
(3) Der Schuldner kann die Leistung ferner verweigern, wenn er die Leistung persönlich zu erbringen hat und sie ihm unter Abwägung des seiner Leistung entgegenstehenden Hindernisses mit dem Leistungsinteresse des Gläubigers nicht zugemutet werden kann.
(4) Die Rechte des Gläubigers bestimmen sich nach den §§ 280, 283 bis 285, 311a und 326.

§ 276 Verantwortlichkeit des Schuldners

(1) [1]Der Schuldner hat Vorsatz und Fahrlässigkeit zu vertreten, wenn eine strengere oder mildere Haftung weder bestimmt noch aus dem sonstigen Inhalt des Schuldverhältnisses, insbesondere aus der Übernahme einer Garantie oder eines Beschaffungsrisikos zu entnehmen ist. [2]Die Vorschriften der §§ 827 und 828 finden entsprechende Anwendung.
(2) Fahrlässig handelt, wer die im Verkehr erforderliche Sorgfalt außer Acht lässt.
(3) Die Haftung wegen Vorsatzes kann dem Schuldner nicht im Voraus erlassen werden.

§ 278 Verantwortlichkeit des Schuldners für Dritte

[1]Der Schuldner hat ein Verschulden seines gesetzlichen Vertreters und der Personen, deren er sich zur Erfüllung seiner Verbindlichkeit bedient, in gleichem Umfang zu vertreten wie eigenes Verschulden. [2]Die Vorschrift des § 276 Abs. 3 findet keine Anwendung.

§ 280 Schadensersatz wegen Pflichtverletzung *(→ § 276 BGB)*

(1) [1]Verletzt der Schuldner eine Pflicht aus dem Schuldverhältnis, so kann der Gläubiger Ersatz des hierdurch entstehenden Schadens verlangen. [2]Dies gilt nicht, wenn der Schuldner die Pflichtverletzung nicht zu vertreten hat.

(2) Schadensersatz wegen Verzögerung der Leistung kann der Gläubiger nur unter der zusätzlichen Voraussetzung des § 286 verlangen.

(3) Schadensersatz statt der Leistung kann der Gläubiger nur unter den zusätzlichen Voraussetzungen des § 281, des § 282 oder des § 283 verlangen.

§ 286 Verzug des Schuldners *(→ § 271 BGB)*

(1) [1]Leistet der Schuldner auf eine Mahnung des Gläubigers nicht, die nach dem Eintritt der Fälligkeit erfolgt, so kommt er durch die Mahnung in Verzug. [2]Der Mahnung stehen die Erhebung der Klage auf die Leistung sowie die Zustellung eines Mahnbescheids im Mahnverfahren gleich.

(2) Der Mahnung bedarf es nicht, wenn

1. für die Leistung eine Zeit nach dem Kalender bestimmt ist,
2. der Leistung ein Ereignis vorauszugehen hat und eine angemessene Zeit für die Leistung in der Weise bestimmt ist, dass sie sich von dem Ereignis an nach dem Kalender berechnen lässt,
3. der Schuldner die Leistung ernsthaft und endgültig verweigert,
4. aus besonderen Gründen unter Abwägung der beiderseitigen Interessen der sofortige Eintritt des Verzugs gerechtfertigt ist.

(3) [1]Der Schuldner einer Entgeltforderung kommt spätestens in Verzug, wenn er nicht innerhalb von 30 Tagen nach Fälligkeit und Zugang einer Rechnung oder gleichwertigen Zahlungsaufstellung leistet; dies gilt gegenüber einem Schuldner, der Verbraucher ist, nur, wenn auf diese Folgen in der Rechnung oder Zahlungsaufstellung besonders hingewiesen worden ist. [2]Wenn der Zeitpunkt des Zugangs der Rechnung oder Zahlungsaufstellung unsicher ist, kommt der Schuldner, der nicht Verbraucher ist, spätestens 30 Tage nach Fälligkeit und Empfang der Gegenleistung in Verzug.

(4) Der Schuldner kommt nicht in Verzug, solange die Leistung infolge eines Umstands unterbleibt, den er nicht zu vertreten hat.

(5) Für eine von den Absätzen 1 bis 3 abweichende Vereinbarung über den Eintritt des Verzugs gilt § 271a Absatz 1 bis 5 entsprechend.

§ 287 Verantwortlichkeit während des Verzugs

[1]Der Schuldner hat während des Verzugs jede Fahrlässigkeit zu vertreten. [2]Er haftet wegen der Leistung auch für Zufall, es sei denn, dass der Schaden auch bei rechtzeitiger Leistung eingetreten sein würde.

§ 288 Verzugszinsen und sonstiger Verzugsschaden *(→§ 247 BGB)*

(1) [1]Eine Geldschuld ist während des Verzugs zu verzinsen. [2]Der Verzugszinssatz beträgt für das Jahr fünf Prozentpunkte über dem Basiszinssatz.

(2) Bei Rechtsgeschäften, an denen ein Verbraucher nicht beteiligt ist, beträgt der Zinssatz für Entgeltforderungen neun Prozentpunkte über dem Basiszinssatz.
(3) Der Gläubiger kann aus einem anderen Rechtsgrund höhere Zinsen verlangen.
(4) Die Geltendmachung eines weiteren Schadens ist nicht ausgeschlossen.
(5) [1]Der Gläubiger einer Entgeltforderung hat bei Verzug des Schuldners, wenn dieser kein Verbraucher ist, außerdem einen Anspruch auf Zahlung einer Pauschale in Höhe von 40 €. [2]Dies gilt auch, wenn es sich bei der Entgeltforderung um eine Abschlagszahlung oder sonstige Ratenzahlung handelt. [3]Die Pauschale nach Satz 1 ist auf einen geschuldeten Schadensersatz anzurechnen, soweit der Schaden in Kosten der Rechtsverfolgung begründet ist.
(6) [1]Eine im Voraus getroffene Vereinbarung, die den Anspruch des Gläubigers einer Entgeltforderung auf Verzugszinsen ausschließt, ist unwirksam. [2]Gleiches gilt für eine Vereinbarung, die diesen Anspruch beschränkt oder den Anspruch des Gläubigers einer Entgeltforderung auf die Pauschale nach Absatz 5 oder auf Ersatz des Schadens, der in Kosten der Rechtsverfolgung begründet ist, ausschließt oder beschränkt, wenn sie im Hinblick auf die Belange des Gläubigers grob unbillig ist. [3]Eine Vereinbarung über den Ausschluss der Pauschale nach Absatz 5 oder des Ersatzes des Schadens, der in Kosten der Rechtsverfolgung begründet ist, ist im Zweifel als grob unbillig anzusehen. [4]Die Sätze 1 bis 3 sind nicht anzuwenden, wenn sich der Anspruch gegen einen Verbraucher richtet.

§ 305 Einbeziehung Allgemeiner Geschäftsbedingungen in den Vertrag

(1) [1]Allgemeine Geschäftsbedingungen sind alle für eine Vielzahl von Verträgen vorformulierten Vertragsbedingungen, die eine Vertragspartei (Verwender) der anderen Vertragspartei bei Abschluss eines Vertrags stellt. [2]Gleichgültig ist, ob die Bestimmungen einen äußerlich gesonderten Bestandteil des Vertrags bilden oder in die Vertragsurkunde selbst aufgenommen werden, welchen Umfang sie haben, in welcher Schriftart sie verfasst sind und welche Form der Vertrag hat. [3]Allgemeine Geschäftsbedingungen liegen nicht vor, soweit die Vertragsbedingungen zwischen den Vertragsparteien im Einzelnen ausgehandelt sind.
(2) Allgemeine Geschäftsbedingungen werden nur dann Bestandteil eines Vertrags, wenn der Verwender bei Vertragsschluss

1. die andere Vertragspartei ausdrücklich oder, wenn ein ausdrücklicher Hinweis wegen der Art des Vertragsschlusses nur unter unverhältnismäßigen Schwierigkeiten möglich ist, durch deutlich sichtbaren Aushang am Ort des Vertragsschlusses auf sie hinweist und
2. der anderen Vertragspartei die Möglichkeit verschafft, in zumutbarer Weise, die auch eine für den Verwender erkennbare körperliche Behinderung der anderen Vertragspartei angemessen berücksichtigt, von ihrem Inhalt Kenntnis zu nehmen,

und wenn die andere Vertragspartei mit ihrer Geltung einverstanden ist.
(3) Die Vertragsparteien können für eine bestimmte Art von Rechtsgeschäften die Geltung bestimmter Allgemeiner Geschäftsbedingungen unter Beachtung der in Abs. 2 bezeichneten Erfordernisse im Voraus vereinbaren.

§ 305b Vorrang der Individualabrede
Individuelle Vertragsabreden haben Vorrang vor Allgemeinen Geschäftsbedingungen.

§ 305c Überraschende und mehrdeutige Klauseln
(1) Bestimmungen in Allgemeinen Geschäftsbedingungen, die nach den Umständen, insbesondere nach dem äußeren Erscheinungsbild des Vertrags, so ungewöhnlich sind, dass der Vertragspartner des Verwenders mit ihnen nicht zu rechnen braucht, werden nicht Vertragsbestandteil.
(2) Zweifel bei der Auslegung Allgemeiner Geschäftsbedingungen gehen zu Lasten des Verwenders.

§ 308 Klauselverbote mit Wertungsmöglichkeit
In Allgemeinen Geschäftsbedingungen ist insbesondere unwirksam
1. (Annahme- und Leistungsfrist) eine Bestimmung, durch die sich der Verwender unangemessen lange oder nicht hinreichend bestimmte Fristen für die Annahme oder Ablehnung eines Angebots oder die Erbringung einer Leistung vorbehält; ausgenommen hiervon ist der Vorbehalt, erst nach Ablauf der Widerrufsfrist nach § 355 Absatz 1 und 2 zu leisten;
1a. (Zahlungsfrist) eine Bestimmung, durch die sich der Verwender eine unangemessen lange Zeit für die Erfüllung einer Entgeltforderung des Vertragspartners vorbehält; ist der Verwender kein Verbraucher, ist im Zweifel anzunehmen, dass eine Zeit von mehr als 30 Tagen nach Empfang der Gegenleistung oder, wenn dem Schuldner nach Empfang der Gegenleistung eine Rechnung oder gleichwertige Zahlungsaufstellung zugeht, von mehr als 30 Tagen nach Zugang dieser Rechnung oder Zahlungsaufstellung unangemessen lang ist;
1b. (Überprüfungs- und Abnahmefrist) eine Bestimmung, durch die sich der Verwender vorbehält, eine Entgeltforderung des Vertragspartners erst nach unangemessen langer Zeit für die Überprüfung oder Abnahme der Gegenleistung zu erfüllen; ist der Verwender kein Verbraucher, ist im Zweifel anzunehmen, dass eine Zeit von mehr als 15 Tagen nach Empfang der Gegenleistung unangemessen lang ist;
2. (Nachfrist) eine Bestimmung, durch die sich der Verwender für die von ihm zu bewirkende Leistung abweichend von Rechtsvorschriften eine unangemessen lange oder nicht hinreichend bestimmte Nachfrist vorbehält;
3. (Rücktrittsvorbehalt) die Vereinbarung eines Rechts des Verwenders, sich ohne sachlich gerechtfertigten und im Vertrag angegebenen Grund von seiner Leistungspflicht zu lösen; dies gilt nicht für Dauerschuldverhältnisse;
4. (Änderungsvorbehalt) die Vereinbarung eines Rechts des Verwenders, die versprochene Leistung zu ändern oder von ihr abzuweichen, wenn nicht die Vereinbarung der Änderung oder Abweichung unter Berücksichtigung der Interessen des Verwenders für den anderen Vertragsteil zumutbar ist;
5. (Fingierte Erklärungen) eine Bestimmung, wonach eine Erklärung des Vertrags-partners des Verwenders bei Vornahme oder Unterlassung einer bestimmten Handlung als von ihm abgegeben oder nicht abgegeben gilt, es sei denn, dass

a) dem Vertragspartner eine angemessene Frist zur Abgabe einer ausdrücklichen Erklärung eingeräumt ist und
b) der Verwender sich verpflichtet, den Vertragspartner bei Beginn der Frist auf die vorgesehene Bedeutung seines Verhaltens besonders hinzuweisen;
6. (Fiktion des Zugangs) eine Bestimmung, die vorsieht, dass eine Erklärung des Verwenders von besonderer Bedeutung dem anderen Vertragsteil als zugegangen gilt;
7. (Abwicklung von Verträgen) eine Bestimmung, nach der der Verwender für den Fall, dass eine Vertragspartei vom Vertrag zurücktritt oder den Vertrag kündigt,
a) eine unangemessen hohe Vergütung für die Nutzung oder den Gebrauch einer Sache oder eines Rechts oder für erbrachte Leistungen oder
b) einen unangemessen hohen Ersatz von Aufwendungen verlangen kann;
8. (Nichtverfügbarkeit der Leistung) die nach Nummer 3 zulässige Vereinbarung eines Vorbehalts des Verwenders, sich von der Verpflichtung zur Erfüllung des Vertrags bei Nichtverfügbarkeit der Leistung zu lösen, wenn sich der Verwender nicht verpflichtet,
a) den Vertragspartner unverzüglich über die Nichtverfügbarkeit zu informieren und
b) Gegenleistungen des Vertragspartners unverzüglich zu erstatten;
9. (Abtretungsausschluss) eine Bestimmung, durch die die Abtretbarkeit ausgeschlossen wird
a) für einen auf Geld gerichteten Anspruch des Vertragspartners gegen den Verwender oder
b) für ein anderes Recht, das der Vertragspartner gegen den Verwender hat, wenn
aa) beim Verwender ein schützenswertes Interesse an dem Abtretungsausschluss nicht besteht oder
bb) berechtigte Belange des Vertragspartners an der Abtretbarkeit des Rechts das schützenswerte Interesse des Verwenders an dem Abtretungsausschluss überwiegen;

Buchstabe a gilt nicht für Ansprüche aus Zahlungsdiensterahmenverträgen und die Buchstaben a und b gelten nicht für Ansprüche auf Versorgungsleistungen im Sinne des Betriebsrentengesetzes.

§ 309 Klauselverbote ohne Wertungsmöglichkeit

Auch soweit eine Abweichung von den gesetzlichen Vorschriften zulässig ist, ist in Allgemeinen Geschäftsbedingungen unwirksam

1. (Kurzfristige Preiserhöhungen) eine Bestimmung, welche die Erhöhung des Entgelts für Waren oder Leistungen vorsieht, die innerhalb von vier Monaten nach Vertragsschluss geliefert oder erbracht werden sollen; dies gilt nicht bei Waren oder Leistungen, die im Rahmen von Dauerschuldverhältnissen geliefert oder erbracht werden;
2. (Leistungsverweigerungsrechte) eine Bestimmung, durch die
a) das Leistungsverweigerungsrecht, das dem Vertragspartner des Verwenders nach § 320 zusteht, ausgeschlossen oder eingeschränkt wird oder
b) ein dem Vertragspartner des Verwenders zustehendes Zurückbehaltungsrecht, soweit es auf demselben Vertragsverhältnis beruht, ausgeschlossen oder eingeschränkt, insbesondere von der Anerkennung von Mängeln durch den Verwender abhängig gemacht wird;

3. (Aufrechnungsverbot) eine Bestimmung, durch die dem Vertragspartner des Verwenders die Befugnis genommen wird, mit einer unbestrittenen oder rechtskräftig festgestellten Forderung aufzurechnen;
4. (Mahnung, Fristsetzung) eine Bestimmung, durch die der Verwender von der gesetzlichen Obliegenheit freigestellt wird, den anderen Vertragsteil zu mahnen oder ihm eine Frist für die Leistung oder Nacherfüllung zu setzen;
5. (Pauschalierung von Schadensersatzansprüchen) die Vereinbarung eines pauschalierten Anspruchs des Verwenders auf Schadensersatz oder Ersatz einer Wertminderung, wenn
   a) die Pauschale den in den geregelten Fällen nach dem gewöhnlichen Lauf der Dinge zu erwartenden Schaden oder die gewöhnlich eintretende Wertminderung übersteigt oder
   b) dem anderen Vertragsteil nicht ausdrücklich der Nachweis gestattet wird, ein Schaden oder eine Wertminderung sei überhaupt nicht entstanden oder wesentlich niedriger als die Pauschale;
6. (Vertragsstrafe) eine Bestimmung, durch die dem Verwender für den Fall der Nichtabnahme oder verspäteten Abnahme der Leistung, des Zahlungsverzugs oder für den Fall, dass der andere Vertragsteil sich vom Vertrag löst, Zahlung einer Vertragsstrafe versprochen wird;
7. (Haftungsausschluss bei Verletzung von Leben, Körper, Gesundheit und bei grobem Verschulden)
   a) (Verletzung von Leben, Körper, Gesundheit) ein Ausschluss oder eine Begrenzung der Haftung für Schäden aus der Verletzung des Lebens, des Körpers oder der Gesundheit, die auf einer fahrlässigen Pflichtverletzung des Verwenders oder einer vorsätzlichen oder fahrlässigen Pflichtverletzung eines gesetzlichen Vertreters oder Erfüllungsgehilfen des Verwenders beruhen;
   b) (Grobes Verschulden) ein Ausschluss oder eine Begrenzung der Haftung für sonstige Schäden, die auf einer grob fahrlässigen Pflichtverletzung des Verwenders oder auf einer vorsätzlichen oder grob fahrlässigen Pflichtverletzung eines gesetzlichen Vertreters oder Erfüllungsgehilfen des Verwenders beruhen;(...)
8. (Sonstige Haftungsausschlüsse bei Pflichtverletzung)
   a) (Ausschluss des Rechts, sich vom Vertrag zu lösen) eine Bestimmung, die bei einer vom Verwender zu vertretenden, nicht in einem Mangel der Kaufsache oder des Werkes bestehenden Pflichtverletzung das Recht des anderen Vertragsteils, sich vom Vertrag zu lösen, ausschließt oder einschränkt; dies gilt nicht für die in der Nr. 7 bezeichneten Beförderungsbedingungen und Tarifvorschriften unter den dort genannten Voraussetzungen;
   b) (Mängel) eine Bestimmung, durch die bei Verträgen über Lieferungen neu hergestellter Sachen und über Werkleistungen
      aa) (Ausschluss und Verweisung auf Dritte) die Ansprüche gegen den Verwender wegen eines Mangels insgesamt oder bezüglich einzelner Teile ausgeschlossen, auf die Einräumung von Ansprüchen gegen Dritte beschränkt oder von der vorherigen gerichtlichen Inanspruchnahme Dritter abhängig gemacht werden;

bb) (Beschränkung auf Nacherfüllung) die Ansprüche gegen den Verwender insgesamt oder bezüglich einzelner Teile auf ein Recht auf Nacherfüllung beschränkt werden, sofern dem anderen Vertragsteil nicht ausdrücklich das Recht vorbehalten wird, bei Fehlschlagen der Nacherfüllung zu mindern oder, wenn nicht eine Bauleistung Gegenstand der Mängelhaftung ist, nach seiner Wahl vom Vertrag zurückzutreten;

cc) (Aufwendungen bei Nacherfüllung) die Verpflichtung des Verwenders ausgeschlossen oder beschränkt wird, die zum Zweck der Nacherfüllung erforderlichen Aufwendungen nach § 439 Abs. 2 und 3 oder § 635 Abs. 2 zu tragen oder zu ersetzen;

dd) (Vorenthalten der Nacherfüllung) der Verwender die Nacherfüllung von der vorherigen Zahlung des vollständigen Entgelts oder eines unter Berücksichtigung des Mangels unverhältnismäßig hohen Teils des Entgelts abhängig macht

ee) (Ausschlussfrist für Mängelanzeige) der Verwender dem anderen Vertragsteil für die Anzeige nicht offensichtlicher Mängel eine Ausschlussfrist setzt, die kürzer ist als die nach dem Doppelbuchstaben ff zulässige Frist;

ff) (Erleichterung der Verjährung) die Verjährung von Ansprüchen gegen den Verwender wegen eines Mangels in den Fällen des § 438 Abs. 1 Nr. 2 und des § 634a Abs. 1 Nr. 2 erleichtert oder in den sonstigen Fällen eine weniger als ein Jahr betragende Verjährungsfrist ab dem gesetzlichen Verjährungsbeginn erreicht wird;

9. [Laufzeit bei Dauerschuldverhältnissen] bei einem Vertragsverhältnis, das die regelmäßige Lieferung von Waren oder die regelmäßige Erbringung von Dienst- oder Werkleistungen durch den Verwender zum Gegenstand hat,
   a) eine den anderen Vertragsteil länger als zwei Jahre bindende Laufzeit des Vertrags,
   b) eine den anderen Vertragsteil bindende stillschweigende Verlängerung des Vertrags-verhältnisses, es sei denn das Vertragsverhältnis wird nur auf unbestimmte Zeit verlängert und dem anderen Vertragsteil wird das Recht eingeräumt, das verlängerte Vertragsverhältnis jederzeit mit einer Frist von höchstens einem Monat zu kündigen, oder
   c) eine zu Lasten des anderen Vertragsteils längere Kündigungsfrist als einen Monat vor Ablauf der zunächst vorgesehenen oder stillschweigend verlängerten Vertragsdauer;

   dies gilt nicht für Verträge über die Lieferung als zusammengehörig verkaufter Sachen sowie für Versicherungsverträge;
10. (Wechsel des Vertragspartners) eine Bestimmung, wonach bei Kauf-, Darlehens-, Dienst- oder Werkverträgen ein Dritter anstelle des Verwenders in die sich aus dem Vertrag ergebenden Rechte und Pflichten eintritt oder eintreten kann, es sei denn, in der Bestimmung wird
    a) der Dritte namentlich bezeichnet oder
    b) dem anderen Vertragsteil das Recht eingeräumt, sich vom Vertrag zu lösen;
11. (Haftung des Abschlussvertreters) eine Bestimmung, durch die der Verwender einem Vertreter, der den Vertrag für den anderen Vertragsteil abschließt,

a) ohne hierauf gerichtete ausdrückliche und gesonderte Erklärung eine eigene Haftung oder Einstandspflicht (...)

12. (Beweislast) eine Bestimmung, durch die der Verwender die Beweislast zum Nachteil des anderen Vertragsteils ändert, insbesondere indem er
    a) diesem die Beweislast für Umstände auferlegt, die im Verantwortungsbereich des Verwenders liegen, (...)
13. (Form von Anzeigen und Erklärungen) eine Bestimmung, durch die Anzeigen oder Erklärungen, die dem Verwender oder einem Dritten gegenüber abzugeben sind, gebunden werden
    a) an eine strengere Form als die schriftliche Form in einem Vertrag, für den durch Gesetz notarielle Beurkundung vorgeschrieben ist oder
    b) an eine strengere Form als die Textform in anderen als den in Buchstabe a genannten Verträgen oder
    c) an besondere Zugangserfordernisse;
14. (Klageverzicht) eine Bestimmung, wonach der andere Vertragsteil seine Ansprüche gegen den Verwender gerichtlich nur geltend machen darf, nachdem er eine gütliche Einigung in einem Verfahren zur außergerichtlichen Streitbeilegung versucht hat;
15. (Abschlagszahlungen und Sicherheitsleistung) eine Bestimmung, nach der der Verwender bei einem Werkvertrag
    a) für Teilleistungen Abschlagszahlungen vom anderen Vertragsteil verlangen kann, die wesentlich höher sind als die nach § 632a Absatz 1 und § 650m Absatz 1 zu leistenden Abschlagszahlungen, (...)

§ 310 Anwendungsbereich

(1) [1]§ 305 Abs. 2 und 3, § 308 Nr. 1, 2 bis 9 und § 309 finden keine Anwendung auf Allgemeine Geschäftsbedingungen, die gegenüber einem Unternehmer, einer juristischen Person des öffentlichen Rechts oder einem öffentlich-rechtlichen Sondervermögen verwendet werden. [2]§ 307 Abs. 1 und 2 findet in den Fällen des Satzes 1 auch insoweit Anwendung, als dies zur Unwirksamkeit von in § 308 Nr. 1, 2 bis 9 und § 309 genannten Vertragsbestimmungen führt; auf die im Handelsverkehr geltenden Gewohnheiten und Gebräuche ist angemessen Rücksicht zu nehmen. [3]In den Fällen des Satzes 1 finden § 307 Abs. 1 und 2 sowie § 308 Nr. 1a und 1b auf Verträge, in die die Vergabe- und Vertragsordnung für Bauleistungen Teil B (VOB/B) in der jeweils zum Zeitpunkt des Vertragsschlusses geltenden Fassung ohne inhaltliche Abweichungen insgesamt einbezogen ist, in Bezug auf eine Inhaltskontrolle einzelner Bestimmungen keine Anwendung.

(3) Bei Verträgen zwischen einem Unternehmer und einem Verbraucher (Verbraucherverträge) finden die Vorschriften dieses Abschnitts mit folgenden Maßgaben Anwendung:

1. Allgemeine Geschäftsbedingungen gelten als vom Unternehmer gestellt, es sei denn, dass sie durch den Verbraucher in den Vertrag eingeführt wurden;
2. § 305c Abs. 2 und die §§ 306 und 307 bis 309 dieses Gesetzes sowie Artikel 46b EGBGB finden auf vorformulierte Vertragsbedingungen auch dann Anwendung, wenn diese nur

zur einmaligen Verwendung bestimmt sind und soweit der Verbraucher auf Grund der Vorformulierung auf ihren Inhalt keinen Einfluss nehmen konnte;
3. bei der Beurteilung der unangemessenen Benachteiligung nach § 307 Abs. 1 und 2 sind auch die den Vertragsschluss begleitenden Umstände zu berücksichtigen.

(4) [1]Dieser Abschnitt findet keine Anwendung bei Verträgen auf dem Gebiet des Erb-, Familien- und Gesellschaftsrechts sowie auf Tarifverträge, Betriebs- und Dienstvereinbarungen. [2]Bei der Anwendung auf Arbeitsverträge sind die im Arbeitsrecht geltenden Besonderheiten angemessen zu berücksichtigen; § 305 Abs. 2 und 3 ist nicht anzuwenden. [3]Tarifverträge, Betriebs- und Dienstvereinbarungen stehen Rechtsvorschriften im Sinne von § 307 Abs. 3 gleich.

§ 311 Rechtsgeschäftliche und rechtsgeschäftsähnliche Schuldverhältnisse

(1) Zur Begründung eines Schuldverhältnisses durch Rechtsgeschäft sowie zur Änderung des Inhalts eines Schuldverhältnisses ist ein Vertrag zwischen den Beteiligten erforderlich, soweit nicht das Gesetz ein anderes vorschreibt.

(2) Ein Schuldverhältnis mit Pflichten nach § 241 Abs. 2 entsteht auch durch
1. die Aufnahme von Vertragsverhandlungen,
2. die Anbahnung eines Vertrags, bei welcher der eine Teil im Hinblick auf eine etwaige rechtsgeschäftliche Beziehung dem anderen Teil die Möglichkeit zur Einwirkung auf seine Rechte, Rechtsgüter und Interessen gewährt oder ihm diese anvertraut, oder
3. ähnliche geschäftliche Kontakte.

...

§ 312 Anwendungsbereich

(1) Die Vorschriften der Kapitel 1 und 2 dieses Untertitels sind auf Verbraucherverträge anzuwenden, bei denen sich der Verbraucher zu der Zahlung eines Preises verpflichtet.

(1a) [1]Die Vorschriften der Kapitel 1 und 2 dieses Untertitels sind auch auf Verbraucherverträge anzuwenden, bei denen der Verbraucher dem Unternehmer personenbezogene Daten bereitstellt oder sich hierzu verpflichtet. [2]Dies gilt nicht, wenn der Unternehmer die vom Verbraucher bereitgestellten personenbezogenen Daten ausschließlich verarbeitet, um seine Leistungspflicht oder an ihn gestellte rechtliche Anforderungen zu erfüllen, und sie zu keinem anderen Zweck verarbeitet.

(2) Von den Vorschriften der Kapitel 1 und 2 dieses Untertitels ist nur § 312a Absatz 1, 3, 4 und 6 auf folgende Verträge anzuwenden:
1. notariell beurkundete Verträge
   a) über Finanzdienstleistungen, die außerhalb von Geschäftsräumen geschlossen werden,
   b) die keine Verträge über Finanzdienstleistungen sind; für Verträge, für die das Gesetz die notarielle Beurkundung des Vertrags oder einer Vertragserklärung nicht vorschreibt, gilt dies nur, wenn der Notar darüber belehrt, dass die Informationspflichten nach § 312d Abs. 1 und das Widerrufsrecht nach § 312g Abs. 1 entfallen,
2. Verträge über die Begründung, den Erwerb oder die Übertragung von Eigentum oder anderen Rechten an Grundstücken,
3. Verbraucherbauverträge nach § 650i Absatz 1, (...)
7. Behandlungsverträge (...)

8. Verträge über die Lieferung von Lebensmitteln, Getränken oder sonstigen Haushaltsgegenständen des täglichen Bedarfs, die am Wohnsitz, am Aufenthaltsort oder am Arbeitsplatz eines Verbrauchers von einem Unternehmer im Rahmen häufiger und regelmäßiger Fahrten geliefert werden,
9. Verträge, die unter Verwendung von Warenautomaten und automatisierten Geschäftsräumen geschlossen werden,
10. Verträge, die mit Betreibern von Telekommunikationsmitteln mit Hilfe öffentlicher Münz- und Kartentelefone zu deren Nutzung geschlossen werden,
11. Verträge zur Nutzung einer einzelnen von einem Verbraucher hergestellten Telefon-Internet- oder Telefaxverbindung,
12. außerhalb von Geschäftsräumen geschlossene Verträge, bei denen die Leistung bei Abschluss der Verhandlungen sofort erbracht und bezahlt wird und das vom Verbraucher zu zahlende Entgelt 40 Euro nicht überschreitet. (...)

(7) [1]Auf Pauschalreiseverträge nach den §§ 651a und 651c sind von den Vorschriften dieses Untertitels nur § 312a Abs. 3 bis 6, die §§ 312i, 312j Abs. 2 bis 5 und § 312m anzuwenden; diese Vorschriften finden auch Anwendung, wenn der Reisende kein Verbraucher ist. [2]Ist der Reisende ein Verbraucher, ist auf Pauschalreiseverträge nach § 651a, die außerhalb von Geschäftsräumen geschlossen worden sind, auch § 312g Abs. 1 anzuwenden, es sei denn, die mündlichen Verhandlungen, auf denen der Vertragsschluss beruht, sind auf vorhergehende Bestellung des Verbrauchers geführt worden.

(8) Auf Verträge über die Beförderung von Personen ist von den Vorschriften der Kapitel 1 und 2 dieses Untertitels nur § 312a Absatz 1 und 3 bis 6 anzuwenden.

§ 312a Allgemeine Pflichten und Grundsätze bei Verbraucherverträgen; Grenzen der Vereinbarung von Entgelten

(1) Ruft der Unternehmer oder eine Person, die in seinem Namen oder Auftrag handelt, den Verbraucher an, um mit diesem einen Vertrag zu schließen, hat der Anrufer zu Beginn des Gesprächs seine Identität und gegebenenfalls die Identität der Person, für die er anruft, sowie den geschäftlichen Zweck des Anrufs offenzulegen.

(2) [1]Der Unternehmer ist verpflichtet, den Verbraucher nach Maßgabe des Art. 246 EGBGB zu informieren. [2]Der Unternehmer kann von dem Verbraucher Fracht-, Liefer- oder Versandkosten und sonstige Kosten nur verlangen, soweit er den Verbraucher über diese Kosten entsprechend den Anforderungen aus Art. 246 Abs. 1 Nr. 3 EGBGB informiert hat. [3]Die Sätze 1 und 2 sind weder auf außerhalb von Geschäftsräumen geschlossene Verträge noch auf Fernabsatzverträge noch auf Verträge über Finanzdienstleistungen anzuwenden.

(3) [1]Eine Vereinbarung, die auf eine über das vereinbarte Entgelt für die Hauptleistung hinausgehende Zahlung des Verbrauchers gerichtet ist, kann ein Unternehmer mit einem Verbraucher nur ausdrücklich treffen. [2]Schließen der Unternehmer und der Verbraucher einen Vertrag im elektronischen Geschäftsverkehr, wird eine solche Vereinbarung nur Vertragsbestandteil, wenn der Unternehmer die Vereinbarung nicht durch eine Voreinstellung herbeiführt.

(4) Eine Vereinbarung, durch die ein Verbraucher verpflichtet wird, ein Entgelt dafür zu zahlen, dass er für die Erfüllung seiner vertraglichen Pflichten ein bestimmtes Zahlungsmittel nutzt, ist unwirksam, wenn
1. für den Verbraucher keine gängige und zumutbare unentgeltliche Zahlungsmöglichkeit besteht oder
2. das vereinbarte Entgelt über die Kosten hinausgeht, die dem Unternehmer durch die Nutzung des Zahlungsmittels entstehen.

(5) [1]Eine Vereinbarung, durch die ein Verbraucher verpflichtet wird, ein Entgelt dafür zu zahlen, dass der Verbraucher den Unternehmer wegen Fragen oder Erklärungen zu einem zwischen ihnen geschlossenen Vertrag über eine Rufnummer anruft, die der Unternehmer für solche Zwecke bereithält, ist unwirksam, wenn das vereinbarte Entgelt das Entgelt für die bloße Nutzung des Telekommunikationsdienstes übersteigt. [2]Ist eine Vereinbarung nach Satz 1 unwirksam, ist der Verbraucher auch gegenüber dem Anbieter des Telekommunikationsdienstes nicht verpflichtet, ein Entgelt für den Anruf zu zahlen. [3]Der Anbieter des Telekommunikationsdienstes ist berechtigt, das Entgelt für die bloße Nutzung des Telekommunikationsdienstes von dem Unternehmer zu verlangen, der die unwirksame Vereinbarung mit dem Verbraucher geschlossen hat.

(6) Ist eine Vereinbarung nach den Absätzen 3 bis 5 nicht Vertragsbestandteil geworden oder ist sie unwirksam, bleibt der Vertrag im Übrigen wirksam.

§ 312b Außerhalb von Geschäftsräumen geschlossene Verträge

(1) [1]Außerhalb von Geschäftsräumen geschlossene Verträge sind Verträge,
1. die bei gleichzeitiger körperlicher Anwesenheit des Verbrauchers und des Unternehmers an einem Ort geschlossen werden, der kein Geschäftsraum des Unternehmers ist,
2. für die der Verbraucher unter den in Nr. 1 genannten Umständen ein Angebot abgegeben hat,
3. die in den Geschäftsräumen des Unternehmers oder durch Fernkommunikationsmittel geschlossen werden, bei denen der Verbraucher jedoch unmittelbar zuvor außerhalb der Geschäftsräume des Unternehmers bei gleichzeitiger körperlicher Anwesenheit des Verbrauchers und des Unternehmers persönlich und individuell angesprochen wurde, oder
4. die auf einem Ausflug geschlossen werden, der von dem Unternehmer oder mit seiner Hilfe organisiert wurde, um beim Verbraucher für den Verkauf von Waren oder die Erbringung von Dienstleistungen zu werben und mit ihm entsprechende Verträge abzuschließen.

[2]Dem Unternehmer stehen Personen gleich, die in seinem Namen oder Auftrag handeln.

(2) [1]Geschäftsräume im Sinne des Absatzes 1 sind unbewegliche Gewerberäume, in denen der Unternehmer seine Tätigkeit dauerhaft ausübt, und bewegliche Gewerberäume, in denen der Unternehmer seine Tätigkeit für gewöhnlich ausübt. [2]Gewerberäume, in denen die Person, die im Namen oder Auftrag des Unternehmers handelt, ihre Tätigkeit dauerhaft oder für gewöhnlich ausübt, stehen Räumen des Unternehmers gleich.

§ 312c Fernabsatzverträge

(1) Fernabsatzverträge sind Verträge, bei denen der Unternehmer oder eine in seinem Namen oder Auftrag handelnde Person und der Verbraucher für die

Vertragsverhandlungen und den Vertragsschluss ausschließlich Fernkommunikationsmittel verwenden, es sei denn, dass der Vertragsschluss nicht im Rahmen eines für den Fernabsatz organisierten Vertriebs- oder Dienstleistungssystems erfolgt.
(2) Fernkommunikationsmittel im Sinne dieses Gesetzes sind alle Kommunikationsmittel, die zur Anbahnung oder zum Abschluss eines Vertrags eingesetzt werden können, ohne dass die Vertragsparteien gleichzeitig körperlich anwesend sind, wie Briefe, Kataloge, Telefonanrufe, Telekopien, E-Mails, über den Mobilfunkdienst versendete Nachrichten (SMS) sowie Rundfunk und Telemedien.

§ 312g Widerrufsrecht *(→§§ 355, 356 BGB)*

(1) Dem Verbraucher steht bei außerhalb von Geschäftsräumen geschlossenen Verträgen und bei Fernabsatzverträgen ein Widerrufsrecht gemäß § 355 zu.
(2) Das Widerrufsrecht besteht, soweit die Parteien nichts anderes vereinbart haben, nicht bei folgenden Verträgen:

1. Verträge zur Lieferung von Waren, die nicht vorgefertigt sind und für deren Herstellung eine individuelle Auswahl oder Bestimmung durch den Verbraucher maßgeblich ist oder die eindeutig auf die persönlichen Bedürfnisse des Verbrauchers zugeschnitten sind,
2. Verträge zur Lieferung von Waren, die schnell verderben können oder deren Verfallsdatum schnell überschritten würde,
3. Verträge zur Lieferung versiegelter Waren, die aus Gründen des Gesundheitsschutzes oder der Hygiene nicht zur Rückgabe geeignet sind, wenn ihre Versiegelung nach der Lieferung entfernt wurde,
4. Verträge zur Lieferung von Waren, wenn diese nach der Lieferung auf Grund ihrer Beschaffenheit untrennbar mit anderen Gütern vermischt wurden,
5. Verträge zur Lieferung alkoholischer Getränke, deren Preis bei Vertragsschluss vereinbart wurde, die aber frühestens 30 Tage nach Vertragsschluss geliefert werden können und deren aktueller Wert von Schwankungen auf dem Markt abhängt, auf die der Unternehmer keinen Einfluss hat,
6. Verträge zur Lieferung von Ton- oder Videoaufnahmen oder Computersoftware in einer versiegelten Packung, wenn die Versiegelung nach der Lieferung entfernt wurde,
7. Verträge zur Lieferung von Zeitungen, Zeitschriften oder Illustrierten mit Ausnahme von Abonnement-Verträgen,
8. Verträge zur Lieferung von Waren oder zur Erbringung von Dienstleistungen, einschließlich Finanzdienstleistungen, deren Preis von Schwankungen auf dem Finanzmarkt abhängt, auf die der Unternehmer keinen Einfluss hat und die innerhalb der Widerrufsfrist auftreten können, insbesondere Dienstleistungen im Zusammenhang mit Aktien, mit Anteilen an offenen Investmentvermögen im Sinne von § 1 Absatz 4 des Kapitalanlagegesetzbuchs und mit anderen handelbaren Wertpapieren, Devisen, Derivaten oder Geldmarktinstrumenten,
9. Verträge zur Erbringung von Dienstleistungen in den Bereichen Beherbergung zu anderen Zwecken als zu Wohnzwecken, Beförderung von Waren, Kraftfahrzeugvermietung, Lieferung von Speisen und Getränken sowie zur Erbringung weiterer Dienstleistungen im Zusammenhang mit Freizeitbetätigungen, wenn der Vertrag für die Erbringung einen spezifischen Termin oder Zeitraum vorsieht,

10. Verträge, die im Rahmen einer Vermarktungsform geschlossen werden, bei der der Unternehmer Verbrauchern, die persönlich anwesend sind oder denen diese Möglichkeit gewährt wird, Waren oder Dienstleistungen anbietet, und zwar in einem vom Versteigerer durchgeführten, auf konkurrierenden Geboten basierenden transparenten Verfahren, bei dem der Bieter, der den Zuschlag erhalten hat, zum Erwerb der Waren oder Dienstleistungen verpflichtet ist (öffentlich zugängliche Versteigerung),
11. Verträge, bei denen der Verbraucher den Unternehmer ausdrücklich aufgefordert hat, ihn aufzusuchen, um dringende Reparatur- oder Instandhaltungsarbeiten vorzunehmen; dies gilt nicht hinsichtlich weiterer bei dem Besuch erbrachter Dienstleistungen, die der Verbraucher nicht ausdrücklich verlangt hat, oder hinsichtlich solcher bei dem Besuch gelieferter Waren, die bei der Instandhaltung oder Reparatur nicht unbedingt als Ersatzteile benötigt werden,
12. Verträge zur Erbringung von Wett- und Lotteriedienstleistungen, es sei denn, dass der Verbraucher seine Vertragserklärung telefonisch abgegeben hat oder der Vertrag außerhalb von Geschäftsräumen geschlossen wurde, und
13. notariell beurkundete Verträge; dies gilt für Fernabsatzverträge über Finanzdienstleistungen nur, wenn der Notar bestätigt, dass die Rechte des Verbrauchers aus § 312d Absatz 2 gewahrt sind.

(3) Das Widerrufsrecht besteht ferner nicht bei Verträgen, bei denen dem Verbraucher bereits auf Grund der §§ 495, 506 bis 513 ein Widerrufsrecht nach § 355 zusteht, und nicht bei außerhalb von Geschäftsräumen geschlossenen Verträgen, bei denen dem Verbraucher bereits nach § 305 Abs. 1 bis 6 KAGB ein Widerrufsrecht zusteht.

§ 312k Kündigung von Verbraucherverträgen im elektronischen Geschäftsverkehr

(1) [1]Wird Verbrauchern über eine Webseite ermöglicht, einen Vertrag im elektronischen Geschäftsverkehr zu schließen, der auf die Begründung eines Dauerschuldverhältnisses gerichtet ist, das einen Unternehmer zu einer entgeltlichen Leistung verpflichtet, so treffen den Unternehmer die Pflichten nach dieser Vorschrift. [2]Dies gilt nicht

1. für Verträge, für deren Kündigung gesetzlich ausschließlich eine strengere Form als die Textform vorgesehen ist, und
2. in Bezug auf Webseiten, die Finanzdienstleistungen betreffen, oder für Verträge über Finanzdienstleistungen.

(2) [1]Der Unternehmer hat sicherzustellen, dass der Verbraucher auf der Webseite eine Erklärung zur ordentlichen oder außerordentlichen Kündigung eines auf der Webseite abschließbaren Vertrags nach Abs. 1 Satz 1 über eine Kündigungsschaltfläche abgeben kann. [2]Die Kündigungsschaltfläche muss gut lesbar mit nichts anderem als den Wörtern 'Verträge hier kündigen' oder mit einer entsprechenden eindeutigen Formulierung beschriftet sein. [3]Sie muss den Verbraucher unmittelbar zu einer Bestätigungsseite führen, die

1. den Verbraucher auffordert und ihm ermöglicht Angaben zu machen
   a) zur Art der Kündigung sowie im Falle der außerordentlichen Kündigung zum Kündigungsgrund,
   b) zu seiner eindeutigen Identifizierbarkeit,
   c) zur eindeutigen Bezeichnung des Vertrags,
   d) zum Zeitpunkt, zu dem die Kündigung das Vertragsverhältnis beenden soll,

e) zur schnellen elektronischen Übermittlung der Kündigungsbestätigung an ihn und
2. eine Bestätigungsschaltfläche enthält, über deren Betätigung der Verbraucher die Kündigungserklärung abgeben kann und die gut lesbar mit nichts anderem als den Wörtern 'jetzt kündigen' oder mit einer entsprechenden eindeutigen Formulierung beschriftet ist.

[4]Die Schaltflächen und die Bestätigungsseite müssen ständig verfügbar sowie unmittelbar und leicht zugänglich sein.

(3) Der Verbraucher muss seine durch das Betätigen der Bestätigungsschaltfläche abgegebene Kündigungserklärung mit dem Datum und der Uhrzeit der Abgabe auf einem dauerhaften Datenträger so speichern können, dass erkennbar ist, dass die Kündigungserklärung durch das Betätigen der Bestätigungsschaltfläche abgegeben wurde.

(4) [1]Der Unternehmer hat dem Verbraucher den Inhalt sowie Datum und Uhrzeit des Zugangs der Kündigungserklärung sowie den Zeitpunkt, zu dem das Vertragsverhältnis durch die Kündigung beendet werden soll, sofort auf elektronischem Wege in Textform zu bestätigen. [2]Es wird vermutet, dass eine durch das Betätigen der Bestätigungsschaltfläche abgegebene Kündigungserklärung dem Unternehmer unmittelbar nach ihrer Abgabe zugegangen ist.

(5) Wenn der Verbraucher bei der Abgabe der Kündigungserklärung keinen Zeitpunkt angibt, zu dem die Kündigung das Vertragsverhältnis beenden soll, wirkt die Kündigung im Zweifel zum frühestmöglichen Zeitpunkt.

(6) [1] Werden die Schaltflächen und die Bestätigungsseite nicht entsprechend den Absätzen 1 und 2 zur Verfügung gestellt, kann ein Verbraucher einen Vertrag, für dessen Kündigung die Schaltflächen und die Bestätigungsseite zur Verfügung zu stellen sind, jederzeit und ohne Einhaltung einer Kündigungsfrist kündigen. [2]Die Möglichkeit des Verbrauchers zur außerordentlichen Kündigung bleibt hiervon unberührt.

§ 314 Kündigung von Dauerschuldverhältnissen aus wichtigem Grund

(1) [1]Dauerschuldverhältnisse kann jeder Vertragsteil aus wichtigem Grund ohne Einhaltung einer Kündigungsfrist kündigen. [2]Ein wichtiger Grund liegt vor, wenn dem kündigenden Teil unter Berücksichtigung aller Umstände des Einzelfalls und unter Abwägung der beiderseitigen Interessen die Fortsetzung des Vertragsverhältnisses bis zur vereinbarten Beendigung oder bis zum Ablauf einer Kündigungsfrist nicht zugemutet werden kann.

(2) [1]Besteht der wichtige Grund in der Verletzung einer Pflicht aus dem Vertrag, ist die Kündigung erst nach erfolglosem Ablauf einer zur Abhilfe bestimmten Frist oder nach erfolgloser Abmahnung zulässig. [2]Für die Entbehrlichkeit der Bestimmung einer Frist zur Abhilfe und für die Entbehrlichkeit einer Abmahnung findet § 323 Abs. 2 Nr. 1 und 2 entsprechende Anwendung. [3]Die Bestimmung einer Frist zur Abhilfe und eine Abmahnung sind auch entbehrlich, wenn besondere Umstände vorliegen, die unter Abwägung der beiderseitigen Interessen die sofortige Kündigung rechtfertigen.

(3) Der Berechtigte kann nur innerhalb einer angemessenen Frist kündigen, nachdem er vom Kündigungsgrund Kenntnis erlangt hat.

(4) Die Berechtigung, Schadensersatz zu verlangen, wird durch die Kündigung nicht ausgeschlossen.

§ 320 Einrede des nicht erfüllten Vertrags

(1) [1]Wer aus einem gegenseitigen Vertrag verpflichtet ist, kann die ihm obliegende Leistung bis zur Bewirkung der Gegenleistung verweigern, es sei denn, dass er vorzuleisten verpflichtet ist. [2]Hat die Leistung an mehrere zu erfolgen, so kann dem einzelnen der ihm gebührende Teil bis zur Bewirkung der ganzen Gegenleistung verweigert werden. [3]Die Vorschrift des § 273 Abs. 3 findet keine Anwendung.
(2) Ist von der einen Seite teilweise geleistet worden, so kann die Gegenleistung insoweit nicht verweigert werden, als die Verweigerung nach den Umständen, insbesondere wegen verhältnismäßiger Geringfügigkeit des rückständigen Teils, gegen Treu und Glauben verstoßen würde.

§ 323 Rücktritt wegen nicht oder nicht vertragsgemäß erbrachter Leistung

(→ § 349 BGB)

(1) Erbringt bei einem gegenseitigen Vertrag der Schuldner eine fällige Leistung nicht oder nicht vertragsgemäß, so kann der Gläubiger, wenn er dem Schuldner erfolglos eine angemessene Frist zur Leistung oder Nacherfüllung bestimmt hat, vom Vertrag zurücktreten.
(2) Die Fristsetzung ist entbehrlich, wenn
der Schuldner die Leistung ernsthaft und endgültig verweigert,
der Schuldner die Leistung bis zu einem im Vertrag bestimmten Termin oder innerhalb einer im Vertrag bestimmten Frist nicht bewirkt, obwohl die termin- oder fristgerechte Leistung nach einer Mitteilung des Gläubigers an den Schuldner vor Vertragsschluss oder auf Grund anderer den Vertragsschluss begleitenden Umstände für den Gläubiger wesentlich ist, oder
im Falle einer nicht vertragsgemäß erbrachten Leistung besondere Umstände vorliegen, die unter Abwägung der beiderseitigen Interessen den sofortigen Rücktritt rechtfertigen.
(3) Kommt nach der Art der Pflichtverletzung eine Fristsetzung nicht in Betracht, so tritt an deren Stelle eine Abmahnung.
(4) Der Gläubiger kann bereits vor dem Eintritt der Fälligkeit der Leistung zurücktreten, wenn offensichtlich ist, dass die Voraussetzungen des Rücktritts eintreten werden.
(5) [1]Hat der Schuldner eine Teilleistung bewirkt, so kann der Gläubiger vom ganzen Vertrag nur zurücktreten, wenn er an der Teilleistung kein Interesse hat. [2]Hat der Schuldner die Leistung nicht vertragsgemäß bewirkt, so kann der Gläubiger vom Vertrag nicht zurücktreten, wenn die Pflichtverletzung unerheblich ist.
(6) Der Rücktritt ist ausgeschlossen, wenn der Gläubiger für den Umstand, der ihn zum Rücktritt berechtigen würde, allein oder weit überwiegend verantwortlich ist oder wenn der vom Schuldner nicht zu vertretende Umstand zu einer Zeit eintritt, zu welcher der Gläubiger im Verzug der Annahme ist.

§ 327 Anwendungsbereich

(1) [1]Die Vorschriften dieses Untertitels sind auf Verbraucherverträge anzuwenden, welche die Bereitstellung digitaler Inhalte oder digitaler Dienstleistungen (digitale Produkte) durch den Unternehmer gegen Zahlung eines Preises zum Gegenstand haben. [2]Preis im Sinne dieses Untertitels ist auch eine digitale Darstellung eines Werts.
(2) [1]Digitale Inhalte sind Daten, die in digitaler Form erstellt und bereitgestellt werden. [2]Digitale Dienstleistungen sind Dienstleistungen, die dem Verbraucher

die Erstellung, die Verarbeitung oder die Speicherung von Daten in digitaler Form oder den Zugang zu solchen Daten ermöglichen, oder
die gemeinsame Nutzung der vom Verbraucher oder von anderen Nutzern der entsprechenden Dienstleistung in digitaler Form hochgeladenen oder erstellten Daten oder sonstige Interaktionen mit diesen Daten ermöglichen.
(3) Die Vorschriften dieses Untertitels sind auch auf Verbraucherverträge über die Bereitstellung digitaler Produkte anzuwenden, bei denen der Verbraucher dem Unternehmer personenbezogene Daten bereitstellt oder sich zu deren Bereitstellung verpflichtet, es sei denn, die Voraussetzungen des § 312 Absatz 1a Satz 2 liegen vor.
(4) Die Vorschriften dieses Untertitels sind auch auf Verbraucherverträge anzuwenden, die digitale Produkte zum Gegenstand haben, welche nach den Spezifikationen des Verbrauchers entwickelt werden.
(5) Die Vorschriften dieses Untertitels sind mit Ausnahme der §§ 327b und 327c auch auf Verbraucherverträge anzuwenden, welche die Bereitstellung von körperlichen Datenträgern, die ausschließlich als Träger digitaler Inhalte dienen, zum Gegenstand haben.
(6) Die Vorschriften dieses Untertitels sind nicht anzuwenden auf:
Verträge über andere Dienstleistungen als digitale Dienstleistungen, unabhängig davon, ob der Unternehmer digitale Formen oder Mittel einsetzt, um das Ergebnis der Dienstleistung zu generieren oder es dem Verbraucher zu liefern oder zu übermitteln,
Verträge über Telekommunikationsdienste (...)
Behandlungsverträge nach § 630a,
Verträge über Glücksspieldienstleistungen, die einen geldwerten Einsatz erfordern und unter Zuhilfenahme elektronischer oder anderer Kommunikationstechnologien auf individuellen Abruf eines Empfängers erbracht werden,
Verträge über Finanzdienstleistungen,
Verträge über die Bereitstellung von Software, für die der Verbraucher keinen Preis zahlt und die der Unternehmer im Rahmen einer freien und quelloffenen Lizenz anbietet, sofern die vom Verbraucher bereitgestellten personenbezogenen Daten durch den Unternehmer ausschließlich zur Verbesserung der Sicherheit, der Kompatibilität oder der Interoperabilität der vom Unternehmer angebotenen Software verarbeitet werden,
Verträge über die Bereitstellung digitaler Inhalte, wenn die digitalen Inhalte der Öffentlichkeit auf eine andere Weise als durch Signalübermittlung als Teil einer Darbietung oder Veranstaltung zugänglich gemacht werden,
Verträge über die Bereitstellung von Informationen im Sinne des Informationsweiterverwendungsgesetzes (...).

§ 327a Anwendung auf Paketverträge und Verträge über Sachen mit digitalen Elementen

(1) [1]Die Vorschriften dieses Untertitels sind auch auf Verbraucherverträge anzuwenden, die in einem Vertrag zwischen denselben Vertragsparteien neben der Bereitstellung digitaler Produkte die Bereitstellung anderer Sachen oder die Bereitstellung anderer Dienstleistungen zum Gegenstand haben (Paketvertrag). [2]Soweit nachfolgend nicht anders bestimmt, sind die

Vorschriften dieses Untertitels jedoch nur auf diejenigen Bestandteile des Paketvertrags anzuwenden, welche die digitalen Produkte betreffen.

(2) [1]Die Vorschriften dieses Untertitels sind auch auf Verbraucherverträge über Sachen anzuwenden, die digitale Produkte enthalten oder mit ihnen verbunden sind. [2]Soweit nachfolgend nicht anders bestimmt, sind die Vorschriften dieses Untertitels jedoch nur auf diejenigen Bestandteile des Vertrags anzuwenden, welche die digitalen Produkte betreffen.

(3) [1]Absatz 2 gilt nicht für Kaufverträge über Waren, die in einer Weise digitale Produkte enthalten oder mit ihnen verbunden sind, dass die Waren ihre Funktionen ohne diese digitalen Produkte nicht erfüllen können (Waren mit digitalen Elementen). [2]Beim Kauf einer Ware mit digitalen Elementen ist im Zweifel anzunehmen, dass die Verpflichtung des Verkäufers die Bereitstellung der digitalen Inhalte oder digitalen Dienstleistungen umfasst.

§ 327b Bereitstellung digitaler Produkte

(1) Ist der Unternehmer durch einen Verbrauchervertrag gemäß § 327 oder § 327a dazu verpflichtet, dem Verbraucher ein digitales Produkt bereitzustellen, so gelten für die Bestimmung der Leistungszeit sowie für die Art und Weise der Bereitstellung durch den Unternehmer die nachfolgenden Vorschriften.

(2) Sofern die Vertragsparteien keine Zeit für die Bereitstellung des digitalen Produkts nach Absatz 1 vereinbart haben, kann der Verbraucher die Bereitstellung unverzüglich nach Vertragsschluss verlangen, der Unternehmer sie sofort bewirken.

(3) Ein digitaler Inhalt ist bereitgestellt, sobald der digitale Inhalt oder die geeigneten Mittel für den Zugang zu diesem oder das Herunterladen des digitalen Inhalts dem Verbraucher unmittelbar oder mittels einer von ihm hierzu bestimmten Einrichtung zur Verfügung gestellt oder zugänglich gemacht worden ist.

(4) Eine digitale Dienstleistung ist bereitgestellt, sobald die digitale Dienstleistung dem Verbraucher unmittelbar oder mittels einer von ihm hierzu bestimmten Einrichtung zugänglich gemacht worden ist.

(5) Wenn der Unternehmer durch den Vertrag zu einer Reihe einzelner Bereitstellungen verpflichtet ist, gelten die Absätze 2 bis 4 für jede einzelne Bereitstellung innerhalb der Reihe.

(6) Die Beweislast für die nach den Absätzen 1 bis 4 erfolgte Bereitstellung trifft abweichend von § 363 den Unternehmer.

§ 327c Rechte bei unterbliebener Bereitstellung

(1) [1]Kommt der Unternehmer seiner fälligen Verpflichtung zur Bereitstellung des digitalen Produkts auf Aufforderung des Verbrauchers nicht unverzüglich nach, so kann der Verbraucher den Vertrag beenden. [2]Nach einer Aufforderung gemäß Satz 1 kann eine andere Zeit für die Bereitstellung nur ausdrücklich vereinbart werden.

(2) [1]Liegen die Voraussetzungen für eine Beendigung des Vertrags nach Abs. 1 Satz 1 vor, so kann der Verbraucher nach den §§ 280 und 281 Abs. 1 Satz 1 Schadensersatz oder nach § 284 Ersatz vergeblicher Aufwendungen verlangen, wenn die Voraussetzungen dieser Vorschriften vorliegen. [2]§ 281 Abs. 1 Satz 1 ist mit der Maßgabe anzuwenden, dass an die Stelle der Bestimmung einer angemessenen Frist die Aufforderung nach Abs. 1 Satz 1 tritt. [3]Ansprüche des Verbrauchers auf Schadensersatz nach den §§ 283 und 311a Abs. 2 bleiben unberührt.

(3) [1]Die Aufforderung nach Abs. 1 Satz 1 und Abs. 2 Satz 2 ist entbehrlich, wenn

der Unternehmer die Bereitstellung verweigert,
es nach den Umständen eindeutig zu erkennen ist, dass der Unternehmer das digitale Produkt nicht bereitstellen wird, oder
der Unternehmer die Bereitstellung bis zu einem bestimmten Termin oder innerhalb einer bestimmten Frist nicht bewirkt, obwohl vereinbart war oder es sich für den Unternehmer aus eindeutig erkennbaren, den Vertragsabschluss begleitenden Umständen ergeben konnte, dass die termin- oder fristgerechte Bereitstellung für den Verbraucher wesentlich ist.
[2]In den Fällen des Satzes 1 ist die Mahnung gemäß § 286 stets entbehrlich.
(4) [1]Für die Beendigung des Vertrags nach Abs. 1 Satz 1 und deren Rechtsfolgen sind die §§ 327o und 327p entsprechend anzuwenden. [2]Das Gleiche gilt für den Fall, dass der Verbraucher in den Fällen des Abs. 2 Schadensersatz statt der ganzen Leistung verlangt. [3]§ 325 gilt entsprechend.
(5) § 218 ist auf die Vertragsbeendigung nach Abs. 1 Satz 1 entsprechend anzuwenden.
(6) [1]Sofern der Verbraucher den Vertrag nach Abs. 1 Satz 1 beenden kann, kann er sich im Hinblick auf alle Bestandteile des Paketvertrags vom Vertrag lösen, wenn er an dem anderen Teil des Paketvertrags ohne das nicht bereitgestellte digitale Produkt kein Interesse hat. [2]Satz 1 ist nicht auf Paketverträge anzuwenden, bei denen der andere Bestandteil ein Telekommunikationsdienst im Sinne des § 3 Nr. 61 TKG ist.
(7) Sofern der Verbraucher den Vertrag nach Abs. 1 Satz 1 beenden kann, kann er sich im Hinblick auf alle Bestandteile eines Vertrags nach § 327a Abs. 2 vom Vertrag lösen, wenn aufgrund des nicht bereitgestellten digitalen Produkts sich die Sache nicht zur gewöhnlichen Verwendung eignet.

§ 327d Vertragsmäßigkeit digitaler Produkte

Ist der Unternehmer durch einen Verbrauchervertrag gemäß § 327 oder § 327a zur Bereitstellung eines digitalen Produkts verpflichtet, so hat er das digitale Produkt frei von Produkt- und Rechtsmängeln im Sinne der §§ 327e bis 327g bereitzustellen.

§ 327e Produktmangel

(1) [1]Das digitale Produkt ist frei von Produktmängeln, wenn es zur maßgeblichen Zeit nach den Vorschriften dieses Untertitels den subjektiven Anforderungen, den objektiven Anforderungen und den Anforderungen an die Integration entspricht. [2]Soweit nachfolgend nicht anders bestimmt, ist die maßgebliche Zeit der Zeitpunkt der Bereitstellung nach § 327b. [3]Wenn der Unternehmer durch den Vertrag zu einer fortlaufenden Bereitstellung über einen Zeitraum (dauerhafte Bereitstellung) verpflichtet ist, ist der maßgebliche Zeitraum der gesamte vereinbarte Zeitraum der Bereitstellung (Bereitstellungszeitraum).
(2) [1]Das digitale Produkt entspricht den subjektiven Anforderungen, wenn
1.das digitale Produkt
die vereinbarte Beschaffenheit hat, einschließlich der Anforderungen an seine Menge, seine Funktionalität, seine Kompatibilität und seine Interoperabilität,
sich für die nach dem Vertrag vorausgesetzte Verwendung eignet,
es wie im Vertrag vereinbart mit Zubehör, Anleitungen und Kundendienst bereitgestellt wird und
die im Vertrag vereinbarten Aktualisierungen während des nach dem Vertrag maßgeblichen Zeitraums bereitgestellt werden.

[2]Funktionalität ist die Fähigkeit eines digitalen Produkts, seine Funktionen seinem Zweck entsprechend zu erfüllen. [3]Kompatibilität ist die Fähigkeit eines digitalen Produkts, mit Hardware oder Software zu funktionieren, mit der digitale Produkte derselben Art in der Regel genutzt werden, ohne dass sie konvertiert werden müssen. [4]Interoperabilität ist die Fähigkeit eines digitalen Produkts, mit anderer Hardware oder Software als derjenigen, mit der digitale Produkte derselben Art in der Regel genutzt werden, zu funktionieren.

(3) [1]Das digitale Produkt entspricht den objektiven Anforderungen, wenn

es sich für die gewöhnliche Verwendung eignet,

es eine Beschaffenheit, einschließlich der Menge, der Funktionalität, der Kompatibilität, der Zugänglichkeit, der Kontinuität und der Sicherheit aufweist, die bei digitalen Produkten derselben Art üblich ist und die der Verbraucher unter Berücksichtigung der Art des digitalen Produkts erwarten kann,

es der Beschaffenheit einer Testversion oder Voranzeige entspricht, die der Unternehmer dem Verbraucher vor Vertragsschluss zur Verfügung gestellt hat,

es mit dem Zubehör und den Anleitungen bereitgestellt wird, deren Erhalt der Verbraucher erwarten kann,

dem Verbraucher gemäß § 327f Aktualisierungen bereitgestellt werden und der Verbraucher über diese Aktualisierungen informiert wird und

sofern die Parteien nichts anderes vereinbart haben, es in der zum Zeitpunkt des Vertragsschlusses neuesten verfügbaren Version bereitgestellt wird.

[2]Zu der üblichen Beschaffenheit nach Satz 1 Nr. 2 gehören auch Anforderungen, die der Verbraucher nach vom Unternehmer oder einer anderen Person in vorhergehenden Gliedern der Vertriebskette selbst oder in deren Auftrag vorgenommenen öffentlichen Äußerungen, die insbesondere in der Werbung oder auf dem Etikett abgegeben wurden, erwarten kann. [3]Das gilt nicht, wenn der Unternehmer die Äußerung nicht kannte und auch nicht kennen konnte, wenn die Äußerung im Zeitpunkt des Vertragsschlusses in derselben oder in gleichwertiger Weise berichtigt war oder wenn die Äußerung die Entscheidung, das digitale Produkt zu erwerben, nicht beeinflussen konnte.

(4) [1]Soweit eine Integration durchzuführen ist, entspricht das digitale Produkt den Anforderungen an die Integration, wenn die Integration

sachgemäß durchgeführt worden ist oder

zwar unsachgemäß durchgeführt worden ist, dies jedoch weder auf einer unsachgemäßen Integration durch den Unternehmer noch auf einem Mangel in der vom Unternehmer bereitgestellten Anleitung beruht.

[2]Integration ist die Verbindung und die Einbindung eines digitalen Produkts mit den oder in die Komponenten der digitalen Umgebung des Verbrauchers, damit das digitale Produkt gemäß den Anforderungen nach den Vorschriften dieses Untertitels genutzt werden kann. [3]Digitale Umgebung sind Hardware, Software oder Netzverbindungen aller Art, die vom Verbraucher für den Zugang zu einem digitalen Produkt oder die Nutzung eines digitalen Produkts verwendet werden.

(5) Einem Produktmangel steht es gleich, wenn der Unternehmer ein anderes digitales Produkt als das vertraglich geschuldete digitale Produkt bereitstellt.

§ 327f Aktualisierungen

(1) [1]Der Unternehmer hat sicherzustellen, dass dem Verbraucher während des maßgeblichen Zeitraums Aktualisierungen, die für den Erhalt der Vertragsmäßigkeit des digitalen Produkts erforderlich sind, bereitgestellt werden und der Verbraucher über diese Aktualisierungen informiert wird. [2]Zu den erforderlichen Aktualisierungen gehören auch Sicherheitsaktualisierungen. [3]Der maßgebliche Zeitraum nach Satz 1 ist

1. bei einem Vertrag über die dauerhafte Bereitstellung eines digitalen Produkts der Bereitstellungszeitraum,
2. in allen anderen Fällen der Zeitraum, den der Verbraucher aufgrund der Art und des Zwecks des digitalen Produkts und unter Berücksichtigung der Umstände und der Art des Vertrags erwarten kann.

(2) Unterlässt es der Verbraucher, eine Aktualisierung, die ihm gemäß Absatz 1 bereitgestellt worden ist, innerhalb einer angemessenen Frist zu installieren, so haftet der Unternehmer nicht für einen Produktmangel, der allein auf das Fehlen dieser Aktualisierung zurückzuführen ist, sofern

1. der Unternehmer den Verbraucher über die Verfügbarkeit der Aktualisierung und die Folgen einer unterlassenen Installation informiert hat und
2. die Tatsache, dass der Verbraucher die Aktualisierung nicht oder unsachgemäß installiert hat, nicht auf eine dem Verbraucher bereitgestellte mangelhafte Installationsanleitung zurückzuführen ist.

§ 327g Rechtsmangel

Das digitale Produkt ist frei von Rechtsmängeln, wenn der Verbraucher es gemäß den subjektiven oder objektiven Anforderungen nach § 327e Abs. 2 und 3 nutzen kann, ohne Rechte Dritter zu verletzen.

§ 327h Abweichende Vereinbarungen über Produktmerkmale

Von den objektiven Anforderungen nach § 327e Abs. 3 Satz 1 Nr. 1 bis 5 und Satz 2, § 327f Abs. 1 und § 327g kann nur abgewichen werden, wenn der Verbraucher vor Abgabe seiner Vertragserklärung eigens davon in Kenntnis gesetzt wurde, dass ein bestimmtes Merkmal des digitalen Produkts von diesen objektiven Anforderungen abweicht, und diese Abweichung im Vertrag ausdrücklich und gesondert vereinbart wurde.

§ 327i Rechte des Verbrauchers bei Mängeln

Ist das digitale Produkt mangelhaft, kann der Verbraucher, wenn die Voraussetzungen der folgenden Vorschriften vorliegen,

nach § 327l Nacherfüllung verlangen,

1. nach § 327m Abs. 1, 2, 4 und 5 den Vertrag beenden oder nach § 327n den Preis mindern und
2. nach § 280 Abs. 1 oder § 327m Abs. 3 Schadensersatz oder nach § 284 Ersatz vergeblicher Aufwendungen verlangen.

§ 327j Verjährung

(1) [1]Die in § 327i Nr. 1 und 3 bezeichneten Ansprüche verjähren in zwei Jahren. [2]Die Verjährung beginnt mit der Bereitstellung.

(2) Im Fall der dauerhaften Bereitstellung verjähren die Ansprüche nicht vor Ablauf von zwölf Monaten nach dem Ende des Bereitstellungszeitraums.

(3) Ansprüche wegen einer Verletzung der Aktualisierungspflicht verjähren nicht vor Ablauf von zwölf Monaten nach dem Ende des für die Aktualisierungspflicht maßgeblichen Zeitraums.

(4) Hat sich ein Mangel innerhalb der Verjährungsfrist gezeigt, so tritt die Verjährung nicht vor dem Ablauf von vier Monaten nach dem Zeitpunkt ein, in dem sich der Mangel erstmals gezeigt hat.

§ 327k Beweislastumkehr

(1) Zeigt sich bei einem digitalen Produkt innerhalb eines Jahres seit seiner Bereitstellung ein von den Anforderungen nach § 327e oder § 327g abweichender Zustand, so wird vermutet, dass das digitale Produkt bereits bei Bereitstellung mangelhaft war.

(2) Zeigt sich bei einem dauerhaft bereitgestellten digitalen Produkt während der Dauer der Bereitstellung ein von den Anforderungen nach § 327e oder § 327g abweichender Zustand, so wird vermutet, dass das digitale Produkt während der bisherigen Dauer der Bereitstellung mangelhaft war.

(3) Die Vermutungen nach den Absätzen 1 und 2 gelten vorbehaltlich des Absatzes 4 nicht, wenn

1. die digitale Umgebung des Verbrauchers mit den technischen Anforderungen des digitalen Produkts zur maßgeblichen Zeit nicht kompatibel war oder
2. der Unternehmer nicht feststellen kann, ob die Voraussetzungen der Nummer 1 vorlagen, weil der Verbraucher eine hierfür notwendige und ihm mögliche Mitwirkungshandlung nicht vornimmt und der Unternehmer zur Feststellung ein technisches Mittel einsetzen wollte, das für den Verbraucher den geringsten Eingriff darstellt.

(4) Absatz 3 ist nur anzuwenden, wenn der Unternehmer den Verbraucher vor Vertragsschluss klar und verständlich informiert hat über

1. die technischen Anforderungen des digitalen Produkts an die digitale Umgebung im Fall des Absatzes 3 Nummer 1 oder
2. die Obliegenheit des Verbrauchers nach Absatz 3 Nummer 2.

§ 327l Nacherfüllung

(1) [1]Verlangt der Verbraucher vom Unternehmer Nacherfüllung, so hat dieser den vertragsgemäßen Zustand herzustellen und die zum Zwecke der Nacherfüllung erforderlichen Aufwendungen zu tragen. [2]Der Unternehmer hat die Nacherfüllung innerhalb einer angemessenen Frist ab dem Zeitpunkt, zu dem der Verbraucher ihn über den Mangel informiert hat, und ohne erhebliche Unannehmlichkeiten für den Verbraucher durchzuführen.

(2) [1]Der Anspruch nach Absatz 1 ist ausgeschlossen, wenn die Nacherfüllung unmöglich oder für den Unternehmer nur mit unverhältnismäßigen Kosten möglich ist. [2]Dabei sind insbesondere der Wert des digitalen Produkts in mangelfreiem Zustand sowie die Bedeutung des Mangels zu berücksichtigen. [3]§ 275 Abs. 2 und 3 findet keine Anwendung.

§ 327m Vertragsbeendigung und Schadensersatz

(1) Ist das digitale Produkt mangelhaft, so kann der Verbraucher den Vertrag gemäß § 327o beenden, wenn

1. der Nacherfüllungsanspruch gemäß § 327l Absatz 2 ausgeschlossen ist,
2. der Nacherfüllungsanspruch des Verbrauchers nicht gemäß § 327l Abs. 1 erfüllt wurde,
3. sich trotz der vom Unternehmer versuchten Nacherfüllung ein Mangel zeigt,
4. der Mangel derart schwerwiegend ist, dass die sofortige Vertragsbeendigung gerechtfertigt ist,
5. der Unternehmer die gemäß § 327l Abs. 1 Satz 2 ordnungsgemäße Nacherfüllung verweigert hat, oder
6. es nach den Umständen offensichtlich ist, dass der Unternehmer nicht gemäß § 327l Abs. 1 Satz 2 ordnungsgemäß nacherfüllen wird.

(2) [1]Eine Beendigung des Vertrags nach Absatz 1 ist ausgeschlossen, wenn der Mangel unerheblich ist. 2Dies gilt nicht für Verbraucherverträge im Sinne des § 327 Abs. 3.

(3) [1]In den Fällen des Abs. 1 Nr. 1 bis 6 kann der Verbraucher unter den Voraussetzungen des § 280 Ab. 1 Schadensersatz statt der Leistung verlangen. [2]§ 281 Abs. 1 Satz 3 und Abs. 4 sind entsprechend anzuwenden. [3]Verlangt der Verbraucher Schadensersatz statt der ganzen Leistung, so ist der Unternehmer zur Rückforderung des Geleisteten nach den §§ 327o und 327p berechtigt. [4]§ 325 gilt entsprechend.

(4) [1]Sofern der Verbraucher den Vertrag nach Absatz 1 beenden kann, kann er sich im Hinblick auf alle Bestandteile des Paketvertrags vom Vertrag lösen, wenn er an dem anderen Teil des Paketvertrags ohne das mangelhafte digitale Produkt kein Interesse hat. [2]Satz 1 ist nicht auf Paketverträge anzuwenden, bei denen der andere Bestandteil ein Telekommunikationsdienst im Sinne des § 3 Nr. 61 TKG ist.

(5) Sofern der Verbraucher den Vertrag nach Absatz 1 beenden kann, kann er sich im Hinblick auf alle Bestandteile eines Vertrags nach § 327a Abs. 2 vom Vertrag lösen, wenn aufgrund des Mangels des digitalen Produkts sich die Sache nicht zur gewöhnlichen Verwendung eignet.

§ 327n Minderung

(1) [1]Statt den Vertrag nach § 327m Abs. 1 zu beenden, kann der Verbraucher den Preis durch Erklärung gegenüber dem Unternehmer mindern. [2]Der Ausschlussgrund des § 327m Abs. 2 Satz 1 findet keine Anwendung. [3]§ 327o Absatz 1 ist entsprechend anzuwenden.

(2) [1]Bei der Minderung ist der Preis in dem Verhältnis herabzusetzen, in welchem zum Zeitpunkt der Bereitstellung der Wert des digitalen Produkts in mangelfreiem Zustand zu dem wirklichen Wert gestanden haben würde. [2]Bei Verträgen über die dauerhafte

Bereitstellung eines digitalen Produkts ist der Preis unter entsprechender Anwendung des Satzes 1 nur anteilig für die Dauer der Mangelhaftigkeit herabzusetzen.
(3) Die Minderung ist, soweit erforderlich, durch Schätzung zu ermitteln.
(4) [1]Hat der Verbraucher mehr als den geminderten Preis gezahlt, so hat der Unternehmer den Mehrbetrag zu erstatten. [2]Der Mehrbetrag ist unverzüglich, auf jeden Fall aber innerhalb von 14 Tagen zu erstatten. [3]Die Frist beginnt mit dem Zugang der Minderungserklärung beim Unternehmer. [4]Für die Erstattung muss der Unternehmer dasselbe Zahlungsmittel verwenden, das der Verbraucher bei der Zahlung verwendet hat, es sei denn, es wurde ausdrücklich etwas anderes vereinbart und dem Verbraucher entstehen durch die Verwendung eines anderen Zahlungsmittels keine Kosten. [5]Der Unternehmer kann vom Verbraucher keinen Ersatz für die Kosten verlangen, die ihm für die Erstattung des Mehrbetrags entstehen.

§ 327o Erklärung und Rechtsfolgen der Vertragsbeendigung

(1) [1]Die Beendigung des Vertrags erfolgt durch Erklärung gegenüber dem Unternehmer, in welcher der Entschluss des Verbrauchers zur Beendigung zum Ausdruck kommt. [2]§ 351 ist entsprechend anzuwenden.
(2) [1]Im Fall der Vertragsbeendigung hat der Unternehmer dem Verbraucher die Zahlungen zu erstatten, die der Verbraucher zur Erfüllung des Vertrags geleistet hat. [2]Für Leistungen, die der Unternehmer aufgrund der Vertragsbeendigung nicht mehr zu erbringen hat, erlischt sein Anspruch auf Zahlung des vereinbarten Preises.
(3) [1]Abweichend von Abs. 2 Satz 2 erlischt bei Verträgen über die dauerhafte Bereitstellung eines digitalen Produkts der Anspruch des Unternehmers auch für bereits erbrachte Leistungen, jedoch nur für denjenigen Teil des Bereitstellungszeitraums, in dem das digitale Produkt mangelhaft war. 2Der gezahlte Preis für den Zeitraum, für den der Anspruch nach Satz 1 entfallen ist, ist dem Verbraucher zu erstatten.
(4) Für die Erstattungen nach den Abs. 2 und 3 ist § 327n Abs. 4 Satz 2 bis 5 entsprechend anzuwenden.
(5) [1]Der Verbraucher ist verpflichtet, einen vom Unternehmer bereitgestellten körperlichen Datenträger an diesen unverzüglich zurückzusenden, wenn der Unternehmer dies spätestens 14 Tage nach Vertragsbeendigung verlangt. [2]Der Unternehmer trägt die Kosten der Rücksendung. [3]§ 348 ist entsprechend anzuwenden.

§ 327p Weitere Nutzung nach Vertragsbeendigung

(1) [1]Der Verbraucher darf das digitale Produkt nach Vertragsbeendigung weder weiter nutzen noch Dritten zur Verfügung stellen. [2]Der Unternehmer ist berechtigt, die weitere Nutzung durch den Verbraucher zu unterbinden. [3]Absatz 3 bleibt hiervon unberührt.
(2) [1]Der Unternehmer darf die Inhalte, die nicht personenbezogene Daten sind und die der Verbraucher bei der Nutzung des vom Unternehmer bereitgestellten digitalen Produkts bereitgestellt oder erstellt hat, nach der Vertragsbeendigung nicht weiter nutzen. [2]Dies gilt nicht, wenn die Inhalte

1. außerhalb des Kontextes des vom Unternehmer bereitgestellten digitalen Produkts keinen Nutzen haben,

2. ausschließlich mit der Nutzung des vom Unternehmer bereitgestellten digitalen Produkts durch den Verbraucher zusammenhängen,
3. vom Unternehmer mit anderen Daten aggregiert wurden und nicht oder nur mit unverhältnismäßigem Aufwand disaggregiert werden können oder
4. vom Verbraucher gemeinsam mit anderen erzeugt wurden, sofern andere Verbraucher die Inhalte weiterhin nutzen können.

(3) [1]Der Unternehmer hat dem Verbraucher auf dessen Verlangen die Inhalte gemäß Abs. 2 Satz 1 bereitzustellen. [2]Dies gilt nicht für Inhalte nach Abs. 2 Satz 2 Nr. 1 bis 3. [3]Die Inhalte müssen dem Verbraucher unentgeltlich, ohne Behinderung durch den Unternehmer, innerhalb einer angemessenen Frist und in einem gängigen und maschinenlesbaren Format bereitgestellt werden.

§ 327q Vertragsrechtliche Folgen datenschutzrechtlicher Erklärungen des Verbrauchers

(1) Die Ausübung von datenschutzrechtlichen Betroffenenrechten und die Abgabe datenschutzrechtlicher Erklärungen des Verbrauchers nach Vertragsschluss lassen die Wirksamkeit des Vertrags unberührt.

(2) Widerruft der Verbraucher eine von ihm erteilte datenschutzrechtliche Einwilligung oder widerspricht er einer weiteren Verarbeitung seiner personenbezogenen Daten, so kann der Unternehmer einen Vertrag, der ihn zu einer Reihe einzelner Bereitstellungen digitaler Produkte oder zur dauerhaften Bereitstellung eines digitalen Produkts verpflichtet, ohne Einhaltung einer Kündigungsfrist kündigen, wenn ihm unter Berücksichtigung des weiterhin zulässigen Umfangs der Datenverarbeitung und unter Abwägung der beiderseitigen Interessen die Fortsetzung des Vertragsverhältnisses bis zum vereinbarten Vertragsende oder bis zum Ablauf einer gesetzlichen oder vertraglichen Kündigungsfrist nicht zugemutet werden kann.

(3) Ersatzansprüche des Unternehmers gegen den Verbraucher wegen einer durch die Ausübung von Datenschutzrechten oder die Abgabe datenschutzrechtlicher Erklärungen bewirkten Einschränkung der zulässigen Datenverarbeitung sind ausgeschlossen.

§ 327r Änderungen an digitalen Produkten

(1) Bei einer dauerhaften Bereitstellung darf der Unternehmer Änderungen des digitalen Produkts, die über das zur Aufrechterhaltung der Vertragsmäßigkeit nach § 327e Abs. 2 und 3 und § 327f erforderliche Maß hinausgehen, nur vornehmen, wenn

1. der Vertrag diese Möglichkeit vorsieht und einen triftigen Grund dafür enthält,
2. dem Verbraucher durch die Änderung keine zusätzlichen Kosten entstehen und
3. der Verbraucher klar und verständlich über die Änderung informiert wird.

(2) [1]Eine Änderung des digitalen Produkts, welche die Zugriffsmöglichkeit des Verbrauchers auf das digitale Produkt oder welche die Nutzbarkeit des digitalen Produkts für den Verbraucher beeinträchtigt, darf der Unternehmer nur vornehmen, wenn er den Verbraucher darüber hinaus innerhalb einer angemessenen Frist vor dem Zeitpunkt der Änderung mittels eines dauerhaften Datenträgers informiert. [2]Die Information muss Angaben enthalten über: Merkmale und Zeitpunkt der Änderung sowie

die Rechte des Verbrauchers nach den Absätzen 3 und 4.
[3]Satz 1 gilt nicht, wenn die Beeinträchtigung der Zugriffsmöglichkeit oder der Nutzbarkeit nur unerheblich ist.
(3) [1]Beeinträchtigt eine Änderung des digitalen Produkts die Zugriffsmöglichkeit oder die Nutzbarkeit im Sinne des Abs. 2 Satz 1, so kann der Verbraucher den Vertrag innerhalb von 30 Tagen unentgeltlich beenden. [2]Die Frist beginnt mit dem Zugang der Information nach Abs. 2 zu laufen. [3]Erfolgt die Änderung nach dem Zugang der Information, so tritt an die Stelle des Zeitpunkts des Zugangs der Information der Zeitpunkt der Änderung.
(4) Die Beendigung des Vertrags nach Abs. 3 Satz 1 ist ausgeschlossen, wenn
1. die Beeinträchtigung der Zugriffsmöglichkeit oder der Nutzbarkeit nur unerheblich ist oder
2. dem Verbraucher die Zugriffsmöglichkeit auf das unveränderte digitale Produkt und die Nutzbarkeit des unveränderten digitalen Produkts ohne zusätzliche Kosten erhalten bleiben.

(5) Für die Beendigung des Vertrags nach Abs. 3 Satz 1 und deren Rechtsfolgen sind die §§ 327o und 327p entsprechend anzuwenden.
(6) Die Abs. 1 bis 5 sind auf Paketverträge, bei denen der andere Bestandteil des Paketvertrags die Bereitstellung eines Internetzugangsdienstes oder eines öffentlich zugänglichen nummerngebundenen interpersonellen Telekommunikationsdienstes im Rahmen eines Paketvertrags im Sinne des § 66 Abs. 1 TKG zum Gegenstand hat, nicht anzuwenden.

§ 327s Abweichende Vereinbarungen

(1) Auf eine Vereinbarung mit dem Verbraucher, die zum Nachteil des Verbrauchers von den Vorschriften dieses Untertitels abweicht, kann der Unternehmer sich nicht berufen, es sei denn, die Vereinbarung wurde erst nach der Mitteilung des Verbrauchers gegenüber dem Unternehmer über die unterbliebene Bereitstellung oder über den Mangel des digitalen Produkts getroffen.
(2) Auf eine Vereinbarung mit dem Verbraucher über eine Änderung des digitalen Produkts, die zum Nachteil des Verbrauchers von den Vorschriften dieses Untertitels abweicht, kann der Unternehmer sich nicht berufen, es sei denn, sie wurde nach der Information des Verbrauchers über die Änderung des digitalen Produkts gemäß § 327r getroffen.
(3) Die Vorschriften dieses Untertitels sind auch anzuwenden, wenn sie durch anderweitige Gestaltungen umgangen werden.
(4) Die Abs. 1 und 2 gelten nicht für den Ausschluss oder die Beschränkung des Anspruchs auf Schadensersatz.
(5) § 327h bleibt unberührt.

§ 327t Anwendungsbereich

Auf Verträge zwischen Unternehmern, die der Bereitstellung digitaler Produkte gemäß der nach den §§ 327 und 327a vom Anwendungsbereich des Untertitels 1 erfassten Verbraucherverträge dienen, sind ergänzend die Vorschriften dieses Untertitels anzuwenden.

§ 327u Rückgriff des Unternehmers

(1) [1]Der Unternehmer kann von dem Unternehmer, der sich ihm gegenüber zur Bereitstellung eines digitalen Produkts verpflichtet hat (Vertriebspartner), Ersatz der Aufwendungen verlangen, die ihm im Verhältnis zu einem Verbraucher wegen einer durch den Vertriebspartner verursachten unterbliebenen Bereitstellung des vom Vertriebspartner bereitzustellenden digitalen Produkts aufgrund der Ausübung des Rechts des Verbrauchers nach § 327c Abs. 1 Satz 1 entstanden sind. [2]Das Gleiche gilt für die nach § 327l Abs. 1 vom Unternehmer zu tragenden Aufwendungen, wenn der vom Verbraucher gegenüber dem Unternehmer geltend gemachte Mangel bereits bei der Bereitstellung durch den Vertriebspartner vorhanden war oder in einer durch den Vertriebspartner verursachten Verletzung der Aktualisierungspflicht des Unternehmers nach § 327f Abs. 1 besteht.

(2) [1]Die Aufwendungsersatzansprüche nach Absatz 1 verjähren in sechs Monaten. [2]Die Verjährung beginnt

1. im Fall des Abs. 1 Satz 1 mit dem Zeitpunkt, zu dem der Verbraucher sein Recht ausgeübt hat,
2. im Fall des Abs. 1 Satz 2 mit dem Zeitpunkt, zu dem der Unternehmer die Ansprüche des Verbrauchers nach § 327l Abs. 1 erfüllt hat.

(3) § 327k Abs. 1 und 2 ist mit der Maßgabe entsprechend anzuwenden, dass die Frist mit der Bereitstellung an den Verbraucher beginnt.

(4) [1]Der Vertriebspartner kann sich nicht auf eine Vereinbarung berufen, die er vor Geltendmachung der in Abs. 1 bezeichneten Aufwendungsersatzansprüche mit dem Unternehmer getroffen hat und die zum Nachteil des Unternehmers von den Abs. 1 bis 3 abweicht. [2]Satz 1 ist auch anzuwenden, wenn die Abs. 1 bis 3 durch anderweitige Gestaltungen umgangen werden.

(5) § 377 des Handelsgesetzbuchs bleibt unberührt.

(6) Die vorstehenden Absätze sind auf die Ansprüche des Vertriebspartners und der übrigen Vertragspartner in der Vertriebskette gegen die jeweiligen zur Bereitstellung verpflichteten Vertragspartner entsprechend anzuwenden, wenn die Schuldner Unternehmer sind.

§ 346 Wirkungen des Rücktritts

(1) Hat sich eine Vertragspartei vertraglich den Rücktritt vorbehalten oder steht ihr ein gesetzliches Rücktrittsrecht zu, so sind im Falle des Rücktritts die empfangenen Leistungen zurückzugewähren und die gezogenen Nutzungen herauszugeben.

(2) [1]Statt der Rückgewähr oder Herausgabe hat der Schuldner Wertersatz zu leisten, soweit

1. die Rückgewähr oder die Herausgabe nach der Natur des Erlangten ausgeschlossen ist,
2. er den empfangenen Gegenstand verbraucht, veräußert, belastet, verarbeitet oder umgestaltet hat,
3. der empfangene Gegenstand sich verschlechtert hat oder untergegangen ist; jedoch bleibt die durch die bestimmungsgemäße Ingebrauchnahme entstandene Verschlechterung außer Betracht.

[2]Ist im Vertrag eine Gegenleistung bestimmt, ist sie bei der Berechnung des Wertersatzes zugrunde zu legen; ist Wertersatz für den Gebrauchsvorteil eines Darlehens zu leisten, kann nachgewiesen werden, dass der Wert des Gebrauchsvorteils niedriger war.

(3) [1]Die Pflicht zum Wertersatz entfällt,
1. wenn sich der zum Rücktritt berechtigende Mangel erst während der Verarbeitung oder Umgestaltung des Gegenstandes gezeigt hat,
2. soweit der Gläubiger die Verschlechterung oder den Untergang zu vertreten hat oder der Schaden bei ihm gleichfalls eingetreten wäre,
3. wenn im Falle eines gesetzlichen Rücktrittsrechts die Verschlechterung oder der Untergang beim Berechtigten eingetreten ist, obwohl dieser diejenige Sorgfalt beobachtet hat, die er in eigenen Angelegenheiten anzuwenden pflegt.

[2]Eine verbleibende Bereicherung ist herauszugeben.
(4) Der Gläubiger kann wegen Verletzung einer Pflicht aus Abs. 1 nach Maßgabe der §§ 280 bis 283 Schadensersatz verlangen.

§ 348 Erfüllung Zug-um-Zug
Die sich aus dem Rücktritt ergebenden Verpflichtungen der Parteien sind Zug um Zug zu erfüllen. Die Vorschriften der §§ 320, 322 finden entsprechende Anwendung.

§ 349 Erklärung des Rücktritts
Der Rücktritt erfolgt durch Erklärung gegenüber dem anderen Teil.

§ 355 Widerrufsrecht bei Verbraucherverträgen
(1) [1]Wird einem Verbraucher durch Gesetz ein Widerrufsrecht nach dieser Vorschrift eingeräumt, so sind der Verbraucher und der Unternehmer an ihre auf den Abschluss des Vertrags gerichteten Willenserklärungen nicht mehr gebunden, wenn der Verbraucher seine Willenserklärung fristgerecht widerrufen hat. [2]Der Widerruf erfolgt durch Erklärung gegenüber dem Unternehmer. [3]Aus der Erklärung muss der Entschluss des Verbrauchers zum Widerruf des Vertrags eindeutig hervorgehen. [4]Der Widerruf muss keine Begründung enthalten. [5]Zur Fristwahrung genügt die rechtzeitige Absendung des Widerrufs.
(2) [1]Die Widerrufsfrist beträgt 14 Tage. [2]Sie beginnt mit Vertragsschluss, soweit nichts anderes bestimmt ist.
(3) [1]Im Falle des Widerrufs sind die empfangenen Leistungen unverzüglich zurückzugewähren. [2]Bestimmt das Gesetz eine Höchstfrist für die Rückgewähr, so beginnt diese für den Unternehmer mit dem Zugang und für den Verbraucher mit der Abgabe der Widerrufserklärung. [3]Ein Verbraucher wahrt diese Frist durch die rechtzeitige Absendung der Waren. [4]Der Unternehmer trägt bei Widerruf die Gefahr der Rücksendung der Waren.

§ 398 Abtretung
[1]Eine Forderung kann von dem Gläubiger durch Vertrag mit einem anderen auf diesen übertragen werden (Abtretung). [2]Mit dem Abschluss des Vertrags tritt der neue Gläubiger an die Stelle des bisherigen Gläubigers.

§ 399 Ausschluss der Abtretung bei Inhaltsänderung oder Vereinbarung
Eine Forderung kann nicht abgetreten werden, wenn die Leistung an einen anderen als den ursprünglichen Gläubiger nicht ohne Veränderung ihres Inhalts erfolgen kann oder wenn die Abtretung durch Vereinbarung mit dem Schuldner ausgeschlossen ist.

§ 433 Vertragstypische Pflichten beim Kaufvertrag

(1) [1]Durch den Kaufvertrag wird der Verkäufer einer Sache verpflichtet, dem Käufer die Sache zu übergeben und das Eigentum an der Sache zu verschaffen. [2]Der Verkäufer hat dem Käufer die Sache frei von Sach- und Rechtsmängeln zu verschaffen.
(2) Der Käufer ist verpflichtet, dem Verkäufer den vereinbarten Kaufpreis zu zahlen und die gekaufte Sache abzunehmen.

§ 434 Sachmangel (→ § 446 BGB)

(1) [1]Die Sache ist frei von Sachmängeln, wenn sie bei Gefahrübergang den subjektiven Anforderungen, den objektiven Anforderungen und den Montageanforderungen dieser Vorschrift entspricht.
(2) [1]Die Sache entspricht den subjektiven Anforderungen, wenn sie
1. die vereinbarte Beschaffenheit hat,
2. sich für die nach dem Vertrag vorausgesetzte Verwendung eignet und
3. mit dem vereinbarten Zubehör und den vereinbarten Anleitungen, einschließlich Montage- und Installationsanleitungen, übergeben wird.

[2]Zu der Beschaffenheit nach Satz 1 Nummer 1 gehören Art, Menge, Qualität, Funktionalität, Kompatibilität, Interoperabilität und sonstige Merkmale der Sache, für die die Parteien Anforderungen vereinbart haben.
(3) [1]Soweit nicht wirksam etwas anderes vereinbart wurde, entspricht die Sache den objektiven Anforderungen, wenn sie
1. sich für die gewöhnliche Verwendung eignet,
2. eine Beschaffenheit aufweist, die bei Sachen derselben Art üblich ist und die der Käufer erwarten kann unter Berücksichtigung
   a) der Art der Sache und
   b) der öffentlichen Äußerungen, die von dem Verkäufer oder einem anderen Glied der Vertragskette oder in deren Auftrag, insbesondere in der Werbung oder auf dem Etikett, abgegeben wurden,
3. der Beschaffenheit einer Probe oder eines Musters entspricht, die oder das der Verkäufer dem Käufer vor Vertragsschluss zur Verfügung gestellt hat, und
4. mit dem Zubehör einschließlich der Verpackung, der Montage- oder Installationsanleitung sowie anderen Anleitungen übergeben wird, deren Erhalt der Käufer erwarten kann.

[2]Zu der üblichen Beschaffenheit nach Satz 1 Nr. 2 gehören Menge, Qualität und sonstige Merkmale der Sache, einschließlich ihrer Haltbarkeit, Funktionalität, Kompatibilität und Sicherheit. [3]Der Verkäufer ist durch die in Satz 1 Nr. 2 Buchstabe b genannten öffentlichen Äußerungen nicht gebunden, wenn er sie nicht kannte und auch nicht kennen konnte, wenn die Äußerung im Zeitpunkt des Vertragsschlusses in derselben oder in gleichwertiger Weise berichtigt war oder wenn die Äußerung die Kaufentscheidung nicht beeinflussen konnte.
(4) Soweit eine Montage durchzuführen ist, entspricht die Sache den Montageanforderungen, wenn die Montage
1. sachgemäß durchgeführt worden ist oder

2. zwar unsachgemäß durchgeführt worden ist, dies jedoch weder auf einer unsachgemäßen Montage durch den Verkäufer noch auf einem Mangel in der vom Verkäufer übergebenen Anleitung beruht.

(5) Einem Sachmangel steht es gleich, wenn der Verkäufer eine andere Sache als die vertraglich geschuldete Sache liefert.

§ 435 Rechtsmangel

[1]Die Sache ist frei von Rechtsmängeln, wenn Dritte in Bezug auf die Sache keine oder nur die im Kaufvertrag übernommenen Rechte gegen den Käufer geltend machen können. [2]Einem Rechtsmangel steht es gleich, wenn im Grundbuch ein Recht eingetragen ist, das nicht besteht.

§ 439 Nacherfüllung

(1) Der Käufer kann als Nacherfüllung nach seiner Wahl die Beseitigung des Mangels oder die Lieferung einer mangelfreien Sache verlangen.

(2) Der Verkäufer hat die zum Zwecke der Nacherfüllung erforderlichen Aufwendungen, insbesondere Transport-, Wege-, Arbeits- und Materialkosten zu tragen.

(3) Hat der Käufer die mangelhafte Sache gemäß ihrer Art und ihrem Verwendungszweck in eine andere Sache eingebaut oder an eine andere Sache angebracht, bevor der Mangel offenbar wurde, ist der Verkäufer im Rahmen der Nacherfüllung verpflichtet, dem Käufer die erforderlichen Aufwendungen für das Entfernen der mangelhaften und den Einbau oder das Anbringen der nachgebesserten oder gelieferten mangelfreien Sache zu ersetzen.

(4) [1]Der Verkäufer kann die vom Käufer gewählte Art der Nacherfüllung unbeschadet des § 275 Abs. 2 und 3 verweigern, wenn sie nur mit unverhältnismäßigen Kosten möglich ist. [2]Dabei sind insbesondere der Wert der Sache in mangelfreiem Zustand, die Bedeutung des Mangels und die Frage zu berücksichtigen, ob auf die andere Art der Nacherfüllung ohne erhebliche Nachteile für den Käufer zurückgegriffen werden könnte. [3]Der Anspruch des Käufers beschränkt sich in diesem Fall auf die andere Art der Nacherfüllung; das Recht des Verkäufers, auch diese unter den Voraussetzungen des Satzes 1 zu verweigern, bleibt unberührt.

(5) Der Käufer hat dem Verkäufer die Sache zum Zweck der Nacherfüllung zur Verfügung zu stellen.

(6) [1]Liefert der Verkäufer zum Zwecke der Nacherfüllung eine mangelfreie Sache, so kann er vom Käufer Rückgewähr der mangelhaften Sache nach Maßgabe der §§ 346 bis 348 verlangen. [2]Der Verkäufer hat die ersetzte Sache auf seine Kosten zurückzunehmen.

§ 441 Minderung

(1) [1]Statt zurückzutreten, kann der Käufer den Kaufpreis durch Erklärung gegenüber dem Verkäufer mindern. [2]Der Ausschlussgrund des § 323 Abs. 5 Satz 2 findet keine Anwendung.

(2) Sind auf der Seite des Käufers oder auf der Seite des Verkäufers mehrere beteiligt, so kann die Minderung nur von allen oder gegen alle erklärt werden.

(3) [1]Bei der Minderung ist der Kaufpreis in dem Verhältnis herabzusetzen, in welchem zur Zeit des Vertragsschlusses der Wert der Sache in mangelfreiem Zustand zu dem wirklichen Wert gestanden haben würde. [2]Die Minderung ist, soweit erforderlich, durch Schätzung zu ermitteln.
(4) [1]Hat der Käufer mehr als den geminderten Kaufpreis gezahlt, so ist der Mehrbetrag vom Verkäufer zu erstatten. [2]§ 346 Abs. 1 und § 347 Abs. 1 finden entsprechende Anwendung.

§ 442 Kenntnis des Käufers → § 475 Abs. 3 S. 2 BGB

(1) [1]Die Rechte des Käufers wegen eines Mangels sind ausgeschlossen, wenn er bei Vertragsschluss den Mangel kennt. [2]Ist dem Käufer ein Mangel infolge grober Fahrlässigkeit unbekannt geblieben, kann der Käufer Rechte wegen dieses Mangels nur geltend machen, wenn der Verkäufer den Mangel arglistig verschwiegen oder eine Garantie für die Beschaffenheit der Sache übernommen hat.
(2) Ein im Grundbuch eingetragenes Recht hat der Verkäufer zu beseitigen, auch wenn es der Käufer kennt.

§ 443 Garantie

(1) Geht der Verkäufer, der Hersteller oder ein sonstiger Dritter in einer Erklärung oder einschlägigen Werbung, die vor oder bei Abschluss des Kaufvertrags verfügbar war, zusätzlich zu der gesetzlichen Mängelhaftung insbesondere die Verpflichtung ein, den Kaufpreis zu erstatten, die Sache auszutauschen, nachzubessern oder in ihrem Zusammenhang Dienstleistungen zu erbringen, falls die Sache nicht diejenige Beschaffenheit aufweist oder andere als die Mängelfreiheit betreffende Anforderungen nicht erfüllt, die in der Erklärung oder einschlägigen Werbung beschrieben sind (Garantie), stehen dem Käufer im Garantiefall unbeschadet der gesetzlichen Ansprüche die Rechte aus der Garantie gegenüber demjenigen zu, der die Garantie gegeben hat (Garantiegeber).
(2) Soweit der Garantiegeber eine Garantie dafür übernommen hat, dass die Sache für eine bestimmte Dauer eine bestimmte Beschaffenheit behält (Haltbarkeitsgarantie), wird vermutet, dass ein während ihrer Geltungsdauer auftretender Sachmangel die Rechte aus der Garantie begründet.

§ 449 Eigentumsvorbehalt (→ § 323 BGB)

(1) Hat sich der Verkäufer einer beweglichen Sache das Eigentum bis zur Zahlung des Kaufpreises vorbehalten, so ist im Zweifel anzunehmen, dass das Eigentum unter der aufschiebenden Bedingung vollständiger Zahlung des Kaufpreises übertragen wird (Eigentumsvorbehalt).
(2) Auf Grund des Eigentumsvorbehalts kann der Verkäufer die Sache nur herausverlangen, wenn er vom Vertrag zurückgetreten ist.
(3) Die Vereinbarung eines Eigentumsvorbehalts ist nichtig, soweit der Eigentumsübergang davon abhängig gemacht wird, dass der Käufer Forderungen eines Dritten, insbesondere eines mit dem Verkäufer verbundenen Unternehmens, erfüllt.

§ 454 Zustandekommen des Kaufvertrags

(1) [1]Bei einem Kauf auf Probe oder auf Besichtigung steht die Billigung des gekauften Gegenstandes im Belieben des Käufers. [2]Der Kauf ist im Zweifel unter der aufschiebenden Bedingung der Billigung geschlossen.
(2) Der Verkäufer ist verpflichtet, dem Käufer die Untersuchung des Gegenstandes zu gestatten.

§ 455 Billigungsfrist

[1]Die Billigung eines auf Probe oder auf Besichtigung gekauften Gegenstandes kann nur innerhalb der vereinbarten Frist und in Ermangelung einer solchen nur bis zum Ablauf einer dem Käufer von dem Verkäufer bestimmten angemessenen Frist erklärt werden. [2]War die Sache dem Käufer zum Zwecke der Probe oder der Besichtigung übergeben, so gilt sein Schweigen als Billigung.

§ 474 Verbrauchsgüterkauf

(1) [1]Verbrauchsgüterkäufe sind Verträge, durch die ein Verbraucher von einem Unternehmer eine Ware (§ 241a Abs. 1) kauft. [2]Um einen Verbrauchsgüterkauf handelt es sich auch bei einem Vertrag, der neben dem Verkauf einer Ware die Erbringung einer Dienstleistung durch den Unternehmer zum Gegenstand hat.
(2) [1]Für den Verbrauchsgüterkauf gelten ergänzend die folgenden Vorschriften dieses Untertitels. [2]Für gebrauchte Waren, die in einer öffentlich zugänglichen Versteigerung (§ 312g Abs. 2 Nr. 10) verkauft werden, gilt dies nicht, wenn dem Verbraucher klare und umfassende Informationen darüber, dass die Vorschriften dieses Untertitels nicht gelten, leicht verfügbar gemacht wurden.

§ 475 Anwendbare Vorschriften

(1) [1]Ist eine Zeit für die nach § 433 zu erbringenden Leistungen weder bestimmt noch aus den Umständen zu entnehmen, so kann der Gläubiger diese Leistungen abweichend von § 271 Abs. 1 nur unverzüglich verlangen. [2]Der Unternehmer muss die Ware in diesem Fall spätestens 30 Tage nach Vertragsschluss übergeben. [3]Die Vertragsparteien können die Leistungen sofort bewirken.
(2) § 447 Absatz 1 gilt mit der Maßgabe, dass die Gefahr des zufälligen Untergangs und der zufälligen Verschlechterung nur dann auf den Käufer übergeht, wenn der Käufer den Spediteur, den Frachtführer oder die sonst zur Ausführung der Versendung bestimmte Person oder Anstalt mit der Ausführung beauftragt hat und der Unternehmer dem Käufer diese Person oder Anstalt nicht zuvor benannt hat.
(3) [1]§ 439 Abs. 6 ist mit der Maßgabe anzuwenden, dass Nutzungen nicht herauszugeben oder durch ihren Wert zu ersetzen sind. [2]Die §§ 442, 445 und 447 Abs. 2 sind nicht anzuwenden.
(4) Der Verbraucher kann von dem Unternehmer für Aufwendungen, die ihm im Rahmen der Nacherfüllung gemäß § 439 Abs. 2 und 3 entstehen und die vom Unternehmer zu tragen sind, Vorschuss verlangen.
(5) Der Unternehmer hat die Nacherfüllung innerhalb einer angemessenen Frist ab dem Zeitpunkt, zu dem der Verbraucher ihn über den Mangel unterrichtet hat, und ohne

erhebliche Unannehmlichkeiten für den Verbraucher durchzuführen, wobei die Art der Ware sowie der Zweck, für den der Verbraucher die Ware benötigt, zu berücksichtigen sind.

(6) [1]Im Fall des Rücktritts oder des Schadensersatzes statt der ganzen Leistung wegen eines Mangels der Ware ist § 346 mit der Maßgabe anzuwenden, dass der Unternehmer die Kosten der Rückgabe der Ware trägt. [2]§ 348 ist mit der Maßgabe anzuwenden, dass der Nachweis des Verbrauchers über die Rücksendung der Rückgewähr der Ware gleichsteht.

§ 475a Verbrauchsgüterkaufvertrag über digitale Produkte

(1) [1]Auf einen Verbrauchsgüterkaufvertrag, welcher einen körperlichen Datenträger zum Gegenstand hat, der ausschließlich als Träger digitaler Inhalte dient, sind § 433 Abs. 1 Satz 2, die §§ 434 bis 442, 475 Abs. 3 Satz 1, Abs. 4 bis 6, die §§ 475b bis 475e und die §§ 476 und 477 über die Rechte bei Mängeln nicht anzuwenden. [2]An die Stelle der nach Satz 1 nicht anzuwendenden Vorschriften treten die Vorschriften des Abschnitts 3 Titel 2a Untertitel 1.

(2) [1]Auf einen Verbrauchsgüterkaufvertrag über eine Ware, die in einer Weise digitale Produkte enthält oder mit digitalen Produkten verbunden ist, dass die Ware ihre Funktionen auch ohne diese digitalen Produkte erfüllen kann, sind im Hinblick auf diejenigen Bestandteile des Vertrags, welche die digitalen Produkte betreffen, die folgenden Vorschriften nicht anzuwenden:

1. § 433 Abs. 1 Satz 1 und § 475 Abs. 1 über die Übergabe der Kaufsache und die Leistungszeit sowie
2. § 433 Abs. 1 Satz 2, die §§ 434 bis 442, 475 Abs. 3 Satz 1, Abs. 4 bis 6, die §§ 475b bis 475e und die §§ 476 und 477 über die Rechte bei Mängeln.

[2]An die Stelle der nach Satz 1 nicht anzuwendenden Vorschriften treten die Vorschriften des Abschnitts 3 Titel 2a Untertitel 1.

§ 475b Sachmangel einer Ware mit digitalen Elementen

(1) [1]Für den Kauf einer Ware mit digitalen Elementen (§ 327a Abs. 3 Satz 1), bei dem sich der Unternehmer verpflichtet, dass er oder ein Dritter die digitalen Elemente bereitstellt, gelten ergänzend die Regelungen dieser Vorschrift. [2]Hinsichtlich der Frage, ob die Verpflichtung des Unternehmers die Bereitstellung der digitalen Inhalte oder digitalen Dienstleistungen umfasst, gilt § 327a Abs. 3 Satz 2.

(2) Eine Ware mit digitalen Elementen ist frei von Sachmängeln, wenn sie bei Gefahrübergang und in Bezug auf eine Aktualisierungspflicht auch während des Zeitraums nach Abs. 3 Nr. 2 und Abs. 4 Nr. 2 den subjektiven Anforderungen, den objektiven Anforderungen, den Montageanforderungen und den Installationsanforderungen entspricht.

(3) Eine Ware mit digitalen Elementen entspricht den subjektiven Anforderungen, wenn

1. sie den Anforderungen des § 434 Absatz 2 entspricht und
2. für die digitalen Elemente die im Kaufvertrag vereinbarten Aktualisierungen während des nach dem Vertrag maßgeblichen Zeitraums bereitgestellt werden.

(4) Eine Ware mit digitalen Elementen entspricht den objektiven Anforderungen, wenn

1. sie den Anforderungen des § 434 Absatz 3 entspricht und
2. dem Verbraucher während des Zeitraums, den er aufgrund der Art und des Zwecks der Ware und ihrer digitalen Elemente sowie unter Berücksichtigung der Umstände und der Art des Vertrags erwarten kann, Aktualisierungen bereitgestellt werden, die für den Erhalt der

Vertragsmäßigkeit der Ware erforderlich sind, und der Verbraucher über diese Aktualisierungen informiert wird.

(5) Unterlässt es der Verbraucher, eine Aktualisierung, die ihm gemäß Absatz 4 bereitgestellt worden ist, innerhalb einer angemessenen Frist zu installieren, so haftet der Unternehmer nicht für einen Sachmangel, der allein auf das Fehlen dieser Aktualisierung zurückzuführen ist, wenn

1. der Unternehmer den Verbraucher über die Verfügbarkeit der Aktualisierung und die Folgen einer unterlassenen Installation informiert hat und
2. die Tatsache, dass der Verbraucher die Aktualisierung nicht oder unsachgemäß installiert hat, nicht auf eine dem Verbraucher bereitgestellte mangelhafte Installationsanleitung zurückzuführen ist.

(6) Soweit eine Montage oder eine Installation durchzuführen ist, entspricht eine Ware mit digitalen Elementen

1. den Montageanforderungen, wenn sie den Anforderungen des § 434 Abs. 4 entspricht, und
2. den Installationsanforderungen, wenn die Installation
   a) der digitalen Elemente sachgemäß durchgeführt worden ist oder
   b) zwar unsachgemäß durchgeführt worden ist, dies jedoch weder auf einer unsachgemäßen Installation durch den Unternehmer noch auf einem Mangel der Anleitung beruht, die der Unternehmer oder derjenige übergeben hat, der die digitalen Elemente bereitgestellt hat.

§ 475c Sachmangel einer Ware mit digitalen Elementen bei dauerhafter Bereitstellung der digitalen Elemente

(1) [1]Ist beim Kauf einer Ware mit digitalen Elementen eine dauerhafte Bereitstellung für die digitalen Elemente vereinbart, so gelten ergänzend die Regelungen dieser Vorschrift. [2]Haben die Parteien nicht bestimmt, wie lange die Bereitstellung andauern soll, so ist § 475b Abs. 4 Nr. 2 entsprechend anzuwenden.

(2) Der Unternehmer haftet über die §§ 434 und 475b hinaus auch dafür, dass die digitalen Elemente während des Bereitstellungszeitraums, mindestens aber für einen Zeitraum von zwei Jahren ab der Ablieferung der Ware, den Anforderungen des § 475b Abs. 2 entsprechen.

§ 475d Sonderbestimmungen für Rücktritt und Schadensersatz

(1) Für einen Rücktritt wegen eines Mangels der Ware bedarf es der in § 323 Abs. 1 bestimmten Fristsetzung zur Nacherfüllung abweichend von § 323 Abs. 2 und § 440 nicht, wenn

1. der Unternehmer die Nacherfüllung trotz Ablaufs einer angemessenen Frist ab dem Zeitpunkt, zu dem der Verbraucher ihn über den Mangel unterrichtet hat, nicht vorgenommen hat,
2. sich trotz der vom Unternehmer versuchten Nacherfüllung ein Mangel zeigt,
3. der Mangel derart schwerwiegend ist, dass der sofortige Rücktritt gerechtfertigt ist,
4. der Unternehmer die gemäß § 439 Absatz 1 oder 2 oder § 475 Absatz 5 ordnungsgemäße Nacherfüllung verweigert hat oder
5. es nach den Umständen offensichtlich ist, dass der Unternehmer nicht gemäß § 439 Absatz 1 oder 2 oder § 475 Absatz 5 ordnungsgemäß nacherfüllen wird.

(2) [1]Für einen Anspruch auf Schadensersatz wegen eines Mangels der Ware bedarf es der in § 281 Abs. 1 bestimmten Fristsetzung in den in Absatz 1 bestimmten Fällen nicht. [2]§ 281 Abs. 2 und § 440 sind nicht anzuwenden.

§ 475e Sonderbestimmungen für die Verjährung

(1) Im Fall der dauerhaften Bereitstellung digitaler Elemente nach § 475c Abs. 1 Satz 1 verjähren Ansprüche wegen eines Mangels an den digitalen Elementen nicht vor dem Ablauf von zwölf Monaten nach dem Ende des Bereitstellungszeitraums.

(2) Ansprüche wegen einer Verletzung der Aktualisierungspflicht nach § 475b Abs. 3 oder 4 verjähren nicht vor dem Ablauf von zwölf Monaten nach dem Ende des Zeitraums der Aktualisierungspflicht.

(3) Hat sich ein Mangel innerhalb der Verjährungsfrist gezeigt, so tritt die Verjährung nicht vor dem Ablauf von vier Monaten nach dem Zeitpunkt ein, in dem sich der Mangel erstmals gezeigt hat.

(4) Hat der Verbraucher zur Nacherfüllung oder zur Erfüllung von Ansprüchen aus einer Garantie die Ware dem Unternehmer oder auf Veranlassung des Unternehmers einem Dritten übergeben, so tritt die Verjährung von Ansprüchen wegen des geltend gemachten Mangels nicht vor dem Ablauf von zwei Monaten nach dem Zeitpunkt ein, in dem die nachgebesserte oder ersetzte Ware dem Verbraucher übergeben wurde.

§ 488 Vertragstypische Pflichten beim Darlehensvertrag

(1) [1]Durch den Darlehensvertrag wird der Darlehensgeber verpflichtet, dem Darlehensnehmer einen Geldbetrag in der vereinbarten Höhe zur Verfügung zu stellen. [2]Der Darlehensnehmer ist verpflichtet, einen geschuldeten Zins zu zahlen und bei Fälligkeit das zur Verfügung gestellte Darlehen zurückzuzahlen.

(2) Die vereinbarten Zinsen sind, soweit nicht ein anderes bestimmt ist, nach dem Ablauf je eines Jahres und, wenn das Darlehen vor dem Ablauf eines Jahres zurückzuzahlen ist, bei der Rückzahlung zu entrichten.

(3) [1]Ist für die Rückzahlung des Darlehens eine Zeit nicht bestimmt, so hängt die Fälligkeit davon ab, dass der Darlehensgeber oder der Darlehensnehmer kündigt. [2]Die Kündigungsfrist beträgt drei Monate. [3]Sind Zinsen nicht geschuldet, so ist der Darlehensnehmer auch ohne Kündigung zur Rückzahlung berechtigt.

§ 508 Rücktritt bei Teilzahlungsgeschäften

[1]Der Unternehmer kann von einem Teilzahlungsgeschäft wegen Zahlungsverzugs des Verbrauchers nur unter den in § 498 Absatz 1 Satz 1 bezeichneten Voraussetzungen zurücktreten. [2]Dem Nennbetrag entspricht der Gesamtbetrag. [3]Der Verbraucher hat dem Unternehmer auch die infolge des Vertrags gemachten Aufwendungen zu ersetzen. [4]Bei der Bemessung der Vergütung von Nutzungen einer zurückzugewährenden Sache ist auf die inzwischen eingetretene Wertminderung Rücksicht zu nehmen. [5]Nimmt der Unternehmer die auf Grund des Teilzahlungs-geschäfts gelieferte Sache wieder an sich, gilt dies als Ausübung des Rücktrittsrechts, es sei denn, der Unternehmer einigt sich mit dem Verbraucher, diesem den gewöhnlichen Verkaufswert der Sache im Zeitpunkt der Wegnahme zu vergüten. [6]Satz 5 gilt entsprechend, wenn ein Vertrag über die Lieferung einer Sache mit einem Verbraucherdar-

lehensvertrag verbunden ist (§ 358 Absatz 3) und wenn der Darlehensgeber die Sache an sich nimmt; im Fall des Rücktritts bestimmt sich das Rechtsverhältnis zwischen dem Darlehensgeber und dem Verbraucher nach den Sätzen 3 und 4.

§ 611 Vertragstypische Pflichten beim Dienstvertrag

(1) Durch den Dienstvertrag wird derjenige, welcher Dienste zusagt, zur Leistung der versprochenen Dienste, der andere Teil zur Gewährung der vereinbarten Vergütung verpflichtet.
(2) Gegenstand des Dienstvertrags können Dienste jeder Art sein.

§ 611a Arbeitsvertrag

(1) [1]Durch den Arbeitsvertrag wird der Arbeitnehmer im Dienste eines anderen zur Leistung weisungsgebundener, fremdbestimmter Arbeit in persönlicher Abhängigkeit verpflichtet. [2]Das Weisungsrecht kann Inhalt, Durchführung, Zeit und Ort der Tätigkeit betreffen. [3]Weisungsgebunden ist, wer nicht im Wesentlichen frei seine Tätigkeit gestalten und seine Arbeitszeit bestimmen kann. [4]Der Grad der persönlichen Abhängigkeit hängt dabei auch von der Eigenart der jeweiligen Tätigkeit ab. [5]Für die Feststellung, ob ein Arbeitsvertrag vorliegt, ist eine Gesamtbetrachtung aller Umstände vorzunehmen. [6]Zeigt die tatsächliche Durchführung des Vertragsverhältnisses, das es sich um ein Arbeitsverhältnis handelt, kommt es auf die Bezeichnung im Vertrag nicht an.
(2) Der Arbeitgeber ist zur Zahlung der vereinbarten Vergütung verpflichtet.

§ 612 Vergütung

(1) Eine Vergütung gilt als stillschweigend vereinbart, wenn die Dienstleistung den Umständen nach nur gegen eine Vergütung zu erwarten ist.
(2) Ist die Höhe der Vergütung nicht bestimmt, so ist bei dem Bestehen einer Taxe die taxmäßige Vergütung, in Ermangelung einer Taxe die übliche Vergütung als vereinbart anzusehen.

§ 612a Maßregelungsverbot

Der Arbeitgeber darf einen Arbeitnehmer bei einer Vereinbarung oder einer Maßnahme nicht benachteiligen, weil der Arbeitnehmer in zulässiger Weise seine Rechte ausübt.

§ 613 Unübertragbarkeit

[1]Der zur Dienstleistung Verpflichtete hat die Dienste im Zweifel in Person zu leisten. [2]Der Anspruch auf die Dienste ist im Zweifel nicht übertragbar.

§ 613a Rechte und Pflichten bei Betriebsübergang

(1) [1]Geht ein Betrieb oder Betriebsteil durch Rechtsgeschäft auf einen anderen Inhaber über, so tritt dieser in die Rechte und Pflichten aus den im Zeitpunkt des Übergangs bestehenden Arbeitsverhältnissen ein. [2]Sind diese Rechte und Pflichten durch Rechtsnormen eines Tarifvertrags oder durch eine Betriebsvereinbarung geregelt, so werden sie Inhalt des Arbeitsverhältnisses zwischen dem neuen Inhaber und dem Arbeitnehmer und dürfen nicht vor Ablauf eines Jahres nach dem Zeitpunkt des Übergangs zum Nachteil des

Arbeitnehmers geändert werden. [3]Satz 2 gilt nicht, wenn die Rechte und Pflichten bei dem neuen Inhaber durch Rechtsnormen eines anderen Tarifvertrags oder durch eine andere Betriebsvereinbarung geregelt werden. [4]Vor Ablauf der Frist nach Satz 2 können die Rechte und Pflichten geändert werden, wenn der Tarifvertrag oder die Betriebsvereinbarung nicht mehr gilt oder bei fehlender beiderseitiger Tarifgebundenheit im Geltungsbereich eines anderen Tarifvertrags dessen Anwendung zwischen dem neuen Inhaber und dem Arbeitnehmer vereinbart wird.

(2) [1]Der bisherige Arbeitgeber haftet neben dem neuen Inhaber für Verpflichtungen nach Abs. 1, soweit sie vor dem Zeitpunkt des Übergangs entstanden sind und vor Ablauf von einem Jahr nach diesem Zeitpunkt fällig werden, als Gesamtschuldner. [2]Werden solche Verpflichtungen nach dem Zeitpunkt des Übergangs fällig, so haftet der bisherige Arbeitgeber für sie jedoch nur in dem Umfang, der dem im Zeitpunkt des Übergangs abgelaufenen Teil ihres Bemessungszeitraums entspricht.

(3) Abs. 2 gilt nicht, wenn eine juristische Person oder eine Personenhandelsgesellschaft durch Umwandlung erlischt.

(4) [1]Die Kündigung des Arbeitsverhältnisses eines Arbeitnehmers durch den bisherigen Arbeitgeber oder durch den neuen Inhaber wegen des Übergangs eines Betriebs oder eines Betriebsteils ist unwirksam. [2]Das Recht zur Kündigung des Arbeitsverhältnisses aus anderen Gründen bleibt unberührt.

(5) Der bisherige Arbeitgeber oder der neue Inhaber hat die von einem Übergang betroffenen Arbeitnehmer vor dem Übergang in Textform zu unterrichten über:

1. den Zeitpunkt oder den geplanten Zeitpunkt des Übergangs,
2. den Grund für den Übergang,
3. die rechtlichen, wirtschaftlichen und sozialen Folgen des Übergangs für die Arbeitnehmer und
4. die hinsichtlich der Arbeitnehmer in Aussicht genommenen Maßnahmen.

(6) [1]Der Arbeitnehmer kann dem Übergang des Arbeitsverhältnisses innerhalb eines Monats nach Zugang der Unterrichtung nach Abs. 5 schriftlich widersprechen. [2]Der Widerspruch kann gegenüber dem bisherigen Arbeitgeber oder dem neuen Inhaber erklärt werden.

§ 614 Fälligkeit der Vergütung

[1]Die Vergütung ist nach der Leistung der Dienste zu entrichten. [2]Ist die Vergütung nach Zeitabschnitten bemessen, so ist sie nach dem Ablauf der einzelnen Zeitabschnitte zu entrichten.

§ 620 Beendigung des Dienstverhältnisses

(1) Das Dienstverhältnis endigt mit dem Ablauf der Zeit, für die es eingegangen ist.

(2) Ist die Dauer des Dienstverhältnisses weder bestimmt noch aus der Beschaffenheit oder dem Zwecke der Dienste zu entnehmen, so kann jeder Teil das Dienstverhältnis nach Maßgabe der §§ 621 bis 623 kündigen.

(3) Für Arbeitsverträge, die auf bestimmte Zeit abgeschlossen werden, gilt das Teilzeit- und Befristungsgesetz.

(4) Ein Verbrauchervertrag über eine digitale Dienstleistung kann auch nach Maßgabe der §§ 327c, 327m und 327r Absatz 3 und 4 beendet werden.

§ 621 Kündigungsfristen bei Dienstverhältnissen

Bei einem Dienstverhältnis, das kein Arbeitsverhältnis im Sinne des § 622 ist, ist die Kündigung zulässig,

1. wenn die Vergütung nach Tagen bemessen ist, an jedem Tag für den Ablauf des folgenden Tages;
2. wenn die Vergütung nach Wochen bemessen ist, spätestens am ersten Werktag einer Woche für den Ablauf des folgenden Sonnabends;
3. wenn die Vergütung nach Monaten bemessen ist, spätestens am 15. eines Monats für den Abschluss des Kalendermonats;
4. wenn die Vergütung nach Vierteljahren oder längeren Zeitabschnitten bemessen ist, unter Einhaltung einer Kündigungsfrist von sechs Wochen für den Abschluss eines Kalendervierteljahrs;
5. wenn die Vergütung nicht nach Zeitabschnitten bemessen ist, jederzeit; bei einem die Erwerbstätigkeit des Verpflichteten vollständig oder hauptsächlich in Anspruch nehmenden Dienstverhältnis ist jedoch eine Kündigungsfrist von zwei Wochen einzuhalten.

§ 622 Kündigungsfristen bei Arbeitsverhältnissen

(1) Das Arbeitsverhältnis eines Arbeiters oder eines Angestellten (Arbeitnehmers) kann mit einer Frist von 4 Wochen zum 15. oder zum Ende eines Kalendermonats gekündigt werden.

(2) Für eine Kündigung durch den Arbeitgeber beträgt die Kündigungsfrist, wenn das Arbeitsverhältnis in dem Betrieb oder Unternehmen

1. zwei Jahre bestanden hat, einen Monat zum Ende eines Kalendermonats,
2. fünf Jahre bestanden hat, zwei Monate zum Ende eines Kalendermonats,
3. acht Jahre bestanden hat, drei Monate zum Ende eines Kalendermonats,
4. zehn Jahre bestanden hat, vier Monate zum Ende eines Kalendermonats,
5. zwölf Jahre bestanden hat, fünf Monate zum Ende eines Kalendermonats,
6. 15 Jahre bestanden hat, sechs Monate zum Ende eines Kalendermonats,
7. 20 Jahre bestanden hat, sieben Monate zum Ende eines Kalendermonats.

(3) Während einer vereinbarten Probezeit, längstens für die Dauer von sechs Monaten, kann das Arbeitsverhältnis mit einer Frist von zwei Wochen gekündigt werden.

(4) [1]Von den Absätzen 1 bis 3 abweichende Regelungen können durch Tarifvertrag vereinbart werden. [2]Im Geltungsbereich eines solchen Tarifvertrags gelten die abweichenden tarifvertraglichen Bestimmungen zwischen nicht tarifgebundenen Arbeitgebern und Arbeitnehmern, wenn ihre Anwendung zwischen ihnen vereinbart ist.

(5) [1]Einzelvertraglich kann eine kürzere als die in Abs. 1 genannte Kündigungsfrist nur vereinbart werden,

1. wenn ein Arbeitnehmer zur vorübergehenden Aushilfe eingestellt ist; dies gilt nicht, wenn das Arbeitsverhältnis über die Zeit von drei Monaten hinaus fortgesetzt wird;
2. wenn der Arbeitgeber in der Regel nicht mehr als 20 Arbeitnehmer ausschließlich der zu ihrer Berufsbildung Beschäftigten beschäftigt und die Kündigungsfrist vier Wochen nicht unterschreitet.

[2]Bei der Feststellung der Zahl der beschäftigten Arbeitnehmer sind teilzeitbeschäftigte Arbeitnehmer mit einer regelmäßigen wöchentlichen Arbeitszeit von nicht mehr als 20

Stunden mit 0,5 und nicht mehr als 30 Stunden mit 0,75 zu berücksichtigen. [3]Die einzelvertragliche Vereinbarung längerer als der in den Absätzen 1 bis 3 genannten Kündigungsfristen bleibt hiervon unberührt.
(6) Für die Kündigung des Arbeitsverhältnisses durch den Arbeitnehmer darf keine längere Frist vereinbart werden als für die Kündigung durch den Arbeitgeber.

§ 623 Schriftform der Kündigung (→ § 126 BGB)

Die Beendigung von Arbeitsverhältnissen durch Kündigung oder Auflösungsvertrag bedürfen zu ihrer Wirksamkeit der Schriftform; die elektronische Form ist ausgeschlossen.

§ 624 Kündigungsfrist bei Verträgen über mehr als fünf Jahre

[1]Ist das Dienstverhältnis für die Lebenszeit einer Person oder für längere Zeit als fünf Jahre eingegangen, so kann es von dem Verpflichteten nach dem Ablauf von fünf Jahren gekündigt werden.[2]Die Kündigungsfrist beträgt sechs Monate.

§ 625 Stillschweigende Verlängerung

Wird das Dienstverhältnis nach dem Ablauf der Dienstzeit von dem Verpflichteten mit Wissen des anderen Teiles fortgesetzt, so gilt es als auf unbestimmte Zeit verlängert, sofern nicht der andere Teil unverzüglich widerspricht.

§ 626 Fristlose Kündigung aus wichtigem Grund

(1) Das Dienstverhältnis kann von jedem Vertragsteil aus wichtigem Grund ohne Einhaltung einer Kündigungsfrist gekündigt werden, wenn Tatsachen vorliegen, auf Grund derer dem Kündigenden unter Berücksichtigung aller Umstände des Einzelfalles und unter Abwägung der Interessen beider Vertragsteile die Fortsetzung des Dienstverhältnisses bis zum Ablauf der Kündigungsfrist oder bis zu der vereinbarten Beendigung des Dienstverhältnisses nicht zugemutet werden kann.
(2) [1]Die Kündigung kann nur innerhalb von zwei Wochen erfolgen. [2]Die Frist beginnt mit dem Zeitpunkt, in dem der Kündigungsberechtigte von den für die Kündigung maßgebenden Tatsachen Kenntnis erlangt. [3]Der Kündigende muss dem anderen Teil auf Verlangen den Kündigungsgrund unverzüglich schriftlich mitteilen.

§ 627 Fristlose Kündigung bei Vertrauensstellung

(1) Bei einem Dienstverhältnis, das kein Arbeitsverhältnis im Sinne des § 622 ist, ist die Kündigung auch ohne die in § 626 bezeichnete Voraussetzung zulässig, wenn der zur Dienstleistung Verpflichtete, ohne in einem dauernden Dienstverhältnis mit festen Bezügen zu stehen, Dienste höherer Art zu leisten hat, die auf Grund besonderen Vertrauens übertragen zu werden pflegen.
(2) [1]Der Verpflichtete darf nur in der Art kündigen, dass sich der Dienstberechtigte die Dienste anderweit beschaffen kann, es sei denn, dass ein wichtiger Grund für die unzeitige Kündigung vorliegt. [2]Kündigt er ohne solchen Grund zur Unzeit, so hat er dem Dienstberechtigten den daraus entstehenden Schaden zu ersetzen.

§ 630 Pflicht zur Zeugniserteilung

[1]Bei der Beendigung eines dauernden Dienstverhältnisses kann der Verpflichtete von dem anderen Teil ein schriftliches Zeugnis über das Dienstverhältnis und dessen Dauer fordern. [2]Das Zeugnis ist auf Verlangen auf die Leistungen und die Führung im Dienst zu erstrecken. [3]Die Erteilung des Zeugnisses in elektronischer Form ist ausgeschlossen. [4]Wenn der Verpflichtete ein Arbeitnehmer ist, findet § 109 GewO Anwendung.

§ 631 Vertragstypische Pflichten beim Werkvertrag

(1) Durch den Werkvertrag wird der Unternehmer zur Herstellung des versprochenen Werkes, der Besteller zur Entrichtung der vereinbarten Vergütung verpflichtet.
(2) Gegenstand des Werkvertrags kann sowohl die Herstellung oder Veränderung einer Sache als auch ein anderer durch Arbeit oder Dienstleistung herbeizuführender Erfolg sein.

§ 632 Vergütung

(1) Eine Vergütung gilt als stillschweigend vereinbart, wenn die Herstellung des Werkes den Umständen nach nur gegen eine Vergütung zu erwarten ist.
(2) Ist die Höhe der Vergütung nicht bestimmt, so ist bei dem Bestehen einer Taxe die taxmäßige Vergütung, in Ermangelung einer Taxe die übliche Vergütung als vereinbart anzusehen.
(3) Ein Kostenanschlag ist im Zweifel nicht zu vergüten.

§ 632a Abschlagszahlungen

(1) [1]Der Unternehmer kann von dem Besteller eine Abschlagszahlung in Höhe des Wertes der von ihm erbrachten und nach dem Vertrag geschuldeten Leistungen verlangen. [2]Sind die erbrachten Leistungen nicht vertragsgemäß, kann der Besteller die Zahlung eines angemessenen Teils des Abschlags verweigern. [3]Die Beweislast für die vertragsgemäße Leistung verbleibt bis zur Abnahme beim Unternehmer. [4]§ 641 Abs. 3 gilt entsprechend. [5]Die Leistungen sind durch eine Aufstellung nachzuweisen, die eine rasche und sichere Beurteilung der Leistungen ermöglichen muss. [6]Die Sätze 1 bis 5 gelten auch für erforderliche Stoffe oder Bauteile, die angeliefert oder eigens angefertigt und bereitgestellt sind, wenn dem Besteller nach seiner Wahl Eigentum an den Stoffen oder Bauteilen übertragen oder entsprechende Sicherheit hierfür geleistet wird.
(2) Die Sicherheit nach Absatz 1 Satz 6 kann auch durch eine Garantie oder ein sonstiges Zahlungsversprechen eines im Geltungsbereich dieses Gesetzes zum Geschäftsbetrieb befugten Kreditinstituts oder Kreditversicherers geleistet werden.

§ 633 Sach- und Rechtsmangel

(1) Der Unternehmer hat dem Besteller das Werk frei von Sach- und Rechtsmängeln zu verschaffen.
(2) [1]Das Werk ist frei von Sachmängeln, wenn es die vereinbarte Beschaffenheit hat. [2]Soweit die Beschaffenheit nicht vereinbart ist, ist das Werk frei von Sachmängeln,
1. wenn es sich für die nach dem Vertrag vorausgesetzte, sonst
2. für die gewöhnliche Verwendung eignet und eine Beschaffenheit aufweist, die bei Werken der gleichen Art üblich ist und die der Besteller nach der Art des Werkes erwarten kann.

[3]Einem Sachmangel steht es gleich, wenn der Unternehmer ein anderes als das bestellte Werk oder das Werk in zu geringer Menge herstellt.
(3) Das Werk ist frei von Rechtsmängeln, wenn Dritte in Bezug auf das Werk keine oder nur die im Vertrag übernommenen Rechte gegen den Besteller geltend machen können.

§ 634 Rechte des Bestellers bei Mängeln

Ist das Werk mangelhaft, kann der Besteller, wenn die Voraussetzungen der folgenden Vorschriften vorliegen und soweit nicht ein anderes bestimmt ist,

1. nach § 635 Nacherfüllung verlangen,
2. nach § 637 den Mangel selbst beseitigen und Ersatz der erforderlichen Aufwendungen verlangen,
3. nach den §§ 636, 323 und 326 Abs. 5 von dem Vertrag zurücktreten oder nach § 638 die Vergütung mindern und
4. nach den §§ 636, 280, 281, 283 und 311a Schadensersatz oder nach § 284 Ersatz vergeblicher Aufwendungen verlangen.

§ 634a Verjährung der Mängelansprüche

(1) Die in § 634 Nr. 1, 2 und 4 bezeichneten Ansprüche verjähren

1. vorbehaltlich der Nummer 2 in zwei Jahren bei einem Werk, dessen Erfolg in der Herstellung, Wartung oder Veränderung einer Sache oder in der Erbringung von Planungs- oder Überwachungsleistungen hierfür besteht,
2. in fünf Jahren bei einem Bauwerk und einem Werk, dessen Erfolg in der Erbringung von Planungs- oder Überwachungsleistungen hierfür besteht, und
3. im Übrigen in der regelmäßigen Verjährungsfrist.

(2) Die Verjährung beginnt in den Fällen des Abs. 1 Nr. 1 und 2 mit der Abnahme.
(3) [1]Abweichend von Abs. 1 Nr. 1 und 2 und Abs. 2 verjähren die Ansprüche in der regelmäßigen Verjährungsfrist, wenn der Unternehmer den Mangel arglistig verschwiegen hat. [2]Im Fall des Abs. 1 Nr. 2 tritt die Verjährung jedoch nicht vor Ablauf der dort bestimmten Frist ein.
(4) [1]Für das in § 634 bezeichnete Rücktrittsrecht gilt § 218. [2]Der Besteller kann trotz einer Unwirksamkeit des Rücktritts nach § 218 Abs. 1 die Zahlung der Vergütung insoweit verweigern, als er auf Grund des Rücktritts dazu berechtigt sein würde. [3]Macht er von diesem Recht Gebrauch, kann der Unternehmer vom Vertrag zurücktreten.
(5) Auf das in § 634 bezeichnete Minderungsrecht finden § 218 und Abs. 4 Satz 2 entsprechende Anwendung.

§ 635 Nacherfüllung

(1) Verlangt der Besteller Nacherfüllung, so kann der Unternehmer nach seiner Wahl den Mangel beseitigen oder ein neues Werk herstellen.
(2) Der Unternehmer hat die zum Zwecke der Nacherfüllung erforderlichen Aufwendungen, insbesondere Transport-, Wege-, Arbeits- und Materialkosten zu tragen.
(3) Der Unternehmer kann die Nacherfüllung unbeschadet des § 275 Abs. 2 und 3 verweigern, wenn sie nur mit unverhältnismäßigen Kosten möglich ist.

(4) Stellt der Unternehmer ein neues Werk her, so kann er vom Besteller Rückgewähr des mangelhaften Werkes nach Maßgabe der §§ 346 bis 348 verlangen.

§ 639 Haftungsausschluss

Auf eine Vereinbarung, durch welche die Rechte des Bestellers wegen eines Mangels ausgeschlossen oder beschränkt werden, kann sich der Unternehmer nicht berufen, soweit er den Mangel arglistig verschwiegen oder eine Garantie für die Beschaffenheit des Werkes übernommen hat.

§ 640 Abnahme

(1) [1]Der Besteller ist verpflichtet, das vertragsmäßig hergestellte Werk abzunehmen, sofern nicht nach der Beschaffenheit des Werkes die Abnahme ausgeschlossen ist. [2]Wegen unwesentlicher Mängel kann die Abnahme nicht verweigert werden. [3]Der Abnahme steht es gleich, wenn der Besteller das Werk nicht innerhalb einer ihm vom Unternehmer bestimmten angemessenen Frist abnimmt, obwohl er dazu verpflichtet ist.
(2) [1]Als abgenommen gilt ein Werk auch, wenn der Unternehmer dem Besteller nach Fertigstellung des Werks eine angemessene Frist zur Abnahme gesetzt hat und der Besteller die Abnahme nicht innerhalb dieser Frist unter Angabe mindestens eines Mangels verweigert hat. [2]Ist der Besteller ein Verbraucher, so treten die Rechtsfolgen des Satzes 1 nur dann ein, wenn der Unternehmer den Besteller zusammen mit der Aufforderung zur Abnahme auf die Folgen einer nicht erklärten oder ohne Angabe von Mängeln verweigerten Abnahme hingewiesen hat; der Hinweis muss in Textform erfolgen.
(3) Nimmt der Besteller ein mangelhaftes Werk gemäß Absatz 1 Satz 1 ab, obschon er den Mangel kennt, so stehen ihm die in § 634 Nr. 1 bis 3 bezeichneten Rechte nur zu, wenn er sich seine Rechte wegen des Mangels bei der Abnahme vorbehält.

§ 641 Fälligkeit der Vergütung

(1) [1]Die Vergütung ist bei der Abnahme des Werkes zu entrichten. [2]Ist das Werk in Teilen abzunehmen und die Vergütung für die einzelnen Teile bestimmt, so ist die Vergütung für jeden Teil bei dessen Abnahme zu entrichten.
(2) [1]Die Vergütung des Unternehmers für ein Werk, dessen Herstellung der Besteller einem Dritten versprochen hat, wird spätestens fällig,

1. soweit der Besteller von dem Dritten für das versprochene Werk wegen dessen Herstellung seine Vergütung oder Teile davon erhalten hat,
2. soweit das Werk des Bestellers von dem Dritten abgenommen worden ist oder als abgenommen gilt oder
3. wenn der Unternehmer dem Besteller erfolglos eine angemessene Frist zur Auskunft über die in den Nummern 1 und 2 bezeichneten Umstände bestimmt hat.

[2]Hat der Besteller dem Dritten wegen möglicher Mängel des Werks Sicherheit geleistet, gilt Satz 1 nur, wenn der Unternehmer dem Besteller entsprechende Sicherheit leistet.
(3) Kann der Besteller die Beseitigung eines Mangels verlangen, so kann er nach der Fälligkeit die Zahlung eines angemessenen Teils der Vergütung verweigern; angemessen ist in der Regel das Doppelte der für die Beseitigung des Mangels erforderlichen Kosten.

(4) Eine in Geld festgesetzte Vergütung hat der Besteller von der Abnahme des Werkes an zu verzinsen, sofern nicht die Vergütung gestundet ist.

§ 647 Unternehmerpfandrecht

Der Unternehmer hat für seine Forderungen aus dem Vertrag ein Pfandrecht an den von ihm hergestellten oder ausgebesserten beweglichen Sachen des Bestellers, wenn sie bei der Herstellung oder zum Zwecke der Ausbesserung in seinen Besitz gelangt sind.

§ 648 Kündigungsrecht des Bestellers

[1]Der Besteller kann bis zur Vollendung des Werkes jederzeit den Vertrag kündigen. [2]Kündigt der Besteller, so ist der Unternehmer berechtigt, die vereinbarte Vergütung zu verlangen; er muss sich jedoch dasjenige anrechnen lassen, was er infolge der Aufhebung des Vertrags an Aufwendungen erspart oder durch anderweitige Verwendung seiner Arbeitskraft erwirbt oder zu erwerben böswillig unterlässt. [3]Es wird vermutet, dass danach dem Unternehmer 5% der auf den noch nicht erbrachten Teil der Werkleistung entfallenden vereinbarten Vergütung zustehen.

§ 648a Kündigung aus wichtigem Grund

(1) [1]Beide Vertragsparteien können den Vertrag aus wichtigem Grund ohne Einhaltung einer Kündigungsfrist kündigen. [2]Ein wichtiger Grund liegt vor, wenn dem kündigenden Teil unter Berücksichtigung aller Umstände des Einzelfalls und unter Abwägung der beiderseitigen Interessen die Fortsetzung des Vertragsverhältnisses bis zur Fertigstellung des Werks nicht zugemutet werden kann.

(2) Eine Teilkündigung ist möglich; sie muss sich auf einen abgrenzbaren Teil des geschuldeten Werks beziehen.

(3) § 314 Absatz 2 und 3 gilt entsprechend.

(4) [1]Nach der Kündigung kann jede Vertragspartei von der anderen verlangen, dass sie an einer gemeinsamen Feststellung des Leistungsstandes mitwirkt. [2]Verweigert eine Vertragspartei die Mitwirkung oder bleibt sie einem vereinbarten oder einem von der anderen Vertragspartei innerhalb einer angemessenen Frist bestimmten Termin zur Leistungsstandfeststellung fern, trifft sie die Beweislast für den Leistungsstand zum Zeitpunkt der Kündigung. [3]Dies gilt nicht, wenn die Vertragspartei infolge eines Umstands fernbleibt, den sie nicht zu vertreten hat und den sie der anderen Vertragspartei unverzüglich mitgeteilt hat.

(5) Kündigt eine Vertragspartei aus wichtigem Grund, ist der Unternehmer nur berechtigt, die Vergütung zu verlangen, die auf den bis zur Kündigung erbrachten Teil des Werks entfällt.

(6) Die Berechtigung, Schadensersatz zu verlangen, wird durch die Kündigung nicht ausgeschlossen.

Bundesdatenschutzgesetz (BDSG)

Vom 30.6.2017 zuletzt geändert am 20.11.2019

§ 1 Anwendungsbereich des Gesetzes

(1) Dieses Gesetz gilt für die Verarbeitung personenbezogener Daten durch
1. öffentliche Stellen des Bundes,
2. öffentliche Stellen der Länder, soweit der Datenschutz nicht durch Landesgesetz geregelt ist und soweit sie
   a) Bundesrecht ausführen oder
   b) als Organe der Rechtspflege tätig werden und es sich nicht um Verwaltungsangelegenheiten handelt.

Für nichtöffentliche Stellen gilt dieses Gesetz für die ganz oder teilweise automatisierte Verarbeitung personenbezogener Daten sowie die nicht automatisierte Verarbeitung personenbezogener Daten, die in einem Dateisystem gespeichert sind oder gespeichert werden sollen, es sei denn, die Verarbeitung durch natürliche Personen erfolgt zur Ausübung ausschließlich persönlicher oder familiärer Tätigkeiten.

(2) Andere Rechtsvorschriften des Bundes über den Datenschutz gehen den Vorschriften dieses Gesetzes vor. Regeln sie einen Sachverhalt, für den dieses Gesetz gilt, nicht oder nicht abschließend, finden die Vorschriften dieses Gesetzes Anwendung. Die Verpflichtung zur Wahrung gesetzlicher Geheimhaltungspflichten oder von Berufs- oder besonderen Amtsgeheimnissen, die nicht auf gesetzlichen Vorschriften beruhen, bleibt unberührt.

(3) Die Vorschriften dieses Gesetzes gehen denen des Verwaltungsverfahrensgesetzes vor, soweit bei der Ermittlung des Sachverhalts personenbezogene Daten verarbeitet werden.

(4) Dieses Gesetz findet Anwendung auf öffentliche Stellen. Auf nichtöffentliche Stellen findet es Anwendung, sofern
1. der Verantwortliche oder Auftragsverarbeiter personenbezogene Daten im Inland verarbeitet,

...

§ 3 Verarbeitung personenbezogener Daten durch öffentliche Stellen

Die Verarbeitung personenbezogener Daten durch eine öffentliche Stelle ist zulässig, wenn sie zur Erfüllung der in der Zuständigkeit des Verantwortlichen liegenden Aufgabe oder in Ausübung öffentlicher Gewalt, die dem Verantwortlichen übertragen wurde, erforderlich ist.

§ 4 Videoüberwachung öffentlich zugänglicher Räume

(1) Die Beobachtung öffentlich zugänglicher Räume mit optisch-elektronischen Einrichtungen (Videoüberwachung) ist nur zulässig, soweit sie
1. zur Aufgabenerfüllung öffentlicher Stellen,
2. zur Wahrnehmung des Hausrechts oder
3. zur Wahrnehmung berechtigter Interessen für konkret festgelegte Zwecke

erforderlich ist und keine Anhaltspunkte bestehen, dass schutzwürdige Interessen der betroffenen Personen überwiegen.
Bei der Videoüberwachung von
1. öffentlich zugänglichen großflächigen Anlagen, wie insbesondere Sport-, Versammlungs- und Vergnügungsstätten, Einkaufszentren oder Parkplätzen, oder
2. Fahrzeugen und öffentlich zugänglichen großflächigen Einrichtungen des öffentlichen Schienen-, Schiffs- und Busverkehrs
gilt der Schutz von Leben, Gesundheit oder Freiheit von dort aufhältigen Personen als ein besonders wichtiges Interesse.
(2) Der Umstand der Beobachtung und der Name und die Kontaktdaten des Verantwortlichen sind durch geeignete Maßnahmen zum frühestmöglichen Zeitpunkt erkennbar zu machen.
(3) Die Speicherung oder Verwendung von nach Absatz 1 erhobenen Daten ist zulässig, wenn sie zum Erreichen des verfolgten Zwecks erforderlich ist und keine Anhaltspunkte bestehen, dass schutzwürdige Interessen der betroffenen Personen überwiegen. Absatz 1 Satz 2 gilt entsprechend. Für einen anderen Zweck dürfen sie nur weiterverarbeitet werden, soweit dies zur Abwehr von Gefahren für die staatliche und öffentliche Sicherheit sowie zur Verfolgung von Straftaten erforderlich ist.
(4) Werden durch Videoüberwachung erhobene Daten einer bestimmten Person zugeordnet, so besteht die Pflicht zur Information der betroffenen Person über die Verarbeitung gemäß den Artikeln 13 und 14 der Verordnung (EU) 2016/679. § 32 gilt entsprechend.
(5) Die Daten sind unverzüglich zu löschen, wenn sie zur Erreichung des Zwecks nicht mehr erforderlich sind oder schutzwürdige Interessen der betroffenen Personen einer weiteren Speicherung entgegenstehen.

§ 5 Benennung

(1) Öffentliche Stellen benennen eine **Datenschutzbeauftragte** oder einen Datenschutzbeauftragten. Dies gilt auch für öffentliche Stellen nach § 2 Absatz 5, die am Wettbewerb teilnehmen.
(2) Für mehrere öffentliche Stellen kann unter Berücksichtigung ihrer Organisationsstruktur und ihrer Größe eine gemeinsame Datenschutzbeauftragte oder ein gemeinsamer Datenschutzbeauftragter benannt werden.
(3) Die oder der Datenschutzbeauftragte wird auf der Grundlage ihrer oder seiner beruflichen Qualifikation und insbesondere ihres oder seines Fachwissens benannt, das sie oder er auf dem Gebiet des Datenschutzrechts und der Datenschutzpraxis besitzt, sowie auf der Grundlage ihrer oder seiner Fähigkeit zur Erfüllung der in § 7 genannten Aufgaben.
(4) Die oder der Datenschutzbeauftragte kann Beschäftigte oder Beschäftigter der öffentlichen Stelle sein oder ihre oder seine Aufgaben auf der Grundlage eines Dienstleistungsvertrags erfüllen.

(5) Die öffentliche Stelle veröffentlicht die Kontaktdaten der oder des Datenschutzbeauftragten und teilt diese Daten der oder dem Bundesbeauftragten für den Datenschutz und die Informationsfreiheit mit.

§ 6 Stellung

(1) Die öffentliche Stelle stellt sicher, dass die oder der Datenschutzbeauftragte ordnungsgemäß und frühzeitig in alle mit dem Schutz personenbezogener Daten zusammenhängenden Fragen eingebunden wird.

(2) Die öffentliche Stelle unterstützt die Datenschutzbeauftragte oder den Datenschutzbeauftragten bei der Erfüllung ihrer oder seiner Aufgaben gemäß § 7, indem sie die für die Erfüllung dieser Aufgaben erforderlichen Ressourcen und den Zugang zu personenbezogenen Daten und Verarbeitungsvorgängen sowie die zur Erhaltung ihres oder seines Fachwissens erforderlichen Ressourcen zur Verfügung stellt.

(3) Die öffentliche Stelle stellt sicher, dass die oder der Datenschutzbeauftragte bei der Erfüllung ihrer oder seiner Aufgaben keine Anweisungen bezüglich der Ausübung dieser Aufgaben erhält. Die oder der Datenschutzbeauftragte berichtet unmittelbar der höchsten Leitungsebene der öffentlichen Stelle. Die oder der Datenschutzbeauftragte darf von der öffentlichen Stelle wegen der Erfüllung ihrer oder seiner Aufgaben nicht abberufen oder benachteiligt werden.

(4) Die Abberufung der oder des Datenschutzbeauftragten ist nur in entsprechender Anwendung des § 626 des Bürgerlichen Gesetzbuchs zulässig. Die Kündigung des Arbeitsverhältnisses ist unzulässig, es sei denn, dass Tatsachen vorliegen, welche die öffentliche Stelle zur Kündigung aus wichtigem Grund ohne Einhaltung einer Kündigungsfrist berechtigen. Nach dem Ende der Tätigkeit als Datenschutzbeauftragte oder als Datenschutzbeauftragter ist die Kündigung des Arbeitsverhältnisses innerhalb eines Jahres unzulässig, es sei denn, dass die öffentliche Stelle zur Kündigung aus wichtigem Grund ohne Einhaltung einer Kündigungsfrist berechtigt ist.

(5) Betroffene Personen können die Datenschutzbeauftragte oder den Datenschutzbeauftragten zu allen mit der Verarbeitung ihrer personenbezogenen Daten und mit der Wahrnehmung ihrer Rechte gemäß der Verordnung (EU) 2016/679, diesem Gesetz sowie anderen Rechtsvorschriften über den Datenschutz im Zusammenhang stehenden Fragen zu Rate ziehen. Die oder der Datenschutzbeauftragte ist zur Verschwiegenheit über die Identität der betroffenen Person sowie über Umstände, die Rückschlüsse auf die betroffene Person zulassen, verpflichtet, soweit sie oder er nicht davon durch die betroffene Person befreit wird.

(6) Wenn die oder der Datenschutzbeauftragte bei ihrer oder seiner Tätigkeit Kenntnis von Daten erhält, für die der Leitung oder einer bei der öffentlichen Stelle beschäftigten Person aus beruflichen Gründen ein Zeugnisverweigerungsrecht zusteht, steht dieses Recht auch der oder dem Datenschutzbeauftragten und den ihr oder ihm unterstellten Beschäftigten zu. Über die Ausübung dieses Rechts entscheidet die Person, der das Zeugnisverweigerungsrecht aus beruflichen Gründen zusteht, es sei denn, dass diese Entscheidung in absehbarer Zeit nicht herbeigeführt werden kann. Soweit das

Zeugnisverweigerungsrecht der oder des Datenschutzbeauftragten reicht, unterliegen ihre oder seine Akten und andere Dokumente einem Beschlagnahmeverbot.

§ 7 Aufgaben

(1) Der oder dem Datenschutzbeauftragten obliegen neben den in der Verordnung (EU) 2016/679 genannten Aufgaben zumindest folgende Aufgaben:
1. Unterrichtung und Beratung der öffentlichen Stelle und der Beschäftigten, die Verarbeitungen durchführen, hinsichtlich ihrer Pflichten nach diesem Gesetz und sonstigen Vorschriften über den Datenschutz, einschließlich der zur Umsetzung der Richtlinie (EU) 2016/680 erlassenen Rechtsvorschriften;
2. Überwachung der Einhaltung dieses Gesetzes und sonstiger Vorschriften über den Datenschutz, einschließlich der zur Umsetzung der Richtlinie (EU) 2016/680 erlassenen Rechtsvorschriften, sowie der Strategien der öffentlichen Stelle für den Schutz personenbezogener Daten, einschließlich der Zuweisung von Zuständigkeiten, der Sensibilisierung und der Schulung der an den Verarbeitungsvorgängen beteiligten Beschäftigten und der diesbezüglichen Überprüfungen;
3. Beratung im Zusammenhang mit der Datenschutz-Folgenabschätzung und Überwachung ihrer Durchführung gemäß § 67 dieses Gesetzes;
4. Zusammenarbeit mit der Aufsichtsbehörde;
5. Tätigkeit als Anlaufstelle für die Aufsichtsbehörde in mit der Verarbeitung zusammenhängenden Fragen, einschließlich der vorherigen Konsultation gemäß § 69 dieses Gesetzes, und gegebenenfalls Beratung zu allen sonstigen Fragen.
Im Fall einer oder eines bei einem Gericht bestellten Datenschutzbeauftragten beziehen sich diese Aufgaben nicht auf das Handeln des Gerichts im Rahmen seiner justiziellen Tätigkeit.
(2) Die oder der Datenschutzbeauftragte kann andere Aufgaben und Pflichten wahrnehmen. Die öffentliche Stelle stellt sicher, dass derartige Aufgaben und Pflichten nicht zu einem Interessenkonflikt führen.
(3) Die oder der Datenschutzbeauftragte trägt bei der Erfüllung ihrer oder seiner Aufgaben dem mit den Verarbeitungsvorgängen verbundenen Risiko gebührend Rechnung, wobei sie oder er die Art, den Umfang, die Umstände und die Zwecke der Verarbeitung berücksichtigt.

§ 22 Verarbeitung besonderer Kategorien personenbezogener Daten

(1) Abweichend von Artikel 9 Absatz 1 der Verordnung (EU) 2016/679 ist die Verarbeitung besonderer Kategorien personenbezogener Daten im Sinne des Artikels 9 Absatz 1 der Verordnung (EU) 2016/679 zulässig
1. durch öffentliche und nichtöffentliche Stellen, wenn sie
a) erforderlich ist, um die aus dem Recht der sozialen Sicherheit und des Sozialschutzes erwachsenden Rechte auszuüben und den diesbezüglichen Pflichten nachzukommen,
b) zum Zweck der Gesundheitsvorsorge, für die Beurteilung der Arbeitsfähigkeit des Beschäftigten, für die medizinische Diagnostik, die Versorgung oder Behandlung im Gesundheits- oder Sozialbereich oder für die Verwaltung von Systemen und Diensten im

Gesundheits- und Sozialbereich oder aufgrund eines Vertrags der betroffenen Person mit einem Angehörigen eines Gesundheitsberufs erforderlich ist und diese Daten von ärztlichem Personal oder durch sonstige Personen, die einer entsprechenden Geheimhaltungspflicht unterliegen, oder unter deren Verantwortung verarbeitet werden,

c) aus Gründen des öffentlichen Interesses im Bereich der öffentlichen Gesundheit, wie des Schutzes vor schwerwiegenden grenzüberschreitenden Gesundheitsgefahren oder zur Gewährleistung hoher Qualitäts- und Sicherheitsstandards bei der Gesundheitsversorgung und bei Arzneimitteln und Medizinprodukten erforderlich ist; ergänzend zu den in Absatz 2 genannten Maßnahmen sind insbesondere die berufsrechtlichen und strafrechtlichen Vorgaben zur Wahrung des Berufsgeheimnisses einzuhalten, oder

d) aus Gründen eines erheblichen öffentlichen Interesses zwingend erforderlich ist,

2. durch öffentliche Stellen, wenn sie

a) zur Abwehr einer erheblichen Gefahr für die öffentliche Sicherheit erforderlich ist,

b) zur Abwehr erheblicher Nachteile für das Gemeinwohl oder zur Wahrung erheblicher Belange des Gemeinwohls zwingend erforderlich ist oder

c) aus zwingenden Gründen der Verteidigung oder der Erfüllung über- oder zwischenstaatlicher Verpflichtungen einer öffentlichen Stelle des Bundes auf dem Gebiet der Krisenbewältigung oder Konfliktverhinderung oder für humanitäre Maßnahmen erforderlich ist

und soweit die Interessen des Verantwortlichen an der Datenverarbeitung in den Fällen der Nummer 1 Buchstabe d und der Nummer 2 die Interessen der betroffenen Person überwiegen.

§ 23 Verarbeitung zu anderen Zwecken durch öffentliche Stellen

(1) Die Verarbeitung personenbezogener Daten zu einem anderen Zweck als zu demjenigen, zu dem die Daten erhoben wurden, durch öffentliche Stellen im Rahmen ihrer Aufgabenerfüllung ist zulässig, wenn

1. offensichtlich ist, dass sie im Interesse der betroffenen Person liegt und kein Grund zu der Annahme besteht, dass sie in Kenntnis des anderen Zwecks ihre Einwilligung verweigern würde,

2. Angaben der betroffenen Person überprüft werden müssen, weil tatsächliche Anhaltspunkte für deren Unrichtigkeit bestehen,

3. sie zur Abwehr erheblicher Nachteile für das Gemeinwohl oder einer Gefahr für die öffentliche Sicherheit, die Verteidigung oder die nationale Sicherheit, zur Wahrung erheblicher Belange des Gemeinwohls oder zur Sicherung des Steuer- und Zollaufkommens erforderlich ist,

4. sie zur Verfolgung von Straftaten oder Ordnungswidrigkeiten, zur Vollstreckung oder zum Vollzug von Strafen oder Maßnahmen im Sinne des § 11 Absatz 1 Nummer 8 des Strafgesetzbuchs oder von Erziehungsmaßregeln oder Zuchtmitteln im Sinne des Jugendgerichtsgesetzes oder zur Vollstreckung von Geldbußen erforderlich ist,

5. sie zur Abwehr einer schwerwiegenden Beeinträchtigung der Rechte einer anderen Person erforderlich ist oder

6. sie der Wahrnehmung von Aufsichts- und Kontrollbefugnissen, der Rechnungsprüfung oder der Durchführung von Organisationsuntersuchungen des Verantwortlichen dient; dies gilt auch für die Verarbeitung zu Ausbildungs- und Prüfungszwecken durch den Verantwortlichen, soweit schutzwürdige Interessen der betroffenen Person dem nicht entgegenstehen.

§ 24 Verarbeitung zu anderen Zwecken durch nichtöffentliche Stellen

(1) Die Verarbeitung personenbezogener Daten zu einem anderen Zweck als zu demjenigen, zu dem die Daten erhoben wurden, durch nichtöffentliche Stellen ist zulässig, wenn

1. sie zur Abwehr von Gefahren für die staatliche oder öffentliche Sicherheit oder zur Verfolgung von Straftaten erforderlich ist oder

2. sie zur Geltendmachung, Ausübung oder Verteidigung zivilrechtlicher Ansprüche erforderlich ist,

sofern nicht die Interessen der betroffenen Person an dem Ausschluss der Verarbeitung überwiegen.

§ 26 Datenverarbeitung für Zwecke des Beschäftigungsverhältnisses

(1) **Personenbezogene Daten** von Beschäftigten dürfen für Zwecke des Beschäftigungsverhältnisses verarbeitet werden, wenn dies für die Entscheidung über die Begründung eines Beschäftigungsverhältnisses oder nach Begründung des Beschäftigungsverhältnisses für dessen Durchführung oder Beendigung oder zur Ausübung oder Erfüllung der sich aus einem Gesetz oder einem Tarifvertrag, einer Betriebs- oder Dienstvereinbarung (Kollektivvereinbarung) ergebenden Rechte und Pflichten der Interessenvertretung der Beschäftigten erforderlich ist. Zur Aufdeckung von Straftaten dürfen personenbezogene Daten von Beschäftigten nur dann verarbeitet werden, wenn zu dokumentierende tatsächliche Anhaltspunkte den Verdacht begründen, dass die betroffene Person im Beschäftigungsverhältnis eine Straftat begangen hat, die Verarbeitung zur Aufdeckung erforderlich ist und das schutzwürdige Interesse der oder des Beschäftigten an dem Ausschluss der Verarbeitung nicht überwiegt, insbesondere Art und Ausmaß im Hinblick auf den Anlass nicht unverhältnismäßig sind.

(2) Erfolgt die Verarbeitung personenbezogener Daten von Beschäftigten auf der Grundlage einer Einwilligung, so sind für die Beurteilung der Freiwilligkeit der Einwilligung insbesondere die im Beschäftigungsverhältnis bestehende Abhängigkeit der beschäftigten Person sowie die Umstände, unter denen die Einwilligung erteilt worden ist, zu berücksichtigen. Freiwilligkeit kann insbesondere vorliegen, wenn für die beschäftigte Person ein rechtlicher oder wirtschaftlicher Vorteil erreicht wird oder Arbeitgeber und beschäftigte Person gleichgelagerte Interessen verfolgen. Die Einwilligung bedarf der Schriftform, soweit nicht wegen besonderer Umstände eine andere Form angemessen ist. Der Arbeitgeber hat die beschäftigte Person über den Zweck der Datenverarbeitung und über ihr Widerrufsrecht nach Artikel 7 Absatz 3 der Verordnung (EU) 2016/679 in Textform aufzuklären.

(6) Die Beteiligungsrechte der Interessenvertretungen der Beschäftigten bleiben unberührt.

(7) Die Absätze 1 bis 6 sind auch anzuwenden, wenn personenbezogene Daten, einschließlich besonderer Kategorien personenbezogener Daten, von Beschäftigten verarbeitet werden, ohne dass sie in einem Dateisystem gespeichert sind oder gespeichert werden sollen.

(8) **Beschäftigte** im Sinne dieses Gesetzes sind:

1. Arbeitnehmerinnen und **Arbeitnehmer**, einschließlich der Leiharbeitnehmerinnen und Leiharbeitnehmer im Verhältnis zum Entleiher,
2. zu ihrer Berufsbildung Beschäftigte,
3. Teilnehmerinnen und Teilnehmer an Leistungen zur Teilhabe am Arbeitsleben sowie an Abklärungen der beruflichen Eignung oder Arbeitserprobung (Rehabilitandinnen und Rehabilitanden),
4. in anerkannten Werkstätten für behinderte Menschen Beschäftigte,
5. Freiwillige, die einen Dienst nach dem Jugendfreiwilligendienstegesetz oder dem Bundesfreiwilligendienstgesetz leisten,
6. Personen, die wegen ihrer wirtschaftlichen Unselbständigkeit als arbeitnehmerähnliche Personen anzusehen sind; zu diesen gehören auch die in Heimarbeit Beschäftigten und die ihnen Gleichgestellten,
7. Beamtinnen und Beamte des Bundes, Richterinnen und Richter des Bundes, Soldatinnen und Soldaten sowie Zivildienstleistende.

Bewerberinnen und Bewerber für ein Beschäftigungsverhältnis sowie Personen, deren Beschäftigungsverhältnis beendet ist, gelten als Beschäftigte.

§ 38 Datenschutzbeauftragte nichtöffentlicher Stellen

(1) Ergänzend zu Artikel 37 Absatz 1 Buchstabe b und c der Verordnung (EU) 2016/679 benennen der Verantwortliche und der Auftragsverarbeiter eine Datenschutzbeauftragte oder einen Datenschutzbeauftragten, soweit sie in der Regel mindestens zwanzig Personen ständig mit der automatisierten Verarbeitung personenbezogener Daten beschäftigen. Nehmen der Verantwortliche oder der Auftragsverarbeiter Verarbeitungen vor, die einer Datenschutz-Folgenabschätzung nach Artikel 35 der Verordnung (EU) 2016/679 unterliegen, oder verarbeiten sie personenbezogene Daten geschäftsmäßig zum Zweck der Übermittlung, der anonymisierten Übermittlung oder für Zwecke der Markt- oder Meinungsforschung, haben sie unabhängig von der Anzahl der mit der Verarbeitung beschäftigten Personen eine Datenschutzbeauftragte oder einen Datenschutzbeauftragten zu benennen.

(2) § 6 Absatz 4, 5 Satz 2 und Absatz 6 finden Anwendung, § 6 Absatz 4 jedoch nur, wenn die Benennung einer oder eines Datenschutzbeauftragten verpflichtend ist.

§ 47 Allgemeine Grundsätze für die Verarbeitung personenbezogener Daten

Personenbezogene Daten müssen

1. auf rechtmäßige Weise und nach Treu und Glauben verarbeitet werden,

2. für festgelegte, eindeutige und rechtmäßige Zwecke erhoben und nicht in einer mit diesen Zwecken nicht zu vereinbarenden Weise verarbeitet werden,
3. dem Verarbeitungszweck entsprechen, für das Erreichen des Verarbeitungszwecks erforderlich sein und ihre Verarbeitung nicht außer Verhältnis zu diesem Zweck stehen,
4. sachlich richtig und erforderlichenfalls auf dem neuesten Stand sein; dabei sind alle angemessenen Maßnahmen zu treffen, damit personenbezogene Daten, die im Hinblick auf die Zwecke ihrer Verarbeitung unrichtig sind, unverzüglich gelöscht oder berichtigt werden,
5. nicht länger als es für die Zwecke, für die sie verarbeitet werden, erforderlich ist, in einer Form gespeichert werden, die die Identifizierung der betroffenen Personen ermöglicht, und
6. in einer Weise verarbeitet werden, die eine angemessene Sicherheit der personenbezogenen Daten gewährleistet; hierzu gehört auch ein durch geeignete technische und organisatorische Maßnahmen zu gewährleistender Schutz vor unbefugter oder unrechtmäßiger Verarbeitung, unbeabsichtigtem Verlust, unbeabsichtigter Zerstörung oder unbeabsichtigter Schädigung.

§ 51 Einwilligung

(1) Soweit die Verarbeitung personenbezogener Daten nach einer Rechtsvorschrift auf der Grundlage einer Einwilligung erfolgen kann, muss der Verantwortliche die Einwilligung der betroffenen Person nachweisen können.
(2) Erfolgt die Einwilligung der betroffenen Person durch eine schriftliche Erklärung, die noch andere Sachverhalte betrifft, muss das Ersuchen um Einwilligung in verständlicher und leicht zugänglicher Form in einer klaren und einfachen Sprache so erfolgen, dass es von den anderen Sachverhalten klar zu unterscheiden ist.
(3) Die betroffene Person hat das Recht, ihre Einwilligung jederzeit zu widerrufen. Durch den Widerruf der Einwilligung wird die Rechtmäßigkeit der aufgrund der Einwilligung bis zum Widerruf erfolgten Verarbeitung nicht berührt. Die betroffene Person ist vor Abgabe der Einwilligung hiervon in Kenntnis zu setzen.
(4) Die Einwilligung ist nur wirksam, wenn sie auf der freien Entscheidung der betroffenen Person beruht. Bei der Beurteilung, ob die Einwilligung freiwillig erteilt wurde, müssen die Umstände der Erteilung berücksichtigt werden. Die betroffene Person ist auf den vorgesehenen Zweck der Verarbeitung hinzuweisen. Ist dies nach den Umständen des Einzelfalles erforderlich oder verlangt die betroffene Person dies, ist sie auch über die Folgen der Verweigerung der Einwilligung zu belehren.
(5) Soweit besondere Kategorien personenbezogener Daten verarbeitet werden, muss sich die Einwilligung ausdrücklich auf diese Daten beziehen.

§ 53 Datengeheimnis

Mit Datenverarbeitung befasste Personen dürfen personenbezogene Daten nicht unbefugt verarbeiten (Datengeheimnis). Sie sind bei der Aufnahme ihrer Tätigkeit auf das Datengeheimnis zu verpflichten. Das Datengeheimnis besteht auch nach der Beendigung ihrer Tätigkeit fort.

§ 55 Allgemeine Informationen zu Datenverarbeitungen

Der Verantwortliche hat in allgemeiner Form und für jedermann zugänglich Informationen zur Verfügung zu stellen über
1. die Zwecke der von ihm vorgenommenen Verarbeitungen,
2. die im Hinblick auf die Verarbeitung ihrer personenbezogenen Daten bestehenden Rechte der betroffenen Personen auf Auskunft, Berichtigung, Löschung und Einschränkung der Verarbeitung,
3. den Namen und die Kontaktdaten des Verantwortlichen und der oder des Datenschutzbeauftragten,
4. das Recht, die Bundesbeauftragte oder den Bundesbeauftragten anzurufen, und
5. die Erreichbarkeit der oder des Bundesbeauftragten.

§ 56 Benachrichtigung betroffener Personen

(1) Ist die Benachrichtigung betroffener Personen über die Verarbeitung sie betreffender personenbezogener Daten in speziellen Rechtsvorschriften, insbesondere bei verdeckten Maßnahmen, vorgesehen oder angeordnet, so hat diese Benachrichtigung zumindest die folgenden Angaben zu enthalten:
1. die in § 55 genannten Angaben,
2. die Rechtsgrundlage der Verarbeitung,
3. die für die Daten geltende Speicherdauer oder, falls dies nicht möglich ist, die Kriterien für die Festlegung dieser Dauer,
4. gegebenenfalls die Kategorien von Empfängern der personenbezogenen Daten sowie
5. erforderlichenfalls weitere Informationen, insbesondere, wenn die personenbezogenen Daten ohne Wissen der betroffenen Person erhoben wurden.
(2) In den Fällen des Absatzes 1 kann der Verantwortliche die Benachrichtigung insoweit und solange aufschieben, einschränken oder unterlassen, wie andernfalls
1. die Erfüllung der in § 45 genannten Aufgaben,
2. die öffentliche Sicherheit oder
3. Rechtsgüter Dritter
gefährdet würden, wenn das Interesse an der Vermeidung dieser Gefahren das Informationsinteresse der betroffenen Person überwiegt.
(3) Bezieht sich die Benachrichtigung auf die Übermittlung personenbezogener Daten an Verfassungsschutzbehörden, den Bundesnachrichtendienst, den Militärischen Abschirmdienst und, soweit die Sicherheit des Bundes berührt wird, andere Behörden des Bundesministeriums der Verteidigung, ist sie nur mit Zustimmung dieser Stellen zulässig.
(4) Im Fall der Einschränkung nach Absatz 2 gilt § 57 Absatz 7 entsprechend.

§ 57 Auskunftsrecht

(1) Der Verantwortliche hat betroffenen Personen auf Antrag Auskunft darüber zu erteilen, ob er sie betreffende Daten verarbeitet. Betroffene Personen haben darüber hinaus das Recht, Informationen zu erhalten über
1. die personenbezogenen Daten, die Gegenstand der Verarbeitung sind, und die Kategorie, zu der sie gehören,

2. die verfügbaren Informationen über die Herkunft der Daten,
3. die Zwecke der Verarbeitung und deren Rechtsgrundlage,
4. die Empfänger oder die Kategorien von Empfängern, gegenüber denen die Daten offengelegt worden sind, insbesondere bei Empfängern in Drittstaaten oder bei internationalen Organisationen,
5. die für die Daten geltende Speicherdauer oder, falls dies nicht möglich ist, die Kriterien für die Festlegung dieser Dauer,
6. das Bestehen eines Rechts auf Berichtigung, Löschung oder Einschränkung der Verarbeitung der Daten durch den Verantwortlichen,
7. das Recht nach § 60, die Bundesbeauftragte oder den Bundesbeauftragten anzurufen, sowie
8. Angaben zur Erreichbarkeit der oder des Bundesbeauftragten.

§ 58 Rechte auf Berichtigung und Löschung sowie Einschränkung der Verarbeitung

(1) Die betroffene Person hat das Recht, von dem Verantwortlichen unverzüglich die Berichtigung sie betreffender unrichtiger Daten zu verlangen. Insbesondere im Fall von Aussagen oder Beurteilungen betrifft die Frage der Richtigkeit nicht den Inhalt der Aussage oder Beurteilung. Wenn die Richtigkeit oder Unrichtigkeit der Daten nicht festgestellt werden kann, tritt an die Stelle der Berichtigung eine Einschränkung der Verarbeitung. In diesem Fall hat der Verantwortliche die betroffene Person zu unterrichten, bevor er die Einschränkung wieder aufhebt. Die betroffene Person kann zudem die Vervollständigung unvollständiger personenbezogener Daten verlangen, wenn dies unter Berücksichtigung der Verarbeitungszwecke angemessen ist.
(2) Die betroffene Person hat das Recht, von dem Verantwortlichen unverzüglich die Löschung sie betreffender Daten zu verlangen, wenn deren Verarbeitung unzulässig ist, deren Kenntnis für die Aufgabenerfüllung nicht mehr erforderlich ist oder diese zur Erfüllung einer rechtlichen Verpflichtung gelöscht werden müssen.
(3) Anstatt die personenbezogenen Daten zu löschen, kann der Verantwortliche deren Verarbeitung einschränken, wenn
1. Grund zu der Annahme besteht, dass eine Löschung schutzwürdige Interessen einer betroffenen Person beeinträchtigen würde,
2. die Daten zu Beweiszwecken in Verfahren, die Zwecken des § 45 dienen, weiter aufbewahrt werden müssen oder
3. eine Löschung wegen der besonderen Art der Speicherung nicht oder nur mit unverhältnismäßigem Aufwand möglich ist.

§ 62 Auftragsverarbeitung

(1) Werden personenbezogene Daten im Auftrag eines Verantwortlichen durch andere Personen oder Stellen verarbeitet, hat der Verantwortliche für die Einhaltung der Vorschriften dieses Gesetzes und anderer Vorschriften über den Datenschutz zu sorgen. Die Rechte der betroffenen Personen auf Auskunft, Berichtigung, Löschung,

Einschränkung der Verarbeitung und Schadensersatz sind in diesem Fall gegenüber dem Verantwortlichen geltend zu machen.
(2) Ein Verantwortlicher darf nur solche Auftragsverarbeiter mit der Verarbeitung personenbezogener Daten beauftragen, die mit geeigneten technischen und organisatorischen Maßnahmen sicherstellen, dass die Verarbeitung im Einklang mit den gesetzlichen Anforderungen erfolgt und der Schutz der Rechte der betroffenen Personen gewährleistet wird.
(3) Auftragsverarbeiter dürfen ohne vorherige schriftliche Genehmigung des Verantwortlichen keine weiteren Auftragsverarbeiter hinzuziehen. Hat der Verantwortliche dem Auftragsverarbeiter eine allgemeine Genehmigung zur Hinzuziehung weiterer Auftragsverarbeiter erteilt, hat der Auftragsverarbeiter den Verantwortlichen über jede beabsichtigte Hinzuziehung oder Ersetzung zu informieren. Der Verantwortliche kann in diesem Fall die Hinzuziehung oder Ersetzung untersagen.
(7) Ein Auftragsverarbeiter, der die Zwecke und Mittel der Verarbeitung unter Verstoß gegen diese Vorschrift bestimmt, gilt in Bezug auf diese Verarbeitung als Verantwortlicher.

Bundesurlaubsgesetz - BUrlG

Mindesturlaubsgesetz für Arbeitnehmer vom 08.01.1963, zuletzt geändert 20. April 2013

§ 1 Urlaubsanspruch

Jeder Arbeitnehmer hat in jedem Kalenderjahr Anspruch auf bezahlten Erholungsurlaub.

§ 2 Geltungsbereich

Arbeitnehmer im Sinne des Gesetzes sind Arbeiter und Angestellte sowie die zu ihrer Berufsausbildung Beschäftigten. Als Arbeitnehmer gelten auch Personen, die wegen ihrer wirtschaftlichen Unselbständigkeit als arbeitnehmerähnliche Personen anzusehen sind; für den Bereich der Heimarbeit gilt § 12.

§ 3 Dauer des Urlaubs

(1) Der Urlaub beträgt jährlich mindestens 24 Werktage.
(2) Als Werktage gelten alle Kalendertage, die nicht Sonn- oder gesetzliche Feiertage sind.

§ 4 Wartezeit

Der volle Urlaubsanspruch wird erstmalig nach sechsmonatigem Bestehen des Arbeitsverhältnisses erworben.

§ 5 Teilurlaub

(1) Anspruch auf ein Zwölftel des Jahresurlaubs für jeden vollen Monat des Bestehens des Arbeitsverhältnisses hat der Arbeitnehmer
a) für Zeiten eines Kalenderjahrs, für die er wegen Nichterfüllung der Wartezeit in diesem Kalenderjahr keinen vollen Urlaubsanspruch erwirbt;
b) wenn er vor erfüllter Wartezeit aus dem Arbeitsverhältnis ausscheidet;
c) wenn er nach erfüllter Wartezeit in der ersten Hälfte eines Kalenderjahrs aus dem Arbeitsverhältnis ausscheidet.
(2) Bruchteile von Urlaubstagen, die mindestens einen halben Tag ergeben, sind auf volle Urlaubstage aufzurunden.
(3) Hat der Arbeitnehmer im Falle des Absatzes 1 Buchstabe c bereits Urlaub über den ihm zustehenden Umfang hinaus erhalten, so kann das dafür gezahlte Urlaubsentgelt nicht zurückgefordert werden.

§ 6 Ausschluss von Doppelansprüchen

(1) Der Anspruch auf Urlaub besteht nicht, soweit dem Arbeitnehmer für das laufende Kalenderjahr bereits von einem früheren Arbeitgeber Urlaub gewährt worden ist.

(2) Der Arbeitgeber ist verpflichtet, bei Beendigung des Arbeitsverhältnisses dem Arbeitnehmer eine Bescheinigung über den im laufenden Kalenderjahr gewährten oder abgegoltenen Urlaub auszuhändigen.

§ 7 Zeitpunkt, Übertragbarkeit und Abgeltung des Urlaubs

(1) Bei der zeitlichen Festlegung des Urlaubs sind die Urlaubswünsche des Arbeitnehmers zu berücksichtigen, es sei denn, dass ihrer Berücksichtigung dringende betriebliche Belange oder Urlaubswünsche anderer Arbeitnehmer, die unter sozialen Gesichtspunkten den Vorrang verdienen, entgegenstehen. Der Urlaub ist zu gewähren, wenn der Arbeitnehmer dies im Ausschluss an eine Maßnahme der medizinischen Vorsorge oder Rehabilitation verlangt.

(2) Der Urlaub ist zusammenhängend zu gewähren, es sei denn, dass dringende betriebliche oder in der Person des Arbeitnehmers liegende Gründe eine Teilung des Urlaubs erforderlich machen. Kann der Urlaub aus diesen Gründen nicht zusammenhängend gewährt werden, und hat der Arbeitnehmer Anspruch auf Urlaub von mehr als zwölf Werktagen, so muss einer der Urlaubsteile mindestens zwölf aufeinanderfolgende Werktage umfassen.

(3) Der Urlaub muss im laufenden Kalenderjahr gewährt und genommen werden. Eine Übertragung des Urlaubs auf das nächste Kalenderjahr ist nur statthaft, wenn dringende betriebliche oder in der Person des Arbeitnehmers liegende Gründe dies rechtfertigen. Im Fall der Übertragung muss der Urlaub in den ersten drei Monaten des folgenden Kalenderjahrs gewährt und genommen werden. Auf Verlangen des Arbeitnehmers ist ein nach § 5 Abs. 1 Buchstabe a entstehender Teilurlaub jedoch auf das nächste Kalenderjahr zu übertragen.

(4) Kann der Urlaub wegen Beendigung des Arbeitsverhältnisses ganz oder teilweise nicht mehr gewährt werden, so ist er abzugelten.

§ 8 Erwerbstätigkeit während des Urlaubs

Während des Urlaubs darf der Arbeitnehmer keine dem Urlaubszweck widersprechende Erwerbstätigkeit leisten.

§ 9 Erkrankung während des Urlaubs

Erkrankt ein Arbeitnehmer während des Urlaubs, so werden die durch ärztliches Zeugnis nachgewiesenen Tage der Arbeitsunfähigkeit auf den Jahresurlaub nicht angerechnet.

§ 10 Maßnahmen der medizinischen Vorsorge oder Rehabilitation

Maßnahmen der medizinischen Vorsorge oder Rehabilitation dürfen nicht auf den Urlaub angerechnet werden, soweit ein Anspruch auf Fortzahlung des Arbeitsentgelts nach den gesetzlichen Vorschriften über die Entgeltfortzahlung im Krankheitsfall besteht.

§ 11 Urlaubsentgelt

(1) Das Urlaubsentgelt bemisst sich nach dem durchschnittlichen Arbeitsverdienst, das der Arbeitnehmer in den letzten dreizehn Wochen vor dem Beginn des Urlaubs erhalten hat, mit Ausnahme des zusätzlich für Überstunden gezahlten Arbeitsverdienstes. Bei Verdiensterhöhungen nicht nur vorübergehender Natur, die während des Berechnungszeitraums oder des Urlaubs eintreten, ist von dem erhöhten Verdienst auszugehen. Verdienstkürzungen, die im Berechnungszeitraum infolge von Kurzarbeit, Arbeitsausfällen oder unverschuldeter Arbeitsversäumnis eintreten, bleiben für die Berechnung des Urlaubsentgelts außer Betracht. Zum Arbeitsentgelt gehörende Sachbezüge, die während des Urlaubs nicht weitergewährt werden, sind für die Dauer des Urlaubs angemessen in bar abzugelten.
(2) Das Urlaubsentgelt ist vor Antritt des Urlaubs auszuzahlen.

§ 12 Urlaub im Bereich der Heimarbeit

Für die in Heimarbeit Beschäftigten und die ihnen nach § 1 Abs. 2 Buchstaben a bis c des Heimarbeitsgesetzes Gleichgestellten, für die die Urlaubsregelung nicht ausdrücklich von der Gleichstellung ausgenommen ist, gelten die vorstehenden Bestimmungen mit Ausnahme der §§ 4 bis 6, 7 Abs. 3 und 4 und § 11 nach Maßgabe der folgenden Bestimmungen:

1. Heimarbeiter (§ 1 Abs. 1 Buchstabe a des Heimarbeitsgesetzes) und nach § 1 Abs. 2 Buchstabe a des Heimarbeitsgesetzes Gleichgestellte erhalten von ihrem Auftraggeber oder, falls sie von einem Zwischenmeister beschäftigt werden, von diesem bei einem Anspruch auf 24 Werktage ein Urlaubsentgelt von 9,1 vom Hundert des in der Zeit vom 1. Mai bis zum 30. April des folgenden Jahres oder bis zur Beendigung des Beschäftigungsverhältnisses verdienten Arbeitsentgelts vor Abzug der Steuern und Sozialversicherungsbeiträge ohne Unkostenzuschlag und ohne die für den Lohnausfall an Feiertagen, den Arbeitsausfall infolge Krankheit und den Urlaub zu leistenden Zahlungen.
2. War der Anspruchsberechtigte im Berechnungszeitraum nicht ständig beschäftigt, so brauchen unbeschadet des Anspruches auf Urlaubsentgelt nach Nummer 1 nur so viele Urlaubstage gegeben zu werden, wie durchschnittliche Tagesverdienste, die er in der Regel erzielt hat, in dem Urlaubsentgelt nach Nummer 1 enthalten sind.
3. Das Urlaubsentgelt für die in Nummer 1 bezeichneten Personen soll erst bei der letzten Entgeltzahlung vor Antritt des Urlaubs ausgezahlt werden.
4. Hausgewerbetreibende (§ 1 Abs. 1 Buchstabe b des Heimarbeitsgesetzes) und nach § 1 Abs. 2 Buchstaben b und c des Heimarbeitsgesetzes Gleichgestellte erhalten von ihrem Auftraggeber oder, falls sie von einem Zwischenmeister beschäftigt werden, von diesem als eigenes Urlaubsentgelt und zur Sicherung der Urlaubsansprüche der von ihnen Beschäftigten einen Betrag von 9,1 vom Hundert des an sie ausgezahlten Arbeitsentgelts vor Abzug der Steuern und Sozialversicherungsbeiträge ohne Unkostenzuschlag und ohne die für den Lohnausfall an Feiertagen, den Arbeitsausfall infolge Krankheit und den Urlaub zu leistenden Zahlungen.

5. Zwischenmeister, die den in Heimarbeit Beschäftigten nach § 1 Abs. 2 Buchstabe d des Heimarbeitsgesetzes gleichgestellt sind, haben gegen ihren Auftraggeber Anspruch auf die von ihnen nach den Nummern 1 und 4 nachweislich zu zahlenden Beträge.
6. Die Beträge nach den Nummern 1, 4 und 5 sind gesondert im Entgeltbeleg auszuweisen.
7. Durch Tarifvertrag kann bestimmt werden, dass Heimarbeiter (§ 1 Abs. 1 Buchstabe a des Heimarbeitsgesetzes), die nur für einen Auftraggeber tätig sind und tariflich allgemein wie Betriebsarbeiter behandelt werden, Urlaub nach den allgemeinen Urlaubsbestimmungen erhalten.

§ 13 Unabdingbarkeit

(1) Von den vorstehenden Vorschriften mit Ausnahme der §§ 1, 2 und 3 Abs. 1 kann in Tarifverträgen abgewichen werden. Die abweichenden Bestimmungen haben zwischen nichttarifgebundenen Arbeitgebern und Arbeitnehmern Geltung, wenn zwischen diesen die Anwendung der einschlägigen tariflichen Urlaubsregelung vereinbart ist. Im übrigen kann, abgesehen von § 7 Abs. 2 Satz 2, von den Bestimmungen dieses Gesetzes nicht zuungunsten des Arbeitnehmers abgewichen werden.
(2) Für das Baugewerbe oder sonstige Wirtschaftszweige, in denen als Folge häufigen Ortswechsels der von den Betrieben zu leistenden Arbeit Arbeitsverhältnisse von kürzerer Dauer als einem Jahr in erheblichem Umfange üblich sind, kann durch Tarifvertrag von den vorstehenden Vorschriften über die in Absatz 1 Satz 1 vorgesehene Grenze hinaus abgewichen werden, soweit dies zur Sicherung eines zusammenhängenden Jahresurlaubs für alle Arbeitnehmer erforderlich ist. Absatz 1 Satz 2 findet entsprechende Anwendung.
(3) Für den Bereich der Deutsche Bahn Aktiengesellschaft sowie einer gemäß § 2 Abs. 1 und § 3 Abs. 3 des Deutsche Bahn Gründungsgesetzes vom 27. Dezember 1993 (BGBl. I S. 2378, 2386) ausgegliederten Gesellschaft und für den Bereich der Nachfolgeunternehmen der Deutschen Bundespost kann von der Vorschrift über das Kalenderjahr als Urlaubsjahr (§ 1) in Tarifverträgen abgewichen werden.

Datenschutzgrundverordnung - DSGVO

Verordnung (EU) 2016/679 des Europäischen Parlaments und des Rates zum Schutz natürlicher Personen bei der Verarbeitung personenbezogener Daten vom 27. April 2016

Artikel 1 Gegenstand und Ziele

(1) Diese Verordnung enthält Vorschriften zum Schutz natürlicher Personen bei der Verarbeitung personenbezogener Daten und zum freien Verkehr solcher Daten.

(2) Diese Verordnung schützt die Grundrechte und Grundfreiheiten natürlicher Personen und insbesondere deren Recht auf Schutz personenbezogener Daten.

(3) Der freie Verkehr personenbezogener Daten in der Union darf aus Gründen des Schutzes natürlicher Personen bei der Verarbeitung personenbezogener Daten weder eingeschränkt noch verboten werden.

Artikel 2 Sachlicher Anwendungsbereich

(1) Diese Verordnung gilt für die ganz oder teilweise automatisierte Verarbeitung personenbezogener Daten sowie für die nichtautomatisierte Verarbeitung personenbezogener Daten, die in einem Dateisystem gespeichert sind oder gespeichert werden sollen.

Artikel 5 Grundsätze für die Verarbeitung personenbezogener Daten

(1) Personenbezogene Daten müssen

a) auf rechtmäßige Weise, nach Treu und Glauben und in einer für die betroffene Person nachvollziehbaren Weise verarbeitet werden („Rechtmäßigkeit, Verarbeitung nach Treu und Glauben, Transparenz“);

b) für festgelegte, eindeutige und legitime Zwecke erhoben werden und dürfen nicht in einer mit diesen Zwecken nicht zu vereinbarenden Weise weiterverarbeitet werden; eine Weiterverarbeitung für im öffentlichen Interesse liegende Archivzwecke, für wissenschaftliche oder historische Forschungszwecke oder für statistische Zwecke gilt gemäß Artikel 89 Abs.1 nicht als unvereinbar mit den ursprünglichen Zwecken („Zweckbindung“);

c) dem Zweck angemessen und erheblich sowie auf das für die Zwecke der Verarbeitung notwendige Maß beschränkt sein („Datenminimierung“);

d) sachlich richtig und erforderlichenfalls auf dem neuesten Stand sein; es sind alle angemessenen Maßnahmen zu treffen, damit personenbezogene Daten, die im Hinblick auf die Zwecke ihrer Verarbeitung unrichtig sind, unverzüglich gelöscht oder berichtigt werden („Richtigkeit“);

e) in einer Form gespeichert werden, die die Identifizierung der betroffenen Personen nur so lange ermöglicht, wie es für die Zwecke, für die sie verarbeitet werden, erforderlich ist; personenbezogene Daten dürfen länger gespeichert werden, soweit die personenbezogenen Daten vorbehaltlich der Durchführung geeigneter technischer und organisatorischer Maßnahmen, die von dieser Verordnung zum Schutz der Rechte und Freiheiten der betroffenen Person gefordert werden, ausschließlich für im öffentlichen Interesse liegende Archivzwecke oder für wissenschaftliche und historische Forschungszwecke oder für statistische Zwecke gemäß Artikel 89 Abs. 1 verarbeitet werden („Speicherbegrenzung");

f) in einer Weise verarbeitet werden, die eine angemessene Sicherheit der personenbezogenen Daten gewährleistet, einschließlich Schutz vor unbefugter oder unrechtmäßiger Verarbeitung und vor unbeabsichtigtem Verlust, unbeabsichtigter Zerstörung oder unbeabsichtigter Schädigung durch geeignete technische und organisatorische Maßnahmen („Integrität und Vertraulichkeit");

(2) Der Verantwortliche ist für die Einhaltung des Absatzes 1 verantwortlich und muss dessen Einhaltung nachweisen können („Rechenschaftspflicht").

Artikel 6 Rechtmäßigkeit der Verarbeitung

(1) Die Verarbeitung ist nur rechtmäßig, wenn mindestens eine der nachstehenden Bedingungen erfüllt ist:

a) Die betroffene Person hat ihre Einwilligung zu der Verarbeitung der sie betreffenden personenbezogenen Daten für einen oder mehrere bestimmte Zwecke gegeben;

b) die Verarbeitung ist für die Erfüllung eines Vertrags, dessen Vertragspartei die betroffene Person ist, oder zur Durchführung vorvertraglicher Maßnahmen erforderlich, die auf Anfrage der betroffenen Person erfolgen;

c) die Verarbeitung ist zur Erfüllung einer rechtlichen Verpflichtung erforderlich, der der Verantwortliche unterliegt;

d) die Verarbeitung ist erforderlich, um lebenswichtige Interessen der betroffenen Person oder einer anderen natürlichen Person zu schützen;

e) die Verarbeitung ist für die Wahrnehmung einer Aufgabe erforderlich, die im öffentlichen Interesse liegt oder in Ausübung öffentlicher Gewalt erfolgt, die dem Verantwortlichen übertragen wurde;

f) die Verarbeitung ist zur Wahrung der berechtigten Interessen des Verantwortlichen oder eines Dritten erforderlich, sofern nicht die Interessen oder Grundrechte und Grundfreiheiten der betroffenen Person, die den Schutz personenbezogener Daten erfordern, überwiegen, insbesondere dann, wenn es sich bei der betroffenen Person um ein Kind handelt.

Artikel 7 Bedingungen für die Einwilligung

(1) Beruht die Verarbeitung auf einer Einwilligung, muss der Verantwortliche nachweisen können, dass die betroffene Person in die Verarbeitung ihrer personenbezogenen Daten eingewilligt hat.

(2) Erfolgt die Einwilligung der betroffenen Person durch eine schriftliche Erklärung, die noch andere Sachverhalte betrifft, so muss das Ersuchen um Einwilligung in verständlicher und leicht zugänglicher Form in einer klaren und einfachen Sprache so erfolgen, dass es von den anderen Sachverhalten klar zu unterscheiden ist. Teile der Erklärung sind dann nicht verbindlich, wenn sie einen Verstoß gegen diese Verordnung darstellen.
(3) Die betroffene Person hat das Recht, ihre Einwilligung jederzeit zu widerrufen. Durch den Widerruf der Einwilligung wird die Rechtmäßigkeit der aufgrund der Einwilligung bis zum Widerruf erfolgten Verarbeitung nicht berührt. Die betroffene Person wird vor Abgabe der Einwilligung hiervon in Kenntnis gesetzt. Der Widerruf der Einwilligung muss so einfach wie die Erteilung der Einwilligung sein.

...

Artikel 9 Besondere Kategorien personenbezogener Daten

(1) Die Verarbeitung personenbezogener Daten, aus denen die rassische und ethnische Herkunft, politische Meinungen, religiöse oder weltanschauliche Überzeugungen oder die Gewerkschaftszugehörigkeit hervorgehen, sowie die Verarbeitung von genetischen Daten, biometrischen Daten zur eindeutigen Identifizierung einer natürlichen Person, Gesundheitsdaten oder Daten zum Sexualleben oder der sexuellen Orientierung einer natürlichen Person ist untersagt.

Artikel 12 Transparente Information, Kommunikation und Modalitäten für die Ausübung der Rechte der betroffenen Person

(1) Der Verantwortliche trifft geeignete Maßnahmen, um der betroffenen Person alle Informationen gemäß den Artikeln 13 und 14 und alle Mitteilungen gemäß den Artikeln 15 bis 22 und Artikel 34, die sich auf die Verarbeitung beziehen, in präziser, transparenter, verständlicher und leicht zugänglicher Form in einer klaren und einfachen Sprache zu übermitteln; dies gilt insbesondere für Informationen, die sich speziell an Kinder richten. Die Übermittlung der Informationen erfolgt schriftlich oder in anderer Form, gegebenenfalls auch elektronisch. Falls von der betroffenen Person verlangt, kann die Information mündlich erteilt werden, sofern die Identität der betroffenen Person in anderer Form nachgewiesen wurde.
(2) Der Verantwortliche erleichtert der betroffenen Person die Ausübung ihrer Rechte gemäß den Artikeln 15 bis 22. In den in Artikel 11 Abs.2 genannten Fällen darf sich der Verantwortliche nur dann weigern, aufgrund des Antrags der betroffenen Person auf Wahrnehmung ihrer Rechte gemäß den Artikeln 15 bis 22 tätig zu werden, wenn er glaubhaft macht, dass er nicht in der Lage ist, die betroffene Person zu identifizieren.
(3) Der Verantwortliche stellt der betroffenen Person Informationen über die auf Antrag gemäß den Artikeln 15 bis 22 ergriffenen Maßnahmen unverzüglich, in jedem Fall aber innerhalb eines Monats nach Eingang des Antrags zur Verfügung. Diese Frist kann um

weitere zwei Monate verlängert werden, wenn dies unter Berücksichtigung der Komplexität und der Anzahl von Anträgen erforderlich ist. Der Verantwortliche unterrichtet die betroffene Person innerhalb eines Monats nach Eingang des Antrags über eine Fristverlängerung, zusammen mit den Gründen für die Verzögerung. Stellt die betroffene Person den Antrag elektronisch, so ist sie nach Möglichkeit auf elektronischem Weg zu unterrichten, sofern sie nichts anderes angibt.

(4) Wird der Verantwortliche auf den Antrag der betroffenen Person hin nicht tätig, so unterrichtet er die betroffene Person ohne Verzögerung, spätestens aber innerhalb eines Monats nach Eingang des Antrags über die Gründe hierfür und über die Möglichkeit, bei einer Aufsichtsbehörde Beschwerde einzulegen oder einen gerichtlichen Rechtsbehelf einzulegen.

Artikel 13 Informationspflicht bei Erhebung von personenbezogenen Daten bei der betroffenen Person

(1) Werden personenbezogene Daten bei der betroffenen Person erhoben, so teilt der Verantwortliche der betroffenen Person zum Zeitpunkt der Erhebung dieser Daten Folgendes mit:

a) den Namen und die Kontaktdaten des Verantwortlichen sowie gegebenenfalls seines Vertreters;
b) gegebenenfalls die Kontaktdaten des Datenschutzbeauftragten;
c) die Zwecke, für die die personenbezogenen Daten verarbeitet werden sollen, sowie die Rechtsgrundlage für die Verarbeitung
d) wenn die Verarbeitung auf Artikel 6 Abs.1 Buchstabe f beruht, die berechtigten Interessen, die von dem Verantwortlichen oder einem Dritten verfolgt werden;
e) gegebenenfalls die Empfänger oder Kategorien von Empfängern der personenbezogenen Daten (...)

(2) Zusätzlich zu den Informationen gemäß Abs.1 stellt der Verantwortliche der betroffenen Person zum Zeitpunkt der Erhebung dieser Daten folgende weitere Informationen zur Verfügung, die notwendig sind, um eine faire und transparente Verarbeitung zu gewährleisten:

a) die Dauer, für die die personenbezogenen Daten gespeichert werden oder, falls dies nicht möglich ist, die Kriterien für die Festlegung dieser Dauer;
b) das Bestehen eines Rechts auf Auskunft seitens des Verantwortlichen über die betreffenden personenbezogenen Daten sowie auf Berichtigung oder Löschung oder auf Einschränkung der Verarbeitung oder eines Widerspruchsrechts gegen die Verarbeitung sowie des Rechts auf Datenübertragbarkeit;
c) wenn die Verarbeitung auf Artikel 6 Abs.1 Buchstabe a oder Artikel 9 Abs.2 Buchstabe a beruht, das Bestehen eines Rechts, die Einwilligung jederzeit zu widerrufen, ohne dass die Rechtmäßigkeit der aufgrund der Einwilligung bis zum Widerruf erfolgten

Verarbeitung berührt wird;

d) das Bestehen eines Beschwerderechts bei einer Aufsichtsbehörde(...)

Artikel 14 Informationspflicht, wenn die personenbezogenen Daten nicht bei der betroffenen Person erhoben wurden

(1) Werden personenbezogene Daten nicht bei der betroffenen Person erhoben, so teilt der Verantwortliche der betroffenen Person Folgendes mit:

a. den Namen und die Kontaktdaten des Verantwortlichen sowie gegebenenfalls seines Vertreters;
b. zusätzlich die Kontaktdaten des Datenschutzbeauftragten;
c. die Zwecke, für die die personenbezogenen Daten verarbeitet werden sollen, sowie die Rechtsgrundlage für die Verarbeitung;
d. die Kategorien personenbezogener Daten, die verarbeitet werden;
e. gegebenenfalls die Empfänger oder Kategorien von Empfängern der personenbezogenen Daten;
f. gegebenenfalls die Absicht des Verantwortlichen, die personenbezogenen Daten an einen Empfänger in einem Drittland oder einer internationalen Organisation zu übermitteln, sowie das Vorhandensein oder das Fehlen eines Angemessenheitsbeschlusses der Kommission oder im Falle von Übermittlungen gemäß Artikel 46 oder Artikel 47 oder Artikel 49 Abs.1 UnterAbs.2 einen Verweis auf die geeigneten oder angemessenen Garantien und die Möglichkeit, eine Kopie von ihnen zu erhalten, oder wo sie verfügbar sind.

(2) Zusätzlich zu den Informationen gemäß Abs.1 stellt der Verantwortliche der betroffenen Person die folgenden Informationen zur Verfügung, die erforderlich sind, um der betroffenen Person gegenüber eine faire und transparente Verarbeitung zu gewährleisten:

a) die Dauer, für die die personenbezogenen Daten gespeichert werden oder, falls dies nicht möglich ist, die Kriterien für die Festlegung dieser Dauer;
b) wenn die Verarbeitung auf Artikel 6 Abs.1 Buchstabe f beruht, die berechtigten Interessen, die von dem Verantwortlichen oder einem Dritten verfolgt werden;
c) das Bestehen eines Rechts auf Auskunft seitens des Verantwortlichen über die betreffenden personenbezogenen Daten sowie auf Berichtigung oder Löschung oder auf Einschränkung der Verarbeitung und eines Widerspruchsrechts gegen die Verarbeitung sowie des Rechts auf Datenübertragbarkeit;
d) wenn die Verarbeitung auf Artikel 6 Abs.1 Buchstabe a oder Artikel 9 Abs.2 Buchstabe a beruht, das Bestehen eines Rechts, die Einwilligung jederzeit zu widerrufen, ohne dass die Rechtmäßigkeit der aufgrund der Einwilligung bis zum Widerruf erfolgten Verarbeitung berührt wird;
e) das Bestehen eines Beschwerderechts bei einer Aufsichtsbehörde;

f) aus welcher Quelle die personenbezogenen Daten stammen und gegebenenfalls ob sie aus öffentlich zugänglichen Quellen stammen;
g) das Bestehen einer automatisierten Entscheidungsfindung einschließlich Profiling gemäß Artikel 22 Absätze 1 und 4 und — zumindest in diesen Fällen — aussagekräftige Informationen über die involvierte Logik sowie die Tragweite und die angestrebten Auswirkungen einer derartigen Verarbeitung für die betroffene Person.

(3) Der Verantwortliche erteilt die Informationen gemäß den Absätzen 1 und 2
a) unter Berücksichtigung der spezifischen Umstände der Verarbeitung der personenbezogenen Daten innerhalb einer angemessenen Frist nach Erlangung der personenbezogenen Daten, längstens jedoch innerhalb eines Monats,
b) falls die personenbezogenen Daten zur Kommunikation mit der betroffenen Person verwendet werden sollen, spätestens zum Zeitpunkt der ersten Mitteilung an sie, oder,
c) falls die Offenlegung an einen anderen Empfänger beabsichtigt ist, spätestens zum Zeitpunkt der ersten Offenlegung.

(4) Beabsichtigt der Verantwortliche, die personenbezogenen Daten für einen anderen Zweck weiterzuverarbeiten als den, für den die personenbezogenen Daten erlangt wurden, so stellt er der betroffenen Person vor dieser Weiterverarbeitung Informationen über diesen anderen Zweck und alle anderen maßgeblichen Informationen gemäß Abs.2 zur Verfügung.

(5) Die Absätze 1 bis 4 finden keine Anwendung, wenn und soweit
a) die betroffene Person bereits über die Informationen verfügt,
b) die Erteilung dieser Informationen sich als unmöglich erweist oder einen unverhältnismäßigen Aufwand erfordern würde; dies gilt insbesondere für die Verarbeitung für im öffentlichen Interesse liegende Archivzwecke, für wissenschaftliche oder historische Forschungszwecke oder für statistische Zwecke vorbehaltlich der in Artikel 89 Abs.1 genannten Bedingungen und Garantien oder soweit die in Abs.1 des vorliegenden Artikels genannte Pflicht voraussichtlich die Verwirklichung der Ziele dieser Verarbeitung unmöglich macht oder ernsthaft beeinträchtigt In diesen Fällen ergreift der Verantwortliche geeignete Maßnahmen zum Schutz der Rechte und Freiheiten sowie der berechtigten Interessen der betroffenen Person, einschließlich der Bereitstellung dieser Informationen für die Öffentlichkeit,
c) die Erlangung oder Offenlegung durch Rechtsvorschriften der Union oder der Mitgliedstaaten, denen der Verantwortliche unterliegt und die geeignete Maßnahmen zum Schutz der berechtigten Interessen der betroffenen Person vorsehen, ausdrücklich geregelt ist oder
d) die personenbezogenen Daten gemäß dem Unionsrecht oder dem Recht der Mitgliedstaaten dem Berufsgeheimnis, einschließlich einer satzungsmäßigen Geheimhaltungspflicht, unterliegen und daher vertraulich behandelt werden müssen.

Artikel 15 Auskunftsrecht der betroffenen Person

(1) Die betroffene Person hat das Recht, von dem Verantwortlichen eine Bestätigung darüber zu verlangen, ob sie betreffende personenbezogene Daten verarbeitet werden; ist dies der Fall, so hat sie ein Recht auf Auskunft über diese personenbezogenen Daten und auf folgende Informationen:

a) die Verarbeitungszwecke;
b) die Kategorien personenbezogener Daten, die verarbeitet werden;
c) die Empfänger oder Kategorien von Empfängern, gegenüber denen die personenbezogenen Daten offengelegt worden sind oder noch offengelegt werden, insbesondere bei Empfängern in Drittländern oder bei internationalen Organisationen;
d) falls möglich die geplante Dauer, für die die personenbezogenen Daten gespeichert werden, oder, falls dies nicht möglich ist, die Kriterien für die Festlegung dieser Dauer;
e) das Bestehen eines Rechts auf Berichtigung oder Löschung der sie betreffenden personenbezogenen Daten oder auf Einschränkung der Verarbeitung durch den Verantwortlichen oder eines Widerspruchsrechts gegen diese Verarbeitung;
f) das Bestehen eines Beschwerderechts bei einer Aufsichtsbehörde;
g) wenn die personenbezogenen Daten nicht bei der betroffenen Person erhoben werden, alle verfügbaren Informationen über die Herkunft der Daten;
h) das Bestehen einer automatisierten Entscheidungsfindung einschließlich Profiling gemäß Artikel 22 Absätze 1 und 4 und — zumindest in diesen Fällen — aussagekräftige Informationen über die involvierte Logik sowie die Tragweite und die angestrebten Auswirkungen einer derartigen Verarbeitung für die betroffene Person.

(2) Werden personenbezogene Daten an ein Drittland oder an eine internationale Organisation übermittelt, so hat die betroffene Person das Recht, über die geeigneten Garantien gemäß Artikel 46 im Zusammenhang mit der Übermittlung unterrichtet zu werden.

(3) Der Verantwortliche stellt eine Kopie der personenbezogenen Daten, die Gegenstand der Verarbeitung sind, zur Verfügung. Für alle weiteren Kopien, die die betroffene Person beantragt, kann der Verantwortliche ein angemessenes Entgelt auf der Grundlage der Verwaltungskosten verlangen. Stellt die betroffene Person den Antrag elektronisch, so sind die Informationen in einem gängigen elektronischen Format zur Verfügung zu stellen, sofern sie nichts anderes angibt. ...

Artikel 16 Recht auf Berichtigung

Die betroffene Person hat das Recht, von dem Verantwortlichen unverzüglich die Berichtigung sie betreffender unrichtiger personenbezogener Daten zu verlangen. Unter Berücksichtigung der Zwecke der Verarbeitung hat die betroffene Person das Recht, die Vervollständigung unvollständiger personenbezogener Daten — auch mittels einer ergänzenden Erklärung — zu verlangen.

Artikel 17 Recht auf Löschung („Recht auf Vergessenwerden“)

(1) Die betroffene Person hat das Recht, von dem Verantwortlichen zu verlangen, dass sie betreffende personenbezogene Daten unverzüglich gelöscht werden, und der Verantwortliche ist verpflichtet, personenbezogene Daten unverzüglich zu löschen, sofern einer der folgenden Gründe zutrifft:

a) Die personenbezogenen Daten sind für die Zwecke, für die sie erhoben oder auf sonstige Weise verarbeitet wurden, nicht mehr notwendig.
b) Die betroffene Person widerruft ihre Einwilligung, auf die sich die Verarbeitung gemäß Art.6 Abs. 1 a) oder Art. 9 Abs. 2 a) stützte, und es fehlt an einer anderweitigen Rechtsgrundlage für die Verarbeitung.
c) Die betroffene Person legt gemäß Art.21 ... Widerspruch gegen die Verarbeitung ein ...
d) Die personenbezogenen Daten wurden unrechtmäßig verarbeitet.

Artikel 18 Recht auf Einschränkung der Verarbeitung

(1) Die betroffene Person hat das Recht, von dem Verantwortlichen die Einschränkung der Verarbeitung zu verlangen, wenn eine der folgenden Voraussetzungen gegeben ist:

a) die Richtigkeit der personenbezogenen Daten von der betroffenen Person bestritten wird, und zwar für eine Dauer, die es dem Verantwortlichen ermöglicht, die Richtigkeit der personenbezogenen Daten zu überprüfen,
b) die Verarbeitung unrechtmäßig ist und die betroffene Person die Löschung der personenbezogenen Daten ablehnt und stattdessen die Einschränkung der Nutzung der personenbezogenen Daten verlangt;
c) der Verantwortliche die personenbezogenen Daten für die Zwecke der Verarbeitung nicht länger benötigt, die betroffene Person sie jedoch zur Geltendmachung, Ausübung oder Verteidigung von Rechtsansprüchen benötigt, oder
d) die betroffene Person Widerspruch gegen die Verarbeitung gemäß Artikel 21 Abs.1 eingelegt hat, solange noch nicht feststeht, ob die berechtigten Gründe des Verantwortlichen gegenüber denen der betroffenen Person überwiegen.

(2) Wurde die Verarbeitung gemäß Abs.1 eingeschränkt, so dürfen diese personenbezogenen Daten — von ihrer Speicherung abgesehen — nur mit Einwilligung der betroffenen Person oder zur Geltendmachung, Ausübung oder Verteidigung von Rechtsansprüchen oder zum Schutz der Rechte einer anderen natürlichen oder juristischen Person oder aus Gründen eines wichtigen öffentlichen Interesses der Union oder eines Mitgliedstaats verarbeitet werden.

(3) Eine betroffene Person, die eine Einschränkung der Verarbeitung gemäß Abs.1 erwirkt hat, wird von dem Verantwortlichen unterrichtet, bevor die Einschränkung aufgehoben wird.

Artikel 19 Mitteilungspflicht im Zusammenhang mit der Berichtigung oder Löschung personenbezogener Daten (...)

Der Verantwortliche teilt allen Empfängern, denen personenbezogenen Daten offengelegt wurden, jede Berichtigung oder Löschung der personenbezogenen Daten oder eine Einschränkung der Verarbeitung nach Artikel 16, Artikel 17 Abs.1 und Artikel 18 mit, es sei denn, dies erweist sich als unmöglich oder ist mit einem unverhältnismäßigen Aufwand verbunden. Der Verantwortliche unterrichtet die betroffene Person über diese Empfänger, wenn die betroffene Person dies verlangt.

Artikel 20 Recht auf Datenübertragbarkeit

(1) Die betroffene Person hat das Recht, die sie betreffenden personenbezogenen Daten, die sie einem Verantwortlichen bereitgestellt hat, in einem strukturierten, gängigen und maschinenlesbaren Format zu erhalten, und sie hat das Recht, diese Daten einem anderen Verantwortlichen ohne Behinderung durch den Verantwortlichen, dem die personenbezogenen Daten bereitgestellt wurden, zu übermitteln, sofern

a. die Verarbeitung auf einer Einwilligung gemäß Arti.6 Abs.1 Buchstabe a oder Art.9 Abs.2 Buchstabe a oder auf einem Vertrag gemäß Art.6 Abs.1 Buchstabe b beruht und
b. die Verarbeitung mithilfe automatisierter Verfahren erfolgt.

(2) Bei der Ausübung ihres Rechts auf Datenübertragbarkeit gemäß Abs.1 hat die betroffene Person das Recht, zu erwirken, dass die personenbezogenen Daten direkt von einem Verantwortlichen einem anderen Verantwortlichen übermittelt werden, soweit dies technisch machbar ist.

(3) Die Ausübung des Rechts nach Abs.1 des vorliegenden Artikels lässt Artikel 17 unberührt. Dieses Recht gilt nicht für eine Verarbeitung, die für die Wahrnehmung einer Aufgabe erforderlich ist, die im öffentlichen Interesse liegt oder in Ausübung öffentlicher Gewalt erfolgt, die dem Verantwortlichen übertragen wurde.

(4) Das Recht gemäß Abs.2 darf die Rechte und Freiheiten anderer Personen nicht beeinträchtigen.

Artikel 21 Widerspruchsrecht

(1) Die betroffene Person hat das Recht, aus Gründen, die sich aus ihrer besonderen Situation ergeben, jederzeit gegen die Verarbeitung sie betreffender personenbezogener Daten, die aufgrund von Artikel 6 Abs.1 Buchstaben e oder f erfolgt, Widerspruch einzulegen; dies gilt auch für ein auf diese Bestimmungen gestütztes Profiling. Der Verantwortliche verarbeitet die personenbezogenen Daten nicht mehr, es sei denn, er kann zwingende schutzwürdige Gründe für die Verarbeitung nachweisen, die die Interessen, Rechte und Freiheiten der betroffenen Person überwiegen, oder die Verarbeitung dient der Geltendmachung, Ausübung oder Verteidigung von Rechtsansprüchen.

(2) Werden personenbezogene Daten verarbeitet, um Direktwerbung zu betreiben, so

hat die betroffene Person das Recht, jederzeit Widerspruch gegen die Verarbeitung sie betreffender personenbezogener Daten zum Zwecke derartiger Werbung einzulegen; dies gilt auch für das Profiling, soweit es mit solcher Direktwerbung in Verbindung steht.
(3) Widerspricht die betroffene Person der Verarbeitung für Zwecke der Direktwerbung, so werden die personenbezogenen Daten nicht mehr für diese Zwecke verarbeitet.
(4) Die betroffene Person muss spätestens zum Zeitpunkt der ersten Kommunikation mit ihr ausdrücklich auf das in den Absätzen 1 und 2 genannte Recht hingewiesen werden; dieser Hinweis hat in einer verständlichen und von anderen Informationen getrennten Form zu erfolgen.
(5) Im Zusammenhang mit der Nutzung von Diensten der Informationsgesellschaft kann die betroffene Person ungeachtet der Richtlinie 2002/58/EG ihr Widerspruchsrecht mittels automatisierter Verfahren ausüben, bei denen technische Spezifikationen verwendet werden.
(6) Die betroffene Person hat das Recht, aus Gründen, die sich aus ihrer besonderen Situation ergeben, gegen die sie betreffende Verarbeitung sie betreffender personenbezogener Daten, die zu wissenschaftlichen oder historischen Forschungszwecken oder zu statistischen Zwecken gemäß Artikel 89 Abs.1 erfolgt, Widerspruch einzulegen, es sei denn, die Verarbeitung ist zur Erfüllung einer im öffentlichen Interesse liegenden Aufgabe erforderlich.

Artikel 24 Verantwortung des für die Verarbeitung Verantwortlichen

(1) Der Verantwortliche setzt unter Berücksichtigung der Art, des Umfangs, der Umstände und der Zwecke der Verarbeitung sowie der unterschiedlichen Eintrittswahrscheinlichkeit und Schwere der Risiken für die Rechte und Freiheiten natürlicher Personen geeignete technische und organisatorische Maßnahmen um, um sicherzustellen und den Nachweis dafür erbringen zu können, dass die Verarbeitung gemäß dieser Verordnung erfolgt. Diese Maßnahmen werden erforderlichenfalls überprüft und aktualisiert.
(2) Sofern dies in einem angemessenen Verhältnis zu den Verarbeitungstätigkeiten steht, müssen die Maßnahmen gemäß Abs.1 die Anwendung geeigneter Datenschutzvorkehrungen durch den Verantwortlichen umfassen.
(3) Die Einhaltung der genehmigten Verhaltensregeln gemäß Artikel 40 oder eines genehmigten Zertifizierungsverfahrens gemäß Artikel 42 kann als Gesichtspunkt herangezogen werden, um die Erfüllung der Pflichten des Verantwortlichen nachzuweisen.

Artikel 25 Datenschutz durch Technikgestaltung und durch datenschutzfreundliche Voreinstellungen

(1) Unter Berücksichtigung des Stands der Technik, der Implementierungskosten und der Art, des Umfangs, der Umstände und der Zwecke der Verarbeitung sowie der

unterschiedlichen Eintrittswahrscheinlichkeit und Schwere der mit der Verarbeitung verbundenen Risiken für die Rechte und Freiheiten natürlicher Personen trifft der Verantwortliche sowohl zum Zeitpunkt der Festlegung der Mittel für die Verarbeitung als auch zum Zeitpunkt der eigentlichen Verarbeitung geeignete technische und organisatorische Maßnahmen — wie z. B. Pseudonymisierung — trifft, die dafür ausgelegt sind, die Datenschutzgrundsätze wie etwa Datenminimierung wirksam umzusetzen und die notwendigen Garantien in die Verarbeitung aufzunehmen, um den Anforderungen dieser Verordnung zu genügen und die Rechte der betroffenen Personen zu schützen.

(2) Der Verantwortliche trifft geeignete technische und organisatorische Maßnahmen, die sicherstellen, dass durch Voreinstellung grundsätzlich nur personenbezogene Daten, deren Verarbeitung für den jeweiligen bestimmten Verarbeitungszweck erforderlich ist, verarbeitet werden. Diese Verpflichtung gilt für die Menge der erhobenen personenbezogenen Daten, den Umfang ihrer Verarbeitung, ihre Speicherfrist und ihre Zugänglichkeit. Solche Maßnahmen müssen insbesondere sicherstellen, dass personenbezogene Daten durch Voreinstellungen nicht ohne Eingreifen der Person einer unbestimmten Zahl von natürlichen Personen zugänglich gemacht werden.

(3) Ein genehmigtes Zertifizierungsverfahren gemäß Artikel 42 kann als Faktor herangezogen werden, um die Erfüllung der in den Absätzen 1 und 2 des vorliegenden Artikels genannten Anforderungen nachzuweisen.

Artikel 28 Auftragsverarbeiter

(1) Erfolgt eine Verarbeitung im Auftrag eines Verantwortlichen, so arbeitet dieser nur mit Auftragsverarbeitern, die hinreichend Garantien dafür bieten, dass geeignete technische und organisatorische Maßnahmen so durchgeführt werden, dass die Verarbeitung im Einklang mit den Anforderungen dieser Verordnung erfolgt und den Schutz der Rechte der betroffenen Person gewährleistet.

(2) Der Auftragsverarbeiter nimmt keinen weiteren Auftragsverarbeiter ohne vorherige gesonderte oder allgemeine schriftliche Genehmigung des Verantwortlichen in Anspruch. Im Fall einer allgemeinen schriftlichen Genehmigung informiert der Auftragsverarbeiter den Verantwortlichen immer über jede beabsichtigte Änderung in Bezug auf die Hinzuziehung oder die Ersetzung anderer Auftragsverarbeiter, wodurch der Verantwortliche die Möglichkeit erhält, gegen derartige Änderungen Einspruch zu erheben.

(3) Die Verarbeitung durch einen Auftragsverarbeiter erfolgt auf der Grundlage eines Vertrags oder eines anderen Rechtsinstruments nach dem Unionsrecht oder dem Recht der Mitgliedstaaten, der bzw. das den Auftragsverarbeiter in Bezug auf den Verantwortlichen bindet und in dem Gegenstand und Dauer der Verarbeitung, Art und Zweck der Verarbeitung, die Art der personenbezogenen Daten, die Kategorien betroffener Personen und die Pflichten und Rechte des Verantwortlichen festgelegt sind.

Dieser Vertrag bzw. dieses andere Rechtsinstrument sieht insbesondere vor, dass der Auftragsverarbeiter

a) die personenbezogenen Daten nur auf dokumentierte Weisung des Verantwortlichen — auch in Bezug auf die Übermittlung personenbezogener Daten an ein Drittland oder eine internationale Organisation — verarbeitet, sofern er nicht durch das Recht der Union oder der Mitgliedstaaten, dem der Auftragsverarbeiter unterliegt, hierzu verpflichtet ist; in einem solchen Fall teilt der Auftragsverarbeiter dem Verantwortlichen diese rechtlichen Anforderungen vor der Verarbeitung mit, sofern das betreffende Recht eine solche Mitteilung nicht wegen eines wichtigen öffentlichen Interesses verbietet;
b) gewährleistet, dass sich die zur Verarbeitung der personenbezogenen Daten befugten Personen zur Vertraulichkeit verpflichtet haben oder einer angemessenen gesetzlichen Verschwiegenheitspflicht unterliegen;
c) alle gemäß Artikel 32 erforderlichen Maßnahmen ergreift;
d) die in den Absätzen 2 und 4 genannten Bedingungen für die Inanspruchnahme der Dienste eines weiteren Auftragsverarbeiters einhält;
e) angesichts der Art der Verarbeitung den Verantwortlichen nach Möglichkeit mit geeigneten technischen und organisatorischen Maßnahmen dabei unterstützt, seiner Pflicht zur Beantwortung von Anträgen auf Wahrnehmung der in Kapitel III genannten Rechte der betroffenen Person nachzukommen;
f) unter Berücksichtigung der Art der Verarbeitung und der ihm zur Verfügung stehenden Informationen den Verantwortlichen bei der Einhaltung der in den Artikeln 32 bis 36 genannten Pflichten unterstützt;
g) nach Abschluss der Erbringung der Verarbeitungsleistungen alle personenbezogenen Daten nach Wahl des Verantwortlichen entweder löscht oder zurückgibt, sofern nicht nach dem Unionsrecht oder dem Recht der Mitgliedstaaten eine Verpflichtung zur Speicherung der personenbezogenen Daten besteht;
h) dem Verantwortlichen alle erforderlichen Informationen zum Nachweis der Einhaltung der in diesem Artikel niedergelegten Pflichten zur Verfügung stellt und Überprüfungen — einschließlich Inspektionen –, die vom Verantwortlichen oder einem anderen von diesem beauftragten Prüfer durchgeführt werden, ermöglicht und dazu beiträgt.

Mit Blick auf UnterAbs.1 Buchstabe h informiert der Auftragsverarbeiter den Verantwortlichen unverzüglich, falls er der Auffassung ist, dass eine Weisung gegen diese Verordnung oder gegen andere Datenschutzbestimmungen der Union oder der Mitgliedstaaten verstößt.

(4) Nimmt der Auftragsverarbeiter die Dienste eines weiteren Auftragsverarbeiters in Anspruch, um bestimmte Verarbeitungstätigkeiten im Namen des Verantwortlichen auszuführen, so werden diesem weiteren Auftragsverarbeiter im Wege eines Vertrags oder eines anderen Rechtsinstruments nach dem Unionsrecht oder dem Recht des

betreffenden Mitgliedstaats dieselben Datenschutzpflichten auferlegt, die in dem Vertrag oder anderen Rechtsinstrument zwischen dem Verantwortlichen und dem Auftragsverarbeiter gemäß Abs.3 festgelegt sind, wobei insbesondere hinreichende Garantien dafür geboten werden muss, dass die geeigneten technischen und organisatorischen Maßnahmen so durchgeführt werden, dass die Verarbeitung entsprechend den Anforderungen dieser Verordnung erfolgt. Kommt der weitere Auftragsverarbeiter seinen Datenschutzpflichten nicht nach, so haftet der erste Auftragsverarbeiter gegenüber dem Verantwortlichen für die Einhaltung der Pflichten jenes anderen Auftragsverarbeiters.

(5) Die Einhaltung genehmigter Verhaltensregeln gemäß Artikel 40 oder eines genehmigten Zertifizierungsverfahrens gemäß Artikel 42 durch einen Auftragsverarbeiter kann als Faktor herangezogen werden, um hinreichende Garantien im Sinne der Absätze 1 und 4 des vorliegenden Artikels nachzuweisen.

(6) Unbeschadet eines individuellen Vertrags zwischen dem Verantwortlichen und dem Auftragsverarbeiter kann der Vertrag oder das andere Rechtsinstrument im Sinne der Absätze 3 und 4 des vorliegenden Artikels ganz oder teilweise auf den in den Absätzen 7 und 8 des vorliegenden Artikels genannten Standardvertragsklauseln beruhen, auch wenn diese Bestandteil einer dem Verantwortlichen oder dem Auftragsverarbeiter gemäß den Artikeln 42 und 43 erteilten Zertifizierung sind.

(7) Die Kommission kann im Einklang mit dem Prüfverfahren gemäß Artikel 87 Abs.2 Standardvertragsklauseln zur Regelung der in den Absätzen 3 und 4 des vorliegenden Artikels genannten Fragen festlegen.

(8) Eine Aufsichtsbehörde kann im Einklang mit dem Kohärenzverfahren gemäß Artikel 63 Standardvertragsklauseln zur Regelung der in den Absätzen 3 und 4 des vorliegenden Artikels genannten Fragen festlegen.

(9) Der Vertrag oder das andere Rechtsinstrument im Sinne der Absätze 3 und 4 ist schriftlich abzufassen, was auch in einem elektronischen Format erfolgen kann.

(10) Unbeschadet der Artikel 82, 83 und 84 gilt ein Auftragsverarbeiter, der unter Verstoß gegen diese Verordnung die Zwecke und Mittel der Verarbeitung bestimmt, in Bezug auf diese Verarbeitung als Verantwortlicher.

Artikel 29 Verarbeitung unter der Aufsicht des Verantwortlichen oder des Auftragsverarbeiters

Der Auftragsverarbeiter und jede dem Verantwortlichen oder dem Auftragsverarbeiter unterstellte Person, die Zugang zu personenbezogenen Daten hat, dürfen diese Daten ausschließlich auf Weisung des Verantwortlichen verarbeiten, es sei denn, dass sie nach dem Unionsrecht oder dem Recht der Mitgliedstaaten zur Verarbeitung verpflichtet sind.

Artikel 30 Verzeichnis von Verarbeitungstätigkeiten

(1) Jeder Verantwortliche und gegebenenfalls sein Vertreter führen ein Verzeichnis aller Verarbeitungstätigkeiten, die ihrer Zuständigkeit unterliegen. Dieses Verzeichnis enthält sämtliche folgenden Angaben:

a) den Namen und die Kontaktdaten des Verantwortlichen und gegebenenfalls des gemeinsam mit ihm Verantwortlichen, des Vertreters des Verantwortlichen sowie eines etwaigen Datenschutzbeauftragten;
b) die Zwecke der Verarbeitung;
c) eine Beschreibung der Kategorien betroffener Personen und der Kategorien personenbezogener Daten;
d) die Kategorien von Empfängern, gegenüber denen die personenbezogenen Daten offengelegt worden sind oder noch offengelegt werden, einschließlich Empfänger in Drittländern oder internationalen Organisationen;
e) gegebenenfalls Übermittlungen von personenbezogenen Daten an ein Drittland oder an eine internationale Organisation, einschließlich der Angabe des betreffenden Drittlands oder der betreffenden internationalen Organisation, sowie bei den in Artikel 49 Abs.1 UnterAbs.2 genannten Datenübermittlungen die Dokumentierung geeigneter Garantien;
f) wenn möglich, die vorgesehenen Fristen für die Löschung der verschiedenen Datenkategorien;
g) wenn möglich, eine allgemeine Beschreibung der technischen und organisatorischen Maßnahmen gemäß Artikel 32 Abs.1.

(2) Jeder Auftragsverarbeiter und gegebenenfalls sein Vertreter führen ein Verzeichnis zu allen Kategorien von im Auftrag eines Verantwortlichen durchgeführten Tätigkeiten der Verarbeitung, die Folgendes enthält:

a) den Namen und die Kontaktdaten des Auftragsverarbeiters oder der Auftragsverarbeiter und jedes Verantwortlichen, in dessen Auftrag der Auftragsverarbeiter tätig ist, sowie gegebenenfalls des Vertreters des Verantwortlichen oder des Auftragsverarbeiters und eines etwaigen Datenschutzbeauftragten;
b) die Kategorien von Verarbeitungen, die im Auftrag jedes Verantwortlichen durchgeführt werden;
c) gegebenenfalls Übermittlungen von personenbezogenen Daten an ein Drittland oder an eine internationale Organisation, einschließlich der Angabe des betreffenden Drittlands oder der betreffenden internationalen Organisation, sowie bei den in Artikel 49 Abs. 1 UnterAbs.2 genannten Datenübermittlungen die Dokumentierung geeigneter Garantien;
d) wenn möglich, eine allgemeine Beschreibung der technischen und organisatorischen Maßnahmen gemäß Artikel 32 Abs.1.

(3) Das in den Absätzen 1 und 2 genannte Verzeichnis ist schriftlich zu führen, was auch in einem elektronischen Format erfolgen kann.

(4) Der Verantwortliche oder der Auftragsverarbeiter sowie gegebenenfalls der Vertreter des Verantwortlichen oder des Auftragsverarbeiters stellen der Aufsichtsbehörde das Verzeichnis auf Anfrage zur Verfügung.

(5) Die in den Absätzen 1 und 2 genannten Pflichten gelten nicht für Unternehmen oder Einrichtungen, die weniger als 250 Mitarbeiter beschäftigen, sofern die von ihnen vorgenommene Verarbeitung nicht ein Risiko für die Rechte und Freiheiten der betroffenen Personen birgt, die Verarbeitung nicht nur gelegentlich erfolgt oder nicht die Verarbeitung besonderer Datenkategorien gemäß Artikel 9 Abs.1 bzw. die Verarbeitung von personenbezogenen Daten über strafrechtliche Verurteilungen und Straftaten im Sinne des Artikels 10 einschließt.

Artikel 31 Zusammenarbeit mit der Aufsichtsbehörde

Der Verantwortliche und der Auftragsverarbeiter und gegebenenfalls deren Vertreter arbeiten auf Anfrage mit der Aufsichtsbehörde bei der Erfüllung ihrer Aufgaben zusammen.

Artikel 35 Datenschutz-Folgenabschätzung

(1) Hat eine Form der Verarbeitung, insbesondere bei Verwendung neuer Technologien, aufgrund der Art, des Umfangs, der Umstände und der Zwecke der Verarbeitung voraussichtlich ein hohes Risiko für die Rechte und Freiheiten natürlicher Personen zur Folge, so führt der Verantwortliche vorab eine Abschätzung der Folgen der vorgesehenen Verarbeitungsvorgänge für den Schutz personenbezogener Daten durch. Für die Untersuchung mehrerer ähnlicher Verarbeitungsvorgänge mit ähnlich hohen Risiken kann eine einzige Abschätzung vorgenommen werden.

Designgesetz

in der Fassung vom 24. Februar 2014 - zuletzt geändert 10. Aug. 2021
*Früher: **Geschmacksmuster**gesetz – mit Wirkung vom 1.1.2014 in Designgesetz umbenannt*

§ 1 Begriffsbestimmungen

Im Sinne dieses Gesetzes

1. ist ein Design die zweidimensionale oder dreidimensionale Erscheinungsform eines ganzen Erzeugnisses oder eines Teils davon, die sich insbesondere aus den Merkmalen der Linien, Konturen, Farben, der Gestalt, Oberflächenstruktur oder der Werkstoffe des Erzeugnisses selbst oder seiner Verzierung ergibt;
2. ist ein Erzeugnis jeder industrielle oder handwerkliche Gegenstand, einschließlich Verpackung, Ausstattung, grafischer Symbole und typografischer Schriftzeichen sowie von Einzelteilen, die zu einem komplexen Erzeugnis zusammengebaut werden sollen; ein Computerprogramm gilt nicht als Erzeugnis;
3. ist ein komplexes Erzeugnis ein Erzeugnis aus mehreren Bauelementen, die sich ersetzen lassen, so dass das Erzeugnis auseinander- und wieder zusammengebaut werden kann;
4. ist eine bestimmungsgemäße Verwendung die Verwendung durch den Endbenutzer, ausgenommen Maßnahmen der Instandhaltung, Wartung oder Reparatur;
5. gilt als Rechtsinhaber der in das Register eingetragene Inhaber des eingetragenen Designs.

§ 2 Designschutz

(1) Als eingetragenes Design wird ein Design geschützt, das neu ist und Eigenart hat.
(2) Ein Design gilt als neu, wenn vor dem Anmeldetag kein identisches Design offenbart worden ist. Designs gelten als identisch, wenn sich ihre Merkmale nur in unwesentlichen Einzelheiten unterscheiden.
(3) Ein Design hat Eigenart, wenn sich der Gesamteindruck, den es beim informierten Benutzer hervorruft, von dem Gesamteindruck unterscheidet, den ein anderes Design bei diesem Benutzer hervorruft, das vor dem Anmeldetag offenbart worden ist. Bei der Beurteilung der Eigenart wird der Grad der Gestaltungsfreiheit des Entwerfers bei der Entwicklung des Designs berücksichtigt.

§ 3 Ausschluss vom Designschutz

(1) Vom Designschutz ausgeschlossen sind

1. Erscheinungsmerkmale von Erzeugnissen, die ausschließlich durch deren technische Funktion bedingt sind;
2. Erscheinungsmerkmale von Erzeugnissen, die zwangsläufig in ihrer genauen Form und ihren genauen Abmessungen nachgebildet werden müssen, damit das Erzeugnis, in das das Design aufgenommen oder bei dem es verwendet wird, mit einem anderen Erzeugnis

mechanisch zusammengebaut oder verbunden oder in diesem, an diesem oder um dieses herum angebracht werden kann, so dass beide Erzeugnisse ihre Funktion erfüllen;
3. Designs, die gegen die öffentliche Ordnung oder gegen die guten Sitten verstoßen;
4. Designs, die eine missbräuchliche Benutzung eines der in Artikel 6ter der Pariser Verbandsübereinkunft zum Schutz des gewerblichen Eigentums aufgeführten Zeichen oder von sonstigen Abzeichen, Emblemen und Wappen von öffentlichem Interesse darstellen.
(2) Erscheinungsmerkmale im Sinne von Absatz 1 Nummer 2 sind vom Designschutz nicht ausgeschlossen, wenn sie dem Zweck dienen, den Zusammenbau oder die Verbindung einer Vielzahl von untereinander austauschbaren Teilen innerhalb eines Bauteilesystems zu ermöglichen.

§ 4 Bauelemente komplexer Erzeugnisse

Ein Design, das bei einem Erzeugnis, das Bauelement eines komplexen Erzeugnisses ist, benutzt oder in dieses Erzeugnis eingefügt wird, gilt nur dann als neu und hat nur dann Eigenart, wenn das Bauelement, das in ein komplexes Erzeugnis eingefügt ist, bei dessen bestimmungsgemäßer Verwendung sichtbar bleibt und diese sichtbaren Merkmale des Bauelements selbst die Voraussetzungen der Neuheit und Eigenart erfüllen.

§ 5 Offenbarung

Ein Design ist offenbart, wenn es bekannt gemacht, ausgestellt, im Verkehr verwendet oder auf sonstige Weise der Öffentlichkeit zugänglich gemacht wurde, es sei denn, dass dies den in der Gemeinschaft tätigen Fachkreisen des betreffenden Sektors im normalen Geschäftsverlauf vor dem Anmeldetag des Designs nicht bekannt sein konnte. Ein Design gilt nicht als offenbart, wenn es einem Dritten lediglich unter der ausdrücklichen oder stillschweigenden Bedingung der Vertraulichkeit bekannt gemacht wurde.

§ 6 Neuheitsschonfrist

Eine Offenbarung bleibt bei der Anwendung des § 2 Absatz 2 und 3 unberücksichtigt, wenn ein Design während der zwölf Monate vor dem Anmeldetag durch den Entwerfer oder seinen Rechtsnachfolger oder durch einen Dritten als Folge von Informationen oder Handlungen des Entwerfers oder seines Rechtsnachfolgers der Öffentlichkeit zugänglich gemacht wurde. Dasselbe gilt, wenn das Design als Folge einer missbräuchlichen Handlung gegen den Entwerfer oder seinen Rechtsnachfolger offenbart wurde.

§ 7 Recht auf das eingetragene Design

(1) Das Recht auf das eingetragene Design steht dem Entwerfer oder seinem Rechtsnachfolger zu. Haben mehrere Personen gemeinsam ein Design entworfen, so steht ihnen das Recht auf das eingetragene Design gemeinschaftlich zu.
(2) Wird ein Design von einem Arbeitnehmer in Ausübung seiner Aufgaben oder nach den Weisungen seines Arbeitgebers entworfen, so steht das Recht an dem eingetragenen Design dem Arbeitgeber zu, sofern vertraglich nichts anderes vereinbart wurde.

§ 8 Formelle Berechtigung

Anmelder und Rechtsinhaber gelten in Verfahren, die ein eingetragenes Design betreffen, als berechtigt und verpflichtet.

§ 9 Ansprüche gegenüber Nichtberechtigten

(1) Ist ein eingetragenes Design auf den Namen eines nicht nach § 7 Berechtigten eingetragen, kann der Berechtigte unbeschadet anderer Ansprüche die Übertragung des eingetragenen Designs oder die Einwilligung in dessen Löschung verlangen. Soweit in die Löschung eingewilligt wird, gelten die Schutzwirkungen des eingetragenen Designs in diesem Umfang als von Anfang an nicht eingetreten. Wer von mehreren Berechtigten nicht als Rechtsinhaber eingetragen ist, kann die Einräumung seiner Mitinhaberschaft verlangen.
(2) Die Ansprüche nach Absatz 1 können nur innerhalb einer Ausschlussfrist von drei Jahren ab Bekanntmachung des eingetragenen Designs durch Klage geltend gemacht werden. Das gilt nicht, wenn der Rechtsinhaber bei der Anmeldung oder bei einer Übertragung des eingetragenen Designs bösgläubig war.
(3) Bei einem vollständigen Wechsel der Rechtsinhaberschaft nach Absatz 1 Satz 1 erlöschen mit der Eintragung des Berechtigten in das Register Lizenzen und sonstige Rechte. Wenn der frühere Rechtsinhaber oder ein Lizenznehmer das eingetragene Design verwertet oder dazu tatsächliche und ernsthafte Anstalten getroffen hat, kann er diese Verwertung fortsetzen, wenn er bei dem neuen Rechtsinhaber innerhalb einer Frist von einem Monat nach dessen Eintragung eine einfache Lizenz beantragt. Die Lizenz ist für einen angemessenen Zeitraum zu angemessenen Bedingungen zu gewähren. Die Sätze 2 und 3 finden keine Anwendung, wenn der Rechtsinhaber oder der Lizenznehmer zu dem Zeitpunkt, als er mit der Verwertung begonnen oder Anstalten dazu getroffen hat, bösgläubig war.
(4) Die Einleitung eines gerichtlichen Verfahrens gemäß Absatz 2, die rechtskräftige Entscheidung in diesem Verfahren sowie jede andere Beendigung dieses Verfahrens und jede Änderung der Rechtsinhaberschaft als Folge dieses Verfahrens werden in das Register für eingetragene Designs (Register) eingetragen.

§ 10 Entwerferbenennung

Der Entwerfer hat gegenüber dem Anmelder oder dem Rechtsinhaber das Recht, im Verfahren vor dem Deutschen Patent- und Markenamt und im Register als Entwerfer benannt zu werden. Wenn das Design das Ergebnis einer Gemeinschaftsarbeit ist, kann jeder einzelne Entwerfer seine Nennung verlangen.

§ 11 Anmeldung

(1) Die Anmeldung zur Eintragung eines Designs in das Register ist beim Deutschen Patent- und Markenamt einzureichen. Die Anmeldung kann auch über ein Patentinformationszentrum eingereicht werden, wenn diese Stelle durch

Bekanntmachung des Bundesministeriums der Justiz und für Verbraucherschutz im Bundesgesetzblatt dazu bestimmt ist, Designanmeldungen entgegenzunehmen.
(2) Die Anmeldung muss enthalten:
1. einen Antrag auf Eintragung,
2. Angaben, die es erlauben, die Identität des Anmelders festzustellen und
3. eine zur Bekanntmachung geeignete Wiedergabe des Designs.
Wird ein Antrag nach § 21 Absatz 1 Satz 1 gestellt, kann die Wiedergabe durch einen flächenmäßigen Designabschnitt ersetzt werden.
(3) Die Anmeldung muss eine Angabe der Erzeugnisse enthalten, in die das Design aufgenommen oder bei denen es verwendet werden soll.
(4) Die Anmeldung muss den weiteren Anmeldungserfordernissen entsprechen, die in einer Rechtsverordnung nach § 26 bestimmt worden sind.
(5) Die Anmeldung kann zusätzlich enthalten:
1. eine Beschreibung zur Erläuterung der Wiedergabe,
2. einen Antrag auf Aufschiebung der Bildbekanntmachung nach § 21 Absatz 1 Satz 1,
3. ein Verzeichnis mit der Warenklasse oder den Warenklassen, in die das Design einzuordnen ist,
4. die Angabe des Entwerfers oder der Entwerfer,
5. die Angabe eines Vertreters.
(6) Die Angaben nach den Absätzen 3 und 5 Nummer 3 haben keinen Einfluss auf den Schutzumfang des eingetragenen Designs.
(7) Der Anmelder kann die Anmeldung jederzeit zurücknehmen.

...

§ 15 Ausstellungspriorität

(1) Hat der Anmelder ein Design
1. auf einer amtlichen oder amtlich anerkannten internationalen Ausstellung im Sinne des am 22. November 1928 in Paris unterzeichneten Abkommens über internationale Ausstellungen oder
2. auf einer sonstigen inländischen oder ausländischen Ausstellung
zur Schau gestellt, kann er, wenn er die Anmeldung innerhalb einer Frist von sechs Monaten seit der erstmaligen Zurschaustellung einreicht, von diesem Tag an ein Prioritätsrecht in Anspruch nehmen.
(2) Die in Absatz 1 Nummer 1 bezeichneten Ausstellungen werden vom Bundesministerium der Justiz und für Verbraucherschutz im Bundesanzeiger bekannt gemacht.
(3) Die Ausstellungen im Sinne des Absatzes 1 Nummer 2 werden im Einzelfall vom Bundesministerium der Justiz und für Verbraucherschutz bestimmt und im Bundesanzeiger bekannt gemacht.
(4) Wer eine Priorität nach Absatz 1 in Anspruch nimmt, hat vor Ablauf des 16. Monats nach dem Tag der erstmaligen Zurschaustellung des Designs diesen Tag und die Ausstellung anzugeben sowie einen Nachweis für die Zurschaustellung einzureichen. § 14 Absatz 3 gilt entsprechend.

(5) Die Ausstellungspriorität nach Absatz 1 verlängert die Prioritätsfristen nach § 14 Absatz 1 nicht.

§ 18 Eintragungshindernisse

Ist der Gegenstand der Anmeldung kein Design im Sinne des § 1 Nummer 1 oder ist ein Design nach § 3 Absatz 1 Nummer 3 oder Nummer 4 vom Designschutz ausgeschlossen, so weist das Deutsche Patent- und Markenamt die Anmeldung zurück.

§ 19 Führung des Registers, Eintragung und Designinformation

(1) Das Register für eingetragene Designs wird vom Deutschen Patent- und Markenamt geführt.

(2) Das Deutsche Patent- und Markenamt trägt die eintragungspflichtigen Angaben des Anmelders in das Register ein, ohne dessen Berechtigung zur Anmeldung und die Richtigkeit der in der Anmeldung gemachten Angaben zu prüfen, und bestimmt, welche Warenklassen einzutragen sind.

(3) Zur weiteren Verarbeitung oder Nutzung zu Zwecken der Designinformation kann das Deutsche Patent- und Markenamt die in das Register eingetragenen Angaben an Dritte in elektronischer Form übermitteln. Die Übermittlung erfolgt nicht, soweit die Einsicht nach § 22 Absatz 3 ausgeschlossen ist.

§ 27 Entstehung und Dauer des Schutzes

(1) Der Schutz entsteht mit der Eintragung in das Register.

(2) Die Schutzdauer des eingetragenen Designs beträgt 25 Jahre, gerechnet ab dem Anmeldetag.

DIN EN ISO 9000:2015

Qualitätsmanagementsysteme – Grundlagen und Begriffe

Einleitung

Diese Internationale Norm stellt die grundlegenden Konzepte, Grundsätze und Begriffe für Qualitätsmanagementsysteme (QMS) bereit und dient als Grundlage für andere QMS-Normen. Diese Internationale Norm ist dafür vorgesehen, dem Anwender das Verständnis der grundlegenden Konzepte, Grundsätze und Begriffe des Qualitätsmanagements zu erleichtern, um ihn in die Lage zu versetzen, ein Qualitätsmanagementsystem wirk- sam und effizient umzusetzen und aus anderen QMS-Normen Nutzen zu ziehen.

Diese Internationale Norm schlägt ein fest umrissenes Qualitätsmanagementsystem vor, auf Grundlage eines Rahmenwerks, das bewährte grundlegende Konzepte, Grundsätze, Prozesse und Ressourcen in Bezug auf die Qualität einbezieht, um Organisationen bei der Umsetzung ihrer Ziele zu unterstützen. Sie gilt für alle Organisationen, ungeachtet ihrer Größe, Komplexität oder ihres Geschäftsmodells. Sie zielt darauf ab, das Bewusstsein einer Organisation für ihre Pflichten und Verpflichtungen zu schärfen, die Erfordernisse und Erwartungen ihrer Kunden und ihrer interessierten Parteien zu erfüllen, sowie Zufriedenheit mit ihren Produkten und Dienstleistungen zu erreichen.

Diese Internationale Norm enthält sieben Qualitätsmanagementgrundsätze, die die grundlegenden Konzepte nach 2.2 unterstützen. Für jeden Qualitätsmanagement-grundsatz ist in 2.3 eine „Aussage" enthalten, die jeden Grundsatz beschreibt, eine „Begründung", die erklärt, warum die Organisation sich mit dem Grundsatz beschäftigen würde, die „Hauptvorteile", die den Grundsätzen zugeschrieben werden sowie „mögliche Maßnahmen", die eine Organisation bei der Anwendung dieses Grundsatzes ergreifen kann.

Diese Internationale Norm enthält die Begriffe, die für alle Qualitätsmanagement- und QMS-Normen gelten, die zum Zeitpunkt der Veröffentlichung durch das ISO/TC 176 erarbeitet wurden, sowie für andere branchenspezifische QMS-Normen, die auf diesen Normen beruhen.

2.2 Grundlegende Konzepte

2.2.1 Qualität

Eine auf Qualität ausgerichtete Organisation fördert eine Kultur, die zu Verhaltensweisen, Einstellungen, Tätigkeiten und Prozessen führt, die Wert schaffen indem sie die Erfordernisse und Erwartungen von Kunden und anderen relevanten interessierten Parteien erfüllen. Die Qualität der Produkte und Dienstleistungen einer Organisation wird durch die Fähigkeit bestimmt, Kunden zufrieden zu stellen sowie durch die beabsichtigte und unabsichtliche Auswirkung auf relevante interessierte Parteien.

Die Qualität von Produkten und Dienstleistungen umfasst nicht nur deren vorgesehene Funktion und Leistung, sondern auch ihren wahrgenommenen Wert und Nutzen für den Kunden.

2.2.2 Qualitätsmanagementsystem

Ein QMS umfasst Tätigkeiten, mit denen die Organisation ihre Ziele ermittelt und die Prozesse und Ressourcen bestimmt, die zum Erreichen der gewünschten Ergebnisse erforderlich sind.

Das QMS führt und steuert in Wechselwirkung stehende Prozesse und Ressourcen, die erforderlich sind, um Wert zu schaffen und die Ergebnisse für relevante interessierte Parteien zu verwirklichen. Das QMS ermöglicht der obersten Leitung, den Ressourceneinsatz, unter Berücksichtigung der langfristigen und kurzfristigen Folgen ihrer Entscheidung zu optimieren. Ein QMS stellt die Mittel zur Verfügung, mit denen Maßnahmen identifiziert werden können, um beabsichtigte und unbeabsichtigte Folgen bei der Bereitstellung von Produkten und Dienstleistungen zu behandeln.

2.3 Grundsätze des Qualitätsmanagements

2.3.1 Kundenorientierung

2.3.1.1 Aussage

Der Hauptschwerpunkt des Qualitätsmanagements liegt in der Erfüllung der Kundenanforderungen und dem Bestreben, die Kundenerwartungen zu übertreffen.

2.3.1.2 Begründung

Nachhaltiger Erfolg wird erreicht, wenn eine Organisation das Vertrauen von Kunden und anderen relevanten interessierten Parteien gewinnt und bewahrt. Jeder Aspekt einer Interaktion mit dem Kunden bietet eine Möglichkeit, dem Kunden einen Mehrwert zu schaffen. Das Verstehen gegenwärtiger und zukünftiger Erfordernisse von Kunden und anderen interessierten Parteien trägt zum nachhaltigen Erfolg einer Organisation bei.

2.3.1.3 Hauptvorteile

Einige mögliche Hauptvorteile sind:

— gestiegener Kundenwert;
— gestiegene Kundenzufriedenheit;
— verbesserte Kundenbindung;
— gestiegene Folgegeschäfte;
— gestiegenes Ansehen der Organisation;
— erweiterter Kundenstamm;
— erhöhte Einnahmen und Marktanteile.

2.3.1.4 Mögliche Maßnahmen

Mögliche Maßnahmen umfassen:

— das Erkennen direkter und indirekter Kunden als diejenigen, denen die Organisation Nutzen bringt;
— das Verstehen gegenwärtiger und zukünftiger Erfordernisse und Erwartungen von Kunden;
— das Verknüpfen der Ziele der Organisation mit den Erfordernissen und Erwartungen von Kunden;

— das Kommunizieren der Erfordernisse und Erwartungen von Kunden in der gesamten Organisation;
— das Planen, Entwerfen, Entwickeln, Herstellen, Liefern und Unterstützen von Produkten und Dienstleistungen, um die Erfordernisse und Erwartungen der Kunden zu erfüllen;
— das Messen und Überwachen der Kundenzufriedenheit sowie Ergreifen geeigneter Maßnahmen;
— das Bestimmen und Ergreifen von Maßnahmen bezüglich Erfordernissen und angemessener Erwartungen relevanter interessierter Parteien, die die Kundenzufriedenheit beeinflussen können;
— das aktive Management der Kundenbeziehungen zum Erreichen nachhaltigen Erfolgs.

2.3.2 <u>Führung</u>

2.3.2.1 Aussage

Führungskräfte auf allen Ebenen schaffen die Übereinstimmung von Zweck und Ausrichtung sowie Bedingungen, unter denen Personen sich für die Erreichung der Qualitätsziele der Organisation engagieren.

2.3.2.2 Begründung

Das Schaffen einer Übereinstimmung von Zweck und Ausrichtung sowie die Einbeziehung der Personen ermöglichen einer Organisation, ihre Strategien, Politiken, Prozesse und Ressourcen zum Erreichen ihrer Ziele anzupassen.

2.3.2.3 Hauptvorteile

Einige mögliche Hauptvorteile sind:
— gesteigerte Wirksamkeit und Effizienz bei der Erfüllung der Qualitätsziele der Organisation;
— bessere Koordination der Prozesse der Organisation;
— verbesserte Kommunikation zwischen Ebenen und Funktionen der Organisation;
— Entwicklung und Verbesserung der Fähigkeit der Organisation und ihrer Personen, die angestrebten Ergebnisse zu erbringen.

2.3.2.4 Mögliche Maßnahmen

Mögliche Maßnahmen umfassen:
— das Kommunizieren der organisationseigenen Mission, Vision, Strategie, Politiken und Prozesse in der gesamten Organisation;
— das Schaffen und Aufrechterhalten gemeinsamer Werte, Fairness und Leitbilder ethischen Verhaltens auf allen Ebenen der Organisation;
— das Einführen einer Kultur des Vertrauens und der Integrität;
— das Fördern einer organisationsweiten Qualitätsverpflichtung;
— sicherzustellen, dass Führungspersonen aller Ebenen, den Personen in der Organisation ein positives Beispiel geben;

— Personen mit den Ressourcen, Schulungen und Befugnissen auszustatten, die zu verantwortlichem Handeln erforderlich sind;
— die Mitwirkung der Personen anzuregen, zu fördern und anzuerkennen.

2.3.3 Engagement von Personen
2.3.3.1 Aussage
Kompetente, befugte und engagierte Personen auf allen Ebenen in der gesamten Organisation sind wesentlich, um die Fähigkeit der Organisation zu verbessern, Werte zu schaffen und zu erbringen.

2.3.3.2 Begründung
Um eine Organisation wirksam und effizient zu führen und zu steuern, ist es wichtig, sämtliche Personen auf allen Ebenen zu respektieren und einzubeziehen. Anerkennung, Befähigung und Förderung von Kompetenz erleichtern die Einbeziehung von Personen zum Erreichen der Qualitätsziele einer Organisation.

2.3.3.3 Hauptvorteile
Einige mögliche Hauptvorteile sind:
— verbessertes Verständnis der Qualitätsziele der Organisation bei den Personen in der Organisation und eine gesteigerte Motivation, diese zu erreichen;
— verbesserte Einbeziehung von Personen in Verbesserungstätigkeiten;
— gesteigerte Persönlichkeitsentwicklung, Eigeninitiativen und persönliche Kreativität;
— gesteigerte Zufriedenheit der Personen
— gesteigertes Vertrauen und Zusammenarbeit in der gesamten Organisation;
— erhöhte Aufmerksamkeit hinsichtlich gemeinsamer Werte und Kultur in der gesamten Organisation.

2.3.3.4 Mögliche Maßnahmen
Mögliche Maßnahmen umfassen:
— mit den Personen zu kommunizieren, um das Verständnis für die Wichtigkeit ihrer individuellen Mitwirkung zu fördern;
— das Fördern der Zusammenarbeit in der gesamten Organisation;
— offene Diskussionen und das Teilen von Wissen und Erfahrung zu erleichtern;
— Personen zu befugen, Leistungsbeschränkungen zu bestimmen und ohne Furcht Initiativen zu ergreifen;
— das Erkennen und Anerkennen der Mitwirkung, des Lernens und der Verbesserung von Personen;
das Ermöglichen von Selbstbeurteilung der Leistung gegenüber persönlichen Zielen;
— das Durchführen von Umfragen zur Bewertung der Zufriedenheit der Personen, Kommunizieren der Ergebnisse und Ergreifen geeigneter Maßnahmen.

2.3.4 Prozessorientierter Ansatz

2.3.4.1 Aussage

Beständige und vorhersehbare Ergebnisse werden wirksamer und effizienter erzielt, wenn Tätigkeiten als zusammenhängende Prozesse, die als kohärentes System funktionieren, verstanden, geführt und gesteuert werden.

2.3.4.2 Begründung

Das QMS besteht aus zusammenhängenden Prozessen. Das Verständnis, wie Ergebnisse durch dieses System erzielt werden, ermöglicht einer Organisation, das System und seine Leistung zu optimieren.

2.3.4.3 Hauptvorteile

Einige mögliche Hauptvorteile sind:

— verbesserte Fähigkeit, Anstrengungen auf Schlüsselprozesse und Verbesserungsmöglichkeiten zu richten;

— beständige und vorhersehbare Ergebnisse durch ein System angepasster Prozesse;

— optimierte Leistung durch wirksames Prozessmanagement, effiziente Verwendung von Ressourcen und reduzierte funktionsüber- greifende Barrieren;

— der Organisation wird ermöglicht, interessierten Parteien Vertrauen zu vermitteln, in Bezug auf ihre Beständigkeit, Wirksamkeit und Effizienz.

2.3.4.4 Mögliche Maßnahmen

Mögliche Maßnahmen umfassen:

— das Festlegen von Zielen des Systems und notwendigen Prozessen, um diese zu erreichen;

— die Ausstattung mit Befugnis, Verantwortung und Rechenschaftspflicht für das Führen und Steuern von Prozessen;

— das Verstehen der Fähigkeiten der Organisation und die Bestimmung von Einschränkungen in Bezug auf die Ressourcen noch vor Beginn der betreffenden Maßnahme;

— das Bestimmen der wechselseitigen Abhängigkeiten zwischen Prozessen und die Analyse der Auswirkung von Änderungen einzelner Prozesse auf das System als Ganzes;

— das Führen und Steuern von Prozessen und ihren wechselseitigen Beziehungen als System, um die Qualitätsziele der Organisation wirksam und effizient zu erreichen;

— das Sicherstellen, dass die notwendigen Informationen verfügbar sind, um die Prozesse zu betreiben und zu verbessern sowie die Leistung des Gesamtsystems zu überwachen, zu analysieren und zu bewerten;

— das Führen und Steuern von Risiken, die Ergebnisse von Prozessen und Gesamtergebnisse des QMS beeinflussen können.

2.3.5 Verbesserung

2.3.5.1 Aussage

Erfolgreiche Organisationen legen fortlaufend einen Schwerpunkt auf Verbesserung.

2.3.5.2 Begründung

Verbesserung ist für eine Organisation wesentlich, um gegenwärtige Leistungsniveaus aufrecht zu erhalten, auf Änderungen ihrer internen und externen Bedingungen zu reagieren und um neue Chancen zu schaffen.

2.3.5.3 Hauptvorteile

Einige mögliche Hauptvorteile sind:

— verbesserte Prozessleistung, Leistungsfähigkeit der Organisation und Kundenzufriedenheit;
— verstärkte Ausrichtung auf Ursachenuntersuchung und -bestimmung, gefolgt von Vorbeugungs- und Korrekturmaßnahmen;
— verbesserte Fähigkeit, interne und externe Risiken und Möglichkeiten vorwegzunehmen und darauf zu reagieren;
— verbesserte Berücksichtigung von sowohl schrittweiser als auch bahnbrechender Verbesserung;
— verbesserte Anwendung des Lernens zu Zwecken der Verbesserung;
— verstärkter Antrieb zur Innovation.

2.3.5.4 Mögliche Maßnahmen

Mögliche Maßnahmen umfassen:

— das Fördern der Einführung von Verbesserungszielen auf allen Ebenen der Organisation;
— Personen aller Ebenen darin auszubilden und zu schulen, wie grundlegende Werkzeuge und Verfahren zum Erreichen der Verbesserungsziele anzuwenden sind;
— sicherzustellen, dass Personen kompetent sind, Verbesserungsprojekte erfolgreich zu fördern und abzuschließen;
— das Entwickeln und Anwenden von Prozessen zur Durchführung von Verbesserungsprojekten in der gesamten Organisation;
— das Nachverfolgen, Überprüfen und Auditieren der Planung, Durchführung, des Abschlusses und der Ergebnisse von Verbesserungsprojekten;
— das Integrieren von Überlegungen zu Verbesserungen in die Entwicklung neuer oder veränderter Produkte, Dienstleistungen und Prozesse;
— das Erkennen und Anerkennen von Verbesserung.

2.3.6 Faktengestützte Entscheidungsfindung

2.3.6.1 Aussage

Entscheidungen auf Grundlage der Analyse und Auswertung von Daten und Informationen führen wahrscheinlich eher zu den gewünschten Ergebnissen.

2.3.6.2 Begründung

Entscheidungsfindung kann ein komplexer Prozess sein und weist immer eine gewisse Unsicherheit auf. Häufig umfasst sie sowohl verschiedene Arten und Quellen von Eingaben, als auch deren Interpretation, die subjektiv sein kann. Es ist wichtig, die Zusammenhänge von Ursache und Wirkung sowie die möglichen unbeabsichtigten Folgen zu verstehen. Tatsachen, Nachweise und Datenanalyse führen zu größerer Objektivität und Vertrauen in die Entscheidungsfindung.

2.3.6.3 Hauptvorteile

Einige mögliche Hauptvorteile sind:

— verbesserte Entscheidungsfindungsprozesse;

— verbesserte Bewertung der Prozessleistung und der Fähigkeit, Ziele zu erreichen;

— verbesserte betriebliche Wirksamkeit und Effizienz;

— verbesserte Fähigkeit, Meinungen und Entscheidungen zu überprüfen, in Frage zu stellen und zu ändern;

— verbesserte Fähigkeit, die Wirksamkeit früherer Entscheidungen aufzuzeigen.

2.3.6.4 Mögliche Maßnahmen

Mögliche Maßnahmen umfassen:

— das Bestimmen, Messen und Überwachen von Kennzahlen, um die Leistung der Organisation darzulegen;

— alle erforderlichen Daten den relevanten Personen zur Verfügung zu stellen;

— sicherzustellen, dass Daten und Informationen ausreichend präzise, verlässlich und sicher sind;

— das Analysieren und Bewerten der Daten und Informationen mit Hilfe geeigneter Verfahren;

— sicherzustellen, dass Personen kompetent sind, Daten wie benötigt zu analysieren und zu bewerten;

— das Treffen von Entscheidungen und Ergreifen von Maßnahmen basierend auf Nachweisen ausgewogen mit Erfahrung und Intuition.

2.3.7 Beziehungsmanagement

2.3.7.1 Aussage

Für nachhaltigen Erfolg führen und steuern Organisationen ihre Beziehungen mit relevanten interessierten Parteien, z. B. Anbietern.

2.3.7.2 Begründung

Relevante interessierte Parteien beeinflussen die Leistung einer Organisation. Nachhaltiger Erfolg wird mit einer höheren Wahrscheinlichkeit erreicht, wenn die Organisation Beziehungen zu allen ihren interessierten Parteien führt und steuert, um deren Auswirkung auf ihre eigene Leistung zu optimieren. Beziehungsmanagement mit ihren Anbietern und Partnernetzwerken ist von besonderer Bedeutung.

2.3.7.3 Hauptvorteile

Einige mögliche Hauptvorteile sind:

— verbesserte Leistung der Organisation und ihrer relevanten interessierten Parteien durch Reagieren auf Möglichkeiten und Einschränkungen bezogen auf jede interessierte Partei;

— gemeinsames Verständnis der Ziele und Werte unter den interessierten Parteien;

— verbesserte Fähigkeit zur Wertschöpfung für interessierte Parteien durch gemeinsames

Nutzen von Ressourcen und Kompetenz sowie Steuerung qualitätsbezogener Risiken;

— eine gut geführte und gesteuerte Lieferkette, die einen stabilen Zufluss von Produkten und Dienstleistungen bietet.

2.3.7.4 Mögliche Maßnahmen

Mögliche Maßnahmen umfassen

— das Bestimmen relevanter interessierter Parteien (z. B. Anbieter, Partner, Kunden, Investoren, Angestellte oder die Gesellschaft als Ganzes) und ihrer Beziehung zur Organisation;

— das Bestimmen und Priorisieren zu führender und zu steuernder Beziehungen zu interessierten Parteien;

— das Aufbauen von Beziehungen, die kurzfristige Gewinne gegen langfristige Überlegungen abwägen;

— das Sammeln und Teilen von Informationen, Expertenwissen und Ressourcen mit relevanten interessierten Parteien;

— das Messen der Leistung und, falls erforderlich, Rückmeldungen bezüglich der Leistung an interessierte Parteien zu geben, um Initiativen zur Verbesserung zu fördern;

— das Einführen gemeinschaftlicher Entwicklungs- und Verbesserungstätigkeiten mit Anbietern, Partnern und anderen interessierten Parteien;

— das Anregen und Anerkennen von Verbesserungen und Erfolgen von Anbietern und Partnern.

2.4 Entwicklung des QMS unter Verwendung grundlegender Konzepte und Grundsätze

2.4.2 Entwicklung eines Qualitätsmanagementsystems

Ein QMS ist ein dynamisches System,das sich mit der Zeit durch periodische Verbesserung entwickelt. Jede Organisation weist ob formal geplant oder nicht Qualitätsmanagementtätigkeiten auf. Diese Internationale Norm bietet eine Anleitung dazu, wie ein formales System zum Führen und Steuern dieser Tätigkeiten zu entwickeln ist. Es ist notwendig, Tätigkeiten, die in der Organisation bereits bestehen sowie ihre Eignung bezüglich des Organisationskontextes zu bestimmen. Diese Internationale Norm, zusammen mit ISO 9004 und ISO 9001, kann dann angewendet werden, um die Organisation beim Entwickeln eines zusammenhängenden QMS zu unterstützen. Ein formales QMS bietet einen Rahmen für die Planung, Ausführung, Überwachung und Verbesserung der Leistung von Qualitätsmanagementtätigkeiten. Das QMS braucht nicht kompliziert zu sein, vielmehr muss es die Erfordernisse der Organisation genau widerspiegeln. Bei der Entwicklung des QMS können die in dieser Internationalen Norm angegebenen grundlegenden Konzepte und Grundsätze eine wertvolle Anleitung bereitstellen. Die Planung eines QMS ist kein einmaliges Ereignis sondern vielmehr ein fortwährender Prozess. Pläne entwickeln sich mit dem Lernen der Organisation und sich verändernden Umständen. Ein Plan berücksichtigt alle qualitätsbezogenen Tätigkeiten der Organisation und stellt sicher, dass sie alle Leitlinien nach dieser Internationalen Norm und die Anforderungen nach ISO 9001 behandeln. Der Plan wird bei Genehmigung umgesetzt. Es ist für die Organisation wichtig, regelmäßig sowohl die Umsetzung des Plans als auch die Leistung des QMS zu überwachen und zu bewerten Sorgfältig überlegte Kennzahlen erleichtern diese Überwachungs- und Beurteilungstätigkeiten.

Auditieren ist ein Mittel zur Beurteilung der Wirksamkeit des QMS, um Risiken zu identifizieren und die Erfüllung der Anforderungen zu bestimmen. Für wirksame Audits müssen materielle und immaterielle Nachweise gesammelt werden Korrektur- und Verbesserungsmaßnahmen werden auf Grundlage von Analysen der gesammelten Nachweise ergriffen. Die gewonnenen Kenntnisse können zu Innovationen führen, die das Leistungsniveau des QMS erhöhen.

3. Begriffe

3.2.1 Organisation

Person oder Personengruppe, die eigene Funktionen mit Verantwortlichkeiten, Befugnissen und Beziehungen hat, um ihre Ziele zu erreichen

3.2.3 interessierte Partei /Anspruchsgruppe

Person oder Organisation, die eine Entscheidung oder Tätigkeit beeinflussen kann, die davon beeinflusst sein kann, oder die sich davon beeinflusst fühlen kann

3.3.3 Management

aufeinander abgestimmte Tätigkeiten zum Führen und Steuern einer Organisation

3.3.5 Qualitätsplanung
Teil des Qualitätsmanagements, der auf das Festlegen der Qualitätsziele und der notwendigen Ausführungsprozesse, sowie der zugehörigen Ressourcen zum Erreichen der Qualitätsziele gerichtet ist

3.3.6 Qualitätssicherung
Teil des Qualitätsmanagements, der auf das Erzeugen von Vertrauen darauf gerichtet ist, dass Qualitätsanforderungen erfüllt werden

3.3.7 Qualitätssteuerung
Teil des Qualitätsmanagements, der auf die Erfüllung von Qualitätsanforderungen gerichtet ist

3.3.8 Qualitätsverbesserung
Teil des Qualitätsmanagements, der auf die Erhöhung der Eignung zur Erfüllung der Qualitätsanforderungen gerichtet ist

3.3.12 Projektmanagement
Planen, Organisieren, Überwachen, Steuern und Berichten aller Aspekte eines Projekts und die Motivation aller daran Beteiligten, die Ziele des Projekts zu erreichen

3.4.1 Prozess
Satz zusammenhängender oder sich gegenseitig beeinflussender Tätigkeiten, der Eingaben zum Erzielen eines vorgesehenen Ergebnisses verwendet

3.4.2 Projekt
einmaliger Prozess, der aus einem Satz von abgestimmten und gesteuerten Tätigkeiten mit Anfangs- und Endterminen besteht und durchgeführt wird, um unter Berücksichtigung von Beschränkungen bezüglich Zeit, Kosten und Ressourcen ein Ziel zu erreichen, das spezifische Anforderungen erfüllt

3.4.3 Realisierung eines Qualitätsmanagementsystems
Prozess der Erstellung, Dokumentation, Verwirklichung, Aufrechterhaltung und fortlaufen- den Verbesserung eines Qualitätsmanagementsystems

3.4.6 ausgliedern
eine Vereinbarung treffen, bei der eine externe Organisation einen Teil einer Funktion oder eines Prozesses einer Organisation wahr- nimmt bzw. durchführt

3.5.3 Managementsystem
Satz zusammenhängender oder sich gegenseitig beeinflussender Elemente einer Organisation, um Politiken, Ziele und Prozesse zum Erreichen dieser Ziele festzulegen

3.5.8 Politik
Absichten und Ausrichtung einer Organisation, wie von der obersten Leitung formell ausgedrückt

3.5.10 Vision
durch die oberste Leitung erklärter Anspruch zur angestrebten Entwicklung einer Organisation

3.5.11 Mission
durch die oberste Leitung erklärter Existenzzweck einer Organisation

3.5.12 Strategie
Plan für das Erreichen eines langfristigen Ziels oder Gesamtziels

3.6.2 Qualität
Grad, in dem ein Satz inhärenter Merkmale eines Objekts Anforderungen erfüllt

3.6.11 Konformität
Erfüllung einer Anforderung

3.7.10 Effizienz
Verhältnis zwischen dem erreichten Ergebnis und den eingesetzten Ressourcen

3.8.4 Informationssystem
Netzwerk von Kommunikationskanälen, die innerhalb einer Organisation verwendet werden

3.8.8 Qualitätsmanagement-Handbuch
Spezifikation für ein Qualitätsmanagementsystem einer Organisation

3.8.9 Qualitätsmanagementplan
Spezifikation der Verfahren und zugehörigen Ressourcen dahingehend, durch wen und wann diese bezüglich eines spezifischen Objekts anzuwenden sind

3.8.11 Projektmanagementplan
Dokument, das festlegt, was zum Erreichen der Ziele des Projekts erforderlich ist

3.8.12 Verifizierung
Bestätigung durch Bereitstellung eines objektiven Nachweises, dass festgelegte Anforderungen erfüllt worden sind

3.8.13 Validierung
Bestätigung durch Bereitstellung eines objektiven Nachweises, dass die Anforderungen für einen spezifischen beabsichtigten Gebrauch oder eine spezifische beabsichtigte Anwendung erfüllt worden sind

3.9.2 Kundenzufriedenheit
Wahrnehmung des Kunden zu dem Grad, in dem die Erwartungen des Kunden erfüllt worden sind

3.9.3 Reklamation
Ausdruck der Unzufriedenheit, die gegenüber einer Organisation in Bezug auf deren Produkt oder Dienstleistung oder den Prozess zur Bearbeitung von Reklamationen selbst zum Ausdruck gebracht wird, wenn eine Reaktion beziehungsweise Klärung explizit oder implizit erwartet wird

3.10.1 Merkmal
kennzeichnende Eigenschaft

3.10.4 Kompetenz
Fähigkeit, Wissen und Fertigkeiten anzuwenden, um beabsichtigte Ergebnisse zu erzielen

3.13.1 Audit
systematischer, unabhängiger und dokumentierter Prozess zum Erlangen von objektiven Nachweisen und zu deren objektiver Auswertung, um zu bestimmen, inwieweit Auditkriterien erfüllt sind
Die grundlegenden Elemente eines Audits umfassen die Bestimmung der Konformität eines Objekts nach einem Verfahren, das durch Personal durchgeführt wird, das nicht für das auditierte Objekt verantwortlich ist. Ein Audit kann ein internes (Erstparteien-Audit) oder ein externes (Zweitparteien- oder Drittparteien-Audit) Audit sein

3.13.8 Auditnachweis
Aufzeichnungen, Tatsachenfeststellungen oder andere Informationen, die für die Auditkriterien zutreffen und verifizierbar sind

3.13.15 Auditor
Person, die ein Audit durchführt

DIN EN ISO 9001:2015-11

Qualitätsmanagementsysteme – Anforderungen

0.1 Allgemeines

Die Einführung eines Qualitätsmanagementsystems ist eine strategische Entscheidung einer Organisation, die helfen kann, ihre Gesamtleistung zu steigern und eine gute Basis für nachhaltige Entwicklungsinitiativen bereitstellt. Die potentiellen Vorteile für eine Organisation, die sich aus der Umsetzung eines Qualitätsmanagementsystems basierend auf dieser Internationalen Norm ergeben, sind folgende:

a) die Fähigkeit, beständig Produkte und Dienstleistungen zu liefern, die die Kundenanforderungen und zutreffende gesetzliche und behördliche Anforderungen erfüllen;

b) das Eröffnen von Chancen zur Erhöhung der Kundenzufriedenheit;

c) die Behandlung von Risiken und Chancen im Zusammenhang mit ihrem Kontext und ihren Zielen; und

d) die Fähigkeit, Konformität mit festgelegten Anforderungen des Qualitätsmanagementsystems nachzuweisen. (....)

Diese Internationale Norm wendet den prozessorientierten Ansatz an, der das Planen-Durchführen-Prüfen-Handeln-Modell (PDCA, engl: Plan-Do-Check-Act) sowie risikobasiertes Denken umfasst. Der prozessorientierte Ansatz ermöglicht einer Organisation, ihre Prozesse und deren Wechselwirkungen zu planen.

Das PDCA-Modell ermöglicht einer Organisation sicherzustellen, dass angemessene Ressourcen für ihre Prozesse zur Verfügung stehen, die Prozesse gesteuert werden und dass Chancen zur Verbesserung bestimmt werden und auf diese reagiert wird.

Risikobasiertes Denken ermöglicht einer Organisation, diejenigen Faktoren zu bestimmen, die bewirken könnten, dass ihre Prozesse und ihr Qualitätsmanagementsystem von den geplanten Ergebnissen abweichen, vorbeugende Maßnahmen zur Steuerung umzusetzen, um negative Auswirkungen zu minimieren und den maximalen Nutzen aus sich bietenden Möglichkeiten zu ziehen.

Die beständige Erfüllung der Anforderungen und die Berücksichtigung zukünftiger Erfordernisse und Erwartungen stellen eine Herausforderung für Organisationen in einer zunehmend dynamischen und komplexen Umgebung dar. Zum Erreichen dieses Ziels kann es für die Organisation notwendig sein, zusätzlich zur Korrektur und fortlaufenden Verbesserung, verschiedene Formen der Verbesserung, z. B. bahnbrechende Veränderung, Innovation und Neuorganisation, einzuführen. (...)

0.2 Grundsätze des Qualitätsmanagements

Die Grundsätze des Qualitätsmanagements sind folgende:

— Kundenorientierung;
— Führung;
— Einbeziehung von Personen;
— prozessorientierter Ansatz;

— Verbesserung;
— faktengestützte Entscheidungsfindung;
— Beziehungsmanagement.

0.3 Prozessorientierter Ansatz

Diese Internationale Norm fördert die Umsetzung eines prozessorientierten Ansatzes bei der Entwicklung, Verwirklichung und Verbesserung der Wirksamkeit eines Qualitätsmanagementsystems, um die Kundenzufriedenheit durch Erfüllen der Kundenanforderungen zu erhöhen. (...)

Das Verstehen und Steuern zusammenhängender Prozesse als ein System trägt zur Wirksamkeit und Effizienz einer Organisation beim Erreichen ihrer beabsichtigten Ergebnisse bei. Dieser Ansatz ermöglicht der Organisation, die Zusammenhänge und Wechselbeziehungen von Prozessen des Systems so zu steuern, dass die Gesamtleistung der Organisation verbessert werden kann.

Der prozessorientierte Ansatz umfasst die systematische Festlegung und Steuerung von Prozessen und deren Wechselwirkungen, so dass die angestrebten Ergebnisse mit der Qualitätspolitik und der strategischen Ausrichtung der Organisation übereinstimmen. Die Steuerung der Prozesse und des Systems als Ganzes kann durch den PDCA-Zyklus (siehe 0.3.2) erreicht werden, dessen Hauptaugenmerk auf risikobasiertem Denken (siehe 0.3.3) liegt, um Chancen zu nutzen und unerwünschte Ergebnisse zu verhindern.

Die Anwendung des prozessorientierten Ansatzes in einem Qualitätsmanagementsystem ermöglicht Folgendes:

a) Verstehen der Anforderungen und deren fortlaufende Einhaltung;
b) Betrachtung der Prozesse im Hinblick auf Wertschöpfung;
c) Erreichen einer wirksamen Prozessleistung
d) Verbesserung von Prozessen basierend auf der Bewertung von Daten und Informationen.

0.3.2 „Planen-Durchführen-Prüfen-Handeln"-Zyklus

Auf alle Prozesse und auf das Qualitätsmanagementsystem als Ganzes kann der „Planen-Durchführen-Prüfen-Handeln"-Zyklus (PDCA) angewendet werden. Der PDCA-Zyklus kann kurz wie folgt beschrieben werden:

— Planen: Festlegen von Zielen des Systems und der Teilprozesse und Festlegen von Ressourcen, die zum Erzielen von Ergebnissen in Übereinstimmung mit den Kundenanforderungen und den Politiken der Organisation notwendig sind, sowie Ermitteln und Behandeln von Risiken und Chancen;
— Durchführen: Umsetzen des Geplanten;
— Prüfen: Überwachen und (sofern zutreffend) Messen von Prozessen und den daraus resultierenden Produkten und Dienstleistungen im Hinblick auf Politiken, Ziele, Anforderungen und geplante Tätigkeiten, sowie Berichterstattung über die Ergebnisse;
— Handeln: Ergreifen von Maßnahmen zur Verbesserung der Leistung, soweit notwendig.

0.3.3 Risikobasiertes Denken

Risikobasiertes Denken ist zum Erreichen eines wirksamen Qualitätsmanagementsystems unerlässlich. Das Konzept des risikobasierten Denkens war bereits in früheren Ausgaben dieser Internationalen Norm enthalten, z. B. mit der Umsetzung von Vorbeugungsmaßnahmen zur Abschaffung von möglichen Nichtkonformitäten, der Analyse jeglicher auftretender Nichtkonformitäten und dem Ergreifen von Maßnahmen zum Verhindern des Wiederauftretens, die den Auswirkungen der Nichtkonformität angemessen sind.

Die Erfüllung der Anforderungen dieser Inter- nationalen Norm verlangt von der Organisation, dass sie Maßnahmen plant und umsetzt, mit denen Risiken und Chancen behandelt werden. Die Behandlung von sowohl Risiken als auch Chancen bildet eine Grundlage für die Steigerung der Wirksamkeit des Qualitätsmanagementsystems, für das Erreichen verbesserter Ergebnisse und für das Vermeiden von negativen Auswirkungen.

Chancen können sich infolge einer Situation ergeben, die sich günstig auf das Erreichen eines beabsichtigten Ergebnisses auswirkt, z. B. eine Reihe von Umständen, die es der Organisation ermöglicht Kunden zu gewinnen, neue Produkte und Dienstleistungen zu entwickeln, Abfälle zu verringern oder die Produktivität zu verbessern. Maßnahmen zur Behandlung von Chancen können außerdem die Betrachtung zugehöriger Risiken einschließen. Risiko ist die Auswirkung von Ungewissheiten, und jede dieser Ungewissheiten kann positive oder negative Auswirkungen besitzen. Eine positive Abweichung, die aus einem Risiko hervorgeht, kann eine Chance liefern, wobei jedoch nicht alle positiven Auswirkungen eines Risikos in Chancen resultieren.

4.4 Qualitätsmanagementsystem und seine Prozesse

4.4.1 Die Organisation muss entsprechend den Anforderungen dieser Internationalen Norm ein Qualitätsmanagementsystem aufbauen, verwirklichen, aufrechterhalten und fortlaufend verbessern, einschließlich der benötigten Prozesse und ihrer Wechselwirkungen.

Die Organisation muss die Prozesse bestimmen, die für das Qualitätsmanagementsystem benötigt werden, sowie deren Anwendung innerhalb der Organisation festlegen, und muss:

a) die erforderlichen Eingaben und die erwarteten Ergebnisse dieser Prozesse bestimmen;
b) die Abfolge und die Wechselwirkung dieser Prozesse bestimmen;
c) die Kriterien und Verfahren (einschließlich Überwachung, Messungen und die damit verbundenen Leistungsindikatoren), die benötigt werden, um das wirksame Durchführen und Steuern dieser Prozesse sicher- zustellen, bestimmen und anwenden;
d) die für diese Prozesse benötigten Ressourcen bestimmen und deren Verfügbarkeit sicherstellen;
e) die Verantwortlichkeiten und Befugnisse für diese Prozesse zuweisen;
f) die in Übereinstimmung mit den Anforderungen nach 6.1 bestimmten Risiken und Chancen behandeln;
g) diese Prozesse bewerten und jegliche Änderungen umsetzen, die notwendig sind, um sicherzustellen, dass diese Prozesse ihre beabsichtigten Ergebnisse erzielen;
h) die Prozesse und das Qualitätsmanagementsystem verbessern.

4.4.2 Die Organisation muss in erforderlichem Umfang:
a) dokumentierte Informationen aufrechterhalten, um die Durchführung ihrer Prozesse zu unterstützen;
b) dokumentierte Informationen aufbewahren, so dass darauf vertraut werden kann, dass die Prozesse wie geplant durchgeführt werden.

5. Führung

5.1.1 Allgemeines

Die oberste Leitung muss in Bezug auf das Qualitätsmanagementsystem Führung und Verpflichtung zeigen, indem sie:
a) die Rechenschaftspflicht für die Wirksamkeit des Qualitätsmanagementsystems übernimmt;
b) sicherstellt, dass die Qualitätspolitik und die Qualitätsziele für das Qualitätsmanagementsystem festgelegt und mit dem Kontext und der strategischen Ausrichtung der Organisation vereinbar sind;
c) sicherstellt, dass die Anforderungen des Qualitätsmanagementsystems in die Geschäftsprozesse der Organisation integriert werden;
d) die Anwendung des prozessorientierten Ansatzes und das risikobasierte Denken fördert;
e) sicherstellt, dass die für das Qualitätsmanagementsystem erforderlichen Ressourcen zur Verfügung stehen;
f) die Bedeutung eines wirksamen Qualitätsmanagements sowie die Wichtigkeit der Erfüllung der Anforderungen des Qualitätsmanagementsystems vermittelt;
g) sicherstellt, dass das Qualitätsmanagementsystem seine beabsichtigten Ergebnisse erzielt;
h) Personen einsetzt, anleitet und unterstützt, damit diese zur Wirksamkeit des Qualitätsmanagementsystems beitragen;
i) Verbesserung fördert;
j) andere relevante Führungskräfte unterstützt, um deren Führungsrolle in deren jeweiligem Verantwortungsbereich deutlich zu machen.

5.1.2 Kundenorientierung

Die oberste Leitung muss im Hinblick auf die Kundenorientierung Führung und Verpflichtung zeigen, indem sie sicherstellt, dass:
a) die Anforderungen der Kunden und zutreffende gesetzliche sowie behördliche Anforderungen bestimmt, verstanden und beständig erfüllt werden;
b) die Risiken und Chancen, die die Konformität von Produkten und Dienstleistungen beeinflussen können, sowie die Fähigkeit zur Erhöhung der Kundenzufriedenheit bestimmt und behandelt werden;
c) der Fokus auf die Verbesserung der Kundenzufriedenheit aufrechterhalten wird.

5.2.1 Festlegung der Qualitätspolitik

Die oberste Leitung muss eine Qualitätspolitik festlegen, umsetzen und aufrechterhalten, die:

a) für den Zweck und den Kontext der Organisation angemessen ist und deren strategische Ausrichtung unterstützt;

b) einen Rahmen zum Festlegen von Qualitäts- zielen bietet;

c) eine Verpflichtung zur Erfüllung zutreffender Anforderungen enthält;

d) eine Verpflichtung zur fortlaufenden Verbesserung des Qualitätsmanagementsystems enthält.

5.2.2 Bekanntmachung der Qualitätspolitik

Die Qualitätspolitik muss:

a) als dokumentierte Information verfügbar sein und aufrechterhalten werden;

b) innerhalb der Organisation bekanntgemacht, verstanden und angewendet werden;

c) für relevante interessierte Parteien verfügbar sein, soweit angemessen.

5.3 Rollen, Verantwortlichkeiten und Befugnisse in der Organisation

Die oberste Leitung muss sicherstellen, dass die Verantwortlichkeiten und Befugnisse für relevante Rollen innerhalb der gesamten Organisation zugewiesen, bekannt gemacht und verstanden werden.

Die oberste Leitung muss die Verantwortlichkeit und Befugnis zuweisen für:

a) das Sicherstellen, dass das Qualitätsmanagementsystem die Anforderungen dieser Internationalen Norm erfüllt;

b) das Sicherstellen, dass die Prozesse die beabsichtigten Ergebnisse liefern;

c) das Berichten über die Leistung des Qualitätsmanagementsystems und über Verbesserungsmöglichkeiten (siehe 10.1), insbesondere an die oberste Leitung;

d) das Sicherstellen der Förderung der Kundenorientierung innerhalb der gesamten Organisation;

e) das Sicherstellen, dass die Integrität des Qualitätsmanagementsystems aufrechterhalten bleibt, wenn Änderungen am Qualitätsmanagementsystem geplant und umgesetzt werden.

7.5 Dokumentierte Information

Das Qualitätsmanagementsystem der Organisation muss beinhalten:

a) die von dieser Internationalen Norm geforderte dokumentierte Information;

b) dokumentierte Information, welche die Organisation als notwendig für die Wirksamkeit des Qualitätsmanagementsystems bestimmt hat.

9 Bewertung der Leistung

9.1 Überwachung, Messung, Analyse und Bewertung

Die Organisation muss bestimmen:

a) was überwacht und gemessen werden muss;

b) die Methoden zur Überwachung, Messung Analyse und Bewertung, die benötigt werden
um gültige Ergebnisse sicherzustellen;

c) wann die Überwachung und Messung durch zuführen sind;

d) wann die Ergebnisse der Überwachung und Messung zu analysieren und zu bewerten sind.

Die Organisation muss die Leistung und die Wirksamkeit des Qualitätsmanagement-systems bewerten. Die Organisation muss geeignete dokumentierte Informationen als Nachweis der Ergebnisse aufbewahren.

9.1.2 Kundenzufriedenheit

[1]Die Organisation muss die Wahrnehmungen der Kunden über den Erfüllungsgrad seiner Erfordernisse und Erwartungen überwachen. [2]Die Organisation muss die Methoden zum Einholen, Überwachen und Überprüfen dieser Informationen bestimmen.

[3]Beispiele für die Überwachung von Wahrnehmungen des Kunden können Kunden-befragungen, Rückmeldungen durch den Kunden zu gelieferten Produkten und erbrachten Dienstleistungen, Treffen mit Kunden, Analysen der Marktanteile, Anerkennungen, Gewährleistungsansprüche und Berichte von Händlern sein.

EMAS - Verordnung

Verordnung (EG) Nr. 1221/2009 des Europäischen Parlaments und des Rates über die freiwillige Teilnahme von Organisationen an einem Gemeinschaftssystem für Umweltmanagement und Umweltbetriebsprüfung vom 25.11.2009, zuletzt geändert am 17.9.2020

Artikel 1 Zielsetzung

Es wird ein Gemeinschaftssystem für das Umweltmanagement und die Umweltbetriebsprüfung (nachstehend als „EMAS" bezeichnet) geschaffen, an dem sich Organisationen innerhalb und außerhalb der Gemeinschaft freiwillig beteiligen können.

Das Ziel von EMAS, einem wichtigen Instrument des Aktionsplans für Nachhaltigkeit in Produktion und Verbrauch und für eine nachhaltige Industriepolitik, besteht darin, kontinuierliche Verbesserungen der Umweltleistung von Organisationen zu fördern, indem die Organisationen Umweltmanagementsysteme errichten und anwenden, die Leistung dieser Systeme einer systematischen, objektiven und regelmäßigen Bewertung unterzogen wird, Informationen über die Umweltleistung vorgelegt werden, ein offener Dialog mit der Öffentlichkeit und anderen interessierten Kreisen geführt wird und die Arbeitnehmer der Organisationen aktiv beteiligt werden und eine angemessene Schulung erhalten.

Artikel 2 Begriffsbestimmungen

Für die Zwecke dieser Verordnung gelten folgende Begriffsbestimmungen:

1. „Umweltpolitik": die von den obersten Führungsebenen einer Organisation verbindlich dargelegten Absichten und Ausrichtungen dieser Organisation in Bezug auf ihre Umweltleistung, einschließlich der Einhaltung aller geltenden Umweltvorschriften und der Verpflichtung zur kontinuierlichen Verbesserung der Umweltleistung. Sie bildet den Rahmen für die Maßnahmen und für die Festlegung umweltbezogener Zielsetzungen und Einzelziele;

2. „Umweltleistung": die messbaren Ergebnisse des Managements der Umweltaspekte einer Organisation durch diese Organisation;

4. „Umweltaspekt": derjenige Bestandteil der Tätigkeiten, Produkte oder Dienstleistungen einer Organisation, der Auswirkungen auf die Umwelt hat oder haben kann;

8. „Umweltauswirkung": jede positive oder negative Veränderung der Umwelt, die ganz oder teilweise auf Tätigkeiten, Produkte oder Dienstleistungen einer Organisation zurückzuführen ist;

9. „Umweltprüfung": eine erstmalige umfassende Untersuchung der Umweltaspekte, der Umweltauswirkungen und der Umweltleistung im Zusammenhang mit den Tätigkeiten, Produkten und Dienstleistungen einer Organisation;

10. „Umweltprogramm": eine Beschreibung der Maßnahmen, Verantwortlichkeiten und

Mittel, die zur Verwirklichung der Umweltzielsetzungen und -einzelziele getroffen, eingegangen und eingesetzt wurden oder vorgesehen sind, und der diesbezügliche Zeitplan;

11. „Umweltzielsetzung": ein sich aus der Umweltpolitik ergebendes und nach Möglichkeit zu quantifizierendes Gesamtziel, das sich eine Organisation gesetzt hat;

13. „Umweltmanagementsystem": der Teil des gesamten Managementsystems, der die Organisationsstruktur, Planungstätigkeiten, Verantwortlichkeiten, Verhaltensweisen, Vorgehensweisen, Verfahren und Mittel für die Festlegung, Durchführung, Verwirklichung, Überprüfung und Fortführung der Umweltpolitik und das Management der Umweltaspekte umfasst;

14. „bewährte Umweltmanagementpraktiken": die wirkungsvollste Art der Umsetzung des Umweltmanagementsystems durch Organisationen in einer Branche, die unter bestimmten wirtschaftlichen und technischen Voraussetzungen zu besten Umweltleistungen führen kann;

16. „Umweltbetriebsprüfung": die systematische, dokumentierte, regelmäßige und objektive Bewertung der Umweltleistung einer Organisation, des Managementsystems und der Verfahren zum Schutz der Umwelt;

17. „Betriebsprüfer": eine zur Belegschaft der Organisation gehörende Person oder Gruppe von Personen oder eine organisationsfremde natürliche oder juristische Person, die im Namen der Organisation handelt und insbesondere die bestehenden Umweltmanagementsysteme bewertet und prüft, ob diese mit der Umweltpolitik und dem Umweltprogramm der Organisation übereinstimmen und ob die geltenden umweltrechtlichen Verpflichtungen eingehalten werden;

18. „Umwelterklärung": die umfassende Information der Öffentlichkeit und anderer interessierter Kreise mit folgenden Angaben zur Organisation:

a) Struktur und Tätigkeiten,

b) Umweltpolitik und Umweltmanagementsystem,

c) Umweltaspekte und -auswirkungen,

d) Umweltprogramm, -zielsetzung und -einzelziele,

e) Umweltleistung und Einhaltung der geltenden umweltrechtlichen Verpflichtungen gemäß Anhang IV;

19. „aktualisierte Umwelterklärung": die umfassende Information der Öffentlichkeit und anderer interessierter Kreise, die Aktualisierungen der letzten validierten Umwelterklärung enthält, wozu nur Informationen über die Umweltleistung einer Organisation und die Einhaltung der für sie geltenden umweltrechtlichen Verpflichtungen gemäß Anhang IV gehören;

20. „Umweltgutachter":

a) eine Konformitätsbewertungsstelle im Sinne der Verordnung (EG) Nr. 765/2008 oder jede Vereinigung oder Gruppe solcher Stellen, die gemäß der vorliegenden Verordnung

akkreditiert ist; oder
b) jede natürliche oder juristische Person oder jede Vereinigung oder Gruppe solcher Personen, der eine Zulassung zur Durchführung von Begutachtungen und Validierungen gemäß der vorliegenden Verordnung erteilt worden ist;

24. „Begutachtung": eine von einem Umweltgutachter durchgeführte Konformitätsbewertung, mit der festgestellt werden soll, ob Umweltprüfung, Umweltpolitik, Umweltmanagementsystem und interne Umweltbetriebsprüfung einer Organisation sowie deren Umsetzung den Anforderungen dieser Verordnung entsprechen;
25. „Validierung": die Bestätigung des Umweltgutachters, der die Begutachtung durchgeführt hat, dass die Informationen und Daten in der Umwelterklärung einer Organisation und die Aktualisierungen der Erklärung zuverlässig, glaubhaft und korrekt sind und den Anforderungen dieser Verordnung entsprechen;

Artikel 4 Vorbereitung der Registrierung

(1) Organisationen, die erstmalig eine Registrierung anstreben,
a) nehmen eine Umweltprüfung aller sie betreffenden Umweltaspekte gemäß den Anforderungen in Anhang I und in Anhang II Nummer A.3.1. vor;
b) führen auf der Grundlage der Ergebnisse dieser Umweltprüfung ein von ihnen entwickeltes Umweltmanagementsystem ein, das alle in Anhang II genannten Anforderungen abdeckt und etwaige bewährte branchenspezifische Umweltmanagementpraktiken gemäß Artikel 46 Absatz 1 Buchstabe a berücksichtigt;
c) führen eine Umweltbetriebsprüfung gemäß den Anforderungen in Anhang II Nummer A.5.5. und Anhang III durch;
d) erstellen eine Umwelterklärung gemäß Anhang IV. Sofern branchenspezifische Referenzdokumente gemäß Artikel 46 für die betreffende Branche zur Verfügung stehen, erfolgt die Beurteilung der Umweltleistung der Organisation unter Berücksichtigung dieser einschlägigen Dokumente.
(3) Organisationen mit einem zertifizierten und gemäß Artikel 45 Absatz 4 anerkannten Umweltmanagementsystem sind nicht verpflichtet, jene Bestandteile durchzuführen, die als den Bestimmungen dieser Verordnung gleichwertig anerkannt wurden.
(4) Die Organisationen erbringen den materiellen oder dokumentarischen Nachweis, dass sie alle für sie geltenden Umweltvorschriften einhalten. (...)
(5) Die erste Umweltprüfung, das Umweltmanagementsystem, das Verfahren für die Umweltbetriebsprüfung und seine Umsetzung werden von einem akkreditierten oder zugelassenen Umweltgutachter begutachtet und die Umwelterklärung wird von diesem validiert.

Artikel 6 Verlängerung der EMAS-Registrierung

(1) Eine registrierte Organisation muss mindestens alle drei Jahre

a) ihr gesamtes Umweltmanagementsystem und das Programm für die Umweltbetriebsprüfung und deren Umsetzung begutachten lassen;

b) eine Umwelterklärung gemäß den Anforderungen in Anhang IV erstellen und von einem Umweltgutachter validieren lassen;

c) die validierte Umwelterklärung der zuständigen Stelle übermitteln;

d) der zuständigen Stelle ein ausgefülltes Formular mit wenigstens den in Anhang VI aufgeführten Mindestangaben übermitteln;

e) gegebenenfalls eine Gebühr für die weitere Führung der Registrierung an die zuständige Stelle entrichten.

(2) Unbeschadet des Absatzes 1 muss eine registrierte Organisation in den dazwischen liegenden Jahren

a) gemäß dem Programm für die Betriebsprüfung eine Betriebsprüfung ihrer Umweltleistung und der Einhaltung der geltenden Umweltvorschriften gemäß Anhang III vornehmen;

b) eine aktualisierte Umwelterklärung gemäß den Anforderungen in Anhang IV erstellen und von einem Umweltgutachter validieren lassen;

c) der zuständigen Stelle die validierte aktualisierte Umwelterklärung übermitteln;

d) der zuständigen Stelle ein ausgefülltes Formular mit wenigstens den in Anhang VI aufgeführten Mindestangaben übermitteln,

e) gegebenenfalls eine Gebühr für die weitere Führung der Registrierung an die zuständige Stelle entrichten.

(3) Die registrierten Organisationen veröffentlichen ihre Umwelterklärung und deren Aktualisierungen innerhalb eines Monats nach der Registrierung und innerhalb eines Monats nach der Verlängerung der Registrierung. Die registrierten Organisationen können dieser Anforderung nachkommen, indem sie die Umwelterklärung und deren Aktualisierungen auf Anfrage zugänglich machen oder Links zu Internet-Seiten einrichten, auf denen diese Umwelterklärungen zu finden sind. Die registrierten Organisationen teilen mit, auf welche Weise sie den öffentlichen Zugang zu Informationen in den in Anhang VI genannten Formularen gewährleisten.

Artikel 18 Aufgaben der Umweltgutachter

(1) Die Umweltgutachter prüfen, ob die Umweltprüfung, die Umweltpolitik, das Umweltmanagementsystem, die Umweltbetriebsprüfungsverfahren einer Organisation und deren Durchführung den Anforderungen dieser Verordnung entsprechen.

(2) Der Umweltgutachter prüft Folgendes:

a) die Einhaltung aller Vorschriften dieser Verordnung durch die Organisation in Bezug auf die erste Umweltprüfung, das Umweltmanagementsystem, die Umweltbetriebsprüfung

und ihre Ergebnisse und die Umwelterklärung oder die aktualisierte Umwelterklärung;
b) die Einhaltung der geltenden gemeinschaftlichen, nationalen, regionalen und lokalen Umweltvorschriften durch die Organisation;
c) die kontinuierliche Verbesserung der Umweltleistung der Organisation; und
d) die Zuverlässigkeit, die Glaubwürdigkeit und die Richtigkeit der Daten und Informationen in folgenden Dokumenten:
i) Umwelterklärung,
ii) aktualisierte Umwelterklärung,
iii) zu validierende Umweltinformationen.
(3) Der Umweltgutachter prüft insbesondere die Angemessenheit der ersten Umweltprüfung, der Umweltbetriebsprüfung oder anderer von der Organisation angewandter Verfahren, wobei er auf jede unnötige Doppelarbeit verzichtet.
(4) Der Umweltgutachter prüft, ob die Ergebnisse der internen Umweltbetriebsprüfung zuverlässig sind. Gegebenenfalls führt er zu diesem Zweck Stichproben durch.
(5) Bei der Begutachtung in Vorbereitung der Registrierung einer Organisation untersucht der Umweltgutachter, ob die Organisation mindestens folgende Anforderungen erfüllt:
a) Sie verfügt über ein voll funktionsfähiges Umweltmanagementsystem gemäß Anhang II;
b) es besteht ein Programm für die Umweltbetriebsprüfung gemäß Anhang III, dessen Planung abgeschlossen und das bereits angelaufen ist, so dass zumindest die bedeutendsten Umweltauswirkungen erfasst sind;
c) es wurde eine Managementbewertung gemäß Anhang II Teil A vorgenommen, und
d) es wurde eine Umwelterklärung gemäß Anhang IV erstellt und es wurden — soweit verfügbar — branchenspezifische Referenzdokumente berücksichtigt.
(6) Im Rahmen der Begutachtung für die Verlängerung der Registrierung gemäß Artikel 6 Absatz 1 untersucht der Umweltgutachter, ob die Organisation folgende Anforderungen erfüllt:
a) Die Organisation verfügt über ein voll funktionsfähiges Umweltmanagementsystem gemäß Anhang II;
b) die Organisation verfügt über ein Programm für die Umweltbetriebsprüfung gemäß Anhang III, für das die operative Planung und mindestens ein Prüfzyklus abgeschlossen sind;
c) die Organisation hat eine Managementbewertung vorgenommen und
d) die Organisation hat eine Umwelterklärung gemäß Anhang IV erstellt, und es wurden — soweit verfügbar — branchenspezifische Referenzdokumente berücksichtigt.
(7) Im Rahmen der Begutachtung für die Verlängerung der Registrierung gemäß Artikel 6 Absatz 2 untersucht der Umweltgutachter, ob die Organisation mindestens folgende Anforderungen erfüllt:

a) Sie hat eine interne Umweltbetriebsprüfung und eine Prüfung der Einhaltung der geltenden Umweltvorschriften gemäß Anhang III vorgenommen;

b) sie erbringt den Nachweis für die dauerhafte Einhaltung der geltenden Umweltvorschriften und die kontinuierliche Verbesserung der Umweltleistung der Organisation und

c) sie hat eine aktualisierte Umwelterklärung gemäß Anhang IV erstellt, und es wurden — soweit verfügbar — branchenspezifische Referenzdokumente berücksichtigt.

Artikel 25 Bedingungen für die Begutachtung und Validierung

(1) Der Umweltgutachter übt seine Tätigkeit im Rahmen des Geltungsbereichs seiner Akkreditierung oder Zulassung und auf der Grundlage einer schriftlichen Vereinbarung mit der Organisation aus.

Diese Vereinbarung

a) legt den Gegenstand der Tätigkeit fest,

b) legt Bedingungen fest, die dem Umweltgutachter die Möglichkeit geben sollen, professionell und unabhängig zu handeln, und

c) verpflichtet die Organisation zur Zusammenarbeit im jeweils erforderlichen Umfang.

(2) Der Umweltgutachtergewährleistet, dass die Teile der Organisation eindeutig beschrieben sind und diese Beschreibung der tatsächlichen Aufteilung der Tätigkeiten entspricht. Die Umwelterklärung muss die verschiedenen zu begutachtenden und zu validierenden Punkte klar angeben.

(3) Der Umweltgutachter nimmt eine Bewertung der in Artikel 18 aufgeführten Elemente vor.

(4) Im Rahmen der Begutachtung und Validierung prüft der Umweltgutachter die Unterlagen, besucht die Organisation, nimmt Stichprobenkontrollen vor und führt Gespräche mit dem Personal.

(5) Die Organisation liefert dem Umweltgutachter vor seinem Besuch grundlegende Informationen über die Organisation und ihre Tätigkeiten, die Umweltpolitik und das Umweltprogramm, eine Beschreibung des in der Organisation angewandten Umweltmanagementsystems, Einzelheiten der durchgeführten Umweltprüfung oder Umweltbetriebsprüfung, den Bericht über diese Umweltprüfung oder Umweltbetriebsprüfung und über etwaige anschließend getroffene Korrekturmaßnahmen und den Entwurf einer Umwelterklärung oder einer aktualisierten Umwelterklärung.

(6) Der Umweltgutachter erstellt für die Organisation einen schriftlichen Bericht über die Ergebnisse der Begutachtung, der Folgendes umfasst:

a) alle für die Arbeit des Umweltgutachters relevanten Sachverhalte;

b) eine Beschreibung der Einhaltung sämtlicher Vorschriften dieser Verordnung, einschließlich Nachweise, Feststellungen und Schlussfolgerungen.

c) einen Vergleich der Umweltleistungen und Einzelziele mit den früheren

Umwelterklärungen und die Bewertung der Umweltleistung und der ständigen Umweltleistungsverbesserung der Organisation;

d) die bei der Umweltprüfung oder der Umweltbetriebsprüfung oder dem Umweltmanagementsystem oder anderen relevanten Prozessen aufgetretenen technischen Mängel,

(7) Im Falle der Nichteinhaltung der Bestimmungen dieser Verordnung enthält der Bericht zusätzlich folgende Angaben:

a) Feststellungen und Schlussfolgerungen betreffend die Nichteinhaltung der Bestimmungen durch die Organisation und Sachverhalte, auf denen diese Feststellungen und Schlussfolgerungen basieren,

b) Einwände gegen den Entwurf der Umwelterklärung oder der aktualisierten Umwelterklärung sowie Einzelheiten der Änderungen oder Zusätze, die in die Umwelterklärung oder die aktualisierte Umwelterklärung aufgenommen werden sollten.

(8) Nach der Begutachtung validiert der Umweltgutachter die Umwelterklärung oder die aktualisierte Umwelterklärung der Organisation und bestätigt, dass sie die Anforderungen dieser Verordnung erfüllen, sofern die Ergebnisse der Begutachtung und Validierung zeigen,

a) dass die Informationen und Daten in der Umwelterklärung oder der aktualisierten Umwelterklärung der Organisation zuverlässig und korrekt sind und den Vorschriften dieser Verordnung entsprechen, und

b) dass keine Nachweise für die Nichteinhaltung der geltenden Umweltvorschriften durch die Organisation vorliegen.

(9) Nach der Validierung stellt der Umweltgutachter eine unterzeichnete Erklärung gemäß Anhang VII aus, mit der bestätigt wird, dass die Begutachtung und die Validierung im Einklang mit dieser Verordnung erfolgt sind.

(10) Die in einem Mitgliedstaat akkreditierten oder zugelassenen Umweltgutachter dürfen nach Maßgabe der Vorschriften dieser Verordnung in allen anderen Mitgliedstaaten Begutachtungen und Validierungen vornehmen. Die Gutachter- oder Validierungstätigkeit unterliegt der Aufsicht durch die Akkreditierungsstelle oder Zulassungsstelle des Mitgliedstaats, in dem die Tätigkeit ausgeübt wird. Die Aufnahme der Tätigkeit ist dieser Akkreditierungsstelle oder Zulassungsstelle innerhalb der in Artikel 24 Absatz 1 genannten Frist zu melden.

ANHANG I UMWELTPRÜFUNG

Die Umweltprüfung muss folgende Bereiche abdecken:

1. Bestimmung des Kontextes der Organisation

Die Organisation muss diejenigen externen und internen Themen bestimmen, die sich positiv oder negativ auf ihre Fähigkeit auswirken können, die beabsichtigten Ergebnisse ihres Umweltmanagementsystems zu erreichen. Diese Themen müssen relevante Umweltzustände wie Klima, Luftqualität, Wasserqualität, Verfügbarkeit natürlicher Ressourcen, biologische Vielfalt einschließen.

Sie können unter anderem auch die folgenden Bedingungen einschließen:

— externe Bedingungen (wie kulturelle, soziale, politische, gesetzliche, behördliche, finanzielle, technologische, ökonomische, natürliche und wettbewerbliche Umstände),

— interne Bedingungen, die mit den Merkmalen der Organisation im Zusammenhang stehen (wie Tätigkeiten, Produkte und Dienstleistungen, strategische Ausrichtung, Kultur und Fähigkeiten).

2. Erfassung der interessierten Parteien und Bestimmung ihrer relevanten Erfordernisse und Erwartungen

Die Organisation muss bestimmen, welche interessierten Parteien für das Umweltmanagementsystem relevant sind, welche ihrer Erfordernisse und Erwartungen relevant sind und welchen dieser Erfordernisse und Erwartungen sie nachkommen muss oder nachkommen will. Beschließt die Organisation, relevanten Erfordernissen oder Erwartungen interessierter Parteien, für die keine rechtlichen Verpflichtungen gelten, freiwillig nachzukommen oder zuzustimmen, werden diese Teil ihrer bindenden Verpflichtungen.

3. Ermittlung der geltenden rechtlichen Verpflichtungen im Umweltbereich

Zusätzlich zur Erstellung eines Verzeichnisses der geltenden rechtlichen Verpflichtungen muss die Organisation auch angeben, wie der Nachweis dafür erbracht werden kann, dass sie die einzelnen rechtlichen Verpflichtungen einhält.

4. Erfassung direkter oder indirekter Umweltaspekte und Bestimmung derjenigen, die bedeutend sind

Die Organisation muss alle direkten und indirekten Umweltaspekte mit positiven oder negativen Umweltauswirkungen ermitteln, die gegebenenfalls qualitativ einzustufen und zu quantifizieren sind, und ein Verzeichnis aller ermittelten Umweltaspekte zusammenstellen. Die Organisation muss außerdem nach den gemäß Nummer 5 dieses Anhangs festgelegten Kriterien bestimmen, welche Aspekte bedeutend sind.

Bei der Erfassung von direkten und indirekten Umweltaspekten ist es wesentlich, dass die Organisationen auch die Umweltaspekte berücksichtigen, die mit ihrer Haupttätigkeit zusammenhängen. Ein Verzeichnis, das sich auf die Umweltaspekte des Standorts und der Einrichtungen einer Organisation beschränkt, reicht nicht aus. Bei der Erfassung der direkten und indirekten Umweltaspekte ihrer Tätigkeiten, Produkte und Dienstleistungen muss die Organisation den Lebensweg berücksichtigen, indem sie die Abschnitte des Lebenswegs betrachtet, die von ihr gesteuert oder beeinflusst werden können. Zu den typischen Abschnitten des Lebenswegs zählen — je nach Tätigkeit der Organisation — Rohstoffgewinnung, Beschaffung und Auftragsvergabe, Entwicklung und Design, Produktion, Transport/Verkehr, Nutzung, Behandlung am Ende des Lebenswegs und endgültige Beseitigung.

4.1. *Direkte Umweltaspekte*

Direkte Umweltaspekte sind mit den Tätigkeiten, Produkten und Dienstleistungen der Organisation verbunden, die deren direkter betrieblicher Kontrolle unterliegen.

Alle Organisationen müssen die direkten Aspekte ihrer Betriebsabläufe prüfen.

Die direkten Umweltaspekte umfassen unter anderem:

(1) Emissionen in die Atmosphäre;

(2) Ein- und Ableitungen in Gewässer (einschließlich Infiltration in das Grundwasser);

(3) Produktion, Recycling, Wiederverwendung, Transport und Beseitigung von festen und anderen Abfällen, insbesondere von gefährlichen Abfällen;

(4) Nutzung und Kontaminierung von Böden;

(5) Nutzung von Energie, natürlichen Ressourcen (einschließlich Wasser, Fauna und Flora) und Rohstoffen;

(6) Nutzung von Zusatz- und Hilfsstoffen sowie Halbfertigprodukten;

(7) lokale Phänomene (Lärm, Erschütterungen, Gerüche, Staub, ästhetische Beeinträchtigung usw.).

Bei der Erfassung der Umweltaspekte sollte außerdem Folgendes berücksichtigt werden:

— das Risiko von Umweltunfällen und anderen Notfallsituationen mit möglichen Umweltauswirkungen (z. B. Chemieunfälle) sowie potenziell nicht bestimmungsgemäße Zustände, die mögliche Umweltauswirkungen zur Folge haben könnten;

— Aspekte des Transports von Produkten und bei Dienstleistungen sowie von Personal auf Geschäftsreisen.

4.2. *Indirekte Umweltaspekte*

Indirekte Umweltaspekte können das Ergebnis der Wechselbeziehung einer Organisation mit Dritten sein und in gewissem Maße von der Organisation beeinflusst werden.

Hierzu zählen unter anderem:

(1) Aspekte des Lebenswegs von Produkten und Dienstleistungen, die von der Organisation beeinflusst werden können (Rohstoffgewinnung, Entwicklung/Design, Beschaffung und Auftragsvergabe, Produktion, Transport, Nutzung, Behandlung am Ende des Lebenswegs und endgültige Beseitigung);

(2) Kapitalinvestitionen, Kreditvergabe und Versicherungsdienstleistungen;

(3) neue Märkte;
(4) Auswahl und Zusammensetzung von Dienstleistungen (z. B. Transport- oder Gastronomiegewerbe);
(5) Verwaltungs- und Planungsentscheidungen;
(6) Zusammensetzung des Produktangebotes;
(7) Umweltleistung und -verhalten von Auftragnehmern, Unterauftragnehmern, Lieferanten und Unterlieferanten.
Die Organisationen müssen nachweisen können, dass die bedeutenden Umweltaspekte und deren Auswirkungen im Managementsystem berücksichtigt werden.
Die Organisation sollte sich darum bemühen sicherzustellen, dass die Lieferanten und diejenigen, die im Auftrag der Organisation tätig sind, die Umweltpolitik der Organisation im Rahmen der für den Auftrag durchgeführten Tätigkeiten einhalten.
Eine Organisation muss prüfen, inwieweit sie diese indirekten Umweltaspekte beeinflussen und welche Maßnahmen sie treffen kann, um die Umweltauswirkungen zu mindern oder den Nutzen für die Umwelt zu steigern.

5. Bewertung der Bedeutung der Umweltaspekte

Die Organisation muss die Kriterien festlegen, nach denen sie die Bedeutung der Umweltaspekte ihrer Tätigkeiten, Produkte und Dienstleistungen beurteilt, und diese Kriterien heranziehen, um unter Berücksichtigung des Lebenswegs zu bestimmen, welche Umweltaspekte bedeutende Umweltauswirkungen haben.
Die von einer Organisation festgelegten Kriterien müssen den Rechtsvorschriften Rechnung tragen, umfassend und nachvollziehbar sein, unabhängig nachgeprüft werden können und veröffentlicht werden.
Bei der Festlegung der Kriterien muss eine Organisation Folgendes berücksichtigen:
(1) Potenzielle Schädigung der oder potenzieller Nutzen für die Umwelt, einschließlich der biologischen Vielfalt;
(2) Zustand der Umwelt (wie die Anfälligkeit der lokalen, regionalen oder globalen Umwelt);
(3) Ausmaß, Anzahl, Häufigkeit und Umkehrbarkeit der Aspekte oder der Auswirkungen;
(4) Vorliegen einschlägiger Umweltvorschriften und deren Anforderungen;
(5) Meinungen der interessierten Kreise, einschließlich der Mitarbeiter der Organisation.
Je nach der Art der Tätigkeiten, Produkte und Dienstleistungen der Organisation können weitere relevante Elemente berücksichtigt werden. Die Organisation muss die Bedeutung ihrer Umweltaspekte und -auswirkungen nach den festgelegten Kriterien bewerten und dabei unter anderem Folgendes berücksichtigen:
(1) die vorhandenen Daten der Organisation über den Material- und Energieeinsatz, Ein- und Ableitungen, Abfälle und Emissionen im Hinblick auf das damit verbundene Umweltrisiko;

(2) umweltrechtlich geregelte Tätigkeiten der Organisation;
(3) Beschaffungstätigkeiten;
(4) Design, Entwicklung, Herstellung, Vertrieb, Kundendienst, Verwendung, Wiederverwendung, Recycling und Beseitigung der Produkte der Organisation;
(5) die Tätigkeiten der Organisation mit den bedeutendsten Umweltkosten und Umweltnutzen. Bei der Beurteilung der Bedeutung der Umweltauswirkungen ihrer Tätigkeiten muss die Organisation normale Betriebszustände, Start- und Abschaltbedingungen sowie Notfallsituationen berücksichtigen, mit denen realistischerweise gerechnet werden muss. Vergangenen, laufenden und geplanten Tätigkeiten muss Rechnung getragen werden.

6. Bewertung der Rückmeldungen der Untersuchung früherer Vorfälle

Die Organisation muss den Rückmeldungen aus der Untersuchung früherer Vorfälle Rechnung tragen, die sich auf ihre Fähigkeit auswirken könnten, die beabsichtigten Ergebnisse ihres Umweltmanagementsystems zu erreichen.

7. Bestimmung und Dokumentation von Risiken und Chancen

Die Organisation muss die Risiken und Chancen in Verbindung mit ihren Umweltaspekten, bindenden Verpflichtungen und anderen in den Nummern 1 bis 4 ermittelten Themen und Anforderungen bestimmen und dokumentieren.
Die Organisation muss sich auf die Risiken und Chancen konzentrieren, die behandelt werden sollten, um sicherzustellen, dass das Umweltmanagementsystem das angestrebte Ergebnis erzielt, unerwünschte Auswirkungen oder Unfälle zu verhindern und die fortlaufende Verbesserung der Umweltleistung des Organisation zu erreichen.

8. Prüfung der angewandten Prozesse, Praktiken und Verfahren

Die Organisation muss die angewandten Prozesse, Praktiken und Verfahren prüfen und diejenigen bestimmen, die erforderlich sind, um die langfristige Aufrechterhaltung des Umweltmanagements sicherzustellen.

ANHANG II
ANFORDERUNGEN AN EIN UMWELTMANAGEMENTSYSTEM

UND VON EMAS-TEILNEHMERORGANISATIONEN ZU REGELNDE ZUSÄTZLICHE FRAGEN

Die Anforderungen an ein Umweltmanagementsystem im Rahmen von EMAS entsprechen den Vorschriften gemäß den Abschnitten 4 bis 10 der Norm EN ISO 14001:2015. Diese Anforderungen sind in Teil A wiedergegeben. (...)

Darüber hinaus müssen EMAS-Teilnehmerorganisationen eine Reihe zusätzlicher Fragen regeln, die zu verschiedenen Elementen von Abschnitt 4 der Norm EN ISO 14001:2015 in direktem Zusammenhang stehen. Diese zusätzlichen Anforderungen sind in Teil B dieses Anhangs aufgeführt.

TEIL A **Anforderungen an ein Umweltmanagementsystem im Rahmen der Norm EN ISO 14001:2015**	**TEIL B** **Zusätzliche Anforderungen an EMAS-Organisationen**
Organisationen, die sich am Gemeinschaftssystem für das Umweltmanagement und die Umweltbetriebsprüfung (EMAS) beteiligen, müssen die Anforderungen der Norm EN ISO 14001:2015 erfüllen, die nachstehend wiedergegeben werden. **A.4 Kontext der Organisation** **A.4.1 Verstehen der Organisation und ihres Kontextes** Die Organisation muss externe und interne Themen bestimmen, die für ihren Zweck relevant sind und sich auf ihre Fähigkeit auswirken, die beabsichtigten Ergebnisse ihres Umweltmanagementsystems zu erreichen. Derartige Themen müssen Umweltzustände mit einschließen, die durch die Organisation beeinflusst werden oder die Organisation beeinflussen können. **A.4.2 Verstehen der Erfordernisse und Erwartungen interessierter Parteien** Die Organisation muss: a) die interessierten Parteien, die für ihr Umweltmanagementsystem relevant sind bestimmen;	

b) die relevanten Erfordernisse und Erwartungen (d. h. Anforderungen) dieser interessierten Parteien bestimmen; c) bestimmen, welche von diesen Erfordernissen und Erwartungen für sie zu bindenden Verpflichtungen werden. **A.4.3 Festlegen des Anwendungsbereichs des Umweltmanagementsystems** Die Organisation muss die Grenzen und die Anwendbarkeit ihres Umweltmanagement-systems bestimmen, um dessen Anwendungsbereich festzulegen.(...) Wenn der Anwendungsbereich festgelegt ist, müssen alle Tätigkeiten, Produkte und Dienstleistungen der Organisation, die innerhalb dieses Anwendungsbereichs liegen, in das Umweltmanagementsystem einbezogen werden. Der Anwendungsbereich muss als dokumentierte Information aufrechterhalten werden und für interessierte Parteien verfügbar sein. **A.4.4 Umweltmanagementsystem** Um die beabsichtigten Ergebnisse — einschließlich der Verbesserung ihrer Umweltleistung — zu erreichen, muss die Organisation entsprechend den Anforderungen dieser Internationalen Norm ein Umweltmanagementsystem aufbauen, verwirklichen, aufrechterhalten und fortlaufend verbessern, einschließlich der benötigten Prozesse und ihrer Wechselwirkungen. Die Organisation muss das in 4.1 und 4.2 gewonnene Wissen berücksichtigen, wenn sie das Umweltmanagementsystem aufbaut und aufrechterhält.	
A.5 Führung **A.5.1 Führung und Verpflichtung** Die oberste Leitung muss in Bezug auf das Umweltmanagementsystem Führung und Verpflichtung zeigen, indem sie:	

a) die Rechenschaftspflicht für die Wirksamkeit des Umweltmanagementsystems übernimmt; b) sicherstellt, dass die Umweltpolitik und die Umweltziele festgelegt und mit der strategischen Ausrichtung und dem Kontext der Organisation vereinbar sind; c) sicherstellt, dass die Anforderungen des Umweltmanagementsystems in die Geschäftsprozesse der Organisation integriert werden; d) sicherstellt, dass die für das Umweltmanagementsystem erforderlichen Ressourcen zur Verfügung stehen; e) die Bedeutung eines wirksamen Umweltmanagements sowie die Wichtigkeit der Erfüllung der Anforderungen des Umweltmanagementsystems vermittelt; f) sicherstellt, dass das Umweltmanagementsystem seine beabsichtigten Ergebnisse erzielt; g) Personen anleitet und unterstützt, damit diese zur Wirksamkeit des Umweltmanagementsystems beitragen; h) fortlaufende Verbesserung fördert; i) andere relevante Führungskräfte unterstützt, um deren Führungsrolle im jeweiligen Verantwortungsbereich deutlich zu machen. (...)	
A.5.2 Umweltpolitik Die oberste Leitung muss innerhalb des festgelegten Anwendungsbereiches ihres Umweltmanagementsystems eine Umweltpolitik festlegen, verwirklichen und aufrechterhalten, die: a) angemessen ist für den Zweck und Kontext der Organisation, einschließlich Art, Umfang und Umweltauswirkungen ihrer Tätigkeiten, Produkte und Dienstleistungen; b) einen Rahmen zum Festlegen von Umweltzielen bietet;	**B.1 Kontinuierliche Verbesserung der Umweltleistung** Die Organisationen müssen sich verpflichten, ihre Umweltleistung kontinuierlich zu verbessern. Hat die Organisation mehrere Standorte, so muss jeder Standort, für den EMAS gilt, alle EMAS-Anforderungen, einschließlich der Verpflichtung zur kontinuierlichen Verbesserung der Umweltleistung im Sinne von Artikel 2 Absatz 2,

c) eine Verpflichtung zum Schutz der Umwelt — einschließlich des Verhinderns von Umweltbelastungen — und sonstige besondere im Hinblick auf den Kontext der Organisation relevante Verpflichtungen enthält; *Anmerkung:* Sonstige besondere Verpflichtungen zum Schutz der Umwelt können die nachhaltige Ressourcen-verwendung, Abschwächung des und Anpassung an den Klimawandel sowie Schutz der Biodiversität und Ökosysteme umfassen. d) eine Verpflichtung zur Erfüllung ihrer bindenden Verpflichtungen enthält; e) eine Verpflichtung zur fortlaufenden Verbesserung des Umweltmanagementsystems enthält, um die Umweltleistung zu verbessern. Die Umweltpolitik muss: — als dokumentierte Information aufrechterhalten werden; — innerhalb der Organisation bekannt gemacht werden; — für die interessierten Parteien verfügbar sein.	erfüllen.
A.5.3 Rollen, Verantwortlichkeiten und Befugnisse in der Organisation Die oberste Leitung muss sicherstellen, dass die Verantwortlichkeiten und Befugnisse für relevante Rollen zugewiesen und innerhalb der Organisation bekannt gemacht werden. Die oberste Leitung muss die Verantwortlichkeit und Befugnis zuweisen für: a) das Sicherstellen, dass das Umweltmanagementsystem die Anforderungen dieser Internationalen Norm erfüllt; b) das Berichten an die oberste Leitung über die Leistung des Umweltmanagementsystems, einschließlich der Umweltleistung.	**B.2 Managementbeauftragte(r)** Die oberste Leitung muss einen oder mehrere spezifische Beauftragte der obersten Leitung benennen, die unabhängig von ihren sonstigen Verantwortlichkeiten klar festgelegte Rollen, Verantwortlichkeiten und Befugnisse haben, um für ein Umweltmanagementsystem zu sorgen, das mit dieser Verordnung übereinstimmt, und um der obersten Leitung Bericht über die Leistung des Umweltmanagementsystems zu erstatten. Die Managementbeauftragten der

	obersten Leitung können Mitglieder der obersten Leitung der Organisation sein.
A.6 Planung **A.6.1 Maßnahmen zum Umgang mit Risiken und Chancen** **A.6.1.1 Allgemeines** Die Organisation muss die Prozesse aufbauen, verwirklichen und aufrechterhalten, die für die Erfüllung der Anforderungen nach 6.1.1 bis 6.1.4 notwendig sind. Bei Planungen für das Umweltmanagementsystem muss die Organisation — die in 4.1 genannten Themen; — die in 4.2 genannten Anforderungen; — den Anwendungsbereich ihres Umweltmanagementsystems berücksichtigen und die Risiken und Chancen bestimmen, in Verbindung mit — ihren Umweltaspekten (siehe 6.1.2), — bindenden Verpflichtungen (siehe 6.1.3) — und anderen in 4.1 und 4.2 ermittelten Themen und Anforderungen, die betrachtet werden müssen, um: — sicherzustellen, dass das Umweltmanagementsystem seine beabsichtigten Ergebnisse erreichen kann; — unerwünschte Auswirkungen zu verhindern oder zu verringern, einschließlich der Möglichkeit, dass externe Umweltzustände die Organisation beeinflussen; — fortlaufende Verbesserung zu erreichen. Innerhalb des Anwendungsbereichs des Umweltmanagementsystems muss die Organisation mögliche Notfallsituationen bestimmen, einschließlich derer, die eine Umweltauswirkung haben können. Die Organisation muss dokumentierte Information über ihre	**B.3 Umweltprüfung** Die Organisationen müssen eine erste Umweltprüfung gemäß Anhang I durchführen und dokumentieren diese. Außerhalb der Union ansässige Organisationen müssen sich ebenfalls auf die rechtlichen Verpflichtungen im Umweltbereich beziehen, die für ähnliche Organisationen in den Mitgliedstaaten gelten, in denen sie einen Antrag stellen wollen.

— Risiken und Chancen, die berücksichtigt werden müssen; — nach 6.1.1 bis 6.1.4 erforderlichen Prozesse, im notwendigen Umfang, um darauf vertrauen zu können, dass sie wie geplant durchgeführt werden, aufrechterhalten. **A.6.1.2 Umweltaspekte** Innerhalb des festgelegten Anwendungsbereiches des Umweltmanagementsystems muss die Organisation die Umweltaspekte ihrer Tätigkeiten, Produkte und Dienstleistungen bestimmen, die sie steuern kann und die, auf die sie Einfluss nehmen kann, sowie die mit ihnen verbundenen Umweltauswirkungen unter Berücksichtigung des Lebenswegs. Bei der Bestimmung von Umweltaspekten muss die Organisation Folgendem Rechnung tragen: a) Änderungen, einschließlich geplanter oder neuer Entwicklungen und neuer oder veränderter Tätigkeiten, Produkte und Dienstleistungen; b) nicht bestimmungsgemäßen Zuständen und vernünftigerweise vorhersehbaren Notfallsituationen. Die Organisation muss — unter Verwendung festgelegter Kriterien — diejenigen Aspekte, die eine bedeutende Umweltauswirkung haben oder haben können, d. h. bedeutende Umweltaspekte, bestimmen. Die Organisation muss ihre bedeutenden Umweltaspekte zwischen ihren verschiedenen Ebenen und Funktionsbereichen angemessen kommunizieren. Die Organisation muss dokumentierte Information über Folgendes aufrechterhalten: — ihre Umweltaspekte und damit verbundene Umweltauswirkungen; — ihre Kriterien, die zur Bestimmung ihrer bedeutenden Umweltaspekte verwendet wurden; — ihre bedeutenden Umweltaspekte. (...)	

A.6.1.3 Bindende Verpflichtungen Die Organisation muss: a) die mit ihren Umweltaspekten zusammenhängenden bindenden Verpflichtungen bestimmen und auf sie zugreifen können; b) bestimmen, wie diese bindenden Verpflichtungen auf die Organisation anwendbar sind; c) diesen bindenden Verpflichtungen bei Aufbau, Verwirklichung, Aufrechterhaltung und fortlaufender Verbesserung ihres Umweltmanagementsystems Rechnung tragen. Die Organisation muss dokumentierte Information ihrer bindenden Verpflichtungen aufrechterhalten. (...) **A.6.1.4 Planung von Maßnahmen** Die Organisation muss: a) planen, Maßnahmen zu ergreifen, für den Umgang mit ihren: 1) bedeutenden Umweltaspekten; 2) bindenden Verpflichtungen; 3) Risiken und Chancen, wie in 6.1.1 ermittelt; b) planen, wie: 1) die Maßnahmen in ihre Umweltmanagementsystem-Prozesse oder in andere Geschäftsprozesse integriert und dort verwirklicht werden (siehe 6.2, Abschnitt 7, Abschnitt 8 und 9.1); 2) die Wirksamkeit der Maßnahmen bewertet wird (siehe 9.1). Bei der Planung dieser Maßnahmen muss die Organisation ihre technologischen Möglichkeiten und ihre finanziellen, betrieblichen und geschäftlichen Anforderungen berücksichtigen.	**B.4 Einhaltung von Rechtsvorschriften** Nach EMAS registrierte Organisationen oder Organisationen, die sich nach EMAS registrieren möchten, müssen nachweisen, dass sie alle nachstehend genannten Bedingungen erfüllt haben: 1) Sie haben alle geltenden rechtlichen Verpflichtungen im Umweltbereich ermittelt und kennen deren Auswirkungen auf ihre Organisation; 2) sie sorgen für die Einhaltung der Umweltvorschriften, einschließlich Genehmigungen und zulässiger Grenzwerte in Genehmigungen, und legen die entsprechenden Nachweise vor; 3) sie verfügen über Verfahren, die es ihnen ermöglichen, die Einhaltung der Umweltvorschriften dauerhaft sicherzustellen.

A.6.2 Umweltziele und Planung zu deren Erreichung	
A.6.2.1 Umweltziele Die Organisation muss Umweltziele für relevante Funktionsbereiche und Ebenen festlegen, dabei den bedeutenden Umweltaspekten und damit verbundenen bindenden Verpflichtungen der Organisation Rechnung tragen, und ihre Risiken und Chancen berücksichtigen. Die Umweltziele müssen: a) im Einklang mit der Umweltpolitik stehen; b) messbar sein (sofern machbar); c) überwacht werden; d) vermittelt werden; e) soweit erforderlich, aktualisiert werden. Die Organisation muss dokumentierte Information zu den Umweltzielen aufrechterhalten. **A.6.2.2 Planung von Maßnahmen zur Erreichung der Umweltziele** Bei der Planung zum Erreichen ihrer Umweltziele muss die Organisation bestimmen: a) was getan wird; b) welche Ressourcen erforderlich sind; c) wer verantwortlich ist; d) wann es abgeschlossen wird; e) wie die Ergebnisse bewertet werden, einschließlich Kennzahlen zur Überwachung der Fortschritte in Bezug auf das Erreichen ihrer messbaren Umweltziele (siehe 9.1.1). Die Organisation muss berücksichtigen, wie Maßnahmen zum Erreichen ihrer Umweltziele in die Geschäftsprozesse integriert werden können.	**B.5 Umweltziele** Die Organisationen müssen nachweisen können, dass sich das Umweltmanagementsystem und die Verfahren für die Betriebsprüfung im Hinblick auf die direkten und die indirekten Aspekte an der tatsächlichen Umweltleistung ausrichten. Maßnahmen zur Verwirklichung von Zielsetzungen und Einzelzielen können keine Umweltziele sein.
A.7 Unterstützung **A.7.1 Ressourcen** Die Organisation muss die erforderlichen Ressourcen für den Aufbau, die Verwirklichung, die Aufrechterhaltung und die fortlaufende	

Verbesserung des Umweltmanagementsystems bestimmen und bereitstellen.	
A.7.2 Kompetenz Die Organisation muss: a) für Personen, die unter ihrer Aufsicht Tätigkeiten verrichten, welche die Umweltleistung der Organisation und ihre Fähigkeit, ihre bindenden Verpflichtungen zu erfüllen, beeinflussen, die erforderliche Kompetenz bestimmen; b) sicherstellen, dass diese Personen auf Grundlage angemessener Ausbildung, Schulung oder Erfahrung kompetent sind; c) mit ihren Umweltaspekten und ihrem Umweltmanagementsystem verbundenen Schulungsbedarf bestimmen; d) wenn erforderlich, Maßnahmen einleiten, um die benötigte Kompetenz zu erwerben und die Wirksamkeit der getroffenen Maßnahmen bewerten. *Anmerkung:* Geeignete Maßnahmen können zum Beispiel sein: Schulung, Mentoring oder Versetzung von gegenwärtig angestellten Personen; oder Anstellung oder Beauftragung kompetenter Personen. Die Organisation muss angemessene dokumentierte Information als Nachweis der Kompetenz aufbewahren.	**B.6 Mitarbeiterbeteiligung** (1) Die Organisation sollte anerkennen, dass die aktive Einbeziehung ihrer Mitarbeiter nicht nur treibende Kraft und Vorbedingung für kontinuierliche und erfolgreiche Umweltverbesserungen ist, sondern auch eine der Hauptressourcen für die Verbesserung der Umweltleistung und der richtige Weg zur erfolgreichen Verankerung des Umweltmanagement- und -betriebsprüfungssystems in der Organisation. (2) „Mitarbeiterbeteiligung" sollte sowohl die direkte Einbeziehung der Mitarbeiter als auch die Bereitstellung von Informationen für sie und ihre Vertreter umfassen. Daher sollte auf allen Ebenen ein System der Mitarbeiterbeteiligung vorgesehen werden. Die Organisation sollte anerkennen, dass eine Vorbedingung für den Erfolg dieser Prozesse darin besteht, dass die Organisationsleitung Engagement, Reaktionsfähigkeit und aktive Unterstützung erkennen lässt. In diesem Zusammenhang sollte die Organisationsleitung ihren Mitarbeitern angemessene Rückmeldung geben. (3) Über diese Anforderungen hinaus müssen Mitarbeiter oder

	ihre Vertreter in den Prozess der kontinuierlichen Verbesserung der Umweltleistung der Organisation einbezogen werden, die erreicht werden soll durch: a) die erste Umweltprüfung, b) die Festlegung und Durchführung eines Umweltmanagement- und -betriebsprüfungssystems zur Verbesserung der Umweltleistung, c) Umweltgremien oder Arbeitsgruppen, die Informationen einholen und sicherstellen, dass Umweltbeauftragte/Vertreter der Organisationsleitung zusammen mit Mitarbeitern der Organisation und ihren Vertretern mitwirken, d) gemeinsame Arbeitsgruppen für das Umweltprogramm und die Umweltbetriebsprüfung, e) die Ausarbeitung von Umwelterklärungen. (4) Zu diesem Zweck sollte auf geeignete Formen der Mitarbeiterbeteiligung wie das betriebliche Vorschlagswesen oder projektbezogene Gruppenarbeit oder Umweltgremien zurückgegriffen werden. Die Organisationen müssen Kenntnis von den Leitlinien der Kommission über bewährte Praktiken in diesem Bereich nehmen. Auf Antrag müssen auch Mitarbeitervertreter einbezogen werden.
A.7.3 Bewusstsein Die Organisation muss sicherstellen, dass	

Personen, die unter Aufsicht der Organisation Tätigkeiten verrichten, sich: a) der Umweltpolitik; b) der bedeutenden Umweltaspekte und der damit verbundenen tatsächlichen oder potenziellen Umweltauswirkungen im Zusammenhang mit ihrer Arbeit; c) ihres Beitrags zur Wirksamkeit des Umweltmanagementsystems, einschließlich der Vorteile einer verbesserten Umweltleistung; d) der Folgen einer Nichterfüllung der Anforderungen des Umweltmanagementsystems, einschließlich der Nichterfüllung der bindenden Verpflichtungen der Organisation, bewusst sind.	
A.7.4 Kommunikation **A.7.4.1 Allgemeines** Die Organisation muss die benötigten Prozesse für die interne und externe Kommunikation in Bezug auf das Umweltmanagementsystem aufbauen, verwirklichen und aufrechterhalten, einschließlich a) worüber, b) wann, c) mit wem, d) wie kommuniziert wird. Wenn die Organisation ihre Kommunikationsprozesse aufbaut, muss sie: — ihren bindenden Verpflichtungen Rechnung tragen; — sicherstellen, dass die kommunizierte umweltbezogene Information mit der Information übereinstimmt, die innerhalb des Umweltmanagementsystems erzeugt wird und dass diese verlässlich ist. Die Organisation muss auf relevante Äußerungen bezogen auf ihr Umweltmanagementsystem reagieren. Die Organisation muss, soweit angemessen, dokumentierte Informationen als Nachweis für ihre Kommunikation aufbewahren.	

A.7.4.2 Interne Kommunikation Die Organisation muss: a) für das Umweltmanagement relevante Informationen zwischen den verschiedenen Ebenen und Funktionsbereichen der Organisation intern kommunizieren, einschließlich Änderungen des Umweltmanagementsystems, soweit angemessen; b) sicherstellen, dass ihre Kommunikationsprozesse den Personen, die unter Aufsicht der Organisation Tätigkeiten verrichten, Möglichkeiten bieten, zur fortlaufenden Verbesserung beizutragen.	
A.7.4.3 Externe Kommunikation Die Organisation muss für das Umweltmanagementsystem relevante Informationen extern kommunizieren, wie durch die Kommunikationsprozesse der Organisation festgelegt und wie durch ihre bindenden Verpflichtungen gefordert.	**B.7 Kommunikation** 1) Die Organisationen müssen nachweisen können, dass sie mit der Öffentlichkeit, den Behörden und anderen interessierten Parteien, einschließlich lokaler Gemeinschaften und Kunden, über die Umweltauswirkungen ihrer Tätigkeiten, Produkte und Dienstleistungen in offenem Dialog stehen. 2) Um ein hohes Maß an Transparenz zu gewährleisten und Vertrauen bei interessierten Parteien aufzubauen, müssen nach EMAS registrierte Organisationen spezifische Umweltinformationen gemäß Anhang IV „Umweltberichterstattung" offenlegen.
A.7.5 Dokumentierte Information **A.7.5.1 Allgemeines** Das Umweltmanagementsystem der Organisation muss beinhalten: a) die von dieser Internationalen Norm	

geforderte dokumentierte Information; b) dokumentierte Information, welche die Organisation als notwendig für die Wirksamkeit des Umweltmanagementsystems bestimmt hat. *Anmerkung:* Der Umfang dokumentierter Information für ein Umweltmanagementsystem kann sich von Organisation zu Organisation unterscheiden, und zwar aufgrund: — der Größe der Organisation und der Art ihrer Tätigkeiten, Prozesse, Produkte und Dienstleistungen; — der Notwendigkeit, die Erfüllung ihrer bindenden Verpflichtungen nachzuweisen; — der Komplexität ihrer Prozesse und deren Wechselwirkungen; — der Kompetenz der Personen, die unter Aufsicht der Organisation Tätigkeiten verrichten. **A.7.5.2 Erstellen und Aktualisieren** Beim Erstellen und Aktualisieren dokumentierter Information muss die Organisation: a) angemessene Kennzeichnung und Beschreibung (z. B. Titel, Datum, Autor oder Referenznummer); b) angemessenes Format (z. B. Sprache, Softwareversion, Grafiken) und Medium (z. B. Papier, elektronisch); c) angemessene Überprüfung und Genehmigung im Hinblick auf Eignung und Angemessenheit sicherstellen. **A.7.5.3 Lenkung dokumentierter Information** Die für das Umweltmanagementsystem erforderliche und von dieser Internationalen Norm geforderte dokumentierte Information muss gelenkt werden, um sicherzustellen, dass sie: a) verfügbar und für die Verwendung geeignet ist, wo und wann sie benötigt wird; b) angemessen geschützt wird (z. B. vor Verlust der Vertraulichkeit, unsachgemäßem Gebrauch	

oder Verlust der Integrität). Zur Lenkung dokumentierter Information muss die Organisation, falls zutreffend, folgende Tätigkeiten berücksichtigen: — Verteilung, Zugriff, Auffindung und Verwendung; — Ablage/Speicherung und Erhaltung, einschließlich Erhaltung der Lesbarkeit; — Überwachung von Änderungen (z. B. Versionskontrolle); — Aufbewahrung und Verfügung über den weiteren Verbleib. Dokumentierte Information externer Herkunft, die von der Organisation als notwendig für Planung und Betrieb des Umweltmanagementsystems bestimmt wurde, muss angemessen gekennzeichnet und gelenkt werden. *Anmerkung:* Zugriff kann eine Entscheidung voraussetzen, mit der die Erlaubnis erteilt wird, dokumentierte Information lediglich zu lesen oder die Erlaubnis und Befugnis zum Lesen und Ändern dokumentierter Information. **A.8 Betrieb** **A.8.1 Betriebliche Planung und Steuerung** Die Organisation muss die Prozesse zur Erfüllung der Anforderungen an das Umweltmanagementsystem und zur Durchführung der unter 6.1 und 6.2 ermittelten Maßnahmen aufbauen, verwirklichen, steuern und aufrechterhalten, indem sie: — betriebliche Kriterien für die Prozesse festlegt; — die Steuerung der Prozesse in Übereinstimmung mit den betrieblichen Kriterien durchführt. *Anmerkung:* Steuerung kann Verfahren und technische Maßnahmen umfassen. Steuerung kann einer Hierarchie folgend (z. B. Beseitigung, Substitution, administrativ) verwirklicht und	

einzeln oder in Kombination genutzt werden. Die Organisation muss geplante Änderungen überwachen sowie die Folgen unbeabsichtigter Änderungen beurteilen und, falls notwendig, Maßnahmen ergreifen, um jegliche negativen Auswirkungen zu vermindern. Die Organisation muss sicherstellen, dass ausgegliederte Prozesse gesteuert oder beeinflusst werden. Die Art und das Ausmaß der Steuerung oder des Einflusses, die auf diese Prozesse angewendet werden, müssen innerhalb des Umweltmanagementsystems festgelegt sein. Übereinstimmend mit einer Betrachtung des Lebenswegs muss die Organisation: a) angemessene Steuerungsmaßnahmen aufbauen, um sicherzustellen, dass ihre Umweltanforderungen beim Entwicklungsprozess für das Produkt oder die Dienstleistung unter Berücksichtigung jedes Lebenswegabschnitts betrachtet werden; b) ihre Umweltanforderungen für die Beschaffung von Produkten und Dienstleistungen bestimmen, soweit angemessen; c) ihre wesentlichen Umweltanforderungen an externe Anbieter, einschließlich Vertragspartner, kommunizieren; d) die Notwendigkeit berücksichtigen, Informationen über mögliche bedeutende Umweltauswirkungen im Zusammenhang mit dem Transport oder der Lieferung, Nutzung, Behandlung am Ende des Lebenswegs und endgültige Beseitigung der Produkte und Dienstleistungen bereitzustellen. Die Organisation muss dokumentierte Information im notwendigen Umfang aufrechterhalten, um darauf vertrauen zu können, dass die Prozesse wie geplant durchgeführt wurden. **A.8.2 Notfallvorsorge und Gefahrenabwehr**	

Die Organisation muss die Prozesse aufbauen, verwirklichen und aufrechterhalten, die sie für die Vorbereitung und Reaktion auf mögliche, in 6.1.1 ermittelte, Notfallsituationen benötigt. Die Organisation muss: a) sich auf die Gefahrenabwehr durch die Planung von Maßnahmen zur Verhinderung oder Minderung nachteiliger Umweltauswirkungen aufgrund von Notfallsituationen vorbereiten; b) auf eintretende Notfallsituationen reagieren; c) dem Ausmaß des Notfalls und der möglichen Umweltauswirkung angemessene Maßnahmen ergreifen, um die Folgen von Notfallsituationen zu verhindern oder zu mindern; d) regelmäßig die geplanten Gefahrenabwehrmaßnahmen testen, soweit praktikabel; e) regelmäßig die Prozesse und geplanten Gefahrenabwehrmaßnahmen überprüfen und überarbeiten, insbesondere nach dem Auftreten von Notfallsituationen oder Übungen; f) relevante Informationen und Schulung über die Notfallvorsorge und Gefahrenabwehr in angemessener Form den relevanten interessierten Parteien, einschließlich Personen, die unter ihrer Aufsicht Tätigkeiten verrichten, zur Verfügung stellen. Die Organisation muss dokumentierte Information im notwendigen Umfang aufrechterhalten, um darauf vertrauen zu können, dass die Prozesse wie geplant durchgeführt wurden. **A.9 Bewertung der Leistung** **A.9.1. Überwachung, Messung, Analyse und Bewertung** **A.9.1.1 Allgemeines** Die Organisation muss ihre Umweltleistung überwachen, messen, analysieren und bewerten. Die Organisation muss bestimmen:	

a) was überwacht und gemessen werden muss; b) die Methoden zur Überwachung, Messung, Analyse und Bewertung, sofern zutreffend, um gültige Ergebnisse sicherzustellen; c) die Kriterien, anhand derer die Organisation ihre Umweltleistung bewerten wird, und angemessene Kennzahlen; d) wann die Überwachung und Messung durchzuführen ist; e) wann die Ergebnisse der Überwachung und Messung zu analysieren und zu bewerten sind. Die Organisation muss sicherstellen, dass kalibrierte oder geprüfte Überwachungs- und Messgeräte zur Anwendung kommen und diese in angemessener Weise gewartet werden. Die Organisation muss ihre Umweltleistung und die Wirksamkeit des Umweltmanagementsystems bewerten. Die Organisation muss die für ihre Umweltleistung relevanten Informationen sowohl intern als auch extern kommunizieren, wie in ihren Kommunikationsprozessen ausgewiesen und wie aufgrund ihrer bindenden Verpflichtungen erforderlich. Die Organisation muss geeignete dokumentierte Informationen als Nachweis der Ergebnisse der Überwachung, Messung, Analyse und Bewertung aufbewahren. **A.9.1.2 Bewertung der Einhaltung von Verpflichtungen** Die Organisation muss die zur Bewertung der Erfüllung ihrer bindenden Verpflichtungen notwendigen Prozesse aufbauen, verwirklichen und aufrechterhalten. Die Organisation muss: a) bestimmen, wie häufig die Einhaltung der Verpflichtungen bewertet wird; b) die Einhaltung ihrer Verpflichtungen bewerten und Maßnahmen ergreifen, falls notwendig;	

c) Kenntnisse und Verständnis ihres Status hinsichtlich der Einhaltung der Verpflichtungen aufrechterhalten. Die Organisation muss dokumentierte Informationen als Nachweis der Ergebnisse der Bewertung der Einhaltung der Verpflichtungen aufbewahren. **A.9.2 Internes Audit** **A.9.2.1 Allgemeines** Die Organisation muss in geplanten Abständen interne Audits durchführen, um Informationen darüber zu erhalten, ob das Umweltmanagementsystem a) die Anforderungen: 1) der Organisation an ihr Umweltmanagementsystem, 2) dieser Internationalen Norm erfüllt; b) wirksam verwirklicht und aufrechterhalten wird. **A.9.2.2 Internes Auditprogramm** Die Organisation muss ein oder mehrere interne Auditprogramme aufbauen, verwirklichen und aufrechterhalten, einschließlich der Häufigkeit, Methoden, Verantwortlichkeiten, Anforderungen an die Planung sowie Berichterstattung ihrer internen Audits. Beim Aufbau des internen Auditprogramms muss die Organisation die umweltbezogene Bedeutung der betroffenen Prozesse, Änderungen, welche die Organisation beeinflussen, und die Ergebnisse vorheriger Audits berücksichtigen. Die Organisation muss: a) für jedes Audit die Auditkriterien sowie den Umfang festlegen; b) Auditoren so auswählen und Audits so durchführen, dass die Objektivität und Unparteilichkeit des Auditprozesses sichergestellt ist; c) sicherstellen, dass die Ergebnisse des Audits	

gegenüber der zuständigen Leitung berichtet werden. Die Organisation muss dokumentierte Information als Nachweis der Verwirklichung des Auditprogramms und der Ergebnisse des Audits aufbewahren. **A.9.3 Managementbewertung** Die oberste Leitung muss das Umweltmanagementsystem der Organisation in geplanten Abständen bewerten, um dessen fortdauernde Eignung, Angemessenheit und Wirksamkeit sicherzustellen. Die Managementbewertung muss folgende Aspekte berücksichtigen: a) den Status von Maßnahmen vorheriger Managementbewertungen; b) Veränderungen bei: 1) externen und internen Themen, die das Umweltmanagementsystem betreffen; 2) den Erfordernissen und Erwartungen interessierter Parteien, einschließlich bindender Verpflichtungen; 3) bedeutenden Umweltaspekten; 4) Risiken und Chancen c) den erreichten Erfüllungsgrad der Umweltziele; d) Informationen über die Umweltleistung der Organisation, einschließlich Entwicklungen bei: 1) Nichtkonformitäten und Korrekturmaßnahmen; 2) Ergebnissen von Überwachungen und Messungen; 3) Erfüllung ihrer bindenden Verpflichtungen; 4) Auditergebnissen; e) Angemessenheit von Ressourcen; f) relevante Äußerungen interessierter Parteien, einschließlich Beschwerden; g) Möglichkeiten zur fortlaufenden Verbesserung. Die Ergebnisse der Managementbewertung	

müssen enthalten: — Schlussfolgerungen zur fortdauernden Eignung, Angemessenheit und Wirksamkeit des Umweltmanagementsystems; — Entscheidungen zu Möglichkeiten der fortlaufenden Verbesserung; — Entscheidungen zu jeglichem Änderungsbedarf am Umweltmanagementsystem, einschließlich Ressourcen; — Maßnahmen bei Nichterreichen der Umweltziele, sofern erforderlich; — Möglichkeiten, die Integration des Umweltmanagementsystems mit anderen Geschäftsprozessen zu verbessern, falls benötigt; — jegliche Folgerungen für die strategische Ausrichtung der Organisation. Die Organisation muss dokumentierte Informationen als Nachweis der Ergebnisse der Managementbewertung aufbewahren. **A.10 Verbesserung** **A.10.1 Allgemeines** Die Organisation muss Möglichkeiten zur Verbesserung (siehe 9.1, 9.2 und 9.3) bestimmen und notwendige Maßnahmen verwirklichen, um die beabsichtigten Ergebnisse ihres Umweltmanagementsystems zu erreichen. **A.10.2 Nichtkonformitäten und Korrekturmaßnahmen** Wenn eine Nichtkonformität auftritt, muss die Organisation: a) darauf reagieren und falls zutreffend: 1) Maßnahmen zur Überwachung und zur Korrektur ergreifen; 2) mit den Folgen umgehen, einschließlich der Verminderung nachteiliger Umweltauswirkungen b) die Notwendigkeit von Maßnahmen zur Beseitigung der Ursache von Nichtkonformitäten bewerten, damit diese nicht erneut oder an anderer Stelle auftreten, und zwar durch:	

1) Überprüfen der Nichtkonformität; 2) Bestimmen der Ursachen der Nichtkonformität, 3) Bestimmen, ob vergleichbare Nichtkonformitäten bestehen oder möglicherweise auftreten könnten; c) jegliche erforderliche Maßnahme verwirklichen; d) die Wirksamkeit jeglicher ergriffener Korrekturmaßnahme überprüfen; e) sofern erforderlich, das Umweltmanagementsystem ändern. Korrekturmaßnahmen müssen der Bedeutung der Auswirkungen der aufgetretenen Nichtkonformitäten angemessen sein, einschließlich der Umweltauswirkungen. Die Organisation muss dokumentierte Information aufbewahren, als Nachweis von: — der Art der Nichtkonformität sowie jeder daraufhin getroffenen Maßnahme; — der Ergebnisse jeder Korrekturmaßnahme. **A.10.3 Fortlaufende Verbesserung** Die Organisation muss die Eignung, Angemessenheit und Wirksamkeit ihres Umweltmanagementsystems fortlaufend verbessern, um die Umweltleistung zu verbessern.	

ANHANG III
INTERNE UMWELTBETRIEBSPRÜFUNG

1. Programm für die Umweltbetriebsprüfung und Häufigkeit der Prüfungen

1.1. *Programm für die Umweltbetriebsprüfung*

Das Programm für die Umweltbetriebsprüfung muss gewährleisten, dass die Leitung der Organisation die Informationen erhält, die sie benötigt, um die Umweltleistung der Organisation und die Wirksamkeit des Umweltmanagementsystems zu überprüfen und nachweisen zu können, dass alles unter Kontrolle ist.

1.2. *Ziele des Programms für die Umweltbetriebsprüfung*

Zu den Zielen müssen insbesondere die Bewertung der vorhandenen Managementsysteme und die Feststellung der Übereinstimmung mit der Politik und dem Programm der Organisation gehören, was auch die Einhaltung der rechtlichen und sonstigen Verpflichtungen im Umweltbereich einschließt.

1.3. *Umfang der Umweltbetriebsprüfung*

Der Umfang der Umweltbetriebsprüfungen bzw. der einzelnen Abschnitte eines Betriebsprüfungszyklus muss eindeutig festgelegt sein, wobei folgende Angaben gemacht werden müssen:

(1) die erfassten Bereiche;

(2) die zu prüfenden Tätigkeiten;

(3) die zu berücksichtigenden Umweltkriterien;

(4) der von der Umweltbetriebsprüfung erfasste Zeitraum.

Die Umweltbetriebsprüfung umfasst die Beurteilung der zur Bewertung der Umweltleistung notwendigen Daten.

1.4. *Häufigkeit der Umweltbetriebsprüfungen*

Die Umweltbetriebsprüfung bzw. der Betriebsprüfungszyklus, die/der sich auf alle Tätigkeiten der Organisation erstreckt, muss in regelmäßigen Abständen durchgeführt werden; die Abstände betragen nicht mehr als drei Jahre, im Fall der Ausnahmeregelung gemäß Artikel 7 jedoch vier Jahre. Die Häufigkeit, mit der eine Tätigkeit geprüft wird, hängt von folgenden Faktoren ab:

(1) Art, Umfang und Komplexität der Tätigkeiten;

(2) Bedeutung der damit verbundenen Umweltauswirkungen;

(3) Wichtigkeit und Dringlichkeit der bei früheren Umweltbetriebsprüfungen festgestellten Probleme;

(4) Vorgeschichte der Umweltprobleme.

Komplexere Tätigkeiten mit bedeutenderen Umweltauswirkungen müssen häufiger geprüft werden.

Die Organisation muss Umweltbetriebsprüfungen mindestens einmal jährlich durchführen, weil so der Organisationsleitung und dem Umweltgutachter nachgewiesen werden kann, dass die bedeutenden Umweltaspekte unter Kontrolle sind.

Die Organisation muss Umweltbetriebsprüfungen durchführen in Bezug auf:
(1) ihre Umweltleistung und
(2) die Einhaltung der geltenden rechtlichen und sonstigen Verpflichtungen im Umweltbereich durch die Organisation.

2. Tätigkeiten der Umweltbetriebsprüfung

Die Umweltbetriebsprüfung muss Gespräche mit dem Personal über die Umweltleistung, die Prüfung der Betriebsbedingungen und der Ausrüstung, die Prüfung von Aufzeichnungen, schriftlichen Verfahren und anderen einschlägigen Unterlagen umfassen. Ziel der Umweltbetriebsprüfung muss es sein, die Umweltleistung der jeweils geprüften Tätigkeit zu bewerten und zu bestimmen, ob die geltenden Normen und Vorschriften eingehalten oder die Umweltzielsetzungen und -einzelziele erreicht werden. Sie muss außerdem bestimmen, ob das bestehende System geeignet ist, Umweltverantwortlichkeiten und Umweltleistung wirksam und angemessen zu steuern. Deshalb wird die Einhaltung dieser Kriterien stichprobenartig geprüft, um festzustellen, wie wirksam das gesamte Managementsystem funktioniert.

Die Umweltbetriebsprüfung muss insbesondere folgende Schritte beinhalten:
(1) Verständnis des Managementsystems;
(2) Beurteilung der Stärken und Schwächen des Managementsystems;
(3) Erfassung von Nachweisen um zu zeigen, wo das Managementsystem leistungsfähig ist und wo nicht;
(4) Bewertung der Ergebnisse der Umweltbetriebsprüfung;
(5) Formulierung von Schlussfolgerungen;
(6) Berichterstattung über die Ergebnisse und Schlussfolgerungen der Umweltbetriebsprüfung.

3. Berichterstattung über die Ergebnisse und Schlussfolgerungen der Umweltbetriebsprüfung

Die grundlegenden Ziele eines schriftlichen Umweltbetriebsprüfungsberichts bestehen darin,
(1) den Umfang der Umweltbetriebsprüfung zu dokumentieren;
(2) die Organisationsleitung über den Grad der Übereinstimmung mit der Umweltpolitik der Organisation und über Fortschritte im Bereich des Umweltschutzes zu unterrichten;
(3) die Organisationsleitung über den Grad der Einhaltung von rechtlichen und sonstigen Verpflichtungen im Umweltbereich sowie über die Maßnahmen zu unterrichten, mit denen der Nachweis für die Einhaltung erbracht werden kann;
(4) die Organisationsleitung über die Wirksamkeit und Zuverlässigkeit der Regelungen für die Überwachung und Minderung der Umweltauswirkungen der Organisation zu unterrichten;
(5) gegebenenfalls die Notwendigkeit von Korrekturmaßnahmen zu belegen.

Der schriftliche Umweltbetriebsprüfungsbericht muss die Angaben enthalten, die erforderlich sind, um diese Zielsetzungen zu verwirklichen.

ANHANG IV UMWELTBERICHTERSTATTUNG

A. Einleitung

Die Umweltinformationen sind klar und zusammenhängend zu präsentieren und sollten vorzugsweise in elektronischer Form vorgelegt werden. Die Organisation legt das beste Format zur Bereitstellung dieser Informationen für interessierte Kreise auf nutzerfreundlicher Weise fest.

B. Umwelterklärung

Die Umwelterklärung enthält mindestens die nachstehenden Elemente und erfüllt die nachstehenden Mindestanforderungen:

a) eine Zusammenfassung der Tätigkeiten, Produkte und Dienstleistungen der Organisation sowie gegebenenfalls der Beziehung der Organisation zu etwaigen Mutterorganisationen und eine klare und unmissverständliche Beschreibung des Umfangs der EMAS-Registrierung, einschließlich einer Liste der in diese Registrierung einbezogenen Standorte;

b) Umweltpolitik der Organisation und kurze Beschreibung der Verwaltungsstruktur, auf die sich das Umweltmanagementsystem der Organisation stützt;

c) Beschreibung aller bedeutenden direkten und indirekten Umweltaspekte, die zu bedeutenden Umweltauswirkungen der Organisation führen, kurze Beschreibung des Vorgehens bei der Festlegung ihrer Bedeutung und Erklärung der Art der auf diese Umweltaspekte bezogenen Auswirkungen;

d) Beschreibung der Umweltzielsetzungen und -einzelziele im Zusammenhang mit den bedeutenden Umweltaspekten und -auswirkungen;

e) Beschreibung der durchgeführten und geplanten Maßnahmen zur Verbesserung der Umweltleistung, zur Erreichung der Ziele und Einzelziele und zur Gewährleistung der Einhaltung der rechtlichen Verpflichtungen im Umweltbereich.

Sofern verfügbar, sollte auf die einschlägigen bewährten Umweltmanagement-praktiken in den branchenspezifischen Referenzdokumenten gemäß Artikel 46 verwiesen werden;

f) Zusammenfassung der verfügbaren Daten über die Umweltleistung der Organisation bezogen auf ihre bedeutenden Umweltauswirkungen.

Die Berichterstattung bezieht sowohl die Kernindikatoren für die Umweltleistung als auch die spezifischen Indikatoren für die Umweltleistung gemäß Abschnitt C ein. Bei bestehenden Umweltzielsetzungen und -einzelzielen sind die entsprechenden Daten zu übermitteln;

g) Verweis auf die wichtigsten rechtlichen Bestimmungen, die die Organisation berücksichtigen muss, um die Einhaltung der rechtlichen Verpflichtungen im Umweltbereich zu gewährleisten, und eine Erklärung über die Einhaltung der

Rechtsvorschriften;

h) Bestätigung hinsichtlich der Anforderungen des Artikels 25 Absatz 8 sowie Name und Akkreditierungs- oder Zulassungsnummer des Umweltgutachters und Datum der Validierung. Ersatzweise kann die vom Umweltgutachter unterzeichnete Erklärung gemäß Anhang VII verwendet werden.

Die aktualisierte Umwelterklärung enthält mindestens die Elemente und erfüllt die Mindestanforderungen, die unter den Buchstaben e bis h genannt sind.

Organisationen können sich entschließen, ihrer Umwelterklärung zusätzliche sachdienliche Informationen im Zusammenhang mit den Tätigkeiten, Produkten und Dienstleistungen der Organisation oder mit der Einhaltung spezifischer Anforderungen beizufügen. Sämtliche Angaben in der Umwelterklärung werden durch den Umweltgutachter validiert.

Die Umwelterklärung kann in andere Berichte der Organisation (z. B. Management- oder Nachhaltigkeitsberichte sowie Berichte über die soziale Unternehmensverantwortung) aufgenommen werden. Dabei ist klar zwischen validierten und nicht validierten Informationen zu unterscheiden. Die Umwelterklärung muss eindeutig kenntlich gemacht werden (z. B. durch die Verwendung des EMAS-Zeichens), und das Dokument enthält eine kurze Erläuterung des Validierungsverfahrens im Rahmen von EMAS.

C. Berichterstattung auf der Grundlage der Indikatoren für die Umweltleistung und qualitativer Daten

1. Einleitung

Sowohl in der Umwelterklärung als auch der aktualisierten Umwelterklärung machen die Organisationen Angaben zu ihren bedeutenden direkten und indirekten Umweltaspekten unter Verwendung der im Folgenden festgelegten Kernindikatoren für die Umweltleistung und spezifischen Indikatoren für die Umweltleistung. Stehen keine quantitativen Daten zur Verfügung, übermitteln die Organisationen qualitative Daten gemäß Nummer 4.

Die Erklärungen enthalten Angaben zu den tatsächlichen Inputs und Outputs. Wenn durch die Offenlegung der Daten die Vertraulichkeit kommerzieller und industrieller Informationen der Organisation verletzt wird und eine solche Vertraulichkeit durch nationale oder gemeinschaftliche Rechtsvorschriften gewährleistet wird, um berechtigte wirtschaftliche Interessen zu wahren, kann die Organisation diese Informationen an eine Messziffer koppeln, z. B. durch die Festlegung eines Bezugsjahrs (mit der Messziffer 100), auf das sich die Entwicklung des tatsächlichen Inputs bzw. Outputs bezieht.

Die Indikatoren müssen

a) die Umweltleistung der Organisation unverfälscht darstellen;

b) leicht verständlich und eindeutig sein;

c) einen Vergleich von Jahr zu Jahr ermöglichen, damit beurteilt werden kann, ob sich die Umweltleistung der Organisation verbessert hat; um diesen Vergleich zu ermöglichen,

muss die Meldung mindestens drei Jahre der Tätigkeit umfassen, sofern die Daten verfügbar sind;
d) gegebenenfalls einen Vergleich zwischen verschiedenen branchenbezogenen, nationalen oder regionalen Referenzwerten (Benchmarks) ermöglichen;
e) gegebenenfalls einen Vergleich mit Rechtsvorschriften ermöglichen.
Um dies zu unterstützen, definiert die Organisation kurz den Anwendungsbereich (einschließlich der organisatorischen und materiellen Grenzen, der Anwendbarkeit und des Berechnungsverfahrens), der von jedem einzelnen Indikator erfasst wird.

2. *Kernindikatoren für die Umweltleistung*

a) Die Kernindikatoren betreffen die Umweltleistung in folgenden Schlüsselbereichen:
i) Energie,
ii) Material,
iii) Wasser,
iv) Abfall,
v) Flächenverbrauch in Bezug auf die biologische Vielfalt und
vi) Emissionen.
Die Berichterstattung über die Kernindikatoren für die Umweltleistung ist obligatorisch. Eine Organisation kann jedoch die Relevanz dieser Indikatoren im Rahmen ihrer bedeutenden Umweltaspekte und -auswirkungen bewerten Ist eine Organisation der Auffassung, dass einer oder mehrere Kernindikatoren für ihre bedeutenden Umweltaspekte und -auswirkungen nicht relevant sind, muss sie keine Informationen zu diesen Kernindikatoren übermitteln. In diesem Fall gibt die Organisation in der Umwelterklärung eine klare und begründete Erklärung hierfür.
b) Jeder Indikator setzt sich zusammen aus
i) einer Zahl A zur Angabe der gesamten jährlichen Inputs/Outputs in dem betreffenden Bereich;
ii) einer Zahl B zur Angabe eines jährlichen Referenzwerts für die Tätigkeit der Organisation und
iii) einer Zahl R zur Angabe des Verhältnisses A/B.
Jede Organisation liefert Angaben zu allen drei Elementen jedes Indikators.
c) Die gesamten jährlichen Inputs/Outputs in dem betreffenden Bereich (Zahl A) werden wie folgt angegeben:
i) Bereich Energie
— Der „gesamte direkte Energieverbrauch" entspricht dem jährlichen Gesamtenergieverbrauch der Organisation.
— Der „gesamte Verbrauch erneuerbarer Energien" entspricht dem jährlichen Gesamtverbrauch der Organisation von Energie aus erneuerbaren Quellen.
— Die „gesamte Erzeugung erneuerbarer Energien" entspricht der jährlichen Gesamterzeugung der Organisation von Energie aus erneuerbaren Quellen.

Dieses letzte Element ist nur anzugeben, wenn die von der Organisation erzeugte Energie aus erneuerbaren Quellen die von der Organisation insgesamt verbrauchte Energie aus erneuerbaren Quellen deutlich übersteigt oder wenn die von der Organisation erzeugte erneuerbare Energie von der Organisation nicht verbraucht wurde.

Werden verschiedene Arten von Energie verbraucht oder — im Falle erneuerbarer Energien — erzeugt (z. B. Strom, Wärme, Brennstoffe oder andere), ist der Jahresverbrauch bzw. die Jahreserzeugung in geeigneter Weise getrennt anzugeben.

Die Energie sollte vorzugsweise in kWh, MWh, GJ oder anderen üblicherweise für die Meldung verbrauchter bzw. erzeugter Energie verwendeten metrischen Einheiten angegeben werden.

ii) Bereich Material

— Der „jährliche Massenstrom der verwendeten Schlüsselmaterialien“ (ausgenommen Energieträger und Wasser) ist vorzugsweise in Gewichtseinheiten (z. B. Kilogramm oder Tonnen), Volumen (z. B. m^3) oder anderen üblicherweise in diesem Sektor verwendeten metrischen Einheiten anzugeben.

Werden verschiedene Arten von Materialien verwendet, sollte ihr jährlicher Massenstrom in geeigneter Weise getrennt angegeben werden.

iii) Bereich Wasser

— Der „jährliche Gesamtwasserverbrauch“ ist in Volumeneinheiten (z. B. Liter oder m^3) anzugeben.

iv) Bereich Abfall

— Das „gesamte jährliche Abfallaufkommen“ — aufgeschlüsselt nach Art — ist vorzugsweise in Gewichtseinheiten (z. B. Kilogramm oder Tonnen), Volumen (z. B. m^3) oder anderen üblicherweise in diesem Sektor verwendeten metrischen Einheiten anzugeben.

— Das „gesamte jährliche Aufkommen an gefährlichen Abfällen“ ist vorzugsweise in Gewichtseinheiten (z. B. Kilogramm oder Tonnen), Kubikmeter oder anderen üblicherweise in diesem Sektor verwendeten metrischen Einheiten anzugeben.

v) Bereich Flächenverbrauch in Bezug auf die biologische Vielfalt

— Die Formen des Flächenverbrauchs in Bezug auf die biologische Vielfalt sind in Flächeneinheiten (z. B. m^2 oder ha) auszudrücken:

— gesamter Flächenverbrauch,

— gesamte versiegelte Fläche,

— gesamte naturnahe Fläche am Standort,

— gesamte naturnahe Fläche abseits des Standorts.

Eine „naturnahe Fläche“ ist ein Bereich, der in erster Linie der Erhaltung oder Wiederherstellung der Natur dient. Naturnahe Flächen können sich auf dem Gelände des Standorts befinden und Dächer, Fassaden, Wasserableitungssysteme oder andere Elemente umfassen, die zur Förderung der biologischen Vielfalt konzipiert, angepasst oder verwaltet werden. Naturnahe Flächen können sich auch abseits des Standorts der Organisation befinden, sofern sie im Eigentum der Organisation stehen oder von dieser bewirtschaftet werden und in erster Linie der Förderung der biologischen Vielfalt dienen. Es können auch gemeinsam bewirtschaftete Flächen zur Förderung der biologischen Vielfalt beschrieben werden, sofern der Umfang der gemeinsamen Verwaltung klar umrissen ist. Eine „versiegelte Fläche" ist ein Bereich, in dem der ursprüngliche Boden abgedeckt wurde (z. B. Straßen), um ihn undurchlässig zu machen. Diese Undurchlässigkeit kann Auswirkungen auf die Umwelt haben.

vi) Bereich Emissionen

— Die „jährlichen Gesamtemissionen von Treibhausgasen" umfassen mindestens die Emissionen an CO_2, CH_4, N_2O, HFKW, FKW, NF_3 und SF_6, ausgedrückt in Tonnen CO_2-Äquivalent.

Die Organisation sollte erwägen, ihre Treibhausgasemissionen nach einem festgelegten Verfahren wie dem Treibhausgasprotokoll zu melden.

— Die „jährlichen Gesamtemissionen in die Luft" umfassen mindestens die Emissionen an SO_2, NO_x und PM, ausgedrückt in Kilogramm oder Tonnen.

d) Die Angabe eines jährlichen Referenzwerts für die Tätigkeit der Organisation (Zahl B) wird anhand folgender Kriterien bestimmt und gemeldet:

Zahl B muss

i) verständlich sein;

ii) eine Zahl sein, die die jährliche Gesamttätigkeit der Organisation am besten widerspiegelt;

iii) eine ordnungsgemäße Beschreibung der Umweltleistung der Organisation unter Berücksichtigung der Besonderheiten und Tätigkeiten der Organisation ermöglichen;

iv) ein gemeinsamer Referenzwert für den Sektor sein, in dem die Organisation arbeitet, wie z. B.:

— jährliche Gesamtausbringungsmenge,

— Gesamtzahl der Beschäftigten,

— Gesamtzahl der Übernachtungen,

— Gesamtzahl der Bewohner eines Gebiets (im Falle einer öffentlichen Verwaltung),

— Tonnen aufbereiteter Abfälle (für Organisationen, die im Bereich der Abfallbewirtschaftung tätig sind),

— insgesamt erzeugte Energie (bei Organisationen, die im Bereich der Energieerzeugung tätig sind),

...

3. *Spezifische Indikatoren für die Umweltleistung*

Jede Organisation erstattet zudem alljährlich Bericht über ihre Leistung in Bezug auf die bedeutenden direkten und indirekten Umweltaspekte und -auswirkungen, die sich auf ihre Kerntätigkeiten beziehen, messbar und nachprüfbar sind und nicht bereits durch die

Kernindikatoren abgedeckt sind.
Die Berichterstattung zu diesen Indikatoren erfolgt im Einklang mit den in der Einleitung zu diesem Abschnitt festgelegten Anforderungen.
Soweit verfügbar, berücksichtigt die Organisation branchenspezifische Referenzdokumente gemäß Artikel 46, um die Ermittlung einschlägiger branchenspezifischer Indikatoren zu erleichtern.

4. *Berichterstattung über bedeutende Umweltaspekte auf der Grundlage qualitativer Daten*

Stehen für die Berichterstattung über bedeutende direkte oder indirekte Umweltaspekte keine quantitativen Daten zur Verfügung, so berichtet die Organisation über ihre Leistung anhand qualitativer Daten.

D. Lokale Rechenschaftspflicht

Organisationen, die sich nach EMAS registrieren lassen, ziehen es womöglich vor, eine Gesamt-Umwelterklärung zu erstellen, die verschiedene Standorte umfasst.
Da im Rahmen von EMAS eine lokale Rechenschaftspflicht angestrebt wird, müssen die Organisationen dafür sorgen, dass die bedeutenden Umweltauswirkungen eines jeden Standorts eindeutig beschrieben und in der Gesamt-Umwelterklärung erfasst sind.

E. Öffentlicher Zugang

Die Organisation muss sicherstellen, dass sie dem Umweltgutachter nachweisen kann, dass jeder, den die Umweltleistung der Organisation interessiert, problemlos und frei Zugang zu den gemäß den Abschnitten B und C vorgeschriebenen Informationen erhalten kann. Um eine solche Transparenz zu gewährleisten, sollte die Umwelterklärung vorzugsweise öffentlich auf der Website der Organisation verfügbar gemacht werden. Die Organisation stellt sicher, dass diese Informationen über einen einzelnen Standort oder eine einzelne Organisation in der/den Amtssprache(n) des Mitgliedstaats oder Drittlands, in dem sich der Standort oder die Organisation befindet, veröffentlicht werden. Darüber hinaus muss die Organisation im Falle einer Gesamt-Umwelterklärung sicherstellen, dass diese Informationen (für die Zwecke der Registrierung) in der/den Amtssprache(n) des Mitgliedstaats, in dem die Organisation registriert ist, oder in einer der/den Amtssprache(n) der Union, die mit der für die Registrierung zuständigen Stelle vereinbart wurde(n), vorliegen. Die Umwelterklärung kann auch in weiteren Sprachen zur Verfügung gestellt werden, sofern der Inhalt des übersetzten Dokuments mit dem Inhalt der vom Umweltgutachter validierten ursprünglichen Umwelterklärung übereinstimmt und eindeutig angegeben ist, dass es sich um eine Übersetzung des validierten Dokuments handelt.

Entgeltfortzahlungsgesetz – EntgFzG

vom 18.08.1896, zuletzt geändert am 22.11.2019

Gesetz über die Zahlung des Arbeitsentgelts an Feiertagen und im Krankheitsfall

§ 1 Anwendungsbereich

(1) Dieses Gesetz regelt die Zahlung des Arbeitsentgelts an gesetzlichen Feiertagen und die Fortzahlung des Arbeitsentgelts im Krankheitsfall an Arbeitnehmer sowie die wirtschaftliche Sicherung im Bereich der Heimarbeit für gesetzliche Feiertage und im Krankheitsfall.
(2) Arbeitnehmer in Sinne dieses Gesetzes sind Arbeiter und Angestellte sowie die zu ihrer Berufsbildung Beschäftigten.

§ 2 Entgeltzahlung an Feiertagen

(1) Für Arbeitszeit, die infolge eines gesetzlichen Feiertages ausfällt, hat der Arbeitgeber dem Arbeitnehmer das Arbeitsentgelt zu zahlen, das er ohne den Arbeitsausfall erhalten hätte.
(2) Die Arbeitszeit, die an einem gesetzlichen Feiertag gleichzeitig infolge von Kurzarbeit ausfällt und für die an anderen Tagen als an gesetzlichen Feiertagen Kurzarbeitergeld geleistet wird, gilt als infolge eines gesetzlichen Feiertages nach Absatz 1 ausgefallen.
(3) Arbeitnehmer, die am letzten Arbeitstag vor oder am ersten Arbeitstag nach Feiertagen unentschuldigt der Arbeit fernbleiben, haben keinen Anspruch auf Bezahlung für diese Feiertage.

§ 3 Anspruch auf Entgeltfortzahlung im Krankheitsfall

(1) Wird ein Arbeitnehmer durch Arbeitsunfähigkeit infolge Krankheit an seiner Arbeitsleistung verhindert, ohne dass ihn ein Verschulden trifft, so hat er Anspruch auf Entgeltfortzahlung im Krankheitsfall durch den Arbeitgeber für die Zeit der Arbeitsunfähigkeit bis zur Dauer von sechs Wochen. Wird der Arbeitnehmer infolge derselben Krankheit erneut arbeitsunfähig, so verliert er wegen der erneuten Arbeitsunfähigkeit den Anspruch nach Satz 1 für einen weiteren Zeitraum von höchstens sechs Wochen nicht, wenn

1. er vor der erneuten Arbeitsunfähigkeit mindestens sechs Monate nicht infolge derselben Krankheit arbeitsunfähig war oder
2. seit Beginn der ersten Arbeitsunfähigkeit infolge derselben Krankheit eine Frist von zwölf Monaten abgelaufen ist.

(2) Als unverschuldete Arbeitsunfähigkeit im Sinne des Absatzes 1 gilt auch eine Arbeitsverhinderung, die infolge einer nicht rechtswidrigen Sterilisation oder eines nicht rechtswidrigen Abbruchs der Schwangerschaft eintritt. Dasselbe gilt für einen Abbruch

der Schwangerschaft, wenn die Schwangerschaft innerhalb von zwölf Wochen nach der Empfängnis durch einen Arzt abgebrochen wird, die schwangere Frau den Abbruch verlangt und dem Arzt durch eine Bescheinigung nachgewiesen hat, dass sie sich mindestens drei Tage vor dem Eingriff von einer anerkannten Beratungsstelle hat beraten lassen.
(3) Der Anspruch nach Absatz 1 entsteht nach vierwöchiger ununterbrochener Dauer des Arbeitsverhältnisses.

§ 4 Höhe des fortzuzahlenden Arbeitsentgelts

(1) Für den in § 3 Abs. 1 oder in § 3a Absatz 1 bezeichneten Zeitraum ist dem Arbeitnehmer das ihm bei der für ihn maßgebenden regelmäßigen Arbeitszeit zustehende Arbeitsentgelt fortzuzahlen.
(1a) Zum Arbeitsentgelt nach Absatz 1 gehören nicht das zusätzlich für Überstunden gezahlte Arbeitsentgelt und Leistungen für Aufwendungen des Arbeitnehmers, soweit der Anspruch auf sie im Falle der Arbeitsfähigkeit davon abhängig ist, dass dem Arbeitnehmer entsprechende Aufwendungen tatsächlich entstanden sind, und dem Arbeitnehmer solche Aufwendungen während der Arbeitsunfähigkeit nicht entstehen. Erhält der Arbeitnehmer eine auf das Ergebnis der Arbeit abgestellte Vergütung, so ist der von dem Arbeitnehmer in der für ihn maßgebenden regelmäßigen Arbeitszeit erzielbare Durchschnittsverdienst der Berechnung zugrunde zu legen.
(2) Ist der Arbeitgeber für Arbeitszeit, die gleichzeitig infolge eines gesetzlichen Feiertages ausgefallen ist, zur Fortzahlung des Arbeitsentgelts nach § 3 oder nach § 3a verpflichtet, bemisst sich die Höhe des fortzuzahlenden Arbeitsentgelts für diesen Feiertag nach § 2.
(3) Wird in dem Betrieb verkürzt gearbeitet und würde deshalb das Arbeitsentgelt des Arbeitnehmers im Falle seiner Arbeitsfähigkeit gemindert, so ist die verkürzte Arbeitszeit für ihre Dauer als die für den Arbeitnehmer maßgebende regelmäßige Arbeitszeit im Sinne des Absatzes 1 anzusehen. Dies gilt nicht im Falle des § 2 Abs. 2.
(4) Durch Tarifvertrag kann eine von den Absätzen 1, 1a und 3 abweichende Bemessungsgrundlage des fortzuzahlenden Arbeitsentgelts festgelegt werden. Im Geltungsbereich eines solchen Tarifvertrages kann zwischen nichttarifgebundenen Arbeitgebern und Arbeitnehmern die Anwendung der tarifvertraglichen Regelung über die Fortzahlung des Arbeitsentgelts im Krankheitsfalle vereinbart werden.

§ 4a Kürzung von Sondervergütungen

Eine Vereinbarung über die Kürzung von Leistungen, die der Arbeitgeber zusätzlich zum laufenden Arbeitsentgelt erbringt (Sondervergütungen), ist auch für Zeiten der Arbeitsunfähigkeit infolge Krankheit zulässig. Die Kürzung darf für jeden Tag der Arbeitsunfähigkeit infolge Krankheit ein Viertel des Arbeitsentgelts, das im Jahresdurchschnitt auf einen Arbeitstag entfällt, nicht überschreiten.

§ 5 Anzeige- / Nachweispflichten

(1) Der Arbeitnehmer ist verpflichtet, dem Arbeitgeber die Arbeitsunfähigkeit und deren voraussichtliche Dauer unverzüglich mitzuteilen. Dauert die Arbeitsunfähigkeit länger als

drei Kalendertage, hat der Arbeitnehmer eine ärztliche Bescheinigung über das Bestehen der Arbeitsunfähigkeit sowie deren voraussichtliche Dauer spätestens an dem darauffolgenden Arbeitstag vorzulegen. Der Arbeitgeber ist berechtigt, die Vorlage der ärztlichen Bescheinigung früher zu verlangen. Dauert die Arbeitsunfähigkeit länger als in der Bescheinigung angegeben, ist der Arbeitnehmer verpflichtet, eine neue ärztliche Bescheinigung vorzulegen. Ist der Arbeitnehmer Mitglied einer gesetzlichen Krankenkasse, muss die ärztliche Bescheinigung einen Vermerk des behandelnden Arztes darüber enthalten, dass der Krankenkasse unverzüglich eine Bescheinigung über die Arbeitsunfähigkeit mit Angaben über den Befund und die voraussichtliche Dauer der Arbeitsunfähigkeit übersandt wird.

(1a) Abs.1 Satz 2 bis 5 gilt nicht für Arbeitnehmer, die Versicherte einer gesetzlichen Krankenkasse sind. Diese sind verpflichtet, zu den in Abs.1 Satz 2 bis 4 genannten Zeitpunkten das Bestehen einer Arbeitsunfähigkeit sowie deren voraussichtliche Dauer feststellen und sich eine ärztliche Bescheinigung nach Abs.1 Satz 2 oder 4 aushändigen zu lassen. Die Sätze 1 und 2 gelten nicht

1. für Personen, die eine geringfügige Beschäftigung in Privathaushalten ausüben (§ 8a des Vierten Buches Sozialgesetzbuch), und
2. in Fällen der Feststellung der Arbeitsunfähigkeit durch einen Arzt, der nicht an der vertragsärztlichen Versorgung teilnimmt.

(2) Hält sich der Arbeitnehmer bei Beginn der Arbeitsunfähigkeit im Ausland auf, so ist er verpflichtet, dem Arbeitgeber die Arbeitsunfähigkeit, deren voraussichtliche Dauer und die Adresse am Aufenthaltsort in der schnellstmöglichen Art der Übermittlung mitzuteilen. Die durch die Mitteilung entstehenden Kosten hat der Arbeitgeber zu tragen. Darüber hinaus ist der Arbeitnehmer, wenn er Mitglied einer gesetzlichen Krankenkasse ist, verpflichtet, auch dieser die Arbeitsunfähigkeit und deren voraussichtliche Dauer unverzüglich anzuzeigen. Dauert die Arbeitsunfähigkeit länger als angezeigt, so ist der Arbeitnehmer verpflichtet, der gesetzlichen Krankenkasse die voraussichtliche Fortdauer der Arbeitsunfähigkeit mitzuteilen. Die gesetzlichen Krankenkassen können festlegen, dass der Arbeitnehmer Anzeige- und Mitteilungspflichten nach den Sätzen 3 und 4 auch gegenüber einem ausländischen Sozialversicherungsträger erfüllen kann. Absatz 1 Satz 5 gilt nicht. Kehrt ein arbeitsunfähig erkrankter Arbeitnehmer in das Inland zurück, so ist er verpflichtet, dem Arbeitgeber und der Krankenkasse seine Rückkehr unverzüglich anzuzeigen.

§ 6 Forderungsübergang bei Dritthaftung

(1) Kann der Arbeitnehmer auf Grund gesetzlicher Vorschriften von einem Dritten Schadensersatz wegen des Verdienstausfalls beanspruchen, der ihm durch die Arbeitsunfähigkeit entstanden ist, so geht dieser Anspruch insoweit auf den Arbeitgeber über, als dieser dem Arbeitnehmer nach diesem Gesetz Arbeitsentgelt fortgezahlt und darauf entfallende vom Arbeitgeber zu tragende Beiträge zur Bundesagentur für Arbeit, Arbeitgeberanteile an Beiträgen zur Sozialversicherung und zur Pflegeversicherung sowie zu Einrichtungen der zusätzlichen Alters- und Hinterbliebenenversorgung abgeführt hat.

(2) Der Arbeitnehmer hat dem Arbeitgeber unverzüglich die zur Geltendmachung des Schadensersatzanspruchs erforderlichen Angaben zu machen.
(3) Der Forderungsübergang nach Absatz 1 kann nicht zum Nachteil des Arbeitnehmers geltend gemacht werden.

§ 7 Leistungsverweigerungsrecht des Arbeitgebers

(1) Der Arbeitgeber ist berechtigt, die Fortzahlung des Arbeitsentgelts zu verweigern,

1. solange der Arbeitnehmer die von ihm nach § 5 Abs. 1 vorzulegende ärztliche Bescheinigung nicht vorlegt oder den ihm nach § 5 Abs. 2 obliegenden Verpflichtungen nicht nachkommt;
2. wenn der Arbeitnehmer den Übergang eines Schadensersatzanspruchs gegen einen Dritten auf den Arbeitgeber (§ 6) verhindert.

(2) Absatz 1 gilt nicht, wenn der Arbeitnehmer die Verletzung dieser ihm obliegenden Verpflichtungen nicht zu vertreten hat.

Entgelttransparenzgesetz - EntgTranspG

Gesetz zur Förderung der Entgelttransparenz zwischen Frauen und Männern

Vom 30.06.2017, zuletzt geändert am 5. Juli 2021

Abschnitt 1 - Allgemeine Bestimmungen

§ 1 Ziel des Gesetzes

Ziel des Gesetzes ist es, das Gebot des gleichen Entgelts für Frauen und Männer bei gleicher oder gleichwertiger Arbeit durchzusetzen.

§ 2 Anwendungsbereich

(1) Dieses Gesetz gilt für das Entgelt von Beschäftigten nach § 5 Absatz 2, die bei Arbeitgebern nach § 5 Absatz 3 beschäftigt sind, soweit durch dieses Gesetz nichts anderes bestimmt wird.

(2) Das Allgemeine Gleichbehandlungsgesetz bleibt unberührt. Ebenfalls unberührt bleiben sonstige Benachteiligungsverbote und Gebote der Gleichbehandlung sowie öffentlich-rechtliche Vorschriften, die dem Schutz oder der Förderung bestimmter Personengruppen dienen.

§ 3 Verbot der unmittelbaren und mittelbaren Entgeltbenachteiligung wegen des Geschlechts

(1) Bei gleicher oder gleichwertiger Arbeit ist eine unmittelbare oder mittelbare Benachteiligung wegen des Geschlechts im Hinblick auf sämtliche Entgeltbestandteile und Entgeltbedingungen verboten.

(2) Eine unmittelbare Entgeltbenachteiligung liegt vor, wenn eine Beschäftigte oder ein Beschäftigter wegen des Geschlechts bei gleicher oder gleichwertiger Arbeit ein geringeres Entgelt erhält, als eine Beschäftigte oder ein Beschäftigter des jeweils anderen Geschlechts erhält, erhalten hat oder erhalten würde. Eine unmittelbare Benachteiligung liegt auch im Falle eines geringeren Entgelts einer Frau wegen Schwangerschaft oder Mutterschaft vor.

(3) Eine mittelbare Entgeltbenachteiligung liegt vor, wenn dem Anschein nach neutrale Vorschriften, Kriterien oder Verfahren Beschäftigte wegen des Geschlechts gegenüber Beschäftigten des jeweils anderen Geschlechts in Bezug auf das Entgelt in besonderer Weise benachteiligen können, es sei denn, die betreffenden Vorschriften, Kriterien oder Verfahren sind durch ein rechtmäßiges Ziel sachlich gerechtfertigt und die Mittel sind zur Erreichung dieses Ziels angemessen und erforderlich. Insbesondere arbeitsmarkt-, leistungs- und arbeitsergebnisbezogene Kriterien können ein unterschiedliches Entgelt rechtfertigen, sofern der Grundsatz der Verhältnismäßigkeit beachtet wurde.

(4) Die §§ 5 und 8 des Allgemeinen Gleichbehandlungsgesetzes bleiben unberührt.

§ 4 Feststellung von gleicher oder gleichwertiger Arbeit, benachteiligungsfreie Entgeltsysteme

(1) Weibliche und männliche Beschäftigte üben eine gleiche Arbeit aus, wenn sie an verschiedenen Arbeitsplätzen oder nacheinander an demselben Arbeitsplatz eine identische oder gleichartige Tätigkeit ausführen.

(2) Weibliche und männliche Beschäftigte üben eine gleichwertige Arbeit im Sinne dieses Gesetzes aus, wenn sie unter Zugrundelegung einer Gesamtheit von Faktoren als in einer vergleichbaren Situation befindlich angesehen werden können. Zu den zu berücksichtigenden Faktoren gehören unter anderem die Art der Arbeit, die Ausbildungsanforderungen und die Arbeitsbedingungen. Es ist von den tatsächlichen, für die jeweilige Tätigkeit wesentlichen Anforderungen auszugehen, die von den ausübenden Beschäftigten und deren Leistungen unabhängig sind.

(3) Beschäftigte in unterschiedlichen Rechtsverhältnissen nach § 5 Absatz 2 können untereinander nicht als vergleichbar nach Absatz 1 oder als in einer vergleichbaren Situation nach Absatz 2 befindlich angesehen werden.

(4) Verwendet der Arbeitgeber für das Entgelt, das den Beschäftigten zusteht, ein Entgeltsystem, müssen dieses Entgeltsystem als Ganzes und auch die einzelnen Entgeltbestandteile so ausgestaltet sein, dass eine Benachteiligung wegen des Geschlechts ausgeschlossen ist. Dazu muss es insbesondere

1. die Art der zu verrichtenden Tätigkeit objektiv berücksichtigen,
2. auf für weibliche und männliche Beschäftigte gemeinsamen Kriterien beruhen,
3. die einzelnen Differenzierungskriterien diskriminierungsfrei gewichten sowie
4. insgesamt durchschaubar sein.

(5) Für tarifvertragliche Entgeltregelungen sowie für Entgeltregelungen, die auf einer bindenden Festsetzung nach § 19 Absatz 3 des Heimarbeitsgesetzes beruhen, gilt eine Angemessenheitsvermutung. Tätigkeiten, die aufgrund dieser Regelungen unterschiedlichen Entgeltgruppen zugewiesen werden, werden als nicht gleichwertig angesehen, sofern die Regelungen nicht gegen höherrangiges Recht verstoßen.

(6) Absatz 5 ist sinngemäß auch auf gesetzliche Entgeltregelungen anzuwenden.

§ 5 Allgemeine Begriffsbestimmungen

(1) Entgelt im Sinne dieses Gesetzes sind alle Grund- oder Mindestarbeitsentgelte sowie alle sonstigen Vergütungen, die unmittelbar oder mittelbar in bar oder in Sachleistungen aufgrund eines Beschäftigungsverhältnisses gewährt werden.

(2) Beschäftigte im Sinne dieses Gesetzes sind

1. Arbeitnehmerinnen und Arbeitnehmer,
2. Beamtinnen und Beamte des Bundes sowie der sonstigen der Aufsicht des Bundes unterstehenden Körperschaften, Anstalten und Stiftungen des öffentlichen Rechts,
3. Richterinnen und Richter des Bundes,
4. Soldatinnen und Soldaten,
5. die zu ihrer Berufsbildung Beschäftigten sowie
6. die in Heimarbeit Beschäftigten sowie die ihnen Gleichgestellten.

(3) Arbeitgeber im Sinne dieses Gesetzes sind natürliche und juristische Personen sowie rechtsfähige Personengesellschaften, die Personen nach Absatz 2 beschäftigen, soweit durch dieses Gesetz nichts anderes bestimmt wird. Für die in Heimarbeit Beschäftigten und die ihnen Gleichgestellten tritt an die Stelle des Arbeitgebers der Auftraggeber oder Zwischenmeister.
(4) Tarifgebundene Arbeitgeber im Sinne dieses Gesetzes sind Arbeitgeber, die einen Entgelttarifvertrag oder Entgeltrahmentarifvertrag aufgrund von § 3 Absatz 1 des Tarifvertragsgesetzes anwenden. Von Satz 1 erfasst werden auch Arbeitgeber, die einen Entgelttarifvertrag aufgrund der Tarifgeltung einer Allgemeinverbindlichkeitserklärung nach § 5 des Tarifvertragsgesetzes oder Entgeltregelungen aufgrund einer bindenden Festsetzung nach § 19 Absatz 3 des Heimarbeitsgesetzes anwenden.
(5) Tarifanwendende Arbeitgeber im Sinne dieses Gesetzes sind Arbeitgeber, die im Geltungsbereich eines Entgelttarifvertrages oder Entgeltrahmentarifvertrages die tariflichen Regelungen zum Entgelt durch schriftliche Vereinbarung zwischen Arbeitgeber und Beschäftigten verbindlich und inhaltsgleich für alle Tätigkeiten und Beschäftigten übernommen haben, für die diese tariflichen Regelungen zum Entgelt angewendet werden.

§ 6 Aufgaben von Arbeitgebern, Tarifvertragsparteien und betrieblichen Interessenvertretungen

(1) Arbeitgeber, Tarifvertragsparteien und die betrieblichen Interessenvertretungen sind aufgefordert, im Rahmen ihrer Aufgaben und Handlungsmöglichkeiten an der Verwirklichung der Entgeltgleichheit zwischen Frauen und Männern mitzuwirken. Die zuständigen Tarifvertragsparteien benennen Vertreterinnen und Vertreter zur Einhaltung des Entgeltgleichheitsgebots im Sinne dieses Gesetzes und zur Wahrnehmung der Aufgaben nach § 14 Absatz 3.
(2) Arbeitgeber sind verpflichtet, die erforderlichen Maßnahmen zu treffen, um die Beschäftigten vor Benachteiligungen wegen des Geschlechts in Bezug auf das Entgelt zu schützen. Dieser Schutz umfasst auch vorbeugende Maßnahmen.

§ 7 Entgeltgleichheitsgebot

Bei Beschäftigungsverhältnissen darf für gleiche oder für gleichwertige Arbeit nicht wegen des Geschlechts der oder des Beschäftigten ein geringeres Entgelt vereinbart oder gezahlt werden als bei einer oder einem Beschäftigten des anderen Geschlechts.

§ 8 Unwirksamkeit von Vereinbarungen

(1) Bestimmungen in Vereinbarungen, die gegen § 3 oder § 7 verstoßen, sind unwirksam.
(2) Die Nutzung der in einem Auskunftsverlangen erlangten Informationen ist auf die Geltendmachung von Rechten im Sinne dieses Gesetzes beschränkt. Die Veröffentlichung personenbezogener Gehaltsangaben und die Weitergabe an Dritte sind von dem Nutzungsrecht nicht umfasst.

§ 9 Maßregelungsverbot

Der Arbeitgeber darf Beschäftigte nicht wegen der Inanspruchnahme von Rechten nach diesem Gesetz benachteiligen. Gleiches gilt für Personen, welche die Beschäftigten hierbei unterstützen oder als Zeuginnen oder Zeugen aussagen. § 16 des Allgemeinen Gleichbehandlungsgesetzes bleibt unberührt.

§ 10 Individueller Auskunftsanspruch

(1) Zur Überprüfung der Einhaltung des Entgeltgleichheitsgebots im Sinne dieses Gesetzes haben Beschäftigte einen Auskunftsanspruch nach Maßgabe der §§ 11 bis 16. Dazu haben die Beschäftigten in zumutbarer Weise eine gleiche oder gleichwertige Tätigkeit (Vergleichstätigkeit) zu benennen. Sie können Auskunft zu dem durchschnittlichen monatlichen Bruttoentgelt nach § 5 Absatz 1 und zu bis zu zwei einzelnen Entgeltbestandteilen verlangen.

(2) Das Auskunftsverlangen hat in Textform zu erfolgen. Vor Ablauf von zwei Jahren nach Einreichen des letzten Auskunftsverlangens können Beschäftigte nur dann erneut Auskunft verlangen, wenn sie darlegen, dass sich die Voraussetzungen wesentlich verändert haben.

(3) Das Auskunftsverlangen ist mit der Antwort nach Maßgabe der §§ 11 bis 16 erfüllt.

(4) Sonstige Auskunftsansprüche bleiben von diesem Gesetz unberührt.

§ 11 Angabe zu Vergleichstätigkeit und Vergleichsentgelt

(1) Die Auskunftsverpflichtung erstreckt sich auf die Angabe zu den Kriterien und Verfahren der Entgeltfindung nach Absatz 2 und auf die Angabe zum Vergleichsentgelt nach Absatz 3.

(2) Die Auskunftsverpflichtung zu den Kriterien und Verfahren der Entgeltfindung erstreckt sich auf die Information über die Festlegung des eigenen Entgelts sowie des Entgelts für die Vergleichstätigkeit. Soweit die Kriterien und Verfahren der Entgeltfindung auf gesetzlichen Regelungen, auf tarifvertraglichen Entgeltregelungen oder auf einer bindenden Festsetzung nach § 19 Absatz 3 des Heimarbeitsgesetzes beruhen, sind als Antwort auf das Auskunftsverlangen die Nennung dieser Regelungen und die Angabe, wo die Regelungen einzusehen sind, ausreichend.

(3) Die Auskunftsverpflichtung in Bezug auf das Vergleichsentgelt erstreckt sich auf die Angabe des Entgelts für die Vergleichstätigkeit (Vergleichsentgelt). Das Vergleichsentgelt ist anzugeben als auf Vollzeitäquivalente hochgerechneter statistischer Median des durchschnittlichen monatlichen Bruttoentgelts sowie der benannten Entgeltbestandteile, jeweils bezogen auf ein Kalenderjahr, nach folgenden Vorgaben:

1. in den Fällen des § 14 sowie in den Fällen einer gesetzlichen Entgeltregelung ist das Vergleichsentgelt der Beschäftigten des jeweils anderen Geschlechts anzugeben, die in die gleiche Entgelt- oder Besoldungsgruppe eingruppiert sind wie der oder die auskunftverlangende Beschäftigte;
2. in den Fällen des § 15 ist das Vergleichsentgelt aller Beschäftigten des jeweils anderen Geschlechts anzugeben, die die erfragte Vergleichstätigkeit oder die nach § 15 Absatz 4 ermittelte Vergleichstätigkeit ausüben.

(4) Auf kollektiv-rechtliche Entgeltregelungen der Kirchen oder der öffentlich-rechtlichen Religionsgesellschaften ist Absatz 2 Satz 2 und Absatz 3 Nummer 1 entsprechend anzuwenden.

§ 12 Reichweite

(1) Der Anspruch nach § 10 besteht für Beschäftigte nach § 5 Absatz 2 in Betrieben mit in der Regel mehr als 200 Beschäftigten bei demselben Arbeitgeber.
(2) Die Auskunftspflicht nach § 10 umfasst
1. nur Entgeltregelungen, die in demselben Betrieb und bei demselben Arbeitgeber angewendet werden,
2. keine regional unterschiedlichen Entgeltregelungen bei demselben Arbeitgeber und
3. keinen Vergleich der Beschäftigtengruppen nach § 5 Absatz 2 untereinander.
(3) Bei der Beantwortung eines Auskunftsverlangens ist der Schutz personenbezogener Daten der auskunftverlangenden Beschäftigten sowie der vom Auskunftsverlangen betroffenen Beschäftigten zu wahren. Insbesondere ist das Vergleichsentgelt nicht anzugeben, wenn die Vergleichstätigkeit von weniger als sechs Beschäftigten des jeweils anderen Geschlechts ausgeübt wird. Es ist sicherzustellen, dass nur die mit der Beantwortung betrauten Personen Kenntnis von den hierfür notwendigen Daten erlangen.

§ 13 Aufgaben und Rechte des Betriebsrates

(1) Im Rahmen seiner Aufgabe nach § 80 Absatz 1 Nummer 2a des Betriebsverfassungsgesetzes fördert der Betriebsrat die Durchsetzung der Entgeltgleichheit von Frauen und Männern im Betrieb. Dabei nimmt der Betriebsrat insbesondere die Aufgaben nach § 14 Absatz 1 und § 15 Absatz 2 wahr. Betriebsverfassungsrechtliche, tarifrechtliche oder betrieblich geregelte Verfahren bleiben unberührt.
(2) Der Betriebsausschuss nach § 27 des Betriebsverfassungsgesetzes oder ein nach § 28 Absatz 1 Satz 3 des Betriebsverfassungsgesetzes beauftragter Ausschuss hat für die Erfüllung seiner Aufgaben nach Absatz 1 das Recht, die Listen über die Bruttolöhne und -gehälter im Sinne des § 80 Absatz 2 Satz 2 des Betriebsverfassungsgesetzes einzusehen und auszuwerten. Er kann mehrere Auskunftsverlangen bündeln und gemeinsam behandeln.
(3) Der Arbeitgeber hat dem Betriebsausschuss Einblick in die Listen über die Bruttolöhne und -gehälter der Beschäftigten zu gewähren und diese aufzuschlüsseln. Die Entgeltlisten müssen nach Geschlecht aufgeschlüsselt alle Entgeltbestandteile enthalten einschließlich übertariflicher Zulagen und solcher Zahlungen, die individuell ausgehandelt und gezahlt werden. Die Entgeltlisten sind so aufzubereiten, dass der Betriebsausschuss im Rahmen seines Einblicksrechts die Auskunft ordnungsgemäß erfüllen kann.
(4) Leitende Angestellte wenden sich für ihr Auskunftsverlangen nach § 10, abweichend von den §§ 14 und 15, an den Arbeitgeber.

(5) Der Arbeitgeber erklärt schriftlich oder in Textform gegenüber dem Betriebsrat für dessen Beantwortung des Auskunftsverlangens, ob eine § 5 Absatz 5 entsprechende Anwendung der tariflichen Regelungen zum Entgelt erfolgt. Der Betriebsrat bestätigt gegenüber den Beschäftigten schriftlich oder in Textform die Abgabe dieser Erklärung. Die Sätze 1 und 2 gelten in den Fällen des § 14 Absatz 3 Satz 3 entsprechend.
(6) Gesetzliche und sonstige kollektiv-rechtlich geregelte Beteiligungsrechte des Betriebsrates bleiben von diesem Gesetz unberührt.

§ 14 Verfahren bei tarifgebundenen und tarifanwendenden Arbeitgebern

(1) Beschäftigte tarifgebundener und tarifanwendender Arbeitgeber wenden sich für ihr Auskunftsverlangen nach § 10 an den Betriebsrat. Die Vorgaben bestimmen sich nach § 13. Der Betriebsrat hat den Arbeitgeber über eingehende Auskunftsverlangen in anonymisierter Form umfassend zu informieren. Abweichend von Satz 1 kann der Betriebsrat verlangen, dass der Arbeitgeber die Auskunftsverpflichtung übernimmt.
(2) Abweichend von Absatz 1 Satz 1 kann der Arbeitgeber die Erfüllung der Auskunftsverpflichtung generell oder in bestimmten Fällen übernehmen, wenn er dies zuvor gegenüber dem Betriebsrat erläutert hat. Die Übernahme kann jeweils längstens für die Dauer der Amtszeit des jeweils amtierenden Betriebsrates erfolgen. Übernimmt der Arbeitgeber die Erfüllung der Auskunftsverpflichtung, hat er den Betriebsrat umfassend und rechtzeitig über eingehende Auskunftsverlangen sowie über seine Antwort zu informieren. Die Beschäftigten sind jeweils darüber zu informieren, wer die Auskunft erteilt.
(3) Besteht kein Betriebsrat, wenden sich die Beschäftigten an den Arbeitgeber. Der Arbeitgeber informiert die Vertreterinnen und Vertreter der zuständigen Tarifvertragsparteien nach § 6 Absatz 1 Satz 2 über seine Antwort zu eingegangenen Auskunftsverlangen. Der Arbeitgeber sowie die Vertreterinnen und Vertreter der zuständigen Tarifvertragsparteien können vereinbaren, dass die Vertreterinnen und Vertreter der zuständigen Tarifvertragsparteien die Beantwortung von Auskunftsverlangen übernehmen. In diesem Fall informiert der Arbeitgeber diese umfassend und rechtzeitig über eingehende Auskunftsverlangen. Die Beschäftigten sind jeweils darüber zu informieren, wer die Auskunft erteilt.
(4) Soweit die Vertreterinnen und Vertreter der zuständigen Tarifvertragsparteien nach Absatz 3 Satz 3 das Auskunftsverlangen beantworten, hat der Arbeitgeber diesen auf Verlangen die zur Erfüllung ihrer Aufgaben erforderlichen Informationen bereitzustellen. Diese unterliegen im Rahmen ihrer Aufgaben der Verschwiegenheitspflicht.

§ 15 Verfahren bei nicht tarifgebundenen und nicht tarifanwendenden Arbeitgebern

(1) Beschäftigte nicht tarifgebundener und nicht tarifanwendender Arbeitgeber wenden sich für ihr Auskunftsverlangen nach § 10 an den Arbeitgeber.
(2) Besteht ein Betriebsrat, gilt § 14 Absatz 1 und 2 entsprechend.

(3) Der Arbeitgeber oder der Betriebsrat ist verpflichtet, die nach § 10 verlangten Auskünfte innerhalb von drei Monaten nach Zugang des Auskunftsverlangens in Textform zu erteilen. Droht Fristversäumnis, hat der Arbeitgeber oder der Betriebsrat die auskunftverlangende Beschäftigte oder den auskunftverlangenden Beschäftigten darüber zu informieren und die Antwort ohne weiteres Verzögern zu erteilen.

(4) Der Arbeitgeber oder der Betriebsrat gibt an, inwiefern die benannte Vergleichstätigkeit überwiegend von Beschäftigten des jeweils anderen Geschlechts ausgeübt wird. Hält der Arbeitgeber oder der Betriebsrat die erfragte Vergleichstätigkeit nach den im Betrieb angewendeten Maßstäben für nicht gleich oder nicht gleichwertig, hat er dies anhand dieser Maßstäbe nachvollziehbar zu begründen. Dabei sind die in § 4 genannten Kriterien zu berücksichtigen. Der Arbeitgeber oder der Betriebsrat hat in diesem Fall seine Auskunft auf eine seines Erachtens nach gleiche oder gleichwertige Tätigkeit zu beziehen. Soweit der Betriebsrat für die Beantwortung des Auskunftsverlangens zuständig ist, hat der Arbeitgeber dem Betriebsrat auf Verlangen die zur Erfüllung seiner Aufgaben erforderlichen Informationen bereitzustellen.

(5) Unterlässt der Arbeitgeber die Erfüllung seiner Auskunftspflicht, trägt er im Streitfall die Beweislast dafür, dass kein Verstoß gegen das Entgeltgleichheitsgebot im Sinne dieses Gesetzes vorliegt. Dies gilt auch, wenn der Betriebsrat aus Gründen, die der Arbeitgeber zu vertreten hat, die Auskunft nicht erteilen konnte.

§ 16 Öffentlicher Dienst

Der Anspruch nach § 10 besteht auch für Beschäftigte des öffentlichen Dienstes nach § 5 Absatz 2 Nummer 1 bis 5 in Dienststellen mit in der Regel mehr als 200 Beschäftigten. Die §§ 11 bis 14 sind sinngemäß anzuwenden.

§ 17 Betriebliche Prüfverfahren

(1) Private Arbeitgeber mit in der Regel mehr als 500 Beschäftigten sind aufgefordert, mithilfe betrieblicher Prüfverfahren ihre Entgeltregelungen und die verschiedenen gezahlten Entgeltbestandteile sowie deren Anwendung regelmäßig auf die Einhaltung des Entgeltgleichheitsgebots im Sinne dieses Gesetzes zu überprüfen. Nimmt in einem Konzern das herrschende Unternehmen auf die Entgeltbedingungen mindestens eines Konzernunternehmens entscheidenden Einfluss, kann das herrschende Unternehmen das betriebliche Prüfverfahren nach Satz 1 für alle Konzernunternehmen durchführen.

(2) Wird ein betriebliches Prüfverfahren durchgeführt, hat dies in eigener Verantwortung der Arbeitgeber mithilfe der Verfahren nach § 18 und unter Beteiligung der betrieblichen Interessenvertretungen zu erfolgen.

§ 18 Durchführung betrieblicher Prüfverfahren

(1) In das betriebliche Prüfverfahren sind die Tätigkeiten einzubeziehen, die demselben Entgeltsystem unterliegen, unabhängig davon, welche individualrechtlichen, tarifvertraglichen und betrieblichen Rechtsgrundlagen zusammenwirken.

(2) Betriebliche Prüfverfahren haben aus Bestandsaufnahme, Analyse und Ergebnisbericht zu bestehen. Der Arbeitgeber ist unter Berücksichtigung betrieblicher

Mitwirkungsrechte frei in der Wahl von Analysemethoden und Arbeitsbewertungsverfahren. Es sind valide statistische Methoden zu verwenden. Die Daten sind nach Geschlecht aufzuschlüsseln. Dabei ist der Schutz personenbezogener Daten zu wahren.
(3) Bestandsaufnahme und Analyse haben die aktuellen Entgeltregelungen, Entgeltbestandteile und Arbeitsbewertungsverfahren zu erfassen und diese und deren Anwendung im Hinblick auf die Einhaltung des Entgeltgleichheitsgebots im Sinne dieses Gesetzes auszuwerten. Dabei ist § 4 zu beachten. § 12 Absatz 1 und 2 ist sinngemäß anzuwenden. Bei gesetzlichen, bei tarifvertraglichen Entgeltregelungen und bei Entgeltregelungen, die auf einer bindenden Festsetzung nach § 19 Absatz 3 des Heimarbeitsgesetzes beruhen, besteht keine Verpflichtung zur Überprüfung der Gleichwertigkeit von Tätigkeiten. Auf kollektiv-rechtliche Entgeltregelungen der Kirchen oder der öffentlich-rechtlichen Religionsgesellschaften ist Satz 4 entsprechend anzuwenden.
(4) Die Ergebnisse von Bestandsaufnahme und Analyse werden zusammengefasst und können betriebsintern veröffentlicht werden.

§ 19 Beseitigung von Entgeltbenachteiligungen

Ergeben sich aus einem betrieblichen Prüfverfahren Benachteiligungen wegen des Geschlechts in Bezug auf das Entgelt, ergreift der Arbeitgeber die geeigneten Maßnahmen zur Beseitigung der Benachteiligung.
§ 20 Mitwirkung und Information
(1) Der Arbeitgeber hat den Betriebsrat über die Planung des betrieblichen Prüfverfahrens rechtzeitig unter Vorlage der erforderlichen Unterlagen zu unterrichten.
(2) Die Beschäftigten sind über die Ergebnisse des betrieblichen Prüfverfahrens zu informieren. § 43 Absatz 2 und § 53 Absatz 2 des Betriebsverfassungsgesetzes sind zu beachten.

Abschnitt 4 - Berichtspflichten für Arbeitgeber

§ 21 Bericht zur Gleichstellung und Entgeltgleichheit

(1) Arbeitgeber mit in der Regel mehr als 500 Beschäftigten, die zur Erstellung eines Lageberichts nach den §§ 264 und 289 des Handelsgesetzbuches verpflichtet sind, erstellen einen Bericht zur Gleichstellung und Entgeltgleichheit, in dem sie Folgendes darstellen:
1. ihre Maßnahmen zur Förderung der Gleichstellung von Frauen und Männern und deren Wirkungen sowie
2. ihre Maßnahmen zur Herstellung von Entgeltgleichheit für Frauen und Männer.
Arbeitgeber, die keine Maßnahmen im Sinne des Satzes 1 Nummer 1 oder 2 durchführen, haben dies in ihrem Bericht zu begründen.
(2) Der Bericht enthält außerdem nach Geschlecht aufgeschlüsselte Angaben
1. zu der durchschnittlichen Gesamtzahl der Beschäftigten sowie
2. zu der durchschnittlichen Zahl der Vollzeit- und Teilzeitbeschäftigten.

§ 22 Berichtszeitraum und Veröffentlichung

(1) Arbeitgeber nach § 21 Abs.1, die tarifgebunden nach § 5 Abs.4 sind oder die tarifanwendend nach § 5 Abs.5 sind und die gemäß § 13 Abs.5 erklärt haben, tarifliche Regelungen zum Entgelt nach § 5 Abs.5 anzuwenden, erstellen den Bericht alle fünf Jahre. Der Berichtszeitraum umfasst die vergangenen fünf Jahre.
(2) Alle anderen Arbeitgeber nach § 21 Abs.1 erstellen den Bericht alle drei Jahre. Der Berichtszeitraum umfasst die vergangenen drei Jahre.
(3) Die Angaben nach § 21 Abs.2 beziehen sich nur auf das jeweils letzte Kalenderjahr im Berichtszeitraum. Ab dem zweiten Bericht sind für die genannten Angaben die Veränderungen im Vergleich zum letzten Bericht anzugeben.
(4) Der Bericht nach § 21 ist dem nächsten Lagebericht nach § 289 des Handelsgesetzbuches, der dem jeweiligen Berichtszeitraum folgt, als Anlage beizufügen und im Unternehmensregister offenzulegen.

§ 23 Evaluation und Berichterstattung

(1) Die Bundesregierung evaluiert nach Inkrafttreten dieses Gesetzes laufend die Wirksamkeit dieses Gesetzes und informiert alle vier Jahre, erstmals zwei Jahre nach Inkrafttreten, über die Ergebnisse. Die Evaluation hat die Umsetzung des Gebots des gleichen Entgelts für Frauen und Männer bei gleicher oder gleichwertiger Arbeit in allen Betriebs- und Unternehmensformen und -größen darzustellen, die unter den Anwendungsbereich des Abschnittes 2 dieses Gesetzes unterfallen.
(2) Über die Entwicklung des Gebots des gleichen Entgelts für Frauen und Männer bei gleicher oder gleichwertiger Arbeit in Betrieben mit in der Regel weniger als 200 Beschäftigten berichtet die Bundesregierung alle vier Jahre, erstmals zwei Jahre nach Inkrafttreten dieses Gesetzes. ...

§ 24 Aufgabe der Gleichstellungsbeauftragten

Die Gleichstellungsbeauftragten in der Bundesverwaltung und in den Unternehmen und den Gerichten des Bundes sowie die Beauftragten, die in Unternehmen für die Gleichstellung von Frauen und Männern zuständig sind, haben die Aufgabe, den Vollzug dieses Gesetzes in Bezug auf die Durchsetzung des Gebots des gleichen Entgelts bei gleicher oder gleichwertiger Arbeit für Frauen und Männer zu fördern.

Gebrauchsmustergesetz - GebrMG

in der Fassung der Bekanntmachung vom 28. August 1986 - zuletzt geändert 10. Aug. 2021

§ 1

(1) Als **Gebrauchsmuster** werden **Erfindungen** geschützt, die neu sind, auf einem erfinderischen Schritt beruhen und gewerblich anwendbar sind.
(2) Als Gegenstand eines Gebrauchsmusters im Sinne des Absatzes 1 werden insbesondere nicht angesehen:
1. Entdeckungen sowie wissenschaftliche Theorien und mathematische Methoden;
2. ästhetische Formschöpfungen;
3. Pläne, Regeln und Verfahren für gedankliche Tätigkeiten, für Spiele oder für geschäftliche Tätigkeiten sowie Programme für Datenverarbeitungsanlagen;
4. die Wiedergabe von Informationen;
5. biotechnologische Erfindungen (§ 1 Abs. 2 des Patentgesetzes).
(3) Abs.2 steht dem Schutz als Gebrauchsmuster nur insoweit entgegen, als für die genannten Gegenstände oder Tätigkeiten als solche Schutz begehrt wird.

§ 2

Als Gebrauchsmuster werden nicht geschützt:
1. Erfindungen, deren Verwertung gegen die öffentliche Ordnung oder die guten Sitten verstoßen würde; ein solcher Verstoß kann nicht allein aus der Tatsache hergeleitet werden, daß die Verwertung der Erfindung durch Gesetz oder Verwaltungsvorschrift verboten ist.
2. Pflanzensorten oder Tierarten;
3. Verfahren.

§ 3

(1) Der Gegenstand eines Gebrauchsmusters gilt als neu, wenn er nicht zum Stand der Technik gehört. Der **Stand der Technik** umfaßt alle Kenntnisse, die vor dem für den Zeitrang der Anmeldung maßgeblichen Tag durch schriftliche Beschreibung oder durch eine im Geltungsbereich dieses Gesetzes erfolgte Benutzung der Öffentlichkeit zugänglich gemacht worden sind. Eine innerhalb von sechs Monaten vor dem für den Zeitrang der Anmeldung maßgeblichen Tag erfolgte Beschreibung oder Benutzung bleibt außer Betracht, wenn sie auf der Ausarbeitung des Anmelders oder seines Rechtsvorgängers beruht.
(2) Der Gegenstand eines Gebrauchsmusters gilt als gewerblich anwendbar, wenn er auf irgendeinem gewerblichen Gebiet einschließlich der Landwirtschaft hergestellt oder benutzt werden kann.

§ 4

(1) **Erfindungen**, für die der Schutz als Gebrauchsmuster verlangt wird, sind beim Patentamt anzumelden. Für jede Erfindung ist eine besondere Anmeldung erforderlich.

(2) Die Anmeldung kann auch über ein Patentinformationszentrum eingereicht werden, wenn diese Stelle durch Bekanntmachung des Bundesministeriums der Justiz und für Verbraucherschutz im Bundesgesetzblatt dazu bestimmt ist, Gebrauchsmusteranmeldungen entgegenzunehmen. Eine Anmeldung, die ein Staatsgeheimnis (§ 93 Strafgesetzbuch) enthalten kann, darf bei einem Patentinformationszentrum nicht eingereicht werden.

(3) Die Anmeldung muß enthalten:

1. den Namen des Anmelders;
2. einen Antrag auf Eintragung des Gebrauchsmusters, in dem der Gegenstand des Gebrauchsmusters kurz und genau bezeichnet ist;
3. einen oder mehrere Schutzansprüche, in denen angegeben ist, was als schutzfähig unter Schutz gestellt werden soll;
4. eine Beschreibung des Gegenstandes des Gebrauchsmusters;
5. die Zeichnungen, auf die sich die Schutzansprüche oder die Beschreibung beziehen.

(4) Das Bundesministerium der Justiz und für Verbraucherschutz wird ermächtigt, durch Rechtsverordnung Bestimmungen über die Form und die sonstigen Erfordernisse der Anmeldung zu erlassen. Es kann diese Ermächtigung durch Rechtsverordnung auf das Deutsche Patent- und Markenamt übertragen.

(5) Bis zur Verfügung über die Eintragung des Gebrauchsmusters sind Änderungen der Anmeldung zulässig, soweit sie den Gegenstand der Anmeldung nicht erweitern. Aus Änderungen, die den Gegenstand der Anmeldung erweitern, können Rechte nicht hergeleitet werden.

(6) Der Anmelder kann die Anmeldung jederzeit teilen. Die Teilung ist schriftlich zu erklären. Für jede Teilanmeldung bleiben der Zeitpunkt der ursprünglichen Anmeldung und eine dafür in Anspruch genommene Priorität erhalten. Für die abgetrennte Anmeldung sind für die Zeit bis zur Teilung die gleichen Gebühren zu entrichten, die für die ursprüngliche Anmeldung zu entrichten waren.

...

§ 6

(1) Dem Anmelder steht innerhalb einer Frist von zwölf Monaten nach dem Anmeldetag einer beim Patentamt eingereichten früheren Patent- oder Gebrauchsmusteranmeldung für die Anmeldung derselben Erfindung zum Gebrauchsmuster ein Prioritätsrecht zu, es sei denn, daß für die frühere Anmeldung schon eine inländische oder ausländische Priorität in Anspruch genommen worden ist. § 40 Abs. 2 bis 4, Abs. 5 Satz 1, Abs. 6 des Patentgesetzes ist entsprechend anzuwenden, § 40 Abs. 5 Satz 1 mit der Maßgabe, daß eine frühere Patentanmeldung nicht als zurückgenommen gilt.

(2) Die Vorschriften des Patentgesetzes über die ausländische Priorität (§ 41) sind entsprechend anzuwenden.

§ 6a

(1) Hat der Anmelder eine Erfindung

1. auf einer amtlichen oder amtlich anerkannten internationalen **Ausstellung** im Sinne des am 22. November 1928 in Paris unterzeichneten Abkommens über internationale Ausstellungen oder
2. auf einer sonstigen inländischen oder ausländischen Ausstellung

zur Schau gestellt, kann er, wenn er die Erfindung innerhalb einer Frist von sechs Monaten seit der erstmaligen Zurschaustellung zum Gebrauchsmuster anmeldet, von diesem Tag an ein Prioritätsrecht in Anspruch nehmen.

(2) Die in Abs.1 Nummer 1 bezeichneten Ausstellungen werden vom Bundesministerium der Justiz und für Verbraucherschutz im Bundesanzeiger bekanntgemacht.

(3) Die Ausstellungen nach Abs.1 Nummer 2 werden im Einzelfall vom Bundesministerium der Justiz und für Verbraucherschutz bestimmt und im Bundesanzeiger bekanntgemacht.

(4) Wer eine Priorität nach Abs.1 in Anspruch nimmt, hat vor Ablauf des 16. Monats nach dem Tag der erstmaligen Zurschaustellung der Erfindung diesen Tag und die Ausstellung anzugeben sowie einen Nachweis für die Zurschaustellung einzureichen.

(5) Die Ausstellungspriorität nach Abs.1 verlängert die Prioritätsfristen nach § 6 Abs. 1 nicht.

§ 7

(1) Das Deutsche Patent- und Markenamt ermittelt auf Antrag den Stand der Technik, der für die Beurteilung der Schutzfähigkeit des Gegenstandes der Gebrauchsmusteranmeldung oder des Gebrauchsmusters in Betracht zu ziehen ist (Recherche).

(2) Der Antrag kann von dem Anmelder oder dem als Inhaber Eingetragenen und jedem Dritten gestellt werden. Er ist schriftlich einzureichen. § 28 ist entsprechend anzuwenden.

(3) Der Eingang des Antrags wird im Patentblatt veröffentlicht, jedoch nicht vor der Eintragung des Gebrauchsmusters. Hat ein Dritter den Antrag gestellt, so wird der Eingang des Antrags außerdem dem Anmelder oder dem als Inhaber Eingetragenen mitgeteilt. Jedermann ist berechtigt, dem Deutschen Patent- und Markenamt Hinweise zum Stand der Technik zu geben, der für die Beurteilung der Schutzfähigkeit des Gegenstandes der Gebrauchsmusteranmeldung oder des Gebrauchsmusters in Betracht zu ziehen ist.

(4) Ist ein Antrag nach Abs.1 eingegangen, so gelten spätere Anträge als nicht gestellt. § 43 Abs.4 Satz 2 und 3 des Patentgesetzes ist entsprechend anzuwenden.

(5) Erweist sich ein von einem Dritten gestellter Antrag nach der Mitteilung an den Anmelder oder den als Inhaber Eingetragenen als unwirksam, so teilt das Deutsche Patent- und Markenamt dies außer dem Dritten auch dem Anmelder oder dem als Inhaber Eingetragenen mit.

(6) Das Deutsche Patent- und Markenamt teilt den nach Abs.1 ermittelten Stand der Technik dem Anmelder oder dem als Inhaber Eingetragenen und, wenn der Antrag von einem Dritten gestellt worden ist, diesem und dem Anmelder oder dem als Inhaber Eingetragenen ohne Gewähr für die Vollständigkeit mit und veröffentlicht im Patentblatt, dass diese Mitteilung ergangen ist.

§ 8

(1) Entspricht die Anmeldung den Anforderungen der §§ 4, 4a, 4b so verfügt das Deutsche Patent- und Markenamt die **Eintragung** in das Register für Gebrauchsmuster. Eine Prüfung des Gegenstands der Anmeldung auf Neuheit, erfinderischen Schritt und gewerbliche Anwendbarkeit findet nicht statt. § 49 Abs. 2 des Patentgesetzes ist entsprechend anzuwenden.
(2) Die Eintragung muss Namen und Wohnsitz des Anmelders sowie seines etwa nach § 28 bestellten Vertreters und Zustellungsbevollmächtigten sowie die Zeit der Anmeldung angeben.
(3) Die Eintragungen sind im Patentblatt in regelmäßig erscheinenden Übersichten bekanntzumachen. Die Veröffentlichung kann in elektronischer Form erfolgen. Zur weiteren Verarbeitung oder Nutzung zu Zwecken der Gebrauchsmusterinformation kann das Deutsche Patent- und Markenamt Angaben aus dem Patentblatt an Dritte in elektronischer Form übermitteln. Die Übermittlung erfolgt nicht, soweit eine Einsicht nach Abs.7 ausgeschlossen ist.
(4) Das Deutsche Patent- und Markenamt vermerkt im Register eine Änderung in der Person des Inhabers des Gebrauchsmusters, seines Vertreters oder seines Zustellungsbevollmächtigten, wenn sie ihm nachgewiesen wird. Solange die Änderung nicht eingetragen ist, bleiben der frühere Rechtsinhaber und sein früherer Vertreter oder Zustellungsbevollmächtigter nach Maßgabe dieses Gesetzes berechtigt und verpflichtet.
(5) Die Einsicht in das Register sowie in die Akten eingetragener Gebrauchsmuster einschließlich der Akten von Löschungsverfahren steht jedermann frei. Im übrigen gewährt das Deutsche Patent- und Markenamt jedermann auf Antrag Einsicht in die Akten, wenn und soweit ein berechtigtes Interesse glaubhaft gemacht wird.
...
§ 10
(1) Für Anträge in Gebrauchsmustersachen mit Ausnahme der Löschungsanträge (§§ 15 bis 17) wird im Deutschen Patent- und Markenamt eine **Gebrauchsmusterstelle** errichtet, die von einem vom Präsidenten des Deutschen Patent- und Markenamts bestimmten rechtskundigen Mitglied geleitet wird. ...

§ 11

(1) Die **Eintragung** eines Gebrauchsmusters hat die Wirkung, daß allein der Inhaber befugt ist, den Gegenstand des Gebrauchsmusters zu benutzen. Jedem Dritten ist es verboten, ohne seine Zustimmung ein Erzeugnis, das Gegenstand des Gebrauchsmusters ist, herzustellen, anzubieten, in Verkehr zu bringen oder zu gebrauchen oder zu den genannten Zwecken entweder einzuführen oder zu besitzen.
(2) Die Eintragung hat ferner die Wirkung, daß es jedem Dritten verboten ist, ohne Zustimmung des Inhabers im Geltungsbereich dieses Gesetzes anderen als zur Benutzung des Gegenstands des Gebrauchsmusters berechtigten Personen Mittel, die sich auf ein wesentliches Element des Gegenstands des Gebrauchsmusters beziehen, zu dessen Benutzung im Geltungsbereich dieses Gesetzes anzubieten oder zu liefern, wenn der Dritte weiß oder es auf Grund der Umstände offensichtlich ist, daß diese Mittel dazu

geeignet und bestimmt sind, für die Benutzung des Gegenstands des Gebrauchsmusters verwendet zu werden. Satz 1 ist nicht anzuwenden, wenn es sich bei den Mitteln um allgemein im Handel erhältliche Erzeugnisse handelt, es sei denn, daß der Dritte den Belieferten bewußt veranlaßt, in einer nach Abs.1 Satz 2 verbotenen Weise zu handeln. Personen, die die in § 12 Nr. 1 und 2 genannten Handlungen vornehmen, gelten im Sinne des Satzes 1 nicht als Personen, die zur Benutzung des Gegenstands des Gebrauchsmusters berechtigt sind.

§ 12

Die Wirkung des Gebrauchsmusters erstreckt sich nicht auf
1. Handlungen, die im privaten Bereich zu nichtgewerblichen Zwecken vorgenommen werden;
2. Handlungen zu Versuchszwecken, die sich auf den Gegenstand des Gebrauchsmusters beziehen;
3. Handlungen der in § 11 Nr. 4 bis 6 des Patentgesetzes bezeichneten Art.

§ 13

(1) Der Gebrauchsmusterschutz wird durch die Eintragung nicht begründet, soweit gegen den als Inhaber Eingetragenen für jedermann ein Anspruch auf Löschung besteht (§ 15 Abs. 1 und 3).
(2) Wenn der wesentliche Inhalt der Eintragung den Beschreibungen, Zeichnungen, Modellen, Gerätschaften oder Einrichtungen eines anderen ohne dessen Einwilligung entnommen ist, tritt dem Verletzten gegenüber der Schutz des Gesetzes nicht ein.
(3) Die Vorschriften des Patentgesetzes über das Recht auf den Schutz (§ 6), über den Anspruch auf Erteilung des Schutzrechts (§ 7 Abs. 1), über den Anspruch auf Übertragung (§ 8), über das Vorbenutzungsrecht (§ 12) und über die staatliche Benutzungsanordnung (§ 13) sind entsprechend anzuwenden.

§ 23 Schutzdauer

(1) Die Schutzdauer eines eingetragenen Gebrauchsmusters beginnt mit dem Anmeldetag und endet zehn Jahre nach Ablauf des Monats, in den der Anmeldetag fällt.
(2) Die Aufrechterhaltung des Schutzes wird durch Zahlung einer Aufrechterhaltungsgebühr für das vierte bis sechste, siebte und achte sowie für das neunte und zehnte Jahr, gerechnet vom Anmeldetag an, bewirkt. Die Aufrechterhaltung wird im Register vermerkt.
(3) Das Gebrauchsmuster erlischt, wenn
1. der als Inhaber Eingetragene durch schriftliche Erklärung an das Deutsche Patent- und Markenamt auf das Gebrauchsmuster verzichtet oder
2. die Aufrechterhaltungsgebühr nicht rechtzeitig (§ 7 Abs. 1, § 13 Abs. 3 oder § 14 Abs. 2 und 5 des Patentkostengesetzes) gezahlt wird.

§ 24

(1) Wer entgegen den §§ 11 bis 14 ein Gebrauchsmuster benutzt, kann von dem Verletzten bei Wiederholungsgefahr auf Unterlassung in Anspruch genommen werden. Der Anspruch besteht auch dann, wenn eine Zuwiderhandlung erstmalig droht.
(2) Wer die Handlung vorsätzlich oder fahrlässig vornimmt, ist dem Verletzten zum Ersatz des daraus entstehenden Schadens verpflichtet. Bei der Bemessung des Schadensersatzes kann auch der Gewinn, den der Verletzer durch die Verletzung des Rechts erzielt hat, berücksichtigt werden. Der Schadensersatzanspruch kann auch auf der Grundlage des Betrages berechnet werden, den der Verletzer als angemessene Vergütung hätte entrichten müssen, wenn er die Erlaubnis zur Nutzung der Erfindung eingeholt hätte.

Gewerbeordnung - GewO

vom 22. Februar 1999, zuletzt geändert am 22. Dez. 2023

§ 1 Grundsatz der Gewerbefreiheit

(1) Der Betrieb eines Gewerbes ist jedermann gestattet, soweit nicht durch dieses Gesetz Ausnahmen oder Beschränkungen vorgeschrieben oder zugelassen sind.
(2) Wer gegenwärtig zum Betrieb eines Gewerbes berechtigt ist, kann von demselben nicht deshalb ausgeschlossen werden, weil er den Erfordernissen dieses Gesetzes nicht genügt.

§ 6a Entscheidungsfrist, Genehmigungsfiktion

(1) Hat die Behörde über einen Antrag auf Erlaubnis zur Ausübung eines Gewerbes nach § 34b Absatz 1, 3, 4, § 34c Absatz 1 Satz 1 Nummer 1, 3 und 4 oder § 55 Absatz 2 nicht innerhalb einer Frist von drei Monaten entschieden, gilt die **Erlaubnis** als erteilt.
(2) Absatz 1 gilt auch für Verfahren nach § 33a Absatz 1 und § 69 Absatz 1 und für Verfahren nach dem Gaststättengesetz, solange keine landesrechtlichen Regelungen bestehen.

§ 14 Anzeigepflicht; Verordnungsermächtigung

(1) Wer den selbständigen Betrieb eines stehenden Gewerbes, einer Zweigniederlassung oder einer unselbständigen Zweigstelle anfängt, muss dies der zuständigen Behörde gleichzeitig anzeigen. Das Gleiche gilt, wenn
1. der Betrieb verlegt wird,
2. der Gegenstand des Gewerbes gewechselt oder auf Waren oder Leistungen ausgedehnt wird, die bei Gewerbebetrieben der angemeldeten Art nicht geschäftsüblich sind, oder
3. der Betrieb aufgegeben wird.
Steht die Aufgabe des Betriebes eindeutig fest und ist die Abmeldung nicht innerhalb eines angemessenen Zeitraums erfolgt, kann die Behörde die Abmeldung von Amts wegen vornehmen.

§ 15 Empfangsbescheinigung, Betrieb ohne Zulassung

(1) Die Behörde bescheinigt innerhalb dreier Tage den Empfang der Anzeige.
(2) Wird ein Gewerbe, zu dessen Ausübung eine Erlaubnis, Genehmigung, Konzession oder Bewilligung (Zulassung) erforderlich ist, ohne diese Zulassung betrieben, so kann die Fortsetzung des Betriebes von der zuständigen Behörde verhindert werden. Das gleiche gilt, wenn ein Gewerbe von einer ausländischen juristischen Person begonnen wird, deren Rechtsfähigkeit im Inland nicht anerkannt wird.

§ 35 Gewerbeuntersagung wegen Unzuverlässigkeit

(1) Die Ausübung eines Gewerbes ist von der zuständigen Behörde ganz oder teilweise zu untersagen, wenn Tatsachen vorliegen, welche die Unzuverlässigkeit des Gewerbetreibenden oder einer mit der Leitung des Gewerbebetriebes beauftragten Person in bezug auf dieses Gewerbe dartun, sofern die Untersagung zum Schutze der Allgemeinheit oder der im Betrieb Beschäftigten erforderlich ist. Die Untersagung kann auch auf die Tätigkeit als Vertretungsberechtigter eines Gewerbetreibenden oder als mit der Leitung eines Gewerbebetriebes beauftragte Person sowie auf einzelne andere oder auf alle Gewerbe erstreckt werden, soweit die festgestellten Tatsachen die Annahme rechtfertigen, daß der Gewerbetreibende auch für diese Tätigkeiten oder Gewerbe unzuverlässig ist. Das Untersagungsverfahren kann fortgesetzt werden, auch wenn der Betrieb des Gewerbes während des Verfahrens aufgegeben wird.

§ 38 Überwachungsbedürftige Gewerbe

(1) Bei den Gewerbezweigen

1. An- und Verkauf von

a) hochwertigen Konsumgütern, insbesondere Unterhaltungselektronik, Computern, optischen Erzeugnissen, Fotoapparaten, Videokameras, Teppichen, Pelz- und Lederbekleidung,

b) Kraftfahrzeugen und Fahrrädern,

c) Edelmetallen und edelmetallhaltigen Legierungen sowie Waren aus Edelmetall oder edelmetallhaltigen Legierungen,

d) Edelsteinen, Perlen und Schmuck,

e) Altmetallen, soweit sie nicht unter Buchstabe c fallen,

durch auf den Handel mit Gebrauchtwaren spezialisierte Betriebe,

2. Auskunftserteilung über Vermögensverhältnisse und persönliche Angelegenheiten (Auskunfteien, Detekteien),

3. Vermittlung von Eheschließungen, Partnerschaften und Bekanntschaften,

4. Betrieb von Reisebüros und Vermittlung von Unterkünften,

5. Vertrieb und Einbau von Gebäudesicherungseinrichtungen einschließlich der Schlüsseldienste,

6. Herstellen und Vertreiben spezieller diebstahlsbezogener Öffnungswerkzeuge

hat die zuständige Behörde unverzüglich nach Erstattung der Gewerbeanmeldung oder der Gewerbeummeldung nach § 14 die Zuverlässigkeit des Gewerbetreibenden zu überprüfen. Zu diesem Zweck hat der Gewerbetreibende unverzüglich ein Führungszeugnis nach § 30 Abs. 5 Bundeszentralregistergesetz und eine Auskunft aus dem Gewerbezentralregister nach § 150 Abs. 5 zur Vorlage bei der Behörde zu beantragen. Kommt er dieser Verpflichtung nicht nach, hat die Behörde diese Auskünfte von Amts wegen einzuholen.

(2) Bei begründeter Besorgnis der Gefahr der Verletzung wichtiger Gemeinschaftsgüter kann ein Führungszeugnis oder eine Auskunft aus dem Gewerbezentralregister auch bei anderen als den in Absatz 1 genannten gewerblichen Tätigkeiten angefordert oder eingeholt werden.

(3) Die Landesregierungen können durch Rechtsverordnung für die in Absatz 1 genannten Gewerbezweige bestimmen, in welcher Weise die Gewerbetreibenden ihre Bücher zu führen und dabei Daten über einzelne Geschäftsvorgänge, Geschäftspartner, Kunden und betroffene Dritte aufzuzeichnen haben.
(4) Absatz 1 Satz 1 Nr. 2 gilt nicht für Kreditinstitute und Finanzdienstleistungsinstitute, für die eine Erlaubnis nach § 32 Abs. 1 des Kreditwesengesetzes erteilt wurde, sowie für Zweigniederlassungen von Unternehmen mit Sitz in einem anderen Mitgliedstaat der Europäischen Union, die nach § 53b Abs. 1 Satz 1 oder Abs. 7 des Kreditwesengesetzes im Inland tätig sind, wenn die Erbringung von Handelsauskünften durch die Zulassung der zuständigen Behörden des Herkunftsmitgliedstaats abgedeckt ist.

§ 55 Reisegewerbekarte

(1) Ein Reisegewerbe betreibt, wer gewerbsmäßig ohne vorhergehende Bestellung außerhalb seiner gewerblichen Niederlassung (§ 4 Absatz 3) oder ohne eine solche zu haben
1. Waren feilbietet oder Bestellungen aufsucht (vertreibt) oder ankauft, Leistungen anbietet oder Bestellungen auf Leistungen aufsucht oder
2. unterhaltende Tätigkeiten als Schausteller oder nach Schaustellerart ausübt.
(2) Wer ein Reisegewerbe betreiben will, bedarf der Erlaubnis (Reisegewerbekarte).
(3) Die Reisegewerbekarte kann inhaltlich beschränkt, mit einer Befristung erteilt und mit Auflagen verbunden werden, soweit dies zum Schutze der Allgemeinheit oder der Verbraucher erforderlich ist; unter denselben Voraussetzungen ist auch die nachträgliche Aufnahme, Änderung und Ergänzung von Auflagen zulässig.

§ 105 Freie Gestaltung des Arbeitsvertrages

Arbeitgeber und Arbeitnehmer können Abschluss, Inhalt und Form des Arbeitsvertrages frei vereinbaren, soweit nicht zwingende gesetzliche Vorschriften, Bestimmungen eines anwendbaren Tarifvertrages oder einer Betriebsvereinbarung entgegenstehen. Soweit die Vertragsbedingungen wesentlich sind, richtet sich ihr Nachweis nach den Bestimmungen des Nachweisgesetzes.

§ 106 Weisungsrecht des Arbeitgebers

Der Arbeitgeber kann Inhalt, Ort und Zeit der Arbeitsleistung nach billigem Ermessen näher bestimmen, soweit diese Arbeitsbedingungen nicht durch den Arbeitsvertrag, Bestimmungen einer Betriebsvereinbarung, eines anwendbaren Tarifvertrages oder gesetzliche Vorschriften festgelegt sind. Dies gilt auch hinsichtlich der Ordnung und des Verhaltens der Arbeitnehmer im Betrieb. Bei der Ausübung des Ermessens hat der Arbeitgeber auch auf Behinderungen des Arbeitnehmers Rücksicht zu nehmen.

§ 107 Berechnung und Zahlung des Arbeitsentgelts

(1) Das Arbeitsentgelt ist in Euro zu berechnen und auszuzahlen.

(2) Arbeitgeber und Arbeitnehmer können Sachbezüge als Teil des Arbeitsentgelts vereinbaren, wenn dies dem Interesse des Arbeitnehmers oder der Eigenart des Arbeitsverhältnisses entspricht. Der Arbeitgeber darf dem Arbeitnehmer keine Waren auf Kredit überlassen. Er darf ihm nach Vereinbarung Waren in Anrechnung auf das Arbeitsentgelt überlassen, wenn die Anrechnung zu den durchschnittlichen Selbstkosten erfolgt. Die geleisteten Gegenstände müssen mittlerer Art und Güte sein, soweit nicht ausdrücklich eine andere Vereinbarung getroffen worden ist. Der Wert der vereinbarten Sachbezüge oder die Anrechnung der überlassenen Waren auf das Arbeitsentgelt darf die Höhe des pfändbaren Teils des Arbeitsentgelts nicht übersteigen.
(3) Die Zahlung eines regelmäßigen Arbeitsentgelts kann nicht für die Fälle ausgeschlossen werden, in denen der Arbeitnehmer für seine Tätigkeit von Dritten ein Trinkgeld erhält. Trinkgeld ist ein Geldbetrag, den ein Dritter ohne rechtliche Verpflichtung dem Arbeitnehmer zusätzlich zu einer dem Arbeitgeber geschuldeten Leistung zahlt.

§ 108 Abrechnung des Arbeitsentgelts

(1) Dem Arbeitnehmer ist bei Zahlung des Arbeitsentgelts eine Abrechnung in Textform zu erteilen. Die Abrechnung muss mindestens Angaben über Abrechnungszeitraum und Zusammensetzung des Arbeitsentgelts enthalten. Hinsichtlich der Zusammensetzung sind insbesondere Angaben über Art und Höhe der Zuschläge, Zulagen, sonstige Vergütungen, Art und Höhe der Abzüge, Abschlagszahlungen sowie Vorschüsse erforderlich.
(2) Die Verpflichtung zur Abrechnung entfällt, wenn sich die Angaben gegenüber der letzten ordnungsgemäßen Abrechnung nicht geändert haben.
(3) Das Bundesministerium für Arbeit und Soziales wird ermächtigt, das Nähere zum Inhalt und Verfahren einer Entgeltbescheinigung, die zu Zwecken nach dem Sozialgesetzbuch sowie zur Vorlage bei den Sozial- und Familiengerichten verwendet werden kann, durch Rechtsverordnung zu bestimmen. Besoldungsmitteilungen für Beamte, Richter oder Soldaten, die inhaltlich der Entgeltbescheinigung nach Satz 1 entsprechen, können für die in Satz 1 genannten Zwecke verwendet werden. Der Arbeitnehmer kann vom Arbeitgeber zu anderen Zwecken eine weitere Entgeltbescheinigung verlangen, die sich auf die Angaben nach Absatz 1 beschränkt.

§ 109 Zeugnis

(1) Der Arbeitnehmer hat bei Beendigung eines Arbeitsverhältnisses Anspruch auf ein schriftliches Zeugnis. Das Zeugnis muss mindestens Angaben zu Art und Dauer der Tätigkeit (einfaches Zeugnis) enthalten. Der Arbeitnehmer kann verlangen, dass sich die Angaben darüber hinaus auf Leistung und Verhalten im Arbeitsverhältnis (qualifiziertes Zeugnis) erstrecken.
(2) Das Zeugnis muss klar und verständlich formuliert sein. Es darf keine Merkmale oder Formulierungen enthalten, die den Zweck haben, eine andere als aus der äußeren Form oder aus dem Wortlaut ersichtliche Aussage über den Arbeitnehmer zu treffen.
(3) Die Erteilung des Zeugnisses in elektronischer Form ist ausgeschlossen.

§ 110 Wettbewerbsverbot

Arbeitgeber und Arbeitnehmer können die berufliche Tätigkeit des Arbeitnehmers für die Zeit nach Beendigung des Arbeitsverhältnisses durch Vereinbarung beschränken (Wettbewerbsverbot). Die §§ 74 bis 75f des Handelsgesetzbuches sind entsprechend anzuwenden.

§ 139b Gewerbeaufsichtsbehörde

(1) Die Aufsicht über die Ausführung der Bestimmungen der auf Grund des § 120e oder des § 139h erlassenen Rechtsverordnungen ist ausschließlich oder neben den ordentlichen Polizeibehörden besonderen von den Landesregierungen zu ernennenden Beamten zu übertragen. Denselben stehen bei Ausübung dieser Aufsicht alle amtlichen Befugnisse der Ortspolizeibehörden, insbesondere das Recht zur jederzeitigen Besichtigung und Prüfung der Anlagen zu. Die amtlich zu ihrer Kenntnis gelangenden Geschäfts- und Betriebsverhältnisse der ihrer Besichtigung und Prüfung unterliegenden Anlagen dürfen sie nur zur Verfolgung von Gesetzwidrigkeiten und zur Erfüllung von gesetzlich geregelten Aufgaben zum Schutz der Umwelt den dafür zuständigen Behörden offenbaren. Soweit es sich bei Geschäfts- und Betriebsverhältnissen um Informationen über die Umwelt im Sinne des Umweltinformationsgesetzes handelt, richtet sich die Befugnis zu ihrer Offenbarung nach dem Umweltinformationsgesetz.

...

(4) Die auf Grund der Bestimmungen der auf Grund des § 120e oder des § 139h erlassenen Rechtsverordnungen auszuführenden amtlichen Besichtigungen und Prüfungen müssen die Arbeitgeber zu jeder Zeit, namentlich auch in der Nacht, während des Betriebs gestatten.

(5) Die Arbeitgeber sind ferner verpflichtet, den genannten Beamten oder der Polizeibehörde diejenigen statistischen Mitteilungen über die Verhältnisse ihrer Arbeitnehmer zu machen, welchen vom Bundesministerium für Arbeit und Soziales durch Rechtsverordnung mit Zustimmung des Bundesrates oder von der Landesregierung unter Festsetzung der dabei zu beobachtenden Fristen und Formen vorgeschrieben werden.

(6) Die Beauftragten der zuständigen Behörden sind befugt, die Unterkünfte, auf die sich die Pflichten der Arbeitgeber nach der Arbeitsstättenverordnung beziehen, zu betreten und zu besichtigen. Gegen den Willen der Unterkunftsinhaber ist dies jedoch nur zur Verhütung dringender Gefahren für die öffentliche Sicherheit oder Ordnung zulässig. Das Grundrecht der Unverletzlichkeit der Wohnung (Artikel 13 des Grundgesetzes) wird insoweit eingeschränkt.

(7) Ergeben sich im Einzelfall für die für den Arbeitsschutz zuständigen Landesbehörden konkrete Anhaltspunkte für

1. eine Beschäftigung oder Tätigkeit von Ausländern ohne erforderlichen Aufenthaltstitel nach § 4 Abs. 3 des Aufenthaltsgesetzes, eine Aufenthaltsgestattung oder eine Duldung, die zur Ausübung der Beschäftigung berechtigen, oder eine Genehmigung nach § 284 Abs. 1 des Dritten Buches Sozialgesetzbuch,
2. Verstöße gegen die Mitwirkungspflicht nach § 60 Abs. 1 Satz 1 Nr. 2 des Ersten Buches Sozialgesetzbuch gegenüber einer Dienststelle der Bundesagentur für Arbeit, einem

Träger der gesetzlichen Kranken-, Pflege-, Unfall- oder Rentenversicherung oder einem Träger der Sozialhilfe oder gegen die Meldepflicht nach § 8a des Asylbewerberleistungsgesetzes,
3. Verstöße gegen das Gesetz zur Bekämpfung der Schwarzarbeit,
4. Verstöße gegen das Arbeitnehmerüberlassungsgesetz,
5. Verstöße gegen Vorschriften des Vierten und Siebten Buches Sozialgesetzbuch über die Verpflichtung zur Zahlung von Sozialversicherungsbeiträgen,
6. Verstöße gegen das Aufenthaltsgesetz,
7. Verstöße gegen die Steuergesetze,
unterrichten sie die für die Verfolgung und Ahndung der Verstöße nach den Nummern 1 bis 7 zuständigen Behörden, die Träger der Sozialhilfe sowie die Behörden nach § 71 des Aufenthaltsgesetzes.

§ 147 Verletzung von Arbeitsschutzvorschriften

(1) Ordnungswidrig handelt, wer vorsätzlich oder fahrlässig
1. eine Besichtigung oder Prüfung nach § 139b Abs. 1 Satz 2, Abs. 4, 6 Satz 1 oder 2 nicht gestattet oder
2. entgegen § 139b Abs. 5 eine vorgeschriebene statistische Mitteilung nicht, nicht richtig, nicht vollständig oder nicht rechtzeitig macht.
(2) Die Ordnungswidrigkeit kann mit einer Geldbuße geahndet werden.

Handelsgesetzbuch - HGB

Vom 10.05.1897 – zuletzt geändert am 22. Dez. 2023

Erstes Buch. Handelsstand

§ 1 [Ist-Kaufmann]

(1) Kaufmann im Sinne dieses Gesetzbuchs ist, wer ein Handelsgewerbe betreibt.
(2) Handelsgewerbe ist jeder Gewerbebetrieb, es sei denn, dass das Unternehmen nach Art oder Umfang einen in kaufmännischer Weise eingerichteten Geschäftsbetrieb nicht erfordert.

§ 2 [Kann-Kaufmann]

[1]Ein gewerbliches Unternehmen, dessen Gewerbebetrieb nicht schon nach §1 Abs.2 Handelsgewerbe ist, gilt als Handelsgewerbe im Sinne dieses Gesetzbuchs, wenn die Firma des Unternehmens in das Handelsregister eingetragen ist. [2]Der Unternehmer ist berechtigt, aber nicht verpflichtet, die Eintragung nach den für die Eintragung kaufmännischer Firmen geltenden Vorschriften herbeizuführen. [3]Ist die Eintragung erfolgt, so findet eine Löschung der Firma auch auf Antrag des Unternehmers statt, sofern nicht die Voraussetzung des § 1 Abs. 2 eingetreten ist.

§ 3 [Land- und Forstwirtschaft; Kannkaufmann]

(1) Auf den Betrieb der Land- und Forstwirtschaft finden die Vorschriften des § 1 keine Anwendung.
(2) Für ein land- oder forstwirtschaftliches Unternehmen, das nach Art und Umfang einen in kaufmännischer Weise eingerichteten Geschäftsbetrieb erfordert, gilt § 2 mit der Maßgabe, dass nach Eintragung in das Handelsregister eine Löschung der Firma nur nach den allgemeinen Vorschriften stattfindet, welche für die Löschung kaufmännischer Firmen gelten.
(3) Ist mit dem Betrieb der Land- oder Forstwirtschaft ein Unternehmen verbunden, das nur ein Nebengewerbe des land- oder forstwirtschaftlichen Unternehmens darstellt, so finden auf das im Nebengewerbe betriebene Unternehmen die Vorschriften der Absätze 1 und 2 entsprechende Anwendung.

§ 5 [Kaufmann kraft Eintragung]

Ist eine Firma im Handelsregister eingetragen, so kann gegenüber demjenigen, welcher sich auf die Eintragung beruft, nicht geltend gemacht werden, dass das unter der Firma betriebene Gewerbe kein Handelsgewerbe sei.

§ 6 [Handelsgesellschaften; Form-Kaufmann]

(1) Die in betreff der Kaufleute gegebenen Vorschriften finden auch auf die Handelsgesellschaften Anwendung.

(2) Die Rechte und Pflichten eines Vereins, dem das Gesetz ohne Rücksicht auf den Gegenstand des Unternehmens die Eigenschaft eines Kaufmanns beilegt, bleiben unberührt, auch wenn die Voraussetzungen des § 1 Abs. 2 nicht vorliegen.

§ 8 Handelsregister

(1) Das Handelsregister wird von den Gerichten elektronisch geführt.

(2) Andere Datensammlungen dürfen nicht unter Verwendung oder Beifügung der Bezeichnung "Handelsregister" in den Verkehr gebracht werden.

§ 8a Eintragungen in das Handelsregister

(1) Eine Eintragung in das Handelsregister wird wirksam, sobald sie in den für die Handelsregistereintragungen bestimmten Datenspeicher aufgenommen ist und auf Dauer inhaltlich unverändert in lesbarer Form wiedergegeben werden kann.

§ 8b Unternehmensregister

(1) Das Unternehmensregister wird vorbehaltlich einer Regelung nach § 9a Abs. 1 vom Bundesministerium der Justiz elektronisch geführt.

(2) Über die Internetseite des Unternehmensregisters sind zugänglich:

1. Eintragungen im Handelsregister und zum Handelsregister eingereichte Dokumente;
2. Eintragungen im Genossenschaftsregister und zum Genossenschaftsregister eingereichte Dokumente;
3. Eintragungen im Partnerschaftsregister und zum Partnerschaftsregister eingereichte Dokumente;
4. Unterlagen der Rechnungslegung und Unternehmensberichte, die nach diesem Gesetz, dem Publizitätsgesetz, (...) offengelegt wurden, mit Ausnahme der zur dauerhaften Hinterlegung eingestellten Unterlagen;;
5. gesellschaftsrechtliche Bekanntmachungen im Bundesanzeiger;
6. im Aktionärsforum veröffentlichte Eintragungen nach § 127a des Aktiengesetzes;
7. Veröffentlichungen von Unternehmen nach dem Wertpapierhandelsgesetz oder dem Vermögensanlagengesetz im Bundesanzeiger, von Bietern, Gesellschaften, Vorständen und Aufsichtsräten nach dem Wertpapiererwerbs- und Übernahmegesetz im Bundesanzeiger sowie Veröffentlichungen nach der Börsenzulassungs-Verordnung im Bundesanzeiger;

10. Mitteilungen über kapitalmarktrechtliche Veröffentlichungen an die Bundesanstalt für Finanzdienstleistungsaufsicht, sofern die Veröffentlichung selbst nicht bereits über Nr. 7 oder Nr. 9 in das Unternehmensregister eingestellt wird;
11. Bekanntmachungen der Insolvenzgerichte nach § 9 InsO ausgenommen Verfahren nach dem Zehnten Teil der Insolvenzordnung.
12. Registerbekanntmachungen aus dem Handels-, Genossenschafts- und Partnerschaftsregister;

§ 12 Anmeldungen zur Eintragung

(1) [1]Anmeldungen zur Eintragung in das Handelsregister sind elektronisch in öffentlich beglaubigter Form einzureichen. [2]Die öffentliche Beglaubigung mittels Video-kommunikation gemäß § 40a des Beurkundungsgesetzes ist zulässig.[3]Die gleiche Form ist für eine Vollmacht zur Anmeldung erforderlich. [4]Anstelle der Vollmacht kann die Bescheinigung eines Notars nach § 21 Abs.3 BNotO eingereicht werden. [5]Rechtsnachfolger eines Beteiligten haben die Rechtsnachfolge soweit tunlich durch öffentliche Urkunden nachzuweisen.

(2) [1]Dokumente sind elektronisch in einem maschinenlesbaren und durchsuchbaren Datenformat einzureichen. [2]Ist eine Urschrift oder eine einfache Abschrift einzureichen oder ist für das Dokument die Schriftform bestimmt, genügt die Übermittlung einer elektronischen Aufzeichnung; ist ein notariell beurkundetes Dokument oder eine öffentlich beglaubigte Abschrift einzureichen, so ist ein mit einem einfachen elektronischen Zeugnis (§ 39a BurkG) versehenes Dokument zu übermitteln.

§ 13 Zweigniederlassungen von Unternehmen mit Sitz im Inland

(1) [1]Die Errichtung einer Zweigniederlassung ist von einem Einzelkaufmann oder einer juristischen Person beim Gericht der Hauptniederlassung, von einer Handelsgesellschaft beim Gericht des Sitzes der Gesellschaft, unter Angabe des Ortes und der inländischen Geschäftsanschrift der Zweigniederlassung und des Zusatzes, falls der Firma der Zweigniederlassung ein solcher beigefügt wird, zur Eintragung anzumelden. [2]In gleicher Weise sind spätere Änderungen der die Zweigniederlassung betreffenden einzutragenden Tatsachen anzumelden.

(2) Das zuständige Gericht trägt die Zweigniederlassung auf dem Registerblatt der Hauptniederlassung oder des Sitzes unter Angabe des Ortes sowie der inländischen Geschäftsanschrift der Zweigniederlassung und des Zusatzes, falls der Firma der Zweigniederlassung ein solcher beigefügt ist, ein, es sei denn, die Zweigniederlassung ist offensichtlich nicht errichtet worden.

(3) Die Absätze 1 und 2 gelten entsprechend für die Aufhebung der Zweigniederlassung.

§ 14 [Anmeldepflicht]

Wer seiner Pflicht zur Anmeldung oder zur Einreichung von Dokumenten zum Handelsregister nicht nachkommt, ist hierzu von dem Registergericht durch Festsetzung von Zwangsgeld anzuhalten. Das einzelne Zwangsgeld darf den Betrag von fünftausend Euro nicht übersteigen.

§ 15 [Publizität Handelsregister]

(1) Solange eine in das Handelsregister einzutragende Tatsache nicht eingetragen und bekanntgemacht ist, kann sie von demjenigen, in dessen Angelegenheiten sie einzutragen war, einem Dritten nicht entgegengesetzt werden, es sei denn, dass sie diesem bekannt war.

(2) [1]Ist die Tatsache eingetragen und bekanntgemacht worden, so muss ein Dritter sie gegen sich gelten lassen. [2]Dies gilt nicht bei Rechtshandlungen, die innerhalb von fünfzehn Tagen nach der Bekanntmachung vorgenommen werden, sofern der Dritte beweist, dass er die Tatsache weder kannte noch kennen musste.
(3) Ist eine einzutragende und bekannt gemachte Tatsache unrichtig eingetragen, so kann sich ein Dritter demjenigen gegenüber, in dessen Angelegenheit die Tatsache einzutragen war, auf die eingetragene Tatsache berufen, es sei denn, dass er die Unrichtigkeit kannte.

§ 17 [Begriff Firma]

(1) Die Firma eines Kaufmanns ist der Name, unter dem er seine Geschäfte betreibt und die Unterschrift abgibt.
(2) Ein Kaufmann kann unter seiner Firma klagen und verklagt werden.

§ 18 [Unterscheidungskraft Firma]

(1) Die Firma muss zur Kennzeichnung des Kaufmanns geeignet sein und Unterscheidungskraft besitzen.
(2) [1]Die Firma darf keine Angaben enthalten, die geeignet sind, über geschäftliche Verhältnisse, die für die angesprochenen Verkehrskreise wesentlich sind, irrezuführen. [2]Im Verfahren vor dem Registergericht wird die Eignung zur Irreführung nur berücksichtigt, wenn sie ersichtlich ist.

§ 19 [Bezeichnung der Firma bei Einzelkaufleuten, OHG; KG]

(1) Die Firma muss, auch wenn sie nach den §§ 21, 22, 24 oder nach anderen gesetzlichen Vorschriften fortgeführt wird, enthalten:
1. bei Einzelkaufleuten die Bezeichnung "eingetragener Kaufmann", "eingetragene Kauffrau" oder eine allgemein verständliche Abkürzung dieser Bezeichnung, insbesondere "e.K.", "e.Kfm." oder "e.Kfr.";
2. bei einer offenen Handelsgesellschaft die Bezeichnung "offene Handelsgesellschaft" oder eine allgemein verständliche Abkürzung dieser Bezeichnung;
3. bei einer Kommanditgesellschaft die Bezeichnung "Kommanditgesellschaft" oder eine allgemein verständliche Abkürzung dieser Bezeichnung.
(2) Wenn in einer offenen Handelsgesellschaft oder Kommanditgesellschaft keine natürliche Person persönlich haftet, muss die Firma, auch wenn sie nach den §§ 21, 22, 24 oder nach anderen gesetzlichen Vorschriften fortgeführt wird, eine Bezeichnung enthalten, welche die Haftungsbeschränkung kennzeichnet.

§ 21 [Fortführung bei Namensänderung]

Wird ohne eine Änderung der Person der in der Firma enthaltene Name des Geschäftsinhabers oder eines Gesellschafters geändert, so kann die bisherige Firma fortgeführt werden.

§ 22 [Fortführung bei Erwerb des Handelsgeschäftes]

(1) Wer ein bestehendes Handelsgeschäft unter Lebenden oder von Todes wegen erwirbt, darf für das Geschäft die bisherige Firma, auch wenn sie den Namen des bisherigen Geschäftsinhabers enthält, mit oder ohne Beifügung eines das Nachfolgeverhältnis andeutenden Zusatzes fortführen, wenn der bisherige Geschäftsinhaber oder dessen Erben in die Fortführung der Firma ausdrücklich willigen.
(2) Wird ein Handelsgeschäft auf Grund eines Nießbrauchs, eines Pachtvertrags oder eines ähnlichen Verhältnisses übernommen, so finden diese Vorschriften entsprechende Anwendung.

§ 23 [Veräußerungsverbot]

Die Firma kann nicht ohne das Handelsgeschäft, für welches sie geführt wird, veräußert werden.

§ 24 [Fortführung bei Änderung der Gesellschafter]

(1) Wird jemand in ein bestehendes Handelsgeschäft als Gesellschafter aufgenommen oder tritt ein neuer Gesellschafter in eine Handelsgesellschaft ein oder scheidet aus einer solchen ein Gesellschafter aus, so kann ungeachtet dieser Veränderung die bisherige Firma fortgeführt werden, auch wenn sie den Namen des bisherigen Geschäftsinhabers oder Namen von Gesellschaftern enthält.
(2) Bei dem Ausscheiden eines Gesellschafters, dessen Name in der Firma enthalten ist, bedarf es zur Fortführung der Firma der ausdrücklichen Einwilligung des Gesellschafters oder seiner Erben.

§ 25 [Haftung des Erwerbers bei Geschäftsübernahme]

(1) [1]Wer ein unter Lebenden erworbenes Handelsgeschäft unter der bisherigen Firma mit oder ohne Beifügung eines das Nachfolgeverhältnis andeutenden Zusatzes fortführt, haftet für alle im Betriebe des Geschäfts begründeten Verbindlichkeiten des früheren Inhabers. [2]Die in dem Betriebe begründeten Forderungen gelten den Schuldnern gegenüber als auf den Erwerber übergegangen, falls der bisherige Inhaber oder seine Erben in die Fortführung der Firma gewilligt haben.
(2) Eine abweichende Vereinbarung ist einem Dritten gegenüber nur wirksam, wenn sie in das Handelsregister eingetragen und bekanntgemacht oder von dem Erwerber oder dem Veräußerer dem Dritten mitgeteilt worden ist.
(3) Wird die Firma nicht fortgeführt, so haftet der Erwerber eines Handelsgeschäfts für die früheren Geschäftsverbindlichkeiten nur, wenn ein besonderer Verpflichtungsgrund vorliegt, insbesondere wenn die Übernahme der Verbindlichkeiten in handelsüblicher Weise von dem Erwerber bekanntgemacht worden ist.

§ 26 [Fristen bei Haftung nach §25]

(1) [1]Ist der Erwerber des Handelsgeschäfts auf Grund der Fortführung der Firma oder auf Grund der in § 25 Abs. 3 bezeichneten Kundmachung für die früheren Geschäftsverbind-

lichkeiten haftbar, so haftet der frühere Geschäftsinhaber für diese Verbindlichkeiten nur, wenn sie vor Ablauf von fünf Jahren fällig und daraus Ansprüche gegen ihn in einer in § 197 Abs. 1 Nr. 3 bis 5 BGB bezeichneten Art festgestellt sind oder eine gerichtliche oder behörd-liche Vollstreckungshandlung vorgenommen oder beantragt wird; bei öffentlich-rechtlichen Verbindlichkeiten genügt der Erlass eines Verwaltungsakts. [2]Die Frist beginnt im Falle des § 25 Abs. 1 mit dem Ende des Tages, an dem der neue Inhaber der Firma in das Handelsregister des Gerichts der Hauptniederlassung eingetragen wird, im Falle des § 25 Abs. 3 mit dem Ende des Tages, an dem die Übernahme kundgemacht wird. [3]Die für die Verjährung geltenden §§ 204, 206, 210, 211 und 212 Abs. 2 und 3 BGB sind entsprechend anzuwenden.
(2) Einer Feststellung in einer in § 197 Abs. 1 Nr. 3 bis 5 BGB bezeichneten Art bedarf es nicht, soweit der frühere Geschäftsinhaber den Anspruch schriftlich anerkannt hat.

§ 27 [Haftung bei Erbschaft Handelsgeschäft]

(1) Wird ein zu einem Nachlasse gehörendes Handelsgeschäft von dem Erben fortgeführt, so finden auf die Haftung des Erben für die früheren Geschäftsverbindlichkeiten die Vorschriften des § 25 entsprechende Anwendung.
(2) [1]Die unbeschränkte Haftung nach § 25 Abs. 1 tritt nicht ein, wenn die Fortführung des Geschäfts vor dem Ablaufe von drei Monaten nach dem Zeitpunkt, in welchem der Erbe von dem Anfalle der Erbschaft Kenntnis erlangt hat, eingestellt wird. [2]Auf den Lauf der Frist finden die für die Verjährung geltenden Vorschriften des § 210 BGB entsprechende Anwendung. [3]Ist bei dem Ablaufe der drei Monate das Recht zur Ausschlagung der Erbschaft noch nicht verloren, so endigt die Frist nicht vor dem Ablaufe der Ausschlagungsfrist.

§ 28 [Eintritt in das Geschäft eines Einzelkaufmanns]

(1) [1]Tritt jemand als persönlich haftender Gesellschafter oder als Kommanditist in das Geschäft eines Einzelkaufmanns ein, so haftet die Gesellschaft, auch wenn sie die frühere Firma nicht fortführt, für alle im Betriebe des Geschäfts entstandenen Verbindlichkeiten des früheren Geschäftsinhabers. [2]Die in dem Betriebe begründeten Forderungen gelten den Schuldnern gegenüber als auf die Gesellschaft übergegangen.
(2) Eine abweichende Vereinbarung ist einem Dritten gegenüber nur wirksam, wenn sie in das Handelsregister eingetragen und bekanntgemacht oder von einem Gesellschafter dem Dritten mitgeteilt worden ist.
(3) [1]Wird der frühere Geschäftsinhaber Kommanditist und haftet die Gesellschaft für die im Betrieb seines Geschäfts entstandenen Verbindlichkeiten, so ist für die Begrenzung seiner Haftung § 26 entsprechend mit der Maßgabe anzuwenden, daß die in § 26 Abs. 1 bestimmte Frist mit dem Ende des Tages beginnt, an dem die Gesellschaft in das Handelsregister eingetragen wird. [2]Dies gilt auch, wenn er in der Gesellschaft oder einem ihr als Gesellschafter angehörenden Unternehmen geschäftsführend tätig wird. [3]Seine Haftung als Kommanditist bleibt unberührt.

§ 29 [Anmeldung der Firma]

Jeder Kaufmann ist verpflichtet, seine Firma, den Ort und die inländische Geschäftsanschrift seiner Handelsniederlassung bei dem Gericht, in dessen Bezirke sich die Niederlassung befindet, zur Eintragung in das Handelsregister anzumelden.

§ 30 [Unterscheidbarkeit]

(1) Jede neue Firma muss sich von allen an demselben Ort oder in derselben Gemeinde bereits bestehenden und in das Handelsregister oder in das Genossenschaftsregister eingetragenen Firmen deutlich unterscheiden.

(2) Hat ein Kaufmann mit einem bereits eingetragenen Kaufmanne die gleichen Vornamen und den gleichen Familiennamen und will auch er sich dieser Namen als seiner Firma bedienen, so muss er der Firma einen Zusatz beifügen, durch den sie sich von der bereits eingetragenen Firma deutlich unterscheidet.

(3) Besteht an dem Orte oder in der Gemeinde, wo eine Zweigniederlassung errichtet wird, bereits eine gleiche eingetragene Firma, so muss der Firma für die Zweigniederlassung ein der Vorschrift des Abs. 2 entsprechender Zusatz beigefügt werden.

(4) Durch die Landesregierungen kann bestimmt werden, dass benachbarte Orte oder Gemeinden als ein Ort oder als eine Gemeinde im Sinne dieser Vorschriften anzusehen sind.

§ 31 [Änderung der Firma; Erlöschen]

(1) Eine Änderung der Firma oder ihrer Inhaber, die Verlegung der Niederlassung an einen anderen Ort sowie die Änderung der inländischen Geschäftsanschrift ist nach den Vorschriften des § 29 zur Eintragung in das Handelsregister anzumelden.

(2) [1]Das gleiche gilt, wenn die Firma erlischt. [2]Kann die Anmeldung des Erlöschens einer eingetragenen Firma durch die hierzu Verpflichteten nicht auf dem in § 14 bezeichneten Wege herbeigeführt werden, so hat das Gericht das Erlöschen von Amts wegen einzutragen.

§ 32 [Insolvenzverfahren]

(1) [1]Wird über das Vermögen eines Kaufmanns das Insolvenzverfahren eröffnet, so ist dies von Amts wegen in das Handelsregister einzutragen. [2]Das gleiche gilt für

1. die Aufhebung des Eröffnungsbeschlusses,
2. die Bestellung eines vorläufigen Insolvenzverwalters, wenn zusätzlich dem Schuldner ein allgemeines Verfügungsverbot auferlegt oder angeordnet wird, dass Verfügungen des Schuldners nur mit Zustimmung des vorläufigen Insolvenzverwalters wirksam sind, und die Aufhebung einer derartigen Sicherungsmaßnahme,
3. die Anordnung der Eigenverwaltung durch den Schuldner und deren Aufhebung sowie die Anordnung der Zustimmungsbedürftigkeit bestimmter Rechtsgeschäfte des Schuldners,
4. die Einstellung und die Aufhebung des Verfahrens und

5. die Überwachung der Erfüllung eines Insolvenzplans und die Aufhebung der Überwachung.
(2) Die Vorschriften des § 15 sind nicht anzuwenden.

§ 33 [Eintragungspflicht juristische Person]

(1) Eine juristische Person, deren Eintragung in das Handelsregister mit Rücksicht auf den Gegenstand oder auf die Art und den Umfang ihres Gewerbebetriebes zu erfolgen hat, ist von sämtlichen Mitgliedern des Vorstandes zur Eintragung anzumelden.
(2) [1]Der Anmeldung sind die Satzung der juristischen Person und die Urkunden über die Bestellung des Vorstandes in Urschrift oder in öffentlich beglaubigter Abschrift beizufügen; ferner ist anzugeben, welche Vertretungsmacht die Vorstandsmitglieder haben. [2]Bei der Eintragung sind die Firma und der Sitz der juristischen Person, der Gegenstand des Unternehmens, die Mitglieder des Vorstandes und ihre Vertretungsmacht anzugeben. [3]Besondere Bestimmungen der Satzung über die Zeitdauer des Unternehmens sind gleichfalls einzutragen.
(3) Die Errichtung einer Zweigniederlassung ist durch den Vorstand anzumelden.
(4) Für juristische Personen im Sinne von Absatz 1 gilt die Bestimmung des § 37a entsprechend.

§ 37a [Angaben auf Geschäftsbriefen]

(1) Auf allen Geschäftsbriefen des Kaufmanns gleichviel welcher Form, die an einen bestimmten Empfänger gerichtet werden, müssen seine Firma, die Bezeichnung nach § 19 Abs. 1 Nr. 1, der Ort seiner Handelsniederlassung, das Registergericht und die Nummer, unter der die Firma in das Handelsregister eingetragen ist, angegeben werden.
(2) Der Angaben nach Absatz 1 bedarf es nicht bei Mitteilungen oder Berichten, die im Rahmen einer bestehenden Geschäftsverbindung ergehen und für die üblicherweise Vordrucke verwendet werden, in denen lediglich die im Einzelfall erforderlichen besonderen Angaben eingefügt zu werden brauchen.
(3) [1]Bestellscheine gelten als Geschäftsbriefe im Sinne des Absatzes 1. [2]Absatz 2 ist auf sie nicht anzuwenden.
(4) [1]Wer seiner Pflicht nach Abs. 1 nicht nachkommt, ist hierzu von dem Registergericht durch Festsetzung von Zwangsgeld anzuhalten. [2]§ 14 Satz 2 gilt entsprechend.

§ 48 [Erteilung der Prokura]

(1) Die Prokura kann nur von dem Inhaber des Handelsgeschäfts oder seinem gesetzlichen Vertreter und nur mittels ausdrücklicher Erklärung erteilt werden.
(2) Die Erteilung kann an mehrere Personen gemeinschaftlich erfolgen (Gesamtprokura).

§ 49 [Umfang der Prokura]

(1) Die Prokura ermächtigt zu allen Arten von gerichtlichen und außergerichtlichen Geschäften und Rechtshandlungen, die der Betrieb eines Handelsgewerbes mit sich bringt.

(2) Zur Veräußerung und Belastung von Grundstücken ist der Prokurist nur ermächtigt, wenn ihm diese Befugnis besonders erteilt ist.

§ 50 [Beschränkung des Umfangs]

(1) Eine Beschränkung des Umfanges der Prokura ist Dritten gegenüber unwirksam.

(2) Dies gilt insbesondere von der Beschränkung, dass die Prokura nur für gewisse Geschäfte oder gewisse Arten von Geschäften oder nur unter gewissen Umständen oder für eine gewisse Zeit oder an einzelnen Orten ausgeübt werden soll.

(3) [1]Eine Beschränkung der Prokura auf den Betrieb einer von mehreren Niederlassungen des Geschäftsinhabers ist Dritten gegenüber nur wirksam, wenn die Niederlassungen unter verschiedenen Firmen betrieben werden. [2]Eine Verschiedenheit der Firmen im Sinne dieser Vorschrift wird auch dadurch begründet, dass für eine Zweigniederlassung der Firma ein Zusatz beigefügt wird, der sie als Firma der Zweigniederlassung bezeichnet.

§ 51 [Zeichnung des Prokuristen]

Der Prokurist hat in der Weise zu zeichnen, dass er der Firma seinen Namen mit einem die Prokura andeutenden Zusatze beifügt.

§ 52 [Widerruf der Prokura; Unübertragbarkeit]

(1) Die Prokura ist ohne Rücksicht auf das der Erteilung zugrunde liegende Rechtsverhältnis jederzeit widerruflich, unbeschadet des Anspruchs auf die vertragsmäßige Vergütung.

(2) Die Prokura ist nicht übertragbar.

(3) Die Prokura erlischt nicht durch den Tod des Inhabers des Handelsgeschäfts.

§ 53 [Anmeldung der Erteilung und des Erlöschens]

(1) [1]Die Erteilung der Prokura ist von dem Inhaber des Handelsgeschäfts zur Eintragung in das Handelsregister anzumelden. [2]Ist die Prokura als Gesamtprokura erteilt, so muss auch dies zur Eintragung angemeldet werden.

(2) Das Erlöschen der Prokura ist in gleicher Weise wie die Erteilung zur Eintragung anzumelden.

§ 54 [Handlungsvollmacht]

(1) Ist jemand ohne Erteilung der Prokura zum Betrieb eines Handelsgewerbes oder zur Vornahme einer bestimmten zu einem Handelsgewerbe gehörigen Art von Geschäften oder zur Vornahme einzelner zu einem Handelsgewerbe gehöriger Geschäfte ermächtigt, so erstreckt sich die Vollmacht (Handlungsvollmacht) auf alle Geschäfte und Rechtshandlungen, die der Betrieb eines derartigen Handelsgewerbes oder die Vornahme derartiger Geschäfte gewöhnlich mit sich bringt.

(2) Zur Veräußerung oder Belastung von Grundstücken, zur Eingehung von Wechselverbindlichkeiten, zur Aufnahme von Darlehen und zur Prozeßführung ist der Handlungsbevollmächtigte nur ermächtigt, wenn ihm eine solche Befugnis besonders erteilt ist.
(3) Sonstige Beschränkungen der Handlungsvollmacht braucht ein Dritter nur dann gegen sich gelten zu lassen, wenn er sie kannte oder kennen musste.

§ 55 [Abschlussvertreter]

(1) Die Vorschriften des § 54 finden auch Anwendung auf Handlungsbevollmächtigte, die Handelsvertreter sind oder die als Handlungsgehilfen damit betraut sind, außerhalb des Betriebes des Prinzipals Geschäfte in dessen Namen abzuschließen.
(2) Die ihnen erteilte Vollmacht zum Abschluss von Geschäften bevollmächtigt sie nicht, abgeschlossene Verträge zu ändern, insbesondere Zahlungsfristen zu gewähren.
(3) Zur Annahme von Zahlungen sind sie nur berechtigt, wenn sie dazu bevollmächtigt sind.
(4) Sie gelten als ermächtigt, die Anzeige von Mängeln einer Ware, die Erklärung, dass eine Ware zur Verfügung gestellt werde, sowie ähnliche Erklärungen, durch die ein Dritter seine Rechte aus mangelhafter Leistung geltend macht oder sie vorbehält, entgegenzunehmen; sie können die dem Unternehmer (Prinzipal) zustehenden Rechte auf Sicherung des Beweises geltend machen.

§ 56 [Angestellte im Laden oder Warenlager]

Wer in einem Laden oder in einem offenen Warenlager angestellt ist, gilt als ermächtigt zu Verkäufen und Empfangnahmen, die in einem derartigen Laden oder Warenlager gewöhnlich geschehen.

§ 57 [Zeichnung des Handlungsbevollmächtigten]

Der Handlungsbevollmächtigte hat sich bei der Zeichnung jedes eine Prokura andeutenden Zusatzes zu enthalten; er hat mit einem das Vollmachtsverhältnis ausdrückenden Zusatze zu zeichnen.

§ 58 [Unübertragbarkeit der Handlungsvollmacht]

Der Handlungsbevollmächtigte kann ohne Zustimmung des Inhabers des Handelsgeschäfts seine Handlungsvollmacht auf einen anderen nicht übertragen.

§ 59 Handlungsgehilfe

[1]Wer in einem Handelsgewerbe zur Leistung kaufmännischer Dienste gegen Entgelt angestellt ist (Handlungsgehilfe), hat, soweit nicht besondere Vereinbarungen über die Art und den Umfang seiner Dienstleistungen oder über die ihm zukommende Vergütung getroffen sind, die dem Ortsgebrauch entsprechenden Dienste zu leisten sowie die dem Ortsgebrauch entsprechende Vergütung zu beanspruchen. [2]In Ermangelung eines Ortsgebrauchs gelten die den Umständen nach angemessenen Leistungen als vereinbart.

§ 60 [Gesetzliches Wettbewerbsverbot]

(1) Der Handlungsgehilfe darf ohne Einwilligung des Prinzipals weder ein Handelsgewerbe betreiben noch in dem Handelszweige des Prinzipals für eigene oder fremde Rechnung Geschäfte machen.
(2) Die Einwilligung zum Betrieb eines Handelsgewerbes gilt als erteilt, wenn dem Prinzipal bei der Anstellung des Gehilfen bekannt ist, dass er das Gewerbe betreibt, und der Prinzipal die Aufgabe des Betriebs nicht ausdrücklich vereinbart.

§ 61 [Verletzung des Wettbewerbsverbots]

(1) Verletzt der Handlungsgehilfe die ihm nach § 60 obliegende Verpflichtung, so kann der Prinzipal Schadensersatz fordern; er kann statt dessen verlangen, dass der Handlungsgehilfe die für eigene Rechnung gemachten Geschäfte als für Rechnung des Prinzipals eingegangen gelten lasse und die aus Geschäften für fremde Rechnung bezogene Vergütung herausgebe oder seinen Anspruch auf die Vergütung abtrete.
(2) Die Ansprüche verjähren in drei Monaten von dem Zeitpunkt an, in welchem der Prinzipal Kenntnis von dem Abschluss des Geschäfts erlangt oder ohne grobe Fahrlässigkeit erlangen müsste; sie verjähren ohne Rücksicht auf diese Kenntnis oder grob fahrlässige Unkenntnis in fünf Jahren von dem Abschluss des Geschäfts an.

§ 62 [Fürsorgepflicht des Arbeitgebers]

(1) Der Prinzipal ist verpflichtet, die Geschäftsräume und die für den Geschäftsbetrieb bestimmten Vorrichtungen und Gerätschaften so einzurichten und zu unterhalten, auch den Geschäftsbetrieb und die Arbeitszeit so zu regeln, dass der Handlungsgehilfe gegen eine Gefährdung seiner Gesundheit, soweit die Natur des Betriebs es gestattet, geschützt und die Aufrechterhaltung der guten Sitten und des Anstandes gesichert ist.

§ 64 [Gehaltszahlung]

[1]Die Zahlung des dem Handlungsgehilfen zukommenden Gehalts hat am Schluss jedes Monats zu erfolgen. [2]Eine Vereinbarung, nach der die Zahlung des Gehalts später erfolgen soll, ist nichtig.

§ 65 [Provision]

Ist bedungen, dass der Handlungsgehilfe für Geschäfte, die von ihm geschlossen oder vermittelt werden, Provision erhalten soll, so sind die für die Handelsvertreter geltenden Vorschriften des § 87 Abs. 1 und 3 sowie der §§ 87a bis 87c anzuwenden.

§ 74 [Vertragliches Wettbewerbsverbot]

(1) Eine Vereinbarung zwischen dem Prinzipal und dem Handlungsgehilfen, die den Gehilfen für die Zeit nach Beendigung des Dienstverhältnisses in seiner gewerblichen Tätigkeit beschränkt (Wettbewerbsverbot), bedarf der Schriftform und der Aushändigung

einer vom Prinzipal unterzeichneten, die vereinbarten Bestimmungen enthaltenden Urkunde an den Gehilfen.
(2) Das Wettbewerbsverbot ist nur verbindlich, wenn sich der Prinzipal verpflichtet, für die Dauer des Verbots eine Entschädigung zu zahlen, die für jedes Jahr des Verbots mindestens die Hälfte der von dem Handlungsgehilfen zuletzt bezogenen vertragsmäßigen Leistungen erreicht.

§ 84 [Begriff des Handelsvertreters]

(1) [1]Handelsvertreter ist, wer als selbständiger Gewerbetreibender ständig damit betraut ist, für einen anderen Unternehmer (Unternehmer) Geschäfte zu vermitteln oder in dessen Namen abzuschließen. [2]Selbständig ist, wer im Wesentlichen frei seine Tätigkeit gestalten und seine Arbeitszeit bestimmen kann.
(2) Wer, ohne selbständig im Sinne des Absatzes 1 zu sein, ständig damit betraut ist, für einen Unternehmer Geschäfte zu vermitteln oder in dessen Namen abzuschließen, gilt als Angestellter.
(3) Der Unternehmer kann auch ein Handelsvertreter sein.
(4) Die Vorschriften dieses Abschnittes finden auch Anwendung, wenn das Unternehmen des Handelsvertreters nach Art oder Umfang einen in kaufmännischer Weise eingerichteten Geschäftsbetrieb nicht erfordert.

§ 85 [Vertragsurkunde]

[1]Jeder Teil kann verlangen, dass der Inhalt des Vertrages sowie spätere Vereinbarungen zu dem Vertrag in eine vom anderen Teil unterzeichnete Urkunde aufgenommen werden. [2]Dieser Anspruch kann nicht ausgeschlossen werden.

§ 86 [Pflichten des Handelsvertreters]

(1) Der Handelsvertreter hat sich um die Vermittlung oder den Abschluss von Geschäften zu bemühen; er hat hierbei das Interesse des Unternehmers wahrzunehmen.
(2) Er hat dem Unternehmer die erforderlichen Nachrichten zu geben, namentlich ihm von jeder Geschäftsvermittlung und von jedem Geschäftsabschluss unverzüglich Mitteilung zu machen.
(3) Er hat seine Pflichten mit der Sorgfalt eines ordentlichen Kaufmanns wahrzunehmen.
(4) Von den Absätzen 1 und 2 abweichende Vereinbarungen sind unwirksam.

§ 86a [Pflichten Unternehmer]

(1) Der Unternehmer hat dem Handelsvertreter die zur Ausübung seiner Tätigkeit erforderlichen Unterlagen, wie Muster, Zeichnungen, Preislisten, Werbedrucksachen, Geschäftsbedingungen, zur Verfügung zu stellen.
(2) [1]Der Unternehmer hat dem Handelsvertreter die erforderlichen Nachrichten zu geben. [2]Er hat ihm unverzüglich die Annahme oder Ablehnung eines vom Handelsvertreter vermittelten oder ohne Vertretungsmacht abgeschlossenen Geschäfts und die Nichtausführung eines von ihm vermittelten oder abgeschlossenen Geschäfts

mitzuteilen. [3]Er hat ihn unverzüglich zu unterrichten, wenn er Geschäfte voraussichtlich nur in erheblich geringerem Umfange abschließen kann oder will, als der Handelsvertreter unter gewöhnlichen Umständen erwarten konnte.
(3) Von den Absätzen 1 und 2 abweichende Vereinbarungen sind unwirksam.

§ 86b [Delkredereprovision]

(1) [1]Verpflichtet sich ein Handelsvertreter, für die Erfüllung der Verbindlichkeit aus einem Geschäft einzustehen, so kann er eine besondere Vergütung (Delkredereprovision) beanspruchen; der Anspruch kann im voraus nicht ausgeschlossen werden. [2]Die Verpflichtung kann nur für ein bestimmtes Geschäft oder für solche Geschäfte mit bestimmten Dritten übernommen werden, die der Handelsvertreter vermittelt oder abschließt. [3]Die Übernahme bedarf der Schriftform.
(2) Der Anspruch auf die Delkredereprovision entsteht mit dem Abschluss des Geschäfts.

§ 87 [Provision]

(1) [1]Der Handelsvertreter hat Anspruch auf Provision für alle während des Vertragsverhältnisses abgeschlossenen Geschäfte, die auf seine Tätigkeit zurückzuführen sind oder mit Dritten abgeschlossen werden, die er als Kunden für Geschäfte der gleichen Art geworben hat. [2]Ein Anspruch auf Provision besteht für ihn nicht, wenn und soweit die Provision nach Absatz 3 dem ausgeschiedenen Handelsvertreter zusteht.
(2) [1]Ist dem Handelsvertreter ein bestimmter Bezirk oder ein bestimmter Kundenkreis zugewiesen, so hat er Anspruch auf Provision auch für die Geschäfte, die ohne seine Mitwirkung mit Personen seines Bezirks oder seines Kundenkreises während des Vertragsverhältnisses abgeschlossen sind. [2]Dies gilt nicht, wenn und soweit die Provision nach Absatz 3 dem ausgeschiedenen Handelsvertreter zusteht.
(3) [1]Für ein Geschäft, das erst nach Beendigung des Vertragsverhältnisses abgeschlossen ist, hat der Handelsvertreter Anspruch auf Provision nur, wenn
1. er das Geschäft vermittelt hat oder es eingeleitet und so vorbereitet hat, dass der Abschluss überwiegend auf seine Tätigkeit zurückzuführen ist, und das Geschäft innerhalb einer angemessenen Frist nach Beendigung des Vertragsverhältnisses abgeschlossen worden ist oder
2. vor Beendigung des Vertragsverhältnisses das Angebot des Dritten zum Abschluss eines Geschäfts, für das der Handelsvertreter nach Abs.1 Satz 1 oder Abs. 2 Satz 1 Anspruch auf Provision hat, dem Handelsvertreter oder dem Unternehmer zugegangen ist.
[2]Der Anspruch auf Provision nach Satz 1 steht dem nachfolgenden Handelsvertreter anteilig zu, wenn wegen besonderer Umstände eine Teilung der Provision der Billigkeit entspricht.
(4) Neben dem Anspruch auf Provision für abgeschlossene Geschäfte hat der Handelsvertreter Anspruch auf Inkassoprovision für die von ihm auftragsgemäß eingezogenen Beträge.

§ 87a [Fälligkeit der Provision]

(1) [1]Der Handelsvertreter hat Anspruch auf Provision, sobald und soweit der Unternehmer das Geschäft ausgeführt hat. [2]Eine abweichende Vereinbarung kann getroffen werden, jedoch hat der Handelsvertreter mit der Ausführung des Geschäfts durch den Unternehmer Anspruch auf einen angemessenen Vorschuß, der spätestens am letzten Tag des folgenden Monats fällig ist. [3]Unabhängig von einer Vereinbarung hat jedoch der Handelsvertreter Anspruch auf Provision, sobald und soweit der Dritte das Geschäft ausgeführt hat.

(2) Steht fest, dass der Dritte nicht leistet, so entfällt der Anspruch auf Provision; bereits empfangene Beträge sind zurückzugewähren.

(3) [1]Der Handelsvertreter hat auch dann einen Anspruch auf Provision, wenn feststeht, dass der Unternehmer das Geschäft ganz oder teilweise nicht oder nicht so ausführt, wie es abgeschlossen worden ist. [2]Der Anspruch entfällt im Falle der Nichtausführung, wenn und soweit diese auf Umständen beruht, die vom Unternehmer nicht zu vertreten sind.

(4) Der Anspruch auf Provision wird am letzten Tag des Monats fällig, in dem nach § 87c Abs.1 über den Anspruch abzurechnen ist.

(5) Von Absatz 2 erster Halbsatz, Absätzen 3 und 4 abweichende, für den Handelsvertreter nachteilige Vereinbarungen sind unwirksam.

§ 89 [Kündigung des Vertrags]

(1) [1]Ist das Vertragsverhältnis auf unbestimmte Zeit eingegangen, so kann es im ersten Jahr der Vertragsdauer mit einer Frist von einem Monat, im zweiten Jahr mit einer Frist von zwei Monaten und im dritten bis fünften Jahr mit einer Frist von drei Monaten gekündigt werden. [2]Nach einer Vertragsdauer von fünf Jahren kann das Vertragsverhältnis mit einer Frist von sechs Monaten gekündigt werden. [3]Die Kündigung ist nur für den Abschluss eines Kalendermonats zulässig, sofern keine abweichende Vereinbarung getroffen ist.

(2) [1]Die Kündigungsfristen nach Absatz 1 Satz 1 und 2 können durch Vereinbarung verlängert werden; die Frist darf für den Unternehmer nicht kürzer sein als für den Handelsvertreter. [2]Bei Vereinbarung einer kürzeren Frist für den Unternehmer gilt die für den Handelsvertreter vereinbarte Frist.

(3) [1]Ein für eine bestimmte Zeit eingegangenes Vertragsverhältnis, das nach Ablauf der vereinbarten Laufzeit von beiden Teilen fortgesetzt wird, gilt als auf unbestimmte Zeit verlängert. [2]Für die Bestimmung der Kündigungsfristen nach Absatz 1 Satz 1 und 2 ist die Gesamtdauer des Vertragsverhältnisses maßgeblich.

§ 89a [Fristlose Kündigung]

(1) [1]Das Vertragsverhältnis kann von jedem Teil aus wichtigem Grund ohne Einhaltung einer Kündigungsfrist gekündigt werden. [2]Dieses Recht kann nicht ausgeschlossen oder beschränkt werden.

(2) Wird die Kündigung durch ein Verhalten veranlaßt, das der andere Teil zu vertreten hat, so ist dieser zum Ersatz des durch die Aufhebung des Vertragsverhältnisses entstehenden Schadens verpflichtet.

§ 89b [Ausgleichsanspruch]

(1) [1]Der Handelsvertreter kann von dem Unternehmer nach Beendigung des Vertragsverhältnisses einen angemessenen Ausgleich verlangen, wenn und soweit

1. der Unternehmer aus der Geschäftsverbindung mit neuen Kunden, die der Handelsvertreter geworben hat, auch nach Beendigung des Vertragsverhältnisses erhebliche Vorteile hat und
2. die Zahlung eines Ausgleichs unter Berücksichtigung aller Umstände, insbesondere der dem Handelsvertreter aus Geschäften mit diesen Kunden entgehenden Provisionen, der Billigkeit entspricht.

[2]Der Werbung eines neuen Kunden steht es gleich, wenn der Handelsvertreter die Geschäftsverbindung mit einem Kunden so wesentlich erweitert hat, dass dies wirtschaftlich der Werbung eines neuen Kunden entspricht.

(2) Der Ausgleich beträgt höchstens eine nach dem Durchschnitt der letzten fünf Jahre der Tätigkeit des Handelsvertreters berechnete Jahresprovision oder sonstige Jahresvergütung; bei kürzerer Dauer des Vertragsverhältnisses ist der Durchschnitt während der Dauer der Tätigkeit maßgebend.

(3) Der Anspruch besteht nicht, wenn

1. der Handelsvertreter das Vertragsverhältnis gekündigt hat, es sei denn, dass ein Verhalten des Unternehmers hierzu begründeten Anlaß gegeben hat oder dem Handelsvertreter eine Fortsetzung seiner Tätigkeit wegen seines Alters oder wegen Krankheit nicht zugemutet werden kann, oder
2. der Unternehmer das Vertragsverhältnis gekündigt hat und für die Kündigung ein wichtiger Grund wegen schuldhaften Verhaltens des Handelsvertreters vorlag oder
3. auf Grund einer Vereinbarung zwischen dem Unternehmer und dem Handelsvertreter ein Dritter anstelle des Handelsvertreters in das Vertragsverhältnis eintritt; die Vereinbarung kann nicht vor Beendigung des Vertragsverhältnisses getroffen werden.

(4) [1]Der Anspruch kann im voraus nicht ausgeschlossen werden. [2]Er ist innerhalb eines Jahres nach Beendigung des Vertragsverhältnisses geltend zu machen.

§ 90 [Geschäfts- und Betriebsgeheimnisse]

Der Handelsvertreter darf Geschäfts- und Betriebsgeheimnisse, die ihm anvertraut oder als solche durch seine Tätigkeit für den Unternehmer bekanntgeworden sind, auch nach Beendigung des Vertragsverhältnisses nicht verwerten oder anderen mitteilen, soweit dies nach den gesamten Umständen der Berufsauffassung eines ordentlichen Kaufmannes widersprechen würde.

§ 90a [Wettbewerbsabrede]

(1) [1]Eine Vereinbarung, die den Handelsvertreter nach Beendigung des Vertragsverhältnisses in seiner gewerblichen Tätigkeit beschränkt (Wettbewerbsabrede), bedarf der Schriftform und der Aushändigung einer vom Unternehmer unterzeichneten, die vereinbarten Bestimmungen enthaltenden Urkunde an den Handelsvertreter. [2]Die Abrede kann nur für längstens zwei Jahre von der Beendigung des Vertragsverhältnisses an getroffen werden; sie darf sich nur auf den dem Handelsvertreter zugewiesenen Bezirk oder Kundenkreis und nur auf die Gegenstände erstrecken, hinsichtlich deren sich der Handelsvertreter um die Vermittlung oder den Abschluss von Geschäften für den Unternehmer zu bemühen hat. [3]Der Unternehmer ist verpflichtet, dem Handelsvertreter für die Dauer der Wettbewerbsbeschränkung eine angemessene Entschädigung zu zahlen.

(2) Der Unternehmer kann bis zum Ende des Vertragsverhältnisses schriftlich auf die Wettbewerbsbeschränkung mit der Wirkung verzichten, dass er mit dem Ablauf von sechs Monaten seit der Erklärung von der Verpflichtung zur Zahlung der Entschädigung frei wird.

(3) Kündigt ein Teil das Vertragsverhältnis aus wichtigem Grund wegen schuldhaften Verhaltens des anderen Teils, kann er sich durch schriftliche Erklärung binnen einem Monat nach der Kündigung von der Wettbewerbsabrede lossagen.

(4) Abweichende für den Handelsvertreter nachteilige Vereinbarungen können nicht getroffen werden.

§ 93 [Begriff Handelsmakler]

(1) Wer gewerbsmäßig für andere Personen, ohne von ihnen auf Grund eines Vertragsverhältnisses ständig damit betraut zu sein, die Vermittlung von Verträgen über Anschaffung oder Veräußerung von Waren oder Wertpapieren, über Versicherungen, Güterbeförderungen, Schiffsmiete oder sonstige Gegenstände des Handelsverkehrs übernimmt, hat die Rechte und Pflichten eines Handelsmaklers.

(2) Auf die Vermittlung anderer als der bezeichneten Geschäfte, insbesondere auf die Vermittlung von Geschäften über unbewegliche Sachen, finden, auch wenn die Vermittlung durch einen Handelsmakler erfolgt, die Vorschriften dieses Abschnitts keine Anwendung.

(3) Die Vorschriften dieses Abschnittes finden auch Anwendung, wenn das Unternehmen des Handelsmaklers nach Art oder Umfang einen in kaufmännischer Weise eingerichteten Geschäftsbetrieb nicht erfordert.

§ 94 [Schlussnote]

(1) Der Handelsmakler hat, sofern nicht die Parteien ihm dies erlassen oder der Ortsgebrauch mit Rücksicht auf die Gattung der Ware davon entbindet, unverzüglich nach dem Abschlusse des Geschäfts jeder Partei eine von ihm unterzeichnete Schlußnote zuzustellen, welche die Parteien, den Gegenstand und die Bedingungen des Geschäfts,

insbesondere bei Verkäufen von Waren oder Wertpapieren deren Gattung und Menge sowie den Preis und die Zeit der Lieferung, enthält.
(2) Bei Geschäften, die nicht sofort erfüllt werden sollen, ist die Schlußnote den Parteien zu ihrer Unterschrift zuzustellen und jeder Partei die von der anderen unterschriebene Schlußnote zu übersenden.
(3) Verweigert eine Partei die Annahme oder Unterschrift der Schlußnote, so hat der Handelsmakler davon der anderen Partei unverzüglich Anzeige zu machen.

§ 97 [Keine Inkassovollmacht]

Der Handelsmakler gilt nicht als ermächtigt, eine Zahlung oder eine andere im Vertrage bedungene Leistung in Empfang zu nehmen.

§ 98 [Haftung gegenüber beiden Parteien]

Der Handelsmakler haftet jeder der beiden Parteien für den durch sein Verschulden entstehenden Schaden.

§ 99 [Lohnanspruch gegen beide Parteien]

Ist unter den Parteien nichts darüber vereinbart, wer den Maklerlohn bezahlen soll, so ist er in Ermangelung eines abweichenden Ortsgebrauchs von jeder Partei zur Hälfte zu entrichten.

§ 100 [Tagebuch]

(1) [1]Der Handelsmakler ist verpflichtet, ein Tagebuch zu führen und in dieses alle abgeschlossenen Geschäfte täglich einzutragen. [2]Die Eintragungen sind nach der Zeitfolge zu bewirken; sie haben die in § 94 Abs. 1 bezeichneten Angaben zu enthalten. [3]Das Eingetragene ist von dem Handelsmakler täglich zu unterzeichnen oder gemäß § 126a Abs. 1 BGB elektronisch zu signieren.

§ 101 [Auszüge aus Tagebuch]

Der Handelsmakler ist verpflichtet, den Parteien jederzeit auf Verlangen Auszüge aus dem Tagebuche zu geben, die von ihm unterzeichnet sind und alles enthalten, was von ihm in Ansehung des vermittelten Geschäfts eingetragen ist.

§ 103 [Ordnungswidrigkeiten]

(1) Ordnungswidrig handelt, wer als Handelsmakler
1.vorsätzlich oder fahrlässig ein Tagebuch über die abgeschlossenen Geschäfte zu führen unterläßt oder das Tagebuch in einer Weise führt, die dem § 100 Abs. 1 widerspricht oder
2.ein solches Tagebuch vor Ablauf der gesetzlichen Aufbewahrungsfrist vernichtet.
(2) Die Ordnungswidrigkeit kann mit einer Geldbuße bis zu 5.000 Euro geahndet werden.

Zweites Buch. Handelsgesellschaften

Rechtsstand des 1. Und 2. Abschnitts: 1. Jan. 2024

Erster Abschnitt. Offene Handelsgesellschaft

§ 105 Begriff der offenen Handelsgesellschaft; Anwendbarkeit des Bürgerlichen Gesetzbuchs

(1) Eine Gesellschaft, deren Zweck auf den Betrieb eines Handelsgewerbes unter gemeinschaftlicher Firma gerichtet ist, ist eine offene Handelsgesellschaft, wenn bei keinem der Gesellschafter die Haftung gegenüber den Gesellschaftsgläubigern beschränkt ist.
2) Die offene Handelsgesellschaft kann Rechte erwerben und Verbindlichkeiten eingehen.
(3) Auf die offene Handelsgesellschaft finden, soweit in diesem Abschnitt nichts anderes vorgeschrieben ist, die Vorschriften des Bürgerlichen Gesetzbuchs über die Gesellschaft entsprechende Anwendung.

§106 Anmeldung zum Handelsregister; Statuswechsel

(1) Die Gesellschaft ist bei dem Gericht, in dessen Bezirk sie ihren Sitz hat, zur Eintragung in das Handelsregister anzumelden.
(2) Die Anmeldung muss enthalten:
1. folgende Angaben zur Gesellschaft:
a) die Firma,
b) den Sitz und
c) die Geschäftsanschrift in einem Mitgliedstaat der Europäischen Union;
2. folgende Angaben zu jedem Gesellschafter:
a) wenn der Gesellschafter eine natürliche Person ist: dessen Namen, Vornamen, Geburtsdatum und Wohnort;
b) wenn der Gesellschafter eine juristische Person oder rechtsfähige Personengesellschaft ist: deren Firma oder Namen, Rechtsform, Sitz und, soweit gesetzlich vorgesehen, zuständiges Register und Registernummer;
3. die Angabe der Vertretungsbefugnis der Gesellschafter;
4. die Versicherung, dass die Gesellschaft nicht bereits im Gesellschafts- oder im Partnerschaftsregister eingetragen ist.
(3) Ist die Gesellschaft bereits im Gesellschafts- oder im Partnerschaftsregister eingetragen, hat die Anmeldung im Wege eines Statuswechsels dort zu erfolgen.
(4) 1Das Gericht soll eine Gesellschaft, die bereits im Gesellschafts- oder im Partnerschaftsregister eingetragen ist, in das Handelsregister nur eintragen, wenn
1. der Statuswechsel zu dem anderen Register nach Absatz 3 angemeldet wurde,
2. der Statuswechselvermerk in das andere Register eingetragen wurde und

3. das für die Führung des anderen Registers zuständige Gericht das Verfahren an das für die Führung des Handelsregisters zuständige Gericht abgegeben hat.

§107 Kleingewerbliche, vermögensverwaltende oder freiberufliche Gesellschaft; Statuswechsel

(1) 1Eine Gesellschaft, deren Gewerbebetrieb nicht schon nach § 1 Absatz 2 Handelsgewerbe ist oder die nur eigenes Vermögen verwaltet, ist offene Handelsgesellschaft, wenn die Firma des Unternehmens in das Handelsregister eingetragen ist. 2Dies gilt auch für eine Gesellschaft, deren Zweck die gemeinsame Ausübung Freier Berufe durch ihre Gesellschafter ist, soweit das anwendbare Berufsrecht die Eintragung zulässt.
(2) 1Die Gesellschaft ist berechtigt, aber nicht verpflichtet, die Eintragung nach den für die Eintragung einer offenen Handelsgesellschaft geltenden Vorschriften herbeizuführen. 2Ist die Eintragung erfolgt, ist eine Fortsetzung als Gesellschaft bürgerlichen Rechts nur im Wege eines Statuswechsels zulässig.
(3) 1Wird eine offene Handelsgesellschaft zur Eintragung in das Gesellschaftsregister angemeldet, trägt das Gericht ihre Fortsetzung als Gesellschaft bürgerlichen Rechts ein, sofern nicht die Voraussetzung des § 1 Absatz 2 eingetreten ist. 2Im Übrigen findet § 707c Absatz 2 Satz 2 bis 5 des Bürgerlichen Gesetzbuchs entsprechende Anwendung.

§108 Gestaltungsfreiheit

Von den Vorschriften dieses Titels kann durch den Gesellschaftsvertrag abgewichen werden, soweit im Gesetz nichts anderes bestimmt ist.

§ 109 Beschlussfassung

(1) Die Beschlüsse der Gesellschafter werden in Versammlungen gefasst.
(2) 1Die Versammlung kann durch jeden Gesellschafter einberufen werden, der die Befugnis zur Geschäftsführung hat. 2Die Einberufung erfolgt durch formlose Einladung der anderen Gesellschafter unter Ankündigung des Zwecks der Versammlung in angemessener Frist.
(3) Gesellschafterbeschlüsse bedürfen der Zustimmung aller stimmberechtigten Gesellschafter.
(4) Hat nach dem Gesellschaftsvertrag die Mehrheit der Stimmen zu entscheiden, ist die Gesellschafterversammlung beschlussfähig, wenn die anwesenden Gesellschafter oder ihre Vertreter ohne Rücksicht auf ihre Stimmberechtigung die für die Beschlussfassung erforderlichen Stimmen haben.

§ 110 Anfechtbarkeit und Nichtigkeit von Gesellschafterbeschlüssen

(1) Ein Beschluss der Gesellschafter kann wegen Verletzung von Rechtsvorschriften durch Klage auf Nichtigerklärung angefochten werden (Anfechtungsklage).
(2) 1Ein Gesellschafterbeschluss ist von Anfang an nichtig, wenn er

1. durch seinen Inhalt Rechtsvorschriften verletzt, auf deren Einhaltung die Gesellschafter nicht verzichten können, oder
2. nach einer Anfechtungsklage durch Urteil rechtskräftig für nichtig erklärt worden ist.
2Die Nichtigkeit eines Beschlusses der Gesellschafter kann auch auf andere Weise als durch Klage auf Feststellung der Nichtigkeit (Nichtigkeitsklage) geltend gemacht werden.

§ 111 Anfechtungsbefugnis; Rechtsschutzbedürfnis

(1) Anfechtungsbefugt ist jeder Gesellschafter, der oder dessen Rechtsvorgänger im Zeitpunkt der Beschlussfassung der Gesellschaft angehört hat.
(2) Ein Verlust der Mitgliedschaft nach dem Zeitpunkt der Beschlussfassung lässt das Rechtsschutzbedürfnis des Rechtsvorgängers unberührt, wenn er ein berechtigtes Interesse an der Führung des Rechtsstreits hat.

§ 112 Klagefrist

(1) 1Die Anfechtungsklage ist innerhalb von drei Monaten zu erheben. 2Eine Vereinbarung im Gesellschaftsvertrag, welche eine kürzere Frist als einen Monat vorsieht, ist unwirksam.
(2) Die Frist beginnt mit dem Tag, an dem der Beschluss dem anfechtungsbefugten Gesellschafter bekanntgegeben worden ist.
(3) 1Für die Dauer von Vergleichsverhandlungen über den Gegenstand des Beschlusses oder die ihm zugrundeliegenden Umstände zwischen dem anfechtungsbefugten Gesellschafter und der Gesellschaft wird die Klagefrist gehemmt. 2Die für die Verjährung geltenden §§ 203 und 209 des Bürgerlichen Gesetzbuchs sind mit der Maßgabe entsprechend anzuwenden, dass die Klagefrist frühestens einen Monat nach dem Scheitern der Vergleichsverhandlungen endet.

§ 116 Geschäftsführungsbefugnis

(1) Zur Führung der Geschäfte der Gesellschaft sind alle Gesellschafter berechtigt und verpflichtet.
(2) 1Die Befugnis zur Geschäftsführung erstreckt sich auf alle Geschäfte, die der gewöhnliche Betrieb des Handelsgewerbes der Gesellschaft mit sich bringt; zur Vornahme von Geschäften, die darüber hinausgehen, ist ein Beschluss aller Gesellschafter erforderlich. 2Zur Bestellung eines Prokuristen bedarf es der Zustimmung aller geschäftsführungsbefugten Gesellschafter, es sei denn, dass mit dem Aufschub Gefahr für die Gesellschaft oder das Gesellschaftsvermögen verbunden ist. 3Der Widerruf der Prokura kann von jedem der zur Erteilung oder zur Mitwirkung bei der Erteilung befugten Gesellschafter erfolgen.
(3) 1Die Geschäftsführung steht vorbehaltlich des Absatzes 4 allen Gesellschaftern in der Art zu, dass jeder von ihnen allein zu handeln berechtigt ist. 2Das gilt im Zweifel entsprechend, wenn nach dem Gesellschaftsvertrag die Geschäftsführung mehreren Gesellschaftern zusteht. 3Widerspricht ein geschäftsführungsbefugter Gesellschafter der Vornahme des Geschäfts, muss dieses unterbleiben.

(4) Steht nach dem Gesellschaftsvertrag die Geschäftsführung allen oder mehreren Gesellschaftern in der Art zu, dass sie nur gemeinsam zu handeln berechtigt sind, bedarf es für jedes Geschäft der Zustimmung aller geschäftsführungsbefugten Gesellschafter, es sei denn, dass mit dem Aufschub Gefahr für die Gesellschaft oder das Gesellschaftsvermögen verbunden ist.
(5) 1Die Befugnis zur Geschäftsführung kann einem Gesellschafter auf Antrag der anderen Gesellschafter ganz oder teilweise durch gerichtliche Entscheidung entzogen werden, wenn ein wichtiger Grund vorliegt. 2Ein wichtiger Grund ist insbesondere eine grobe Pflichtverletzung des Gesellschafters oder die Unfähigkeit des Gesellschafters zur ordnungsgemäßen Geschäftsführung.
(6) 1Der Gesellschafter kann seinerseits die Geschäftsführung ganz oder teilweise kündigen, wenn ein wichtiger Grund vorliegt. 2§ 671 Absatz 2 und 3 des Bürgerlichen Gesetzbuchs ist entsprechend anzuwenden.

§ 117 Wettbewerbsverbot

(1) Ein Gesellschafter darf ohne Einwilligung der anderen Gesellschafter weder in dem Handelszweig der Gesellschaft Geschäfte machen noch an einer anderen gleichartigen Gesellschaft als persönlich haftender Gesellschafter teilnehmen.
(2) Die Einwilligung zur Teilnahme an einer anderen Gesellschaft gilt als erteilt, wenn den anderen Gesellschaftern bei Eingehung der Gesellschaft bekannt ist, dass der Gesellschafter an einer anderen Gesellschaft als persönlich haftender Gesellschafter teilnimmt, und gleichwohl die Aufgabe dieser Beteiligung nicht ausdrücklich vereinbart wird.

§ 120 Ermittlung von Gewinn- und Verlustanteilen

1) 1Die geschäftsführungsbefugten Gesellschafter sind gegenüber der Gesellschaft zur Aufstellung des Jahresabschlusses (§ 242 Absatz 3) verpflichtet. 2Sie haben dabei für jeden Gesellschafter nach Maßgabe von § 709 Absatz 3 des Bürgerlichen Gesetzbuchs den Anteil am Gewinn oder Verlust zu ermitteln.
(2) Der einem Gesellschafter zukommende Gewinn wird dem Kapitalanteil des Gesellschafters zugeschrieben; der auf einen Gesellschafter entfallende Verlust wird davon abgeschrieben.

§ 121 Feststellung des Jahresabschlusses

Über die Feststellung des Jahresabschlusses entscheiden die Gesellschafter durch Beschluss.

§ 122 Gewinnauszahlung

1Jeder Gesellschafter hat aufgrund des festgestellten Jahresabschlusses Anspruch auf Auszahlung seines ermittelten Gewinnanteils. 2Der Anspruch kann nicht geltend gemacht werden, soweit die Auszahlung zum offenbaren Schaden der Gesellschaft gereicht oder der Gesellschafter seinen vereinbarten Beitrag trotz Fälligkeit nicht geleistet hat.

§ 123 Entstehung der Gesellschaft im Verhältnis zu Dritten

(1) 1Im Verhältnis zu Dritten entsteht die Gesellschaft, sobald sie im Handelsregister eingetragen ist. 2Dessen ungeachtet entsteht die Gesellschaft schon dann, wenn sie mit Zustimmung sämtlicher Gesellschafter am Rechtsverkehr teilnimmt, soweit sich aus § 107 Absatz 1 nichts anderes ergibt.
(2) Eine Vereinbarung, dass die Gesellschaft erst zu einem späteren Zeitpunkt entstehen soll, ist Dritten gegenüber unwirksam.

§ 124 Vertretung der Gesellschaft

(1) Zur Vertretung der Gesellschaft ist jeder Gesellschafter befugt, wenn er nicht durch den Gesellschaftsvertrag von der Vertretung ausgeschlossen ist.
(2) 1Im Gesellschaftsvertrag kann vereinbart werden, dass alle oder mehrere Gesellschafter nur gemeinsam zur Vertretung der Gesellschaft befugt sein sollen. 2Die zur Gesamtvertretung befugten Gesellschafter können einzelne von ihnen zur Vornahme bestimmter Geschäfte oder bestimmter Arten von Geschäften ermächtigen.

§ 125 Angaben auf Geschäftsbriefen

(1) Auf allen Geschäftsbriefen der Gesellschaft, gleichviel welcher Form, die an einen bestimmten Empfänger gerichtet werden, müssen die Firma und der Sitz der Gesellschaft, das Registergericht und die Nummer, unter der die Gesellschaft in das Handelsregister eingetragen ist, angegeben werden. ...

§ 126 Persönliche Haftung der Gesellschafter

1Die Gesellschafter haften für die Verbindlichkeiten der Gesellschaft den Gläubigern als Gesamtschuldner persönlich. 2Eine entgegenstehende Vereinbarung ist Dritten gegenüber unwirksam.

§ 127 Haftung des eintretenden Gesellschafters

1Wer in eine bestehende Gesellschaft eintritt, haftet gleich den anderen Gesellschaftern nach Maßgabe der §§ 126 und 128 für die vor seinem Eintritt begründeten Verbindlichkeiten der Gesellschaft. 2Eine entgegenstehende Vereinbarung ist Dritten gegenüber unwirksam.

§ 130 Gründe für das Ausscheiden; Zeitpunkt des Ausscheidens

(1) Folgende Gründe führen zum Ausscheiden eines Gesellschafters aus der Gesellschaft, sofern der Gesellschaftsvertrag für diese Fälle nicht die Auflösung der Gesellschaft vorsieht:
1. Tod des Gesellschafters;
2. Kündigung der Mitgliedschaft durch den Gesellschafter;
3. Eröffnung des Insolvenzverfahrens über das Vermögen des Gesellschafters;
4. Kündigung der Mitgliedschaft durch einen Privatgläubiger des Gesellschafters;
5. gerichtliche Entscheidung über Ausschließungsklage.

(2) Im Gesellschaftsvertrag können weitere Gründe für das Ausscheiden eines Gesellschafters vereinbart werden.
(3) Der Gesellschafter scheidet mit Eintritt des ihn betreffenden Ausscheidensgrundes aus, im Fall der Kündigung der Mitgliedschaft aber nicht vor Ablauf der Kündigungsfrist und im Fall der gerichtlichen Entscheidung über die Ausschließungsklage nicht vor Rechtskraft des stattgebenden Urteils.

§ 132 Kündigung der Mitgliedschaft durch den Gesellschafter

(1) Ist das Gesellschaftsverhältnis auf unbestimmte Zeit eingegangen, kann ein Gesellschafter seine Mitgliedschaft unter Einhaltung einer Frist von sechs Monaten zum Ablauf des Geschäftsjahres gegenüber der Gesellschaft kündigen.
(2) 1Ist für das Gesellschaftsverhältnis eine Zeitdauer vereinbart, ist die Kündigung der Mitgliedschaft durch einen Gesellschafter vor dem Ablauf dieser Zeit zulässig, wenn ein wichtiger Grund vorliegt. 2Ein wichtiger Grund liegt insbesondere vor, wenn ein anderer Gesellschafter eine ihm nach dem Gesellschaftsvertrag obliegende wesentliche Verpflichtung vorsätzlich oder grob fahrlässig verletzt hat oder wenn die Erfüllung einer solchen Verpflichtung unmöglich wird.
(3) Liegt ein wichtiger Grund im Sinne von Absatz 2 Satz 2 vor, so ist eine Kündigung der Mitgliedschaft durch einen Gesellschafter stets ohne Einhaltung einer Kündigungsfrist zulässig.
...
(5) 1Die Kündigung darf nicht zur Unzeit geschehen, es sei denn, dass ein wichtiger Grund für die unzeitige Kündigung vorliegt. 2Kündigt ein Gesellschafter seine Mitgliedschaft dennoch ohne einen solchen Grund zur Unzeit, hat er der Gesellschaft den daraus entstehenden Schaden zu ersetzen.
(6) Eine Vereinbarung im Gesellschaftsvertrag, welche das Kündigungsrecht nach den Absätzen 2 und 4 ausschließt oder diesen Vorschriften zuwider beschränkt, ist unwirksam.

§ 137 Nachhaftung des ausgeschiedenen Gesellschafters

(1) 1Scheidet ein Gesellschafter aus der Gesellschaft aus, so haftet er für deren bis dahin begründete Verbindlichkeiten, wenn sie vor Ablauf von fünf Jahren nach seinem Ausscheiden fällig sind und
1. daraus Ansprüche gegen ihn in einer in § 197 Absatz 1 Nummer 3 bis 5 des Bürgerlichen Gesetzbuchs bezeichneten Art festgestellt sind oder
2. eine gerichtliche oder behördliche Vollstreckungshandlung vorgenommen oder beantragt wird; bei öffentlich-rechtlichen Verbindlichkeiten genügt der Erlass eines Verwaltungsakts.

Zweiter Abschnitt. Kommanditgesellschaft

§ 161 [Begriff der KG; Anwendbarkeit der OHG-Vorschriften]

(1) Eine Gesellschaft, deren Zweck auf den Betrieb eines Handelsgewerbes unter gemeinschaftlicher Firma gerichtet ist, ist eine Kommanditgesellschaft, wenn bei einem oder bei einigen von den Gesellschaftern die Haftung gegenüber den Gesellschaftsgläubigern auf einen bestimmten Betrag (Haftsumme) beschränkt ist (Kommanditisten), während bei dem anderen Teil der Gesellschafter eine Beschränkung der Haftung nicht stattfindet (persönlich haftende Gesellschafter).

(2) Soweit nicht in diesem Abschnitt ein anderes vorgeschrieben ist, finden auf die Kommanditgesellschaft die für die offene Handelsgesellschaft geltenden Vorschriften entsprechende Anwendung.

§ 162 [Anmeldung zum Handelsregister]

1Die Anmeldung der Gesellschaft hat außer den in § 106 Abs. 2 vorgesehenen Angaben die Bezeichnung der Kommanditisten und den Betrag der Haftsumme eines jeden von ihnen zu enthalten.

§ 163 [Rechtsverhältnis der Gesellschafter untereinander]

Für das Verhältnis der Gesellschafter untereinander gelten in Ermangelung abweichender Bestimmungen des Gesellschaftsvertrags die besonderen Vorschriften der §§ 164 bis 169.

§ 164 Geschäftsführungsbefugnis

[1]Die Kommanditisten sind von der Geschäftsführungsbefugnis ausgeschlossen; § 116 Abs.2 Satz 1 bleibt unberührt.

§ 165 [Wettbewerbsverbot]

Die §§ 117 und 118 finden auf die Kommanditisten keine Anwendung.

§ 166 Informationsrecht der Kommanditisten

(1) 1Der Kommanditist kann von der Gesellschaft eine Abschrift des Jahresabschlusses (§ 242 Absatz 3) verlangen und zu dessen Überprüfung Einsicht in die zugehörigen Geschäftsunterlagen nehmen. 2Daneben kann er von der Gesellschaft Auskunft über die Gesellschaftsangelegenheiten verlangen, soweit dies zur Wahrnehmung seiner Mitgliedschaftsrechte erforderlich ist, insbesondere, wenn Grund zu der Annahme unredlicher Geschäftsführung besteht.

(2) Eine Vereinbarung im Gesellschaftsvertrag, welche diese Rechte ausschließt oder dieser Vorschrift zuwider beschränkt, ist unwirksam.

§ 167 Verlustbeteiligung

Soweit der Kommanditist die vereinbarte Einlage geleistet hat, sind die §§ 136 und 149 auf ihn nicht anzuwenden.

§ 170 Vertretung der Kommanditgesellschaft

(1) Der Kommanditist ist als solcher nicht befugt, die Gesellschaft zu vertreten.

(2) Sofern der einzig persönlich haftende Gesellschafter der Gesellschaft eine Kapitalgesellschaft ist, an der die Gesellschaft sämtliche Anteile hält, werden vorbehaltlich einer abweichenden Vereinbarung die Rechte in der Gesellschafterversammlung der Kapitalgesellschaft von den Kommanditisten wahrgenommen.

§ 171 [Haftung des Kommanditisten]

(1) Der Kommanditist haftet den Gläubigern der Gesellschaft bis zur Höhe seiner Haftsumme unmittelbar; die Haftung ist ausgeschlossen, soweit die vereinbarte Einlage geleistet ist.

(2) Ist über das Vermögen der Gesellschaft das Insolvenzverfahren eröffnet, so wird während der Dauer des Verfahrens das den Gesellschaftsgläubigern nach Absatz 1 zustehende Recht durch den Insolvenzverwalter oder den Sachwalter ausgeübt.

§ 172 [Umfang der Haftung]

(1) Im Verhältnis zu den Gläubigern der Gesellschaft wird nach der Eintragung in das Handelsregister die Haftsumme eines Kommanditisten durch den in der Eintragung angegebenen Betrag bestimmt.

(2) Auf eine nicht eingetragene Erhöhung der aus dem Handelsregister ersichtlichen Haftsumme können sich die Gläubiger nur berufen, wenn die Erhöhung in handelsüblicher Weise kundgemacht oder ihnen in anderer Weise von der Gesellschaft mitgeteilt worden ist.

(3) Eine Vereinbarung der Gesellschafter, durch die einem Kommanditisten die Haftsumme erlassen oder gestundet wird, ist den Gläubigern gegenüber unwirksam.

(4) [1]Soweit die Einlage eines Kommanditisten zurückbezahlt wird, gilt sie den Gläubigern gegenüber als nicht geleistet. [2]Das gleiche gilt, soweit ein Kommanditist Gewinnanteile entnimmt, während sein Kapitalanteil durch Verlust unter den Betrag der Haftsumme herabgemindert ist, oder soweit durch die Entnahme der Kapitalanteil unter den bezeichneten Betrag herabgemindert wird. [3]Bei der Berechnung des Kapitalanteils nach Satz 2 sind Beträge im Sinn des § 268 Abs. 8 nicht zu berücksichtigen.

(5) 1Gegenüber den Gläubigern einer Gesellschaft, bei der kein persönlich haftender Gesellschafter eine natürliche Person ist, gilt die Einlage eines Kommanditisten als nicht geleistet, soweit sie in Anteilen an den persönlich haftenden Gesellschaftern bewirkt ist. 2Dies gilt nicht, wenn zu den persönlich haftenden Gesellschaftern eine offene Handelsgesellschaft oder Kommanditgesellschaft gehört, bei der ein persönlich haftender Gesellschafter eine natürliche Person ist.

(6) 1Gegenüber den Gläubigern einer Gesellschaft, bei der kein persönlich haftender Gesellschafter eine natürliche Person ist, gilt die Einlage eines Kommanditisten als nicht geleistet, soweit sie in Anteilen an den persönlich haftenden Gesellschaftern bewirkt ist.

2Dies gilt nicht, wenn zu den persönlich haftenden Gesellschaftern eine offene Handelsgesellschaft oder Kommanditgesellschaft gehört, bei der ein persönlich haftender Gesellschafter eine natürliche Person ist.

§ 173 [Haftung bei Eintritt als Kommanditist]

(1) Wer in eine bestehende Handelsgesellschaft als Kommanditist eintritt, haftet nach Maßgabe der §§ 171 und 172 für die vor seinem Eintritte begründeten Verbindlichkeiten der Gesellschaft, ohne Unterschied, ob die Firma eine Änderung erleidet oder nicht.
(2) Eine entgegenstehende Vereinbarung ist Dritten gegenüber unwirksam.

Dritter Abschnitt. Stille Gesellschaft

§ 230 Stille Gesellschaft

(1) Wer sich als stiller Gesellschafter an dem Handelsgewerbe, das ein anderer betreibt, mit einer Vermögenseinlage beteiligt, hat die Einlage so zu leisten, dass sie in das Vermögen des Inhabers des Handelsgeschäfts übergeht.
(2) Der Inhaber wird aus den in dem Betrieb geschlossenen Geschäften allein berechtigt und verpflichtet.

Drittes Buch. Handelsbücher

§ 238 Buchführungspflicht

(1) [1]Jeder Kaufmann ist verpflichtet, Bücher zu führen und in diesen seine Handelsgeschäfte und die Lage seines Vermögens nach den Grundsätzen ordnungsmäßiger Buchführung ersichtlich zu machen. [2]Die Buchführung muss so beschaffen sein, dass sie einem sachverständigen Dritten innerhalb angemessener Zeit einen Überblick über die Geschäftsvorfälle und über die Lage des Unternehmens vermitteln kann. [3]Die Geschäftsvorfälle müssen sich in ihrer Entstehung und Abwicklung verfolgen lassen.
(2) Der Kaufmann ist verpflichtet, eine mit der Urschrift übereinstimmende Wiedergabe der abgesandten Handelsbriefe (Kopie, Abdruck, Abschrift oder sonstige Wiedergabe des Wortlauts auf einem Schrift-, Bild- oder anderen Datenträger) zurückzubehalten.

§ 239 Führung der Handelsbücher

(1) [1]Bei der Führung der Handelsbücher und bei den sonst erforderlichen Aufzeichnungen hat sich der Kaufmann einer lebenden Sprache zu bedienen. [2]Werden Abkürzungen, Ziffern, Buchstaben oder Symbole verwendet, muss im Einzelfall deren Bedeutung eindeutig festliegen.
(2) Die Eintragungen in Büchern und die sonst erforderlichen Aufzeichnungen müssen vollständig, richtig, zeitgerecht und geordnet vorgenommen werden.
(3) [1]Eine Eintragung oder eine Aufzeichnung darf nicht in einer Weise verändert werden, dass der ursprüngliche Inhalt nicht mehr feststellbar ist. [2]Auch solche Veränderungen

dürfen nicht vorgenommen werden, deren Beschaffenheit es ungewiss lässt, ob sie ursprünglich oder erst später gemacht worden sind.

(4) [1]Die Handelsbücher und die sonst erforderlichen Aufzeichnungen können auch in der geordneten Ablage von Belegen bestehen oder auf Datenträgern geführt werden, soweit diese Formen der Buchführung einschließlich des dabei angewandten Verfahrens den Grundsätzen ordnungsmäßiger Buchführung entsprechen. [2]Bei der Führung der Handelsbücher und der sonst erforderlichen Aufzeichnungen auf Datenträgern muss insbesondere sichergestellt sein, dass die Daten während der Dauer der Aufbewahrungsfrist verfügbar sind und jederzeit innerhalb angemessener Frist lesbar gemacht werden können. [3]Absätze 1 bis 3 gelten sinngemäß.

§ 240 Inventar

(1) Jeder Kaufmann hat zu Beginn seines Handelsgewerbes seine Grundstücke, seine Forderungen und Schulden, den Betrag seines baren Geldes sowie seine sonstigen Vermögensgegenstände genau zu verzeichnen und dabei den Wert der einzelnen Vermögensgegenstände und Schulden anzugeben.

(2) [1]Er hat demnächst für den Abschluss eines jeden Geschäftsjahrs ein solches Inventar aufzustellen. [2]Die Dauer des Geschäftsjahrs darf zwölf Monate nicht überschreiten. [3]Die Aufstellung des Inventars ist innerhalb der einem ordnungsmäßigen Geschäftsgang entsprechenden Zeit zu bewirken.

(3) [1]Vermögensgegenstände des Sachanlagevermögens sowie Roh-, Hilfs- und Betriebsstoffe können, wenn sie regelmäßig ersetzt werden und ihr Gesamtwert für das Unternehmen von nachrangiger Bedeutung ist, mit einer gleichbleibenden Menge und einem gleichbleibenden Wert angesetzt werden, sofern ihr Bestand in seiner Größe, seinem Wert und seiner Zusammensetzung nur geringen Veränderungen unterliegt. [2]Jedoch ist in der Regel alle drei Jahre eine körperliche Bestandsaufnahme durchzuführen.

(4) Gleichartige Vermögensgegenstände des Vorratsvermögens sowie andere gleichartige oder annähernd gleichwertige bewegliche Vermögensgegenstände und Schulden können jeweils zu einer Gruppe zusammengefasst und mit dem gewogenen Durchschnittswert angesetzt werden.

§ 241 Inventurvereinfachungsverfahren

(1) [1]Bei der Aufstellung des Inventars darf der Bestand der Vermögensgegenstände nach Art, Menge und Wert auch mit Hilfe anerkannter mathematisch-statistischer Methoden auf Grund von Stichproben ermittelt werden. [2]Das Verfahren muss den Grundsätzen ordnungsmäßiger Buchführung entsprechen. [3]Der Aussagewert des auf diese Weise aufgestellten Inventars muss dem Aussagewert eines auf Grund einer körperlichen Bestandsaufnahme aufgestellten Inventars gleichkommen.

(2) Bei der Aufstellung des Inventars für den Abschluss eines Geschäftsjahrs bedarf es einer körperlichen Bestandsaufnahme der Vermögensgegenstände für diesen Zeitpunkt nicht, soweit durch Anwendung eines den Grundsätzen ordnungsmäßiger Buchführung entsprechenden anderen Verfahrens gesichert ist, dass der Bestand der

Vermögensgegenstände nach Art, Menge und Wert auch ohne die körperliche Bestandsaufnahme für diesen Zeitpunkt festgestellt werden kann.
(3) In dem Inventar für den Abschluss eines Geschäftsjahrs brauchen Vermögensgegenstände nicht verzeichnet zu werden, wenn
1. der Kaufmann ihren Bestand auf Grund einer körperlichen Bestandsaufnahme oder auf Grund eines nach Absatz 2 zulässigen anderen Verfahrens nach Art, Menge und Wert in einem besonderen Inventar verzeichnet hat, das für einen Tag innerhalb der letzten drei Monate vor oder der ersten beiden Monate nach dem Abschluss des Geschäftsjahrs aufgestellt ist, und
2. auf Grund des besonderen Inventars durch Anwendung eines den Grundsätzen ordnungsmäßiger Buchführung entsprechenden Fortschreibungs- oder Rückrechnungsverfahrens gesichert ist, dass der am Abschluss des Geschäftsjahrs vorhandene Bestand der Vermögensgegenstände für diesen Zeitpunkt ordnungsgemäß bewertet werden kann.

§ 241a Befreiung von der Pflicht zur Buchführung und Erstellung eines Inventars

[1]Einzelkaufleute, die an den Abschlussstichtagen von zwei aufeinander folgenden Geschäftsjahren nicht mehr als jeweils 600.000 Euro Umsatzerlöse und jeweils 60.000 Euro Jahresüberschuss aufweisen, brauchen die §§ 238 bis 241 nicht anzuwenden. [2]Im Fall der Neugründung treten die Rechtsfolgen schon ein, wenn die Werte des Satzes 1 am ersten Abschlussstichtag nach der Neugründung nicht überschritten werden.

§ 242 Pflicht zur Aufstellung

(1) [1]Der Kaufmann hat zu Beginn seines Handelsgewerbes und für den Abschluss eines jeden Geschäftsjahrs einen das Verhältnis seines Vermögens und seiner Schulden darstellenden Abschluss (Eröffnungsbilanz, Bilanz) aufzustellen. [2]Auf die Eröffnungsbilanz sind die für den Jahresabschluss geltenden Vorschriften entsprechend anzuwenden, soweit sie sich auf die Bilanz beziehen.
(2) Er hat für den Abschluss eines jeden Geschäftsjahrs eine Gegenüberstellung der Aufwendungen und Erträge des Geschäftsjahrs (Gewinn- und Verlustrechnung) aufzustellen.
(3) Die Bilanz und die Gewinn- und Verlustrechnung bilden den Jahresabschluss.
(4) [1]Die Absätze 1 bis 3 sind auf Einzelkaufleute im Sinn des § 241a nicht anzuwenden. [2]Im Fall der Neugründung treten die Rechtsfolgen nach Satz 1 schon ein, wenn die Werte des § 241a Satz 1 am ersten Abschlussstichtag nach der Neugründung nicht überschritten werden.

§ 243 Aufstellungsgrundsatz

(1) Der Jahresabschluss ist nach den Grundsätzen ordnungsmäßiger Buchführung aufzustellen.
(2) Er muss klar und übersichtlich sein.

(3) Der Jahresabschluss ist innerhalb der einem ordnungsmäßigen Geschäftsgang entsprechenden Zeit aufzustellen.

§ 244 Sprache. Währungseinheit

Der Jahresabschluss ist in deutscher Sprache und in Euro aufzustellen.

§ 245 Unterzeichnung

[1]Der Jahresabschluss ist vom Kaufmann unter Angabe des Datums zu unterzeichnen. [2]Sind mehrere persönlich haftende Gesellschafter vorhanden, so haben sie alle zu unterzeichnen.

§ 246 Vollständigkeit. Verrechnungsverbot

(1) [1]Der Jahresabschluss hat sämtliche Vermögensgegenstände, Schulden, Rechnungsabgrenzungsposten sowie Aufwendungen und Erträge zu enthalten, soweit gesetzlich nichts anderes bestimmt ist. [2]Vermögensgegenstände sind in der Bilanz des Eigentümers aufzunehmen; ist ein Vermögensgegenstand nicht dem Eigentümer, sondern einem anderen wirtschaftlich zuzurechnen, hat dieser ihn in seiner Bilanz auszuweisen. [3]Schulden sind in die Bilanz des Schuldners aufzunehmen. [4]Der Unterschiedsbetrag, um den die für die Übernahme eines Unternehmens bewirkte Gegenleistung den Wert der einzelnen Vermögensgegenstände des Unternehmens abzüglich der Schulden im Zeitpunkt der Übernahme übersteigt (entgeltlich erworbener Geschäfts- oder Firmenwert), gilt als zeitlich begrenzt nutzbarer Vermögensgegenstand.
(2) [1]Posten der Aktivseite dürfen nicht mit Posten der Passivseite, Aufwendungen nicht mit Erträgen, Grundstücksrechte nicht mit Grundstückslasten verrechnet werden. [2]Vermögensgegenstände, die dem Zugriff aller übrigen Gläubiger entzogen sind und ausschließlich der Erfüllung von Schulden aus Altersversorgungsverpflichtungen oder vergleichbaren langfristig fälligen Verpflichtungen dienen, sind mit diesen Schulden zu verrechnen; entsprechend ist mit den zugehörigen Aufwendungen und Erträgen aus der Abzinsung und aus dem zu verrechnenden Vermögen zu verfahren. [3]Übersteigt der beizulegende Zeitwert der Vermögensgegenstände den Betrag der Schulden, ist der übersteigende Betrag unter einem gesonderten Posten zu aktivieren.
(3) [1]Die auf den vorhergehenden Jahresabschluss angewandten Ansatzmethoden sind beizubehalten. [2]§ 252 Abs. 2 ist entsprechend anzuwenden.

§ 247 Inhalt der Bilanz

(1) In der Bilanz sind das Anlage- und das Umlaufvermögen, das Eigenkapital, die Schulden sowie die Rechnungsabgrenzungsposten gesondert auszuweisen und hinreichend aufzugliedern.
(2) Beim Anlagevermögen sind nur die Gegenstände auszuweisen, die bestimmt sind, dauernd dem Geschäftsbetrieb zu dienen.

§ 248 Bilanzierungsverbote und - wahlrechte

(1) In die Bilanz dürfen nicht als Aktivposten aufgenommen werden:
1. Aufwendungen für die Gründung eines Unternehmens,
2. Aufwendungen für die Beschaffung des Eigenkapitals und
3. Aufwendungen für den Abschluss von Versicherungsverträgen.

(2) [1]Selbst geschaffene immaterielle Vermögensgegenstände des Anlagevermögens können als Aktivposten in die Bilanz aufgenommen werden. [2]Nicht aufgenommen werden dürfen selbst geschaffene Marken, Drucktitel, Verlagsrechte, Kundenlisten oder vergleichbare immaterielle Vermögensgegenstände des Anlagevermögens.

§ 249 Rückstellungen

(1) [1]Rückstellungen sind für ungewisse Verbindlichkeiten und für drohende Verluste aus schwebenden Geschäften zu bilden. [2]Ferner sind Rückstellungen zu bilden für
1. im Geschäftsjahr unterlassene Aufwendungen für Instandhaltung, die im folgenden Geschäftsjahr innerhalb von drei Monaten, oder für Abraumbeseitigung, die im folgenden Geschäftsjahr nachgeholt werden,
2. Gewährleistungen, die ohne rechtliche Verpflichtung erbracht werden.

(2) [1]Für andere als die in Absatz 1 bezeichneten Zwecke dürfen Rückstellungen nicht gebildet werden. [2]Rückstellungen dürfen nur aufgelöst werden, soweit der Grund hierfür entfallen ist.

§ 250 Rechnungsabgrenzungsposten

(1) Als Rechnungsabgrenzungsposten sind auf der Aktivseite Ausgaben vor dem Abschlussstichtag auszuweisen, soweit sie Aufwand für eine bestimmte Zeit nach diesem Tag darstellen.

(2) Auf der Passivseite sind als Rechnungsabgrenzungsposten Einnahmen vor dem Abschlussstichtag auszuweisen, soweit sie Ertrag für eine bestimmte Zeit nach diesem Tag darstellen.

(3) [1]Ist der Erfüllungsbetrag einer Verbindlichkeit höher als der Ausgabebetrag, so darf der Unterschiedsbetrag in den Rechnungsabgrenzungsposten auf der Aktivseite aufgenommen werden. [2]Der Unterschiedsbetrag ist durch planmäßige jährliche Abschreibungen zu tilgen, die auf die gesamte Laufzeit der Verbindlichkeit verteilt werden können.

§ 251 Haftungsverhältnisse

[1]Unter der Bilanz sind, sofern sie nicht auf der Passivseite auszuweisen sind, Verbindlichkeiten aus der Begebung und Übertragung von Wechseln, aus Bürgschaften, Wechsel- und Scheckbürgschaften und aus Gewährleistungsverträgen sowie Haftungsverhältnisse aus der Bestellung von Sicherheiten für fremde Verbindlichkeiten zu vermerken; sie dürfen in einem Betrag angegeben werden. [2]Haftungsverhältnisse sind auch anzugeben, wenn ihnen gleichwertige Rückgriffsforderungen gegenüberstehen.

§ 252 Allgemeine Bewertungsgrundsätze

(1) Bei der Bewertung der im Jahresabschluss ausgewiesenen Vermögensgegenstände und Schulden gilt insbesondere folgendes:

1. Die Wertansätze in der Eröffnungsbilanz des Geschäftsjahrs müssen mit denen der Jahresabschlussbilanz des vorhergehenden Geschäftsjahrs übereinstimmen.
2. Bei der Bewertung ist von der Fortführung der Unternehmenstätigkeit auszugehen, sofern dem nicht tatsächliche oder rechtliche Gegebenheiten entgegenstehen.
3. Die Vermögensgegenstände und Schulden sind zum Abschlussstichtag einzeln zu bewerten.
4. Es ist vorsichtig zu bewerten, namentlich sind alle vorhersehbaren Risiken und Verluste, die bis zum Abschlussstichtag entstanden sind, zu berücksichtigen, selbst wenn diese erst zwischen dem Abschlussstichtag und dem Tag der Aufstellung des Jahresabschlusses bekanntgeworden sind; Gewinne sind nur zu berücksichtigen, wenn sie am Abschlussstichtag realisiert sind.
5. Aufwendungen und Erträge des Geschäftsjahrs sind unabhängig von den Zeitpunkten der entsprechenden Zahlungen im Jahresabschluss zu berücksichtigen.
6. Die auf den vorhergehenden Jahresabschluss angewandten Bewertungsmethoden sind beizubehalten.

(2) Von den Grundsätzen des Abs.1 darf nur in begründeten Ausnahmefällen abgewichen werden.

§ 253 Zugangs- und Folgebewertung

(1) [1]Vermögensgegenstände sind höchstens mit den Anschaffungs- oder Herstellungskosten, vermindert um die Abschreibungen nach den Abs. 3 bis 5, anzusetzen. [2]Verbindlichkeiten sind zu ihrem Erfüllungsbetrag und Rückstellungen in Höhe des nach vernünftiger kaufmännischer Beurteilung notwendigen Erfüllungsbetrages anzusetzen. [3]Soweit sich die Höhe von Altersversorgungsverpflichtungen ausschließlich nach dem beizulegenden Zeitwert von Wertpapieren im Sinn des § 266 Abs. 2 A. III. 5 bestimmt, sind Rückstellungen hierfür zum beizulegenden Zeitwert dieser Wertpapiere anzusetzen, soweit er einen garantierten Mindestbetrag übersteigt. [4]Nach § 246 Abs. 2 Satz 2 zu verrechnende Vermögensgegenstände sind mit ihrem beizulegenden Zeitwert zu bewerten. [5]Kleinstkapitalgesellschaften (§ 267a) dürfen eine Bewertung zum beizulegenden Zeitwert nur vornehmen, wenn sie von keiner der in § 264 Abs. 1 Satz 5, § 266 Abs. 1 Satz 4, § 275 Abs. 5 und § 326 Abs. 2 vorgesehenen Erleichterungen Gebrauch machen. [6]Macht eine Kleinstkapitalgesellschaft von mindestens einer der in Satz 5 genannten Erleichterungen Gebrauch, erfolgt die Bewertung der Vermögensgegenstände nach Satz 1, auch soweit eine Verrechnung nach § 246 Abs. 2 Satz 2 vorgesehen ist.

(2) [1]Rückstellungen mit einer Restlaufzeit von mehr als einem Jahr sind abzuzinsen mit dem ihrer Restlaufzeit entsprechenden durchschnittlichen Marktzinssatz, der sich im Falle von Rückstellungen für Altersversorgungsverpflichtungen aus den vergangenen zehn Geschäftsjahren und im Falle sonstiger Rückstellungen aus den vergangenen sieben Geschäftsjahren ergibt. [2]Abweichend von Satz 1 dürfen Rückstellungen für Altersversorgungsverpflichtungen oder vergleichbare langfristig fällige Verpflichtungen

pauschal mit dem durchschnittlichen Marktzinssatz abgezinst werden, der sich bei einer angenommenen Restlaufzeit von 15 Jahren ergibt. [3]Die Sätze 1 und 2 gelten entsprechend für auf Rentenverpflichtungen beruhende Verbindlichkeiten, für die eine Gegenleistung nicht mehr zu erwarten ist. [4]Der nach den Sätzen 1 und 2 anzuwendende Abzinsungszinssatz wird von der Deutschen Bundesbank nach Maßgabe einer Rechtsverordnung ermittelt und monatlich bekannt gegeben. [5]In der Rechtsverordnung nach Satz 4, die nicht der Zustimmung des Bundesrates bedarf, bestimmt das Bundesministerium der Justiz im Benehmen mit der Deutschen Bundesbank das Nähere zur Ermittlung der Abzinsungszinssätze, insbesondere die Ermittlungsmethodik und deren Grundlagen, sowie die Form der Bekanntgabe.

(3) [1]Bei Vermögensgegenständen des Anlagevermögens, deren Nutzung zeitlich begrenzt ist, sind die Anschaffungs- oder die Herstellungskosten um planmäßige Abschreibungen zu vermindern. [2]Der Plan muss die Anschaffungs- oder Herstellungskosten auf die Geschäftsjahre verteilen, in denen der Vermögensgegenstand voraussichtlich genutzt werden kann. [3]Kann in Ausnahmefällen die voraussichtliche Nutzungsdauer eines selbst geschaffenen immateriellen Vermögensgegenstands des Anlagevermögens nicht verlässlich geschätzt werden, sind planmäßige Abschreibungen auf die Herstellungskosten über einen Zeitraum von zehn Jahren vorzunehmen. [4]Satz 3 findet auf einen entgeltlich erworbenen Geschäfts- oder Firmenwert entsprechende Anwendung. [5]Ohne Rücksicht darauf, ob ihre Nutzung zeitlich begrenzt ist, sind bei Vermögensgegenständen des Anlagevermögens bei voraussichtlich dauernder Wertminderung außerplanmäßige Abschreibungen vorzunehmen, um diese mit dem niedrigeren Wert anzusetzen, der ihnen am Abschlussstichtag beizulegen ist. [6]Bei Finanzanlagen können außerplanmäßige Abschreibungen auch bei voraussichtlich nicht dauernder Wertminderung vorgenommen werden.

(4) [1]Bei Vermögensgegenständen des Umlaufvermögens sind Abschreibungen vorzunehmen, um diese mit einem niedrigeren Wert anzusetzen, der sich aus einem Börsen- oder Marktpreis am Abschlussstichtag ergibt. [2]Ist ein Börsen- oder Marktpreis nicht festzustellen und übersteigen die Anschaffungs- oder Herstellungskosten den Wert, der den Vermögensgegenständen am Abschlussstichtag beizulegen ist, so ist auf diesen Wert abzuschreiben.

(5) [1]Ein niedrigerer Wertansatz nach Abs. 3 Satz 5 oder 6 und Abs. 4 darf nicht beibehalten werden, wenn die Gründe dafür nicht mehr bestehen. [2]Ein niedrigerer Wertansatz eines entgeltlich erworbenen Geschäfts- oder Firmenwertes ist beizubehalten.

(6) [1]Im Falle von Rückstellungen für Altersversorgungsverpflichtungen ist der Unterschiedsbetrag zwischen dem Ansatz der Rückstellungen nach Maßgabe des entsprechenden durchschnittlichen Marktzinssatzes aus den vergangenen zehn Geschäftsjahren und dem Ansatz der Rückstellungen nach Maßgabe des entsprechenden durchschnittlichen Marktzinssatzes aus den vergangenen sieben Geschäftsjahren in jedem Geschäftsjahr zu ermitteln. [2]Gewinne dürfen nur ausgeschüttet werden, wenn die nach der Ausschüttung verbleibenden frei verfügbaren Rücklagen zuzüglich eines Gewinnvortrags und abzüglich eines Verlustvortrags mindestens dem Unterschiedsbetrag nach Satz 1 entsprechen. [3]Der Unterschiedsbetrag nach Satz 1 ist in jedem Geschäftsjahr im Anhang oder unter der Bilanz darzustellen.

§ 254 Bildung von Bewertungseinheiten

[1]Werden Vermögensgegenstände, Schulden, schwebende Geschäfte oder mit hoher Wahrscheinlichkeit erwartete Transaktionen zum Ausgleich gegenläufiger Wertänderungen oder Zahlungsströme aus dem Eintritt vergleichbarer Risiken mit Finanzinstrumenten zusammengefasst (Bewertungseinheit), sind § 249 Abs. 1, § 252 Abs. 1 Nr. 3 und 4, § 253 Abs. 1 Satz 1 und § 256a in dem Umfang und für den Zeitraum nicht anzuwenden, in dem die gegenläufigen Wertänderungen oder Zahlungsströme sich ausgleichen. [2]Als Finanzinstrumente im Sinn des Satzes 1 gelten auch Termingeschäfte über den Erwerb oder die Veräußerung von Waren.

§ 255 Bewertungsmaßstäbe

(1) [1]Anschaffungskosten sind die Aufwendungen, die geleistet werden, um einen Vermögensgegenstand zu erwerben und ihn in einen betriebsbereiten Zustand zu versetzen, soweit sie dem Vermögensgegenstand einzeln zugeordnet werden können. [2]Zu den Anschaffungskosten gehören auch die Nebenkosten sowie die nachträglichen Anschaffungskosten. [3]Anschaffungspreisminderungen, die dem Vermögensgegenstand einzeln zugeordnet werden können, sind abzusetzen.

(2) [1]Herstellungskosten sind die Aufwendungen, die durch den Verbrauch von Gütern und die Inanspruchnahme von Diensten für die Herstellung eines Vermögensgegenstands, seine Erweiterung oder für eine über seinen ursprünglichen Zustand hinausgehende wesentliche Verbesserung entstehen. [2]Dazu gehören die Materialkosten, die Fertigungskosten und die Sonderkosten der Fertigung sowie angemessene Teile der Materialgemeinkosten, der Fertigungsgemeinkosten und des Werteverzehrs des Anlagevermögens, soweit dieser durch die Fertigung veranlasst ist. [3]Bei der Berechnung der Herstellungskosten dürfen angemessene Teile der Kosten der allgemeinen Verwaltung sowie angemessene Aufwendungen für soziale Einrichtungen des Betriebs, für freiwillige soziale Leistungen und für die betriebliche Altersversorgung einbezogen werden, soweit diese auf den Zeitraum der Herstellung entfallen. [4]Forschungs- und Vertriebskosten dürfen nicht einbezogen werden.

(2a) [1]Herstellungskosten eines selbst geschaffenen immateriellen Vermögensgegenstands des Anlagevermögens sind die bei dessen Entwicklung anfallenden Aufwendungen nach Absatz 2. [2]Entwicklung ist die Anwendung von Forschungsergebnissen oder von anderem Wissen für die Neuentwicklung von Gütern oder Verfahren oder die Weiterentwicklung von Gütern oder Verfahren mittels wesentlicher Änderungen. [3]Forschung ist die eigenständige und planmäßige Suche nach neuen wissenschaftlichen oder technischen Erkenntnissen oder Erfahrungen allgemeiner Art, über deren technische Verwertbarkeit und wirtschaftliche Erfolgsaussichten grundsätzlich keine Aussagen gemacht werden können. [4]Können Forschung und Entwicklung nicht verlässlich voneinander unterschieden werden, ist eine Aktivierung ausgeschlossen.

(3) [1]Zinsen für Fremdkapital gehören nicht zu den Herstellungskosten. [2]Zinsen für Fremdkapital, das zur Finanzierung der Herstellung eines Vermögensgegenstands verwendet wird, dürfen angesetzt werden, soweit sie auf den Zeitraum der Herstellung entfallen; in diesem Falle gelten sie als Herstellungskosten des Vermögensgegenstands.

(4) [1]Der beizulegende Zeitwert entspricht dem Marktpreis. [2]Soweit kein aktiver Markt besteht, anhand dessen sich der Marktpreis ermitteln lässt, ist der beizulegende Zeitwert mit Hilfe allgemein anerkannter Bewertungsmethoden zu bestimmen. [3]Lässt sich der beizulegende Zeitwert weder nach Satz 1 noch nach Satz 2 ermitteln, sind die Anschaffungs- oder Herstellungskosten gemäß § 253 Abs. 4 fortzuführen. [4]Der zuletzt nach Satz 1 oder 2 ermittelte beizulegende Zeitwert gilt als Anschaffungs- oder Herstellungskosten im Sinn des Satzes 3.

§ 256 Bewertungsvereinfachungsverfahren

[1]Soweit es den Grundsätzen ordnungsmäßiger Buchführung entspricht, kann für den Wertansatz gleichartiger Vermögensgegenstände des Vorratsvermögens unterstellt werden, dass die zuerst oder dass die zuletzt angeschafften oder hergestellten Vermögensgegenstände zuerst verbraucht oder veräußert worden sind. [2]§ 240 Abs. 3 und 4 ist auch auf den Jahresabschluss anwendbar.

§ 257 Aufbewahrung von Unterlagen

(1) Jeder Kaufmann ist verpflichtet, die folgenden Unterlagen geordnet aufzubewahren:

1. Handelsbücher, Inventare, Eröffnungsbilanzen, Jahresabschlüsse, Einzelabschlüsse nach § 325 Abs. 2a, Lageberichte, Konzernabschlüsse, Konzernlageberichte sowie die zu ihrem Verständnis erforderlichen Arbeitsanweisungen und sonstigen Organisationsunterlagen,
2. die empfangenen Handelsbriefe,
3. Wiedergaben der abgesandten Handelsbriefe,
4. Belege für Buchungen in den von ihm nach § 238 Abs. 1 zu führenden Büchern (Buchungsbelege).

(2) Handelsbriefe sind nur Schriftstücke, die ein Handelsgeschäft betreffen.

(3) [1]Mit Ausnahme der Eröffnungsbilanzen und Abschlüsse können die in Absatz 1 aufgeführten Unterlagen auch als Wiedergabe auf einem Bildträger oder auf anderen Datenträgern aufbewahrt werden, wenn dies den Grundsätzen ordnungsmäßiger Buchführung entspricht und sichergestellt ist, dass die Wiedergabe oder die Daten

1. mit den empfangenen Handelsbriefen und den Buchungsbelegen bildlich und mit den anderen Unterlagen inhaltlich übereinstimmen, wenn sie lesbar gemacht werden,
2. während der Dauer der Aufbewahrungsfrist verfügbar sind und jederzeit innerhalb angemessener Frist lesbar gemacht werden können.

[2]Sind Unterlagen auf Grund des § 239 Abs. 4 Satz 1 auf Datenträgern hergestellt worden, können statt des Datenträgers die Daten auch ausgedruckt aufbewahrt werden; die ausgedruckten Unterlagen können auch nach Satz 1 aufbewahrt werden.

(4) Die in Absatz 1 Nr. 1 und 4 aufgeführten Unterlagen sind zehn Jahre, die sonstigen in Abs. 1 aufgeführten Unterlagen sechs Jahre aufzubewahren.

(5) Die Aufbewahrungsfrist beginnt mit dem Jahresabschluss des Kalenderjahrs, in dem die letzte Eintragung in das Handelsbuch gemacht, das Inventar aufgestellt, die Eröffnungsbilanz oder der Jahresabschluss festgestellt, der Jahresabschluss nach § 325 Abs. 2a oder der Konzernjahresabschluss aufgestellt, der Handelsbrief empfangen oder abgesandt worden oder der Buchungsbeleg entstanden ist.

Zweiter Abschnitt. Ergänzende Vorschriften für Kapitalgesellschaften (AG, KGaA, GmbH) sowie bestimmte Personenhandelsgesellschaften

§ 264 Pflicht zur Aufstellung; Befreiung

(1) [1]Die gesetzlichen Vertreter einer Kapitalgesellschaft haben den Jahresabschluss (§ 242) um einen Anhang zu erweitern, der mit der Bilanz und der Gewinn- und Verlustrechnung eine Einheit bildet, sowie einen Lagebericht aufzustellen. [2]Die gesetzlichen Vertreter einer kapitalmarktorientierten Kapitalgesellschaft, die nicht zur Aufstellung eines Konzernjahresabschlusses verpflichtet ist, haben den Jahresabschluss um eine Kapitalflussrechnung und einen Eigenkapitalspiegel zu erweitern, die mit der Bilanz, Gewinn- und Verlustrechnung und dem Anhang eine Einheit bilden; sie können den Jahresabschluss um eine Segmentberichterstattung erweitern. [3]Der Jahresabschluss und der Lagebericht sind von den gesetzlichen Vertretern in den ersten drei Monaten des Geschäftsjahrs für das vergangene Geschäftsjahr aufzustellen. [4]Kleine Kapitalgesellschaften (§ 267 Abs. 1) brauchen den Lagebericht nicht aufzustellen; sie dürfen den Jahresabschluss auch später aufstellen, wenn dies einem ordnungsgemäßen Geschäftsgang entspricht, jedoch innerhalb der ersten sechs Monate des Geschäftsjahres. Kleinstkapitalgesellschaften (§ 267a) brauchen den Jahresabschluss nicht um einen Anhang zu erweitern, wenn sie

1.die in § 268 Absatz 7 genannten Angaben,
2. die in § 285 Nummer 9 Buchstabe c genannten Angaben und
3. im Falle einer Aktiengesellschaft die in § 160 Abs. 3 Satz 2 AktG genannten Angaben unter der Bilanz angeben.

(1a) [1]In dem Jahresabschluss sind die Firma, der Sitz, das Registergericht und die Nummer, unter der die Gesellschaft in das Handelsregister eingetragen ist, anzugeben. [2]Befindet sich die Gesellschaft in Liquidation oder Abwicklung, ist auch diese Tatsache anzugeben.

(2) 1Der Jahresabschluß der Kapitalgesellschaft hat unter Beachtung der Grundsätze ordnungsmäßiger Buchführung ein den tatsächlichen Verhältnissen entsprechendes Bild der Vermögens-, Finanz- und Ertragslage der Kapitalgesellschaft zu vermitteln. 2Führen besondere Umstände dazu, daß der Jahresabschluß ein den tatsächlichen Verhältnissen entsprechendes Bild im Sinne des Satzes 1 nicht vermittelt, so sind im Anhang zusätzliche Angaben zu machen. 3Die Mitglieder des vertretungsberechtigten Organs einer Kapitalgesellschaft, die als Inlandsemittent (§ 2 Abs. 14 WertpHG) Wertpapiere (§ 2 Abs. 1 WertpHG) begibt und keine Kapitalgesellschaft im Sinne des § 327a ist, haben in einer dem Jahresabschluss beizufügenden schriftlichen Erklärung zu versichern, dass der Jahresabschluss nach bestem Wissen ein den tatsächlichen Verhältnissen entsprechendes Bild im Sinne des Satzes 1 vermittelt oder der Anhang Angaben nach Satz 2 enthält. 4Macht eine Kleinstkapitalgesellschaft von der Erleichterung nach Abs. 1 Satz 5 Gebrauch, sind nach Satz 2 erforderliche zusätzliche Angaben unter der Bilanz zu machen. 5Es wird vermutet, dass ein unter Berücksichtigung der Erleichterungen für Kleinstkapitalgesellschaften aufgestellter Jahresabschluss den Erfordernissen des Satzes 1 entspricht.

§ 265 Allgemeine Grundsätze für die Gliederung

(1) [1]Die Form der Darstellung, insbesondere die Gliederung der aufeinanderfolgenden Bilanzen und Gewinn- und Verlustrechnungen, ist beizubehalten, soweit nicht in Ausnahmefällen wegen besonderer Umstände Abweichungen erforderlich sind. [2]Die Abweichungen sind im Anhang anzugeben und zu begründen.
(2) [1]In der Bilanz sowie in der Gewinn- und Verlustrechnung ist zu jedem Posten der entsprechende Betrag des vorhergehenden Geschäftsjahrs anzugeben. [2]Sind die Beträge nicht vergleichbar, so ist dies im Anhang anzugeben und zu erläutern. [3]Wird der Vorjahresbetrag angepaßt, so ist auch dies im Anhang anzugeben und zu erläutern.
(3) Fällt ein Vermögensgegenstand oder eine Schuld unter mehrere Posten der Bilanz, so ist die Mitzugehörigkeit zu anderen Posten bei dem Posten, unter dem der Ausweis erfolgt ist, zu vermerken oder im Anhang anzugeben, wenn dies zur Aufstellung eines klaren und übersichtlichen Jahresabschlusseses erforderlich ist.
(4) [1]Sind mehrere Geschäftszweige vorhanden und bedingt dies die Gliederung des Jahresabschlusses nach verschiedenen Gliederungsvorschriften, so ist der Jahresabschluss nach der für einen Geschäftszweig vorgeschriebenen Gliederung aufzustellen und nach der für die anderen Geschäftszweige vorgeschriebenen Gliederung zu ergänzen. [2]Die Ergänzung ist im Anhang anzugeben und zu begründen.
(5) [1]Eine weitere Untergliederung der Posten ist zulässig; dabei ist jedoch die vorgeschriebene Gliederung zu beachten. [2]Neue Posten und Zwischensummen dürfen hinzugefügt werden, wenn ihr Inhalt nicht von einem vorgeschriebenen Posten gedeckt wird.
(6) Gliederung und Bezeichnung der mit arabischen Zahlen versehenen Posten der Bilanz und der Gewinn- und Verlustrechnung sind zu ändern, wenn dies wegen Besonderheiten der Kapitalgesellschaft zur Aufstellung eines klaren und übersichtlichen Jahresabschlusses erforderlich ist.
(7) Die mit arabischen Zahlen versehenen Posten der Bilanz und der Gewinn- und Verlustrechnung können, wenn nicht besondere Formblätter vorgeschrieben sind, zusammengefasst ausgewiesen werden, wenn
1.sie einen Betrag enthalten, der für die Vermittlung eines den tatsächlichen Verhältnissen entsprechenden Bildes im Sinne des § 264 Abs. 2 nicht erheblich ist, oder
2. dadurch die Klarheit der Darstellung vergrößert wird; in diesem Falle müssen die zusammengefaßten Posten jedoch im Anhang gesondert ausgewiesen werden.
(8) Ein Posten der Bilanz oder der Gewinn- und Verlustrechnung, der keinen Betrag ausweist, braucht nicht aufgeführt zu werden, es sei denn, dass im vorhergehenden Geschäftsjahr unter diesem Posten ein Betrag ausgewiesen wurde.

§ 266 Gliederung der Bilanz

(1) [1]Die Bilanz ist in Kontoform aufzustellen. [2]Dabei haben mittelgroße und große Kapitalgesellschaften (§ 267 Abs.2 und 3) auf der Aktivseite die in Abs.2 und auf der Passivseite die in Abs. 3 bezeichneten Posten gesondert und in der vorgeschriebenen Reihenfolge auszuweisen. [3]Kleine Kapitalgesellschaften (§ 267 Abs.1) brauchen nur eine verkürzte Bilanz aufzustellen, in die nur die in den Abs.2 und 3 mit Buchstaben und

römischen Zahlen bezeichneten Posten gesondert und in der vorgeschriebenen Reihenfolge aufgenommen werden. [4]Kleinstkapitalgesellschaften (§ 267a) brauchen nur eine verkürzte Bilanz aufzustellen, in die nur die in den Abs. 2 und 3 mit Buchstaben bezeichneten Posten gesondert und in der vorgeschriebenen Reihenfolge aufgenommen werden.

(2) Aktivseite

A. Anlagevermögen:

I. Immaterielle Vermögensgegenstände:

1. Selbst geschaffene gewerbliche Schutzrechte und ähnliche Rechte und Werte;
2. entgeltlich erworbene Konzessionen, gewerbliche Schutzrechte und ähnliche Rechte und Werte sowie Lizenzen an solchen Rechten und Werten;
3. Geschäfts- oder Firmenwert;
4. geleistete Anzahlungen;

II. Sachanlagen:

1. Grundstücke, grundstücksgleiche Rechte und Bauten einschließlich der Bauten auf fremden Grundstücken;
2. technische Anlagen und Maschinen;
3. andere Anlagen, Betriebs- und Geschäftsausstattung;
4. geleistete Anzahlungen und Anlagen im Bau;

III. Finanzanlagen:

1. Anteile an verbundenen Unternehmen;
2. Ausleihungen an verbundene Unternehmen;
3. Beteiligungen;
4. Ausleihungen an Unternehmen, mit denen ein Beteiligungsverhältnis besteht;
5. Wertpapiere des Anlagevermögens;
6. sonstige Ausleihungen.

B. Umlaufvermögen:

I. Vorräte:

1. Roh-, Hilfs- und Betriebsstoffe;
2. unfertige Erzeugnisse, unfertige Leistungen;
3. fertige Erzeugnisse und Waren;
4. geleistete Anzahlungen;

II. Forderungen und sonstige Vermögensgegenstände:

1. Forderungen aus Lieferungen und Leistungen;
2. Forderungen gegen verbundene Unternehmen;
3. Forderungen gegen Unternehmen, mit denen ein Beteiligungsverhältnis besteht;
4. sonstige Vermögensgegenstände;

III. Wertpapiere:

1. Anteile an verbundenen Unternehmen;
2. sonstige Wertpapiere;

IV. Kassenbestand, Bundesbankguthaben, Guthaben bei Kreditinstituten und Schecks.

C. Rechnungsabgrenzungsposten.

D. Aktive latente Steuern.

E. Aktiver Unterschiedsbetrag aus der Vermögensverrechnung.
(3) Passivseite
A. Eigenkapital:
I. Gezeichnetes Kapital;
II. Kapitalrücklage;
III. Gewinnrücklagen:
1. gesetzliche Rücklage;
2. Rücklage für Anteile an einem herrschenden oder mehrheitlich beteiligten Unternehmen;
3. satzungsmäßige Rücklagen;
4. andere Gewinnrücklagen;
IV. Gewinnvortrag/Verlustvortrag;
V. Jahresüberschuss/Jahresfehlbetrag.
B. Rückstellungen:
1. Rückstellungen für Pensionen und ähnliche Verpflichtungen;
2. Steuerrückstellungen;
3. sonstige Rückstellungen.
C. Verbindlichkeiten:
1. Anleihen davon konvertibel;
2. Verbindlichkeiten gegenüber Kreditinstituten;
3. erhaltene Anzahlungen auf Bestellungen;
4. Verbindlichkeiten aus Lieferungen und Leistungen;
5. Verbindlichkeiten aus der Annahme gezogener Wechsel und der Ausstellung eigener Wechsel;
6. Verbindlichkeiten gegenüber verbundenen Unternehmen;
7. Verbindlichkeiten gegenüber Unternehmen, mit denen ein Beteiligungsverhältnis besteht;
8. sonstige Verbindlichkeiten,
davon aus Steuern,
davon im Rahmen der sozialen Sicherheit.
D. Rechnungsabgrenzungsposten.
E. Passive latente Steuern.

§ 267 Umschreibung der Größenklassen
(1) Kleine Kapitalgesellschaften sind solche, die mindestens zwei der drei nachstehenden Merkmale nicht überschreiten:
1. 6.000.000 Euro Bilanzsumme.
2. 12.000.000 Euro Umsatzerlöse in den zwölf Monaten vor dem Abschlussstichtag.
3. Im Jahresdurchschnitt fünfzig Arbeitnehmer.
(2) Mittelgroße Kapitalgesellschaften sind solche, die mindestens zwei der drei in Absatz 1 bezeichneten Merkmale überschreiten und jeweils mindestens zwei der drei nachstehenden Merkmale nicht überschreiten:
1. 20.000.000 Euro Bilanzsumme.

2. 40.000.000 Euro Umsatzerlöse in den zwölf Monaten vor dem Abschlussstichtag.
3. Im Jahresdurchschnitt zweihundertfünfzig Arbeitnehmer.

(3) [1]Große Kapitalgesellschaften sind solche, die mindestens zwei der drei in Abs.2 bezeichneten Merkmale überschreiten. [2]Eine Kapitalgesellschaft im Sinn des §264d gilt stets als große.

(4) [1]Die Rechtsfolgen der Merkmale nach den Abs. 1 bis 3 Satz 1 treten nur ein, wenn sie an den Abschlussstichtagen von zwei aufeinanderfolgenden Geschäftsjahren über- oder unterschritten werden. [2]Im Falle der Umwandlung oder Neugründung treten die Rechtsfolgen schon ein, wenn die Voraussetzungen des Abs. 1, 2 oder 3 am ersten Abschlussstichtag nach der Umwandlung oder Neugründung vorliegen. [3]Satz 2 findet im Falle des Formwechsels keine Anwendung, sofern der formwechselnde Rechtsträger eine Kapitalgesellschaft oder eine Personenhandelsgesellschaft im Sinne des § 264a Abs. 1 ist.

§ 267a Kleinstkapitalgesellschaften

(1) [1]Kleinstkapitalgesellschaften sind kleine Kapitalgesellschaften, die mindestens zwei der drei nachstehenden Merkmale nicht überschreiten:

1. 350.000 Euro Bilanzsumme;
2. 700.000 Euro Umsatzerlöse in den zwölf Monaten vor dem Abschlussstichtag;
3. im Jahresdurchschnitt zehn Arbeitnehmer.

[2]§ 267 Absatz 4 bis 6 gilt entsprechend.

(2) Die in diesem Gesetz für kleine Kapitalgesellschaften (§ 267 Absatz 1) vorgesehenen besonderen Regelungen gelten für Kleinstkapitalgesellschaften entsprechend, soweit nichts anderes geregelt ist.

(3) Keine Kleinstkapitalgesellschaften sind:

1. Investmentgesellschaften im Sinne des § 1 Absatz 11 des Kapitalanlagegesetzbuchs,
2. Unternehmensbeteiligungsgesellschaften im Sinne des § 1a Absatz 1 UBGG oder
3. Unternehmen, deren einziger Zweck darin besteht, Beteiligungen an anderen Unternehmen zu erwerben sowie die Verwaltung und Verwertung dieser Beteiligungen wahrzunehmen, ohne dass sie unmittelbar oder mittelbar in die Verwaltung dieser Unternehmen eingreifen, wobei die Ausübung der ihnen als Aktionär oder Gesellschafter zustehenden Rechte außer Betracht bleibt.

§ 268 Vorschriften zu einzelnen Posten der Bilanz

(1) [1]Die Bilanz darf auch unter Berücksichtigung der vollständigen oder teilweisen Verwendung des Jahresergebnisses aufgestellt werden. [2]Wird die Bilanz unter Berücksichtigung der teilweisen Verwendung des Jahresergebnisses aufgestellt, so tritt an die Stelle der Posten "Jahresüberschuss/Jahresfehlbetrag" und "Gewinnvortrag /Verlustvortrag" der Posten "Bilanzgewinn/Bilanzverlust"; ein vorhandener Gewinn- oder Verlustvortrag ist in den Posten "Bilanzgewinn/Bilanzverlust" einzubeziehen und in der Bilanz gesondert anzugeben. [3]Die Angabe kann auch im Anhang gemacht werden. (...)

(3) Ist das Eigenkapital durch Verluste aufgebraucht und ergibt sich ein Überschuss der Passivposten über die Aktivposten, so ist dieser Betrag am Jahresabschluss der Bilanz auf

der Aktivseite gesondert unter der Bezeichnung "Nicht durch Eigenkapital gedeckter Fehlbetrag" auszuweisen.

(4) [1]Der Betrag der Forderungen mit einer Restlaufzeit von mehr als einem Jahr ist bei jedem gesondert ausgewiesenen Posten zu vermerken. [2]Werden unter dem Posten "sonstige Vermögensgegenstände" Beträge für Vermögensgegenstände ausgewiesen, die erst nach dem Abschlussstichtag rechtlich entstehen, so müssen Beträge, die einen größeren Umfang haben, im Anhang erläutert werden.

(5) [1]Der Betrag der Verbindlichkeiten mit einer Restlaufzeit bis zu einem Jahr und der Betrag der Verbindlichkeiten mit einer Restlaufzeit von mehr als einem Jahr sind bei jedem gesondert ausgewiesenen Posten zu vermerken. [2]Erhaltene Anzahlungen auf Bestellungen sind, soweit Anzahlungen auf Vorräte nicht von dem Posten "Vorräte" offen abgesetzt werden, unter den Verbindlichkeiten gesondert auszuweisen. [3]Sind unter dem Posten "Verbindlichkeiten" Beträge für Verbindlichkeiten ausgewiesen, die erst nach dem Abschlussstichtag rechtlich entstehen, so müssen Beträge, die einen größeren Umfang haben, im Anhang erläutert werden.

(6) Ein nach § 250 Abs. 3 in den Rechnungsabgrenzungsposten auf der Aktivseite aufgenommener Unterschiedsbetrag ist in der Bilanz gesondert auszuweisen oder im Anhang anzugeben.

(7) Für die in § 251 bezeichneten Haftungsverhältnisse sind

1. die Angaben zu nicht auf der Passivseite auszuweisenden Verbindlichkeiten und Haftungsverhältnissen im Anhang zu machen,
2. dabei die Haftungsverhältnisse jeweils gesondert unter Angabe der gewährten Pfandrechte und sonstigen Sicherheiten anzugeben und
3. dabei Verpflichtungen betreffend die Altersversorgung und Verpflichtungen gegenüber verbundenen oder assoziierten Unternehmen jeweils gesondert zu vermerken.

(8) [1]Werden selbst geschaffene immaterielle Vermögensgegenstände des Anlagevermögens in der Bilanz ausgewiesen, so dürfen Gewinne nur ausgeschüttet werden, wenn die nach der Ausschüttung verbleibenden frei verfügbaren Rücklagen zuzüglich eines Gewinnvortrags und abzüglich eines Verlustvortrags mindestens den insgesamt angesetzten Beträgen abzüglich der hierfür gebildeten passiven latenten Steuern entsprechen. [2]Werden aktive latente Steuern in der Bilanz ausgewiesen, ist Satz 1 auf den Betrag anzuwenden, um den die aktiven latenten Steuern die passiven latenten Steuern übersteigen. [3]Bei Vermögensgegenständen im Sinn des § 246 Abs. 2 Satz 2 ist Satz 1 auf den Betrag abzüglich der hierfür gebildeten passiven latenten Steuern anzuwenden, der die Anschaffungskosten übersteigt.

§ 270 Bildung bestimmter Posten

(1) Einstellungen in die Kapitalrücklage und deren Auflösung sind bereits bei der Aufstellung der Bilanz vorzunehmen.

(2) Wird die Bilanz unter Berücksichtigung der vollständigen oder teilweisen Verwendung des Jahresergebnisses aufgestellt, so sind Entnahmen aus Gewinnrücklagen sowie Einstellungen in Gewinnrücklagen, die nach Gesetz, Gesellschaftsvertrag oder Satzung

vorzunehmen sind oder auf Grund solcher Vorschriften beschlossen worden sind, bereits bei der Aufstellung der Bilanz zu berücksichtigen.

§ 271 Beteiligungen. Verbundene Unternehmen

(1) [1]Beteiligungen sind Anteile an anderen Unternehmen, die bestimmt sind, dem eigenen Geschäftsbetrieb durch Herstellung einer dauernden Verbindung zu jenen Unternehmen zu dienen. [2]Dabei ist es unerheblich, ob die Anteile in Wertpapieren verbrieft sind oder nicht. [3]Eine Beteiligung wird vermutet, wenn die Anteile an einem Unternehmen insgesamt den fünften Teil des Nennkapitals dieses Unternehmens oder, falls ein Nennkapital nicht vorhanden ist, den fünften Teil der Summe aller Kapitalanteile an diesem Unternehmen überschreiten. [4]Auf die Berechnung ist § 16 Abs. 2 und 4 AktG entsprechend anzuwenden. [5]Die Mitgliedschaft in einer eingetragenen Genossenschaft gilt nicht als Beteiligung im Sinne dieses Buches.
(2) Verbundene Unternehmen im Sinne dieses Buches sind solche Unternehmen, die als Mutter- oder Tochterunternehmen (§ 290) in den Konzernjahresabschluss eines Mutterunternehmens nach den Vorschriften über die Vollkonsolidierung einzubeziehen sind, das als oberstes Mutterunternehmen den am weitestgehenden Konzernjahresabschluss nach dem Zweiten Unterabschnitt aufzustellen hat, auch wenn die Aufstellung unterbleibt, oder das einen befreienden Konzernjahresabschluss nach den §§ 291 oder 292 aufstellt oder aufstellen könnte; Tochterunternehmen, die nach § 296 nicht einbezogen werden, sind ebenfalls verbundene Unternehmen.

§ 272 Eigenkapital

(1) [1]Gezeichnetes Kapital ist mit dem Nennbetrag anzusetzen. [2]Die nicht eingeforderten ausstehenden Einlagen auf das gezeichnete Kapital sind von dem Posten „Gezeichnetes Kapital" offen abzusetzen; der verbleibende Betrag ist als Posten „Eingefordertes Kapital" in der Hauptspalte der Passivseite auszuweisen; der eingeforderte, aber noch nicht eingezahlte Betrag ist unter den Forderungen gesondert auszuweisen und entsprechend zu bezeichnen.
(1a) [1]Der Nennbetrag oder, falls ein solcher nicht vorhanden ist, der rechnerische Wert von erworbenen eigenen Anteilen ist in der Vorspalte offen von dem Posten „Gezeichnetes Kapital" abzusetzen. [2]Der Unterschiedsbetrag zwischen dem Nennbetrag oder dem rechnerischen Wert und den Anschaffungskosten der eigenen Anteile ist mit den frei verfügbaren Rücklagen zu verrechnen. [3]Aufwendungen, die Anschaffungsnebenkosten sind, sind Aufwand des Geschäftsjahrs.
(1b) [1]Nach der Veräußerung der eigenen Anteile entfällt der Ausweis nach Absatz 1a Satz 1. [2]Ein den Nennbetrag oder den rechnerischen Wert übersteigender Differenzbetrag aus dem Veräußerungserlös ist bis zur Höhe des mit den frei verfügbaren Rücklagen verrechneten Betrages in die jeweiligen Rücklagen einzustellen. [3]Ein darüber hinausgehender Differenzbetrag ist in die Kapitalrücklage gemäß Absatz 2 Nr. 1 einzustellen. [4]Die Nebenkosten der Veräußerung sind Aufwand des Geschäftsjahrs.
(2) Als Kapitalrücklage sind auszuweisen

1. der Betrag, der bei der Ausgabe von Anteilen einschließlich von Bezugsanteilen über den Nennbetrag oder, falls ein Nennbetrag nicht vorhanden ist, über den rechnerischen Wert hinaus erzielt wird;
2. der Betrag, der bei der Ausgabe von Schuldverschreibungen für Wandlungsrechte und Optionsrechte zum Erwerb von Anteilen erzielt wird;
3. der Betrag von Zuzahlungen, die Gesellschafter gegen Gewährung eines Vorzugs für ihre Anteile leisten;
4. der Betrag von anderen Zuzahlungen, die Gesellschafter in das Eigenkapital leisten.

(3) [1]Als Gewinnrücklagen dürfen nur Beträge ausgewiesen werden, die im Geschäftsjahr oder in einem früheren Geschäftsjahr aus dem Ergebnis gebildet worden sind. [2]Dazu gehören aus dem Ergebnis zu bildende gesetzliche oder auf Gesellschaftsvertrag oder Satzung beruhende Rücklagen und andere Gewinnrücklagen.

(4) [1]Für Anteile an einem herrschenden oder mit Mehrheit beteiligten Unternehmen ist eine Rücklage zu bilden. [2]In die Rücklage ist ein Betrag einzustellen, der dem auf der Aktivseite der Bilanz für die Anteile an dem herrschenden oder mit Mehrheit beteiligten Unternehmen angesetzten Betrag entspricht. [3]Die Rücklage, die bereits bei der Aufstellung der Bilanz zu bilden ist, darf aus vorhandenen frei verfügbaren Rücklagen gebildet werden. [4]Die Rücklage ist aufzulösen, soweit die Anteile an dem herrschenden oder mit Mehrheit beteiligten Unternehmen veräußert, ausgegeben oder eingezogen werden oder auf der Aktivseite ein niedrigerer Betrag angesetzt wird.

(5) [1]Übersteigt der auf eine Beteiligung entfallende Teil des Jahresüberschusses in der Gewinn- und Verlustrechnung die Beträge, die als Dividende oder Gewinnanteil eingegangen sind oder auf deren Zahlung die Kapitalgesellschaft einen Anspruch hat, ist der Unterschiedsbetrag in eine Rücklage einzustellen, die nicht ausgeschüttet werden darf. [2]Die Rücklage ist aufzulösen, soweit die Kapitalgesellschaft die Beträge vereinnahmt oder einen Anspruch auf ihre Zahlung erwirbt.

§ 274 Latente Steuern

(1) [1]Bestehen zwischen den handelsrechtlichen Wertansätzen von Vermögensgegenständen, Schulden und Rechnungsabgrenzungsposten und ihren steuerlichen Wertansätzen Differenzen, die sich in späteren Geschäftsjahren voraussichtlich abbauen, so ist eine sich daraus insgesamt ergebende Steuerbelastung als passive latente Steuern (§ 266 Abs. 3 E.) in der Bilanz anzusetzen. [2]Eine sich daraus insgesamt ergebende Steuerentlastung kann als aktive latente Steuern (§ 266 Abs.2 D.) in der Bilanz angesetzt werden. [3]Die sich ergebende Steuerbe- und die sich ergebende Steuerentlastung können auch unverrechnet angesetzt werden. [4]Steuerliche Verlustvorträge sind bei der Berechnung aktiver latenter Steuern in Höhe der innerhalb der nächsten fünf Jahre zu erwartenden Verlustverrechnung zu berücksichtigen.

...

§ 275 Gliederung

(1) [1]Die Gewinn- und Verlustrechnung ist in Staffelform nach dem Gesamtkostenverfahren oder dem Umsatzkostenverfahren aufzustellen. [2]Dabei sind die in Absatz 2 oder 3 bezeichneten Posten in der angegebenen Reihenfolge gesondert auszuweisen.

(2) Bei Anwendung des Gesamtkostenverfahrens sind auszuweisen:

1. Umsatzerlöse
2. Erhöhung oder Verminderung des Bestands an fertigen und unfertigen Erzeugnissen
3. andere aktivierte Eigenleistungen
4. sonstige betriebliche Erträge
5. Materialaufwand:

a) Aufwendungen für Roh-, Hilfs- und Betriebsstoffe und für bezogene Waren

b) Aufwendungen für bezogene Leistungen

6. Personalaufwand:

a) Löhne und Gehälter

b) soziale Abgaben und Aufwendungen für Altersversorgung und für Unterstützung, davon für Altersversorgung

7. Abschreibungen:

a) auf immaterielle Vermögensgegenstände des Anlagevermögens und Sachanlagen

b) auf Vermögensgegenstände des Umlaufvermögens, soweit diese die in der Kapitalgesellschaft üblichen Abschreibungen überschreiten

8. sonstige betriebliche Aufwendungen
9. Erträge aus Beteiligungen,
davon aus verbundenen Unternehmen
10. Erträge aus anderen Wertpapieren und Ausleihungen des Finanzanlagevermögens,
davon aus verbundenen Unternehmen
11. sonstige Zinsen und ähnliche Erträge,
davon aus verbundenen Unternehmen
12. Abschreibungen auf Finanzanlagen und auf Wertpapiere des Umlaufvermögens
13. Zinsen und ähnliche Aufwendungen,
davon an verbundene Unternehmen
14. Steuern vom Einkommen und vom Ertrag
15. Ergebnis nach Steuern
16. sonstige Steuern
17. Jahresüberschuss/Jahresfehlbetrag.

(3) Bei Anwendung des Umsatzkostenverfahrens sind auszuweisen:

1. Umsatzerlöse
2. Herstellungskosten der zur Erzielung der Umsatzerlöse erbrachten Leistungen
3. Bruttoergebnis vom Umsatz
4. Vertriebskosten
5. allgemeine Verwaltungskosten
6. sonstige betriebliche Erträge
7. sonstige betriebliche Aufwendungen
8. Erträge aus Beteiligungen,

davon aus verbundenen Unternehmen
9. Erträge aus anderen Wertpapieren und Ausleihungen des Finanzanlagevermögens,
davon aus verbundenen Unternehmen
10. sonstige Zinsen und ähnliche Erträge,
davon aus verbundenen Unternehmen
11. Abschreibungen auf Finanzanlagen und auf Wertpapiere des Umlaufvermögens
12. Zinsen und ähnliche Aufwendungen,
davon an verbundene Unternehmen
13. Steuern vom Einkommen und vom Ertrag
14. Ergebnis nach Steuern
15. sonstige Steuern
16. Jahresüberschuss/Jahresfehlbetrag.
(4) Veränderungen der Kapital- und Gewinnrücklagen dürfen in der Gewinn- und Verlustrechnung erst nach dem Posten "Jahresüberschuss/Jahresfehlbetrag" ausgewiesen werden.
(5) Kleinstkapitalgesellschaften (§ 267a) können anstelle der Staffelungen nach den Absätzen 2 und 3 die Gewinn- und Verlustrechnung wie folgt darstellen:
1. Umsatzerlöse,
2. sonstige Erträge,
3. Materialaufwand,
4. Personalaufwand,
5. Abschreibungen,
6. sonstige Aufwendungen,
7. Steuern,
8. Jahresüberschuss/Jahresfehlbetrag.

§ 276 Größenabhängige Erleichterungen

[1]Kleine und mittelgroße Kapitalgesellschaften (§ 267 Abs. 1, 2) dürfen die Posten § 275 Abs. 2 Nr. 1 bis 5 oder Abs. 3 Nr. 1 bis 3 und 6 zu einem Posten unter der Bezeichnung "Rohergebnis" zusammenfassen. [2]Die Erleichterungen nach Satz 1 gelten nicht für Kleinstkapitalgesellschaften (§ 267a), die von der Regelung des § 275 Absatz 5 Gebrauch machen.

§ 277 Vorschriften zu einzelnen Posten der Gewinn- und Verlustrechnung

(1) Als Umsatzerlöse sind die Erlöse aus dem Verkauf und der Vermietung oder Verpachtung von Produkten sowie aus der Erbringung von Dienstleistungen der Kapitalgesellschaft nach Abzug von Erlösschmälerungen und der Umsatzsteuer sowie sonstiger direkt mit dem Umsatz verbundener Steuern auszuweisen.
(2) Als Bestandsveränderungen sind sowohl Änderungen der Menge als auch solche des Wertes zu berücksichtigen; Abschreibungen jedoch nur, soweit diese die in der Kapitalgesellschaft sonst üblichen Abschreibungen nicht überschreiten.

(3) [1]Außerplanmäßige Abschreibungen nach § 253 Absatz 3 Satz 5 und 6 sind jeweils gesondert auszuweisen oder im Anhang anzugeben. [2]Erträge und Aufwendungen aus Verlustübernahme und auf Grund einer Gewinngemeinschaft, eines Gewinnabführungs- oder eines Teilgewinnabführungsvertrags erhaltene oder abgeführte Gewinne sind jeweils gesondert unter entsprechender Bezeichnung auszuweisen.
(5) [1]Erträge aus der Abzinsung sind in der Gewinn- und Verlustrechnung gesondert unter dem Posten „Sonstige Zinsen und ähnliche Erträge" und Aufwendungen gesondert unter dem Posten „Zinsen und ähnliche Aufwendungen" auszuweisen. [2]Erträge aus der Währungsumrechnung sind in der Gewinn- und Verlustrechnung gesondert unter dem Posten „Sonstige betriebliche Erträge" und Aufwendungen aus der Währungsumrechnung gesondert unter dem Posten „Sonstige betriebliche Aufwendungen" auszuweisen.

§ 284 Erläuterung der Bilanz und der Gewinn- und Verlustrechnung

(1) [1]In den Anhang sind diejenigen Angaben aufzunehmen, die zu den einzelnen Posten der Bilanz oder der Gewinn- und Verlustrechnung vorgeschrieben sind; sie sind in der Reihenfolge der einzelnen Posten der Bilanz und der Gewinn- und Verlustrechnung darzustellen. [2]Im Anhang sind auch die Angaben zu machen, die in Ausübung eines Wahlrechts nicht in die Bilanz oder in die Gewinn- und Verlustrechnung aufgenommen wurden.
(2) Im Anhang müssen
1. die auf die Posten der Bilanz und der Gewinn- und Verlustrechnung angewandten Bilanzierungs- und Bewertungsmethoden angegeben werden;
2. Abweichungen von Bilanzierungs- und Bewertungsmethoden angegeben und begründet werden; deren Einfluss auf die Vermögens-, Finanz- und Ertragslage ist gesondert darzustellen;
3. bei Anwendung einer Bewertungsmethode nach § 240 Abs. 4, § 256 Satz 1 die Unterschieds-beträge pauschal für die jeweilige Gruppe ausgewiesen werden, wenn die Bewertung im Vergleich zu einer Bewertung auf der Grundlage des letzten vor dem Abschlussstichtag bekannten Börsenkurses oder Marktpreises einen erheblichen Unterschied aufweist;
4. Angaben über die Einbeziehung von Zinsen für Fremdkapital in die Herstellungskosten gemacht werden.
(3) [1]Im Anhang ist die Entwicklung der einzelnen Posten des Anlagevermögens in einer gesonderten Aufgliederung darzustellen. [2]Dabei sind, ausgehend von den gesamten Anschaffungs- und Herstellungskosten, die Zugänge, Abgänge, Umbuchungen und Zuschreibungen des Geschäftsjahrs sowie die Abschreibungen gesondert aufzuführen. [3]Zu den Abschreibungen sind gesondert folgende Angaben zu machen:
1. die Abschreibungen in ihrer gesamten Höhe zu Beginn und Ende des Geschäftsjahrs,
2. die im Laufe des Geschäftsjahrs vorgenommenen Abschreibungen und
3. Änderungen in den Abschreibungen in ihrer gesamten Höhe im Zusammenhang mit Zu- und Abgängen sowie Umbuchungen im Laufe des Geschäftsjahrs.

[4]Sind in die Herstellungskosten Zinsen für Fremdkapital einbezogen worden, ist für jeden Posten des Anlagevermögens anzugeben, welcher Betrag an Zinsen im Geschäftsjahr aktiviert worden ist.

§ 289 Inhalt des Lageberichts

(1) [1]Im Lagebericht sind der Geschäftsverlauf einschließlich des Geschäftsergebnisses und die Lage der Kapitalgesellschaft so darzustellen, dass ein den tatsächlichen Verhältnissen entsprechendes Bild vermittelt wird. [2]Er hat eine ausgewogene und umfassende, dem Umfang und der Komplexität der Geschäftstätigkeit entsprechende Analyse des Geschäftsverlaufs und der Lage der Gesellschaft zu enthalten. [3]In die Analyse sind die für die Geschäftstätigkeit bedeutsamsten finanziellen Leistungsindikatoren einzubeziehen und unter Bezugnahme auf die im Jahresabschluss ausgewiesenen Beträge und Angaben zu erläutern. [4]Ferner ist im Lagebericht die voraussichtliche Entwicklung mit ihren wesentlichen Chancen und Risiken zu beurteilen und zu erläutern; zugrunde liegende Annahmen sind anzugeben. [5]Die Mitglieder des vertretungsberechtigten Organs einer Kapitalgesellschaft, die als Inlandsemittent (§ 2 Abs. 14 WertpHG) Wertpapiere (§ 2 Abs. 1 des WertpHG) begibt und keine Kapitalgesellschaft im Sinne des § 327a ist, haben in einer dem Lagebericht beizufügenden schriftlichen Erklärung zu versichern, dass im Lagebericht nach bestem Wissen der Geschäftsverlauf einschließlich des Geschäftsergebnisses und die Lage der Kapitalgesellschaft so dargestellt sind, dass ein den tatsächlichen Verhältnissen entsprechendes Bild vermittelt wird und dass die wesentlichen Chancen und Risiken im Sinne des Satzes 4 beschrieben sind.

(2) [1]Im Lagebericht ist auch einzugehen auf:

1. a) die Risikomanagementziele und -methoden der Gesellschaft einschließlich ihrer Methoden zur Absicherung aller wichtigen Arten von Transaktionen, die im Rahmen der Bilanzierung von Sicherungsgeschäften erfasst werden, sowie

b) die Preisänderungs-, Ausfall- und Liquiditätsrisiken sowie die Risiken aus Zahlungsstromschwankungen, denen die Gesellschaft ausgesetzt ist,

jeweils in Bezug auf die Verwendung von Finanzinstrumenten durch die Gesellschaft und sofern dies für die Beurteilung der Lage oder der voraussichtlichen Entwicklung von Belang ist;

2. den Bereich Forschung und Entwicklung sowie

3. bestehende Zweigniederlassungen der Gesellschaft.

(3) Bei einer großen Kapitalgesellschaft (§ 267 Abs. 3) gilt Abs.1 Satz 3 entsprechend für nicht-finanzielle Leistungsindikatoren, wie Informationen über Umwelt- und Arbeitnehmerbelange, soweit sie für das Verständnis des Geschäftsverlaufs oder der Lage von Bedeutung sind.

(4) Kapitalgesellschaften im Sinn des § 264d haben im Lagebericht die wesentlichen Merkmale des internen Kontroll- und des Risikomanagementsystems im Hinblick auf den Rechnungslegungsprozess zu beschreiben.

§ 320 Vorlagepflicht. Auskunftsrecht

(1) [1]Die gesetzlichen Vertreter der Kapitalgesellschaft haben dem Jahresabschlussprüfer den Jahresabschluss, den Lagebericht und den gesonderten nichtfinanziellen Bericht unverzüglich nach der Aufstellung vorzulegen. [2]Sie haben ihm zu gestatten, die Bücher und Schriften der Kapitalgesellschaft sowie die Vermögensgegenstände und Schulden, namentlich die Kasse und die Bestände an Wertpapieren und Waren, zu prüfen. (...)

§ 321 Prüfungsbericht

(1) [1]Der Jahresabschlussprüfer hat über Art und Umfang sowie über das Ergebnis der Prüfung zu berichten; auf den Bericht sind die Sätze 2 und 3 sowie die Absätze 2 bis 4a anzuwenden. [2]Der Bericht ist schriftlich und mit der gebotenen Klarheit abzufassen; in ihm ist vorweg zu der Beurteilung der Lage der Kapitalgesellschaft oder Konzerns durch die gesetzlichen Vertreter Stellung zu nehmen, wobei insbesondere auf die Beurteilung des Fortbestandes und der künftigen Entwicklung der Kapitalgesellschaft unter Berücksichtigung des Lageberichts und bei der Prüfung des Konzernjahresabschlusses von Mutterunternehmen auch des Konzerns unter Berücksichtigung des Konzernlageberichts einzugehen ist, soweit die geprüften Unterlagen und der Lagebericht oder der Konzernlagebericht eine solche Beurteilung erlauben. [3]Außerdem hat der Jahresabschlussprüfer über bei Durchführung der Prüfung festgestellte Unrichtigkeiten oder Verstöße gegen gesetzliche Vorschriften sowie Tatsachen zu berichten, die den Bestand der geprüften Kapitalgesellschaft oder des Konzerns gefährden oder seine Entwicklung wesentlich beeinträchtigen können oder die schwerwiegende Verstösse der gesetzlichen Vertreter oder von Arbeitnehmern gegen Gesetz, Gesellschaftsvertrag oder die Satzung erkennen lassen.

(2) [1]Im Hauptteil des Prüfungsberichts ist festzustellen, ob die Buchführung und die weiteren geprüften Unterlagen, der Jahresabschluss, der Lagebericht, der Konzernjahresabschluss und der Konzernlagebericht den gesetzlichen Vorschriften und den ergänzenden Bestimmungen des Gesellschaftsvertrags oder der Satzung entsprechen. [2]In diesem Rahmen ist auch über Beanstandungen zu berichten, die nicht zur Einschränkung oder Versagung des Bestätigungsvermerks geführt haben, soweit dies für die Überwachung der Geschäftsführung und der geprüften Kapitalgesellschaft von Bedeutung ist. [3]Es ist auch darauf einzugehen, ob der Jahresabschluss insgesamt unter Beachtung der Grundsätze ordnungsmäßiger Buchführung oder sonstiger maßgeblicher Rechnungslegungsgrundsätze ein den tatsächlichen Verhältnissen entsprechendes Bild der Vermögens-, Finanz- und Ertragslage der Kapitalgesellschaft oder des Konzerns vermittelt. [4]Dazu ist auch auf wesentliche Bewertungsgrundlagen sowie darauf einzugehen, welchen Einfluss Änderungen in den Bewertungsgrundlagen einschließlich der Ausübung von Bilanzierungs- und Bewertungswahlrechten und der Ausnutzung von Ermessensspielräumen sowie sachverhaltsgestaltende Maßnahmen insgesamt auf die Darstellung der Vermögens-, Finanz- und Ertragslage haben. [5]Hierzu sind die Posten des Jahres- und des Konzernjahresabschlusses aufzugliedern und ausreichend zu erläutern, soweit diese Angaben nicht im Anhang enthalten sind. [6]Es ist darzustellen, ob die gesetzlichen Vertreter die verlangten Aufklärungen und Nachweise erbracht haben.

(3) [1]In einem besonderen Abschnitt des Prüfungsberichts sind Gegenstand, Art und Umfang der Prüfung zu erläutern. [2]Dabei ist auch auf die angewandten Rechnungslegungs- und Prüfungsgrundsätze einzugehen. (...)

§ 322 Bestätigungsvermerk

(1) [1]Der Jahresabschlussprüfer hat das Ergebnis der Prüfung schriftlich in einem Bestätigungsvermerk zum Jahresabschluss oder zum Konzernjahresabschluss zusammenzufassen. [2]Der Bestätigungsvermerk hat Gegenstand, Art und Umfang der Prüfung zu beschreiben und dabei die angewandten Rechnungslegungs- und Prüfungsgrundsätze anzugeben; er hat ferner eine Beurteilung des Prüfungsergebnisses zu enthalten. [3]In einem einleitenden Abschnitt haben zumindest die Beschreibung des Gegenstands der Prüfung und die Angabe zu den angewandten Rechnungslegungsgrundsätzen zu erfolgen. [4]Über das Ergebnis der Prüfung nach § 317 Absatz 3a ist in einem besonderen Abschnitt zu berichten.

§ 323 Verantwortlichkeit des Jahresabschlussprüfers

(1) [1]Der Jahresabschlussprüfer, seine Gehilfen und die bei der Prüfung mitwirkenden gesetzlichen Vertreter einer Prüfungsgesellschaft sind zur gewissenhaften und unparteiischen Prüfung und zur Verschwiegenheit verpflichtet; gesetzliche Mitteilungspflichten bleiben unberührt. [2]Sie dürfen nicht unbefugt Geschäfts- und Betriebsgeheimnisse verwerten, die sie bei ihrer Tätigkeit erfahren haben. [3]Wer vorsätzlich oder fahrlässig seine Pflichten verletzt, ist der Kapitalgesellschaft und, wenn ein verbundenes Unternehmen geschädigt worden ist, auch diesem zum Ersatz des daraus entstehenden Schadens verpflichtet. [4]Mehrere Personen haften als Gesamtschuldner. (...)

§ 325 Offenlegung

1) [1]Die Mitglieder des vertretungsberechtigten Organs einer Kapitalgesellschaft haben für die Gesellschaft folgende Unterlagen, sofern sie aufzustellen oder zu erstellen sind, in deutscher Sprache offenzulegen:

1. den festgestellten oder gebilligten Jahresabschluss, den Lagebericht, den Bestätigungsvermerk oder den Vermerk über dessen Versagung und die Erklärungen nach § 264 Abs. 2 Satz 3 und § 289 Abs. 1 Satz 5 sowie
2. den Bericht des Aufsichtsrats und die nach § 161 AktG vorgeschriebene Erklärung.

[2]Die Unterlagen sind der das Unternehmensregister führenden Stelle elektronisch zur Einstellung in das Unternehmensregister zu übermitteln.

(1a) [1]Die Unterlagen nach Absatz 1 Satz 1 sind spätestens ein Jahr nach dem Abschlussstichtag des Geschäftsjahrs zu übermitteln, auf das sie sich beziehen. [2]Liegen die Unterlagen nach Absatz 1 Satz 1 Nummer 2 nicht innerhalb der Frist vor, sind sie unverzüglich nach ihrem Vorliegen nach Absatz 1 offenzulegen.

(1b) [1]Wird der Jahresabschluss oder der Lagebericht geändert, so ist auch die Änderung nach Absatz 1 Satz 1 offenzulegen. [2]Ist im Jahresabschluss nur der Vorschlag für die

Ergebnisverwendung enthalten, ist der Beschluss über die Ergebnisverwendung nach seinem Vorliegen nach Absatz 1 Satz 1 offenzulegen.
(2) Die Mitglieder des vertretungsberechtigten Organs der Kapitalgesellschaft haben für diese die in Absatz 1 bezeichneten Unterlagen jeweils unverzüglich nach der Einreichung im Bundesanzeiger bekannt machen zu lassen.
(2a) 1Bei der Offenlegung nach Absatz 1 in Verbindung mit § 8b Abs. 2 Nr. 4 kann bei großen Kapitalgesellschaften (§ 267 Abs. 3) an die Stelle des Jahresabschlusses ein Einzelabschluss treten, der nach den in § 315e Abs. 1 bezeichneten internationalen Rechnungslegungsstandards aufgestellt worden ist. 2Ein Unternehmen, das von diesem Wahlrecht Gebrauch macht, hat die dort genannten Standards vollständig zu befolgen. ...

Viertes Buch. Handelsgeschäfte

§ 343 [Handelsgeschäft]

(1) Handelsgeschäfte sind alle Geschäfte eines Kaufmanns, die zum Betriebe seines Handelsgewerbes gehören.

§ 344 [Vermutung für das Handelsgeschäft]

(1) Die von einem Kaufmanne vorgenommenen Rechtsgeschäfte gelten im Zweifel als zum Betriebe seines Handelsgewerbes gehörig.
(2) Die von einem Kaufmanne gezeichneten Schuldscheine gelten als im Betriebe seines Handelsgewerbes gezeichnet, sofern nicht aus der Urkunde sich das Gegenteil ergibt.

§ 345 [Einseitige Handelsgeschäfte]

Auf ein Rechtsgeschäft, das für einen der beiden Teile ein Handelsgeschäft ist, kommen die Vorschriften über Handelsgeschäfte für beide Teile gleichmäßig zur Anwendung, soweit nicht aus diesen Vorschriften sich ein anderes ergibt.

§ 346 [Handelsbräuche]

Unter Kaufleuten ist in Ansehung der Bedeutung und Wirkung von Handlungen und Unterlassungen auf die im Handelsverkehre geltenden Gewohnheiten und Gebräuche Rücksicht zu nehmen.

§ 349 [Keine Einrede der Vorausklage]

[1]Dem Bürgen steht, wenn die Bürgschaft für ihn ein Handelsgeschäft ist, die Einrede der Vorausklage nicht zu. [2]Das gleiche gilt unter der bezeichneten Voraussetzung für denjenigen, welcher aus einem Kreditauftrag als Bürge haftet.

§ 350 [Formfreiheit Bürgschaft]

Auf eine Bürgschaft, ein Schuldversprechen oder ein Schuldanerkenntnis finden, sofern die Bürgschaft auf der Seite des Bürgen, das Versprechen oder das Anerkenntnis auf der

Seite des Schuldners ein Handelsgeschäft ist, die Formvorschriften des §766 Satz 1 und 2, des §780 und des §781 Satz 1 und 2 BGB keine Anwendung.

§ 352 [Gesetzlicher Zinssatz]

(1) [1]Die Höhe der gesetzlichen Zinsen, mit Ausnahme der Verzugszinsen, ist bei beiderseitigen Handelsgeschäften 5% für das Jahr. [2]Das gleiche gilt, wenn für eine Schuld aus einem solchen Handelsgeschäfte Zinsen ohne Bestimmung des Zinsfußes versprochen sind.
(2) Ist in diesem Gesetzbuche die Verpflichtung zur Zahlung von Zinsen ohne Bestimmung der Höhe ausgesprochen, so sind darunter Zinsen zu 5% für das Jahr zu verstehen.

§ 353 [Fälligkeitszinsen]

[1]Kaufleute untereinander sind berechtigt, für ihre Forderungen aus beiderseitigen Handelsgeschäften vom Tage der Fälligkeit an Zinsen zu fordern. [2]Zinsen von Zinsen können auf Grund dieser Vorschrift nicht gefordert werden.

§ 354 [Recht auf Provision, Lagergeld und Zinsen]

(1) Wer in Ausübung seines Handelsgewerbes einem anderen Geschäfte besorgt oder Dienste leistet, kann dafür auch ohne Verabredung Provision und, wenn es sich um Aufbewahrung handelt, Lagergeld nach den an dem Orte üblichen Sätzen fordern.
(2) Für Darlehen, Vorschüsse, Auslagen und andere Verwendungen kann er vom Tage der Leistung an Zinsen berechnen.

§ 355 [Laufende Rechnung, Kontokorrent]

(1) Steht jemand mit einem Kaufmanne derart in Geschäftsverbindung, daß die aus der Verbindung entspringenden beiderseitigen Ansprüche und Leistungen nebst Zinsen in Rechnung gestellt und in regelmäßigen Zeitabschnitten durch Verrechnung und Feststellung des für den einen oder anderen Teil sich ergebenden Überschusses ausgeglichen werden (laufende Rechnung, Kontokorrent), so kann derjenige, welchem bei dem Rechnungsabschluß ein Überschuß gebührt, von dem Tage des Abschlusses an Zinsen von dem Überschusse verlangen, auch soweit in der Rechnung Zinsen enthalten sind.
(2) Der Rechnungsabschluß geschieht jährlich einmal, sofern nicht ein anderes bestimmt ist.
(3) Die laufende Rechnung kann im Zweifel auch während der Dauer einer Rechnungsperiode jederzeit mit der Wirkung gekündigt werden, daß derjenige, welchem nach der Rechnung ein Überschuß gebührt, dessen Zahlung beanspruchen kann.

§ 358 [Zeit der Leistung]

Bei Handelsgeschäften kann die Leistung nur während der gewöhnlichen Geschäftszeit bewirkt und gefordert werden.

§ 362 [Schweigen des Kaufmanns auf Anträge]

(1) [1]Geht einem Kaufmanne, dessen Gewerbebetrieb die Besorgung von Geschäften für andere mit sich bringt, ein Antrag über die Besorgung solcher Geschäfte von jemand zu, mit dem er in Geschäftsverbindung steht, so ist er verpflichtet, unverzüglich zu antworten; sein Schweigen gilt als Annahme des Antrags. [2]Das gleiche gilt, wenn einem Kaufmann ein Antrag über die Besorgung von Geschäften von jemand zugeht, dem gegenüber er sich zur Besorgung solcher Geschäfte erboten hat.
(2) Auch wenn der Kaufmann den Antrag ablehnt, hat er die mitgesendeten Waren auf Kosten des Antragstellers, soweit er für diese Kosten gedeckt ist und soweit es ohne Nachteil für ihn geschehen kann, einstweilen vor Schaden zu bewahren.

§ 366 [Gutgläubiger Erwerb von bewegliche Sachen]

(1) Veräußert oder verpfändet ein Kaufmann im Betriebe seines Handelsgewerbes eine ihm nicht gehörige bewegliche Sache, so finden die Vorschriften des BGB zugunsten derjenigen, welche Rechte von einem Nichtberechtigten herleiten, auch dann Anwendung, wenn der gute Glaube des Erwerbers die Befugnis des Veräußerers oder Verpfänders, über die Sache für den Eigentümer zu verfügen, betrifft. (...)

§ 367 [Gutgläubiger Erwerb gewisser Wertpapiere]

(1) [1]Wird ein Inhaberpapier, das dem Eigentümer gestohlen worden, verlorengegangen oder sonst abhanden gekommen ist, an einen Kaufmann, der Bankier- oder Geldwechslergeschäfte betreibt, veräußert oder verpfändet, so gilt dessen guter Glaube als ausgeschlossen, wenn zur Zeit der Veräußerung oder Verpfändung der Verlust des Papiers im Bundesanzeiger bekanntgemacht und seit dem Ablauf des Jahres, in dem die Veröffentlichung erfolgt ist, nicht mehr als ein Jahr verstrichen war.(...)[3]Inhaberpapieren stehen an Order lautende Anleiheschuldverschreibungen sowie Namensaktien und Zwischenscheine gleich, falls sie mit einem Blankoindossament versehen sind.
(2) Der gute Glaube des Erwerbers wird durch die Veröffentlichung nach Absatz 1 nicht ausgeschlossen, wenn der Erwerber die Veröffentlichung infolge besonderer Umstände nicht kannte und seine Unkenntnis nicht auf grober Fahrlässigkeit beruht.
(3) Auf Zins-, Renten- und Gewinnanteilscheine, die nicht später als in dem nächsten auf die Veräußerung oder Verpfändung folgenden Einlösungstermin fällig werden, auf unverzinsliche Inhaberpapiere, die auf Sicht zahlbar sind, und auf Banknoten sind diese Vorschriften nicht anzuwenden.

§ 369 [Kaufmännisches Zurückbehaltungsrecht]

(1) [1]Ein Kaufmann hat wegen der fälligen Forderungen, welche ihm gegen einen anderen Kaufmann aus den zwischen ihnen geschlossenen beiderseitigen Handelsgeschäften zustehen, ein Zurückbehaltungsrecht an den beweglichen Sachen und Wertpapieren des Schuldners, welche mit dessen Willen auf Grund von Handelsgeschäften in seinen Besitz gelangt sind, sofern er sie noch im Besitze hat, insbesondere mittels Konnossements, Ladescheins oder Lagerscheins darüber verfügen kann. [2]Das Zurückbehaltungsrecht ist

auch dann begründet, wenn das Eigentum an dem Gegenstande von dem Schuldner auf den Gläubiger übergegangen oder von einem Dritten für den Schuldner auf den Gläubiger übertragen, aber auf den Schuldner zurückzuübertragen ist.
(2) Einem Dritten gegenüber besteht das Zurückbehaltungsrecht insoweit, als dem Dritten die Einwendungen gegen den Anspruch des Schuldners auf Herausgabe des Gegenstandes entgegengesetzt werden können.
(3) Das Zurückbehaltungsrecht ist ausgeschlossen, wenn die Zurückbehaltung des Gegenstandes der von dem Schuldner vor oder bei der Übergabe erteilten Anweisung oder der von dem Gläubiger übernommenen Verpflichtung, in einer bestimmten Weise mit dem Gegenstande zu verfahren, widerstreitet.
(4) [1]Der Schuldner kann die Ausübung des Zurückbehaltungsrechts durch Sicherheitsleistung abwenden. [2]Die Sicherheitsleistung durch Bürgen ist ausgeschlossen.

§ 373 [Annahmeverzug]

(1) Ist der Käufer mit der Annahme der Ware im Verzuge, so kann der Verkäufer die Ware auf Gefahr und Kosten des Käufers in einem öffentlichen Lagerhaus oder sonst in sicherer Weise hinterlegen.
(2) [1]Er ist ferner befugt, nach vorgängiger Androhung die Ware öffentlich versteigern zu lassen; er kann, wenn die Ware einen Börsen- oder Marktpreis hat, nach vorgängiger Androhung den Verkauf auch aus freier Hand durch einen zu solchen Verkäufen öffentlich ermächtigten Handelsmakler oder durch eine zur öffentlichen Versteigerung befugte Person zum laufenden Preise bewirken. [2]Ist die Ware dem Verderb ausgesetzt und Gefahr im Verzuge, so bedarf es der vorgängigen Androhung nicht; dasselbe gilt, wenn die Androhung aus anderen Gründen untunlich ist.

§ 375 [Bestimmungskauf]

(1) Ist bei dem Kaufe einer beweglichen Sache dem Käufer die nähere Bestimmung über Form, Maß oder ähnliche Verhältnisse vorbehalten, so ist der Käufer verpflichtet, die vorbehaltene Bestimmung zu treffen.
(2) [1]Ist der Käufer mit der Erfüllung dieser Verpflichtung im Verzug, so kann der Verkäufer die Bestimmung statt des Käufers vornehmen oder gemäß den §§ 280, 281 BGB Schadensersatz statt der Leistung verlangen oder gemäß § 323 BGB vom Vertrag zurücktreten. [2]Im ersteren Falle hat der Verkäufer die von ihm getroffene Bestimmung dem Käufer mitzuteilen und ihm zugleich eine angemessene Frist zur Vornahme einer anderweitigen Bestimmung zu setzen. [3]Wird eine solche innerhalb der Frist von dem Käufer nicht vorgenommen, so ist die von dem Verkäufer getroffene Bestimmung maßgebend.

§ 376 [Fixhandelskauf]

(1) [1]Ist bedungen, daß die Leistung des einen Teiles genau zu einer festbestimmten Zeit oder innerhalb einer festbestimmten Frist bewirkt werden soll, so kann der andere Teil, wenn die Leistung nicht zu der bestimmten Zeit oder nicht innerhalb der bestimmten Frist

erfolgt, von dem Vertrage zurücktreten oder, falls der Schuldner im Verzug ist, statt der Erfüllung Schadensersatz wegen Nichterfüllung verlangen. [2]Erfüllung kann er nur beanspruchen, wenn er sofort nach dem Ablaufe der Zeit oder der Frist dem Gegner anzeigt, daß er auf Erfüllung bestehe.

§ 377 [Untersuchungs- und Rügepflicht]

(1) Ist der Kauf für beide Teile ein Handelsgeschäft, so hat der Käufer die Ware unverzüglich nach der Ablieferung durch den Verkäufer, soweit dies nach ordnungsmäßigem Geschäftsgange tunlich ist, zu untersuchen und, wenn sich ein Mangel zeigt, dem Verkäufer unverzüglich Anzeige zu machen.
(2) Unterläßt der Käufer die Anzeige, so gilt die Ware als genehmigt, es sei denn, daß es sich um einen Mangel handelt, der bei der Untersuchung nicht erkennbar war.
(3) Zeigt sich später ein solcher Mangel, so muß die Anzeige unverzüglich nach der Entdeckung gemacht werden; anderenfalls gilt die Ware auch in Ansehung dieses Mangels als genehmigt.
(4) Zur Erhaltung der Rechte des Käufers genügt die rechtzeitige Absendung der Anzeige.
(5) Hat der Verkäufer den Mangel arglistig verschwiegen, so kann er sich auf diese Vorschriften nicht berufen.

§ 379 [Einstweilige Aufbewahrung]

(1) Ist der Kauf für beide Teile ein Handelsgeschäft, so ist der Käufer, wenn er die ihm von einem anderen Orte übersendete Ware beanstandet, verpflichtet, für ihre einstweilige Aufbewahrung zu sorgen.
(2) Er kann die Ware, wenn sie dem Verderb ausgesetzt und Gefahr im Verzug ist, unter Beobachtung der Vorschriften des § 373 verkaufen lassen.

§ 383 [Kommissionär; Kommissionsvertrag]

(1) Kommissionär ist, wer es gewerbsmäßig übernimmt, Waren oder Wertpapiere für Rechnung eines anderen (des Kommittenten) in eigenem Namen zu kaufen oder zu verkaufen.
(2) [1]Die Vorschriften dieses Abschnittes finden auch Anwendung, wenn das Unternehmen des Kommissionärs nach Art oder Umfang einen in kaufmännischer Weise eingerichteten Geschäftsbetrieb nicht erfordert und die Firma des Unternehmens nicht nach § 2 in das Handelsregister eingetragen ist. [2]In diesem Fall finden in Ansehung des Kommissionsgeschäfts auch die Vorschriften des Ersten Abschnittes des Vierten Buches mit Ausnahme der §§ 348 bis 350 Anwendung.

§ 384 [Pflichten des Kommissionärs]

(1) Der Kommissionär ist verpflichtet, das übernommene Geschäft mit der Sorgfalt eines ordentlichen Kaufmanns auszuführen; er hat hierbei das Interesse des Kommittenten wahrzunehmen und dessen Weisungen zu befolgen.

(2) Er hat dem Kommittenten die erforderlichen Nachrichten zu geben, insbesondere von der Ausführung der Kommission unverzüglich Anzeige zu machen; er ist verpflichtet, dem Kommittenten über das Geschäft Rechenschaft abzulegen und ihm dasjenige herauszugeben, was er aus der Geschäftsbesorgung erlangt hat.
(3) Der Kommissionär haftet dem Kommittenten für die Erfüllung des Geschäfts, wenn er ihm nicht zugleich mit der Anzeige von der Ausführung der Kommission den Dritten namhaft macht, mit dem er das Geschäft abgeschlossen hat.

Vierter Abschnitt. Frachtgeschäft

§ 407 Frachtvertrag

(1) Durch den Frachtvertrag wird der Frachtführer verpflichtet, das Gut zum Bestimmungsort zu befördern und dort an den Empfänger abzuliefern.
(2) Der Absender wird verpflichtet, die vereinbarte Fracht zu zahlen.
(3) [1]Die Vorschriften dieses Unterabschnitts gelten, wenn
1. das Gut zu Lande, auf Binnengewässern oder mit Luftfahrzeugen befördert werden soll und
2. die Beförderung zum Betrieb eines gewerblichen Unternehmens gehört.
[2]Erfordert das Unternehmen nach Art oder Umfang einen in kaufmännischer Weise eingerichteten Geschäftsbetrieb nicht und ist die Firma des Unternehmens auch nicht nach § 2 in das Handelsregister eingetragen, so sind in Ansehung des Frachtgeschäfts auch insoweit die Vorschriften des Ersten Abschnitts des Vierten Buches ergänzend anzuwenden; dies gilt jedoch nicht für die §§ 348 bis 350.

§ 409 Beweiskraft des Frachtbriefs

(1) Der von beiden Parteien unterzeichnete Frachtbrief dient bis zum Beweis des Gegenteils als Nachweis für Abschluß und Inhalt des Frachtvertrages sowie für die Übernahme des Gutes durch den Frachtführer.
(2) [1]Der von beiden Parteien unterzeichnete Frachtbrief begründet ferner die Vermutung, daß das Gut und seine Verpackung bei der Übernahme durch den Frachtführer in äußerlich gutem Zustand waren und daß die Anzahl der Frachtstücke und ihre Zeichen und Nummern mit den Angaben im Frachtbrief übereinstimmen. [2]Der Frachtbrief begründet diese Vermutung jedoch nicht, wenn der Frachtführer einen begründeten Vorbehalt in den Frachtbrief eingetragen hat; der Vorbehalt kann auch damit begründet werden, daß dem Frachtführer keine angemessenen Mittel zur Verfügung standen, die Richtigkeit der Angaben zu überprüfen.

§ 411 Verpackung. Kennzeichnung

[1]Der Absender hat das Gut, soweit dessen Natur unter Berücksichtigung der vereinbarten Beförderung eine Verpackung erfordert, so zu verpacken, daß es vor Verlust und Beschädigung geschützt ist und daß auch dem Frachtführer keine Schäden entstehen. [2]Soll das Gut in einem Container, auf einer Palette oder in oder auf einem sonstigen Lademittel, das zur Zusammenfassung von Frachtstücken verwendet wird, zur

Beförderung übergeben werden, hat der Absender das Gut auch in oder auf dem Lademittel beförderungssicher zu stauen und zu sichern. [3]Der Absender hat das Gut ferner, soweit dessen vertragsgemäße Behandlung dies erfordert, zu kennzeichnen.

§ 412 Verladen und Entladen. Verordnungsermächtigung

(1) [1]Soweit sich aus den Umständen oder der Verkehrssitte nicht etwas anderes ergibt, hat der Absender das Gut beförderungssicher zu laden, zu stauen und zu befestigen (verladen) sowie zu entladen. [2]Der Frachtführer hat für die betriebssichere Verladung zu sorgen.
(2) Für die Lade- und Entladezeit, die sich mangels abweichender Vereinbarung nach einer den Umständen des Falles angemessenen Frist bemißt, kann keine besondere Vergütung verlangt werden.
(3) Wartet der Frachtführer auf Grund vertraglicher Vereinbarung oder aus Gründen, die nicht seinem Risikobereich zuzurechnen sind, über die Lade- oder Entladezeit hinaus, so hat er Anspruch auf eine angemessene Vergütung (Standgeld).

§ 414 Verschuldensunabhängige Haftung des Absenders in besonderen Fällen

(1) Der Absender hat, auch wenn ihn kein Verschulden trifft, dem Frachtführer Schäden und Aufwendungen zu ersetzen, die verursacht werden durch
1. ungenügende Verpackung oder Kennzeichnung,
2. Unrichtigkeit oder Unvollständigkeit der in den Frachtbrief aufgenommenen Angaben,
3. Unterlassen der Mitteilung über die Gefährlichkeit des Gutes oder
4. Fehlen, Unvollständigkeit oder Unrichtigkeit der in § 413 Abs. 1 genannten Urkunden oder Auskünfte.
(2) Hat bei der Verursachung der Schäden oder Aufwendungen ein Verhalten des Frachtführers mitgewirkt, so hängen die Verpflichtung zum Ersatz sowie der Umfang des zu leistenden Ersatzes davon ab, inwieweit dieses Verhalten zu den Schäden und Aufwendungen beigetragen hat.
(3) Ist der Absender ein Verbraucher, so hat er dem Frachtführer Schäden und Aufwendungen nach den Absätzen 1 und 2 nur zu ersetzen, soweit ihn ein Verschulden trifft.

§ 421 Rechte des Empfängers. Zahlungspflicht

(1) [1]Nach Ankunft des Gutes an der Ablieferungsstelle ist der Empfänger berechtigt, vom Frachtführer zu verlangen, ihm das Gut gegen Erfüllung der Verpflichtungen aus dem Frachtvertrag abzuliefern. [2]Ist das Gut beschädigt oder verspätet abgeliefert worden oder verlorengegangen, so kann der Empfänger die Ansprüche aus dem Frachtvertrag im eigenen Namen gegen den Frachtführer geltend machen; der Absender bleibt zur Geltendmachung dieser Ansprüche befugt. [3]Dabei macht es keinen Unterschied, ob Empfänger oder Absender im eigenen oder fremden Interesse handeln.

(2) [1]Der Empfänger, der sein Recht nach Absatz 1 Satz 1 geltend macht, hat die noch geschuldete Fracht bis zu dem Betrag zu zahlen, der aus dem Frachtbrief hervorgeht. [2]Ist ein Frachtbrief nicht ausgestellt oder dem Empfänger nicht vorgelegt worden oder ergibt sich aus dem Frachtbrief nicht die Höhe der zu zahlenden Fracht, so hat der Empfänger die mit dem Absender vereinbarte Fracht zu zahlen, soweit diese nicht unangemessen ist.
(3) Der Empfänger, der sein Recht nach Absatz 1 Satz 1 geltend macht, hat ferner ein Standgeld oder eine Vergütung nach § 420 Absatz 4 zu zahlen, ein Standgeld wegen Überschreitung der Ladezeit und eine Vergütung nach § 420 Absatz 4 jedoch nur, wenn ihm der geschuldete Betrag bei Ablieferung des Gutes mitgeteilt worden ist.
(4) Der Absender bleibt zur Zahlung der nach dem Vertrag geschuldeten Beträge verpflichtet.

§ 425 Haftung für Güter- und Verspätungsschäden. Schadensteilung

(1) Der Frachtführer haftet für den Schaden, der durch Verlust oder Beschädigung des Gutes in der Zeit von der Übernahme zur Beförderung bis zur Ablieferung oder durch Überschreitung der Lieferfrist entsteht.
(2) Hat bei der Entstehung des Schadens ein Verhalten des Absenders oder des Empfängers oder ein besonderer Mangel des Gutes mitgewirkt, so hängen die Verpflichtung zum Ersatz sowie der Umfang des zu leistenden Ersatzes davon ab, inwieweit diese Umstände zu dem Schaden beigetragen haben.

§ 438 Schadensanzeige

(1) [1]Ist ein Verlust oder eine Beschädigung des Gutes äußerlich erkennbar und zeigt der Empfänger oder der Absender dem Frachtführer Verlust oder Beschädigung nicht spätestens bei Ablieferung des Gutes an, so wird vermutet, daß das Gut vollständig und unbeschädigt abgeliefert worden ist. [2]Die Anzeige muß den Verlust oder die Beschädigung hinreichend deutlich kennzeichnen.
(2) Die Vermutung nach Absatz 1 gilt auch, wenn der Verlust oder die Beschädigung äußerlich nicht erkennbar war und nicht innerhalb von sieben Tagen nach Ablieferung angezeigt worden ist.
(3) Ansprüche wegen Überschreitung der Lieferfrist erlöschen, wenn der Empfänger dem Frachtführer die Überschreitung der Lieferfrist nicht innerhalb von einundzwanzig Tagen nach Ablieferung anzeigt.
(4) [1]Eine Schadensanzeige nach Ablieferung ist in Textform zu erstatten. [2]Zur Wahrung der Frist genügt die rechtzeitige Absendung.
(5) Werden Verlust, Beschädigung oder Überschreitung der Lieferfrist bei Ablieferung angezeigt, so genügt die Anzeige gegenüber demjenigen, der das Gut abliefert.

§ 453 Speditionsvertrag

(1) Durch den Speditionsvertrag wird der Spediteur verpflichtet, die Versendung des Gutes zu besorgen.

(2) Der Versender wird verpflichtet, die vereinbarte Vergütung zu zahlen.

(3) [1]Die Vorschriften dieses Abschnitts gelten nur, wenn die Besorgung der Versendung zum Betrieb eines gewerblichen Unternehmens gehört. [2]Erfordert das Unternehmen nach Art oder Umfang einen in kaufmännischer Weise eingerichteten Geschäftsbetrieb nicht und ist die Firma des Unternehmens auch nicht nach § 2 in das Handelsregister eingetragen, so sind in Ansehung des Speditionsgeschäfts auch insoweit die Vorschriften des Ersten Abschnitts des Vierten Buches ergänzend anzuwenden; dies gilt jedoch nicht für die §§ 348 bis 350.

§ 454 Besorgung der Versendung

(1) Die Pflicht, die Versendung zu besorgen, umfaßt die Organisation der Beförderung, insbesondere

1. die Bestimmung des Beförderungsmittels und des Beförderungsweges,
2. die Auswahl ausführender Unternehmer, den Abschluß der für die Versendung erforderlichen Fracht-, Lager- und Speditionsverträge sowie die Erteilung von Informationen und Weisungen an die ausführenden Unternehmer und
3. die Sicherung von Schadenersatzansprüchen des Versenders.

(2) [1]Zu den Pflichten des Spediteurs zählt ferner die Ausführung sonstiger vereinbarter auf die Beförderung bezogener Leistungen wie die Versicherung und Verpackung des Gutes, seine Kennzeichnung und die Zollbehandlung. [2]Der Spediteur schuldet jedoch nur den Abschluß der zur Erbringung dieser Leistungen erforderlichen Verträge, wenn sich dies aus der Vereinbarung ergibt.

(3) Der Spediteur schließt die erforderlichen Verträge im eigenen Namen oder, sofern er hierzu bevollmächtigt ist, im Namen des Versenders ab.

(4) Der Spediteur hat bei Erfüllung seiner Pflichten das Interesse des Versenders wahrzunehmen und dessen Weisungen zu befolgen.

§ 458 Selbsteintritt

[1]Der Spediteur ist befugt, die Beförderung des Gutes durch Selbsteintritt auszuführen. [2]Macht er von dieser Befugnis Gebrauch, so hat er hinsichtlich der Beförderung die Rechte und Pflichten eines Frachtführers oder Verfrachters. [3]In diesem Fall kann er neben der Vergütung für seine Tätigkeit als Spediteur die gewöhnliche Fracht verlangen.

§ 467 Lagervertrag

(1) Durch den Lagervertrag wird der Lagerhalter verpflichtet, das Gut zu lagern und aufzubewahren.

(2) Der Einlagerer wird verpflichtet, die vereinbarte Vergütung zu zahlen.

(3) [1]Die Vorschriften dieses Abschnitts gelten nur, wenn die Lagerung und Aufbewahrung zum Betrieb eines gewerblichen Unternehmens gehören. (...)

§ 475 Haftung für Verlust oder Beschädigung

[1]Der Lagerhalter haftet für den Schaden, der durch Verlust oder Beschädigung des Gutes in der Zeit von der Übernahme zur Lagerung bis zur Auslieferung entsteht, es sei denn, daß der Schaden durch die Sorgfalt eines ordentlichen Kaufmanns nicht abgewendet werden konnte. [2]Dies gilt auch dann, wenn der Lagerhalter gemäß § 472 Abs. 2 das Gut bei einem Dritten einlagert.

§ 475b Pfandrecht des Lagerhalters

(1) [1]Der Lagerhalter hat für alle Forderungen aus dem Lagervertrag ein Pfandrecht an dem ihm zur Lagerung übergebenen Gut des Einlagerers oder eines Dritten, der der Lagerung zugestimmt hat. [2]An dem Gut des Einlagerers hat der Lagerhalter auch ein Pfandrecht für alle unbestrittenen Forderungen aus anderen mit dem Einlagerer abgeschlossenen Lager-, Fracht-, Seefracht- und Speditionsverträgen. [3]Das Pfandrecht erstreckt sich auch auf die Forderung aus einer Versicherung sowie auf die Begleitpapiere.

(2) Ist ein Orderlagerschein durch Indossament übertragen worden, so besteht das Pfandrecht dem legitimierten Besitzer des Lagerscheins gegenüber nur wegen der Vergütungen und Aufwendungen, die aus dem Lagerschein ersichtlich sind oder ihm bei Erwerb des Lagerscheins bekannt oder infolge grober Fahrlässigkeit unbekannt waren.

(3) Das Pfandrecht besteht, solange der Lagerhalter das Gut in seinem Besitz hat, insbesondere solange er mittels Konnossements, Ladescheins oder Lagerscheins darüber verfügen kann.

Hinweisgeberschutzgesetz – HinSchG

Gesetz für einen besseren Schutz hinweisgebender Personen vom 31.5.2023, in Kraft getreten am 2.7.2023

§ 1 Zielsetzung und persönlicher Anwendungsbereich

(1) Dieses Gesetz regelt den Schutz von natürlichen Personen, die im Zusammenhang mit ihrer beruflichen Tätigkeit oder im Vorfeld einer beruflichen Tätigkeit Informationen über Verstöße erlangt haben und diese an die nach diesem Gesetz vorgesehenen Meldestellen melden oder offenlegen (hinweisgebende Personen).
(2) Darüber hinaus werden Personen geschützt, die Gegenstand einer Meldung oder Offenlegung sind, sowie sonstige Personen, die von einer Meldung oder Offenlegung betroffen sind.

§ 2 Sachlicher Anwendungsbereich

(1) Dieses Gesetz gilt für die Meldung (§ 3 Absatz 4) und die Offenlegung (§ 3 Absatz 5) von Informationen über
1. Verstöße, die strafbewehrt sind,
2. Verstöße, die bußgeldbewehrt sind, soweit die verletzte Vorschrift dem Schutz von Leben, Leib oder Gesundheit oder dem Schutz der Rechte von Beschäftigten oder ihrer Vertretungsorgane dient,
3. sonstige Verstöße gegen Rechtsvorschriften des Bundes und der Länder sowie unmittelbar geltende Rechtsakte der Europäischen Union und der Europäischen Atomgemeinschaft
a) zur Bekämpfung von Geldwäsche und Terrorismusfinanzierung...
b) mit Vorgaben zur Produktsicherheit und -konformität,
c) mit Vorgaben zur Sicherheit im Straßenverkehr, die das Straßeninfrastruktursicherheitsmanagement, die Sicherheitsanforderungen in Straßentunneln sowie die Zulassung zum Beruf des Güterkraftverkehrsunternehmers oder des Personenkraftverkehrsunternehmers (Kraftomnibusunternehmen) betreffen,
d) mit Vorgaben zur Gewährleistung der Eisenbahnbetriebssicherheit,
e) mit Vorgaben zur Sicherheit im Seeverkehr ...
f) mit Vorgaben zur zivilen Luftverkehrssicherheit ...
g) mit Vorgaben zur sicheren Beförderung gefährlicher Güter auf der Straße, per Eisenbahn und per Binnenschiff,
h) mit Vorgaben zum Umweltschutz,
i) mit Vorgaben zum Strahlenschutz und zur kerntechnischen Sicherheit,
j) zur Förderung der Nutzung von Energie aus erneuerbaren Quellen und der Energieeffizienz,
k) zur Lebensmittel- und Futtermittelsicherheit, zur ökologischen Produktion und zur Kennzeichnung von ökologischen Erzeugnissen, zum Schutz geografischer Angaben für Agrarerzeugnisse und Lebensmittel ...

l) zu Qualitäts- und Sicherheitsstandards für Organe und Substanzen menschlichen Ursprungs, Human- und Tierarzneimittel, Medizinprodukte sowie die grenzüberschreitende Patientenversorgung,
m) zur Herstellung, zur Aufmachung und zum Verkauf von Tabakerzeugnissen und verwandten Erzeugnissen,
n) zur Regelung der Verbraucherrechte und des Verbraucherschutzes im Zusammenhang mit Verträgen zwischen Unternehmern und Verbrauchern sowie zum Schutz von Verbrauchern im Bereich der Zahlungskonten und Finanzdienstleistungen, bei Preisangaben sowie vor unlauteren geschäftlichen Handlungen,
o) zum Schutz der Privatsphäre in der elektronischen Kommunikation...
p) zum Schutz personenbezogener Daten ...
q) zur Sicherheit in der Informationstechnik ...
r) zur Regelung der Rechte von Aktionären von Aktiengesellschaften,
s) zur Abschlussprüfung bei Unternehmen von öffentlichem Interesse nach § 316a Satz 2 des Handelsgesetzbuchs,
t) zur Rechnungslegung einschließlich der Buchführung von Unternehmen, die kapitalmarktorientiert ... sind, von Kreditinstituten ..., Finanzdienstleistungsinstituten ..., Wertpapierinstituten ... Versicherungsunternehmen ... und Pensionsfonds ....,
4. Verstöße gegen bundesrechtlich und einheitlich geltende Regelungen für Auftraggeber zum Verfahren der Vergabe von öffentlichen Aufträgen und Konzessionen und zum Rechtsschutz in diesen Verfahren ab Erreichen der jeweils maßgeblichen EU-Schwellenwerte,
5. Verstöße, die von § 4d Absatz 1 Satz 1 des Finanzdienstleistungsaufsichtsgesetzes erfasst sind, soweit sich nicht aus § 4 Absatz 1 Satz 1 etwas anderes ergibt,
6. Verstöße gegen für Körperschaften und Personenhandelsgesellschaften geltende steuerliche Rechtsnormen,
7. Verstöße in Form von Vereinbarungen, die darauf abzielen, sich in missbräuchlicher Weise einen steuerlichen Vorteil zu verschaffen, der dem Ziel oder dem Zweck des für Körperschaften und Personenhandelsgesellschaften geltenden Steuerrechts zuwiderläuft,
...
(2) Dieses Gesetz gilt außerdem für die Meldung und Offenlegung von Informationen über
1. Verstöße gegen den Schutz der finanziellen Interessen der Europäischen Union ... und
2. Verstöße gegen Binnenmarktvorschriften ... einschließlich ... Vorschriften der Europäischen Union über Wettbewerb und staatliche Beihilfen.

§ 7 Wahlrecht zwischen interner und externer Meldung

(1) Personen, die beabsichtigen, Informationen über einen Verstoß zu melden, können wählen, ob sie sich an eine interne Meldestelle (§ 12) oder eine externe Meldestelle (§§ 19 bis 24) wenden. Diese Personen sollten in den Fällen, in denen intern wirksam gegen den Verstoß vorgegangen werden kann und sie keine Repressalien befürchten, die Meldung an eine interne Meldestelle bevorzugen. Wenn einem intern gemeldeten Verstoß nicht abgeholfen wurde, bleibt es der hinweisgebenden Person unbenommen,

sich an eine externe Meldestelle zu wenden. (3) Beschäftigungsgeber, die nach § 12 Absatz 1 und 3 zur Einrichtung interner Meldestellen verpflichtet sind, sollen Anreize dafür schaffen, dass sich hinweisgebende Personen vor einer Meldung an eine externe Meldestelle zunächst an die jeweilige interne Meldestelle wenden. Diese Beschäftigungsgeber stellen für Beschäftigte klare und leicht zugängliche Informationen über die Nutzung des internen Meldeverfahrens bereit. Die Möglichkeit einer externen Meldung darf hierdurch nicht beschränkt oder erschwert werden.

§ 8 Vertraulichkeitsgebot

(1) Die Meldestellen haben die Vertraulichkeit der Identität der folgenden Personen zu wahren: 1. der hinweisgebenden Person, sofern die gemeldeten Informationen Verstöße betreffen, die in den Anwendungsbereich dieses Gesetzes fallen, oder die hinweisgebende Person zum Zeitpunkt der Meldung hinreichenden Grund zu der Annahme hatte, dass dies der Fall sei, 2. der Personen, die Gegenstand einer Meldung sind, und 3. der sonstigen in der Meldung genannten Personen. Die Identität der in Satz 1 genannten Personen darf ausschließlich den Personen, die für die Entgegennahme von Meldungen oder für das Ergreifen von Folgemaßnahmen zuständig sind, sowie den sie bei der Erfüllung dieser Aufgaben unterstützenden Personen bekannt werden. (2) Das Gebot der Vertraulichkeit der Identität gilt unabhängig davon, ob die Meldestelle für die eingehende Meldung zuständig ist.

§ 9 Ausnahmen vom Vertraulichkeitsgebot

(1) Die Identität einer hinweisgebenden Person, die vorsätzlich oder grob fahrlässig unrichtige Informationen über Verstöße meldet, wird nicht nach diesem Gesetz geschützt.

(2) Informationen über die Identität einer hinweisgebenden Person oder über sonstige Umstände, die Rückschlüsse auf die Identität dieser Person erlauben, dürfen abweichend von § 8 Absatz 1 an die zuständige Stelle weitergegeben werden 1. in Strafverfahren auf Verlangen der Strafverfolgungsbehörden,

2. aufgrund einer Anordnung in einem einer Meldung nachfolgenden Verwaltungsverfahren, einschließlich verwaltungsbehördlicher Bußgeldverfahren,

3. aufgrund einer gerichtlichen Entscheidung,

...

5. von dem Bundeskartellamt als externe Meldestelle nach § 22 an die zuständigen Fachabteilungen innerhalb des Bundeskartellamtes sowie in den Fällen des § 49 Absatz 2 Satz 2 und Absatz 4 und § 50d des Gesetzes gegen Wettbewerbsbeschränkungen an die jeweils zuständige Wettbewerbsbehörde.

Die Meldestelle hat die hinweisgebende Person vorab über die Weitergabe zu informieren. Hiervon ist abzusehen, wenn die Strafverfolgungsbehörde, die zuständige Behörde oder das Gericht der Meldestelle mitgeteilt hat, dass durch die Information die entsprechenden Ermittlungen, Untersuchungen oder Gerichtsverfahren gefährdet würden. Der hinweisgebenden Person sind mit der Information zugleich die Gründe für die Weitergabe schriftlich oder elektronisch darzulegen.

(3) Über die Fälle des Absatzes 2 hinaus dürfen Informationen über die Identität der hinweisgebenden Person oder über sonstige Umstände, die Rückschlüsse auf die Identität dieser Person erlauben, weitergegeben werden, wenn
1. die Weitergabe für Folgemaßnahmen erforderlich ist und
2. die hinweisgebende Person zuvor in die Weitergabe eingewilligt hat.

Die Einwilligung nach Satz 1 Nummer 2 muss für jede einzelne Weitergabe von Informationen über die Identität gesondert und in Textform vorliegen. Die Regelung des § 26 Absatz 2 des Bundesdatenschutzgesetzes bleibt unberührt. ...

§ 10 Verarbeitung personenbezogener Daten

Die Meldestellen sind befugt, personenbezogene Daten zu verarbeiten, soweit dies zur Erfüllung ihrer in den §§ 13 und 24 bezeichneten Aufgaben erforderlich ist. ...

§ 11 Dokumentation der Meldungen

(1) Die Personen, die in einer Meldestelle für die Entgegennahme von Meldungen zuständig sind, dokumentieren alle eingehenden Meldungen in dauerhaft abrufbarer Weise unter Beachtung des Vertraulichkeitsgebots (§ 8).
(2) Bei telefonischen Meldungen oder Meldungen mittels einer anderen Art der Sprachübermittlung darf eine dauerhaft abrufbare Tonaufzeichnung des Gesprächs oder dessen vollständige und genaue Niederschrift (Wortprotokoll) nur mit Einwilligung der hinweisgebenden Person erfolgen. Liegt eine solche Einwilligung nicht vor, ist die Meldung durch eine von der für die Bearbeitung der Meldung verantwortlichen Person zu erstellende Zusammenfassung ihres Inhalts (Inhaltsprotokoll) zu dokumentieren.
(3) Erfolgt die Meldung im Rahmen einer Zusammenkunft gemäß § 16 Absatz 3 oder § 27 Absatz 3, darf mit Zustimmung der hinweisgebenden Person eine vollständige und genaue Aufzeichnung der Zusammenkunft erstellt und aufbewahrt werden. Die Aufzeichnung kann durch Erstellung einer Tonaufzeichnung des Gesprächs in dauerhaft abrufbarer Form oder durch ein von der für die Bearbeitung der Meldung verantwortlichen Person erstelltes Wortprotokoll der Zusammenkunft erfolgen.
(4) Der hinweisgebenden Person ist Gelegenheit zu geben, das Protokoll zu überprüfen, gegebenenfalls zu korrigieren und es durch ihre Unterschrift oder in elektronischer Form zu bestätigen. Wird eine Tonaufzeichnung zur Anfertigung eines Protokolls verwendet, so ist sie zu löschen, sobald das Protokoll fertiggestellt ist.
(5) Die Dokumentation wird drei Jahre nach Abschluss des Verfahrens gelöscht. Die Dokumentation kann länger aufbewahrt werden, um die Anforderungen nach diesem Gesetz oder nach anderen Rechtsvorschriften zu erfüllen, solange dies erforderlich und verhältnismäßig ist.

§ 12 Pflicht zur Einrichtung interner Meldestellen

(1) Beschäftigungsgeber haben dafür zu sorgen, dass bei ihnen mindestens eine Stelle für interne Meldungen eingerichtet ist und betrieben wird, an die sich Beschäftigte wenden können (interne Meldestelle). Ist der Bund oder ein Land Beschäftigungsgeber, bestimmen die obersten Bundes- oder Landesbehörden Organisationseinheiten in Form

von einzelnen oder mehreren Behörden, Verwaltungsstellen, Betrieben oder Gerichten. Die Pflicht nach Satz 1 gilt sodann für die Einrichtung und den Betrieb der internen Meldestelle bei den jeweiligen Organisationseinheiten. Für Gemeinden und Gemeindeverbände und solche Beschäftigungsgeber, die im Eigentum oder unter der Kontrolle von Gemeinden und Gemeindeverbänden stehen, gilt die Pflicht zur Einrichtung und zum Betrieb interner Meldestellen nach Maßgabe des jeweiligen Landesrechts.
(2) Die Pflicht nach Absatz 1 Satz 1 gilt nur für Beschäftigungsgeber mit jeweils in der Regel mindestens 50 Beschäftigten. ...

§ 13 Aufgaben der internen Meldestellen

(1) Die internen Meldestellen betreiben Meldekanäle nach § 16, führen das Verfahren nach § 17 und ergreifen Folgemaßnahmen nach § 18.
(2) Die internen Meldestellen halten für Beschäftigte klare und leicht zugängliche Informationen über externe Meldeverfahren gemäß Unterabschnitt 3 und einschlägige Meldeverfahren von Organen, Einrichtungen oder sonstigen Stellen der Europäischen Union bereit.

§ 14 Organisationsformen interner Meldestellen

(1) Eine interne Meldestelle kann eingerichtet werden, indem eine bei dem jeweiligen Beschäftigungsgeber oder bei der jeweiligen Organisationseinheit beschäftigte Person, eine aus mehreren beschäftigten Personen bestehende Arbeitseinheit oder ein Dritter mit den Aufgaben einer internen Meldestelle betraut wird. Die Betrauung eines Dritten mit den Aufgaben einer internen Meldestelle entbindet den betrauenden Beschäftigungsgeber nicht von der Pflicht, selbst geeignete Maßnahmen zu ergreifen, um einen etwaigen Verstoß abzustellen. Ist der Beschäftigungsgeber der Bund oder ein Land, gilt Satz 2 für die jeweiligen Organisationseinheiten entsprechend.
(2) Mehrere private Beschäftigungsgeber mit in der Regel 50 bis 249 Beschäftigten können für die Entgegennahme von Meldungen und für die weiteren nach diesem Gesetz vorgesehenen Maßnahmen eine gemeinsame Stelle einrichten und betreiben. Die Pflicht, Maßnahmen zu ergreifen, um den Verstoß abzustellen, und die Pflicht zur Rückmeldung an die hinweisgebende Person verbleiben bei dem einzelnen Beschäftigungsgeber.

§ 15 Unabhängige Tätigkeit; notwendige Fachkunde

(1) Die mit den Aufgaben einer internen Meldestelle beauftragten Personen sind bei der Ausübung ihrer Tätigkeit unabhängig. Sie dürfen neben ihrer Tätigkeit für die interne Meldestelle andere Aufgaben und Pflichten wahrnehmen. Es ist dabei sicherzustellen, dass derartige Aufgaben und Pflichten nicht zu Interessenkonflikten führen. (2) Beschäftigungsgeber tragen dafür Sorge, dass die mit den Aufgaben einer internen Meldestelle beauftragten Personen über die notwendige Fachkunde verfügen. Ist der Beschäftigungsgeber der Bund oder ein Land, gilt Satz 1 für die jeweiligen Organisationseinheiten entsprechend.

§ 16 Meldekanäle für interne Meldestellen

(1) Nach § 12 zur Einrichtung interner Meldestellen verpflichtete Beschäftigungsgeber richten für diese Meldekanäle ein, über die sich Beschäftigte und dem Beschäftigungsgeber überlassene Leiharbeitnehmerinnen und Leiharbeitnehmer an die internen Meldestellen wenden können, um Informationen über Verstöße zu melden. Ist der Beschäftigungsgeber der Bund oder ein Land, gilt Satz 1 für die jeweiligen Organisationseinheiten entsprechend. Der interne Meldekanal kann so gestaltet werden, dass er darüber hinaus auch natürlichen Personen offensteht, die im Rahmen ihrer beruflichen Tätigkeiten mit dem jeweiligen zur Einrichtung der internen Meldestelle verpflichteten Beschäftigungsgeber oder mit der jeweiligen Organisationseinheit in Kontakt stehen. Die interne Meldestelle sollte auch anonym eingehende Meldungen bearbeiten. Es besteht allerdings keine Verpflichtung, die Meldekanäle so zu gestalten, dass sie die Abgabe anonymer Meldungen ermöglichen.
(2) Die Meldekanäle sind so zu gestalten, dass nur die für die Entgegennahme und Bearbeitung der Meldungen zuständigen sowie die sie bei der Erfüllung dieser Aufgaben unterstützenden Personen Zugriff auf die eingehenden Meldungen haben.
(3) Interne Meldekanäle müssen Meldungen in mündlicher oder in Textform ermöglichen. Mündliche Meldungen müssen per Telefon oder mittels einer anderen Art der Sprachübermittlung möglich sein. Auf Ersuchen der hinweisgebenden Person ist für eine Meldung innerhalb einer angemessenen Zeit eine persönliche Zusammenkunft mit einer für die Entgegennahme einer Meldung zuständigen Person der internen Meldestelle zu ermöglichen. Mit Einwilligung der hinweisgebenden Person kann die Zusammenkunft auch im Wege der Bild- und Tonübertragung erfolgen.

§ 19 Errichtung und Zuständigkeit einer externen Meldestelle des Bundes

(1) Der Bund errichtet beim Bundesamt für Justiz eine Stelle für externe Meldungen (externe Meldestelle des Bundes). Die externe Meldestelle des Bundes ist organisatorisch vom übrigen Zuständigkeitsbereich des Bundesamts für Justiz getrennt.
(2) Die Aufgaben der externen Meldestelle des Bundes werden unabhängig von den sonstigen Aufgaben des Bundesamts für Justiz wahrgenommen. Die Dienstaufsicht über die externe Meldestelle des Bundes führt die Präsidentin oder der Präsident des Bundesamts für Justiz. Die externe Meldestelle des Bundes untersteht einer Dienstaufsicht nur, soweit nicht ihre Unabhängigkeit beeinträchtigt wird.

Jugendarbeitsschutzgesetz – JarbSchG

Gesetz zum Schutze der arbeitenden Jugend vom 12. April 1976 - zuletzt geändert 16. Juli 2021

§ 1 Geltungsbereich

(1) Dieses Gesetz gilt in der Bundesrepublik Deutschland und in der ausschließlichen Wirtschaftszone für die Beschäftigung von Personen, die noch nicht 18 Jahre alt sind,
in der Berufsausbildung,
als Arbeitnehmer oder Heimarbeiter,
mit sonstigen Dienstleistungen, die der Arbeitsleistung von Arbeitnehmern oder Heimarbeitern ähnlich sind,
in einem der Berufsausbildung ähnlichen Ausbildungsverhältnis.
(2) Dieses Gesetz gilt nicht
für geringfügige Hilfeleistungen, soweit sie gelegentlich
aus Gefälligkeit,
auf Grund familienrechtlicher Vorschriften,
in Einrichtungen der Jugendhilfe,
in Einrichtungen zur Eingliederung Behinderter erbracht werden,
für die Beschäftigung durch die Personensorgeberechtigten im Familienhaushalt.

§ 2 Kind, Jugendlicher

(siehe auch § 5 JArb-SchG und § 8 JArb-SchG)
(1) Kind im Sinne dieses Gesetzes ist, wr noch nicht 15 Jahre alt ist.
(2) Jugendlicher im Sinne dieses Gesetzes ist, wer 15, aber noch nicht 18 Jahre alt ist.
(3) Auf Jugendliche, die der Vollzeitschulpflicht unterliegen, finden die für Kinder geltenden Vorschriften Anwendung.

§ 3 Arbeitgeber

Arbeitgeber im Sinne dieses Gesetzes ist, wer ein Kind oder einen Jugendlichen gemäß § 1 beschäftigt.

§ 4 Arbeitszeit

(1) Tägliche Arbeitszeit ist die Zeit vom Beginn bis zum Ende der täglichen Beschäftigung ohne die Ruhepausen (§ 11).
(2) Schichtzeit ist die tägliche Arbeitszeit unter Hinzurechnung der Ruhepausen (§ 11).
(3) Im Bergbau unter Tage gilt die Schichtzeit als Arbeitszeit. Sie wird gerechnet vom Betreten des Förderkorbs bei der Einfahrt bis zum Verlassen des Förderkorbs bei der Ausfahrt oder vom Eintritt des einzelnen Beschäftigten in das Stollenmundloch bis zu seinem Wiederaustritt.

(4) Für die Berechnung der wöchentlichen Arbeitszeit ist als Woche die Zeit von Montag bis einschließlich Sonntag zugrunde zu legen. Die Arbeitszeit, die an einem Werktag infolge eines gesetzlichen Feiertags ausfällt, wird auf die wöchentliche Arbeitszeit angerechnet.
(5) Wird ein Kind oder ein Jugendlicher von mehreren Arbeitgebern beschäftigt, so werden die Arbeits- und Schichtzeiten sowie die Arbeitstage zusammengerechnet.

§ 5 Verbot der Beschäftigung von Kindern

(1) Die Beschäftigung von Kindern (§ 2 Abs. 1) ist verboten.
(2) Das Verbot des Absatzes 1 gilt nicht für die Beschäftigung von Kindern
1. zum Zwecke der Beschäftigungs- und Arbeitstherapie,
2. im Rahmen des Betriebspraktikums während der Vollzeitschulpflicht,
3. in Erfüllung einer richterlichen Weisung. Auf die Beschäftigung finden § 7 Satz 1 Nr. 2 und die §§ 9 bis 46 entsprechende Anwendung.

(3) Das Verbot des Absatzes 1 gilt ferner nicht für die Beschäftigung von Kindern über 13 Jahre mit Einwilligung des Personensorgeberechtigten, soweit die Beschäftigung leicht und für Kinder geeignet ist. Die Beschäftigung ist leicht, wenn sie auf Grund ihrer Beschaffenheit und der besonderen Bedingungen, unter denen sie ausgeführt wird,
1. die Sicherheit, Gesundheit und Entwicklung der Kinder,
2. ihren Schulbesuch, ihre Beteiligung an Maßnahmen zur Berufswahlvorbereitung oder Berufsausbildung, die von der zuständigen Stelle anerkannt sind, und
3. ihre Fähigkeit, dem Unterricht mit Nutzen zu folgen, nicht nachteilig beeinflusst. Die Kinder dürfen nicht mehr als zwei Stunden täglich, in landwirtschaftlichen Familienbetrieben nicht mehr als drei Stunden täglich, nicht zwischen 18 und 8 Uhr, nicht vor dem Schulunterricht und nicht während des Schulunterrichts beschäftigt werden. Auf die Beschäftigung finden die §§ 15 bis 31 entsprechende Anwendung.

(4) Das Verbot des Absatzes 1 gilt ferner nicht für die Beschäftigung von Jugendlichen (§ 2 Abs. 3) während der Schulferien für höchstens vier Wochen im Kalenderjahr. Auf die Beschäftigung finden die §§ 8 bis 31 entsprechende Anwendung.
(4a) Die Bundesregierung hat durch Rechtsverordnung mit Zustimmung des Bundesrates die Beschäftigung nach Absatz 3 näher zu bestimmen.
(4b) Der Arbeitgeber unterrichtet die Personensorgeberechtigten der von ihm beschäftigten Kinder über mögliche Gefahren sowie über alle zu ihrer Sicherheit und ihrem Gesundheitsschutz getroffenen Maßnahmen.
(5) Für Veranstaltungen kann die Aufsichtsbehörde Ausnahmen gemäß § 6 bewilligen.

§ 8 Dauer der Arbeitszeit

(1) **Jugendliche** dürfen nicht mehr als acht Stunden täglich und nicht mehr als 40 Stunden wöchentlich beschäftigt werden.
(2) Wenn in Verbindung mit Feiertagen an Werktagen nicht gearbeitet wird, damit die Beschäftigten eine längere zusammenhängende Freizeit haben, so darf die ausfallende Arbeitszeit auf die Werktage von fünf zusammenhängenden, die Ausfalltage einschließenden Wochen nur dergestalt verteilt werden, dass die Wochenarbeitszeit im

Durchschnitt dieser fünf Wochen 40 Stunden nicht überschreitet. Die tägliche Arbeitszeit darf hierbei achteinhalb Stunden nicht überschreiten.

(2a) Wenn an einzelnen Werktagen die Arbeitszeit auf weniger als acht Stunden verkürzt ist, können Jugendliche an den übrigen Werktagen derselben Woche achteinhalb Stunden beschäftigt werden.

(3) In der Landwirtschaft dürfen Jugendliche über 16 Jahre während der Erntezeit nicht mehr als neun Stunden täglich und nicht mehr als 85 Stunden in der Doppelwoche beschäftigt werden.

§ 9 Berufsschule

(1) Der Arbeitgeber hat den Jugendlichen für die Teilnahme am Berufsschulunterricht freizustellen. Er darf den Jugendlichen nicht beschäftigen

1. vor einem vor 9 Uhr beginnenden Unterricht; dies gilt auch für Personen, die über 18 Jahre alt und noch berufsschulpflichtig sind,
2. an einem Berufsschultag mit mehr als fünf Unterrichtsstunden von mindestens je 45 Minuten, einmal in der Woche,
3. in Berufsschulwochen mit einem planmäßigen Blockunterricht von mindestens 25 Stunden an mindestens fünf Tagen; zusätzliche betriebliche Ausbildungsveranstaltungen bis zu zwei Stunden wöchentlich sind zulässig.

(2) Auf die Arbeitszeit des Jugendlichen werden angerechnet

1. Berufsschultage nach Absatz 1 Satz 2 Nr. 2 der durchschnittlichen täglichen Arbeitszeit,
2. Berufsschulwochen nach Absatz 1 Satz 2 Nr. 3 mit der durchschnittlichen wöchentlichen Arbeitszeit,
3. im Übrigen die Unterrichtszeit einschließlich der Pausen.

(3) Ein Entgeltausfall darf durch den Besuch der Berufsschule nicht eintreten.

§ 10 Prüfungen und außerbetriebliche Ausbildungsmaßnahmen

(1) Der Arbeitgeber hat den Jugendlichen

1. für die Teilnahme an Prüfungen und Ausbildungsmaßnahmen, die auf Grund öffentlich-rechtlicher oder vertraglicher Bestimmungen außerhalb der Ausbildungsstätte durchzuführen sind,
2. an dem Arbeitstag, der der schriftlichen Jahresabschlussprüfung unmittelbar vorangeht, freizustellen.

(2) Auf die Arbeitszeit der Jugendlichen werden angerechnet

1. die Freistellung nach Absatz 1 Nr. 1 mit der Zeit der Teilnahme einschließlich der Pausen,
2. die Freistellung nach Absatz 1 Nr. 2 mit der durchschnittlichen täglichen Arbeitszeit.

Ein Entgeltausfall darf nicht eintreten.

§ 11 Ruhepausen, Aufenthaltsräume

(1) Jugendlichen müssen im Voraus feststehende Ruhepausen von angemessener Dauer gewährt werden. Die Ruhepausen müssen mindestens betragen

1. 30 Minuten bei einer Arbeitszeit von mehr als viereinhalb bis zu sechs Stunden,
2. 60 Minuten bei einer Arbeitszeit von mehr als sechs Stunden. Als Ruhepause gilt nur eine Arbeitsunterbrechung von mindestens 15 Minuten.

(2) Die Ruhepausen müssen in angemessener zeitlicher Lage gewährt werden, frühestens eine Stunde nach Beginn und spätestens eine Stunde vor Ende der Arbeitszeit. Länger als viereinhalb Stunden hintereinander dürfen Jugendliche nicht ohne Ruhepause beschäftigt werden.

(3) Der Aufenthalt während der Ruhepausen in Arbeitsräumen darf den Jugendlichen nur gestattet werden, wenn die Arbeit in diesen Räumen während dieser Zeit eingestellt ist und auch sonst die notwendige Erholung nicht beeinträchtigt wird.

(4) Absatz 3 gilt nicht für den Bergbau unter Tage.

§ 12 Schichtzeit

Bei der Beschäftigung Jugendlicher darf die Schichtzeit (§ 4 Abs. 2) 10 Stunden, im Bergbau unter Tage 8 Stunden, im Gaststättengewerbe, in der Landwirtschaft, in der Tierhaltung, auf Bau- und Montagestellen 11 Stunden nicht überschreiten.

§ 13 Tägliche Freizeit

Nach Beendigung der täglichen Arbeitszeit dürfen Jugendliche nicht vor Ablauf einer ununterbrochenen Freizeit von mindestens 12 Stunden beschäftigt werden.

§ 14 Nachtruhe

(1) Jugendliche dürfen nur in der Zeit von 6 bis 20 Uhr beschäftigt werden.

(2) Jugendliche über 16 Jahre dürfen

1. im Gaststätten- und Schaustellergewerbe bis 22 Uhr,
2. in mehrschichtigen Betrieben bis 23 Uhr,
3. in der Landwirtschaft ab 5 Uhr oder bis 21 Uhr,
4. in Bäckereien und Konditoreien ab 5 Uhr beschäftigt werden.

(3) Jugendliche über 17 Jahre dürfen in Bäckereien ab 4 Uhr beschäftigt werden.

(4) An dem einem Berufsschultag unmittelbar vorangehenden Tag dürfen Jugendliche auch nach Absatz 2 Nr. 1 bis 3 nicht nach 20 Uhr beschäftigt werden, wenn der Berufsschulunterricht am Berufsschultag vor 9 Uhr beginnt.

(5) Nach vorheriger Anzeige an die Aufsichtsbehörde dürfen in Betrieben, in denen die übliche Arbeitszeit aus verkehrstechnischen Gründen nach 20 Uhr endet, Jugendliche bis 21 Uhr beschäftigt werden, soweit sie hierdurch unnötige Wartezeiten vermeiden können. Nach vorheriger Anzeige an die Aufsichtsbehörde dürfen ferner in mehrschichtigen Betrieben Jugendliche über 16 Jahre ab 5.30 Uhr oder bis 23.30 Uhr beschäftigt werden, soweit sie hierdurch unnötige Wartezeiten vermeiden können.

(6) Jugendliche dürfen in Betrieben, in denen die Beschäftigten in außergewöhnlichem Grade der Einwirkung von Hitze ausgesetzt sind, in der warmen Jahreszeit ab 5 Uhr beschäftigt werden. Die Jugendlichen sind berechtigt, sich vor Beginn der Beschäftigung und danach in regelmäßigen Zeitabständen arbeitsmedizinisch untersuchen zu lassen. Die Kosten der Untersuchungen hat der Arbeitgeber zu tragen, sofern er diese nicht kostenlos durch einen Betriebsarzt oder einen überbetrieblichen Dienst von Betriebsärzten anbietet.
(7) Jugendliche dürfen bei Musikaufführungen, Theatervorstellungen und anderen Aufführungen, bei Aufnahmen im Rundfunk (Hörfunk und Fernsehen), auf Ton- und Bildträger sowie bei Film- und Fotoaufnahmen bis 23 Uhr gestaltend mitwirken. Eine Mitwirkung ist nicht zulässig bei Veranstaltungen, Schaustellungen oder Darbietungen, bei denen die Anwesenheit Jugendlicher nach den Vorschriften des Jugendschutzgesetzes verboten ist. Nach Beendigung der Tätigkeit dürfen Jugendliche nicht vor Ablauf einer ununterbrochenen Freizeit von mindestens 14 Stunden beschäftigt werden. Die Sätze 1 bis 3 gelten entsprechend auch für die Tätigkeit von Jugendlichen als Sportler im Rahmen von Sportveranstaltungen.

§ 15 Fünf-Tage-Woche

Jugendliche dürfen nur an fünf Tagen in der Woche beschäftigt werden. Die beiden wöchentlichen Ruhetage sollen nach Möglichkeit aufeinander folgen.

§ 16 Samstagsruhe

(1) An Samstagen dürfen Jugendliche nicht beschäftigt werden.
(2) Zulässig ist die Beschäftigung Jugendlicher an Samstagen nur
1. in Krankenanstalten sowie in Alten-, Pflege- und Kinderheimen,
2. in offenen Verkaufsstellen, in Betrieben mit offenen Verkaufsstellen, in Bäckereien und Konditoreien, im Friseurhandwerk und im Marktverkehr,
3. im Verkehrswesen,
4. in der Landwirtschaft und Tierhaltung,
5. im Familienhaushalt,
6. im Gaststätten- und Schaustellergewerbe,
7. bei Musikaufführungen, Theatervorstellungen und anderen Aufführungen, bei Aufnahmen im Rundfunk (Hörfunk und Fernsehen), auf Ton- und Bildträger sowie bei Film- und Fotoaufnahmen,
8. bei außerbetrieblichen Ausbildungsmaßnahmen,
9. beim Sport,
10. im ärztlichen Notdienst,
11. in Reparaturwerkstätten für Kraftfahrzeuge. Mindestens zwei Samstage im Monat sollen beschäftigungsfrei bleiben.

(3) Werden Jugendliche am Samstag beschäftigt, ist ihnen die Fünf-Tage-Woche (§ 15) durch Freistellung an einem anderen berufsschulfreien Arbeitstag derselben Woche sicherzustellen. In Betrieben mit einem Betriebsruhetag in der Woche kann die

Freistellung auch an diesem Tag erfolgen, wenn die Jugendlichen an diesem Tag keinen Berufsschulunterricht haben.
(4) Können Jugendliche in den Fällen des Absatzes 2 Nr. 2 am Samstag nicht acht Stunden beschäftigt werden, kann der Unterschied zwischen der tatsächlichen und der nach § 8 Abs. 1 höchstzulässigen Arbeitszeit an dem Tag bis 13 Uhr ausgeglichen werden, an dem die Jugendlichen nach Absatz 3 Satz 1 freizustellen sind.

§ 17 Sonntagsruhe

(1) An Sonntagen dürfen Jugendliche nicht beschäftigt werden.
(2) Zulässig ist die Beschäftigung Jugendlicher an Sonntagen nur
1. in Krankenanstalten sowie in Alten-, Pflege- und Kinderheimen,
2. in der Landwirtschaft und Tierhaltung mit Arbeiten, die auch an Sonn- und Feiertagen naturnotwendig vorgenommen werden müssen,
3. im Familienhaushalt, wenn der Jugendliche in die häusliche Gemeinschaft aufgenommen ist,
4. im Schaustellergewerbe,
5. bei Musikaufführungen, Theatervorstellungen und anderen Aufführungen sowie bei Direktsendungen im Rundfunk (Hörfunk und Fernsehen),
6. beim Sport,
7. im ärztlichen Notdienst,
8. im Gaststättengewerbe. Jeder zweite Sonntag soll, mindestens zwei Sonntage im Monat müssen beschäftigungsfrei bleiben.

(3) Werden Jugendliche am Sonntag beschäftigt, ist ihnen die Fünf-Tage-Woche (§ 15) durch Freistellung an einem anderen berufsschulfreien Arbeitstag derselben Woche sicherzustellen. In Betrieben mit einem Betriebsruhetag in der Woche kann die Freistellung auch an diesem Tag erfolgen, wenn die Jugendlichen an diesem Tag keinen Berufsschulunterricht haben.

§ 18 Feiertagsruhe

(1) Am 24. und 31. Dezember nach 14 Uhr und an gesetzlichen Feiertagen dürfen Jugendliche nicht beschäftigt werden.
(2) Zulässig ist die Beschäftigung Jugendlicher an gesetzlichen Feiertagen in den Fällen des § 17 Abs. 2, ausgenommen am 25. Dezember, am 1. Januar, am ersten Osterfeiertag und am 1. Mai.
(3) Für die Beschäftigung an einem gesetzlichen Feiertag, der auf einem Werktag fällt, ist der Jugendliche an einem anderen berufsschulfreien Arbeitstag derselben oder der folgenden Woche freizustellen. In Betrieben mit einem Betriebsruhetag in der Woche kann die Freistellung auch an diesem Tag erfolgen, wenn die Jugendlichen an diesem Tag keinen Berufsschulunterricht haben.

§ 19 Urlaub

(1) Der Arbeitgeber hat Jugendlichen für jedes Kalenderjahr einen bezahlten Erholungsurlaub zu gewähren.

(2) Der Urlaub beträgt jährlich

1. mindestens 30 Werktage, wenn der Jugendliche zu Beginn des Kalenderjahrs noch nicht 16 Jahre alt ist,
2. mindestens 27 Werktage, wenn der Jugendliche zu Beginn des Kalenderjahrs noch nicht 17 Jahre alt ist,
3. mindestens 25 Werktage, wenn der Jugendliche zu Beginn des Kalenderjahrs noch nicht 18 Jahre alt ist. Jugendliche, die im Bergbau unter Tage beschäftigt werden, erhalten in jeder Altersgruppe einen zusätzlichen Urlaub von drei Werktagen.

(3) Der Urlaub soll Berufsschülern in der Zeit der Berufsschulferien gegeben werden. Soweit er nicht in den Berufsschulferien gegeben wird, ist für jeden Berufsschultag, an dem die Berufsschule während des Urlaubs besucht wird, ein weiterer Urlaubstag zu gewähren.

(4) Im Übrigen gelten für den Urlaub der Jugendlichen § 3 Abs. 2, §§ 4 bis 12 und § 13 Abs. 3 des Bundesurlaubsgesetzes. Der Auftraggeber oder Zwischenmeister hat jedoch abweichend von § 12 Nr. 1 des Bundesurlaubsgesetzes den jugendlichen Heimarbeitern für jedes Kalenderjahr einen bezahlten Erholungsurlaub entsprechend Absatz 2 zu gewähren; das Urlaubsentgelt der jugendlichen Heimarbeiter beträgt bei einem Urlaub von 30 Werktagen 11,6 vom Hundert, bei einem Urlaub von 27 Werktagen 10,3 vom Hundert und bei einem Urlaub von 25 Werktagen 9,5 vom Hundert.

§ 22 Gefährliche Arbeiten

(1) Jugendliche dürfen nicht beschäftigt werden

1. mit Arbeiten, die ihre physische oder psychische Leistungsfähigkeit übersteigen,
2. mit Arbeiten, bei denen sie sittlichen Gefahren ausgesetzt sind,
3. mit Arbeiten, die mit Unfallgefahren verbunden sind, von denen anzunehmen ist, dass Jugendliche sie wegen mangelnden Sicherheitsbewusstseins oder mangelnder Erfahrung nicht erkennen oder nicht abwenden können,
4. mit Arbeiten, bei denen ihre Gesundheit durch außergewöhnliche Hitze oder Kälte oder starke Nässe gefährdet wird,
5. mit Arbeiten, bei denen sie schädlichen Einwirkungen von Lärm, Erschütterungen oder Strahlen ausgesetzt sind,
6. mit Arbeiten, bei denen sie schädlichen Einwirkungen von Gefahrstoffen im Sinne der Gefahrstoffverordnung ausgesetzt sind,
7. mit Arbeiten, bei denen sie schädlichen Einwirkungen von biologischen Arbeitsstoffen im Sinne der Biostoffverordnung ausgesetzt sind.

(2) Absatz 1 Nr. 3 bis 7 gilt nicht für die Beschäftigung Jugendlicher, soweit

1. dies zur Erreichung ihres Ausbildungszieles erforderlich ist,
2. ihr Schutz durch die Aufsicht eines Fachkundigen gewährleistet ist und der Luftgrenzwert bei gefährlichen Stoffen (Absatz 1 Nr. 6) unterschritten wird. Satz 1 findet keine Anwendung auf gezielte Tätigkeiten mit biologischen Arbeitsstoffen der Risikogruppen 3 und 4 im Sinne der Biostoffverordnung sowie auf nicht gezielte Tätigkeiten, die nach der Biostoffverordnung der Schutzstufe 3 oder 4 zuzuordnen sind.

(3) Werden Jugendliche in einem Betrieb beschäftigt, für den ein Betriebsarzt oder eine Fachkraft für Arbeitssicherheit verpflichtet ist, muss ihre betriebsärztliche oder sicherheitstechnische Betreuung sichergestellt sein.

§ 23 Akkordarbeit, tempoabhängige Arbeiten

(1) Jugendliche dürfen nicht beschäftigt werden

1. mit Akkordarbeit und sonstigen Arbeiten, bei denen durch ein gesteigertes Arbeitstempo ein höheres Entgelt erzielt werden kann,
2. in einer Arbeitsgruppe mit erwachsenen Arbeitnehmern, die mit Arbeiten nach Nummer 1 beschäftigt werden,
3. mit Arbeiten, bei denen ihr Arbeitstempo nicht nur gelegentlich vorgeschrieben, vorgegeben oder auf andere Weise erzwungen wird.

(2) Absatz 1 Nr. 2 gilt nicht für die Beschäftigung Jugendlicher,

1. soweit dies zur Erreichung ihres Ausbildungsziels erforderlich ist oder
2. wenn sie eine Berufsausbildung für diese Beschäftigung abgeschlossen haben und ihr Schutz durch die Aufsicht eines Fachkundigen gewährleistet ist.

§ 25 Verbot der Beschäftigung durch bestimmte Personen

(1) Personen, die

1. wegen eines Verbrechens zu einer Freiheitsstrafe von mindestens zwei Jahren,
2. wegen einer vorsätzlichen Straftat, die sie unter Verletzung der ihnen als Arbeitgeber, Ausbildender oder Ausbilder obliegenden Pflichten zum Nachteil von Kindern oder Jugendlichen begangen haben, zu einer Freiheitsstrafe von mehr als drei Monaten,
3. wegen einer Straftat nach den §§ 109h, 171, 174 bis 184h, 184k, 225, 232 bis 233a des Strafgesetzbuches,
4. wegen einer Straftat nach dem Betäubungsmittelgesetz oder
5. wegen einer Straftat nach dem Jugendschutzgesetz oder nach dem Gesetz über die Verbreitung jugendgefährdender Schriften wenigstens zweimal rechtskräftig verurteilt worden sind, dürfen Jugendliche nicht beschäftigen sowie im Rahmen eines Rechtsverhältnisses im Sinne des § 1 nicht beaufsichtigen, nicht anweisen, nicht ausbilden und nicht mit der Beaufsichtigung, Anweisung oder Ausbildung von Jugendlichen beauftragt werden. Eine Verurteilung bleibt außer Betracht, wenn seit dem Tag ihrer Rechtskraft fünf Jahre verstrichen sind. Die Zeit, in welcher der Täter auf behördliche Anordnung in einer Anstalt verwahrt worden ist, wird nicht eingerechnet.

(2) Das Verbot des Absatzes 1 Satz 1 gilt auch für Personen, gegen die wegen einer Ordnungswidrigkeit nach § 58 Abs. 1 bis 4 wenigstens dreimal eine Geldbuße rechtskräftig festgesetzt worden ist. Eine Geldbuße bleibt außer Betracht, wenn seit dem Tag ihrer rechtskräftigen Festsetzung fünf Jahre verstrichen sind.

(3) Das Verbot des Absatzes 1 und 2 gilt nicht für die Beschäftigung durch die Personensorgeberechtigten.

§ 28 Menschengerechte Gestaltung der Arbeit

(1) Der Arbeitgeber hat bei der Einrichtung und der Unterhaltung der Arbeitsstätte einschließlich der Maschinen, Werkzeuge und Geräte und bei der Regelung der Beschäftigung die Vorkehrungen und Maßnahmen zu treffen, die zum Schutz der Jugendlichen gegen Gefahren für Leben und Gesundheit sowie zur Vermeidung einer Beeinträchtigung der körperlichen oder seelisch-geistigen Entwicklung der Jugendlichen erforderlich sind. Hierbei sind das mangelnde Sicherheitsbewusstsein, die mangelnde Erfahrung und der Entwicklungsstand der Jugendlichen zu berücksichtigen und die allgemein anerkannten sicherheitstechnischen und arbeitsmedizinischen Regeln sowie die sonstigen gesicherten arbeitswissenschaftlichen Erkenntnisse zu beachten.

(2) Das Bundesministerium für Arbeit und Soziales kann durch Rechtsverordnung mit Zustimmung des Bundesrates bestimmen, welche Vorkehrungen und Maßnahmen der Arbeitgeber zur Erfüllung der sich aus Absatz 1 ergebenden Pflichten zu treffen hat.

(3) Die Aufsichtsbehörde kann in Einzelfällen anordnen, welche Vorkehrungen und Maßnahmen zur Durchführung des Absatzes 1 oder einer vom Bundesministerium für Arbeit und Soziales gemäß Absatz 2 erlassenen Verordnung zu treffen sind.

§ 29 Unterweisung über Gefahren

(1) Der Arbeitgeber hat die Jugendlichen vor Beginn der Beschäftigung und bei wesentlicher Änderung der Arbeitsbedingungen über die Unfall- und Gesundheitsgefahren, denen sie bei der Beschäftigung ausgesetzt sind, sowie über die Einrichtungen und Maßnahmen zur Abwendung dieser Gefahren zu unterweisen. Er hat die Jugendlichen vor der erstmaligen Beschäftigung an Maschinen oder gefährlichen Arbeitsstellen oder mit Arbeiten, bei denen sie mit gesundheitsgefährdenden Stoffen in Berührung kommen, über die besonderen Gefahren dieser Arbeiten sowie über das bei ihrer Verrichtung erforderliche Verhalten zu unterweisen.

(2) Die Unterweisungen sind in angemessenen Zeitabständen, mindestens aber halbjährlich, zu wiederholen.

(3) Der Arbeitgeber beteiligt die Betriebsärzte und die Fachkräfte für Arbeitssicherheit an der Planung, Durchführung und Überwachung der für die Sicherheit und den Gesundheitsschutz bei der Beschäftigung Jugendlicher geltenden Vorschriften.

§ 31 Züchtigungsverbot, Verbot der Abgabe von Alkohol und Tabak

(1) Wer Jugendliche beschäftigt oder im Rahmen eines Rechtsverhältnisses im Sinne des § 1 beaufsichtigt, anweist oder ausbildet, darf sie nicht körperlich züchtigen.

(2) Wer Jugendliche beschäftigt, muss sie vor körperlicher Züchtigung und Misshandlung und vor sittlicher Gefährdung durch andere bei ihm Beschäftigte und durch Mitglieder seines Haushalts an der Arbeitsstätte und in seinem Haus schützen. Er darf Jugendlichen keine Tabakwaren und andere nikotinhaltige Erzeugnisse und deren Behältnisse, Jugendlichen unter 16 Jahren keine alkoholischen Getränke und Jugendlichen über 16 Jahre keinen Branntwein geben. Das Abgabeverbot in Satz 2 für Tabakwaren und andere nikotinhaltige Erzeugnisse und deren Behältnisse gilt auch für nikotinfreie Erzeugnisse, wie elektronische Zigaretten oder elektronische Shishas, in denen Flüssigkeit durch ein

elektronisches Heizelement verdampft und die entstehenden Aerosole mit dem Mund eingeatmet werden, sowie für deren Behältnisse.

§ 32 Erstuntersuchung

(1) Ein Jugendlicher, der in das Berufsleben eintritt, darf nur beschäftigt werden, wenn

1. er innerhalb der letzten vierzehn Monate von einem Arzt untersucht worden ist (Erstuntersuchung) und
2. dem Arbeitgeber eine von diesem Arzt ausgestellte Bescheinigung vorliegt.

(2) Absatz 1 gilt nicht für eine nur geringfügige oder eine nicht länger als zwei Monate dauernde Beschäftigung mit leichten Arbeiten, von denen keine gesundheitlichen Nachteile für den Jugendlichen zu befürchten sind.

§ 33 Erste Nachuntersuchung

(1) Ein Jahr nach Aufnahme der ersten Beschäftigung hat sich der Arbeitgeber die Bescheinigung eines Arztes darüber vorlegen zu lassen, dass der Jugendliche nachuntersucht worden ist (erste Nachuntersuchung). Die Nachuntersuchung darf nicht länger als drei Monate zurückliegen. Der Arbeitgeber soll den Jugendlichen neun Monate nach Aufnahme der ersten Beschäftigung nachdrücklich auf den Zeitpunkt, bis zu dem der Jugendliche ihm die ärztliche Bescheinigung nach Satz 1 vorzulegen hat, hinweisen und ihn auffordern, die Nachuntersuchung bis dahin durchführen zu lassen.

(2) Legt der Jugendliche die Bescheinigung nicht nach Ablauf eines Jahres vor, hat ihn der Arbeitgeber innerhalb eines Monats unter Hinweis auf das Beschäftigungsverbot nach Absatz 3 schriftlich aufzufordern, ihm die Bescheinigung vorzulegen. Je eine Durchschrift des Aufforderungsschreibens hat der Arbeitgeber dem Personensorgeberechtigten und dem Betriebs- oder Personalrat zuzusenden.

(3) Der Jugendliche darf nach Ablauf von 14 Monaten nach Aufnahme der ersten Beschäftigung nicht weiterbeschäftigt werden, solange er die Bescheinigung nicht vorgelegt hat.

§ 34 Weitere Nachuntersuchungen

Nach Ablauf jedes weiteren Jahres nach der ersten Nachuntersuchung kann sich der Jugendliche erneut nachuntersuchen lassen (weitere Nachuntersuchungen). Der Arbeitgeber soll ihn auf diese Möglichkeit rechtzeitig hinweisen und darauf hinwirken, dass der Jugendliche ihm die Bescheinigung über die weitere Nachuntersuchung vorlegt.

§ 35 Außerordentliche Nachuntersuchung

(1) Der Arzt soll eine außerordentliche Nachuntersuchung anordnen, wenn eine Untersuchung ergibt, dass

1. ein Jugendlicher hinter dem seinem Alter entsprechenden Entwicklungsstand zurückgeblieben ist,
2. gesundheitliche Schwächen oder Schäden vorhanden sind,

3. die Auswirkungen der Beschäftigung auf die Gesundheit oder Entwicklung des Jugendlichen noch nicht zu übersehen sind. ...

§ 36 Ärztliche Untersuchungen und Wechsel des Arbeitgebers

Wechselt der Jugendliche den Arbeitgeber, so darf ihn der neue Arbeitgeber erst beschäftigen, wenn ihm die Bescheinigung über die Erstuntersuchung (§ 32 Abs. 1) und, falls seit der Aufnahme der Beschäftigung ein Jahr vergangen ist, die Bescheinigung über die erste Nachuntersuchung (§ 33) vorliegen.

§ 37 Inhalt und Durchführung der ärztlichen Untersuchungen

(1) Die ärztlichen Untersuchungen haben sich auf den Gesundheits- und Entwicklungsstand und die körperliche Beschaffenheit, die Nachuntersuchungen außerdem auf die Auswirkungen der Beschäftigung auf Gesundheit und Entwicklung des Jugendlichen zu erstrecken.

(2) Der Arzt hat unter Berücksichtigung der Krankheitsvorgeschichte des Jugendlichen auf Grund der Untersuchungen zu beurteilen,

1. ob die Gesundheit oder die Entwicklung des Jugendlichen durch die Ausführung bestimmter Arbeiten oder durch die Beschäftigung während bestimmter Zeiten gefährdet wird,
2. ob besondere der Gesundheit dienende Maßnahmen einschließlich Maßnahmen zur Verbesserung des Impfstatus erforderlich sind,
3. ob eine außerordentliche Nachuntersuchung (§ 35 Abs. 1) erforderlich ist.

(3) Der Arzt hat schriftlich festzuhalten:

1. den Untersuchungsbefund,
2. die Arbeiten, durch deren Ausführung er die Gesundheit oder die Entwicklung des Jugendlichen für gefährdet hält,
3. die besonderen der Gesundheit dienenden Maßnahmen einschließlich Maßnahmen zur Verbesserung des Impfstatus,
4. die Anordnung einer außerordentlichen Nachuntersuchung (§ 35 Abs. 1).

Kündigungsschutzgesetz - KSchG

In der Fassung vom 25. August 1969 - zuletzt geändert 14. Juni 2021

§ 1 Sozial ungerechtfertigte Kündigungen [Soziale Auswahl, Kündigung]

(siehe auch § 23 KSchG)

(1) Die Kündigung des Arbeitsverhältnisses gegenüber einem Arbeitnehmer, dessen Arbeitsverhältnis in demselben Betrieb oder Unternehmen ohne Unterbrechung länger als sechs Monate bestanden hat, ist rechtsunwirksam, wenn sie sozial ungerechtfertigt ist.

(2) Sozial ungerechtfertigt ist die Kündigung, wenn sie nicht durch Gründe, die in der Person oder in dem Verhalten des Arbeitnehmers liegen, oder durch dringende betriebliche Erfordernisse, die einer Weiterbeschäftigung des Arbeitnehmers in diesem Betrieb entgegenstehen, bedingt ist. Die Kündigung ist auch sozial ungerechtfertigt, wenn

1. in Betrieben des privaten Rechts
   a) die Kündigung gegen eine Richtlinie nach § 95 des Betriebsverfassungsgesetzes verstößt,
   b) der Arbeitnehmer an einem anderen Arbeitsplatz in demselben Betrieb oder in einem anderen Betrieb des Unternehmens weiterbeschäftigt werden kann und der Betriebsrat oder eine andere nach dem Betriebsverfassungsgesetz insoweit zuständige Vertretung der Arbeitnehmer aus einem dieser Gründe der Kündigung innerhalb der Frist des § 102 Abs. 2 Satz 1 des Betriebsverfassungsgesetzes schriftlich widersprochen hat,
2. in Betrieben und Verwaltungen des öffentlichen Rechts

a) die Kündigung gegen eine Richtlinie über die personelle Auswahl bei Kündigungen verstößt,

b) der Arbeitnehmer an einem anderen Arbeitsplatz in derselben Dienststelle oder in einer anderen Dienststelle desselben Verwaltungszweigs an demselben Dienstort einschließlich seines Einzugsgebiets weiterbeschäftigt werden kann und die zuständige Personalvertretung aus einem dieser Gründe fristgerecht gegen die Kündigung Einwendungen erhoben hat, es sei denn, dass die Stufenvertretung in der Verhandlung mit der übergeordneten Dienststelle die Einwendungen nicht aufrechterhalten hat. Satz 2 gilt entsprechend, wenn die Weiterbeschäftigung des Arbeitnehmers nach zumutbaren Umschulungs- oder Fortbildungsmaßnahmen oder eine Weiterbeschäftigung des Arbeitnehmers unter geänderten Arbeitsbedingungen möglich ist und der Arbeitnehmer sein Einverständnis hiermit erklärt hat. Der Arbeitgeber hat die Tatsachen zu beweisen, die die Kündigung bedingen.

(3) Ist einem Arbeitnehmer aus dringenden betrieblichen Erfordernissen im Sinne des Absatzes 2 gekündigt worden, so ist die Kündigung trotzdem sozial ungerechtfertigt, wenn der Arbeitgeber bei der Auswahl des Arbeitnehmers die Dauer der Betriebszugehörigkeit, das Lebensalter, die Unterhaltspflichten und die Schwerbehinderung des Arbeitnehmers nicht oder nicht ausreichend berücksichtigt hat;

auf Verlangen des Arbeitnehmers hat der Arbeitgeber dem Arbeitnehmer die Gründe anzugeben, die zu der getroffenen sozialen Auswahl geführt haben. In die soziale Auswahl nach Satz 1 sind Arbeitnehmer nicht einzubeziehen, deren Weiterbeschäftigung, insbesondere wegen ihrer Kenntnisse, Fähigkeiten und Leistungen oder zur Sicherung einer ausgewogenen Personalstruktur des Betriebes, im berechtigten betrieblichen Interesse liegt. Der Arbeitnehmer hat die Tatsachen zu beweisen, die die Kündigung als sozial ungerechtfertigt im Sinne des Satzes 1 erscheinen lassen.
(4) Ist in einem Tarifvertrag, in einer Betriebsvereinbarung nach § 95 des Betriebsverfassungsgesetzes oder in einer entsprechenden Richtlinie nach den Personalvertretungsgesetzen festgelegt, wie die sozialen Gesichtspunkte nach Absatz 3 Satz 1 im Verhältnis zueinander zu bewerten sind, so kann die Bewertung nur auf grobe Fehlerhaftigkeit überprüft werden.
(5) Sind bei einer Kündigung auf Grund einer Betriebsänderung nach § 111 des Betriebsverfassungsgesetzes die Arbeitnehmer, denen gekündigt werden soll, in einem Interessenausgleich zwischen Arbeitgeber und Betriebsrat namentlich bezeichnet, so wird vermutet, dass die Kündigung durch dringende betriebliche Erfordernisse im Sinne des Absatzes 2 bedingt ist. Die soziale Auswahl der Arbeitnehmer kann nur auf grobe Fehlerhaftigkeit überprüft werden. Die Sätze 1 und 2 gelten nicht, soweit sich die Sachlage nach Zustandekommen des Interessenausgleichs wesentlich geändert hat. Der Interessenausgleich nach Satz 1 ersetzt die Stellungnahme des Betriebsrates nach § 17 Abs. 3 Satz 2.

§ 1a Abfindungsanspruch bei betriebsbedingter Kündigung

(1) Kündigt der Arbeitgeber wegen dringender betrieblicher Erfordernisse nach § 1 Abs. 2 Satz 1 und erhebt der Arbeitnehmer bis zum Ablauf der Frist des § 4 Satz 1 keine Klage auf Feststellung, dass das Arbeitsverhältnis durch die Kündigung nicht aufgelöst ist, hat der Arbeitnehmer mit dem Ablauf der Kündigungsfrist Anspruch auf eine Abfindung. Der Anspruch setzt den Hinweis des Arbeitgebers in der Kündigungserklärung voraus, dass die Kündigung auf dringende betriebliche Erfordernisse gestützt ist und der Arbeitnehmer bei Verstreichenlassen der Klagefrist die Abfindung beanspruchen kann.
(2) Die Höhe der Abfindung beträgt 0,5 Monatsverdienste für jedes Jahr des Bestehens des Arbeitsverhältnisses. § 10 Abs. 3 gilt entsprechend. Bei der Ermittlung der Dauer des Arbeitsverhältnisses ist ein Zeitraum von mehr als sechs Monaten auf ein volles Jahr aufzurunden.

§ 3 Kündigungseinspruch

Hält der Arbeitnehmer eine Kündigung für sozial ungerechtfertigt, so kann er binnen einer Woche nach der Kündigung Einspruch beim Betriebsrat einlegen. Erachtet der Betriebsrat den Einspruch für begründet, so hat er zu versuchen, eine Verständigung mit dem Arbeitgeber herbeizuführen. Er hat seine Stellungnahme zu dem Einspruch dem Arbeitnehmer und dem Arbeitgeber auf Verlangen schriftlich mitzuteilen.

§ 4 Anrufung des Arbeitsgerichts

Will ein Arbeitnehmer geltend machen, dass eine Kündigung sozial ungerechtfertigt oder aus anderen Gründen rechtsunwirksam ist, so muss er innerhalb von drei Wochen nach Zugang der schriftlichen Kündigung Klage beim Arbeitsgericht auf Feststellung erheben, dass das Arbeitsverhältnis durch die Kündigung nicht aufgelöst ist. Im Falle des § 2 ist die Klage auf Feststellung zu erheben, dass die Änderung der Arbeitsbedingungen sozial ungerechtfertigt oder aus anderen Gründen rechtsunwirksam ist. Hat der Arbeitnehmer Einspruch beim Betriebsrat eingelegt (§ 3), so soll er der Klage die Stellungnahme des Betriebsrats beifügen. Soweit die Kündigung der Zustimmung einer Behörde bedarf, läuft die Frist zur Anrufung des Arbeitsgerichts erst von der Bekanntgabe der Entscheidung der Behörde an den Arbeitnehmer ab.

§ 15 Unzulässigkeit der Kündigung

(1) Die Kündigung eines Mitglieds eines Betriebsrats, einer Jugend- und Auszubildendenvertretung, einer Bordvertretung oder eines Seebetriebsrats ist unzulässig, es sei denn, dass Tatsachen vorliegen, die den Arbeitgeber zur Kündigung aus wichtigem Grund ohne Einhaltung einer Kündigungsfrist berechtigen, und dass die nach § 103 des Betriebsverfassungsgesetzes erforderliche Zustimmung vorliegt oder durch gerichtliche Entscheidung ersetzt ist. Nach Beendigung der Amtszeit ist die Kündigung eines Mitglieds eines Betriebsrats, einer Jugend- und Auszubildendenvertretung oder eines Seebetriebsrats innerhalb eines Jahres, die Kündigung eines Mitglieds einer Bordvertretung innerhalb von sechs Monaten, jeweils vom Zeitpunkt der Beendigung der Amtszeit an gerechnet, unzulässig, es sei denn, dass Tatsachen vorliegen, die den Arbeitgeber zur Kündigung aus wichtigem Grund ohne Einhaltung einer Kündigungsfrist berechtigen; dies gilt nicht, wenn die Beendigung der Mitgliedschaft auf einer gerichtlichen Entscheidung beruht.

(2) Die Kündigung eines Mitglieds einer Personalvertretung, einer Jugend- und Auszubildendenvertretung oder einer Jugendvertretung ist unzulässig, es sei denn, dass Tatsachen vorliegen, die den Arbeitgeber zur Kündigung aus wichtigem Grund ohne Einhaltung einer Kündigungsfrist berechtigen, und dass die nach dem Personalvertretungsrecht erforderliche Zustimmung vorliegt oder durch gerichtliche Entscheidung ersetzt ist. Nach Beendigung der Amtszeit der in Satz 1 genannten Personen ist ihre Kündigung innerhalb eines Jahres, vom Zeitpunkt der Beendigung der Amtszeit gerechnet, unzulässig, es sei denn, dass Tatsachen vorliegen, die den Arbeitgeber zur Kündigung aus wichtigem Grund ohne Einhaltung einer Kündigungsfrist berechtigen; dies gilt nicht, wenn die Beendigung der Mitgliedschaft auf einer gerichtlichen Entscheidung beruht.

(3) Die Kündigung eines Mitglieds eines Wahlvorstands ist vom Zeitpunkt seiner Bestellung an, die Kündigung eines Wahlbewerbers vom Zeitpunkt der Aufstellung des Wahlvorschlags an, jeweils bis zur Bekanntgabe des Wahlergebnisses unzulässig, es sei denn, dass Tatsachen vorliegen, die den Arbeitgeber zur Kündigung aus wichtigem Grund ohne Einhaltung einer Kündigungsfrist berechtigen, und dass die nach § 103 des Betriebsverfassungsgesetzes oder nach dem Personalvertretungsrecht erforderliche Zustimmung vorliegt oder durch eine gerichtliche Entscheidung ersetzt ist. Innerhalb von sechs Monaten nach Bekanntgabe des Wahlergebnisses ist die Kündigung unzulässig, es

sei denn, dass Tatsachen vorliegen, die den Arbeitgeber zur Kündigung aus wichtigem Grund ohne Einhaltung einer Kündigungsfrist berechtigen; dies gilt nicht für Mitglieder des Wahlvorstands, wenn dieser durch gerichtliche Entscheidung durch einen anderen Wahlvorstand ersetzt worden ist.

(3a) Die Kündigung eines Arbeitnehmers, der zu einer Betriebs-, Wahl- oder Bordversammlung nach § 17 Abs. 3, § 17a Nr. 3 Satz 2, § 115 Abs. 2 Nr. 8 Satz 1 des Betriebsverfassungsgesetzes einlädt oder die Bestellung eines Wahlvorstands nach § 16 Abs. 2 Satz 1, § 17 Abs. 4, § 17a Nr. 4, § 63 Abs. 3, § 115 Abs. 2 Nr. 8 Satz 2 oder § 116 Abs. 2 Nr. 7 Satz 5 des Betriebsverfassungsgesetzes beantragt, ist vom Zeitpunkt der Einladung oder Antragstellung an bis zur Bekanntgabe des Wahlergebnisses unzulässig, es sei denn, dass Tatsachen vorliegen, die den Arbeitgeber zur Kündigung aus wichtigem Grund ohne Einhaltung einer Kündigungsfrist berechtigen; der Kündigungsschutz gilt für die ersten sechs in der Einladung oder die ersten drei in der Antragstellung aufgeführten Arbeitnehmer. Wird ein Betriebsrat, eine Jugend- und Auszubildendenvertretung, eine Bordvertretung oder ein Seebetriebsrat nicht gewählt, besteht der Kündigungsschutz nach Satz 1 vom Zeitpunkt der Einladung oder Antragstellung an drei Monate.

(3b) Die Kündigung eines Arbeitnehmers, der Vorbereitungshandlungen zur Errichtung eines Betriebsrats oder einer Bordvertretung unternimmt und eine öffentlich beglaubigte Erklärung mit dem Inhalt abgegeben hat, dass er die Absicht hat, einen Betriebsrat oder eine Bordvertretung zu errichten, ist unzulässig, soweit sie aus Gründen erfolgt, die in der Person oder in dem Verhalten des Arbeitnehmers liegen, es sei denn, dass Tatsachen vorliegen, die den Arbeitgeber zur Kündigung aus wichtigem Grund ohne Einhaltung einer Kündigungsfrist berechtigen. Der Kündigungsschutz gilt von der Abgabe der Erklärung nach Satz 1 bis zum Zeitpunkt der Einladung zu einer Betriebs-, Wahl- oder Bordversammlung nach § 17 Absatz 3, § 17a Nummer 3 Satz 2, § 115 Absatz 2 Nummer 8 Satz 1 des Betriebsverfassungsgesetzes, längstens jedoch für drei Monate.

(4) Wird der Betrieb stillgelegt, so ist die Kündigung der in den Absätzen 1 bis 3a genannten Personen frühestens zum Zeitpunkt der Stilllegung zulässig, es sei denn, dass ihre Kündigung zu einem früheren Zeitpunkt durch zwingende betriebliche Erfordernisse bedingt ist.

(5) Wird eine der in den Absätzen 1 bis 3a genannten Personen in einer Betriebsabteilung beschäftigt, die stillgelegt wird, so ist sie in eine andere Betriebsabteilung zu übernehmen. Ist dies aus betrieblichen Gründen nicht möglich, so findet auf ihre Kündigung die Vorschrift des Absatzes 4 über die Kündigung bei Stilllegung des Betriebs sinngemäß Anwendung.

§ 23 Geltungsbereich

(1) Die Vorschriften des Ersten und Zweiten Abschnitts gelten für Betriebe und Verwaltungen des privaten und des öffentlichen Rechts, vorbehaltlich der Vorschriften des § 24 für die Seeschifffahrts-, Binnenschifffahrts- und Luftverkehrsbetriebe. Die Vorschriften des Ersten Abschnitts gelten mit Ausnahme der §§ 4 bis 7 und des § 13 Abs. 1 Satz 1 und 2 nicht für Betriebe und Verwaltungen, in denen in der Regel fünf oder weniger Arbeitnehmer ausschließlich der zu ihrer Berufsbildung Beschäftigten beschäftigt

werden. In Betrieben und Verwaltungen, in denen in der Regel zehn oder weniger Arbeitnehmer ausschließlich der zu ihrer Berufsbildung Beschäftigten beschäftigt werden, gelten die Vorschriften des Ersten Abschnitts mit Ausnahme der §§ 4 bis 7 und des § 13 Abs. 1 Satz 1 und 2 nicht für Arbeitnehmer, deren Arbeitsverhältnis nach dem 31. Dezember 2003 begonnen hat; diese Arbeitnehmer sind bei der Feststellung der Zahl der beschäftigten Arbeitnehmer nach Satz 2 bis zur Beschäftigung von in der Regel zehn Arbeitnehmern nicht zu berücksichtigen. Bei der Feststellung der Zahl der beschäftigten Arbeitnehmer nach den Sätzen 2 und 3 sind teilzeitbeschäftigte Arbeitnehmer mit einer regelmäßigen wöchentlichen Arbeitszeit von nicht mehr als 20 Stunden mit 0,5 und nicht mehr als 30 Stunden mit 0,75 zu berücksichtigen.

(2) Die Vorschriften des Dritten Abschnitts gelten für Betriebe und Verwaltungen des privaten Rechts sowie für Betriebe, die von einer öffentlichen Verwaltung geführt werden, soweit sie wirtschaftliche Zwecke verfolgen. Sie gelten nicht für Seeschiffe und ihre Besatzung.

Lieferkettensorgfaltspflichtengesetz - LkSG

Gesetz über die unternehmerischen Sorgfaltspflichten zur Vermeidung von Menschenrechtsverletzungen in Lieferketten vom 16.7.2021, wirksam ab 1.1.2023

§ 1 Anwendungsbereich

(1) [1]Dieses Gesetz ist anzuwenden auf Unternehmen ungeachtet ihrer Rechtsform, die

1. ihre Hauptverwaltung, ihre Hauptniederlassung, ihren Verwaltungssitz oder ihren satzungsmäßigen Sitz im Inland haben und
2. in der Regel mindestens 3.000 Arbeitnehmer im Inland beschäftigen; ins Ausland entsandte Arbeitnehmer sind erfasst.

[2]Abweichend von Satz 1 Nummer 1 ist dieses Gesetz auch anzuwenden auf Unternehmen ungeachtet ihrer Rechtsform, die

1. eine Zweigniederlassung gemäß § 13d HGB im Inland haben und
2. in der Regel mindestens 3.000 Arbeitnehmer im Inland beschäftigen.

[3]Ab dem 1. Januar 2024 betragen die in Satz 1 Nummer 2 und Satz 2 Nummer 2 vorgesehenen Schwellenwerte jeweils 1.000 Arbeitnehmer.

(2) Leiharbeitnehmer sind bei der Berechnung der Arbeitnehmerzahl (Abs.1 Satz 1 Nummer 2 und Satz 2 Nummer 2) des Entleihunternehmens zu berücksichtigen, wenn die Einsatzdauer sechs Monate übersteigt.

(3) Innerhalb von verbundenen Unternehmen (§ 15 AktG) sind die im Inland beschäftigten Arbeitnehmer sämtlicher konzernangehöriger Gesellschaften bei der Berechnung der Arbeitnehmerzahl (Abs.1 Satz 1 Nummer 2) der Obergesellschaft zu berücksichtigen; ins Ausland entsandte Arbeitnehmer sind erfasst.

§ 2 Begriffsbestimmungen

(1) Geschützte Rechtspositionen im Sinne dieses Gesetzes sind solche, die sich aus den in den Nummern 1 bis 11 der Anlage aufgelisteten Übereinkommen zum Schutz der Menschenrechte ergeben.

(2) Ein menschenrechtliches Risiko im Sinne dieses Gesetzes ist ein Zustand, bei dem aufgrund tatsächlicher Umstände mit hinreichender Wahrscheinlichkeit ein Verstoß gegen eines der folgenden Verbote droht:

1. das Verbot der Beschäftigung eines Kindes unter dem Alter, mit dem nach dem Recht des Beschäftigungsortes die Schulpflicht endet, wobei das Beschäftigungsalter 15 Jahre nicht unterschreiten darf; (...)
2. das Verbot der schlimmsten Formen der Kinderarbeit für Kinder unter 18 Jahren; (...)
   a) alle Formen der Sklaverei oder alle sklavereiähnlichen Praktiken, wie den Verkauf von Kindern und den Kinderhandel, Schuldknechtschaft und Leibeigenschaft sowie Zwangs- oder Pflichtarbeit, einschließlich der Zwangs- oder Pflichtrekrutierung von Kindern für den Einsatz in bewaffneten Konflikten,
   b) das Heranziehen, Vermitteln oder Anbieten eines Kindes zur Prostitution, zur Herstellung von Pornographie oder zu pornographischen Darbietungen,

   c) das Heranziehen, Vermitteln oder Anbieten eines Kindes zu unerlaubten Tätigkeiten, insbesondere zur Gewinnung von und zum Handel mit Drogen,
   d) Arbeit, die ihrer Natur nach oder aufgrund der Umstände, unter denen sie verrichtet wird, voraussichtlich für die Gesundheit, die Sicherheit oder die Sittlichkeit von Kindern schädlich ist;
3. das Verbot der Beschäftigung von Personen in Zwangsarbeit; dies umfasst jede Arbeitsleistung oder Dienstleistung, die von einer Person unter Androhung von Strafe verlangt wird und für die sie sich nicht freiwillig zur Verfügung gestellt hat, etwa in Folge von Schuldknechtschaft oder Menschenhandel; (...)
4. das Verbot aller Formen der Sklaverei, sklavenähnlicher Praktiken, Leibeigenschaft oder anderer Formen von Herrschaftsausübung oder Unterdrückung im Umfeld der Arbeitsstätte, etwa durch extreme wirtschaftliche oder sexuelle Ausbeutung und Erniedrigungen;
5. das Verbot der Missachtung der nach dem Recht des Beschäftigungsortes geltenden Pflichten des Arbeitsschutzes, wenn hierdurch die Gefahr von Unfällen bei der Arbeit oder arbeitsbedingte Gesundheitsgefahren entstehen, insbesondere durch:
   a) offensichtlich ungenügende Sicherheitsstandards bei der Bereitstellung und der Instandhaltung der Arbeitsstätte, des Arbeitsplatzes und der Arbeitsmittel,
   b) das Fehlen geeigneter Schutzmaßnahmen, um Einwirkungen durch chemische, physikalische oder biologische Stoffe zu vermeiden,
   c) das Fehlen von Maßnahmen zur Verhinderung übermäßiger körperlicher und geistiger Ermüdung, insbesondere durch eine ungeeignete Arbeitsorganisation in Bezug auf Arbeitszeiten und Ruhepausen oder
   d) die ungenügende Ausbildung und Unterweisung von Beschäftigten;
6. das Verbot der Missachtung der Koalitionsfreiheit, nach der
   a) Arbeitnehmer sich frei zu Gewerkschaften zusammenzuschließen oder diesen beitreten können,
   b) die Gründung, der Beitritt und die Mitgliedschaft zu einer Gewerkschaft nicht als Grund für ungerechtfertigte Diskriminierungen oder Vergeltungsmaßnahmen genutzt werden dürfen,
   c) Gewerkschaften sich frei und in Übereinstimmung mit dem Recht des Beschäftigungsortes betätigen dürfen; dieses umfasst das Streikrecht und das Recht auf Kollektivverhandlungen;
7. das Verbot der Ungleichbehandlung in Beschäftigung, etwa aufgrund von nationaler und ethnischer Abstammung, sozialer Herkunft, Gesundheitsstatus, Behinderung, sexueller Orientierung, Alter, Geschlecht, politischer Meinung, Religion oder Weltanschauung, sofern diese nicht in den Erfordernissen der Beschäftigung begründet ist; eine Ungleichbehandlung umfasst insbesondere die Zahlung ungleichen Entgelts für gleichwertige Arbeit;
8. das Verbot des Vorenthaltens eines angemessenen Lohns; der angemessene Lohn ist mindestens der nach dem anwendbaren Recht festgelegte Mindestlohn und bemisst sich

ansonsten nach dem Recht des Beschäftigungsortes;

9. das Verbot der Herbeiführung einer schädlichen Bodenveränderung, Gewässerverunreinigung, Luftverunreinigung, schädlichen Lärmemission oder eines übermäßigen Wasserverbrauchs, die
   a) die natürlichen Grundlagen zum Erhalt und der Produktion von Nahrung erheblich beeinträchtigt,
   b) einer Person den Zugang zu einwandfreiem Trinkwasser verwehrt,
   c) einer Person den Zugang zu Sanitäranlagen erschwert oder zerstört oder
   d) die Gesundheit einer Person schädigt;
10. das Verbot der widerrechtlichen Zwangsräumung und das Verbot des widerrechtlichen Entzugs von Land, von Wäldern und Gewässern bei dem Erwerb, der Bebauung oder anderweitigen Nutzung von Land, Wäldern und Gewässern, deren Nutzung die Lebensgrundlage einer Person sichert;
11. das Verbot der Beauftragung oder Nutzung privater oder öffentlicher Sicherheitskräfte zum Schutz des unternehmerischen Projekts, wenn aufgrund mangelnder Unterweisung oder Kontrolle seitens des Unternehmens bei dem Einsatz der Sicherheitskräfte
    a) das Verbot von Folter und grausamer, unmenschlicher oder erniedrigender Behandlung missachtet wird,
    b) Leib oder Leben verletzt werden oder
    c) die Vereinigungs- und Koalitionsfreiheit beeinträchtigt werden;
12. das Verbot eines über die Nummern 1 bis 11 hinausgehenden Tuns oder pflichtwidrigen Unterlassens, das unmittelbar geeignet ist, in besonders schwerwiegender Weise eine geschützte Rechtsposition zu beeinträchtigen und dessen Rechtswidrigkeit bei verständiger Würdigung aller in Betracht kommenden Umstände offensichtlich ist.

(3) Ein umweltbezogenes Risiko im Sinne dieses Gesetzes ist ein Zustand, bei dem auf Grund tatsächlicher Umstände mit hinreichender Wahrscheinlichkeit ein Verstoß gegen eines der folgenden Verbote droht:

1. das Verbot der Herstellung von mit Quecksilber versetzten Produkten (...)
2. das Verbot der Verwendung von Quecksilber und Quecksilberverbindungen bei Herstellungsprozessen (...)
3. das Verbot der Behandlung von Quecksilberabfällen entgegen den Bestimmungen des Artikels 11 Abs.3 des Minamata-Übereinkommens;
4. das Verbot der Produktion und Verwendung von Chemikalien nach Artikel 3 Abs. 1 Buchstabe a und Anlage A des Stockholmer Übereinkommens über persistente organische Schadstoffe (...)
5. das Verbot der nicht umweltgerechten Handhabung, Sammlung, Lagerung und Entsorgung von Abfällen (...)
6. das Verbot der Ausfuhr gefährlicher Abfälle im Sinne des Artikel 1 Abs.1 und anderer Abfälle im Sinne des Artikel 1 Abs.2 des Basler Übereinkommens über die Kontrolle der grenzüberschreitenden Verbringung gefährlicher Abfälle und ihrer Entsorgung (...)
   a) in eine Vertragspartei, die die Einfuhr solcher gefährlichen und anderer Abfälle verboten

hat (Artikel 4 Abs.1 Buchstabe b des Basler Übereinkommens),

b) in einen Einfuhrstaat im Sinne des Artikel 2 Nummer 11 des Basler Übereinkommens, der nicht seine schriftliche Einwilligung zu der bestimmten Einfuhr gegeben hat, wenn dieser Einfuhrstaat die Einfuhr dieser gefährlichen Abfälle nicht verboten hat (Artikel 4 Abs.1 Buchstabe c des Basler Übereinkommens),

c) in eine Nichtvertragspartei des Basler Übereinkommens (Artikel 4 Abs.5 des Basler Übereinkommens),

d) in einen Einfuhrstaat, wenn solche gefährlichen Abfälle oder andere Abfälle in diesem Staat oder anderswo nicht umweltgerecht behandelt werden (Artikel 4 Abs.8 Satz 1 des Basler Übereinkommens);

7. das Verbot der Ausfuhr gefährlicher Abfälle von in Anlage VII des Basler Übereinkommens aufgeführten Staaten in Staaten, die nicht in Anlage VII aufgeführt sind (Artikel 4A des Basler Übereinkommens, Artikel 36 der Verordnung (EG) Nr. 1013/2006) sowie
8. das Verbot der Einfuhr gefährlicher Abfälle und anderer Abfälle aus einer Nichtvertragspartei des Basler Übereinkommens (Artikel 4 Abs.5 des Basler Übereinkommens).

(4) [1]Eine Verletzung einer menschenrechtsbezogenen Pflicht im Sinne dieses Gesetzes ist der Verstoß gegen ein in Abs.2 Nummer 1 bis 12 genanntes Verbot. [2]Eine Verletzung einer umweltbezogenen Pflicht im Sinne dieses Gesetzes ist der Verstoß gegen ein in Abs.3 Nummer 1 bis 8 genanntes Verbot.

(5) [1]Die Lieferkette im Sinne dieses Gesetzes bezieht sich auf alle Produkte und Dienstleistungen eines Unternehmens. [2]Sie umfasst alle Schritte im In- und Ausland, die zur Herstellung der Produkte und zur Erbringung der Dienstleistungen erforderlich sind, angefangen von der Gewinnung der Rohstoffe bis zu der Lieferung an den Endkunden und erfasst

1. das Handeln eines Unternehmens im eigenen Geschäftsbereich,
2. das Handeln eines unmittelbaren Zulieferers und
3. das Handeln eines mittelbaren Zulieferers.

(6) [1]Der eigene Geschäftsbereich im Sinne dieses Gesetzes erfasst jede Tätigkeit des Unternehmens zur Erreichung des Unternehmensziels. [2]Erfasst ist damit jede Tätigkeit zur Herstellung und Verwertung von Produkten und zur Erbringung von Dienstleistungen, unabhängig davon, ob sie an einem Standort im In- oder Ausland vorgenommen wird. [3]In verbundenen Unternehmen zählt zum eigenen Geschäftsbereich der Obergesellschaft eine konzernangehörige Gesellschaft, wenn die Obergesellschaft auf die konzernangehörige Gesellschaft einen bestimmenden Einfluss ausübt.

(7) Unmittelbarer Zulieferer im Sinne dieses Gesetzes ist ein Partner eines Vertrages über die Lieferung von Waren oder die Erbringung von Dienstleistungen, dessen Zulieferungen für die Herstellung des Produktes des Unternehmens oder zur Erbringung und Inanspruchnahme der betreffenden Dienstleistung notwendig sind.

(8) Mittelbarer Zulieferer im Sinne dieses Gesetzes ist jedes Unternehmen, das kein unmittelbarer Zulieferer ist und dessen Zulieferungen für die Herstellung des Produktes des

Unternehmens oder zur Erbringung und Inanspruchnahme der betreffenden Dienstleistung notwendig sind.

§ 3 Sorgfaltspflichten

(1) [1]Unternehmen sind dazu verpflichtet, in ihren Lieferketten die in diesem Abschnitt festgelegten menschenrechtlichen und umweltbezogenen Sorgfaltspflichten in angemessener Weise zu beachten mit dem Ziel, menschenrechtlichen oder umweltbezogenen Risiken vorzubeugen oder sie zu minimieren oder die Verletzung menschenrechtsbezogener oder umweltbezogener Pflichten zu beenden. [2]Die Sorgfaltspflichten enthalten:

1. die Einrichtung eines Risikomanagements (§ 4 Abs.1),
2. die Festlegung einer betriebsinternen Zuständigkeit (§ 4 Abs.3),
3. die Durchführung regelmäßiger Risikoanalysen (§ 5),
4. die Abgabe einer Grundsatzerklärung (§ 6 Abs.2),
5. die Verankerung von Präventionsmaßnahmen im eigenen Geschäftsbereich (§ 6 Abs.1 und 3) und gegenüber unmittelbaren Zulieferern (§ 6 Abs.4),
6. das Ergreifen von Abhilfemaßnahmen (§ 7 Abs.1 bis 3),
7. die Einrichtung eines Beschwerdeverfahrens (§ 8),
8. die Umsetzung von Sorgfaltspflichten in Bezug auf Risiken bei mittelbaren Zulieferern (§ 9) und
9. die Dokumentation (§ 10 Abs.1) und die Berichterstattung (§ 10 Abs.2).

(2) Die angemessene Weise eines Handelns, das den Sorgfaltspflichten genügt, bestimmt sich nach

1. Art und Umfang der Geschäftstätigkeit des Unternehmens,
2. dem Einflussvermögen des Unternehmens auf den unmittelbaren Verursacher eines menschenrechtlichen oder umweltbezogenen Risikos oder der Verletzung einer menschenrechtsbezogenen oder einer umweltbezogenen Pflicht,
3. der typischerweise zu erwartenden Schwere der Verletzung, der Umkehrbarkeit der Verletzung und der Wahrscheinlichkeit der Verletzung einer menschenrechtsbezogenen oder einer umweltbezogenen Pflicht sowie
4. nach der Art des Verursachungsbeitrages des Unternehmens zu dem menschenrechtlichen oder umweltbezogenen Risiko oder zu der Verletzung einer menschenrechtsbezogenen oder einer umweltbezogenen Pflicht.

(3) [1]Eine Verletzung der Pflichten aus diesem Gesetz begründet keine zivilrechtliche Haftung. [2]Eine unabhängig von diesem Gesetz begründete zivilrechtliche Haftung bleibt unberührt.

§ 4 Risikomanagement

(1) [1]Unternehmen müssen ein angemessenes und wirksames Risikomanagement zur Einhaltung der Sorgfaltspflichten (§ 3 Abs.1) einrichten. [2]Das Risikomanagement ist in alle maßgebliche Geschäftsabläufe durch angemessene Maßnahmen zu verankern.

(2) Wirksam sind solche Maßnahmen, die es ermöglichen, menschenrechtliche und

umweltbezogene Risiken zu erkennen und zu minimieren sowie Verletzungen menschenrechtsbezogener oder umweltbezogener Pflichten zu verhindern, zu beenden oder deren Ausmaß zu minimieren, wenn das Unternehmen diese Risiken oder Verletzungen innerhalb der Lieferkette verursacht oder dazu beigetragen hat.

(3) [1]Das Unternehmen hat dafür zu sorgen, dass festgelegt ist, wer innerhalb des Unternehmens dafür zuständig ist, das Risikomanagement zu überwachen, etwa durch die Benennung eines Menschenrechtsbeauftragten. [2]Die Geschäftsleitung hat sich regelmäßig, mindestens einmal jährlich, über die Arbeit der zuständigen Person oder Personen zu informieren.

(4) Das Unternehmen hat bei der Errichtung und Umsetzung seines Risikomanagementsystems die Interessen seiner Beschäftigten, der Beschäftigten innerhalb seiner Lieferketten und derjenigen, die in sonstiger Weise durch das wirtschaftliche Handeln des Unternehmens oder durch das wirtschaftliche Handeln eines Unternehmens in seinen Lieferketten in einer geschützten Rechtsposition unmittelbar betroffen sein können, angemessen zu berücksichtigen.

§ 5 Risikoanalyse

(1) [1]Im Rahmen des Risikomanagements hat das Unternehmen eine angemessene Risikoanalyse nach den Abätzen 2 bis 4 durchzuführen, um die menschenrechtlichen und umweltbezogenen Risiken im eigenen Geschäftsbereich sowie bei seinen unmittelbaren Zulieferern zu ermitteln. [2]In Fällen, in denen ein Unternehmen eine missbräuchliche Gestaltung der unmittelbaren Zuliefererbeziehung oder ein Umgehungsgeschäft vorgenommen hat, um die Anforderungen an die Sorgfaltspflichten in Hinblick auf den unmittelbaren Zulieferer zu umgehen, gilt ein mittelbarer Zulieferer als unmittelbarer Zulieferer.

(2) [1]Die ermittelten menschenrechtlichen und umweltbezogenen Risiken sind angemessen zu gewichten und zu priorisieren. [2]Dabei sind insbesondere die in § 3 Abs.2 genannten Kriterien maßgeblich.

(3) Das Unternehmen muss dafür Sorge tragen, dass die Ergebnisse der Risikoanalyse intern an die maßgeblichen Entscheidungsträger, etwa an den Vorstand oder an die Einkaufsabteilung, kommuniziert werden.

(4) [1]Die Risikoanalyse ist einmal im Jahr sowie anlassbezogen durchzuführen, wenn das Unternehmen mit einer wesentlich veränderten oder wesentlich erweiterten Risikolage in der Lieferkette rechnen muss, etwa durch die Einführung neuer Produkte, Projekte oder eines neuen Geschäftsfeldes. [2]Erkenntnisse aus der Bearbeitung von Hinweisen nach § 8 Abs.1 sind zu berücksichtigen.

§ 6 Präventionsmaßnahmen

(1) Stellt ein Unternehmen im Rahmen einer Risikoanalyse nach § 5 ein Risiko fest, hat es unverzüglich angemessene Präventionsmaßnahmen nach den Absätzen 2 bis 4 zu ergreifen.

(2) [1]Das Unternehmen muss eine Grundsatzerklärung über seine Menschenrechtsstrategie abgeben. [2]Die Unternehmensleitung hat die Grundsatzerklärung abzugeben.

[3]Die Grundsatzerklärung muss mindestens die folgenden Elemente einer Menschenrechtsstrategie des Unternehmens enthalten:

1. die Beschreibung des Verfahrens, mit dem das Unternehmen seinen Pflichten nach § 4 Abs.1, § 5 Abs.1, § 6 Abs.3 bis 5, sowie den §§ 7 bis 10 nachkommt,
2. die für das Unternehmen auf Grundlage der Risikoanalyse festgestellten prioritären menschenrechtlichen und umweltbezogenen Risiken und
3. die auf Grundlage der Risikoanalyse erfolgte Festlegung der menschenrechtsbezogenen und umweltbezogenen Erwartungen, die das Unternehmen an seine Beschäftigten und Zulieferer in der Lieferkette richtet.

(3) Das Unternehmen muss angemessene Präventionsmaßnahmen im eigenen Geschäftsbereich verankern, insbesondere:

1. die Umsetzung der in der Grundsatzerklärung dargelegten Menschenrechtsstrategie in den relevanten Geschäftsabläufen,
2. die Entwicklung und Implementierung geeigneter Beschaffungsstrategien und Einkaufspraktiken, durch die festgestellte Risiken verhindert oder minimiert werden,
3. die Durchführung von Schulungen in den relevanten Geschäftsbereichen,
4. die Durchführung risikobasierter Kontrollmaßnahmen, mit denen die Einhaltung der in der Grundsatzerklärung enthaltenen Menschenrechtsstrategie im eigenen Geschäftsbereich überprüft wird.

(4) Das Unternehmen muss angemessene Präventionsmaßnahmen gegenüber einem unmittelbaren Zulieferer verankern, insbesondere:

1. die Berücksichtigung der menschenrechtsbezogenen und umweltbezogenen Erwartungen bei der Auswahl eines unmittelbaren Zulieferers,
2. die vertragliche Zusicherung eines unmittelbaren Zulieferers, dass dieser die von der Geschäftsleitung des Unternehmens verlangten menschenrechtsbezogenen und umweltbezogenen Erwartungen einhält und entlang der Lieferkette angemessen adressiert,
3. die Durchführung von Schulungen und Weiterbildungen zur Durchsetzung der vertraglichen Zusicherungen des unmittelbaren Zulieferers nach Nummer 2,
4. die Vereinbarung angemessener vertraglicher Kontrollmechanismen sowie deren risikobasierte Durchführung, um die Einhaltung der Menschenrechtsstrategie bei dem unmittelbaren Zulieferer zu überprüfen.

(5) [1]Die Wirksamkeit der Präventionsmaßnahmen ist einmal im Jahr sowie anlassbezogen zu überprüfen, wenn das Unternehmen mit einer wesentlich veränderten oder wesentlich erweiterten Risikolage im eigenen Geschäftsbereich oder beim unmittelbaren Zulieferer rechnen muss, etwa durch die Einführung neuer Produkte, Projekte oder eines neuen Geschäftsfeldes. [2]Erkenntnisse aus der Bearbeitung von Hinweisen nach § 8 Abs.1 sind zu berücksichtigen. [3]Die Maßnahmen sind bei Bedarf unverzüglich zu aktualisieren.

§ 7 Abhilfemaßnahmen

(1) [1]Stellt das Unternehmen fest, dass die Verletzung einer menschenrechtsbezogenen oder einer umweltbezogenen Pflicht in seinem eigenen Geschäftsbereich oder bei einem unmittelbaren Zulieferer bereits eingetreten ist oder unmittelbar bevorsteht, hat es unverzüglich angemessene Abhilfemaßnahmen zu ergreifen, um diese Verletzung zu verhindern, zu beenden oder das Ausmaß der Verletzung zu minimieren. [2]§ 5 Abs.1 Satz 2 gilt entsprechend. [3]Im eigenen Geschäftsbereich im Inland muss die Abhilfe-maßnahme zu einer Beendigung der Verletzung führen. [4]Im eigenen Geschäftsbereich im Ausland und im eigenen Geschäftsbereich gemäß § 2 Abs.6 Satz 3 muss die Abhilfemaßnahme in der Regel zur Beendigung der Verletzung führen.

(2) [1]Ist die Verletzung einer menschenrechtsbezogenen oder einer umweltbezogenen Pflicht bei einem unmittelbaren Zulieferer so beschaffen, dass das Unternehmen sie nicht in absehbarer Zeit beenden kann, muss es unverzüglich ein Konzept zur Beendigung oder Minimierung erstellen und umsetzen. [2]Das Konzept muss einen konkreten Zeitplan enthalten. [3]Bei der Erstellung und Umsetzung des Konzepts sind insbesondere folgende Maßnahmen in Betracht zu ziehen:

1. die gemeinsame Erarbeitung und Umsetzung eines Plans zur Beendigung oder Minimierung der Verletzung mit dem Unternehmen, durch das die Verletzung verursacht wird,
2. der Zusammenschluss mit anderen Unternehmen im Rahmen von Brancheninitiativen und Branchenstandards, um die Einflussmöglichkeit auf den Verursacher zu erhöhen,
3. ein temporäres Aussetzen der Geschäftsbeziehung während der Bemühungen zur Risikominimierung.

(3) [1]Der Abbruch einer Geschäftsbeziehung ist nur geboten, wenn

1. die Verletzung einer geschützten Rechtsposition oder einer umweltbezogenen Pflicht als sehr schwerwiegend bewertet wird,
2. die Umsetzung der im Konzept erarbeiteten Maßnahmen nach Ablauf der im Konzept festgelegten Zeit keine Abhilfe bewirkt,
3. dem Unternehmen keine anderen milderen Mittel zur Verfügung stehen und eine Erhöhung des Einflussvermögens nicht aussichtsreich erscheint.

[2]Die bloße Tatsache, dass ein Staat eines der in der Anlage zu diesem Gesetz aufgelisteten Übereinkommen nicht ratifiziert oder nicht in sein nationales Recht umgesetzt hat, führt nicht zu einer Pflicht zum Abbruch der Geschäftsbeziehung. [3]Von Satz 2 unberührt bleiben Einschränkungen des Außenwirtschaftsverkehrs durch oder aufgrund von Bundesrecht, Recht der Europäischen Union oder Völkerrecht.

(4) [1]Die Wirksamkeit der Abhilfemaßnahmen ist einmal im Jahr sowie anlassbezogen zu überprüfen, wenn das Unternehmen mit einer wesentlich veränderten oder wesentlich erweiterten Risikolage im eigenen Geschäftsbereich oder beim unmittelbaren Zulieferer rechnen muss, etwa durch die Einführung neuer Produkte, Projekte oder eines neuen Geschäftsfeldes. [2]Erkenntnisse aus der Bearbeitung von Hinweisen nach § 8 Abs.1 sind zu berücksichtigen. [3]Die Maßnahmen sind bei Bedarf unverzüglich zu aktualisieren.

§ 8 Beschwerdeverfahren

(1) [1]Das Unternehmen hat dafür zu sorgen, dass ein angemessenes unternehmensinternes Beschwerdeverfahren nach den Absätzen 2 bis 4 eingerichtet ist. [2]Das Beschwerdeverfahren ermöglicht Personen, auf menschenrechtliche und umweltbezogene Risiken sowie auf Verletzungen menschenrechtsbezogener oder umweltbezogener Pflichten hinzuweisen, die durch das wirtschaftliche Handeln eines Unternehmens im eigenen Geschäftsbereich oder eines unmittelbaren Zulieferers entstanden sind. [3]Der Eingang des Hinweises ist den Hinweisgebern zu bestätigen. [4]Die von dem Unternehmen mit der Durchführung des Verfahrens betrauten Personen haben den Sachverhalt mit den Hinweisgebern zu erörtern. [5]Sie können ein Verfahren der einvernehmlichen Beilegung anbieten. [6]Die Unternehmen können sich stattdessen an einem entsprechenden externen Beschwerdeverfahren beteiligen, sofern es die nachfolgenden Kriterien erfüllt.

(2) Das Unternehmen legt eine Verfahrensordnung in Textform fest, die öffentlich zugänglich ist.

(3) [1]Die von dem Unternehmen mit der Durchführung des Verfahrens betrauten Personen müssen Gewähr für unparteiisches Handeln bieten, insbesondere müssen sie unabhängig und an Weisungen nicht gebunden sein. [2]Sie sind zur Verschwiegenheit verpflichtet.

(4) [1]Das Unternehmen muss in geeigneter Weise klare und verständliche Informationen zur Erreichbarkeit und Zuständigkeit und zur Durchführung des Beschwerdeverfahrens öffentlich zugänglich machen. [2]Das Beschwerdeverfahren muss für potenzielle Beteiligte zugänglich sein, die Vertraulichkeit der Identität wahren und wirksamen Schutz vor Benachteiligung oder Bestrafung aufgrund einer Beschwerde gewährleisten.

(5) [1]Die Wirksamkeit des Beschwerdeverfahrens ist mindestens einmal im Jahr sowie anlassbezogen zu überprüfen, wenn das Unternehmen mit einer wesentlich veränderten oder wesentlich erweiterten Risikolage im eigenen Geschäftsbereich oder beim unmittelbaren Zulieferer rechnen muss, etwa durch die Einführung neuer Produkte, Projekte oder eines neuen Geschäftsfeldes. [2]Die Maßnahmen sind bei Bedarf unverzüglich zu wiederholen.

§ 9 Mittelbare Zulieferer; Verordnungsermächtigung

(1) Das Unternehmen muss das Beschwerdeverfahren nach § 8 so einrichten, dass es Personen auch ermöglicht, auf menschenrechtliche oder umweltbezogene Risiken sowie auf Verletzungen menschenrechtsbezogener oder umweltbezogener Pflichten hinzuweisen, die durch das wirtschaftliche Handeln eines mittelbaren Zulieferers entstanden sind.

(2) Das Unternehmen muss nach Maßgabe des Absatzes 3 sein bestehendes Risikomanagement im Sinne von § 4 anpassen.

(3) Liegen einem Unternehmen tatsächliche Anhaltspunkte vor, die eine Verletzung einer menschenrechtsbezogenen oder einer umweltbezogenen Pflicht bei mittelbaren Zulieferern möglich erscheinen lassen (substantiierte Kenntnis), so hat es anlassbezogen

unverzüglich

1. eine Risikoanalyse gemäß § 5 Abs.1 bis 3 durchzuführen,
2. angemessene Präventionsmaßnahmen gegenüber dem Verursacher zu verankern, etwa die Durchführung von Kontrollmaßnahmen, die Unterstützung bei der Vorbeugung und Vermeidung eines Risikos oder die Umsetzung von branchenspezifischen oder branchenübergreifenden Initiativen, denen das Unternehmen beigetreten ist,
3. ein Konzept zur Verhinderung, Beendigung oder Minimierung zu erstellen und umzusetzen und
4. gegebenenfalls entsprechend seine Grundsatzerklärung gemäß § 6 Abs.2 zu aktualisieren.

(4) Das Bundesministerium für Arbeit und Soziales wird ermächtigt, Näheres zu den Pflichten des Absatzes 3 durch Rechtsverordnung im Einvernehmen mit dem Bundesministerium für Wirtschaft und Energie ohne Zustimmung des Bundesrates zu regeln.

§ 10 Dokumentations- und Berichtspflicht

(1) [1]Die Erfüllung der Sorgfaltspflichten nach § 3 ist unternehmensintern fortlaufend zu dokumentieren. [2]Die Dokumentation ist ab ihrer Erstellung mindestens sieben Jahre lang aufzubewahren.

(2) [1]Das Unternehmen hat jährlich einen Bericht über die Erfüllung seiner Sorgfaltspflichten im vergangenen Geschäftsjahr zu erstellen und spätestens vier Monate nach dem Schluss des Geschäftsjahrs auf der Internetseite des Unternehmens für einen Zeitraum von sieben Jahren kostenfrei öffentlich zugänglich zu machen. [2]In dem Bericht ist nachvollziehbar mindestens darzulegen,

1. ob und falls ja, welche menschenrechtlichen und umweltbezogenen Risiken oder Verletzungen einer menschenrechtsbezogenen oder umweltbezogenen Pflicht das Unternehmen identifiziert hat,
2. was das Unternehmen, unter Bezugnahme auf die in den §§ 4 bis 9 beschriebenen Maßnahmen, zur Erfüllung seiner Sorgfaltspflichten unternommen hat; dazu zählen auch die Elemente der Grundsatzerklärung gemäß § 6 Abs.2, sowie die Maßnahmen, die das Unternehmen aufgrund von Beschwerden nach § 8 oder nach § 9 Abs.1 getroffen hat,
3. wie das Unternehmen die Auswirkungen und die Wirksamkeit der Maßnahmen bewertet und
4. welche Schlussfolgerungen es aus der Bewertung für zukünftige Maßnahmen zieht.

(3) Hat das Unternehmen kein menschenrechtliches oder umweltbezogenes Risiko und keine Verletzung einer menschenrechtsbezogenen oder einer umweltbezogenen Pflicht festgestellt und dies in seinem Bericht plausibel dargelegt, sind keine weiteren Ausführungen nach Abs.2 Satz 2 Nummer 2 bis 4 erforderlich.

(4) Der Wahrung von Betriebs- und Geschäftsgeheimnissen ist dabei gebührend Rechnung zu tragen.

§ 12 Einreichung des Berichts

(1) Der Bericht nach § 10 Abs.2 Satz 1 ist in deutscher Sprache und elektronisch über einen von der zuständigen Behörde bereitgestellten Zugang einzureichen.
(2) Der Bericht ist spätestens vier Monate nach dem Schluss des Geschäftsjahres, auf das er sich bezieht, einzureichen.

§ 14 Behördliches Tätigwerden; Verordnungsermächtigung

(1) Die zuständige Behörde wird tätig:

1. von Amts wegen nach pflichtgemäßem Ermessen,
   a) um die Einhaltung der Pflichten nach den §§ 3 bis 10 Abs.1 im Hinblick auf mögliche menschenrechtliche und umweltbezogene Risiken sowie Verletzungen einer menschenrechtsbezogenen oder einer umweltbezogenen Pflicht zu kontrollieren und
   b) Verstöße gegen Pflichten nach Buchstabe a festzustellen, zu beseitigen und zu verhindern;
2. auf Antrag, wenn die antragstellende Person substantiiert geltend macht,
   a) infolge der Nichterfüllung einer in den §§ 3 bis 9 enthaltenen Pflicht in einer geschützten Rechtsposition verletzt zu sein oder
   b) dass eine in Buchstabe a genannte Verletzung unmittelbar bevorsteht.

§ 15 Anordnungen und Maßnahmen

[1]Die zuständige Behörde trifft die geeigneten und erforderlichen Anordnungen und Maßnahmen, um Verstöße gegen die Pflichten nach den §§ 3 bis 10 Abs.1 festzustellen, zu beseitigen und zu verhindern. [2]Sie kann insbesondere

1. Personen laden,
2. dem Unternehmen aufgeben, innerhalb von drei Monaten ab Bekanntgabe der Anordnung einen Plan zur Behebung der Missstände einschließlich klarer Zeitangaben zu dessen Umsetzung vorzulegen und
3. dem Unternehmen konkrete Handlungen zur Erfüllung seiner Pflichten aufgeben.

§ 16 Betretensrechte

Soweit dies zur Wahrnehmung der Aufgaben nach § 14 erforderlich ist, sind die zuständige Behörde und ihre Beauftragten befugt,

1. Betriebsgrundstücke, Geschäftsräume und Wirtschaftsgebäude der Unternehmen während der üblichen Geschäfts- oder Betriebszeiten zu betreten und zu besichtigen sowie
2. bei Unternehmen während der üblichen Geschäfts- oder Betriebszeiten geschäftliche Unterlagen und Aufzeichnungen, aus denen sich ableiten lässt, ob die Sorgfaltspflichten nach den §§ 3 bis 10 Abs.1 eingehalten wurden, einzusehen und zu prüfen.

§ 17 Auskunfts- und Herausgabepflichten

(1) [1]Unternehmen und nach § 15 Satz 2 Nummer 1 geladene Personen sind verpflichtet, der zuständigen Behörde auf Verlangen die Auskünfte zu erteilen und die Unterlagen

herauszugeben, die die Behörde zur Durchführung der ihr durch dieses Gesetz oder aufgrund dieses Gesetzes übertragenen Aufgaben benötigt. [2]Die Verpflichtung erstreckt sich auch auf Auskünfte über verbundene Unternehmen (§ 15 AktG), unmittelbare und mittelbare Zulieferer und die Herausgabe von Unterlagen dieser Unternehmen, soweit das auskunfts- oder herausgabepflichtige Unternehmen oder die auskunfts- oder herausgabepflichtige Person die Informationen zur Verfügung hat oder aufgrund bestehender vertraglicher Beziehungen zur Beschaffung der verlangten Informationen in der Lage ist.

(2) Die zu erteilenden Auskünfte und herauszugebenden Unterlagen nach Abs.1 umfassen insbesondere

1. die Angaben und Nachweise zur Feststellung, ob ein Unternehmen in den Anwendungsbereich dieses Gesetzes fällt,
2. die Angaben und Nachweise über die Erfüllung der Pflichten nach den §§ 3 bis 10 Abs.1 und
3. die Namen der zur Überwachung der internen Prozesse des Unternehmens zur Erfüllung der Pflichten nach den §§ 3 bis 10 Abs.1 zuständigen Personen.

(3) [1]Wer zur Auskunft nach Abs.1 verpflichtet ist, kann die Auskunft auf solche Fragen verweigern, deren Beantwortung ihn selbst oder einen der in § 52 Abs. 1 StPO bezeichneten Angehörigen der Gefahr strafgerichtlicher Verfolgung oder eines Verfahrens nach dem Gesetz über Ordnungswidrigkeiten aussetzen würde. [2]Die auskunftspflichtige Person ist über ihr Recht zur Verweigerung der Auskunft zu belehren. [3]Sonstige gesetzliche Auskunfts- oder Aussageverweigerungsrechte sowie gesetzliche Verschwiegenheitspflichten bleiben unberührt.

§ 19 Zuständige Behörde

(1) [1]Für die behördliche Kontrolle und Durchsetzung nach diesem Abschnitt ist das Bundesamt für Wirtschaft und Ausfuhrkontrolle zuständig. [2]Für die Aufgaben nach diesem Gesetz obliegt die Rechts- und Fachaufsicht über das Bundesamt dem Bundesministerium für Wirtschaft und Energie. [3]Das Bundesministerium für Wirtschaft und Energie übt die Rechts- und Fachaufsicht im Einvernehmen mit dem Bundesministerium für Arbeit und Soziales aus.

(2) Bei der Wahrnehmung ihrer Aufgaben verfolgt die zuständige Behörde einen risikobasierten Ansatz.

§ 22 Ausschluss von der Vergabe öffentlicher Aufträge

(1) [1]Von der Teilnahme an einem Verfahren über die Vergabe eines Liefer-, Bau- oder Dienstleistungsauftrags der in den §§ 99 und 100 GWB genannten Auftraggeber sollen Unternehmen bis zur nachgewiesenen Selbstreinigung nach § 125 GWB ausgeschlossen werden, die wegen eines rechtskräftig festgestellten Verstoßes nach § 24 Abs.1 mit einer Geldbuße nach Maßgabe von Abs.2 belegt worden sind. [2]Der Ausschluss nach Satz 1 darf nur innerhalb eines angemessenen Zeitraums von bis zu drei Jahren erfolgen.

(2) [1]Ein Ausschluss nach Abs.1 setzt einen rechtskräftig festgestellten Verstoß mit einer Geldbuße von wenigstens 175.000 Euro voraus. [2]Abweichend von Satz 1 wird

1. in den Fällen des § 24 Abs.2 Satz 2 in Verbindung mit § 24 Abs.2 Satz 1 Nr.2 ein rechtskräftig festgestellter Verstoß mit einer Geldbuße von wenigstens 1.500.000 Euro,
2. in den Fällen des § 24 Abs.2 Satz 2 in Verbindung mit § 24 Abs.2 Satz 1 Nr. 1 ein rechtskräftig festgestellter Verstoß mit einer Geldbuße von wenigstens zwei Millionen Euro und
3. in den Fällen des § 24 Abs. 3 ein rechtskräftig festgestellter Verstoß mit einer Geldbuße von wenigstens 0,35 % des durchschnittlichen Jahresumsatzes vorausgesetzt.

(3) Vor der Entscheidung über den Ausschluss ist der Bewerber zu hören.

§ 23 Zwangsgeld

Die Höhe des Zwangsgeldes im Verwaltungszwangsverfahren der nach § 19 Abs. 1 Satz 1 zuständigen Behörde beträgt abweichend von § 11 Abs. 3 VwVG bis zu 50.000 Euro.

Markengesetz

vom 25. Oktober 1994 - zuletzt geändert 10. Aug. 2021

§ 1 Geschützte Marken und sonstige Kennzeichen

Nach diesem Gesetz werden geschützt:
1. Marken,
2. geschäftliche Bezeichnungen,
3. geographische Herkunftsangaben.

§ 2 Anwendung anderer Vorschriften

Der Schutz von Marken, geschäftlichen Bezeichnungen und geographischen Herkunftsangaben nach diesem Gesetz schließt die Anwendung anderer Vorschriften zum Schutz dieser Kennzeichen nicht aus.

§ 3 Als Marke schutzfähige Zeichen

(1) Als Marke können alle Zeichen, insbesondere Wörter einschließlich Personennamen, Abbildungen, Buchstaben, Zahlen, Hörzeichen, dreidimensionale Gestaltungen einschließlich der Form einer Ware oder ihrer Verpackung sowie sonstige Aufmachungen einschließlich Farben und Farbzusammenstellungen geschützt werden, die geeignet sind, Waren oder Dienstleistungen eines Unternehmens von denjenigen anderer Unternehmen zu unterscheiden.
(2) Dem Schutz als Marke nicht zugänglich sind Zeichen, die ausschließlich aus einer Form bestehen,
1. die durch die Art der Ware selbst bedingt ist,
2. die zur Erreichung einer technischen Wirkung erforderlich ist oder
3. die der Ware einen wesentlichen Wert verleiht.

§ 4 Entstehung des Markenschutzes

Der Markenschutz entsteht
1. durch die Eintragung eines Zeichens als Marke in das vom Patentamt geführte Register,
2. durch die Benutzung eines Zeichens im geschäftlichen Verkehr, soweit das Zeichen innerhalb beteiligter Verkehrskreise als Marke Verkehrsgeltung erworben hat, oder
3. durch die im Sinne des Artikels 6bis der **Pariser Verbandsübereinkunft** zum Schutz des gewerblichen Eigentums (Pariser Verbandsübereinkunft) notorische Bekanntheit einer Marke.

§ 5 Geschäftliche Bezeichnungen

(1) Als geschäftliche Bezeichnungen werden Unternehmenskennzeichen und Werktitel geschützt.

(2) Unternehmenskennzeichen sind Zeichen, die im geschäftlichen Verkehr als Name, als Firma oder als besondere Bezeichnung eines Geschäftsbetriebs oder eines Unternehmens benutzt werden. Der besonderen Bezeichnung eines Geschäftsbetriebs stehen solche Geschäftsabzeichen und sonstige zur Unterscheidung des Geschäftsbetriebs von anderen Geschäftsbetrieben bestimmte Zeichen gleich, die innerhalb beteiligter Verkehrskreise als Kennzeichen des Geschäftsbetriebs gelten.
(3) Werktitel sind die Namen oder besonderen Bezeichnungen von Druckschriften, Filmwerken, Tonwerken, Bühnenwerken oder sonstigen vergleichbaren Werken.

§ 6 Vorrang und Zeitrang

(1) Ist im Falle des Zusammentreffens von Rechten im Sinne der §§ 4, 5 und 13 nach diesem Gesetz für die Bestimmung des Vorrangs der Rechte ihr Zeitrang maßgeblich, wird der Zeitrang nach den Absätzen 2 und 3 bestimmt.
(2) Für die Bestimmung des Zeitrangs von angemeldeten oder eingetragenen Marken ist der Anmeldetag (§ 33 Abs. 1) oder, falls eine Priorität nach § 34 oder nach § 35 in Anspruch genommen wird, der Prioritätstag maßgeblich.
(3) Für die Bestimmung des Zeitrangs von Rechten im Sinne des § 4 Nr. 2 und 3 und der §§ 5 und 13 ist der Zeitpunkt maßgeblich, zu dem das Recht erworben wurde.
(4) Kommt Rechten nach den Absätzen 2 und 3 derselbe Tag als ihr Zeitrang zu, so sind die Rechte gleichrangig und begründen gegeneinander keine Ansprüche.

§ 7 Inhaberschaft

Inhaber von eingetragenen und angemeldeten Marken können sein:
1. natürliche Personen,
2. juristische Personen oder
3. Personengesellschaften, sofern sie mit der Fähigkeit ausgestattet sind, Rechte zu erwerben und Verbindlichkeiten einzugehen.

§ 8 Absolute Schutzhindernisse

(1) Von der Eintragung sind als Marke schutzfähige Zeichen im Sinne des § 3 ausgeschlossen, die sich nicht graphisch darstellen lassen.
(2) Von der Eintragung ausgeschlossen sind Marken,
1. denen für die Waren oder Dienstleistungen jegliche Unterscheidungskraft fehlt,
2. die ausschließlich aus Zeichen oder Angaben bestehen, die im Verkehr zur Bezeichnung der Art, der Beschaffenheit, der Menge, der Bestimmung, des Wertes, der geographischen Herkunft, der Zeit der Herstellung der Waren oder der Erbringung der Dienstleistungen oder zur Bezeichnung sonstiger Merkmale der Waren oder Dienstleistungen dienen können,
3. die ausschließlich aus Zeichen oder Angaben bestehen, die im allgemeinen Sprachgebrauch oder in den redlichen und ständigen Verkehrsgepflogenheiten zur Bezeichnung der Waren oder Dienstleistungen üblich geworden sind,
4. die geeignet sind, das Publikum insbesondere über die Art, die Beschaffenheit oder die geographische Herkunft der Waren oder Dienstleistungen zu täuschen,

5. die gegen die öffentliche Ordnung oder die gegen die guten Sitten verstoßen,
6. die Staatswappen, Staatsflaggen oder andere staatliche Hoheitszeichen oder Wappen eines inländischen Ortes oder eines inländischen Gemeinde- oder weiteren Kommunalverbandes enthalten,
7. die amtliche Prüf- oder Gewährzeichen enthalten,
8. die Wappen, Flaggen oder andere Kennzeichen, Siegel oder Bezeichnungen internationaler zwischenstaatlicher Organisationen enthalten,
9. deren Benutzung ersichtlich nach sonstigen Vorschriften im öffentlichen Interesse untersagt werden kann, oder
10. die bösgläubig angemeldet worden sind.
(3) Absatz 2 Nr. 1, 2 und 3 findet keine Anwendung, wenn die Marke sich vor dem Zeitpunkt der Entscheidung über die Eintragung infolge ihrer Benutzung für die Waren oder Dienstleistungen, für die sie angemeldet worden ist, in den beteiligten Verkehrskreisen durchgesetzt hat.
(4) Absatz 2 Nr. 6, 7 und 8 ist auch anzuwenden, wenn die Marke die Nachahmung eines dort aufgeführten Zeichens enthält. Absatz 2 Nr. 6, 7 und 8 ist nicht anzuwenden, wenn der Anmelder befugt ist, in der Marke eines der dort aufgeführten Zeichen zu führen, selbst wenn es mit einem anderen der dort aufgeführten Zeichen verwechselt werden kann. Absatz 2 Nr. 7 ist ferner nicht anzuwenden, wenn die Waren oder Dienstleistungen, für die die Marke angemeldet worden ist, mit denen, für die das Prüf- oder Gewährzeichen eingeführt ist, weder identisch noch diesen ähnlich sind. Absatz 2 Nr. 8 ist ferner nicht anzuwenden, wenn die angemeldete Marke nicht geeignet ist, beim Publikum den unzutreffenden Eindruck einer Verbindung mit der internationalen zwischenstaatlichen Organisation hervorzurufen.

§ 9 Angemeldete oder eingetragene Marken als relative Schutzhindernisse

(1) Die Eintragung einer Marke kann gelöscht werden,
1. wenn sie mit einer angemeldeten oder eingetragenen Marke mit älterem Zeitrang identisch ist und die Waren oder Dienstleistungen, für die sie eingetragen worden ist, mit den Waren oder Dienstleistungen identisch sind, für die die Marke mit älterem Zeitrang angemeldet oder eingetragen worden ist,
2. wenn wegen ihrer Identität oder Ähnlichkeit mit einer angemeldeten oder eingetragenen Marke mit älterem Zeitrang und der Identität oder der Ähnlichkeit der durch die beiden Marken erfaßten Waren oder Dienstleistungen für das Publikum die Gefahr von Verwechslungen besteht, einschließlich der Gefahr, daß die Marken gedanklich miteinander in Verbindung gebracht werden, oder
3. wenn sie mit einer angemeldeten oder eingetragenen Marke mit älterem Zeitrang identisch oder dieser ähnlich ist und für Waren oder Dienstleistungen eingetragen worden ist, die nicht denen ähnlich sind, für die die Marke mit älterem Zeitrang angemeldet oder eingetragen worden ist, falls es sich bei der Marke mit älterem Zeitrang um eine im Inland bekannte Marke handelt und die Benutzung der eingetragenen Marke

die Unterscheidungskraft oder die Wertschätzung der bekannten Marke ohne rechtfertigenden Grund in unlauterer Weise ausnutzen oder beeinträchtigen würde.
(2) Anmeldungen von Marken stellen ein Schutzhindernis im Sinne des Absatzes 1 nur dar, wenn sie eingetragen werden.

§ 10 Notorisch bekannte Marken

(1) Von der Eintragung ausgeschlossen ist eine Marke, wenn sie mit einer im Inland im Sinne des Artikels 6bis der Pariser Verbandsübereinkunft notorisch bekannten Marke mit älterem Zeitrang identisch oder dieser ähnlich ist und die weiteren Voraussetzungen des § 9 Abs. 1 Nr. 1, 2 oder 3 gegeben sind. ...

§ 11 Agentenmarken

Die Eintragung einer Marke kann gelöscht werden, wenn die Marke ohne die Zustimmung des Inhabers der Marke für dessen Agenten oder Vertreter eingetragen worden ist.

§ 12 Durch Benutzung erworbene Marken und geschäftliche Bezeichnungen mit älterem Zeitrang

Die Eintragung einer Marke kann gelöscht werden, wenn ein anderer vor dem für den Zeitrang der eingetragenen Marke maßgeblichen Tag Rechte an einer Marke im Sinne des § 4 Nr. 2 oder an einer geschäftlichen Bezeichnung im Sinne des § 5 erworben hat und diese ihn berechtigen, die Benutzung der eingetragenen Marke im gesamten Gebiet der Bundesrepublik Deutschland zu untersagen.

§ 13 Sonstige ältere Rechte

(1) Die Eintragung einer Marke kann gelöscht werden, wenn ein anderer vor dem für den Zeitrang der eingetragenen Marke maßgeblichen Tag ein sonstiges, nicht in den §§ 9 bis 12 aufgeführtes Recht erworben hat und dieses ihn berechtigt, die Benutzung der eingetragenen Marke im gesamten Gebiet der Bundesrepublik Deutschland zu untersagen.
(2) Zu den sonstigen Rechten im Sinne des Absatzes 1 gehören insbesondere:
1. Namensrechte,
2. das Recht an der eigenen Abbildung,
3. Urheberrechte,
4. Sortenbezeichnungen,
5. geographische Herkunftsangaben,
6. sonstige gewerbliche Schutzrechte.

§ 14 Ausschließliches Recht des Inhabers einer Marke, Unterlassungsanspruch, Schadensersatzanspruch

(1) Der Erwerb des Markenschutzes nach § 4 gewährt dem Inhaber der Marke ein ausschließliches Recht.
(2) Dritten ist es untersagt, ohne Zustimmung des Inhabers der Marke im geschäftlichen Verkehr

1. ein mit der Marke identisches Zeichen für Waren oder Dienstleistungen zu benutzen, die mit denjenigen identisch sind, für die sie Schutz genießt,
2. ein Zeichen zu benutzen, wenn wegen der Identität oder Ähnlichkeit des Zeichens mit der Marke und der Identität oder Ähnlichkeit der durch die Marke und das Zeichen erfaßten Waren oder Dienstleistungen für das Publikum die Gefahr von Verwechslungen besteht, einschließlich der Gefahr, daß das Zeichen mit der Marke gedanklich in Verbindung gebracht wird, oder
3. ein mit der Marke identisches Zeichen oder ein ähnliches Zeichen für Waren oder Dienstleistungen zu benutzen, die nicht denen ähnlich sind, für die die Marke Schutz genießt, wenn es sich bei der Marke um eine im Inland bekannte Marke handelt und die Benutzung des Zeichens die Unterscheidungskraft oder die Wertschätzung der bekannten Marke ohne rechtfertigenden Grund in unlauterer Weise ausnutzt oder beeinträchtigt.
(3) Sind die Voraussetzungen des Absatzes 2 erfüllt, so ist es insbesondere untersagt,
1. das Zeichen auf Waren oder ihrer Aufmachung oder Verpackung anzubringen,
2. unter dem Zeichen Waren anzubieten, in den Verkehr zu bringen oder zu den genannten Zwecken zu besitzen,
3. unter dem Zeichen Dienstleistungen anzubieten oder zu erbringen,
4. unter dem Zeichen Waren einzuführen oder auszuführen,
5. das Zeichen in Geschäftspapieren oder in der Werbung zu benutzen.
(4) Dritten ist es ferner untersagt, ohne Zustimmung des Inhabers der Marke im geschäftlichen Verkehr
1. ein mit der Marke identisches Zeichen oder ein ähnliches Zeichen auf Aufmachungen oder Verpackungen oder auf Kennzeichnungsmitteln wie Etiketten, Anhängern, Aufnähern oder dergleichen anzubringen,
2. Aufmachungen, Verpackungen oder Kennzeichnungsmittel, die mit einem mit der Marke identischen Zeichen oder einem ähnlichen Zeichen versehen sind, anzubieten, in den Verkehr zu bringen oder zu den genannten Zwecken zu besitzen oder
3. Aufmachungen, Verpackungen oder Kennzeichnungsmittel, die mit einem mit der Marke identischen Zeichen oder einem ähnlichen Zeichen versehen sind, einzuführen oder auszuführen,

wenn die Gefahr besteht, daß die Aufmachungen oder Verpackungen zur Aufmachung oder Verpackung oder die Kennzeichnungsmittel zur Kennzeichnung von Waren oder Dienstleistungen benutzt werden, hinsichtlich deren Dritten die Benutzung des Zeichens nach den Absätzen 2 und 3 untersagt wäre.
(5) Wer ein Zeichen entgegen den Absätzen 2 bis 4 benutzt, kann von dem Inhaber der Marke bei Wiederholungsgefahr auf Unterlassung in Anspruch genommen werden. Der Anspruch besteht auch dann, wenn eine Zuwiderhandlung erstmalig droht.
(6) Wer die Verletzungshandlung vorsätzlich oder fahrlässig begeht, ist dem Inhaber der Marke zum Ersatz des durch die Verletzungshandlung entstandenen Schadens verpflichtet. Bei der Bemessung des Schadensersatzes kann auch der Gewinn, den der Verletzer durch die Verletzung des Rechts erzielt hat, berücksichtigt werden. Der Schadensersatzanspruch kann auch auf der Grundlage des Betrages berechnet werden,

den der Verletzer als angemessene Vergütung hätte entrichten müssen, wenn er die Erlaubnis zur Nutzung der Marke eingeholt hätte.

(7) Wird die Verletzungshandlung in einem geschäftlichen Betrieb von einem Angestellten oder Beauftragten begangen, so kann der Unterlassungsanspruch und, soweit der Angestellte oder Beauftragte vorsätzlich oder fahrlässig gehandelt hat, der Schadensersatzanspruch auch gegen den Inhaber des Betriebs geltend gemacht werden.

§ 15 Ausschließliches Recht des Inhabers einer geschäftlichen Bezeichnung, Unterlassungsanspruch, Schadensersatzanspruch

(1) Der Erwerb des Schutzes einer geschäftlichen Bezeichnung gewährt ihrem Inhaber ein ausschließliches Recht.

(2) Dritten ist es untersagt, die geschäftliche Bezeichnung oder ein ähnliches Zeichen im geschäftlichen Verkehr unbefugt in einer Weise zu benutzen, die geeignet ist, Verwechslungen mit der geschützten Bezeichnung hervorzurufen.

(3) Handelt es sich bei der geschäftlichen Bezeichnung um eine im Inland bekannte geschäftliche Bezeichnung, so ist es Dritten ferner untersagt, die geschäftliche Bezeichnung oder ein ähnliches Zeichen im geschäftlichen Verkehr zu benutzen, wenn keine Gefahr von Verwechslungen im Sinne des Absatzes 2 besteht, soweit die Benutzung des Zeichens die Unterscheidungskraft oder die Wertschätzung der geschäftlichen Bezeichnung ohne rechtfertigenden Grund in unlauterer Weise ausnutzt oder beeinträchtigt.

(4) Wer eine geschäftliche Bezeichnung oder ein ähnliches Zeichen entgegen Absatz 2 oder Absatz 3 benutzt, kann von dem Inhaber der geschäftlichen Bezeichnung bei Wiederholungsgefahr auf Unterlassung in Anspruch genommen werden. Der Anspruch besteht auch dann, wenn eine Zuwiderhandlung droht.

(5) Wer die Verletzungshandlung vorsätzlich oder fahrlässig begeht, ist dem Inhaber der geschäftlichen Bezeichnung zum Ersatz des daraus entstandenen Schadens verpflichtet. § 14 Abs. 6 Satz 2 und 3 gilt entsprechend.

(6) § 14 Abs. 7 ist entsprechend anzuwenden.

§ 16 Wiedergabe einer eingetragenen Marke in Nachschlagewerken

(1) Erweckt die Wiedergabe einer eingetragenen Marke in einem Wörterbuch, einem Lexikon oder einem ähnlichen Nachschlagewerk den Eindruck, daß es sich bei der Marke um eine Gattungsbezeichnung für die Waren oder Dienstleistungen handelt, für die die Marke eingetragen ist, kann der Inhaber der Marke vom Verleger des Werkes verlangen, daß der Wiedergabe der Marke ein Hinweis beigefügt wird, daß es sich um eine eingetragene Marke handelt.

(2) Ist das Werk bereits erschienen, so beschränkt sich der Anspruch darauf, daß der Hinweis nach Absatz 1 bei einer neuen Auflage des Werkes aufgenommen wird.

(3) Die Absätze 1 und 2 sind entsprechend anzuwenden, wenn das Nachschlagewerk in der Form einer elektronischen Datenbank vertrieben wird oder wenn zu einer elektronischen Datenbank, die ein Nachschlagewerk enthält, Zugang gewährt wird.

§ 17 Ansprüche gegen Agenten oder Vertreter

(1) Ist eine Marke entgegen § 11 für den Agenten oder Vertreter des Inhabers der Marke ohne dessen Zustimmung angemeldet oder eingetragen worden, so ist der Inhaber der Marke berechtigt, von dem Agenten oder Vertreter die Übertragung des durch die Anmeldung oder Eintragung der Marke begründeten Rechts zu verlangen.

(2) Ist eine Marke entgegen § 11 für einen Agenten oder Vertreter des Inhabers der Marke eingetragen worden, so kann der Inhaber die Benutzung der Marke im Sinne des § 14 durch den Agenten oder Vertreter untersagen, wenn er der Benutzung nicht zugestimmt hat. Handelt der Agent oder Vertreter vorsätzlich oder fahrlässig, so ist er dem Inhaber der Marke zum Ersatz des durch die Verletzungshandlung entstandenen Schadens verpflichtet. § 14 Abs. 7 ist entsprechend anzuwenden.

§ 18 Vernichtungs- und Rückrufansprüche

(1) Der Inhaber einer Marke oder einer geschäftlichen Bezeichnung kann den Verletzer in den Fällen der §§ 14, 15 und 17 auf Vernichtung der im Besitz oder Eigentum des Verletzers befindlichen widerrechtlich gekennzeichneten Waren in Anspruch nehmen. Satz 1 ist entsprechend auf die im Eigentum des Verletzers stehenden Materialien und Geräte anzuwenden, die vorwiegend zur widerrechtlichen Kennzeichnung der Waren gedient haben.

(2) Der Inhaber einer Marke oder einer geschäftlichen Bezeichnung kann den Verletzer in den Fällen der §§ 14, 15 und 17 auf Rückruf von widerrechtlich gekennzeichneten Waren oder auf deren endgültiges Entfernen aus den Vertriebswegen in Anspruch nehmen.

(3) Die Ansprüche nach den Absätzen 1 und 2 sind ausgeschlossen, wenn die Inanspruchnahme im Einzelfall unverhältnismäßig ist. Bei der Prüfung der Verhältnismäßigkeit sind auch die berechtigten Interessen Dritter zu berücksichtigen.

§ 19 Auskunftsanspruch

(1) Der Inhaber einer Marke oder einer geschäftlichen Bezeichnung kann den Verletzer in den Fällen der §§ 14, 15 und 17 auf unverzügliche Auskunft über die Herkunft und den Vertriebsweg von widerrechtlich gekennzeichneten Waren oder Dienstleistungen in Anspruch nehmen.

(2) In Fällen offensichtlicher Rechtsverletzung oder in Fällen, in denen der Inhaber einer Marke oder einer geschäftlichen Bezeichnung gegen den Verletzer Klage erhoben hat, besteht der Anspruch unbeschadet von Absatz 1 auch gegen eine Person, die in gewerblichem Ausmaß

1. rechtsverletzende Ware in ihrem Besitz hatte,
2. rechtsverletzende Dienstleistungen in Anspruch nahm,
3. für rechtsverletzende Tätigkeiten genutzte Dienstleistungen erbrachte oder
4. nach den Angaben einer in Nummer 1, 2 oder Nummer 3 genannten Person an der Herstellung, Erzeugung oder am Vertrieb solcher Waren oder an der Erbringung solcher Dienstleistungen beteiligt war,

es sei denn, die Person wäre nach den §§ 383 bis 385 der Zivilprozessordnung im Prozess gegen den Verletzer zur Zeugnisverweigerung berechtigt. Im Fall der gerichtlichen

Geltendmachung des Anspruchs nach Satz 1 kann das Gericht den gegen den Verletzer anhängigen Rechtsstreit auf Antrag bis zur Erledigung des wegen des Auskunftsanspruchs geführten Rechtsstreits aussetzen. Der zur Auskunft Verpflichtete kann von dem Verletzten den Ersatz der für die Auskunftserteilung erforderlichen Aufwendungen verlangen.

(3) Der zur Auskunft Verpflichtete hat Angaben zu machen über

1. Namen und Anschrift der Hersteller, Lieferanten und anderer Vorbesitzer der Waren oder Dienstleistungen sowie der gewerblichen Abnehmer und Verkaufsstellen, für die sie bestimmt waren, und

2. die Menge der hergestellten, ausgelieferten, erhaltenen oder bestellten Waren sowie über die Preise, die für die betreffenden Waren oder Dienstleistungen bezahlt wurden.

(4) Die Ansprüche nach den Absätzen 1 und 2 sind ausgeschlossen, wenn die Inanspruchnahme im Einzelfall unverhältnismäßig ist.

(5) Erteilt der zur Auskunft Verpflichtete die Auskunft vorsätzlich oder grob fahrlässig falsch oder unvollständig, ist er dem Inhaber einer Marke oder einer geschäftlichen Bezeichnung zum Ersatz des daraus entstehenden Schadens verpflichtet.

(6) Wer eine wahre Auskunft erteilt hat, ohne dazu nach Absatz 1 oder Absatz 2 verpflichtet gewesen zu sein, haftet Dritten gegenüber nur, wenn er wusste, dass er zur Auskunftserteilung nicht verpflichtet war.

(7) In Fällen offensichtlicher Rechtsverletzung kann die Verpflichtung zur Erteilung der Auskunft im Wege der einstweiligen Verfügung nach den §§ 935 bis 945 der Zivilprozessordnung angeordnet werden.

(8) Die Erkenntnisse dürfen in einem Strafverfahren oder in einem Verfahren nach dem Gesetz über Ordnungswidrigkeiten wegen einer vor der Erteilung der Auskunft begangenen Tat gegen den Verpflichteten oder gegen einen in § 52 Abs. 1 der Strafprozessordnung bezeichneten Angehörigen nur mit Zustimmung des Verpflichteten verwertet werden.

(9) Kann die Auskunft nur unter Verwendung von Verkehrsdaten (§ 3 Nr. 30 des Telekommunikationsgesetzes) erteilt werden, ist für ihre Erteilung eine vorherige richterliche Anordnung über die Zulässigkeit der Verwendung der Verkehrsdaten erforderlich, die von dem Verletzten zu beantragen ist. Für den Erlass dieser Anordnung ist das Landgericht, in dessen Bezirk der zur Auskunft Verpflichtete seinen Wohnsitz, seinen Sitz oder eine Niederlassung hat, ohne Rücksicht auf den Streitwert ausschließlich zuständig. Die Entscheidung trifft die Zivilkammer. Für das Verfahren gelten die Vorschriften des Gesetzes über das Verfahren in Familiensachen und in den Angelegenheiten der freiwilligen Gerichtsbarkeit entsprechend. Die Kosten der richterlichen Anordnung trägt der Verletzte. Gegen die Entscheidung des Landgerichts ist die Beschwerde statthaft. Die Beschwerde ist binnen einer Frist von zwei Wochen einzulegen. Die Vorschriften zum Schutz personenbezogener Daten bleiben im Übrigen unberührt.

(10) Durch Absatz 2 in Verbindung mit Absatz 9 wird das Grundrecht des Fernmeldegeheimnisses (Artikel 10 des Grundgesetzes) eingeschränkt.

§ 21 Verwirkung von Ansprüchen

(1) Der Inhaber einer Marke oder einer geschäftlichen Bezeichnung hat nicht das Recht, die Benutzung einer eingetragenen Marke mit jüngerem Zeitrang für die Waren oder Dienstleistungen, für die sie eingetragen ist, zu untersagen, soweit er die Benutzung der Marke während eines Zeitraums von fünf aufeinanderfolgenden Jahren in Kenntnis dieser Benutzung geduldet hat, es sei denn, daß die Anmeldung der Marke mit jüngerem Zeitrang bösgläubig vorgenommen worden ist.

(2) Der Inhaber einer Marke oder einer geschäftlichen Bezeichnung hat nicht das Recht, die Benutzung einer Marke im Sinne des § 4 Nr. 2 oder 3, einer geschäftlichen Bezeichnung oder eines sonstigen Rechts im Sinne des § 13 mit jüngerem Zeitrang zu untersagen, soweit er die Benutzung dieses Rechts während eines Zeitraums von fünf aufeinanderfolgenden Jahren in Kenntnis dieser Benutzung geduldet hat, es sei denn, daß der Inhaber dieses Rechts im Zeitpunkt des Rechtserwerbs bösgläubig war.

(3) In den Fällen der Absätze 1 und 2 kann der Inhaber des Rechts mit jüngerem Zeitrang die Benutzung des Rechts mit älterem Zeitrang nicht untersagen.

(4) Die Absätze 1 bis 3 lassen die Anwendung allgemeiner Grundsätze über die Verwirkung von Ansprüchen unberührt.

§ 22 Ausschluß von Ansprüchen bei Bestandskraft der Eintragung einer Marke mit jüngerem Zeitrang

(1) Der Inhaber einer Marke oder einer geschäftlichen Bezeichnung hat nicht das Recht, die Benutzung einer eingetragenen Marke mit jüngerem Zeitrang für die Waren oder Dienstleistungen, für die sie eingetragen ist, zu untersagen, wenn ein Antrag auf Löschung der Eintragung der Marke mit jüngerem Zeitrang zurückgewiesen worden ist oder zurückzuweisen wäre,

1. weil die Marke oder geschäftliche Bezeichnung mit älterem Zeitrang an dem für den Zeitrang der Eintragung der Marke mit jüngerem Zeitrang maßgeblichen Tag noch nicht im Sinne des § 9 Abs. 1 Nr. 3, des § 14 Abs. 2 Nr. 3 oder des § 15 Abs. 3 bekannt war (§ 51 Abs. 3),

2. weil die Eintragung der Marke mit älterem Zeitrang am Tag der Veröffentlichung der Eintragung der Marke mit jüngerem Zeitrang wegen Verfalls oder wegen absoluter Schutzhindernisse hätte gelöscht werden können (§ 51 Abs. 4).

(2) In den Fällen des Absatzes 1 kann der Inhaber der eingetragenen Marke mit jüngerem Zeitrang die Benutzung der Marke oder der geschäftlichen Bezeichnung mit älterem Zeitrang nicht untersagen.

§ 23 Benutzung von Namen und beschreibenden Angaben, Ersatzteilgeschäft

Der Inhaber einer Marke oder einer geschäftlichen Bezeichnung hat nicht das Recht, einem Dritten zu untersagen, im geschäftlichen Verkehr

1. dessen Namen oder Anschrift zu benutzen,

2. ein mit der Marke oder der geschäftlichen Bezeichnung identisches Zeichen oder ein ähnliches Zeichen als Angabe über Merkmale oder Eigenschaften von Waren oder Dienstleistungen, wie insbesondere ihre Art, ihre Beschaffenheit, ihre Bestimmung, ihren Wert, ihre geographische Herkunft oder die Zeit ihrer Herstellung oder ihrer Erbringung, zu benutzen, oder
3. die Marke oder die geschäftliche Bezeichnung als Hinweis auf die Bestimmung einer Ware, insbesondere als Zubehör oder Ersatzteil, oder einer Dienstleistung zu benutzen, soweit die Benutzung dafür notwendig ist,
sofern die Benutzung nicht gegen die guten Sitten verstößt.

§ 24 Erschöpfung

(1) Der Inhaber einer Marke oder einer geschäftlichen Bezeichnung hat nicht das Recht, einem Dritten zu untersagen, die Marke oder die geschäftliche Bezeichnung für Waren zu benutzen, die unter dieser Marke oder dieser geschäftlichen Bezeichnung von ihm oder mit seiner Zustimmung im Inland, in einem der übrigen Mitgliedstaaten der Europäischen Union oder in einem anderen Vertragsstaat des Abkommens über den Europäischen Wirtschaftsraum in den Verkehr gebracht worden sind.
(2) Absatz 1 findet keine Anwendung, wenn sich der Inhaber der Marke oder der geschäftlichen Bezeichnung der Benutzung der Marke oder der geschäftlichen Bezeichnung im Zusammenhang mit dem weiteren Vertrieb der Waren aus berechtigten Gründen widersetzt, insbesondere wenn der Zustand der Waren nach ihrem Inverkehrbringen verändert oder verschlechtert ist.

§ 25 Ausschluß von Ansprüchen bei mangelnder Benutzung

(1) Der Inhaber einer eingetragenen Marke kann gegen Dritte Ansprüche im Sinne der §§ 14 und 18 bis 19c nicht geltend machen, wenn die Marke innerhalb der letzten fünf Jahre vor der Geltendmachung des Anspruchs für die Waren oder Dienstleistungen, auf die er sich zur Begründung seines Anspruchs beruft, nicht gemäß § 26 benutzt worden ist, sofern die Marke zu diesem Zeitpunkt seit mindestens fünf Jahren eingetragen ist.
(2) Werden Ansprüche im Sinne der §§ 14 und 18 bis 19c wegen Verletzung einer eingetragenen Marke im Wege der Klage geltend gemacht, so hat der Kläger auf Einrede des Beklagten nachzuweisen, daß die Marke innerhalb der letzten fünf Jahre vor Erhebung der Klage für die Waren oder Dienstleistungen, auf die er sich zur Begründung seines Anspruchs beruft, gemäß § 26 benutzt worden ist, sofern die Marke zu diesem Zeitpunkt seit mindestens fünf Jahren eingetragen ist. Endet der Zeitraum von fünf Jahren der Nichtbenutzung nach Erhebung der Klage, so hat der Kläger auf Einrede des Beklagten nachzuweisen, daß die Marke innerhalb der letzten fünf Jahre vor dem Schluß der mündlichen Verhandlung gemäß § 26 benutzt worden ist. Bei der Entscheidung werden nur die Waren oder Dienstleistungen berücksichtigt, für die die Benutzung nachgewiesen worden ist.

§ 26 Benutzung der Marke

(1) Soweit die Geltendmachung von Ansprüchen aus einer eingetragenen Marke oder die Aufrechterhaltung der Eintragung davon abhängig ist, daß die Marke benutzt worden ist, muß sie von ihrem Inhaber für die Waren oder Dienstleistungen, für die sie eingetragen ist, im Inland ernsthaft benutzt worden sein, es sei denn, daß berechtigte Gründe für die Nichtbenutzung vorliegen.
(2) Die Benutzung der Marke mit Zustimmung des Inhabers gilt als Benutzung durch den Inhaber.
(3) Als Benutzung einer eingetragenen Marke gilt auch die Benutzung der Marke in einer Form, die von der Eintragung abweicht, soweit die Abweichungen den kennzeichnenden Charakter der Marke nicht verändern. Satz 1 ist auch dann anzuwenden, wenn die Marke in der Form, in der sie benutzt worden ist, ebenfalls eingetragen ist.
(4) Als Benutzung im Inland gilt auch das Anbringen der Marke auf Waren oder deren Aufmachung oder Verpackung im Inland, wenn die Waren ausschließlich für die Ausfuhr bestimmt sind.
(5) Soweit die Benutzung innerhalb von fünf Jahren ab dem Zeitpunkt der Eintragung erforderlich ist, tritt in den Fällen, in denen gegen die Eintragung Widerspruch erhoben worden ist, an die Stelle des Zeitpunkts der Eintragung der Zeitpunkt des Abschlusses des Widerspruchsverfahrens.

§ 30 Lizenzen

(1) Das durch die Eintragung, die Benutzung oder die notorische Bekanntheit einer Marke begründete Recht kann für alle oder für einen Teil der Waren oder Dienstleistungen, für die die Marke Schutz genießt, Gegenstand von ausschließlichen oder nicht ausschließlichen Lizenzen für das Gebiet der Bundesrepublik Deutschland insgesamt oder einen Teil dieses Gebiets sein.
(2) Der Inhaber einer Marke kann die Rechte aus der Marke gegen einen Lizenznehmer geltend machen, der hinsichtlich
1. der Dauer der Lizenz,
2. der von der Eintragung erfaßten Form, in der die Marke benutzt werden darf,
3. der Art der Waren oder Dienstleistungen, für die die Lizenz erteilt wurde,
4. des Gebiets, in dem die Marke angebracht werden darf, oder
5. der Qualität der von ihm hergestellten Waren oder der von ihm erbrachten Dienstleistungen

gegen eine Bestimmung des Lizenzvertrages verstößt.
(3) Der Lizenznehmer kann Klage wegen Verletzung einer Marke nur mit Zustimmung ihres Inhabers erheben.
(4) Jeder Lizenznehmer kann einer vom Inhaber der Marke erhobenen Verletzungsklage beitreten, um den Ersatz seines Schadens geltend zu machen.

§ 32 Erfordernisse der Anmeldung

(1) Die Anmeldung zur Eintragung einer Marke in das Register ist beim Patentamt einzureichen. Die Anmeldung kann auch über ein Patentinformationszentrum eingereicht

werden, wenn diese Stelle durch Bekanntmachung des Bundesministeriums der Justiz und für Verbraucherschutz im Bundesgesetzblatt dazu bestimmt ist, Markenanmeldungen entgegenzunehmen.
(2) Die Anmeldung muß enthalten:
1. Angaben, die es erlauben, die Identität des Anmelders festzustellen,
2. eine Wiedergabe der Marke und
3. ein Verzeichnis der Waren oder Dienstleistungen, für die die Eintragung beantragt wird.
(3) Die Anmeldung muß den weiteren Anmeldungserfordernissen entsprechen, die in einer Rechtsverordnung nach § 65 Abs. 1 Nr. 2 bestimmt worden sind.

§ 33 Anmeldetag, Anspruch auf Eintragung, Veröffentlichung der Anmeldung

(1) Der Anmeldetag einer Marke ist der Tag, an dem die Unterlagen mit den Angaben nach § 32 Abs. 2
1. beim Patentamt
2. oder, wenn diese Stelle durch Bekanntmachung des Bundesministeriums der Justiz und für Verbraucherschutz im Bundesgesetzblatt dazu bestimmt ist, bei einem Patentinformationszentrum eingegangen sind.
(2) Die Anmeldung einer Marke, deren Anmeldetag feststeht, begründet einen Anspruch auf Eintragung. Dem Eintragungsantrag ist stattzugeben, es sei denn, daß die Anmeldungserfordernisse nicht erfüllt sind oder daß absolute Schutzhindernisse der Eintragung entgegenstehen.
(3) Die Anmeldung einer Marke, die sämtliche Angaben nach § 32 Absatz 2 enthält, wird einschließlich solcher Angaben veröffentlicht, die es erlauben, die Identität des Anmelders festzustellen. Das Deutsche Patent- und Markenamt kann von einer Veröffentlichung absehen, soweit die Anmeldung eine Marke betrifft, die offensichtlich gegen die öffentliche Ordnung oder die guten Sitten verstößt.

§ 34 Ausländische Priorität

(1) Die Inanspruchnahme der Priorität einer früheren ausländischen Anmeldung richtet sich nach den Vorschriften der Staatsverträge mit der Maßgabe, daß die Priorität nach der Pariser Verbandsübereinkunft auch für Dienstleistungen in Anspruch genommen werden kann.
(2) Ist die frühere ausländische Anmeldung in einem Staat eingereicht worden, mit dem kein Staatsvertrag über die Anerkennung der Priorität besteht, so kann der Anmelder ein dem Prioritätsrecht nach der Pariser Verbandsübereinkunft entsprechendes Prioritätsrecht in Anspruch nehmen, soweit nach einer Bekanntmachung des Bundesministeriums der Justiz und für Verbraucherschutz im Bundesgesetzblatt der andere Staat aufgrund einer ersten Anmeldung beim Patentamt ein Prioritätsrecht gewährt, das nach Voraussetzungen und Inhalt dem Prioritätsrecht nach der Pariser Verbandsübereinkunft vergleichbar ist.
(3) Wer eine Priorität nach Absatz 1 oder 2 in Anspruch nimmt, hat innerhalb von zwei Monaten nach dem Anmeldetag Zeit und Staat der früheren Anmeldung anzugeben. Hat

der Anmelder diese Angaben gemacht, fordert ihn das Patentamt auf, innerhalb von zwei Monaten nach der Zustellung der Aufforderung das Aktenzeichen der früheren Anmeldung anzugeben und eine Abschrift der früheren Anmeldung einzureichen. Innerhalb dieser Fristen können die Angaben geändert werden. Werden die Angaben nicht rechtzeitig gemacht, so wird der Prioritätsanspruch für diese Anmeldung verwirkt.

§ 35 Ausstellungspriorität

(1) Hat der Anmelder der Marke Waren oder Dienstleistungen unter der angemeldeten Marke

1. auf einer amtlichen oder amtlich anerkannten internationalen Ausstellung im Sinne des am 22. November 1928 in Paris unterzeichneten Abkommens über internationale Ausstellungen oder
2. auf einer sonstigen inländischen oder ausländischen Ausstellung

zur Schau gestellt, kann er, wenn er die Anmeldung innerhalb einer Frist von sechs Monaten seit der erstmaligen Zurschaustellung der Waren oder Dienstleistungen unter der angemeldeten Marke einreicht, von diesem Tag an ein Prioritätsrecht im Sinne des § 34 in Anspruch nehmen.

(2) Die in Absatz 1 Nr. 1 bezeichneten Ausstellungen werden vom Bundesministerium der Justiz und für Verbraucherschutz im Bundesanzeiger bekanntgemacht.

(3) Die Ausstellungen nach Absatz 1 Nummer 2 werden im Einzelfall vom Bundesministerium der Justiz und für Verbraucherschutz bestimmt und im Bundesanzeiger bekanntgemacht.

(4) Wer eine Priorität nach Absatz 1 in Anspruch nimmt, hat innerhalb von zwei Monaten nach dem Anmeldetag den Tag der erstmaligen Zurschaustellung sowie die Ausstellung anzugeben. Hat der Anmelder diese Angaben gemacht, fordert ihn das Patentamt auf, innerhalb von zwei Monaten nach der Zustellung der Aufforderung die Nachweise für die Zurschaustellung der Waren oder Dienstleistungen unter der angemeldeten Marke einzureichen. Werden die Nachweise nicht rechtzeitig eingereicht, so wird der Prioritätsanspruch für diese Anmeldung verwirkt.

(5) Die Ausstellungspriorität nach Absatz 1 verlängert nicht die Prioritätsfrist nach § 34.

§ 36 Prüfung der Anmeldungserfordernisse

(1) Das Patentamt prüft, ob

1. die Anmeldung der Marke den Erfordernissen für die Zuerkennung eines Anmeldetages nach § 33 Abs. 1 genügt,
2. die Anmeldung den sonstigen Anmeldungserfordernissen entspricht,
3. die Gebühren in ausreichender Höhe gezahlt worden sind und
4. der Anmelder nach § 7 Inhaber einer Marke sein kann.

(2) Werden nach Absatz 1 Nr. 1 festgestellte Mängel nicht innerhalb einer vom Patentamt bestimmten Frist beseitigt, so gilt die Anmeldung als zurückgenommen. Kommt der Anmelder der Aufforderung des Patentamts nach, so erkennt das Patentamt als Anmeldetag den Tag zu, an dem die festgestellten Mängel beseitigt werden.

(3) Werden innerhalb einer vom Patentamt bestimmten Frist Klassengebühren nicht oder in nicht ausreichender Höhe nachgezahlt oder wird vom Anmelder keine Bestimmung darüber getroffen, welche Waren- oder Dienstleistungsklassen durch den gezahlten Gebührenbetrag gedeckt werden sollen, so werden zunächst die Leitklasse und sodann die übrigen Klassen in der Reihenfolge der Klasseneinteilung berücksichtigt. Im Übrigen gilt die Anmeldung als zurückgenommen.
(4) Werden sonstige Mängel innerhalb einer vom Patentamt bestimmten Frist nicht beseitigt, so weist das Patentamt die Anmeldung zurück.
(5) Kann der Anmelder nicht nach § 7 Inhaber einer Marke sein, so weist das Patentamt die Anmeldung zurück.

§ 37 Prüfung auf absolute Schutzhindernisse; Bemerkungen Dritter

(1) Ist die Marke nach § 3, 8 oder 10 von der Eintragung ausgeschlossen, so wird die Anmeldung zurückgewiesen.
(2) Ergibt die Prüfung, daß die Marke zwar am Anmeldetag (§ 33 Abs. 1) nicht den Voraussetzungen des § 8 Abs. 2 Nr. 1, 2 oder 3 entsprach, daß das Schutzhindernis aber nach dem Anmeldetag weggefallen ist, so kann die Anmeldung nicht zurückgewiesen werden, wenn der Anmelder sich damit einverstanden erklärt, daß ungeachtet des ursprünglichen Anmeldetages und einer etwa nach § 34 oder § 35 in Anspruch genommenen Priorität der Tag, an dem das Schutzhindernis weggefallen ist, als Anmeldetag gilt und für die Bestimmung des Zeitrangs im Sinne des § 6 Abs. 2 maßgeblich ist.
(3) Eine Anmeldung wird nach § 8 Abs. 2 Nr. 4 oder Nr. 10 nur zurückgewiesen, wenn die Eignung zur Täuschung oder die Bösgläubigkeit ersichtlich ist.
(4) Eine Anmeldung wird nach § 10 nur zurückgewiesen, wenn die Notorietät der älteren Marke amtsbekannt ist und wenn die weiteren Voraussetzungen des § 9 Abs. 1 Nr. 1 oder 2 gegeben sind.
(5) Die Absätze 1 bis 4 sind entsprechend anzuwenden, wenn die Marke nur für einen Teil der Waren oder Dienstleistungen, für die sie angemeldet worden ist, von der Eintragung ausgeschlossen ist.

§ 38 Beschleunigte Prüfung

Auf Antrag des Anmelders wird die Prüfung nach den §§ 36 und 37 beschleunigt durchgeführt.

§ 41 Eintragung, Veröffentlichung und Markeninformation

(1) Entspricht die Anmeldung den Anmeldungserfordernissen und wird sie nicht gemäß § 37 zurückgewiesen, so wird die angemeldete Marke in das Register eingetragen.
(2) Die Eintragung wird veröffentlicht. Die Veröffentlichung kann in elektronischer Form erfolgen.
(3) Zur weiteren Verarbeitung oder Nutzung zu Zwecken der Markeninformation kann das Deutsche Patent- und Markenamt die in das Register eingetragenen Angaben an Dritte in

elektronischer Form übermitteln. Die Übermittlung erfolgt nicht, soweit die Einsicht nach § 62 Absatz 4 ausgeschlossen ist.

§ 42 Widerspruch

(1) Innerhalb einer Frist von drei Monaten nach dem Tag der Veröffentlichung der Eintragung der Marke gemäß § 41 Absatz 2 kann von dem Inhaber einer Marke oder einer geschäftlichen Bezeichnung mit älterem Zeitrang gegen die Eintragung der Marke Widerspruch erhoben werden.
(2) Der Widerspruch kann nur darauf gestützt werden, daß die Marke
1. wegen einer angemeldeten oder eingetragenen Marke mit älterem Zeitrang nach § 9,
2. wegen einer notorisch bekannten Marke mit älterem Zeitrang nach § 10 in Verbindung mit § 9,
3. wegen ihrer Eintragung für einen Agenten oder Vertreter des Markeninhabers nach § 11 oder
4. wegen einer nicht eingetragenen Marke mit älterem Zeitrang nach § 4 Nr. 2 oder einer geschäftlichen Bezeichnung mit älterem Zeitrang nach § 5 in Verbindung mit § 12
gelöscht werden kann.

§ 43 Einrede mangelnder Benutzung, Entscheidung über den Widerspruch

(1) Ist der Widerspruch vom Inhaber einer eingetragenen Marke mit älterem Zeitrang erhoben worden, so hat er, wenn der Gegner die Benutzung der Marke bestreitet, glaubhaft zu machen, daß sie innerhalb der letzten fünf Jahre vor der Veröffentlichung der Eintragung der Marke, gegen die der Widerspruch sich richtet, gemäß § 26 benutzt worden ist, sofern sie zu diesem Zeitpunkt seit mindestens fünf Jahren eingetragen ist. Endet der Zeitraum von fünf Jahren der Nichtbenutzung nach der Veröffentlichung der Eintragung, so hat der Widersprechende, wenn der Gegner die Benutzung bestreitet, glaubhaft zu machen, daß die Marke innerhalb der letzten fünf Jahre vor der Entscheidung über den Widerspruch gemäß § 26 benutzt worden ist. Bei der Entscheidung werden nur die Waren oder Dienstleistungen berücksichtigt, für die die Benutzung glaubhaft gemacht worden ist.
(2) Ergibt die Prüfung des Widerspruchs, daß die Marke für alle oder für einen Teil der Waren oder Dienstleistungen, für die sie eingetragen ist, zu löschen ist, so wird die Eintragung ganz oder teilweise gelöscht. Kann die Eintragung der Marke nicht gelöscht werden, so wird der Widerspruch zurückgewiesen.
(3) Ist die eingetragene Marke wegen einer oder mehrerer Marken mit älterem Zeitrang zu löschen, so kann das Verfahren über weitere Widersprüche bis zur rechtskräftigen Entscheidung über die Eintragung der Marke ausgesetzt werden.

§ 44 Eintragungsbewilligungsklage

(1) Der Inhaber der Marke kann im Wege der Klage gegen den Widersprechenden geltend machen, daß ihm trotz der Löschung der Eintragung nach § 43 ein Anspruch auf die Eintragung zusteht.
(2) Die Klage nach Absatz 1 ist innerhalb von sechs Monaten nach Unanfechtbarkeit der Entscheidung, mit der die Eintragung gelöscht worden ist, zu erheben.
(3) Die Eintragung aufgrund einer Entscheidung zugunsten des Inhabers der Marke wird unter Wahrung des Zeitrangs der Eintragung vorgenommen.

§ 47 Schutzdauer und Verlängerung

(1) Die Schutzdauer einer eingetragenen Marke beträgt zehn Jahre, gerechnet vom Tag der Anmeldung an (§ 33 Absatz 1)
(2) Die Schutzdauer kann um jeweils zehn Jahre verlängert werden.
(3) Die Verlängerung der Schutzdauer wird dadurch bewirkt, daß eine Verlängerungsgebühr und, falls die Verlängerung für Waren und Dienstleistungen begehrt wird, die in mehr als drei Klassen der Klasseneinteilung von Waren und Dienstleistungen fallen, für jede weitere Klasse eine Klassengebühr gezahlt werden.
(4) Beziehen sich die Gebühren nur auf einen Teil der Waren oder Dienstleistungen, für die die Marke eingetragen ist, so wird die Schutzdauer nur für diese Waren oder Dienstleistungen verlängert. Werden lediglich die erforderlichen Klassengebühren nicht gezahlt, so wird die Schutzdauer, soweit nicht Satz 1 Anwendung findet, nur für die Klassen verlängert, für die die gezahlten Gebühren ausreichen. Besteht eine Leitklasse, so wird sie zunächst berücksichtigt. Im übrigen werden die Klassen in der Reihenfolge der Klasseneinteilung berücksichtigt.
(5) Die Verlängerung der Schutzdauer wird am Tag nach dem Ablauf der Schutzdauer wirksam. Sie wird in das Register eingetragen und veröffentlicht.
(6) Wird die Schutzdauer nicht verlängert, so wird die Eintragung der Marke mit Wirkung ab dem Ablauf der Schutzdauer gelöscht.

§ 48 Verzicht

(1) Auf Antrag des Inhabers der Marke wird die Eintragung jederzeit für alle oder für einen Teil der Waren oder Dienstleistungen, für die sie eingetragen ist, im Register gelöscht.
(2) Ist im Register eine Person als Inhaber eines Rechts an der Marke eingetragen, so wird die Eintragung nur mit Zustimmung dieser Person gelöscht.

§ 49 Verfall

(1) Die Eintragung einer Marke wird auf Antrag wegen Verfalls gelöscht, wenn die Marke nach dem Tag der Eintragung innerhalb eines ununterbrochenen Zeitraums von fünf Jahren nicht gemäß § 26 benutzt worden ist. Der Verfall einer Marke kann jedoch nicht geltend gemacht werden, wenn nach Ende dieses Zeitraums und vor Stellung des Löschungsantrags eine Benutzung der Marke gemäß § 26 begonnen oder wieder aufgenommen worden ist. Wird die Benutzung jedoch im Anschluß an einen

ununterbrochenen Zeitraum von fünf Jahren der Nichtbenutzung innerhalb von drei Monaten vor der Stellung des Löschungsantrags begonnen oder wieder aufgenommen, so bleibt sie unberücksichtigt, sofern die Vorbereitungen für die erstmalige oder die erneute Benutzung erst stattgefunden haben, nachdem der Inhaber der Marke Kenntnis davon erhalten hat, daß Antrag auf Löschung gestellt werden könnte. Wird der Antrag auf Löschung nach § 53 Abs. 1 beim Patentamt gestellt, so bleibt für die Berechnung der Frist von drei Monaten nach Satz 3 der Antrag beim Patentamt maßgeblich, wenn die Klage auf Löschung nach § 55 Abs. 1 innerhalb von drei Monaten nach Zustellung der Mitteilung nach § 53 Abs. 4 erhoben wird.

(2) Die Eintragung einer Marke wird ferner auf Antrag wegen Verfalls gelöscht,

1. wenn die Marke infolge des Verhaltens oder der Untätigkeit ihres Inhabers im geschäftlichen Verkehr zur gebräuchlichen Bezeichnung der Waren oder Dienstleistungen, für die sie eingetragen ist, geworden ist;

2. wenn die Marke infolge ihrer Benutzung durch den Inhaber oder mit seiner Zustimmung für die Waren oder Dienstleistungen, für die sie eingetragen ist, geeignet ist, das Publikum insbesondere über die Art, die Beschaffenheit oder die geographische Herkunft dieser Waren oder Dienstleistungen zu täuschen oder

3. wenn der Inhaber der Marke nicht mehr die in § 7 genannten Voraussetzungen erfüllt.

(3) Liegt ein Verfallsgrund nur für einen Teil der Waren oder Dienstleistungen vor, für die die Marke eingetragen ist, so wird die Eintragung nur für diese Waren oder Dienstleistungen gelöscht.

§ 50 Nichtigkeit wegen absoluter Schutzhindernisse

(1) Die Eintragung einer Marke wird auf Antrag wegen Nichtigkeit gelöscht, wenn sie entgegen §§ 3, 7 oder 8 eingetragen worden ist.

(2) Ist die Marke entgegen §§ 3, 7 oder 8 Abs. 2 Nr. 1 bis 9 eingetragen worden, so kann die Eintragung nur gelöscht werden, wenn das Schutzhindernis auch noch im Zeitpunkt der Entscheidung über den Antrag auf Löschung besteht. Ist die Marke entgegen § 8 Abs. 2 Nr. 1, 2 oder 3 eingetragen worden, so kann die Eintragung außerdem nur dann gelöscht werden, wenn der Antrag auf Löschung innerhalb von zehn Jahren seit dem Tag der Eintragung gestellt wird.

(3) Die Eintragung einer Marke kann von Amts wegen gelöscht werden, wenn sie entgegen § 8 Abs. 2 Nr. 4 bis 10 eingetragen worden ist und

1. das Löschungsverfahren innerhalb eines Zeitraums von zwei Jahren seit dem Tag der Eintragung eingeleitet wird,

2. das Schutzhindernis gemäß § 8 Abs. 2 Nr. 4 bis 9 auch noch im Zeitpunkt der Entscheidung über die Löschung besteht und

3. die Eintragung ersichtlich entgegen den genannten Vorschriften vorgenommen worden ist.

(4) Liegt ein Nichtigkeitsgrund nur für einen Teil der Waren oder Dienstleistungen vor, für die die Marke eingetragen ist, so wird die Eintragung nur für diese Waren oder Dienstleistungen gelöscht.

§ 51 Nichtigkeit wegen des Bestehens älterer Rechte

(1) Die Eintragung einer Marke wird auf Klage wegen Nichtigkeit gelöscht, wenn ihr ein Recht im Sinne der §§ 9 bis 13 mit älterem Zeitrang entgegensteht.

(2) Die Eintragung kann aufgrund der Eintragung einer Marke mit älterem Zeitrang nicht gelöscht werden, soweit der Inhaber der Marke mit älterem Zeitrang die Benutzung der Marke mit jüngerem Zeitrang für die Waren oder Dienstleistungen, für die sie eingetragen ist, während eines Zeitraums von fünf aufeinanderfolgenden Jahren in Kenntnis dieser Benutzung geduldet hat, es sei denn, daß die Anmeldung der Marke mit jüngerem Zeitrang bösgläubig vorgenommen worden ist. Das gleiche gilt für den Inhaber eines Rechts mit älterem Zeitrang an einer durch Benutzung erworbenen Marke im Sinne des § 4 Nr. 2, an einer notorisch bekannten Marke im Sinne des § 4 Nr. 3, an einer geschäftlichen Bezeichnung im Sinne des § 5 oder an einer Sortenbezeichnung im Sinne des § 13 Abs. 2 Nr. 4. Die Eintragung einer Marke kann ferner nicht gelöscht werden, wenn der Inhaber eines der in den §§ 9 bis 13 genannten Rechte mit älterem Zeitrang der Eintragung der Marke vor der Stellung des Antrags auf Löschung zugestimmt hat.

(3) Die Eintragung kann aufgrund einer bekannten Marke oder einer bekannten geschäftlichen Bezeichnung mit älterem Zeitrang nicht gelöscht werden, wenn die Marke oder die geschäftliche Bezeichnung an dem für den Zeitrang der Eintragung der Marke mit jüngerem Zeitrang maßgeblichen Tag noch nicht im Sinne des § 9 Abs. 1 Nr. 3, des § 14 Abs. 2 Nr. 3 oder des § 15 Abs. 3 bekannt war.

(4) Die Eintragung kann aufgrund der Eintragung einer Marke mit älterem Zeitrang nicht gelöscht werden, wenn die Eintragung der Marke mit älterem Zeitrang am Tag der Veröffentlichung der Eintragung der Marke mit jüngerem Zeitrang

1. wegen Verfalls nach § 49 oder
2. wegen absoluter Schutzhindernisse nach § 50

hätte gelöscht werden können.

(5) Liegt ein Nichtigkeitsgrund nur für einen Teil der Waren oder Dienstleistungen vor, für die die Marke eingetragen ist, so wird die Eintragung nur für diese Waren oder Dienstleistungen gelöscht.

§ 52 Wirkungen des Verfalls und der Nichtigkeit

(1) Die Wirkungen der Eintragung einer Marke gelten in dem Umfang, in dem die Eintragung wegen Verfalls gelöscht wird, als von dem Zeitpunkt der Erhebung der Klage auf Löschung an nicht eingetreten. In der Entscheidung kann auf Antrag einer Partei ein früherer Zeitpunkt, zu dem einer der Verfallsgründe eingetreten ist, festgesetzt werden.

(2) Die Wirkungen der Eintragung einer Marke gelten in dem Umfang, in dem die Eintragung wegen Nichtigkeit gelöscht wird, als von Anfang an nicht eingetreten.

(3) Vorbehaltlich der Vorschriften über den Ersatz des Schadens, der durch fahrlässiges oder vorsätzliches Verhalten des Inhabers einer Marke verursacht worden ist, sowie der Vorschriften über ungerechtfertigte Bereicherung berührt die Löschung der Eintragung der Marke nicht

1. Entscheidungen in Verletzungsverfahren, die vor der Entscheidung über den Antrag auf Löschung rechtskräftig geworden und vollstreckt worden sind, und

2. vor der Entscheidung über den Antrag auf Löschung geschlossene Verträge insoweit, als sie vor dieser Entscheidung erfüllt worden sind. Es kann jedoch verlangt werden, daß in Erfüllung des Vertrages gezahlte Beträge aus Billigkeitsgründen insoweit zurückerstattet werden, wie die Umstände dies rechtfertigen.

§ 53 Verfalls- und Nichtigkeitsverfahren

(1) Der Antrag auf Löschung wegen Verfalls (§ 49) kann, unbeschadet des Rechts, den Antrag durch Klage nach § 55 geltend zu machen, beim Patentamt gestellt werden.
(2) Das Patentamt unterrichtet den Inhaber der eingetragenen Marke über den Antrag und fordert ihn auf, dem Patentamt mitzuteilen, ob er der Löschung widerspricht.
(3) Widerspricht der Inhaber der eingetragenen Marke der Löschung nicht innerhalb von zwei Monaten nach Zustellung der Mitteilung, wird die Eintragung gelöscht.
(4) Widerspricht der Inhaber der eingetragenen Marke der Löschung, teilt das Patentamt dies dem Antragsteller mit und unterrichtet ihn darüber, daß der Antrag auf Löschung durch Klage nach § 55 geltend zu machen ist.

§ 54 Beitritt zum Verfalls- und Nichtigkeitsverfahren

(1) Der Antrag auf Löschung wegen absoluter Schutzhindernisse (§ 50) ist beim Patentamt zu stellen. Der Antrag kann von jeder Person gestellt werden.
(2) Wird ein Antrag auf Löschung gestellt oder wird ein Löschungsverfahren von Amts wegen eingeleitet, so unterrichtet das Patentamt den Inhaber der eingetragenen Marke hierüber. Widerspricht er der Löschung nicht innerhalb von zwei Monaten nach Zustellung der Mitteilung, so wird die Eintragung gelöscht. Widerspricht er der Löschung, so wird das Löschungsverfahren durchgeführt.

§ 55 Verfalls- und Nichtigkeitsverfahren vor den ordentlichen Gerichten

(1) Die Klage auf Löschung wegen Verfalls (§ 49) oder wegen des Bestehens älterer Rechte (§ 51) ist gegen den als Inhaber der Marke Eingetragenen oder seinen Rechtsnachfolger zu richten.
(2) Zur Erhebung der Klage sind befugt:
1. in den Fällen des Antrags auf Löschung wegen Verfalls jede Person,
2. in den Fällen des Antrags auf Löschung wegen des Bestehens von Rechten mit älterem Zeitrang die Inhaber der in den §§ 9 bis 13 aufgeführten Rechte,
3. in den Fällen des Antrags auf Löschung wegen des Bestehens einer geographischen Herkunftsangabe mit älterem Zeitrang (§ 13 Abs. 2 Nr. 5) die nach § 8 Abs. 3 des Gesetzes gegen den unlauteren Wettbewerb zur Geltendmachung von Ansprüchen Berechtigten.
(3) Ist die Klage auf Löschung vom Inhaber einer eingetragenen Marke mit älterem Zeitrang erhoben worden, so hat er auf Einrede des Beklagten nachzuweisen, daß die Marke innerhalb der letzten fünf Jahre vor Erhebung der Klage gemäß § 26 benutzt worden ist, sofern sie zu diesem Zeitpunkt seit mindestens fünf Jahren eingetragen ist. Endet der Zeitraum von fünf Jahren der Nichtbenutzung nach Erhebung der Klage, so hat der Kläger auf Einrede des Beklagten nachzuweisen, daß die Marke innerhalb der letzten fünf Jahre vor dem Schluß der mündlichen Verhandlung gemäß § 26 benutzt worden ist.

War die Marke mit älterem Zeitrang am Tag der Veröffentlichung der Eintragung der Marke mit jüngerem Zeitrang bereits seit mindestens fünf Jahren eingetragen, so hat der Kläger auf Einrede des Beklagten ferner nachzuweisen, daß die Eintragung der Marke mit älterem Zeitrang an diesem Tag nicht nach § 49 Abs. 1 hätte gelöscht werden können. Bei der Entscheidung werden nur die Waren oder Dienstleistungen berücksichtigt, für die die Benutzung nachgewiesen worden ist.
(4) Ist vor oder nach Erhebung der Klage das durch die Eintragung der Marke begründete Recht auf einen anderen übertragen worden oder übergegangen, so ist die Entscheidung in der Sache selbst auch gegen den Rechtsnachfolger wirksam und vollstreckbar. Für die Befugnis des Rechtsnachfolgers, in den Rechtsstreit einzutreten, gelten die §§ 66 bis 74 und 76 der Zivilprozeßordnung entsprechend.

§ 97 Kollektivmarken

(1) Als Kollektivmarken können alle als Marke schutzfähigen Zeichen im Sinne des § 3 eingetragen werden, die geeignet sind, die Waren oder Dienstleistungen der Mitglieder des Inhabers der Kollektivmarke von denjenigen anderer Unternehmen nach ihrer betrieblichen oder geographischen Herkunft, ihrer Art, ihrer Qualität oder ihren sonstigen Eigenschaften zu unterscheiden.
(2) Auf Kollektivmarken sind die Vorschriften dieses Gesetzes anzuwenden, soweit in diesem Teil nicht etwas anderes bestimmt ist.

§ 98 Inhaberschaft

Inhaber von angemeldeten oder eingetragenen Kollektivmarken können nur rechtsfähige Verbände sein, einschließlich der rechtsfähigen Dachverbände und Spitzenverbände, deren Mitglieder selbst Verbände sind. Diesen Verbänden sind die juristischen Personen des öffentlichen Rechts gleichgestellt.

§ 99 Eintragbarkeit von geographischen Herkunftsangaben als Kollektivmarken

Abweichend von § 8 Abs. 2 Nr. 2 können Kollektivmarken ausschließlich aus Zeichen oder Angaben bestehen, die im Verkehr zur Bezeichnung der geographischen Herkunft der Waren oder der Dienstleistungen dienen können.

§ 100 Schranken des Schutzes, Benutzung

(1) Zusätzlich zu den Schutzschranken, die sich aus § 23 ergeben, gewährt die Eintragung einer geographischen Herkunftsangabe als Kollektivmarke ihrem Inhaber nicht das Recht, einem Dritten zu untersagen, solche Angaben im geschäftlichen Verkehr zu benutzen, sofern die Benutzung den guten Sitten entspricht und nicht gegen § 127 verstößt.
(2) Die Benutzung einer Kollektivmarke durch mindestens eine hierzu befugte Person oder durch den Inhaber der Kollektivmarke gilt als Benutzung im Sinne des § 26.

§ 107 Anwendung der Vorschriften dieses Gesetzes; Sprachen

(1) Die Vorschriften dieses Gesetzes sind auf internationale Registrierungen von Marken nach dem Protokoll vom 27. Juni 1989 zum Madrider Abkommen über die internationale Registrierung von Marken (BGBl. 1995 II S. 1016, 1017), das zuletzt durch die Verordnung vom 24. August 2008 (BGBl. 2008 II S. 822) geändert worden ist (Protokoll zum Madrider Markenabkommen), die durch Vermittlung des Deutschen Patent- und Markenamts vorgenommen werden oder deren Schutz sich auf das Gebiet der Bundesrepublik Deutschland erstreckt, entsprechend anzuwenden, soweit in diesem Abschnitt oder im Protokoll zum Madrider Markenabkommen nichts anderes bestimmt ist.
(2) Sämtliche Anträge sowie sonstige Mitteilungen im Verfahren der internationalen Registrierung und das Verzeichnis der Waren und Dienstleistungen sind nach Wahl des Antragstellers in französischer oder in englischer Sprache einzureichen.

§ 108 Antrag auf internationale Registrierung

(1) Der Antrag auf internationale Registrierung einer zur Eintragung in das Register angemeldeten Marke oder einer in das Register eingetragenen Marke nach Artikel 3 des Protokolls zum Madrider Markenabkommen ist beim Deutschen Patent- und Markenamt zu stellen. Der Antrag kann vor der Eintragung der Marke gestellt werden, wenn die internationale Registrierung auf der Grundlage einer im Register eingetragenen Marke vorgenommen werden soll.
(2) Soll die internationale Registrierung auf der Grundlage einer im Register eingetragenen Marke vorgenommen werden und wird der Antrag auf internationale Registrierung vor der Eintragung der Marke in das Register gestellt, so gilt er als am Tag der Eintragung der Marke zugegangen. ...

§ 112 Wirkung der internationalen Registrierung und der nachträglichen Schutzerstreckung

(1) Die internationale Registrierung oder die nachträgliche Schutzerstreckung einer Marke, deren Schutz nach Artikel 3 und 3ter des Protokolls zum Madrider Markenabkommen auf das Gebiet der Bundesrepublik Deutschland erstreckt worden ist, hat dieselbe Wirkung, wie wenn die Marke am Tag der internationalen Registrierung nach Artikel 3 Absatz 4 des Protokolls zum Madrider Markenabkommen oder am Tag der Eintragung der nachträglichen Schutzerstreckung nach Artikel 3ter Absatz 2 des Protokolls zum Madrider Markenabkommen zur Eintragung in das vom Deutschen Patent- und Markenamt geführte Register angemeldet und eingetragen worden wäre. ...

§ 126 Als geographische Herkunftsangaben geschützte Namen, Angaben oder Zeichen

(1) Geographische Herkunftsangaben im Sinne dieses Gesetzes sind die Namen von Orten, Gegenden, Gebieten oder Ländern sowie sonstige Angaben oder Zeichen, die im geschäftlichen Verkehr zur Kennzeichnung der geographischen Herkunft von Waren oder Dienstleistungen benutzt werden.

(2) Dem Schutz als geographische Herkunftsangaben sind solche Namen, Angaben oder Zeichen im Sinne des Absatzes 1 nicht zugänglich, bei denen es sich um Gattungsbezeichnungen handelt. Als Gattungsbezeichnungen sind solche Bezeichnungen anzusehen, die zwar eine Angabe über die geographische Herkunft im Sinne des Absatzes 1 enthalten oder von einer solchen Angabe abgeleitet sind, die jedoch ihre ursprüngliche Bedeutung verloren haben und als Namen von Waren oder Dienstleistungen oder als Bezeichnungen oder Angaben der Art, der Beschaffenheit, der Sorte oder sonstiger Eigenschaften oder Merkmale von Waren oder Dienstleistungen dienen.

§ 127 Schutzinhalt

(1) Geographische Herkunftsangaben dürfen im geschäftlichen Verkehr nicht für Waren oder Dienstleistungen benutzt werden, die nicht aus dem Ort, der Gegend, dem Gebiet oder dem Land stammen, das durch die geographische Herkunftsangabe bezeichnet wird, wenn bei der Benutzung solcher Namen, Angaben oder Zeichen für Waren oder Dienstleistungen anderer Herkunft eine Gefahr der Irreführung über die geographische Herkunft besteht.
(2) Haben die durch eine geographische Herkunftsangabe gekennzeichneten Waren oder Dienstleistungen besondere Eigenschaften oder eine besondere Qualität, so darf die geographische Herkunftsangabe im geschäftlichen Verkehr für die entsprechenden Waren oder Dienstleistungen dieser Herkunft nur benutzt werden, wenn die Waren oder Dienstleistungen diese Eigenschaften oder diese Qualität aufweisen.
(3) Genießt eine geographische Herkunftsangabe einen besonderen Ruf, so darf sie im geschäftlichen Verkehr für Waren oder Dienstleistungen anderer Herkunft auch dann nicht benutzt werden, wenn eine Gefahr der Irreführung über die geographische Herkunft nicht besteht, sofern die Benutzung für Waren oder Dienstleistungen anderer Herkunft geeignet ist, den Ruf der geographischen Herkunftsangabe oder ihre Unterscheidungskraft ohne rechtfertigenden Grund in unlauterer Weise auszunutzen oder zu beeinträchtigen.
(4) Die vorstehenden Absätze finden auch dann Anwendung, wenn Namen, Angaben oder Zeichen benutzt werden, die der geschützten geographischen Herkunftsangabe ähnlich sind oder wenn die geographische Herkunftsangabe mit Zusätzen benutzt wird, sofern
1. in den Fällen des Abs.1 trotz der Abweichung oder der Zusätze eine Gefahr der Irreführung über die geographische Herkunft besteht oder
2. in den Fällen des Absatzes 3 trotz der Abweichung oder der Zusätze die Eignung zur unlauteren Ausnutzung oder Beeinträchtigung des Rufs oder der Unterscheidungskraft der geographischen Herkunftsangabe besteht.

§ 128 Ansprüche wegen Verletzung

(1) Wer im geschäftlichen Verkehr Namen, Angaben oder Zeichen entgegen § 127 benutzt, kann von den nach § 8 Abs. 3 des Gesetzes gegen den unlauteren Wettbewerb zur Geltendmachung von Ansprüchen Berechtigten bei Wiederholungsgefahr auf Unterlassung in Anspruch genommen werden. Der Anspruch besteht auch dann, wenn eine Zuwiderhandlung droht. Die §§ 18, 19, 19a und 19c gelten entsprechend.

(2) Wer dem § 127 vorsätzlich oder fahrlässig zuwiderhandelt, ist dem berechtigten Nutzer der geographischen Herkunftsangabe zum Ersatz des durch die Zuwiderhandlung entstandenen Schadens verpflichtet. Bei der Bemessung des Schadensersatzes kann auch der Gewinn, den der Verletzer durch die Verletzung des Rechts erzielt hat, berücksichtigt werden. § 19b gilt entsprechend.

Mediationsgesetz – MediationsG

Mediationsgesetz vom 21. Juli 2012 – zuletzt geändert am 31. August 2015

§ 1 Begriffsbestimmungen

(1) **Mediation** ist ein vertrauliches und strukturiertes Verfahren, bei dem Parteien mithilfe eines oder mehrerer Mediatoren freiwillig und eigenverantwortlich eine einvernehmliche Beilegung ihres Konflikts anstreben.

(2) Ein **Mediator** ist eine unabhängige und neutrale Person ohne Entscheidungsbefugnis, die die Parteien durch die Mediation führt.

§ 2 Verfahren; Aufgaben des Mediators

(1) Die Parteien wählen den Mediator aus.

(2) Der Mediator vergewissert sich, dass die Parteien die Grundsätze und den Ablauf des Mediationsverfahrens verstanden haben und freiwillig an der Mediation teilnehmen.

(3) Der Mediator ist allen Parteien gleichermaßen verpflichtet. Er fördert die Kommunikation der Parteien und gewährleistet, dass die Parteien in angemessener und fairer Weise in die Mediation eingebunden sind. Er kann im allseitigen Einverständnis getrennte Gespräche mit den Parteien führen.

(4) Dritte können nur mit Zustimmung aller Parteien in die Mediation einbezogen werden.

(5) Die Parteien können die Mediation jederzeit beenden. Der Mediator kann die Mediation beenden, insbesondere wenn er der Auffassung ist, dass eine eigenverantwortliche Kommunikation oder eine Einigung der Parteien nicht zu erwarten ist.

(6) Der Mediator wirkt im Falle einer Einigung darauf hin, dass die Parteien die Vereinbarung in Kenntnis der Sachlage treffen und ihren Inhalt verstehen. Er hat die Parteien, die ohne fachliche Beratung an der Mediation teilnehmen, auf die Möglichkeit hinzuweisen, die Vereinbarung bei Bedarf durch externe Berater überprüfen zu lassen. Mit Zustimmung der Parteien kann die erzielte Einigung in einer Abschlussvereinbarung dokumentiert werden.

§ 3 Offenbarungspflichten; Tätigkeitsbeschränkungen

(1) Der Mediator hat den Parteien alle Umstände offenzulegen, die seine Unabhängigkeit und Neutralität beeinträchtigen können. Er darf bei Vorliegen solcher Umstände nur als Mediator tätig werden, wenn die Parteien dem ausdrücklich zustimmen.

(2) Als Mediator darf nicht tätig werden, wer vor der Mediation in derselben Sache für eine Partei tätig gewesen ist. Der Mediator darf auch nicht während oder nach der Mediation für eine Partei in derselben Sache tätig werden.

(3) Eine Person darf nicht als Mediator tätig werden, wenn eine mit ihr in derselben Berufsausübungs- oder Bürogemeinschaft verbundene andere Person vor der Mediation in derselben Sache für eine Partei tätig gewesen ist. Eine solche andere Person darf auch nicht während oder nach der Mediation für eine Partei in derselben Sache tätig werden.

(4) Die Beschränkungen des Absatzes 3 gelten nicht, wenn sich die betroffenen Parteien im Einzelfall nach umfassender Information damit einverstanden erklärt haben und Belange der Rechtspflege dem nicht entgegenstehen.
(5) Der Mediator ist verpflichtet, die Parteien auf deren Verlangen über seinen fachlichen Hintergrund, seine Ausbildung und seine Erfahrung auf dem Gebiet der Mediation zu informieren.

§ 4 Verschwiegenheitspflicht

Der Mediator und die in die Durchführung des Mediationsverfahrens eingebundenen Personen sind zur Verschwiegenheit verpflichtet, soweit gesetzlich nichts anderes geregelt ist. Diese Pflicht bezieht sich auf alles, was ihnen in Ausübung ihrer Tätigkeit bekannt geworden ist. Ungeachtet anderer gesetzlicher Regelungen über die Verschwiegenheitspflicht gilt sie nicht, soweit
1. die Offenlegung des Inhalts der im Mediationsverfahren erzielten Vereinbarung zur Umsetzung oder Vollstreckung dieser Vereinbarung erforderlich ist,
2. die Offenlegung aus vorrangigen Gründen der öffentlichen Ordnung (ordre public) geboten ist, insbesondere um eine Gefährdung des Wohles eines Kindes oder eine schwerwiegende Beeinträchtigung der physischen oder psychischen Integrität einer Person abzuwenden, oder
3. es sich um Tatsachen handelt, die offenkundig sind oder ihrer Bedeutung nach keiner Geheimhaltung bedürfen.
Der Mediator hat die Parteien über den Umfang seiner Verschwiegenheitspflicht zu informieren.

§ 5 Aus- und Fortbildung des Mediators; zertifizierter Mediator

(1) Der Mediator stellt in eigener Verantwortung durch eine geeignete Ausbildung und eine regelmäßige Fortbildung sicher, dass er über theoretische Kenntnisse sowie praktische Erfahrungen verfügt, um die Parteien in sachkundiger Weise durch die Mediation führen zu können. Eine geeignete Ausbildung soll insbesondere vermitteln:
1. Kenntnisse über Grundlagen der Mediation sowie deren Ablauf und Rahmenbedingungen,
2. Verhandlungs- und Kommunikationstechniken,
3. Konfliktkompetenz,
4. Kenntnisse über das Recht der Mediation sowie über die Rolle des Rechts in der Mediation sowie
5. praktische Übungen, Rollenspiele und Supervision.
(2) Als zertifizierter Mediator darf sich bezeichnen, wer eine Ausbildung zum Mediator abgeschlossen hat, die den Anforderungen der Rechtsverordnung nach § 6 entspricht.
(3) Der zertifizierte Mediator hat sich entsprechend den Anforderungen der Rechtsverordnung nach § 6 fortzubilden.

§ 6 Verordnungsermächtigung

Das Bundesministerium der Justiz und für Verbraucherschutz wird ermächtigt, durch Rechtsverordnung ohne Zustimmung des Bundesrates nähere Bestimmungen über die Ausbildung zum zertifizierten Mediator und über die Fortbildung des zertifizierten Mediators sowie Anforderungen an Aus- und Fortbildungseinrichtungen zu erlassen. In der Rechtsverordnung nach Satz 1 können insbesondere festgelegt werden:

1. nähere Bestimmungen über die Inhalte der Ausbildung, wobei eine Ausbildung zum zertifizierten Mediator die in § 5 Absatz 1 Satz 2 aufgeführten Ausbildungsinhalte zu vermitteln hat, und über die erforderliche Praxiserfahrung;
2. nähere Bestimmungen über die Inhalte der Fortbildung;
3. Mindeststundenzahlen für die Aus- und Fortbildung;
4. zeitliche Abstände, in denen eine Fortbildung zu erfolgen hat;
5. Anforderungen an die in den Aus- und Fortbildungseinrichtungen eingesetzten Lehrkräfte;
6. Bestimmungen darüber, dass und in welcher Weise eine Aus- und Fortbildungseinrichtung die Teilnahme an einer Aus- und Fortbildungsveranstaltung zu zertifizieren hat;
7. Regelungen über den Abschluss der Ausbildung;
8. Übergangsbestimmungen für Personen, die bereits vor Inkrafttreten dieses Gesetzes als Mediatoren tätig sind.

§ 7 Wissenschaftliche Forschungsvorhaben; finanzielle Förderung der Mediation

(1) Bund und Länder können wissenschaftliche Forschungsvorhaben vereinbaren, um die Folgen einer finanziellen Förderung der Mediation für die Länder zu ermitteln.

(2) Die Förderung kann im Rahmen der Forschungsvorhaben auf Antrag einer rechtsuchenden Person bewilligt werden, wenn diese nach ihren persönlichen und wirtschaftlichen Verhältnissen die Kosten einer Mediation nicht, nur zum Teil oder nur in Raten aufbringen kann und die beabsichtigte Rechtsverfolgung oder Rechtsverteidigung nicht mutwillig erscheint. Über den Antrag entscheidet das für das Verfahren zuständige Gericht, sofern an diesem Gericht ein Forschungsvorhaben durchgeführt wird. Die Entscheidung ist unanfechtbar. Die Einzelheiten regeln die nach Absatz 1 zustande gekommenen Vereinbarungen zwischen Bund und Ländern.

(3) Die Bundesregierung unterrichtet den Deutschen Bundestag nach Abschluss der wissenschaftlichen Forschungsvorhaben über die gesammelten Erfahrungen und die gewonnenen Erkenntnisse.

Mutterschutzgesetz - MuSchG

Gesetz zum Schutz von Müttern bei der Arbeit, in der Ausbildung und im Studium - vom 12. Dezember 2019

§ 1 Anwendungsbereich, Ziel des Mutterschutzes

(1) [1]Dieses Gesetz schützt die Gesundheit der Frau und ihres Kindes am Arbeits-, Ausbildungs- und Studienplatz während der Schwangerschaft, nach der Entbindung und in der Stillzeit. [2]Das Gesetz ermöglicht es der Frau, ihre Beschäftigung oder sonstige Tätigkeit in dieser Zeit ohne Gefährdung ihrer Gesundheit oder der ihres Kindes fortzusetzen und wirkt Benachteiligungen während der Schwangerschaft, nach der Entbindung und in der Stillzeit entgegen. [3]Regelungen in anderen Arbeitsschutzgesetzen bleiben unberührt.

(2) [1]Dieses Gesetz gilt für Frauen in einer Beschäftigung im Sinne von § 7 Absatz 1 des Vierten Buches Sozialgesetzbuch. [2]Unabhängig davon, ob ein solches Beschäftigungsverhältnis vorliegt, gilt dieses Gesetz auch für

1. Frauen in betrieblicher Berufsbildung und Praktikantinnen im Sinne von § 26 des Berufsbildungsgesetzes,
2. Frauen mit Behinderung, die in einer Werkstatt für behinderte Menschen beschäftigt sind,
3. Frauen, die als Entwicklungshelferinnen im Sinne des Entwicklungshelfer-Gesetzes tätig sind, jedoch mit der Maßgabe, dass die §§ 18 bis 22 auf sie nicht anzuwenden sind,
4. Frauen, die als Freiwillige im Sinne des Jugendfreiwilligendienstegesetzes oder des Bundesfreiwilligendienstgesetzes tätig sind,
5. Frauen, die als Mitglieder einer geistlichen Genossenschaft, Diakonissen oder Angehörige einer ähnlichen Gemeinschaft auf einer Planstelle oder aufgrund eines Gestellungsvertrages für diese tätig werden, auch während der Zeit ihrer dortigen außerschulischen Ausbildung,
6. Frauen, die in Heimarbeit beschäftigt sind, und ihnen Gleichgestellte im Sinne von § 1 Absatz 1 und 2 des Heimarbeitsgesetzes, soweit sie am Stück mitarbeiten, jedoch mit der Maßgabe, dass die §§ 10 und 14 auf sie nicht anzuwenden sind und § 9 Absatz 1 bis 5 auf sie entsprechend anzuwenden ist,
7. Frauen, die wegen ihrer wirtschaftlichen Unselbstständigkeit als arbeitnehmerähnliche Person anzusehen sind, jedoch mit der Maßgabe, dass die §§ 18, 19 Absatz 2 und § 20 auf sie nicht anzuwenden sind, und
8. Schülerinnen und Studentinnen, soweit die Ausbildungsstelle Ort, Zeit und Ablauf der Ausbildungsveranstaltung verpflichtend vorgibt oder die ein im Rahmen der schulischen oder hochschulischen Ausbildung verpflichtend vorgegebenes Praktikum ableisten, jedoch mit der Maßgabe, dass die §§ 17 bis 24 auf sie nicht anzuwenden sind.

(3) [1]Das Gesetz gilt nicht für Beamtinnen und Richterinnen. [2]Das Gesetz gilt ebenso nicht für Soldatinnen, auch soweit die Voraussetzungen des Absatzes 2 erfüllt sind, es sei denn, sie werden aufgrund dienstlicher Anordnung oder Gestattung außerhalb des Geschäftsbereiches des Bundesministeriums der Verteidigung tätig.
(4) [1]Dieses Gesetz gilt für jede Person, die schwanger ist, ein Kind geboren hat oder stillt. [2]Die Absätze 2 und 3 gelten entsprechend.

§ 2 Begriffsbestimmungen

(1) [1]Arbeitgeber im Sinne dieses Gesetzes ist die natürliche oder juristische Person oder die rechtsfähige Personengesellschaft, die Personen nach § 1 Absatz 2 Satz 1 beschäftigt. [2]Dem Arbeitgeber stehen gleich:

1. die natürliche oder juristische Person oder die rechtsfähige Personengesellschaft, die Frauen im Fall von § 1 Abs.2 Satz 2 Nummer 1 ausbildet oder für die Praktikantinnen im Fall von § 1 Abs.2 Satz 2 Nummer 1 tätig sind,
2. der Träger der Werkstatt für behinderte Menschen im Fall von § 1 Abs.2 Satz 2 Nummer 2,
3. der Träger des Entwicklungsdienstes im Fall von § 1 Abs.2 Satz 2 Nummer 3,
4. die Einrichtung, in der der Freiwilligendienst nach dem Jugendfreiwilligendienstegesetz oder nach dem Bundesfreiwilligendienstgesetz im Fall von § 1 Abs.2 Satz 2 Nummer 4 geleistet wird,
5. die geistliche Genossenschaft und ähnliche Gemeinschaft im Fall von § 1 Abs.2 Satz 2 Nummer 5,
6. der Auftraggeber und der Zwischenmeister von Frauen im Fall von § 1 Abs.2 Satz 2 Nummer 6,
7. die natürliche oder juristische Person oder die rechtsfähige Personengesellschaft, für die Frauen im Sinne von § 1 Abs.2 Satz 2 Nummer 7 tätig sind, und
8. die natürliche oder juristische Person oder die rechtsfähige Personengesellschaft, mit der das Ausbildungs- oder Praktikumsverhältnis im Fall von § 1 Abs.2 Satz 2 Nummer 8 besteht (Ausbildungsstelle).

(2) Eine Beschäftigung im Sinne der nachfolgenden Vorschriften erfasst jede Form der Betätigung, die eine Frau im Rahmen eines Beschäftigungsverhältnisses nach § 1 Absatz 2 Satz 1 oder die eine Frau im Sinne von § 1 Absatz 2 Satz 2 im Rahmen ihres Rechtsverhältnisses zu ihrem Arbeitgeber nach § 2 Absatz 1 Satz 2 ausübt.
(3) [1]Ein Beschäftigungsverbot im Sinne dieses Gesetzes ist nur ein Beschäftigungsverbot nach den §§ 3 bis 6, 10 Absatz 3, § 13 Absatz 1 Nummer 3 und § 16. [2]Für eine in Heimarbeit beschäftigte Frau und eine ihr Gleichgestellte tritt an die Stelle des Beschäftigungsverbots das Verbot der Ausgabe von Heimarbeit nach den §§ 3, 8, 13 Absatz 2 und § 16. [3]Für eine Frau, die wegen ihrer wirtschaftlichen Unselbstständigkeit als arbeitnehmerähnliche Person anzusehen ist, tritt an die Stelle des Beschäftigungsverbots nach Satz 1 die Befreiung von der vertraglich vereinbarten Leistungspflicht; die Frau kann sich jedoch gegenüber der dem Arbeitgeber gleichgestellten Person oder Gesellschaft im Sinne von Absatz 1 Satz 2 Nummer 7 dazu bereit erklären, die vertraglich vereinbarte Leistung zu erbringen.

(4) Alleinarbeit im Sinne dieses Gesetzes liegt vor, wenn der Arbeitgeber eine Frau an einem Arbeitsplatz in seinem räumlichen Verantwortungsbereich beschäftigt, ohne dass gewährleistet ist, dass sie jederzeit den Arbeitsplatz verlassen oder Hilfe erreichen kann.
(5) [1]Arbeitsentgelt im Sinne dieses Gesetzes ist das Arbeitsentgelt, das nach § 14 des Vierten Buches Sozialgesetzbuch in Verbindung mit einer aufgrund des § 17 des Vierten Buches Sozialgesetzbuch erlassenen Verordnung bestimmt wird. [2]Für Frauen im Sinne von § 1 Absatz 2 Satz 2 gilt als Arbeitsentgelt ihre jeweilige Vergütung.

§ 3 Schutzfristen vor und nach der Entbindung

(1) [1]Der Arbeitgeber darf eine schwangere Frau in den letzten sechs Wochen vor der Entbindung nicht beschäftigen (Schutzfrist vor der Entbindung), soweit sie sich nicht zur Arbeitsleistung ausdrücklich bereit erklärt. [2]Sie kann die Erklärung nach Satz 1 jederzeit mit Wirkung für die Zukunft widerrufen. [3]Für die Berechnung der Schutzfrist vor der Entbindung ist der voraussichtliche Tag der Entbindung maßgeblich, wie er sich aus dem ärztlichen Zeugnis oder dem Zeugnis einer Hebamme oder eines Entbindungspflegers ergibt. [4]Entbindet eine Frau nicht am voraussichtlichen Termin, verkürzt oder verlängert sich die Schutzfrist vor der Entbindung entsprechend.
(2) [1]Der Arbeitgeber darf eine Frau bis zum Ablauf von acht Wochen nach der Entbindung nicht beschäftigen (Schutzfrist nach der Entbindung). [2]Die Schutzfrist nach der Entbindung verlängert sich auf zwölf Wochen

1. bei Frühgeburten,
2. bei Mehrlingsgeburten und,
3. wenn vor Ablauf von acht Wochen nach der Entbindung bei dem Kind eine Behinderung im Sinne von § 2 Absatz 1 Satz 1 des Neunten Buches Sozialgesetzbuch ärztlich festgestellt wird.

[3]Bei vorzeitiger Entbindung verlängert sich die Schutzfrist nach der Entbindung nach Satz 1 oder nach Satz 2 um den Zeitraum der Verkürzung der Schutzfrist vor der Entbindung nach Absatz 1 Satz 4. [4]Nach Satz 2 Nummer 3 verlängert sich die Schutzfrist nach der Entbindung nur, wenn die Frau dies beantragt.
(3) [1]Die Ausbildungsstelle darf eine Frau im Sinne von § 1 Absatz 2 Satz 2 Nummer 8 bereits in der Schutzfrist nach der Entbindung im Rahmen der schulischen oder hochschulischen Ausbildung tätig werden lassen, wenn die Frau dies ausdrücklich gegenüber ihrer Ausbildungsstelle verlangt. [2]Die Frau kann ihre Erklärung jederzeit mit Wirkung für die Zukunft widerrufen.
(4) [1]Der Arbeitgeber darf eine Frau nach dem Tod ihres Kindes bereits nach Ablauf der ersten zwei Wochen nach der Entbindung beschäftigen, wenn

1. die Frau dies ausdrücklich verlangt und
2. nach ärztlichem Zeugnis nichts dagegen spricht.

[2]Sie kann ihre Erklärung nach Satz 1 Nummer 1 jederzeit mit Wirkung für die Zukunft widerrufen.

§ 4 Verbot der Mehrarbeit; Ruhezeit

(1) [1]Der Arbeitgeber darf eine schwangere oder stillende Frau, die 18 Jahre oder älter ist, nicht mit einer Arbeit beschäftigen, die die Frau über achteinhalb Stunden täglich oder über 90 Stunden in der Doppelwoche hinaus zu leisten hat. [2]Eine schwangere oder stillende Frau unter 18 Jahren darf der Arbeitgeber nicht mit einer Arbeit beschäftigen, die die Frau über acht Stunden täglich oder über 80 Stunden in der Doppelwoche hinaus zu leisten hat. [3]In die Doppelwoche werden die Sonntage eingerechnet. [4]Der Arbeitgeber darf eine schwangere oder stillende Frau nicht in einem Umfang beschäftigen, der die vertraglich vereinbarte wöchentliche Arbeitszeit im Durchschnitt des Monats übersteigt. [5]Bei mehreren Arbeitgebern sind die Arbeitszeiten zusammenzurechnen.

(2) Der Arbeitgeber muss der schwangeren oder stillenden Frau nach Beendigung der täglichen Arbeitszeit eine ununterbrochene Ruhezeit von mindestens elf Stunden gewähren.

§ 5 Verbot der Nachtarbeit

(1) [1]Der Arbeitgeber darf eine schwangere oder stillende Frau nicht zwischen 20 Uhr und 6 Uhr beschäftigen. [2]Er darf sie bis 22 Uhr beschäftigen, wenn die Voraussetzungen des § 28 erfüllt sind.

(2) [1]Die Ausbildungsstelle darf eine schwangere oder stillende Frau im Sinne von § 1 Absatz 2 Satz 2 Nummer 8 nicht zwischen 20 Uhr und 6 Uhr im Rahmen der schulischen oder hochschulischen Ausbildung tätig werden lassen. [2]Die Ausbildungsstelle darf sie an Ausbildungsveranstaltungen bis 22 Uhr teilnehmen lassen, wenn

1. sich die Frau dazu ausdrücklich bereit erklärt,
2. die Teilnahme zu Ausbildungszwecken zu dieser Zeit erforderlich ist und
3. insbesondere eine unverantwortbare Gefährdung für die schwangere Frau oder ihr Kind durch Alleinarbeit ausgeschlossen ist.

[3]Die schwangere oder stillende Frau kann ihre Erklärung nach Satz 2 Nummer 1 jederzeit mit Wirkung für die Zukunft widerrufen.

§ 6 Verbot der Sonn- und Feiertagsarbeit

(1) [1]Der Arbeitgeber darf eine schwangere oder stillende Frau nicht an Sonn- und Feiertagen beschäftigen. [2]Er darf sie an Sonn- und Feiertagen nur dann beschäftigen, wenn

1. sich die Frau dazu ausdrücklich bereit erklärt,
2. eine Ausnahme vom allgemeinen Verbot der Arbeit an Sonn- und Feiertagen nach § 10 des Arbeitszeitgesetzes zugelassen ist,
3. der Frau in jeder Woche im Anschluss an eine ununterbrochene Nachtruhezeit von mindestens elf Stunden ein Ersatzruhetag gewährt wird und
4. insbesondere eine unverantwortbare Gefährdung für die schwangere Frau oder ihr Kind durch Alleinarbeit ausgeschlossen ist.

[3]Die schwangere oder stillende Frau kann ihre Erklärung nach Satz 2 Nummer 1 jederzeit mit Wirkung für die Zukunft widerrufen.

(2) [1]Die Ausbildungsstelle darf eine schwangere oder stillende Frau im Sinne von § 1 Absatz 2 Satz 2 Nummer 8 nicht an Sonn- und Feiertagen im Rahmen der schulischen oder hochschulischen Ausbildung tätig werden lassen. [2]Die Ausbildungsstelle darf sie an Ausbildungsveranstaltungen an Sonn- und Feiertagen teilnehmen lassen, wenn

1. sich die Frau dazu ausdrücklich bereit erklärt,
2. die Teilnahme zu Ausbildungszwecken zu dieser Zeit erforderlich ist,
3. der Frau in jeder Woche im Anschluss an eine ununterbrochene Nachtruhezeit von mindestens elf Stunden ein Ersatzruhetag gewährt wird und
4. insbesondere eine unverantwortbare Gefährdung für die schwangere Frau oder ihr Kind durch Alleinarbeit ausgeschlossen ist.

[3]Die schwangere oder stillende Frau kann ihre Erklärung nach Satz 2 Nummer 1 jederzeit mit Wirkung für die Zukunft widerrufen.

§ 7 Freistellung für Untersuchungen und zum Stillen

(1) [1]Der Arbeitgeber hat eine Frau für die Zeit freizustellen, die zur Durchführung der Untersuchungen im Rahmen der Leistungen der gesetzlichen Krankenversicherung bei Schwangerschaft und Mutterschaft erforderlich sind. [2]Entsprechendes gilt zugunsten einer Frau, die nicht in der gesetzlichen Krankenversicherung versichert ist.

(2) [1]Der Arbeitgeber hat eine stillende Frau auf ihr Verlangen während der ersten zwölf Monate nach der Entbindung für die zum Stillen erforderliche Zeit freizustellen, mindestens aber zweimal täglich für eine halbe Stunde oder einmal täglich für eine Stunde. [2]Bei einer zusammenhängenden Arbeitszeit von mehr als acht Stunden soll auf Verlangen der Frau zweimal eine Stillzeit von mindestens 45 Minuten oder, wenn in der Nähe der Arbeitsstätte keine Stillgelegenheit vorhanden ist, einmal eine Stillzeit von mindestens 90 Minuten gewährt werden. [3]Die Arbeitszeit gilt als zusammenhängend, wenn sie nicht durch eine Ruhepause von mehr als zwei Stunden unterbrochen wird.

§ 8 Beschränkung von Heimarbeit

(1) Der Auftraggeber oder Zwischenmeister darf Heimarbeit an eine schwangere in Heimarbeit beschäftigte Frau oder an eine ihr Gleichgestellte nur in solchem Umfang und mit solchen Fertigungsfristen ausgeben, dass die Arbeit werktags während einer achtstündigen Tagesarbeitszeit ausgeführt werden kann.

(2) Der Auftraggeber oder Zwischenmeister darf Heimarbeit an eine stillende in Heimarbeit beschäftigte Frau oder an eine ihr Gleichgestellte nur in solchem Umfang und mit solchen Fertigungsfristen ausgeben, dass die Arbeit werktags während einer siebenstündigen Tagesarbeitszeit ausgeführt werden kann.

§ 9 Gestaltung der Arbeitsbedingungen; unverantwortbare Gefährdung

(1) [1]Der Arbeitgeber hat bei der Gestaltung der Arbeitsbedingungen einer schwangeren oder stillenden Frau alle aufgrund der Gefährdungsbeurteilung nach § 10 erforderlichen Maßnahmen für den Schutz ihrer physischen und psychischen Gesundheit sowie der ihres Kindes zu treffen. [2]Er hat die Maßnahmen auf ihre Wirksamkeit zu überprüfen und

erforderlichenfalls den sich ändernden Gegebenheiten anzupassen. [3]Soweit es nach den Vorschriften dieses Gesetzes verantwortbar ist, ist der Frau auch während der Schwangerschaft, nach der Entbindung und in der Stillzeit die Fortführung ihrer Tätigkeiten zu ermöglichen. [4]Nachteile aufgrund der Schwangerschaft, der Entbindung oder der Stillzeit sollen vermieden oder ausgeglichen werden.

(2) [1]Der Arbeitgeber hat die Arbeitsbedingungen so zu gestalten, dass Gefährdungen einer schwangeren oder stillenden Frau oder ihres Kindes möglichst vermieden werden und eine unverantwortbare Gefährdung ausgeschlossen wird. [2]Eine Gefährdung ist unverantwortbar, wenn die Eintrittswahrscheinlichkeit einer Gesundheitsbeeinträchtigung angesichts der zu erwartenden Schwere des möglichen Gesundheitsschadens nicht hinnehmbar ist. [3]Eine unverantwortbare Gefährdung gilt als ausgeschlossen, wenn der Arbeitgeber alle Vorgaben einhält, die aller Wahrscheinlichkeit nach dazu führen, dass die Gesundheit einer schwangeren oder stillenden Frau oder ihres Kindes nicht beeinträchtigt wird.

(3) [1]Der Arbeitgeber hat sicherzustellen, dass die schwangere oder stillende Frau ihre Tätigkeit am Arbeitsplatz, soweit es für sie erforderlich ist, kurz unterbrechen kann. [2]Er hat darüber hinaus sicherzustellen, dass sich die schwangere oder stillende Frau während der Pausen und Arbeitsunterbrechungen unter geeigneten Bedingungen hinlegen, hinsetzen und ausruhen kann.

(4) [1]Alle Maßnahmen des Arbeitgebers nach diesem Unterabschnitt sowie die Beurteilung der Arbeitsbedingungen nach § 10 müssen dem Stand der Technik, der Arbeitsmedizin und der Hygiene sowie den sonstigen gesicherten wissenschaftlichen Erkenntnissen entsprechen. [2]Der Arbeitgeber hat bei seinen Maßnahmen die vom Ausschuss für Mutterschutz ermittelten und nach § 30 Abs.4 im Gemeinsamen Ministerialblatt veröffentlichten Regeln und Erkenntnisse zu berücksichtigen; bei Einhaltung dieser Regeln und bei Beachtung dieser Erkenntnisse ist davon auszugehen, dass die in diesem Gesetz gestellten Anforderungen erfüllt sind.

(5) Der Arbeitgeber kann zuverlässige und fachkundige Personen schriftlich damit beauftragen, ihm obliegende Aufgaben nach diesem Unterabschnitt in eigener Verantwortung wahrzunehmen.

(6) [1]Kosten für Maßnahmen nach diesem Gesetz darf der Arbeitgeber nicht den Personen auferlegen, die bei ihm beschäftigt sind. [2]Die Kosten für Zeugnisse und Bescheinigungen, die die schwangere oder stillende Frau auf Verlangen des Arbeitgebers vorzulegen hat, trägt der Arbeitgeber.

§ 10 Beurteilung der Arbeitsbedingungen; Schutzmaßnahmen

(1) [1]Im Rahmen der Beurteilung der Arbeitsbedingungen nach § 5 des Arbeitsschutzgesetzes hat der Arbeitgeber für jede Tätigkeit

1. die Gefährdungen nach Art, Ausmaß und Dauer zu beurteilen, denen eine schwangere oder stillende Frau oder ihr Kind ausgesetzt ist oder sein kann, und
2. unter Berücksichtigung des Ergebnisses der Beurteilung der Gefährdung nach Nummer 1 zu ermitteln, ob für eine schwangere oder stillende Frau oder ihr Kind voraussichtlich

a) keine Schutzmaßnahmen erforderlich sein werden,
b) eine Umgestaltung der Arbeitsbedingungen nach § 13 Abs.1 Nummer 1 erforderlich sein wird oder
c) eine Fortführung der Tätigkeit der Frau an diesem Arbeitsplatz nicht möglich sein wird.

[2]Bei gleichartigen Arbeitsbedingungen ist die Beurteilung eines Arbeitsplatzes oder einer Tätigkeit ausreichend.

(2) [1]Sobald eine Frau dem Arbeitgeber mitgeteilt hat, dass sie schwanger ist oder stillt, hat der Arbeitgeber unverzüglich die nach Maßgabe der Gefährdungsbeurteilung nach Abs.1 erforderlichen Schutzmaßnahmen festzulegen. [2]Zusätzlich hat der Arbeitgeber der Frau ein Gespräch über weitere Anpassungen ihrer Arbeitsbedingungen anzubieten.

(3) Der Arbeitgeber darf eine schwangere oder stillende Frau nur diejenigen Tätigkeiten ausüben lassen, für die er die erforderlichen Schutzmaßnahmen nach Abs.2 Satz 1 getroffen hat.

§ 14 Dokumentation und Information durch den Arbeitgeber

(1) [1]Der Arbeitgeber hat die Beurteilung der Arbeitsbedingungen nach § 10 durch Unterlagen zu dokumentieren, aus denen Folgendes ersichtlich ist:

1. das Ergebnis der Gefährdungsbeurteilung nach § 10 Abs.1 Satz 1 Nummer 1 und der Bedarf an Schutzmaßnahmen nach § 10 Abs.1 Satz 1 Nummer 2,
2. die Festlegung der erforderlichen Schutzmaßnahmen nach § 10 Abs.2 Satz 1 sowie das Ergebnis ihrer Überprüfung nach § 9 Abs.1 Satz 2 und
3. das Angebot eines Gesprächs mit der Frau über weitere Anpassungen ihrer Arbeitsbedingungen nach § 10 Abs.2 Satz 2 oder der Zeitpunkt eines solchen Gesprächs.

[2]Wenn die Beurteilung nach § 10 Abs.1 ergibt, dass die schwangere oder stillende Frau oder ihr Kind keiner Gefährdung im Sinne von § 9 Abs.2 ausgesetzt ist oder sein kann, reicht es aus, diese Feststellung in einer für den Arbeitsplatz der Frau oder für die Tätigkeit der Frau bereits erstellten Dokumentation der Beurteilung der Arbeitsbedingungen nach § 5 des Arbeitsschutzgesetzes zu vermerken.

(2) Der Arbeitgeber hat alle Personen, die bei ihm beschäftigt sind, über das Ergebnis der Gefährdungsbeurteilung nach § 10 Abs.1 Satz 1 Nummer 1 und über den Bedarf an Schutzmaßnahmen nach § 10 Abs.1 Satz 1 Nummer 2 zu informieren.

(3) Der Arbeitgeber hat eine schwangere oder stillende Frau über die Gefährdungsbeurteilung nach § 10 Abs.1 Satz 1 Nummer 1 und über die damit verbundenen für sie erforderlichen Schutzmaßnahmen nach § 10 Abs.2 Satz 1 in Verbindung mit § 13 zu informieren.

§ 15 Mitteilungen und Nachweise der schwangeren und stillenden Frauen

(1) [1]Eine schwangere Frau soll ihrem Arbeitgeber ihre Schwangerschaft und den voraussichtlichen Tag der Entbindung mitteilen, sobald sie weiß, dass sie schwanger ist. [2]Eine stillende Frau soll ihrem Arbeitgeber so früh wie möglich mitteilen, dass sie stillt.

(2) [1]Auf Verlangen des Arbeitgebers soll eine schwangere Frau als Nachweis über ihre Schwangerschaft ein ärztliches Zeugnis oder das Zeugnis einer Hebamme oder eines Entbindungspflegers vorlegen. [2]Das Zeugnis über die Schwangerschaft soll den voraussichtlichen Tag der Entbindung enthalten.

§ 16 Ärztliches Beschäftigungsverbot

(1) Der Arbeitgeber darf eine schwangere Frau nicht beschäftigen, soweit nach einem ärztlichen Zeugnis ihre Gesundheit oder die ihres Kindes bei Fortdauer der Beschäftigung gefährdet ist.

(2) Der Arbeitgeber darf eine Frau, die nach einem ärztlichen Zeugnis in den ersten Monaten nach der Entbindung nicht voll leistungsfähig ist, nicht mit Arbeiten beschäftigen, die ihre Leistungsfähigkeit übersteigen.

§ 17 Kündigungsverbot

(1) Die Kündigung gegenüber einer Frau ist unzulässig

1. während ihrer Schwangerschaft,
2. bis zum Ablauf von vier Monaten nach einer Fehlgeburt nach der zwölften Schwangerschaftswoche und
3. bis zum Ende ihrer Schutzfrist nach der Entbindung, mindestens jedoch bis zum Ablauf von vier Monaten nach der Entbindung,

wenn dem Arbeitgeber zum Zeitpunkt der Kündigung die Schwangerschaft, die Fehlgeburt nach der zwölften Schwangerschaftswoche oder die Entbindung bekannt ist oder wenn sie ihm innerhalb von zwei Wochen nach Zugang der Kündigung mitgeteilt wird. Das Überschreiten dieser Frist ist unschädlich, wenn die Überschreitung auf einem von der Frau nicht zu vertretenden Grund beruht und die Mitteilung unverzüglich nachgeholt wird. Die Sätze 1 und 2 gelten entsprechend für Vorbereitungsmaßnahmen des Arbeitgebers, die er im Hinblick auf eine Kündigung der Frau trifft.

(2) [1]Die für den Arbeitsschutz zuständige oberste Landesbehörde oder die von ihr bestimmte Stelle kann in besonderen Fällen, die nicht mit dem Zustand der Frau in der Schwangerschaft, nach einer Fehlgeburt nach der zwölften Schwangerschaftswoche oder nach der Entbindung in Zusammenhang stehen, ausnahmsweise die Kündigung für zulässig erklären. [2]Die Kündigung bedarf der Schriftform und muss den Kündigungsgrund angeben.

(3) [1]Der Auftraggeber oder Zwischenmeister darf eine in Heimarbeit beschäftigte Frau in den Fristen nach Abs.1 Satz 1 nicht gegen ihren Willen bei der Ausgabe von Heimarbeit ausschließen; die §§ 3, 8, 11, 12, 13 Abs.2 und § 16 bleiben unberührt. [2]Abs.1 gilt auch für eine Frau, die der in Heimarbeit beschäftigten Frau gleichgestellt ist und deren

Gleichstellung sich auch auf § 29 des Heimarbeitsgesetzes erstreckt. [3]Abs.2 gilt für eine in Heimarbeit beschäftigte Frau und eine ihr Gleichgestellte entsprechend.

§ 18 Mutterschutzlohn

[1]Eine Frau, die wegen eines Beschäftigungsverbots außerhalb der Schutzfristen vor oder nach der Entbindung teilweise oder gar nicht beschäftigt werden darf, erhält von ihrem Arbeitgeber Mutterschutzlohn. [2]Als Mutterschutzlohn wird das durchschnittliche Arbeitsentgelt der letzten drei abgerechneten Kalendermonate vor dem Eintritt der Schwangerschaft gezahlt. [3]Dies gilt auch, wenn wegen dieses Verbots die Beschäftigung oder die Entlohnungsart wechselt. [4]Beginnt das Beschäftigungsverhältnis erst nach Eintritt der Schwangerschaft, ist das durchschnittliche Arbeitsentgelt aus dem Arbeitsentgelt der ersten drei Monate der Beschäftigung zu berechnen.

§ 19 Mutterschaftsgeld

(1) Eine Frau, die Mitglied einer gesetzlichen Krankenkasse ist, erhält für die Zeit der Schutzfristen vor und nach der Entbindung sowie für den Entbindungstag Mutterschaftsgeld nach den Vorschriften des Fünften Buches Sozialgesetzbuch oder nach den Vorschriften des Zweiten Gesetzes über die Krankenversicherung der Landwirte.

(2) [1]Eine Frau, die nicht Mitglied einer gesetzlichen Krankenkasse ist, erhält für die Zeit der Schutzfristen vor und nach der Entbindung sowie für den Entbindungstag Mutterschaftsgeld zu Lasten des Bundes in entsprechender Anwendung der Vorschriften des Fünften Buches Sozialgesetzbuch über das Mutterschaftsgeld, jedoch insgesamt höchstens 210 Euro. [2]Das Mutterschaftsgeld wird dieser Frau auf Antrag vom Bundesamt für Soziale Sicherung gezahlt. [3]Endet das Beschäftigungsverhältnis nach Maßgabe von § 17 Abs.2 durch eine Kündigung, erhält die Frau Mutterschaftsgeld in entsprechender Anwendung der Sätze 1 und 2 für die Zeit nach dem Ende des Beschäftigungsverhältnisses.

§ 20 Zuschuss zum Mutterschaftsgeld

(1) [1]Eine Frau erhält während ihres bestehenden Beschäftigungsverhältnisses für die Zeit der Schutzfristen vor und nach der Entbindung sowie für den Entbindungstag von ihrem Arbeitgeber einen Zuschuss zum Mutterschaftsgeld. [2]Als Zuschuss zum Mutterschaftsgeld wird der Unterschiedsbetrag zwischen 13 Euro und dem um die gesetzlichen Abzüge verminderten durchschnittlichen kalendertäglichen Arbeitsentgelt der letzten drei abgerechneten Kalendermonate vor Beginn der Schutzfrist vor der Entbindung gezahlt. [3]Einer Frau, deren Beschäftigungsverhältnis während der Schutzfristen vor oder nach der Entbindung beginnt, wird der Zuschuss zum Mutterschaftsgeld von Beginn des Beschäftigungsverhältnisses gezahlt.

(2) [1]Ist eine Frau für mehrere Arbeitgeber tätig, sind für die Berechnung des Arbeitgeberzuschusses nach Abs.1 die durchschnittlichen kalendertäglichen Arbeitsentgelte aus diesen Beschäftigungsverhältnissen zusammenzurechnen. [2]Den sich daraus ergebenden Betrag zahlen die Arbeitgeber anteilig im Verhältnis der von ihnen gezahlten durchschnittlichen kalendertäglichen Arbeitsentgelte.

(3) [1]Endet das Beschäftigungsverhältnis nach Maßgabe von § 17 Abs.2 durch eine Kündigung, erhält die Frau für die Zeit nach dem Ende des Beschäftigungsverhältnisses den Zuschuss zum Mutterschaftsgeld nach Abs.1 von der für die Zahlung des Mutterschaftsgeldes zuständigen Stelle. [2]Satz 1 gilt entsprechend, wenn der Arbeitgeber wegen eines Insolvenzereignisses im Sinne von § 165 Abs.1 Satz 2 des Dritten Buches Sozialgesetzbuch den Zuschuss nach Abs.1 nicht zahlen kann.

§ 21 Ermittlung des durchschnittlichen Arbeitsentgelts

(1) [1]Bei der Bestimmung des Berechnungszeitraumes für die Ermittlung des durchschnittlichen Arbeitsentgelts für die Leistungen nach den §§ 18 bis 20 bleiben Zeiten unberücksichtigt, in denen die Frau infolge unverschuldeter Fehlzeiten kein Arbeitsentgelt erzielt hat. [2]War das Beschäftigungsverhältnis kürzer als drei Monate, ist der Berechnung der tatsächliche Zeitraum des Beschäftigungsverhältnisses zugrunde zu legen.

(2) Für die Ermittlung des durchschnittlichen Arbeitsentgelts für die Leistungen nach den §§ 18 bis 20 bleiben unberücksichtigt:

1. einmalig gezahltes Arbeitsentgelt im Sinne von § 23a des Vierten Buches Sozialgesetzbuch,
2. Kürzungen des Arbeitsentgelts, die im Berechnungszeitraum infolge von Kurzarbeit, Arbeitsausfällen oder unverschuldetem Arbeitsversäumnis eintreten, und
3. im Fall der Beendigung der Elternzeit nach dem Bundeselterngeld- und Elternzeitgesetz das Arbeitsentgelt aus Teilzeitbeschäftigung, das vor der Beendigung der Elternzeit während der Elternzeit erzielt wurde, soweit das durchschnittliche Arbeitsentgelt ohne die Berücksichtigung der Zeiten, in denen dieses Arbeitsentgelt erzielt wurde, höher ist.

(3) Ist die Ermittlung des durchschnittlichen Arbeitsentgelts entsprechend den Absätzen 1 und 2 nicht möglich, ist das durchschnittliche kalendertägliche Arbeitsentgelt einer vergleichbar beschäftigten Person zugrunde zu legen.

(4) Bei einer dauerhaften Änderung der Arbeitsentgelthöhe ist die geänderte Arbeitsentgelthöhe bei der Ermittlung des durchschnittlichen Arbeitsentgelts für die Leistungen nach den §§ 18 bis 20 zugrunde zu legen, und zwar

1. für den gesamten Berechnungszeitraum, wenn die Änderung während des Berechnungszeitraums wirksam wird,
2. ab Wirksamkeit der Änderung der Arbeitsentgelthöhe, wenn die Änderung der Arbeitsentgelthöhe nach dem Berechnungszeitraum wirksam wird.

§ 22 Leistungen während der Elternzeit

[1]Während der Elternzeit sind Ansprüche auf Leistungen nach den §§ 18 und 20 aus dem wegen der Elternzeit ruhenden Arbeitsverhältnis ausgeschlossen. [2]Übt die Frau während der Elternzeit eine Teilzeitarbeit aus, ist für die Ermittlung des durchschnittlichen Arbeitsentgelts nur das Arbeitsentgelt aus dieser Teilzeitarbeit zugrunde zu legen.

§ 23 Entgelt bei Freistellung für Untersuchungen und zum Stillen

(1) [1]Durch die Gewährung der Freistellung nach § 7 darf bei der schwangeren oder stillenden Frau kein Entgeltausfall eintreten. [2]Freistellungszeiten sind weder vor- noch nachzuarbeiten. [3]Sie werden nicht auf Ruhepausen angerechnet, die im Arbeitszeitgesetz oder in anderen Vorschriften festgelegt sind.

(2) [1]Der Auftraggeber oder Zwischenmeister hat einer in Heimarbeit beschäftigten Frau und der ihr Gleichgestellten für die Stillzeit ein Entgelt zu zahlen, das nach der Höhe des durchschnittlichen Stundenentgelts für jeden Werktag zu berechnen ist. [2]Ist eine Frau für mehrere Auftraggeber oder Zwischenmeister tätig, haben diese das Entgelt für die Stillzeit zu gleichen Teilen zu zahlen. [3]Auf das Entgelt finden die Vorschriften der §§ 23 bis 25 des Heimarbeitsgesetzes über den Entgeltschutz Anwendung.

§ 24 Fortbestehen des Erholungsurlaubs bei Beschäftigungsverboten

[1]Für die Berechnung des Anspruchs auf bezahlten Erholungsurlaub gelten die Ausfallzeiten wegen eines Beschäftigungsverbots als Beschäftigungszeiten. [2]Hat eine Frau ihren Urlaub vor Beginn eines Beschäftigungsverbots nicht oder nicht vollständig erhalten, kann sie nach dem Ende des Beschäftigungsverbots den Resturlaub im laufenden oder im nächsten Urlaubsjahr beanspruchen.

§ 25 Beschäftigung nach dem Ende des Beschäftigungsverbots

Mit dem Ende eines Beschäftigungsverbots im Sinne von § 2 Abs.3 hat eine Frau das Recht, entsprechend den vertraglich vereinbarten Bedingungen beschäftigt zu werden.

Nachweisgesetz – NachwG

Gesetz über den Nachweis der für ein Arbeitsverhältnis geltenden wesentlichen Bedingungen vom 20. 7.1995 - zuletzt geändert 20.7.2022

§ 1 Anwendungsbereich

[1]Dieses Gesetz gilt für alle Arbeitnehmer. [2]Praktikanten, die gemäß § 22 Abs. 1 MiLoG als Arbeitnehmer gelten, sind Arbeitnehmer im Sinne dieses Gesetzes.

§ 2 Nachweispflicht

(1) [1]Der Arbeitgeber hat die wesentlichen Vertragsbedingungen des Arbeitsverhältnisses innerhalb der Fristen des Satzes 4 schriftlich niederzulegen, die Niederschrift zu unterzeichnen und dem Arbeitnehmer auszuhändigen. [2]In die Niederschrift sind mindestens aufzunehmen:

1. der Name und die Anschrift der Vertragsparteien,
2. der Zeitpunkt des Beginns des Arbeitsverhältnisses,
3. bei befristeten Arbeitsverhältnissen: das Enddatum oder die vorhersehbare Dauer des Arbeitsverhältnisses,
4. der Arbeitsort oder, falls der Arbeitnehmer nicht nur an einem bestimmten Arbeitsort tätig sein soll, ein Hinweis darauf, dass der Arbeitnehmer an verschiedenen Orten beschäftigt werden oder seinen Arbeitsort frei wählen kann,
5. eine kurze Charakterisierung oder Beschreibung der vom Arbeitnehmer zu leistenden Tätigkeit,
6. sofern vereinbart, die Dauer der Probezeit,
7. die Zusammensetzung und die Höhe des Arbeitsentgelts einschließlich der Vergütung von Überstunden, der Zuschläge, der Zulagen, Prämien und Sonderzahlungen sowie anderer Bestandteile des Arbeitsentgelts, die jeweils getrennt anzugeben sind, und deren Fälligkeit sowie die Art der Auszahlung,
8. die vereinbarte Arbeitszeit, vereinbarte Ruhepausen und Ruhezeiten sowie bei vereinbarter Schichtarbeit das Schichtsystem, der Schichtrhythmus und Voraussetzungen für Schichtänderungen,
9. bei Arbeit auf Abruf nach § 12 des Teilzeit- und Befristungsgesetzes:

a) die Vereinbarung, dass der Arbeitnehmer seine Arbeitsleistung entsprechend dem Arbeitsanfall zu erbringen hat,
b) die Zahl der mindestens zu vergütenden Stunden,
c) der Zeitrahmen, bestimmt durch Referenztage und Referenzstunden, der für die Erbringung der Arbeitsleistung festgelegt ist, und
d) die Frist, innerhalb derer der Arbeitgeber die Lage der Arbeitszeit im Voraus mitzuteilen hat,

10. sofern vereinbart, die Möglichkeit der Anordnung von Überstunden und deren Voraussetzungen,
11. die Dauer des jährlichen Erholungsurlaubs,
12. ein etwaiger Anspruch auf vom Arbeitgeber bereitgestellte Fortbildung,

13. wenn der Arbeitgeber dem Arbeitnehmer eine betriebliche Altersversorgung über einen Versorgungsträger zusagt, der Name und die Anschrift dieses Versorgungsträgers; die Nachweispflicht entfällt, wenn der Versorgungsträger zu dieser Information verpflichtet ist,
14. das bei der Kündigung des Arbeitsverhältnisses von Arbeitgeber und Arbeitnehmer einzuhaltende Verfahren, mindestens das Schriftformerfordernis und die Fristen für die Kündigung des Arbeitsverhältnisses, sowie die Frist zur Erhebung einer Kündigungsschutzklage; § 7 KSchG ist auch bei einem nicht ordnungsgemäßen Nachweis der Frist zur Erhebung einer Kündigungsschutzklage anzuwenden,
15. ein in allgemeiner Form gehaltener Hinweis auf die auf das Arbeitsverhältnis anwendbaren Tarifverträge, Betriebs- oder Dienstvereinbarungen sowie Regelungen paritätisch besetzter Kommissionen, die auf der Grundlage kirchlichen Rechts Arbeitsbedingungen für den Bereich kirchlicher Arbeitgeber festlegen.

[3]Der Nachweis der wesentlichen Vertragsbedingungen in elektronischer Form ist ausgeschlossen. [4]Dem Arbeitnehmer ist die Niederschrift mit den Angaben nach Satz 2 Nummer 1, 7 und 8 spätestens am ersten Tag der Arbeitsleistung, die Niederschrift mit den Angaben nach Satz 2 Nummer 2 bis 6, 9 und 10 spätestens am siebten Kalendertag nach dem vereinbarten Beginn des Arbeitsverhältnisses und die Niederschrift mit den übrigen Angaben nach Satz 2 spätestens einen Monat nach dem vereinbarten Beginn des Arbeitsverhältnisses auszuhändigen.

(1a) [1]Wer einen Praktikanten einstellt, hat unverzüglich nach Abschluss des Praktikumsvertrages, spätestens vor Aufnahme der Praktikantentätigkeit, die wesentlichen Vertragsbedingungen schriftlich niederzulegen, die Niederschrift zu unterzeichnen und dem Praktikanten auszuhändigen. [2]In die Niederschrift sind mindestens aufzunehmen:

1. der Name und die Anschrift der Vertragsparteien,
2. die mit dem Praktikum verfolgten Lern- und Ausbildungsziele,
3. Beginn und Dauer des Praktikums,
4. Dauer der regelmäßigen täglichen Praktikumszeit,
5. Zahlung und Höhe der Vergütung,
6. Dauer des Urlaubs,
7. ein in allgemeiner Form gehaltener Hinweis auf die Tarifverträge, Betriebs- oder Dienstvereinbarungen, die auf das Praktikumsverhältnis anzuwenden sind.

[3]Abs.1 Satz 3 gilt entsprechend.

(2) Hat der Arbeitnehmer seine Arbeitsleistung länger als vier aufeinanderfolgende Wochen außerhalb der Bundesrepublik Deutschland zu erbringen, so hat der Arbeitgeber dem Arbeitnehmer vor dessen Abreise die Niederschrift nach Abs. 1 Satz 1 mit allen wesentlichen Angaben nach Abs. 1 Satz 2 und folgenden zusätzlichen Angaben auszuhändigen:

1. das Land oder die Länder, in dem oder in denen die Arbeit im Ausland geleistet werden soll, und die geplante Dauer der Arbeit,
2. die Währung, in der die Entlohnung erfolgt,

3. sofern vereinbart, mit dem Auslandsaufenthalt verbundene Geld- oder Sachleistungen, insbesondere Entsendezulagen und zu erstattende Reise-, Verpflegungs- und Unterbringungskosten,
4. die Angabe, ob eine Rückkehr des Arbeitnehmers vorgesehen ist, und gegebenenfalls die Bedingungen der Rückkehr.

(3) Fällt ein Auslandsaufenthalt nach Abs.2 in den Anwendungsbereich der Richtlinie 96/71/EG (...) über die Entsendung von Arbeitnehmern im Rahmen der Erbringung von Dienstleistungen (...) muss die Niederschrift nach Abs.1 Satz 1 neben den Angaben nach Abs.2 auch folgende zusätzliche Angaben enthalten:
1. die Entlohnung, auf die der Arbeitnehmer nach dem Recht des Mitgliedstaats oder der Mitgliedstaaten, in dem oder in denen der Arbeitnehmer seine Arbeit leisten soll, Anspruch hat,
2. den Link zu der einzigen offiziellen nationalen Website, die der Mitgliedstaat, in dem der Arbeitnehmer seine Arbeit leisten soll, betreibt nach Art. 5 Abs. 2 Buchstabe a der Richtlinie 2014/67/EU (...) über die Entsendung von Arbeitnehmern im Rahmen der Erbringung von Dienstleistungen ... - („IMI-Verordnung").

(4) [1]Die Angaben nach Abs.1 Satz 2 Nr. 6 bis 8 und 10 bis 14 können ersetzt werden durch einen Hinweis auf die auf das Arbeitsverhältnis anwendbaren Tarifverträge, Betriebs- oder Dienstvereinbarungen sowie Regelungen paritätisch besetzter Kommissionen, die auf der Grundlage kirchlichen Rechts Arbeitsbedingungen für den Bereich kirchlicher Arbeitgeber festlegen. [2]Ist in den Fällen des Absatzes 1 Satz 2 Nr. 11 und 14 die jeweilige gesetzliche Regelung maßgebend, so kann hierauf verwiesen werden. [3]Die Angaben nach Abs.2 Nr. 2 und Abs.3 Nr. 1 können ersetzt werden durch einen Hinweis auf konkrete Bestimmungen der einschlägigen Rechts- und Verwaltungsvorschriften und Satzungen oder Tarifverträge, Betriebs- oder Dienstvereinbarungen sowie Regelungen paritätisch besetzter Kommissionen, die auf der Grundlage kirchlichen Rechts Arbeitsbedingungen für den Bereich kirchlicher Arbeitgeber festlegen.

(5) Wenn dem Arbeitnehmer ein schriftlicher Arbeitsvertrag ausgehändigt worden ist, entfällt die Verpflichtung nach den Absätzen 1 und 2, soweit der Vertrag die in den Absätzen 1, 2 und 3, soweit der Vertrag die in den Absätzen 1 bis 4 geforderten Angaben enthält.

§ 3 Änderung der Angaben

[1]Eine Änderung der wesentlichen Vertragsbedingungen ist dem Arbeitnehmer spätestens an dem Tag, an dem sie wirksam wird, schriftlich mitzuteilen. [2]Satz 1 gilt nicht bei einer Änderung der auf das Arbeitsverhältnis anwendbaren gesetzlichen Vorschriften, Tarifverträge, Betriebs- oder Dienstvereinbarungen sowie Regelungen paritätisch besetzter Kommissionen, die auf der Grundlage kirchlichen Rechts Arbeitsbedingungen für den Bereich kirchlicher Arbeitgeber festlegen.

§ 4 Bußgeldvorschriften

(1) Ordnungswidrig handelt, wer

1. entgegen § 2 Abs. 1 Satz 1 eine in § 2 Abs.1 Satz 2 genannte wesentliche Vertragsbedingung nicht, nicht richtig, nicht vollständig, nicht in der vorgeschriebenen Weise oder nicht rechtzeitig aushändigt,
2. entgegen § 2 Abs. 2, auch in Verbindung mit Abs.3, eine dort genannte Niederschrift nicht, nicht richtig, nicht vollständig oder nicht rechtzeitig aushändigt oder
3. entgegen § 3 Satz 1 eine Mitteilung nicht, nicht richtig, nicht vollständig, nicht in der vorgeschriebenen Weise oder nicht rechtzeitig macht.

(2) Die Ordnungswidrigkeit kann mit einer Geldbuße bis zu 2.000 € geahndet werden.

§ 5 Übergangsvorschrift

[1]Hat das Arbeitsverhältnis bereits vor dem 1. 8. 2022 bestanden, so ist dem Arbeitnehmer auf sein Verlangen spätestens am siebten Tag nach Zugang der Aufforderung beim Arbeitgeber die Niederschrift mit den Angaben nach § 2 Abs. 1 Satz 2 Nr. 1 bis 10 auszuhändigen; die Niederschrift mit den übrigen Angaben nach § 2 Abs. 1 Satz 2 ist spätestens einen Monat nach Zugang der Aufforderung auszuhändigen.. [2]Soweit eine früher ausgestellte Niederschrift oder ein schriftlicher Arbeitsvertrag die nach diesem Gesetz erforderlichen Angaben enthält, entfällt diese Verpflichtung.

§ 6 Unabdingbarkeit

Von den Vorschriften dieses Gesetzes kann nicht zuungunsten des Arbeitnehmers abgewichen werden.

Produkthaftungsgesetz – ProdHaftG

Gesetz über die Haftung für fehlerhafte Produkte vom 15. Dezember 1989 - zuletzt geändert 17. Juli 2017

§ 1 Haftung

(1) Wird durch den Fehler eines Produkts jemand getötet, sein Körper oder seine Gesundheit verletzt oder eine Sache beschädigt, so ist der Hersteller des Produkts verpflichtet, dem Geschädigten den daraus entstehenden Schaden zu ersetzen. Im Falle der Sachbeschädigung gilt dies nur, wenn eine andere Sache als das fehlerhafte Produkt beschädigt wird und diese andere Sache ihrer Art nach gewöhnlich für den privaten Ge- oder Verbrauch bestimmt und hierzu von dem Geschädigten hauptsächlich verwendet worden ist.

(2) Die **Ersatzpflicht** des Herstellers ist ausgeschlossen, wenn

1. er das Produkt nicht in den Verkehr gebracht hat,
2. nach den Umständen davon auszugehen ist, dass das Produkt den Fehler, der den Schaden verursacht hat, noch nicht hatte, als der Hersteller es in den Verkehr brachte,
3. er das Produkt weder für den Verkauf oder eine andere Form des Vertriebs mit wirtschaftlichem Zweck hergestellt noch im Rahmen seiner beruflichen Tätigkeit hergestellt oder vertrieben hat,
4. der Fehler darauf beruht, dass das Produkt in dem Zeitpunkt, in dem der Hersteller es in den Verkehr brachte, dazu zwingenden Rechtsvorschriften entsprochen hat, oder
5. der Fehler nach dem Stand der Wissenschaft und Technik in dem Zeitpunkt, in dem der Hersteller das Produkt in den Verkehr brachte, nicht erkannt werden konnte.

(3) Die Ersatzpflicht des Herstellers eines Teilprodukts ist ferner ausgeschlossen, wenn der Fehler durch die Konstruktion des Produkts, in welches das Teilprodukt eingearbeitet wurde, oder durch die Anleitungen des Herstellers des Produkts verursacht worden ist. Satz 1 ist auf den Hersteller eines Grundstoffs entsprechend anzuwenden.

(4) Für den Fehler, den Schaden und den ursächlichen Zusammenhang zwischen Fehler und Schaden trägt der Geschädigte die Beweislast. Ist streitig, ob die Ersatzpflicht gemäß Abs.2 oder 3 ausgeschlossen ist, so trägt der Hersteller die Beweislast.

§ 2 Produkt

Produkt im Sinne dieses Gesetzes ist jede bewegliche Sache, auch wenn sie einen Teil einer anderen beweglichen Sache oder einer unbeweglichen Sache bildet, sowie Elektrizität.

§ 3 Fehler

(1) Ein Produkt hat einen Fehler, wenn es nicht die Sicherheit bietet, die unter Berücksichtigung aller Umstände, insbesondere

a) seiner Darbietung,

b) des Gebrauchs, mit dem billigerweise gerechnet werden kann,

c) des Zeitpunkts, in dem es in den Verkehr gebracht wurde, berechtigterweise erwartet werden kann.
(2) Ein Produkt hat nicht allein deshalb einen Fehler, weil später ein verbessertes Produkt in den Verkehr gebracht wurde.

§ 4 Hersteller

(1) Hersteller im Sinne dieses Gesetzes ist, wer das Endprodukt, einen Grundstoff oder ein Teilprodukt hergestellt hat. Als Hersteller gilt auch jeder, der sich durch das Anbringen seines Namens, seiner Marke oder eines anderen unterscheidungskräftigen Kennzeichens als Hersteller ausgibt.
(2) Als Hersteller gilt ferner, wer ein Produkt zum Zweck des Verkaufs, der Vermietung, des Mietkaufs oder einer anderen Form des Vertriebs mit wirtschaftlichem Zweck im Rahmen seiner geschäftlichen Tätigkeit in den Geltungsbereich des Abkommens über den Europäischen Wirtschaftsraum einführt oder verbringt.
(3) Kann der Hersteller des Produkts nicht festgestellt werden, so gilt jeder Lieferant als dessen Hersteller, es sei denn, dass er dem Geschädigten innerhalb eines Monats, nachdem ihm dessen diesbezügliche Aufforderung zugegangen ist, den Hersteller oder diejenige Person benennt, die ihm das Produkt geliefert hat. Dies gilt auch für ein eingeführtes Produkt, wenn sich bei diesem die in Abs.2 genannte Person nicht feststellen lässt, selbst wenn der Name des Herstellers bekannt ist.

§ 5 Mehrere Ersatzpflichtige

Sind für denselben Schaden mehrere Hersteller nebeneinander zum Schadensersatz verpflichtet, so haften sie als Gesamtschuldner. Im Verhältnis der Ersatzpflichtigen zueinander hängt, soweit nichts anderes bestimmt ist, die Verpflichtung zum Ersatz sowie der Umfang des zu leistenden Ersatzes von den Umständen, insbesondere davon ab, inwieweit der Schaden vorwiegend von dem einen oder dem anderen Teil verursacht worden ist; im übrigen gelten die §§ 421 bis 425 sowie § 426 Abs. 1 Satz 2 und Abs. 2 des Bürgerlichen Gesetzbuchs.

§ 6 Haftungsminderung

(1) Hat bei der Entstehung des Schadens ein Verschulden des Geschädigten mitgewirkt, so gilt § 254 des Bürgerlichen Gesetzbuchs; im Falle der Sachbeschädigung steht das Verschulden desjenigen, der die tatsächliche Gewalt über die Sache ausübt, dem Verschulden des Geschädigten gleich.
(2) Die Haftung des Herstellers wird nicht gemindert, wenn der Schaden durch einen Fehler des Produkts und zugleich durch die Handlung eines Dritten verursacht worden ist.

§ 7 Umfang der Ersatzpflicht bei Tötung

(1) Im Falle der Tötung ist Ersatz der Kosten einer versuchten Heilung sowie des Vermögensnachteils zu leisten, den der Getötete dadurch erlitten hat, dass während der Krankheit seine Erwerbsfähigkeit aufgehoben oder gemindert war oder seine Bedürfnisse

vermehrt waren. Der Ersatzpflichtige hat außerdem die Kosten der Beerdigung demjenigen zu ersetzen, der diese Kosten zu tragen hat.

...

§ 8 Umfang der Ersatzpflicht bei Körperverletzung

Im Falle der Verletzung des Körpers oder der Gesundheit ist Ersatz der Kosten der Heilung sowie des Vermögensnachteils zu leisten, den der Verletzte dadurch erleidet, dass infolge der Verletzung zeitweise oder dauernd seine Erwerbsfähigkeit aufgehoben oder gemindert ist oder seine Bedürfnisse vermehrt sind. Wegen des Schadens, der nicht Vermögensschaden ist, kann auch eine billige Entschädigung in Geld gefordert werden.

§ 9 Schadensersatz durch Geldrente

(1) Der Schadensersatz wegen Aufhebung oder Minderung der Erwerbsfähigkeit und wegen vermehrter Bedürfnisse des Verletzten sowie der nach § 7 Abs. 2 einem Dritten zu gewährende Schadensersatz ist für die Zukunft durch eine Geldrente zu leisten.
(2) § 843 Abs. 2 bis 4 des Bürgerlichen Gesetzbuchs ist entsprechend anzuwenden.

§ 10 Haftungshöchstbetrag

(1) Sind Personenschäden durch ein Produkt oder gleiche Produkte mit demselben Fehler verursacht worden, so haftet der Ersatzpflichtige nur bis zu einem Höchstbetrag von 85 Millionen Euro.
(2) Übersteigen die den mehreren Geschädigten zu leistenden Entschädigungen den in Abs.1 vorgesehenen Höchstbetrag, so verringern sich die einzelnen Entschädigungen in dem Verhältnis, in dem ihr Gesamtbetrag zu dem Höchstbetrag steht.

§ 11 Selbstbeteiligung bei Sachbeschädigung

Im Falle der Sachbeschädigung hat der Geschädigte einen Schaden bis zu einer Höhe von 500 Euro selbst zu tragen.

§ 12 Verjährung

(1) Der Anspruch nach § 1 verjährt in drei Jahren von dem Zeitpunkt an, in dem der Ersatzberechtigte von dem Schaden, dem Fehler und von der Person des Ersatzpflichtigen Kenntnis erlangt hat oder hätte erlangen müssen.
(2) Schweben zwischen dem Ersatzpflichtigen und dem Ersatzberechtigten Verhandlungen über den zu leistenden Schadensersatz, so ist die Verjährung gehemmt, bis die Fortsetzung der Verhandlungen verweigert wird.
(3) Im Übrigen sind die Vorschriften des Bürgerlichen Gesetzbuchs über die Verjährung anzuwenden. während der

§ 14 Unabdingbarkeit

Die Ersatzpflicht des Herstellers nach diesem Gesetz darf im Voraus weder ausgeschlossen noch beschränkt werden. Entgegenstehende Vereinbarungen sind nichtig.

Sozialgesetzbuch (SGB) Viertes Buch (IV)

Gemeinsame Vorschriften für die Sozialversicherung -
vom 12. November 2009 - zuletzt geändert am 22.12.2023

§ 8 Geringfügige Beschäftigung und geringfügige selbständige Tätigkeit

(1) Eine geringfügige Beschäftigung liegt vor, wenn

1. das Arbeitsentgelt aus dieser Beschäftigung regelmäßig im Monat 450 Euro nicht übersteigt,
2. die Beschäftigung innerhalb eines Kalenderjahres auf längstens drei Monate oder 70 Arbeitstage nach ihrer Eigenart begrenzt zu sein pflegt oder im Voraus vertraglich begrenzt ist, es sei denn, dass die Beschäftigung berufsmäßig ausgeübt wird und ihr Entgelt 450 Euro im Monat übersteigt.

(2) [1]Bei der Anwendung des Abs.1 sind mehrere geringfügige Beschäftigungen nach Nr.1 oder Nr.2 sowie geringfügige Beschäftigungen nach Nr.1 mit Ausnahme einer geringfügigen Beschäftigung nach Nr.1 und nicht geringfügige Beschäftigungen zusammenzurechnen. [2]Eine geringfügige Beschäftigung liegt nicht mehr vor, sobald die Voraussetzungen des Abs.1 entfallen. [3]Wird beim Zusammenrechnen nach Satz 1 festgestellt, dass die Voraussetzungen einer geringfügigen Beschäftigung nicht mehr vorliegen, tritt die Versicherungspflicht erst mit dem Tag ein, an dem die Entscheidung über die Versicherungspflicht nach §37 des Zehnten Buches durch die Einzugsstelle nach §28i Satz 5 oder einen anderen Träger der Rentenversicherung bekannt gegeben wird. [4]Dies gilt nicht, wenn der Arbeitgeber vorsätzlich oder grob fahrlässig versäumt hat, den Sachverhalt für die versicherungsrechtliche Beurteilung der Beschäftigung aufzuklären.

(3) [1]Die Absätze 1 und 2 gelten entsprechend, soweit anstelle einer Beschäftigung eine selbständige Tätigkeit ausgeübt wird. [2]Dies gilt nicht für das Recht der Arbeitsförderung.

§ 20 Aufbringung der Mittel, Übergangsbereich

(1) Die Mittel der Sozialversicherung einschließlich der Arbeitsförderung werden nach Maßgabe der besonderen Vorschriften für die einzelnen Versicherungszweige durch Beiträge der Versicherten, der Arbeitgeber und Dritter, durch staatliche Zuschüsse und durch sonstige Einnahmen aufgebracht.

(2) Der Übergangsbereich im Sinne dieses Gesetzbuches umfasst Arbeitsentgelte aus mehr als geringfügigen Beschäftigungen nach § 8 Absatz 1 Nummer 1, die regelmäßig 2.000 Euro im Monat nicht übersteigen; bei mehreren Beschäftigungsverhältnissen ist das insgesamt erzielte Arbeitsentgelt maßgebend.

Sozialgesetzbuch (SGB) Neuntes Buch (IX) –

vom 23. Dezember 2016 - zuletzt geändert am 22.12.2023

§ 1 Selbstbestimmung und Teilhabe am Leben in der Gesellschaft

Menschen mit Behinderungen oder von Behinderung bedrohte Menschen erhalten Leistungen nach diesem Buch und den für die Rehabilitationsträger geltenden Leistungsgesetzen, um ihre Selbstbestimmung und ihre volle, wirksame und gleichberechtigte Teilhabe am Leben in der Gesellschaft zu fördern, Benachteiligungen zu vermeiden oder ihnen entgegenzuwirken. Dabei wird den besonderen Bedürfnissen von Frauen und Kindern mit Behinderungen und von Behinderung bedrohter Frauen und Kinder sowie Menschen mit seelischen Behinderungen oder von einer solchen Behinderung bedrohter Menschen Rechnung getragen.

§ 2 Begriffsbestimmungen [Behinderung, Beinträchtigung]

(1) Menschen mit Behinderungen sind Menschen, die körperliche, seelische, geistige oder Sinnesbeeinträchtigungen haben, die sie in Wechselwirkung mit einstellungs- und umweltbedingten Barrieren an der gleichberechtigten Teilhabe an der Gesellschaft mit hoher Wahrscheinlichkeit länger als sechs Monate hindern können. Eine Beeinträchtigung nach Satz 1 liegt vor, wenn der Körper- und Gesundheitszustand von dem für das Lebensalter typischen Zustand abweicht. Menschen sind von Behinderung bedroht, wenn eine Beeinträchtigung nach Satz 1 zu erwarten ist.

(2) Menschen sind im Sinne des Teils 3 schwerbehindert, wenn bei ihnen ein Grad der Behinderung von wenigstens 50 vorliegt und sie ihren Wohnsitz, ihren gewöhnlichen Aufenthalt oder ihre Beschäftigung auf einem Arbeitsplatz im Sinne des § 156 rechtmäßig im Geltungsbereich dieses Gesetzbuches haben.

(3) Schwerbehinderten Menschen gleichgestellt werden sollen Menschen mit Behinderungen mit einem Grad der Behinderung von weniger als 50, aber wenigstens 30, bei denen die übrigen Voraussetzungen des Absatzes 2 vorliegen, wenn sie infolge ihrer Behinderung ohne die Gleichstellung einen geeigneten Arbeitsplatz im Sinne des § 156 nicht erlangen oder nicht behalten können (gleichgestellte behinderte Menschen).

§ 151 Geltungsbereich

(1) Die Regelungen dieses Teils gelten für schwerbehinderte und diesen gleichgestellte behinderte Menschen.

(2) [1]Die Gleichstellung behinderter Menschen mit schwerbehinderten Menschen (§ 2 Abs.3) erfolgt auf Grund einer Feststellung nach § 152 auf Antrag des behinderten Menschen durch die Bundesagentur für Arbeit. [2]Die Gleichstellung wird mit dem Tag des Eingangs des Antrags wirksam. [3]Sie kann befristet werden.

(3) Auf gleichgestellte behinderte Menschen werden die besonderen Regelungen für schwerbehinderte Menschen mit Ausnahme des § 208 und des Kapitels 13 angewendet.

(4) [1]Schwerbehinderten Menschen gleichgestellt sind auch behinderte Jugendliche und junge Erwachsene (§ 2 Abs.1) während der Zeit ihrer Berufsausbildung in Betrieben und Dienststellen oder einer beruflichen Orientierung, auch wenn der Grad der Behinderung weniger als 30 beträgt oder ein Grad der Behinderung nicht festgestellt ist. [2]Der Nachweis der Behinderung wird durch eine Stellungnahme der Agentur für Arbeit oder durch einen Bescheid über Leistungen zur Teilhabe am Arbeitsleben erbracht. [3]Die Gleichstellung gilt nur für Leistungen des Integrationsamtes im Rahmen der beruflichen Orientierung und der Berufsausbildung im Sinne des § 185 Abs.3 Nr. 2 Buchstabe c.

§ 152 Feststellung der Behinderung, Ausweise

(1) [1]Auf Antrag des behinderten Menschen stellen die für die Durchführung des Bundesversorgungsgesetzes zuständigen Behörden das Vorliegen einer Behinderung und den Grad der Behinderung zum Zeitpunkt der Antragstellung fest. [2]Auf Antrag kann festgestellt werden, dass ein Grad der Behinderung oder gesundheitliche Merkmale bereits zu einem früheren Zeitpunkt vorgelegen haben, wenn dafür ein besonderes Interesse glaubhaft gemacht wird.(...) [5]Die Auswirkungen auf die Teilhabe am Leben in der Gesellschaft werden als Grad der Behinderung nach Zehnergraden abgestuft festgestellt. [6]Eine Fest-stellung ist nur zu treffen, wenn ein Grad der Behinderung von wenigstens 20 vorliegt. (...)

§ 154 Pflicht der Arbeitgeber zur Beschäftigung schwerbehinderter Menschen

(1) Private und öffentliche Arbeitgeber (Arbeitgeber) mit jahresdurchschnittlich monatlich mindestens 20 Arbeitsplätzen im Sinne des § 156 haben auf wenigstens 5 Prozent der Arbeitsplätze schwerbehinderte Menschen zu beschäftigen. Dabei sind schwerbehinderte Frauen besonders zu berücksichtigen. Abweichend von Satz 1 haben Arbeitgeber mit jahresdurchschnittlich monatlich weniger als 40 Arbeitsplätzen jahresdurchschnittlich je Monat einen schwerbehinderten Menschen, Arbeitgeber mit jahresdurchschnittlich monatlich weniger als 60 Arbeitsplätzen jahresdurchschnittlich je Monat zwei schwerbehinderte Menschen zu beschäftigen.

(2) Als öffentliche Arbeitgeber im Sinne dieses Teils gelten

1. jede oberste Bundesbehörde mit ihren nachgeordneten Dienststellen, das Bundespräsidialamt, die Verwaltungen des Deutschen Bundestages und des Bundesrates, das Bundesverfassungsgericht, die obersten Gerichtshöfe des Bundes, der Bundesgerichtshof jedoch zusammengefasst mit dem Generalbundesanwalt, sowie das Bundeseisenbahnvermögen,
2. jede oberste Landesbehörde und die Staats- und Präsidialkanzleien mit ihren nachgeordneten Dienststellen, die Verwaltungen der Landtage, die Rechnungshöfe (Rechnungskammern), die Organe der Verfassungsgerichtsbarkeit der Länder und jede sonstige Landesbehörde, zusammengefasst jedoch diejenigen Behörden, die eine gemeinsame Personalverwaltung haben,
3. jede sonstige Gebietskörperschaft und jeder Verband von Gebietskörperschaften,
4. jede sonstige Körperschaft, Anstalt oder Stiftung des öffentlichen Rechts.

§ 156 Begriff des Arbeitsplatzes

(1) Arbeitsplätze im Sinne dieses Teils sind alle Stellen, auf denen Arbeitnehmerinnen und Arbeitnehmer, Beamtinnen und Beamte, Richterinnen und Richter sowie Auszubildende und andere zu ihrer beruflichen Bildung Eingestellte beschäftigt werden.
(2) Als Arbeitsplätze gelten nicht die Stellen, auf denen beschäftigt werden:
1. behinderte Menschen, die an Leistungen zur Teilhabe am Arbeitsleben nach § 49 Abs.3 Nummer 4 in Betrieben oder Dienststellen teilnehmen,
2. Personen, deren Beschäftigung nicht in erster Linie ihrem Erwerb dient, sondern vorwiegend durch Beweggründe karitativer oder religiöser Art bestimmt ist, und Geistliche öffentlich-rechtlicher Religionsgemeinschaften,
3. Personen, deren Beschäftigung nicht in erster Linie ihrem Erwerb dient und die vorwiegend zu ihrer Heilung, Wiedereingewöhnung oder Erziehung erfolgt,
4. Personen, die an Arbeitsbeschaffungsmaßnahmen nach dem Dritten Buch teilnehmen,
5. Personen, die nach ständiger Übung in ihre Stellen gewählt werden,
6. Personen, deren Arbeits-, Dienst- oder sonstiges Beschäftigungsverhältnis wegen Wehr- oder Zivildienst, Elternzeit, unbezahlten Urlaubs, wegen Bezuges einer Rente auf Zeit oder bei Altersteilzeitarbeit in der Freistellungsphase (Verblockungsmodell) ruht, solange für sie eine Vertretung eingestellt ist.
(3) Als Arbeitsplätze gelten ferner nicht Stellen, die nach der Natur der Arbeit oder nach den zwischen den Parteien getroffenen Vereinbarungen nur auf die Dauer von höchstens acht Wochen besetzt sind, sowie Stellen, auf denen Beschäftigte weniger als 18 Stunden wöchentlich beschäftigt werden.

§ 157 Berechnung der Mindestzahl von Arbeitsplätzen und der Pflichtarbeitsplatzzahl

(1) [1]Bei der Berechnung der Mindestzahl von Arbeitsplätzen und der Zahl der Arbeitsplätze, auf denen schwerbehinderte Menschen zu beschäftigen sind (§ 154), zählen Stellen, auf denen Auszubildende beschäftigt werden, nicht mit. [2]Das Gleiche gilt für Stellen, auf denen Rechts- oder Studienreferendarinnen und -referendare beschäftigt werden, die einen Rechtsanspruch auf Einstellung haben.
(2) Bei der Berechnung sich ergebende Bruchteile von 0,5 und mehr sind aufzurunden, bei Arbeitgebern mit jahresdurchschnittlich weniger als 60 Arbeitsplätzen abzurunden.

§ 160 Ausgleichsabgabe

(1) [1]Solange Arbeitgeber die vorgeschriebene Zahl schwerbehinderter Menschen nicht beschäftigen, entrichten sie für jeden unbesetzten Pflichtarbeitsplatz für schwerbehinderte Menschen eine Ausgleichsabgabe. [2]Die Zahlung der Ausgleichsabgabe hebt die Pflicht zur Beschäftigung schwerbehinderter Menschen nicht auf. [3]Die Ausgleichsabgabe wird auf der Grundlage einer jahresdurchschnittlichen Beschäftigungsquote ermittelt.
(2) [1]Die Ausgleichsabgabe beträgt je unbesetztem Pflichtarbeitsplatz

1. 125 Euro* bei einer jahresdurchschnittlichen Beschäftigungsquote von 3% bis weniger als dem geltenden Pflichtsatz,
2. 220 Euro* bei einer jahresdurchschnittlichen Beschäftigungsquote von 2% bis weniger als 3 %,
3. 320 Euro* bei einer jahresdurchschnittlichen Beschäftigungsquote von weniger als 2 %.

[2]Abweichend von Satz 1 beträgt die Ausgleichsabgabe je unbesetztem Pflichtarbeitsplatz für schwerbehinderte Menschen

1. für Arbeitgeber mit jahresdurchschnittlich weniger als 40 zu berücksichtigenden Arbeitsplätzen bei einer jahresdurchschnittlichen Beschäftigung von weniger als einem schwerbehinderten Menschen 125 Euro* und
2. für Arbeitgeber mit jahresdurchschnittlich weniger als 60 zu berücksichtigenden Arbeitsplätzen bei einer jahresdurchschnittlichen Beschäftigung von weniger als zwei schwerbehinderten Menschen 125 Euro und bei einer jahresdurchschnittlichen Beschäftigung von weniger als einem schwerbehinderten Menschen 220 Euro*.

* Ab 1.1.2021 beträgt die Ausgleichsabgabe 140 € / 245 € / 360 € monatlich je nicht besetzten Pflichtarbeitsplatz.

(3) [1]Die Ausgleichsabgabe erhöht sich entsprechend der Veränderung der Bezugsgröße nach § 18 Abs.1 des Vierten Buches. [2]Sie erhöht sich zum 1. Januar eines Kalenderjahres, wenn sich die Bezugsgröße seit der letzten Neubestimmung der Beträge der Ausgleichsabgabe um wenigstens 10 % erhöht hat. [3]Die Erhöhung der Ausgleichsabgabe erfolgt, indem der Faktor für die Veränderung der Bezugsgröße mit dem jeweiligen Betrag der Ausgleichsabgabe vervielfältigt wird. [4]Die sich ergebenden Beträge sind auf den nächsten durch fünf teilbaren Betrag abzurunden. [5]Das Bundesministerium für Arbeit und Soziales gibt den Erhöhungsbetrag und die sich nach Satz 3 ergebenden Beträge der Ausgleichsabgabe im Bundesanzeiger bekannt.

(4) [1]Die Ausgleichsabgabe zahlt der Arbeitgeber jährlich zugleich mit der Erstattung der Anzeige nach § 163 Abs. 2 an das für seinen Sitz zuständige Integrationsamt. [2]Ist ein Arbeitgeber mehr als drei Monate im Rückstand, erlässt das Integrationsamt einen Feststellungsbescheid über die rückständigen Beträge und zieht diese ein. [3]Für rückständige Beträge der Ausgleichsabgabe erhebt das Integrationsamt nach dem 31. März Säumniszuschläge nach Maßgabe des § 24 Abs. 1 des Vierten Buches; für ihre Verwendung gilt Abs. 5 entsprechend. [4]Das Integrationsamt kann in begründeten Ausnahmefällen von der Erhebung von Säumniszuschlägen absehen. [5]Widerspruch und Anfechtungsklage gegen den Feststellungsbescheid haben keine aufschiebende Wirkung. [6]Gegenüber privaten Arbeitgebern wird die Zwangsvollstreckung nach den Vorschriften über das Verwaltungszwangsverfahren durchgeführt. [7]Bei öffentlichen Arbeitgebern wendet sich das Integrationsamt an die Aufsichtsbehörde, gegen deren Entscheidung es die Entscheidung der obersten Bundes- oder Landesbehörde anrufen kann. [8]Die Ausgleichsabgabe wird nach Ablauf des Kalenderjahres, das auf den Eingang der Anzeige bei der Bundesagentur für Arbeit folgt, weder nachgefordert noch erstattet.

§ 163 Zusammenwirken der Arbeitgeber mit der Bundesagentur für Arbeit und den Integrationsämtern

(1) Die Arbeitgeber haben, gesondert für jeden Betrieb und jede Dienststelle, ein Verzeichnis der bei ihnen beschäftigten schwerbehinderten, ihnen gleichgestellten behinderten Menschen und sonstigen anrechnungsfähigen Personen laufend zu führen und dieses den Vertretern oder Vertreterinnen der Bundesagentur für Arbeit und des Integrationsamtes, die für den Sitz des Betriebes oder der Dienststelle zuständig sind, auf Verlangen vorzulegen.

(2) [1]Die Arbeitgeber haben der für ihren Sitz zuständigen Agentur für Arbeit einmal jährlich bis spätestens zum 31. März für das vorangegangene Kalenderjahr, aufgegliedert nach Monaten, die Daten anzuzeigen, die zur Berechnung des Umfangs der Beschäftigungspflicht, zur Überwachung ihrer Erfüllung und der Ausgleichsabgabe notwendig sind. [2]Der Anzeige sind das nach Abs.1 geführte Verzeichnis sowie eine Kopie der Anzeige und des Verzeichnisses zur Weiterleitung an das für ihren Sitz zuständige Integrationsamt beizufügen. [3]Dem Betriebs-, Personal-, Richter-, Staatsanwalts- und Präsidialrat, der Schwerbehindertenvertretung und dem Inklusionsbeauftragten des Arbeitgebers ist je eine Kopie der Anzeige und des Verzeichnisses zu übermitteln.

(3) Zeigt ein Arbeitgeber die Daten bis zum 30. Juni nicht, nicht richtig oder nicht vollständig an, erlässt die Bundesagentur für Arbeit nach Prüfung in tatsächlicher sowie in rechtlicher Hinsicht einen Feststellungsbescheid über die zur Berechnung der Zahl der Pflichtarbeitsplätze für schwerbehinderte Menschen und der besetzten Arbeitsplätze notwendigen Daten.

(4) Die Arbeitgeber, die Arbeitsplätze für schwerbehinderte Menschen nicht zur Verfügung zu stellen haben, haben die Anzeige nur nach Aufforderung durch die Bundesagentur für Arbeit im Rahmen einer repräsentativen Teilerhebung zu erstatten, die mit dem Ziel der Erfassung der in Abs. 1 genannten Personengruppen, aufgegliedert nach Bundesländern, alle fünf Jahre durchgeführt wird.

(5) Die Arbeitgeber haben der Bundesagentur für Arbeit und dem Integrationsamt auf Verlangen die Auskünfte zu erteilen, die zur Durchführung der besonderen Regelungen zur Teilhabe schwerbehinderter und ihnen gleichgestellter behinderter Menschen am Arbeitsleben notwendig sind.

(6) [1]Für das Verzeichnis und die Anzeige des Arbeitgebers sind die mit der Bundesarbeitsgemeinschaft der Integrationsämter und Hauptfürsorgestellen abgestimmten Vordrucke der Bundesagentur für Arbeit zu verwenden. (...)

(7) Die Arbeitgeber haben den Beauftragten der Bundesagentur für Arbeit und des Integrationsamtes auf Verlangen Einblick in ihren Betrieb oder ihre Dienststelle zu geben, soweit es im Interesse der schwerbehinderten Menschen erforderlich ist und Betriebs- oder Dienstgeheimnisse nicht gefährdet werden.

§ 164 Pflichten des Arbeitgebers und Rechte schwerbehinderter Menschen

(1) [1]Die Arbeitgeber sind verpflichtet zu prüfen, ob freie Arbeitsplätze mit schwerbehinderten Menschen, insbesondere mit bei der Agentur für Arbeit arbeitslos oder arbeitsuchend gemeldeten schwerbehinderten Menschen, besetzt werden können.

[2]Sie nehmen frühzeitig Verbindung mit der Agentur für Arbeit auf. [3]Die Bundesagentur für Arbeit oder ein Integrationsfachdienst schlägt den Arbeitgebern geeignete schwerbehinderte Menschen vor. [4]Über die Vermittlungsvorschläge und vorliegende Bewerbungen von schwerbehinderten Menschen haben die Arbeitgeber die Schwerbehindertenvertretung und die in § 176 genannten Vertretungen unmittelbar nach Eingang zu unterrichten. (...) [6]Bei der Prüfung nach Satz 1 beteiligen die Arbeitgeber die Schwerbehindertenvertretung nach §178 Abs.2 und hören die in § 176 genannten Vertretungen an. [7]Erfüllt der Arbeitgeber seine Beschäftigungspflicht nicht und ist die Schwerbehinderten-vertretung oder eine in § 176 genannte Vertretung mit der beabsichtigten Entscheidung des Arbeitgebers nicht einverstanden, ist diese unter Darlegung der Gründe mit ihnen zu erörtern. [8]Dabei wird der betroffene schwerbehinderte Mensch angehört. [9]Alle Beteiligten sind vom Arbeitgeber über die getroffene Entscheidung unter Darlegung der Gründe unverzüglich zu unterrichten. [10]Bei Bewerbungen schwerbehinderter Menschen ist die Schwerbehindertenvertretung nicht zu beteiligen, wenn der schwerbehinderte Mensch die Beteiligung der Schwerbehindertenvertretung ausdrücklich ablehnt.

(2) [1]Arbeitgeber dürfen schwerbehinderte Beschäftigte nicht wegen ihrer Behinderung benachteiligen. [2]Im Einzelnen gelten hierzu die Regelungen des Allgemeinen Gleichbehandlungsgesetzes.

(3) [1]Die Arbeitgeber stellen durch geeignete Maßnahmen sicher, dass in ihren Betrieben und Dienststellen wenigstens die vorgeschriebene Zahl schwerbehinderter Menschen eine möglichst dauerhafte behinderungsgerechte Beschäftigung finden kann. [2]Abs.4 Satz 2 und 3 gilt entsprechend.

(4) [1]Die schwerbehinderten Menschen haben gegenüber ihren Arbeitgebern Anspruch auf

1. Beschäftigung, bei der sie ihre Fähigkeiten und Kenntnisse möglichst voll verwerten und weiterentwickeln können,
2. bevorzugte Berücksichtigung bei innerbetrieblichen Maßnahmen der beruflichen Bildung zur Förderung ihres beruflichen Fortkommens,
3. Erleichterungen im zumutbaren Umfang zur Teilnahme an außerbetrieblichen Maßnahmen der beruflichen Bildung,
4. behinderungsgerechte Einrichtung und Unterhaltung der Arbeitsstätten einschließlich der Betriebsanlagen, Maschinen und Geräte sowie der Gestaltung der Arbeitsplätze, des Arbeitsumfelds, der Arbeitsorganisation und der Arbeitszeit, unter besonderer Berücksichtigung der Unfallgefahr,
5. Ausstattung ihres Arbeitsplatzes mit den erforderlichen technischen Arbeitshilfen unter Berücksichtigung der Behinderung und ihrer Auswirkungen auf die Beschäftigung.

[2]Bei der Durchführung der Maßnahmen nach Satz 1 Nr. 1, 4 und 5 unterstützen die Bundesagentur für Arbeit und die Integrationsämter die Arbeitgeber unter Berücksichtigung der für die Beschäftigung wesentlichen Eigenschaften der schwerbehinderten Menschen. [3]Ein Anspruch nach Satz 1 besteht nicht, soweit seine Erfüllung für den Arbeitgeber nicht zumutbar oder mit unverhältnismäßigen Aufwendungen verbunden wäre

oder soweit die staatlichen oder berufsgenossenschaftlichen Arbeitsschutzvorschriften oder beamtenrechtliche Vorschriften entgegenstehen.

(5) [1]Die Arbeitgeber fördern die Einrichtung von Teilzeitarbeitsplätzen. [2]Sie werden dabei von den Integrationsämtern unterstützt. [3]Schwerbehinderte Menschen haben einen Anspruch auf Teilzeitbeschäftigung, wenn die kürzere Arbeitszeit wegen Art oder Schwere der Behinderung notwendig ist; Abs.4 Satz 3 gilt entsprechend.

§ 168 Erfordernis der Zustimmung

Die Kündigung des Arbeitsverhältnisses eines schwerbehinderten Menschen durch den Arbeitgeber bedarf der vorherigen Zustimmung des Integrationsamtes.

§ 169 Kündigungsfrist

Die Kündigungsfrist beträgt mindestens vier Wochen.

§ 170 Antragsverfahren

(1) [1]Die Zustimmung zur Kündigung beantragt der Arbeitgeber bei dem für den Sitz des Betriebes oder der Dienststelle zuständigen Integrationsamt schriftlich oder elektronisch. [2]Der Begriff des Betriebes und der Begriff der Dienststelle im Sinne dieses Teils bestimmen sich nach dem Betriebsverfassungsgesetz und dem Personalvertretungsrecht.

(2) Das Integrationsamt holt eine Stellungnahme des Betriebsrates oder Personalrates und der Schwerbehindertenvertretung ein und hört den schwerbehinderten Menschen an.

(3) Das Integrationsamt wirkt in jeder Lage des Verfahrens auf eine gütliche Einigung hin.

§ 171 Entscheidung des Integrationsamtes

(1) Das Integrationsamt soll die Entscheidung, falls erforderlich, auf Grund mündlicher Verhandlung, innerhalb eines Monats vom Tag des Eingangs des Antrages an treffen.

(2) [1]Die Entscheidung wird dem Arbeitgeber und dem schwerbehinderten Menschen zugestellt. [2]Der Bundesagentur für Arbeit wird eine Abschrift der Entscheidung übersandt.

(3) Erteilt das Integrationsamt die Zustimmung zur Kündigung, kann der Arbeitgeber die Kündigung nur innerhalb eines Monats nach Zustellung erklären.

(4) Widerspruch und Anfechtungsklage gegen die Zustimmung des Integrationsamtes zur Kündigung haben keine aufschiebende Wirkung.

§ 173 Ausnahmen

(1) Die Vorschriften dieses Kapitels gelten nicht für schwerbehinderte Menschen,

1. deren Arbeitsverhältnis zum Zeitpunkt des Zugangs der Kündigungserklärung ohne Unterbrechung noch nicht länger als sechs Monate besteht oder
2. die auf Stellen im Sinne des § 156 Abs. 2 Nr. 2 bis 5 beschäftigt werden oder
3. deren Arbeitsverhältnis durch Kündigung beendet wird, sofern sie

a) das 58. Lebensjahr vollendet haben und Anspruch auf eine Abfindung, Entschädigung oder ähnliche Leistung auf Grund eines Sozialplanes haben oder

b) Anspruch auf Knappschaftsausgleichsleistung nach dem Sechsten Buch oder auf Anpassungsgeld für entlassene Arbeitnehmer des Bergbaus haben
(2) Die Vorschriften dieses Kapitels finden ferner bei Entlassungen, die aus Witterungsgründen vorgenommen werden, keine Anwendung, sofern die Wiedereinstellung der schwerbehinderten Menschen bei Wiederaufnahme der Arbeit gewährleistet ist.
(3) Die Vorschriften dieses Kapitels finden ferner keine Anwendung, wenn zum Zeitpunkt der Kündigung die Eigenschaft als schwerbehinderter Mensch nicht nachgewiesen ist oder das Versorgungsamt nach Ablauf der Frist des § 152 Abs.1 Satz 3 eine Feststellung wegen fehlender Mitwirkung nicht treffen konnte.
(4) Der Arbeitgeber zeigt Einstellungen auf Probe und die Beendigung von Arbeitsverhältnissen schwerbehinderter Menschen in den Fällen des Abs. 1 Nr. 1 unabhängig von der Anzeigepflicht nach anderen Gesetzen dem Integrationsamt innerhalb von vier Tagen an.

§ 174 Außerordentliche Kündigung

(1) Die Vorschriften dieses Kapitels gelten mit Ausnahme von § 169 auch bei außerordentlicher Kündigung, soweit sich aus den folgenden Bestimmungen nichts Abweichendes ergibt.
(2) [1]Die Zustimmung zur Kündigung kann nur innerhalb von zwei Wochen beantragt werden; maßgebend ist der Eingang des Antrages bei dem Integrationsamt. [2]Die Frist beginnt mit dem Zeitpunkt, in dem der Arbeitgeber von den für die Kündigung maßgebenden Tatsachen Kenntnis erlangt.
(3) [1]Das Integrationsamt trifft die Entscheidung innerhalb von zwei Wochen vom Tag des Eingangs des Antrages an. [2]Wird innerhalb dieser Frist eine Entscheidung nicht getroffen, gilt die Zustimmung als erteilt.
(4) Das Integrationsamt soll die Zustimmung erteilen, wenn die Kündigung aus einem Grund erfolgt, der nicht im Zusammenhang mit der Behinderung steht.
(5) Die Kündigung kann auch nach Ablauf der Frist des § 626 Abs.2 Satz 1 BGB erfolgen, wenn sie unverzüglich nach Erteilung der Zustimmung erklärt wird.

§ 177 Wahl und Amtszeit der Schwerbehindertenvertretung

(1) In Betrieben und Dienststellen, in denen wenigstens fünf schwerbehinderte Menschen nicht nur vorübergehend beschäftigt sind, werden eine Vertrauensperson und wenigstens ein stellvertretendes Mitglied gewählt, das die Vertrauensperson im Falle der Verhinderung vertritt. (...)
(2) Wahlberechtigt sind alle in dem Betrieb oder der Dienststelle beschäftigten schwerbehinderten Menschen.
(3) [1]Wählbar sind alle in dem Betrieb oder der Dienststelle nicht nur vorübergehend Beschäftigten, die am Wahltag das 18. Lebensjahr vollendet haben und dem Betrieb oder der Dienststelle seit sechs Monaten angehören; (...)

§ 178 Aufgaben der Schwerbehindertenvertretung

(1) [1]Die Schwerbehindertenvertretung fördert die Eingliederung schwerbehinderter Menschen in den Betrieb oder die Dienststelle, vertritt ihre Interessen in dem Betrieb oder der Dienststelle und steht ihnen beratend und helfend zur Seite. [2]Sie erfüllt ihre Aufgaben insbesondere dadurch, dass sie

1. darüber wacht, dass die zugunsten schwerbehinderter Menschen geltenden Gesetze, Verordnungen, Tarifverträge, Betriebs- oder Dienstvereinbarungen und Verwaltungsanordnungen durchgeführt, insbesondere auch die dem Arbeitgeber nach den §§ 154, 155 und 164 bis 167 obliegenden Verpflichtungen erfüllt werden,
2. Maßnahmen, die den schwerbehinderten Menschen dienen, insbesondere auch präventive Maßnahmen, bei den zuständigen Stellen beantragt,
3. Anregungen und Beschwerden von schwerbehinderten Menschen entgegennimmt und, falls sie berechtigt erscheinen, durch Verhandlung mit dem Arbeitgeber auf eine Erledigung hinwirkt; sie unterrichtet die schwerbehinderten Menschen über den Stand und das Ergebnis der Verhandlungen.

[3]Die Schwerbehindertenvertretung unterstützt Beschäftigte auch bei Anträgen an die nach § 152 Abs.1 zuständigen Behörden auf Feststellung einer Behinderung, ihres Grades und einer Schwerbehinderung sowie bei Anträgen auf Gleichstellung an die Agentur für Arbeit. (...)

(2) [1]Der Arbeitgeber hat die Schwerbehindertenvertretung in allen Angelegenheiten, die einen einzelnen oder die schwerbehinderten Menschen als Gruppe berühren, unverzüglich und umfassend zu unterrichten und vor einer Entscheidung anzuhören; er hat ihr die getroffene Entscheidung unverzüglich mitzuteilen. [2]Die Durchführung oder Vollziehung einer ohne Beteiligung nach Satz 1 getroffenen Entscheidung ist auszusetzen, die Beteiligung ist innerhalb von sieben Tagen nachzuholen; sodann ist endgültig zu entscheiden. [3]Die Kündigung eines schwerbehinderten Menschen, die der Arbeitgeber ohne eine Beteiligung nach Satz 1 ausspricht, ist unwirksam. [4]Die Schwerbehindertenvertretung hat das Recht auf Beteiligung am Verfahren nach § 164 Abs.1 und beim Vorliegen von Vermittlungsvorschlägen der Bundesagentur für Arbeit nach § 164 Abs.1 oder von Bewerbungen schwerbehinderter Menschen das Recht auf Einsicht in die entscheidungsrelevanten Teile der Bewerbungsunterlagen und Teilnahme an Vorstellungsgesprächen.

§ 207 Mehrarbeit

Schwerbehinderte Menschen werden auf ihr Verlangen von Mehrarbeit freigestellt.

§ 208 Zusatzurlaub

(1) [1]Schwerbehinderte Menschen haben Anspruch auf einen bezahlten zusätzlichen Urlaub von fünf Arbeitstagen im Urlaubsjahr; verteilt sich die regelmäßige Arbeitszeit des schwerbehinderten Menschen auf mehr oder weniger als fünf Arbeitstage in der Kalenderwoche, erhöht oder vermindert sich der Zusatzurlaub entsprechend. [2]Soweit tarifliche, betriebliche oder sonstige Urlaubsregelungen für schwerbehinderte Menschen einen längeren Zusatzurlaub vorsehen, bleiben sie unberührt.

Tarifvertragsgesetz - TVG

Vom 25. August 1969, zuletzt geändert 20. Mai 2020

§ 1 Inhalt und Form des Tarifvertrags

(1) Der Tarifvertrag regelt die Rechte und Pflichten der Tarifvertragsparteien und enthält Rechtsnormen, die den Inhalt, den Abschluss und die Beendigung von Arbeitsverhältnissen sowie betriebliche und betriebsverfassungsrechtliche Fragen ordnen können.
(2) Tarifverträge bedürfen der Schriftform.

§ 2 Tarifvertragsparteien

(1) Tarifvertragsparteien sind Gewerkschaften, einzelne Arbeitgeber sowie Vereinigungen von Arbeitgebern.
(2) Zusammenschlüsse von Gewerkschaften und von Vereinigungen von Arbeitgebern (Spitzenorganisationen) können im Namen der ihnen angeschlossenen Verbände Tarifverträge abschließen, wenn sie eine entsprechende Vollmacht haben.
(3) Spitzenorganisationen können selbst Parteien eines Tarifvertrags sein, wenn der Abschluss von Tarifverträgen zu ihren satzungsgemäßen Aufgaben gehört.
(4) In den Fällen der Absätze 2 und 3 haften sowohl die Spitzenorganisationen wie die ihnen angeschlossenen Verbände für die Erfüllung der gegenseitigen Verpflichtungen der Tarifvertragsparteien.

§ 3 Tarifgebundenheit

(1) Tarifgebunden sind die Mitglieder der Tarifvertragsparteien und der Arbeitgeber, der selbst Partei des Tarifvertrags ist.
(2) Rechtsnormen des Tarifvertrags über betriebliche und betriebsverfassungsrechtliche Fragen gelten für alle Betriebe, deren Arbeitgeber tarifgebunden ist.
(3) Die Tarifgebundenheit bleibt bestehen, bis der Tarifvertrag endet.

§ 4 Wirkung der Rechtsnormen

(1) Die Rechtsnormen des Tarifvertrags, die den Inhalt, den Abschluss oder die Beendigung von Arbeitsverhältnissen ordnen, gelten unmittelbar und zwingend zwischen den beiderseits Tarifgebundenen, die unter den Geltungsbereich des Tarifvertrags fallen. Diese Vorschrift gilt entsprechend für Rechtsnormen des Tarifvertrags über betriebliche und betriebsverfassungsrechtliche Fragen.
(2) Sind im Tarifvertrag gemeinsame Einrichtungen der Tarifvertragsparteien vorgesehen und geregelt (Lohnausgleichskassen, Urlaubskassen usw.), so gelten diese Regelungen auch unmittelbar und zwingend für die Satzung dieser Einrichtung und das Verhältnis der Einrichtung zu den tarifgebundenen Arbeitgebern und Arbeitnehmern.

(3) Abweichende Abmachungen sind nur zulässig, soweit sie durch den Tarifvertrag gestattet sind oder eine Änderung der Regelungen zugunsten des Arbeitnehmers enthalten.
(4) Ein Verzicht auf entstandene tarifliche Rechte ist nur in einem von den Tarifvertragsparteien gebilligten Vergleich zulässig. Die Verwirkung von tariflichen Rechten ist ausgeschlossen. Ausschlussfristen für die Geltendmachung tariflicher Rechte können nur im Tarifvertrag vereinbart werden.
(5) Nach Ablauf des Tarifvertrags gelten seine Rechtsnormen weiter, bis sie durch eine andere Abmachung ersetzt werden.

§ 4a Tarifkollision

(1) Zur Sicherung der Schutzfunktion, Verteilungsfunktion, Befriedungsfunktion sowie Ordnungsfunktion von Rechtsnormen des Tarifvertrags werden Tarifkollisionen im Betrieb vermieden.
(2) Der Arbeitgeber kann nach § 3 an mehrere Tarifverträge unterschiedlicher Gewerkschaften gebunden sein. Soweit sich die Geltungsbereiche nicht inhaltsgleicher Tarifverträge verschiedener Gewerkschaften überschneiden (kollidierende Tarifverträge), sind im Betrieb nur die Rechtsnormen des Tarifvertrags derjenigen Gewerkschaft anwendbar, die zum Zeitpunkt des Abschlusses des zuletzt abgeschlossenen kollidierenden Tarifvertrags im Betrieb die meisten in einem Arbeitsverhältnis stehenden Mitglieder hat (Mehrheitstarifvertrag);wurden beim Zustandekommen des Mehrheitstarifvertrags die Interessen von Arbeitnehmergruppen, die auch von dem nach dem ersten Halbsatz nicht anzuwendenden Tarifvertrag erfasst werden, nicht ernsthaft und wirksam berücksichtigt, sind auch die Rechtsnormen dieses Tarifvertrags anwendbar. Kollidieren die Tarifverträge erst zu einem späteren Zeitpunkt, ist dieser für die Mehrheitsfeststellung maßgeblich. Als Betriebe gelten auch ein Betrieb nach § 1 Abs.1 Satz 2 des Betriebsverfassungsgesetzes und ein durch Tarifvertrag nach § 3 Abs.1 Nummer 1 bis 3 des Betriebsverfassungsgesetzes errichteter Betrieb, es sei denn, dies steht den Zielen des Absatzes 1 offensichtlich entgegen. Dies ist insbesondere der Fall, wenn die Betriebe von Tarifvertragsparteien unterschiedlichen Wirtschaftszweigen oder deren Wertschöpfungsketten zugeordnet worden sind.
(3) Für Rechtsnormen eines Tarifvertrags über eine betriebsverfassungsrechtliche Frage nach § 3 Abs.1 und § 117 Abs.2 des Betriebsverfassungsgesetzes gilt Abs.2 Satz 2 nur, wenn diese betriebsverfassungsrechtliche Frage bereits durch Tarifvertrag einer anderen Gewerkschaft geregelt ist.
(4) Eine Gewerkschaft kann vom Arbeitgeber oder von der Vereinigung der Arbeitgeber die Nachzeichnung der Rechtsnormen eines mit ihrem Tarifvertrag kollidierenden Tarifvertrags verlangen. Der Anspruch auf Nachzeichnung beinhaltet den Abschluss eines die Rechtsnormen des kollidierenden Tarifvertrags enthaltenden Tarifvertrags, soweit sich die Geltungsbereiche und Rechtsnormen der Tarifverträge überschneiden. Die Rechtsnormen eines nach Satz 1 nachgezeichneten Tarifvertrags gelten unmittelbar und zwingend, soweit der Tarifvertrag der nachzeichnenden Gewerkschaft nach Abs.2 Satz 2 nicht zur Anwendung kommt.

(5) Nimmt ein Arbeitgeber oder eine Vereinigung von Arbeitgebern mit einer Gewerkschaft Verhandlungen über den Abschluss eines Tarifvertrags auf, ist der Arbeitgeber oder die Vereinigung von Arbeitgebern verpflichtet, dies rechtzeitig und in geeigneter Weise bekanntzugeben. Eine andere Gewerkschaft, zu deren satzungsgemäßen Aufgaben der Abschluss eines Tarifvertrags nach Satz 1 gehört, ist berechtigt, dem Arbeitgeber oder der Vereinigung von Arbeitgebern ihre Vorstellungen und Forderungen mündlich vorzutragen.

§ 5 Allgemeinverbindlichkeit

(1) Das Bundesministerium für Arbeit und Soziales kann einen Tarifvertrag im Einvernehmen mit einem aus je drei Vertretern der Spitzenorganisationen der Arbeitgeber und der Arbeitnehmer bestehenden Ausschuss (Tarifausschuss) auf gemeinsamen Antrag der Tarifvertragsparteien für allgemeinverbindlich erklären, wenn die Allgemeinverbindlicherklärung im öffentlichen Interesse geboten erscheint. Die Allgemeinverbindlicherklärung erscheint in der Regel im öffentlichen Interesse geboten, wenn

1. der Tarifvertrag in seinem Geltungsbereich für die Gestaltung der Arbeitsbedingungen überwiegende Bedeutung erlangt hat oder
2. die Absicherung der Wirksamkeit der tarifvertraglichen Normsetzung gegen die Folgen wirtschaftlicher Fehlentwicklung eine Allgemeinverbindlicherklärung verlangt.

(1a) Das Bundesministerium für Arbeit und Soziales kann einen Tarifvertrag über eine gemeinsame Einrichtung zur Sicherung ihrer Funktionsfähigkeit im Einvernehmen mit dem Tarifausschuss auf gemeinsamen Antrag der Tarifvertragsparteien für allgemeinverbindlich erklären, wenn der Tarifvertrag die Einziehung von Beiträgen und die Gewährung von Leistungen durch eine gemeinsame Einrichtung mit folgenden Gegenständen regelt:

1. den Erholungsurlaub, ein Urlaubsgeld oder ein zusätzliches Urlaubsgeld,
2. eine betriebliche Altersversorgung im Sinne des Betriebsrentengesetzes,
3. die Vergütung der Auszubildenden oder die Ausbildung in überbetrieblichen Bildungsstätten,
4. eine zusätzliche betriebliche oder überbetriebliche Vermögensbildung der Arbeitnehmer,
5. Lohnausgleich bei Arbeitszeitausfall, Arbeitszeitverkürzung oder Arbeitszeitverlängerung.

Der Tarifvertrag kann alle mit dem Beitragseinzug und der Leistungsgewährung in Zusammenhang stehenden Rechte und Pflichten einschließlich der dem Verfahren zugrunde liegenden Ansprüche der Arbeitnehmer und Pflichten der Arbeitgeber regeln. § 7 Abs.2 des Arbeitnehmer-Entsendegesetzes findet entsprechende Anwendung.

(2) Vor der Entscheidung über den Antrag ist Arbeitgebern und Arbeitnehmern, die von der Allgemeinverbindlicherklärung betroffen werden würden, den am Ausgang des Verfahrens interessierten Gewerkschaften und Vereinigungen der Arbeitgeber sowie den obersten Arbeitsbehörden der Länder, auf deren Bereich sich der Tarifvertrag erstreckt, Gelegenheit zur schriftlichen Stellungnahme sowie zur Äußerung in einer mündlichen und

öffentlichen Verhandlung zu geben. In begründeten Fällen kann das Bundesministerium für Arbeit und Soziales eine Teilnahme an der Verhandlung mittels Video- oder Telefonkonferenz vorsehen.
(3) Erhebt die oberste Arbeitsbehörde eines beteiligten Landes Einspruch gegen die beantragte Allgemeinverbindlicherklärung, so kann das Bundesministerium für Arbeit und Soziales dem Antrag nur mit Zustimmung der Bundesregierung stattgeben.
(4) Mit der Allgemeinverbindlicherklärung erfassen die Rechtsnormen des Tarifvertrags in seinem Geltungsbereich auch die bisher nicht tarifgebundenen Arbeitgeber und Arbeitnehmer. Ein nach Abs.1a für allgemeinverbindlich erklärter Tarifvertrag ist vom Arbeitgeber auch dann einzuhalten, wenn er nach § 3 an einen anderen Tarifvertrag gebunden ist.
(5) Das Bundesministerium für Arbeit und Soziales kann die Allgemeinverbindlicherklärung eines Tarifvertrags im Einvernehmen mit dem in Abs.1 genannten Ausschuß aufheben, wenn die Aufhebung im öffentlichen Interesse geboten erscheint. Die Absätze 2 und 3 gelten entsprechend. Im übrigen endet die Allgemeinverbindlichkeit eines Tarifvertrags mit dessen Ablauf.
...

§ 6 Tarifregister

Bei dem Bundesministerium für Arbeit und Soziales wird ein Tarifregister geführt, in das der Abschluss, die Änderung und die Aufhebung der Tarifverträge sowie der Beginn und die Beendigung der Allgemeinverbindlichkeit eingetragen werden.

§ 7 Übersendungs- und Mitteilungspflicht

(1) Die Tarifvertragsparteien sind verpflichtet, dem Bundesministerium für Arbeit und Soziales innerhalb eines Monats nach Abschluss kostenfrei die Urschrift oder eine beglaubigte Abschrift sowie zwei weitere Abschriften eines jeden Tarifvertrags und seiner Änderungen zu übersenden; sie haben ihm das Außerkrafttreten eines jeden Tarifvertrags innerhalb eines Monats mitzuteilen. Sie sind ferner verpflichtet, den obersten Arbeitsbehörden der Länder, auf deren Bereich sich der Tarifvertrag erstreckt, innerhalb eines Monats nach Abschluss kostenfrei je drei Abschriften des Tarifvertrags und seiner Änderungen zu übersenden und auch das Außerkrafttreten des Tarifvertrags innerhalb eines Monats mitzuteilen. Erfüllt eine Tarifvertragspartei die Verpflichtungen, so werden die übrigen Tarifvertragsparteien davon befreit.
(2) Ordnungswidrig handelt, wer vorsätzlich oder fahrlässig entgegen Abs.1 einer Übersendungs- oder Mitteilungspflicht nicht, unrichtig, nicht vollständig oder nicht rechtzeitig genügt. Die Ordnungswidrigkeit kann mit einer Geldbuße geahndet werden.
(3) Verwaltungsbehörde im Sinne des § 36 Abs. 1 Nr. 1 des Gesetzes über Ordnungswidrigkeiten ist die Behörde, der gegenüber die Pflicht nach Abs.1 zu erfüllen ist.

§ 8 Bekanntgabe des Tarifvertrags

Der Arbeitgeber ist verpflichtet, die im Betrieb anwendbaren Tarifverträge sowie rechtskräftige Beschlüsse nach § 99 des Arbeitsgerichtsgesetzes über den nach § 4a Abs.2 Satz 2 anwendbaren Tarifvertrag im Betrieb bekanntzumachen.

§ 12 Spitzenorganisationen

Spitzenorganisationen im Sinne dieses Gesetzes sind ... diejenigen Zusammenschlüsse von Gewerkschaften oder von Arbeitgebervereinigungen, die für die Vertretung der Arbeitnehmer- oder der Arbeitgeberinteressen im Arbeitsleben des Bundesgebiets wesentliche Bedeutung haben. Ihnen stehen gleich Gewerkschaften und Arbeitgebervereinigungen, die keinem solchen Zusammenschluss angehören wenn sie die Voraussetzungen des letzten Halbsatzes in Satz 1 erfüllen.

§ 12a Arbeitnehmerähnliche Personen

(1) Die Vorschriften dieses Gesetzes gelten entsprechend

1. für Personen, die wirtschaftlich abhängig und vergleichbar einem Arbeitnehmer sozial schutzbedürftig sind (arbeitnehmerähnliche Personen), wenn sie auf Grund von Dienst- oder Werkverträgen für andere Personen tätig sind, die geschuldeten Leistungen persönlich und im wesentlichen ohne Mitarbeit von Arbeitnehmern erbringen und

a) überwiegend für eine Person tätig sind oder

b) ihnen von einer Person im Durchschnitt mehr als die Hälfte des Entgelts zusteht, das ihnen für ihre Erwerbstätigkeit insgesamt zusteht; ist dies nicht voraussehbar, so sind für die Berechnung, soweit im Tarifvertrag nichts anderes vereinbart ist, jeweils die letzten sechs Monate, bei kürzerer Dauer der Tätigkeit dieser Zeitraum, maßgebend,

2. für die in Nummer 1 genannten Personen, für die die arbeitnehmerähnlichen Personen tätig sind, sowie für die zwischen ihnen und den arbeitnehmerähnlichen Personen durch Dienst- oder Werkverträge begründeten Rechtsverhältnisse.

(2) Mehrere Personen, für die arbeitnehmerähnliche Personen tätig sind, gelten als eine Person, wenn diese mehreren Personen nach der Art eines Konzerns (§ 18 Aktiengesetz) zusammengefasst sind oder zu einer zwischen ihnen bestehenden Organisationsgemeinschaft oder nicht nur vorübergehenden Arbeitsgemeinschaft gehören.

(3) Die Absätze 1 und 2 finden auf Personen, die künstlerische, schriftstellerische oder journalistische Leistungen erbringen, sowie auf Personen, die an der Erbringung, insbesondere der technischen Gestaltung solcher Leistungen unmittelbar mitwirken, auch dann Anwendung, wenn ihnen abweichend von Abs.1 Nr. 1 Buchstabe b erster Halbsatz von einer Person im Durchschnitt mindestens ein Drittel des Entgelts zusteht, das ihnen für ihre Erwerbstätigkeit insgesamt zusteht.

(4) Die Vorschrift findet keine Anwendung auf Handelsvertreter im Sinne des § 84 des Handelsgesetzbuchs.

Teilzeit- und Befristungsgesetz - TzBfG

Gesetz über Teilzeitarbeit und befristete Arbeitsverträge
vom 21. Dezember 2000 - zuletzt geändert 22. November 2019

§ 1 Zielsetzung

Ziel des Gesetzes ist, Teilzeitarbeit zu fördern, die Voraussetzungen für die Zulässigkeit befristeter Arbeitsverträge festzulegen und die Diskriminierung von teilzeitbeschäftigten und befristet beschäftigten Arbeitnehmern zu verhindern.

§ 2 Begriff des teilzeitbeschäftigten Arbeitnehmers

(1) Teilzeitbeschäftigt ist ein Arbeitnehmer, dessen regelmäßige Wochenarbeitszeit kürzer ist als die eines vergleichbaren vollzeitbeschäftigten Arbeitnehmers. Ist eine regelmäßige Wochenarbeitszeit nicht vereinbart, so ist ein Arbeitnehmer teilzeitbeschäftigt, wenn seine regelmäßige Arbeitszeit im Durchschnitt eines bis zu einem Jahr reichenden Beschäftigungszeitraums unter der eines vergleichbaren vollzeitbeschäftigten Arbeitnehmers liegt. Vergleichbar ist ein vollzeitbeschäftigter Arbeitnehmer des Betriebes mit derselben Art des Arbeitsverhältnisses und der gleichen oder einer ähnlichen Tätigkeit. Gibt es im Betrieb keinen vergleichbaren vollzeitbeschäftigten Arbeitnehmer, so ist der vergleichbare vollzeitbeschäftigte Arbeitnehmer auf Grund des anwendbaren Tarifvertrages zu bestimmen; in allen anderen Fällen ist darauf abzustellen, wer im jeweiligen Wirtschaftszweig üblicherweise als vergleichbarer vollzeitbeschäftigter Arbeitnehmer anzusehen ist.
(2) Teilzeitbeschäftigt ist auch ein Arbeitnehmer, der eine geringfügige Beschäftigung nach § 8 Abs. 1 Nr. 1 des Vierten Buches Sozialgesetzbuch ausübt.

§ 3 Begriff des befristet beschäftigten Arbeitnehmers

(1) Befristet beschäftigt ist ein Arbeitnehmer mit einem auf bestimmte Zeit geschlossenen Arbeitsvertrag. Ein auf bestimmte Zeit geschlossener Arbeitsvertrag (befristeter Arbeitsvertrag) liegt vor, wenn seine Dauer kalendermäßig bestimmt ist (kalendermäßig befristeter Arbeitsvertrag) oder sich aus Art, Zweck oder Beschaffenheit der Arbeitsleistung ergibt (zweckbefristeter Arbeitsvertrag).
(2) Vergleichbar ist ein unbefristet beschäftigter Arbeitnehmer des Betriebes mit der gleichen oder einer ähnlichen Tätigkeit. Gibt es im Betrieb keinen vergleichbaren unbefristet beschäftigten Arbeitnehmer, so ist der vergleichbare unbefristet beschäftigte Arbeitnehmer auf Grund des anwendbaren Tarifvertrages zu bestimmen; in allen anderen Fällen ist darauf abzustellen, wer im jeweiligen Wirtschaftszweig üblicherweise als vergleichbarer unbefristet beschäftigter Arbeitnehmer anzusehen ist.

§ 4 Verbot der Diskriminierung

(1) Ein teilzeitbeschäftigter Arbeitnehmer darf wegen der Teilzeitarbeit nicht schlechter behandelt werden als ein vergleichbarer vollzeitbeschäftigter Arbeitnehmer, es sei denn, dass sachliche Gründe eine unterschiedliche Behandlung rechtfertigen. Einem teilzeitbeschäftigten Arbeitnehmer ist Arbeitsentgelt oder eine andere teilbare geldwerte Leistung mindestens in dem Umfang zu gewähren, der dem Anteil seiner Arbeitszeit an der Arbeitszeit eines vergleichbaren vollzeitbeschäftigten Arbeitnehmers entspricht.

(2) Ein befristet beschäftigter Arbeitnehmer darf wegen der Befristung des Arbeitsvertrages nicht schlechter behandelt werden, als ein vergleichbarer unbefristet beschäftigter Arbeitnehmer, es sei denn, dass sachliche Gründe eine unterschiedliche Behandlung rechtfertigen. Einem befristet beschäftigten Arbeitnehmer ist Arbeitsentgelt oder eine andere teilbare geldwerte Leistung, die für einen bestimmten Bemessungszeitraum gewährt wird, mindestens in dem Umfang zu gewähren, der dem Anteil seiner Beschäftigungsdauer am Bemessungszeitraum entspricht. Sind bestimmte Beschäftigungsbedingungen von der Dauer des Bestehens des Arbeitsverhältnisses in demselben Betrieb oder Unternehmen abhängig, so sind für befristet beschäftigte Arbeitnehmer dieselben Zeiten zu berücksichtigen wie für unbefristet beschäftigte Arbeitnehmer, es sei denn, dass eine unterschiedliche Berücksichtigung aus sachlichen Gründen gerechtfertigt ist.

§ 5 Benachteiligungsverbot

Der Arbeitgeber darf einen Arbeitnehmer nicht wegen der Inanspruchnahme von Rechten nach diesem Gesetz benachteiligen.

§ 6 Förderung von Teilzeitarbeit

Der Arbeitgeber hat den Arbeitnehmern, auch in leitenden Positionen, Teilzeitarbeit nach Maßgabe dieses Gesetzes zu ermöglichen.

§ 7 Ausschreibung; Erörterung; Information über freie Arbeitsplätze

(1) Der Arbeitgeber hat einen Arbeitsplatz, den er öffentlich oder innerhalb des Betriebes ausschreibt, auch als Teilzeitarbeitsplatz auszuschreiben, wenn sich der Arbeitsplatz hierfür eignet.

(2) Der Arbeitgeber hat mit dem Arbeitnehmer dessen Wunsch nach Veränderung von Dauer oder Lage seiner vertraglich vereinbarten Arbeitszeit zu erörtern. Dies gilt unabhängig vom Umfang der Arbeitszeit. Der Arbeitnehmer kann ein Mitglied der Arbeitnehmervertretung zur Unterstützung oder Vermittlung hinzuziehen.

(3) Der Arbeitgeber hat einen Arbeitnehmer, der ihm den Wunsch nach einer Veränderung von Dauer oder Lage oder seiner vertraglich vereinbarten Arbeitszeit angezeigt hat, über entsprechende Arbeitsplätze zu informieren, die im Betrieb oder Unternehmen besetzt werden sollen.

(4) Der Arbeitgeber hat die Arbeitnehmervertretung über angezeigte Arbeitszeitwünsche nach Abs.2 über Teilzeitarbeit im Betrieb und Unternehmen zu informieren, insbesondere

über vorhandene oder geplante Teilzeitarbeitsplätze und über die Umwandlung von Teilzeitarbeitsplätzen in Vollzeitarbeitsplätze oder umgekehrt. Der Arbeitnehmervertretung sind auf Verlangen die erforderlichen Unterlagen zur Verfügung zu stellen; § 92 des Betriebsverfassungsgesetzes bleibt unberührt.

§ 8 Zeitlich nicht begrenzte Verringerung der Arbeitszeit

(1) Ein Arbeitnehmer, dessen Arbeitsverhältnis länger als sechs Monate bestanden hat, kann verlangen, dass seine vertraglich vereinbarte Arbeitszeit verringert wird.

(2) Der Arbeitnehmer muss die Verringerung seiner Arbeitszeit und den Umfang der Verringerung spätestens drei Monate vor deren Beginn in Textform geltend machen. Er soll dabei die gewünschte Verteilung der Arbeitszeit angeben.

(3) Der Arbeitgeber hat mit dem Arbeitnehmer die gewünschte Verringerung der Arbeitszeit mit dem Ziel zu erörtern, zu einer Vereinbarung zu gelangen. Er hat mit dem Arbeitnehmer Einvernehmen über die von ihm festzulegende Verteilung der Arbeitszeit zu erzielen.

(4) Der Arbeitgeber hat der Verringerung der Arbeitszeit zuzustimmen und ihre Verteilung entsprechend den Wünschen des Arbeitnehmers festzulegen, soweit betriebliche Gründe nicht entgegenstehen. Ein betrieblicher Grund liegt insbesondere vor, wenn die Verringerung der Arbeitszeit die Organisation, den Arbeitsablauf oder die Sicherheit im Betrieb wesentlich beeinträchtigt oder unverhältnismäßige Kosten verursacht. Die Ablehnungsgründe können durch Tarifvertrag festgelegt werden. Im Geltungsbereich eines solchen Tarifvertrages können nicht tarifgebundene Arbeitgeber und Arbeitnehmer die Anwendung der tariflichen Regelungen über die Ablehnungsgründe vereinbaren.

(5) Die Entscheidung über die Verringerung der Arbeitszeit und ihre Verteilung hat der Arbeitgeber dem Arbeitnehmer spätestens einen Monat vor dem gewünschten Beginn der Verringerung–in Textform mitzuteilen. Haben sich Arbeitgeber und Arbeitnehmer nicht nach Absatz 3 Satz 1 über die Verringerung der Arbeitszeit geeinigt und hat der Arbeitgeber die Arbeitszeitverringerung nicht spätestens einen Monat vor deren gewünschtem Beginn in Textform abgelehnt, verringert sich die Arbeitszeit in dem vom Arbeitnehmer gewünschten Umfang. Haben Arbeitgeber und Arbeitnehmer über die Verteilung der Arbeitszeit kein Einvernehmen nach Absatz 3 Satz 2 erzielt und hat der Arbeitgeber nicht spätestens einen Monat vor dem gewünschten Beginn der Arbeitszeitverringerung die gewünschte Verteilung der Arbeitszeit in Textform abgelehnt, gilt die Verteilung der Arbeitszeit entsprechend den Wünschen des Arbeitnehmers als festgelegt. Der Arbeitgeber kann die nach Satz 3 oder Absatz 3 Satz 2 festgelegte Verteilung der Arbeitszeit wieder ändern, wenn das betriebliche Interesse daran das Interesse des Arbeitnehmers an der Beibehaltung erheblich überwiegt und der Arbeitgeber die Änderung spätestens einen Monat vorher angekündigt hat.

(6) Der Arbeitnehmer kann eine erneute Verringerung der Arbeitszeit frühestens nach Ablauf von zwei Jahren verlangen, nachdem der Arbeitgeber einer Verringerung zugestimmt oder sie berechtigt abgelehnt hat.

(7) Für den Anspruch auf Verringerung der Arbeitszeit gilt die Voraussetzung, dass der Arbeitgeber, unabhängig von der Anzahl der Personen in Berufsbildung, in der Regel mehr als 15 Arbeitnehmer beschäftigt.

§ 9 Verlängerung der Arbeitszeit

Der Arbeitgeber hat einen teilzeitbeschäftigten Arbeitnehmer, der ihm in Textform den Wunsch nach einer Verlängerung seiner vertraglich vereinbarten Arbeitszeit angezeigt hat, bei der Besetzung eines Arbeitsplatzes bevorzugt zu berücksichtigen, es sei denn, dass

1. es sich dabei nicht um einen entsprechenden freien Arbeitsplatz handelt oder
2. der teilzeitbeschäftigte Arbeitnehmer nicht mindestens gleich geeignet ist wie ein anderer vom Arbeitgeber bevorzugter Bewerber oder
3. Arbeitszeitwünsche anderer teilzeitbeschäftigter Arbeitnehmer oder
4. dringende betriebliche Gründe entgegenstehen. D

ringende betriebliche Gründe oder Arbeitszeitwünsche anderer teilzeitbeschäftigter Arbeitnehmer entgegenstehen.

Ein **freier** zu besetzender **Arbeitsplatz** liegt vor, wenn der Arbeitgeber die Organisationsentscheidung getroffen hat, diesen zu schaffen oder einen unbesetzten Arbeitsplatz neu zu besetzen.

§ 9a Zeitlich begrenzte Verringerung der Arbeitszeit

(1) Ein Arbeitnehmer, dessen Arbeitsverhältnis länger als sechs Monate bestanden hat, kann verlangen, dass seine vertraglich vereinbarte Arbeitszeit für einen im Voraus zu bestimmenden Zeitraum verringert wird. Der begehrte Zeitraum muss mindestens ein Jahr und darf höchstens fünf Jahre betragen. Der Arbeitnehmer hat nur dann einen Anspruch auf zeitlich begrenzte Verringerung der Arbeitszeit, wenn der Arbeitgeber in der Regel mehr als 45 Arbeitnehmer beschäftigt.

(2) Der Arbeitgeber kann das Verlangen des Arbeitnehmers nach Verringerung der Arbeitszeit ablehnen, soweit betriebliche Gründe entgegenstehen; § 8 Absatz 4 gilt entsprechend. Ein Arbeitgeber, der in der Regel mehr als 45, aber nicht mehr als 200 Arbeitnehmer beschäftigt, kann das Verlangen eines Arbeitnehmers auch ablehnen, wenn zum Zeitpunkt des begehrten Beginns der verringerten Arbeitszeit bei einer Arbeitnehmerzahl von in der Regel

1. mehr als 45 bis 60 bereits mindestens vier,
2. mehr als 60 bis 75 bereits mindestens fünf,
3. mehr als 75 bis 90 bereits mindestens sechs,
4. mehr als 90 bis 105 bereits mindestens sieben,
5. mehr als 105 bis 120 bereits mindestens acht,
6. mehr als 120 bis 135 bereits mindestens neun,
7. mehr als 135 bis 150 bereits mindestens zehn,
8. mehr als 150 bis 165 bereits mindestens elf,
9. mehr als 165 bis 180 bereits mindestens zwölf,
10. mehr als 180 bis 195 bereits mindestens 13,

11. mehr als 195 bis 200 bereits mindestens 14
andere Arbeitnehmer ihre Arbeitszeit nach Absatz 1 verringert haben.

(3) Im Übrigen gilt für den Umfang der Verringerung der Arbeitszeit und für die gewünschte Verteilung der Arbeitszeit § 8 Absatz 2 bis 5. Für den begehrten Zeitraum der Verringerung der Arbeitszeit sind § 8 Absatz 2 Satz 1, Absatz 3 Satz 1, Absatz 4 sowie Absatz 5 Satz 1 und 2 entsprechend anzuwenden.

(4) Während der Dauer der zeitlich begrenzten Verringerung der Arbeitszeit kann der Arbeitnehmer keine weitere Verringerung und keine Verlängerung seiner Arbeitszeit nach diesem Gesetz verlangen; § 9 findet keine Anwendung.

(5) Ein Arbeitnehmer, der nach einer zeitlich begrenzten Verringerung der Arbeitszeit nach Absatz 1 zu seiner ursprünglichen vertraglich vereinbarten Arbeitszeit zurückgekehrt ist, kann eine erneute Verringerung der Arbeitszeit nach diesem Gesetz frühestens ein Jahr nach der Rückkehr zur ursprünglichen Arbeitszeit verlangen. Für einen erneuten Antrag auf Verringerung der Arbeitszeit nach berechtigter Ablehnung auf Grund entgegenstehender betrieblicher Gründe nach Absatz 2 Satz 1 gilt § 8 Absatz 6 entsprechend. Nach berechtigter Ablehnung auf Grund der Zumutbarkeitsregelung nach Absatz 2 Satz 2 kann der Arbeitnehmer frühestens nach Ablauf von einem Jahr nach der Ablehnung erneut eine Verringerung der Arbeitszeit verlangen.

(6) Durch Tarifvertrag kann der Rahmen für den Zeitraum der Arbeitszeitverringerung abweichend von Absatz 1 Satz 2 auch zuungunsten des Arbeitnehmers festgelegt werden.

(7) Bei der Anzahl der Arbeitnehmer nach Absatz 1 Satz 3 und Absatz 2 sind Personen in Berufsbildung nicht zu berücksichtigen.

§ 10 Aus- und Weiterbildung

Der Arbeitgeber hat Sorge zu tragen, dass auch teilzeitbeschäftigte Arbeitnehmer an Aus- und Weiterbildungsmaßnahmen zur Förderung der beruflichen Entwicklung und Mobilität teilnehmen können, es sei denn, dass dringende betriebliche Gründe oder Aus- und Weiterbildungswünsche anderer teilzeit- oder vollzeitbeschäftigter Arbeitnehmer entgegenstehen.

§ 11 Kündigungsverbot

Die Kündigung eines Arbeitsverhältnisses wegen der Weigerung eines Arbeitnehmers, von einem Vollzeit- in ein Teilzeitarbeitsverhältnis oder umgekehrt zu wechseln, ist unwirksam. Das Recht zur Kündigung des Arbeitsverhältnisses aus anderen Gründen bleibt unberührt.

§ 12 Arbeit auf Abruf

(1) Arbeitgeber und Arbeitnehmer können vereinbaren, dass der Arbeitnehmer seine Arbeitsleistung entsprechend dem Arbeitsanfall zu erbringen hat (Arbeit auf Abruf). Die Vereinbarung muss eine bestimmte Dauer der wöchentlichen und täglichen Arbeitszeit festlegen. Wenn die Dauer der wöchentlichen Arbeitszeit nicht festgelegt ist, gilt eine Arbeitszeit von zehn Stunden als vereinbart. Wenn die Dauer der täglichen Arbeitszeit

nicht festgelegt ist, hat der Arbeitgeber die Arbeitsleistung des Arbeitnehmers jeweils für mindestens drei aufeinander folgende Stunden in Anspruch zu nehmen.
(2) Der Arbeitnehmer ist nur zur Arbeitsleistung verpflichtet, wenn der Arbeitgeber ihm die Lage seiner Arbeitszeit jeweils mindestens vier Tage im Voraus mitteilt.
(3) Durch Tarifvertrag kann von den Absätzen 1 und 2 auch zuungunsten des Arbeitnehmers abgewichen werden, wenn der Tarifvertrag Regelungen über die tägliche und wöchentliche Arbeitszeit und die Vorankündigungsfrist vorsieht. Im Geltungsbereich eines solchen Tarifvertrages können nicht tarifgebundene Arbeitgeber und Arbeitnehmer die Anwendung der tariflichen Regelungen über die Arbeit auf Abruf vereinbaren.

§ 13 Arbeitsplatzteilung

(1) Arbeitgeber und Arbeitnehmer können vereinbaren, dass mehrere Arbeitnehmer sich die Arbeitszeit an einem Arbeitsplatz teilen (Arbeitsplatzteilung). Ist einer dieser Arbeitnehmer an der Arbeitsleistung verhindert, sind die anderen Arbeitnehmer zur Vertretung verpflichtet, wenn sie der Vertretung im Einzelfall zugestimmt haben. Eine Pflicht zur Vertretung besteht auch, wenn der Arbeitsvertrag bei Vorliegen dringender betrieblicher Gründe eine Vertretung vorsieht und diese im Einzelfall zumutbar ist.
(2) Scheidet ein Arbeitnehmer aus der Arbeitsplatzteilung aus, so ist die darauf gestützte Kündigung des Arbeitsverhältnisses eines anderen in die Arbeitsplatzteilung einbezogenen Arbeitnehmers durch den Arbeitgeber unwirksam. Das Recht zur Änderungskündigung aus diesem Anlass und zur Kündigung des Arbeitsverhältnisses aus anderen Gründen bleibt unberührt.
(3) Die Absätze 1 und 2 sind entsprechend anzuwenden, wenn sich Gruppen von Arbeitnehmern auf bestimmten Arbeitsplätzen in festgelegten Zeitabschnitten abwechseln, ohne dass eine Arbeitsplatzteilung im Sinne des Absatzes 1 vorliegt.
(4) Durch Tarifvertrag kann von den Absätzen 1 und 3 auch zuungunsten des Arbeitnehmers abgewichen werden, wenn der Tarifvertrag Regelungen über die Vertretung der Arbeitnehmer enthält. Im Geltungsbereich eines solchen Tarifvertrages können nicht tarifgebundene Arbeitgeber und Arbeitnehmer die Anwendung der tariflichen Regelungen über die Arbeitsplatzteilung vereinbaren.

§ 14 Zulässigkeit der Befristung

(1) Die Befristung eines Arbeitsvertrages ist zulässig, wenn sie durch einen sachlichen Grund gerechtfertigt ist. Ein sachlicher Grund liegt insbesondere vor, wenn
1. der betriebliche Bedarf an der Arbeitsleistung nur vorübergehend besteht,
2. die Befristung im Anschluss an eine Ausbildung oder ein Studium erfolgt, um den Übergang des Arbeitnehmers in eine Anschlussbeschäftigung zu erleichtern,
3. der Arbeitnehmer zur Vertretung eines anderen Arbeitnehmers beschäftigt wird,
4. die Eigenart der Arbeitsleistung die Befristung rechtfertigt,
5. die Befristung zur Erprobung erfolgt,
6. in der Person des Arbeitnehmers liegende Gründe die Befristung rechtfertigen,

7. der Arbeitnehmer aus Haushaltsmitteln vergütet wird, die haushaltsrechtlich für eine befristete Beschäftigung bestimmt sind, und er entsprechend beschäftigt wird oder
8. die Befristung auf einem gerichtlichen Vergleich beruht.
(2) Die kalendermäßige Befristung eines Arbeitsvertrages ohne Vorliegen eines sachlichen Grundes ist bis zur Dauer von zwei Jahren zulässig; bis zu dieser Gesamtdauer von zwei Jahren ist auch die höchstens dreimalige Verlängerung eines kalendermäßig befristeten Arbeitsvertrages zulässig. Eine Befristung nach Satz 1 ist nicht zulässig, wenn mit demselben Arbeitgeber bereits zuvor ein befristetes oder unbefristetes Arbeitsverhältnis bestanden hat. Durch Tarifvertrag kann die Anzahl der Verlängerungen oder die Höchstdauer der Befristung abweichend von Satz 1 festgelegt werden. Im Geltungsbereich eines solchen Tarifvertrages können nicht tarifgebundene Arbeitgeber und Arbeitnehmer die Anwendung der tariflichen Regelungen vereinbaren.
(2a) In den ersten vier Jahren nach der Gründung eines Unternehmens ist die kalendermäßige Befristung eines Arbeitsvertrages ohne Vorliegen eines sachlichen Grundes bis zur Dauer von vier Jahren zulässig; bis zu dieser Gesamtdauer von vier Jahren ist auch die mehrfache Verlängerung eines kalendermäßig befristeten Arbeitsvertrages zulässig. Dies gilt nicht für Neugründungen im Zusammenhang mit der rechtlichen Umstrukturierung von Unternehmen und Konzernen. Maßgebend für den Zeitpunkt der Gründung des Unternehmens ist die Aufnahme einer Erwerbstätigkeit, die nach § 138 der Abgabenordnung der Gemeinde oder dem Finanzamt mitzuteilen ist. Auf die Befristung eines Arbeitsvertrages nach Satz 1 findet Absatz 2 Satz 2 bis 4 entsprechende Anwendung.
(3) Die kalendermäßige Befristung eines Arbeitsvertrages ohne Vorliegen eines sachlichen Grundes ist bis zu einer Dauer von fünf Jahren zulässig, wenn der Arbeitnehmer bei Beginn des befristeten Arbeitsverhältnisses das 52. Lebensjahr vollendet hat und unmittelbar vor Beginn des befristeten Arbeitsverhältnisses mindestens vier Monate beschäftigungslos im Sinne des § 138 Absatz 1 Nummer 1 des Dritten Buches Sozialgesetzbuch gewesen ist, Transferkurzarbeitergeld bezogen oder an einer öffentlich geförderten Beschäftigungsmaßnahme nach dem Zweiten oder Dritten Buch Sozialgesetzbuch teilgenommen hat. Bis zu der Gesamtdauer von fünf Jahren ist auch die mehrfache Verlängerung des Arbeitsvertrages zulässig.
(4) Die Befristung eines Arbeitsvertrages bedarf zu ihrer Wirksamkeit der Schriftform.

§ 15 Ende des befristeten Arbeitsvertrages

(1) Ein kalendermäßig befristeter Arbeitsvertrag endet mit Ablauf der vereinbarten Zeit.
(2) Ein zweckbefristeter Arbeitsvertrag endet mit Erreichen des Zwecks, frühestens jedoch zwei Wochen nach Zugang der schriftlichen Unterrichtung des Arbeitnehmers durch den Arbeitgeber über den Zeitpunkt der Zweckerreichung.
(3) Ein befristetes Arbeitsverhältnis unterliegt nur dann der ordentlichen Kündigung, wenn dies einzelvertraglich oder im anwendbaren Tarifvertrag vereinbart ist.
(4) Ist das Arbeitsverhältnis für die Lebenszeit einer Person oder für längere Zeit als fünf Jahre eingegangen, so kann es von dem Arbeitnehmer nach Ablauf von fünf Jahren gekündigt werden. Die Kündigungsfrist beträgt sechs Monate.

(5) Wird das Arbeitsverhältnis nach Ablauf der Zeit, für die es eingegangen ist, oder nach Zweckerreichung mit Wissen des Arbeitgebers fortgesetzt, so gilt es als auf unbestimmte Zeit verlängert, wenn der Arbeitgeber nicht unverzüglich widerspricht oder dem Arbeitnehmer die Zweckerreichung nicht unverzüglich mitteilt.

§ 16 Folgen unwirksamer Befristung

Ist die Befristung rechtsunwirksam, so gilt der befristete Arbeitsvertrag als auf unbestimmte Zeit geschlossen; er kann vom Arbeitgeber frühestens zum vereinbarten Ende ordentlich gekündigt werden, sofern nicht nach § 15 Abs. 3 die ordentliche Kündigung zu einem früheren Zeitpunkt möglich ist. Ist die Befristung nur wegen des Mangels der Schriftform unwirksam, kann der Arbeitsvertrag auch vor dem vereinbarten Ende ordentlich gekündigt werden.

§ 17 Anrufung des Arbeitsgerichts

Will der Arbeitnehmer geltend machen, dass die Befristung eines Arbeitsvertrages rechtsunwirksam ist, so muss er innerhalb von drei Wochen nach dem vereinbarten Ende des befristeten Arbeitsvertrages Klage beim Arbeitsgericht auf Feststellung erheben, dass das Arbeitsverhältnis auf Grund der Befristung nicht beendet ist. Die §§ 5 bis 7 des Kündigungsschutzgesetzes gelten entsprechend. Wird das Arbeitsverhältnis nach dem vereinbarten Ende fortgesetzt, so beginnt die Frist nach Satz 1 mit dem Zugang der schriftlichen Erklärung des Arbeitgebers, dass das Arbeitsverhältnis auf Grund der Befristung beendet sei.

§ 18 Information über unbefristete Arbeitsplätze

Der Arbeitgeber hat die befristet beschäftigten Arbeitnehmer über entsprechende unbefristete Arbeitsplätze zu informieren, die besetzt werden sollen. Die Information kann durch allgemeine Bekanntgabe an geeigneter, den Arbeitnehmern zugänglicher Stelle im Betrieb und Unternehmen erfolgen.

§ 19 Aus- und Weiterbildung

Der Arbeitgeber hat Sorge zu tragen, dass auch befristet beschäftigte Arbeitnehmer an angemessenen Aus- und Weiterbildungsmaßnahmen zur Förderung der beruflichen Entwicklung und Mobilität teilnehmen können, es sei denn, dass dringende betriebliche Gründe oder Aus- und Weiterbildungswünsche anderer Arbeitnehmer entgegenstehen.

Register